献给

神圣的教育事业

和

稳步发展的河南财经政法大学

Dedicated to

The noble cause of education

and

Henan University of Economics and Law

学府与学术
一位地方大学校长的 12 年探索

Campus and Academics
The Twelve-year Endeavour of a University President

李小建

Li Xiaojian

河南大学出版社
HENAN UNIVERSITY PRESS
·郑州·

内 容 简 介

一所大学的阶段发展史具有一个时代的鲜明印记。河南财经政法大学2003~2015年的发展，经历了建设新校区、水平评估取得优秀等次、合并组建大学的过程。本书为一位大学校长把12年的思考与实践集结成书，以期透过个例，整理地方大学发展思路，寻求地方大学发展路径，探索地方大学发展经验。本书试图梳理地方大学从"内抓机制、外引资源、拓展空间"外延为主的发展，到"以学术为核心，以质量、特色、人才、制度为基点"内涵兴校的发展路径脉络，厘清从"学术兴校"到"一流本科教育"再到"精细化管理"的实践脉络，揭示地方大学在阶段发展过程中所应遵循的大学本质、所应秉持的发展理念、所应明晰的发展思路。本书对于地方大学建设具有重要的参考意义。

图书在版编目(CIP)数据

学府与学术／李小建著.--郑州:河南大学出版社,2021.6

ISBN 978-7-5649-4754-5

Ⅰ.①学… Ⅱ.①李… Ⅲ.①地方高校-发展-研究-中国 Ⅳ.①G649.21

中国版本图书馆 CIP 数据核字(2021)第 107216 号

责任编辑 姜　畅
责任校对 郑　鑫
封面设计 马　龙

出版发行　河南大学出版社
　　　　　地址:郑州市郑东新区商务外环中华大厦2401号
　　　　　邮编:450046
　　　　　电话:0371-86059750(高等教育与职业教育分公司)
　　　　　　　　0371-86059701(营销部)
　　　　　网址:hupress.henu.edu.cn
排　　版　河南大学出版社排版设计部
印　　刷　郑州印之星印务有限公司
版　　次　2021年6月第1版　　印　次　2021年6月第1次印刷
开　　本　710mm×1140mm　1/16　　印　张　35.75
字　　数　640千字　　　　　　　　插　页　16
定　　价　168.00元

本书如有印装质量问题，请与河南大学出版社营销部联系调换

学校新校区规划第一次评审会(2005.1)

学术兴校研讨会(2006.12)

学校更名河南财经政法大学揭牌仪式(2010.11)

爱尔兰总统与中国合作办学校长代表合影(2010.11)

学校与俄罗斯贝加尔国立经济法律大学合作签字仪式(2011.1)

学校与芬兰高校合作签约仪式(2012.4)

校友王建树捐建教学楼交工仪式(2014.9)

新校区使用前检查学生宿舍(2010.8)

大学发展高层论坛(2010.12)

第二届科学发展论坛(2013.12)

第一次教授大会(2013.3)

聘任郭重庆院士为学校顾问(2007.7)

吴敬琏先生报告前视察学校（2013.9）

在清华大学举行河南财经政法大学学生创新成果发布会（2011.1）

春节慰问学校值班人员(2011.2)

河南财经政法大学校友会成立揭牌(2011.5)

时任河南省委书记王国生、省长陈润儿与优秀教师代表合影（2018.9）

改革开放40周年影响河南十大教育人物颁奖仪式（2018.4）

自　　序

（一）

相当多的读书人习惯于把经历中的重要事情记录下来，以供后人参考借鉴。本人虽然在较长一段时间内从事大学管理工作，但本质上仍是个读书人，仍然具有读书人的这种"毛病"。2015年9月卸任河南财经政法大学校长职务之后，在学术工作之余，12年的大学管理以及由此结下的与这所大学的深情，仍不时在心头萦绕。

本世纪初，正值我的学术研究进入较快发展期，我被一所全国重要经济中心城市的985大学聘为特聘教授。这时，河南省委任命我担任河南大学副校长，短暂犹豫之后，我决定接受组织信任，投入学校管理工作。不到两年，又被动员参加河南省厅级干部公选，其中包括首次发布的两名高校正职职位。

管理工作并非我的长项，我也没有在这方面进一步发展的本意。当时我在河南大学负责科研工作，正在全力争取申报河南省第一个经济学博士点（区域经济学），没有多余时间备考，自是以比较坦然的心态参加了笔试和面试，比较幸运，以总分第一成为正校级人选。

2003年11月10日，河南省委组织部领导到河南财经学院宣布了省委对我的院长任命。从这一天开始，作为学校的一员，我和大家一道，在校党委的领导下，一步步沉浸其中并伴随她前进的方向，坚定信念，砥砺前行，度过了非常珍贵的12年时光。

（二）

上任之初，推进河南财经学院的发展可以从多方面入手。其中，突破狭小的办学空间是重中之重。当时，学校用地面积只有340亩，除去家属区，学校教学办公用地不足280亩。初次进入校区时，尽管同事们精心安排了一个绕行的考察路线，我仍然感觉到学校的用地空间与其在高等学校中的地位极不匹配。在这之后一段时间的调研中，听到班子成员、中层干部及教师们也有同样的反映。经与校党委领导沟通，大家达成共识，把拓展空间、征地建设新校区作为当下推动学校发展的最主要突破口。

2004年1月9日，在全体处级干部会议上，考虑到当时各方面的环境条件，提出全力以赴、征地建设新校区的目标。为了自我加压，同时也鼓励大家，我在会上提出2004年一定要完成新校区建设的征地工作，否则，我自动辞职。

在全校上下共同努力下，2004年11月，学校在郑州市郑东新区龙子湖东南征地1 540亩（2006年4月，由于郑州市道路规划变更，又新增土地200亩），迈出了新校区建设的关键一步。2005年2月学校成立新校区建设指挥部，由主管基建的副校长任指挥长、纪委书记任总监督长，抽调一批作风硬、能力强的中层正职担任指挥部各部门负责人。之后，经过公开招标，同济大学建筑设计研究院的设计方案中标。在与规划中标单位的讨论中，我们提出的"厚重、特色、美观、实用"理念，高起点、以人为本、整体与个性统一、可持续发展原则，以及一次规划、分期建设的操作路径等得以体现。

新校区的建设过程可谓一波三折。由于审批程序问题，2005年6月项目被迫停工，直到2009年5月才重新开工。大家夜以继日，加班加点，到2010年9月，顺利完成了28万 m^2 教学设施建设，迎来第一批11 800名学生成功入住新校区。到2015年10月,第二期工程26万 m^2,第三期工程9万 m^2 均已完工,除图书馆因需一段时间内部装修之外,其他建筑均如期交付使用。

新校区建成至今已5年有余。现在,或徜徉于校园之中,或从高层建筑俯瞰全景,错落有致、相映成趣的建筑和景观从不同角度折射出新校区建设的初心:学校建筑的空间构架,清晰呈现出一个功能核心,即由公共教学区、图书馆、教学科研楼、综合实验楼集聚而成教学科研集中区;围绕着核心功能区,是宽敞的校园交通主干道,就像围绕心脏的大动脉一样;主线的南部、东部和西北部为三条轴带,组成重要的开放空间和环境景观。校区的整体结构之下,是一些有序的局部格局。图书馆南部,两栋公共教学楼在其西南、东南各呈45度角对称分布,形成一个"品"字型布局,这个平面的"品"字型与高低错落的楼宇位于从南大门进入的第一轴线上,彰显出大学接纳百川的气魄;图书馆楼向东又与综合实验楼、教学科研楼形成第二个"品"字型格局,这个"品"型楼群的几何中心又恰位于东大门的轴线上。

学校建筑的基本色调,烘托其根植于华夏本土的厚重特色,着眼于"新时不新,旧时不旧",时间越久越耐看的朴素理念,选择了以古长城的灰色为主色调,点缀以酒红色,作为建筑外观主体色。蒙蒙细雨清洗之后,楼宇的暗灰色、法桐叶的嫩绿色、路面沥青的深黑色、行车标志的净白色,形成协调、怡人的校园景色拼盘。

一个与建筑共存的绿色设计和校园绿化,隐含着低碳理念,展现着生态优美的景观。食堂及学生宿舍楼的顶端,布满太阳能电池板;图书馆地下深处,装配充分利用地能的管网。不同季节,穿行其中,可观赏不同景色。一季成景,二季有果,三季存花,四季见绿。东南一隅建设预留地由苗圃专业人员打理,开辟有步行道路,便于亲近不同花卉苗木。北环路以南约200亩的建设预留地上,把借助挖湖堆土而形成的人造山丘,整理为波状起伏的草地。从初春到深秋,碧绿的草坪,陪衬以山坡上的油菜花或向日葵花,俨然一派乡间景色。

(三)

校区建设本应是学校创办者或所有者应办之事。校长作为学校管理者,主责在于如何在校党委领导下,落实立德树人根本任务,提高大学治理能力,提升学校办学质量,扩大其社会影响力。在河南财经政法大学及原河南财经学院12年的发展实践中,学校领导集体为此做了一番探索。

认识大学本质并确立自身的办学理念,是地方大学发展的首要之义。为此,学校在郑东新区征地并启动新校区建设之后,于2006年11月,提出了"学术兴校、建设特色鲜明的教学研究型财经大学"的思路,并进行了一个月的大讨论。在讨论中,以下观点获得干部、教师的共识和支持。

在党的领导和为中国特色社会主义建设服务的前提下,学术是大学的本质特性,是大学客观永恒的核心;学术是大学生命力、竞争力和影响力的集中体现。强化学术有利于突出大学的本质属性,有利于发挥大学的社会职能,有利于规范大学的管理,有利于大学的持续发展。

在大学中,学术不仅仅是科学研究,还包括教学研究和各种教学活动、学术服务和支撑系统等相关部门的工作。由于中国国家和地方都设立有专门从事科学研究工作的机构,大学的人才培养功能更显其专有属性。从人才培养的角度,学校是人生长河的上游,大学是上游的下段,之下与中游交汇。这是一个人由不成熟到成熟的重要过渡期。学生从大学开始接触不同学科的系统知识,形成独立思考的能力,做好走向社会、承担社会责任的准备。

地方大学的科学研究,主体是面向地方需求,要根据研究对象的独特性,形成有特色的研究方向,并逐渐培育其竞争力。从地方特色到研究特色的"立地",逐渐提炼其在特色领域理论上的"顶天",这是学校科学研究中的思路。沿着这个方向,学校笃定前行。2009年学校成立以科学研究为主,跨学科交叉、突出地方特色的研究院。从2007年开始,学校从职称评审入手,提倡科研成果中注重水平、价值和对社会的贡献,不是机械的对"条条",重点看高质量的成果。

围绕着学术兴校,更多的探索体现在人才培养方面。2005年开始,借助教育部本科教学水平评估工作,在教学质量得到全面检查整改的同时,逐步加强特色专业的建设。2008年,学校在教育部评估中获得优秀档次。基于河南财经政法大学学生录取的高考成绩与国内高水平大学差距不大且越来越小,毕业生在金融、财务、房地产、法律等行业具有较大影响力,以及学校优势学科排名不断前移等发展基础,2012年学校确立了"打造一流本科教育"的长期发展目标。围绕这一目标进行了创新型、应用型人才培养的系统性改革,制定了专业结构调整、培养模式、课程体系、教学范式、激励体系、完全学分制等系列教学改革行动方案。设立校长教学质量奖、教学奉献奖,由第三方发布本科教育质量报告,促进教学质量提高。我们的目标是,避开一流大学人才培养的优势领域,不与他们比培养科学家、思想家和政治家,而是集中培养企业家、银行家、律师等业界实务创新人才,持续坚持下去,一定会形成我们的人才培养特色。在这些领域,我们的本科教育可以与一流大学比一比。《中国教育报》《河南日报》《东方今报》等报刊和网络媒体,对我校的这项探索实践进行了系列跟踪报道。

学术兴校的实践,也体现在我们对大学制度的探索上。2012年下半年,学校启动学术委员会改革。在学习国家相关文件精神和对一些改革比较早的大学进行调研的基础上,学校形成对学术委员会的改革方案。其要点主要包括:学校领导及中层正职不再担任学术委员会委员;学术委员会采取席位制,人选由民主选举产生;建立相对独立的运行机制,让学术委员会独立行使职权,发挥学者在学术事务中的重要作用;增加学术委员会的职能和权力,凡涉及学术资源分配、学术政策与学术规划制定、学术评价、学术奖励与推荐等事宜,首先由学术委员会讨论通过,再提交学校行政和党委决定。这些精神,体现在按有关程序制定的《河南财经政法大学学术委员会章程》中。按照章程,2013年3月召开了全校教授大会,选举产生了新一届学术委员会,并进入良好运行状态。这一探索,与教育部之后出台的《高等学校学术委员会规程》的方向相一致,曾有19家媒体进行跟踪报道。

校友是大学重要的一部分。校友在哪里,学校的无形校园就拓展到哪里。我们在大学治理中,强调校友关系是学校制度文化的重要组成部分。学校合并更名后,我们很快成立了河南财经政法大学校友总会,并进一步加强与校友的沟通联系,引导鼓励校友以多种方式关心母校、支持母校。2014年,校友王建树捐建了1.55万m^2的院系教学楼,以河南省高校第一个校友捐赠的教学大楼,载入史册。2018年,校友万永兴向母校捐赠1亿元,为河南省高校获得此额度捐赠的四笔之一。学院层面也开通了不同方式的校友联系渠道。母校关注校友发展,校友感恩母校培育。学校关注那些在商界、政界、法律界、学界做出贡献的学生,更感谢那些踏踏实实做好岗位工作、默默无闻在基层奉献的毕业生们。

(四)

学生在大学生态中处于核心地位,大学离不开大师、大楼,而这一切主要是为了培养服务于社会需要的优秀人才。我们在办学中,坚持以人为本,以生为本,尽量为学生的知识、能力和素质的培养创造有利的条件。学校为提升教学质量不断进行改革,出台相关举措,激励教师上好课,使学生能够厚知识、强能力。学生参与创新渐成风气,樊明教授连续12年指导本科生进行与国家和社会关系十分密切的重要课题研究,成果在清华大学发布,其中一部分成为全国政协提案的主要依据。学校建设高水平图书馆,成为学生们首选的学习、研讨场所。针对学生宿舍,在保证条件普遍改善的基础上,给予学生一定范围的选择权。2013年6月,河南遇罕见高温,学校及时收集学生的意见,加班论证施工,成为郑州地区最早为学生教室、宿舍安装空调的高校之一。学校食堂提供不同风味、不同层次的餐食,不仅满足校内师生需要,还对周围学校产生较大影响力和吸引力,成为展示河南省高校餐饮水平服务的重要窗口。在上级领导和兄弟院校的调研考察中,河南财经政法大学学生餐厅成为必备的考察点之一。学校提供的各种体育活动场地可以满足所有学生不同锻炼的需要。我们的愿景是:学生或在舒适的图书馆安静学习,或在校园生龙活虎地锻炼,或在树林中草地上研讨、辩论……

本书不是人才培养的工作总结,我们用较大篇幅收录了12年来在学生开学典礼和毕业典礼上的致辞。也许这些话语在当今众多的大学校长优美、深刻、高远的致辞中,并无特别之处,但它是一个大学校长每年与万余学生的当面倾心交流。12年中,有7.6万名各类全日制学生和6.5万名高等学历继续教育(包括函授、自考等)学生毕业。欢迎学生入学时的谆谆嘱托和送别他们离校时的殷切期盼,在大学生的人生历程中当属十分重要。

大学入学之际的致辞,突出强调大学是一条神秘地平线,大学是一条成长分界线。真情嘱咐学生在大学期间,要学会做人、学会学习、学会实践和学会交流:做人要志存高远、胸怀祖国,要以德立身、以诚待人,要博爱宽容、严于律己,要自强不息,积极进取;学习要独立思考、勇于创新,要惜时如金、好奇追梦,要求真务实、严谨科学。殷切希望学生努力让使命成为行动,让挫折成为资本,让宽容成为品质,让思考成为力量;用行动拉近梦想,用自立开启征程,用阅读沉淀生命,用孤独叩问成功,用微笑绽放自我。

在毕业典礼中的致辞,更力图给即将离校的学生以期待、嘱托和信心。当我们理智地展开一所大学的发展史,你会发现每一所学校都有她放射出的光芒,每一校学子都有里程碑式的耸立。想着母校的骄傲,就是学子的自信。凡学子在处,便是母校,就会产生力量。告别之时,希望毕业生们用感恩之心回馈祖国,用梦想之光照亮人生,用刚毅之志超越自我,用宽容之怀接纳世界,用乐观之声回应生活,用责任之举温暖家庭。走出校门,学子们难免会遇到各种新的问题,面临各样新的困难。或许有一天,这些问题会令其晕头转向,这些困难会令其进退两难,但送别时,鼓励我们的同学不要抱怨,不要牢骚,因为乐观的心态、冷静的思考、智慧的求助,定会拨开云雾,柳暗花明,迎来美好的人生。

毕业生很喜欢毕业致辞中的这样一段话:"不管你的目的地在何方,你的出发地在这里。今天我把演讲的题目定为'聚是太阳,散是繁星',是因为我相信,我们的学生无论走到哪里,都会散发光芒!母校不奢望你们达官显贵、装点校门,但求你能以点滴爱心温暖社会、感动中国!"

(五)

非知之艰,行之惟艰。编完这部 60 多万字的书稿,回想起从 2003 年至 2015 年工作期间,在校党委领导下,班子成员的支持与配合,回想起学校上下团结奋斗的点点滴滴,尤其是学校发展遇到暂时困难时大家的理解和奉献,十分荣幸自己一生最重要一段工作时间与河南财经政法大学结缘。感谢党组织的安排,使我成为学校一员!感谢学校在发展的特殊时期接纳了我!感谢河南省相关部门对我工作的支持和帮助!感谢全校师生和我一起在这12年中,探索了从"内抓机制、外引资源、拓展空间"以外延为主的发展,到"以学术为核心,以质量、特色、人才、制度为基点"的学校内涵发展路径,并从"学术兴校"到"一流本科教育",再到"精细的管理"的实践过程。这12年间,前后与3位校党委书记,20位班子成员和数百名中层干部共同工作,恕不一一题记大名。大家合作共事,留下珍贵的友谊。

在学校管理工作中,本人在校党委领导下,根据高等教育发展的规律和形势,和班子成员一起,尽心尽力、把握机遇,做了一些应该做的工作。虽然我非常热爱自己的学术研究,但在其与行政管理的关系处理上,坚持工作日全力投入学校的管理工作,仅利用周末及节假日时间做些学术研究。尽管本人能够坚守初心、敬畏事业、敬畏岗位、恪尽职守、尽心竭力,但现在回头看这一段的工作,还是留下不少遗憾。假若能够重新回到这12年,我可能会进一步突出学生的主体地位,让学子们在素质教育基础上突出自己的专长;会进一步凸显优势专业的一流本科教育,以此引领全校的人才培养;会把更多的资源流向教学及学生学习条件的改善,让他们更愿意呆在自习室、图书馆和教室;期望更突出学校中高端人才待遇,运用"二八定律",引领学术,多做贡献。毓苑周转房小区的建设中,虽然非常重视质量(为求高质量不赶工期的工程),但缺少楼栋之间连通对应的地下车库而留下遗憾。2015年,虽然新校区的三期工程基本建成,但建设贷款为学校后续发展带来压力。所幸的是,接任的书记、校长们的出色工作,不断弥补我们工作中的不足,在学校发展上取得诸多新的成绩。

呈现在读者面前的是12年间一所地方大学的发展状况实录。在汇总整理过程中,作者尽量保持原貌,只对个别可能产生歧义之处作了修改。在整理过程中,校长办公室原副主任蔡伟峰、教务处原副处长詹克波做了许多工作。他们也参与了这些内容中一些文字的起草。对于他们的无私奉献,表示诚挚的谢意!当然,书中任何不当之处,概由本人负责,与他们无关。

  大学管理本身是一门科学,有共性的规律供管理者遵循。但不同类型的学校,同一类型的不同学校,又有一些特殊性。本人曾在中外15所大学学习、工作或者从事短期研究。这些大学除前文提到的两所外,还包括东北师范大学、南开大学、澳大利亚国立大学、RMIT大学、香港中文大学、堪萨斯大学、匹兹堡州立大学、莫纳什大学、牛津大学、斯坦福大学、纽卡斯尔大学等。虽对这些学校了解有限,但比较而言,中国的大学更需要安静下来,通过持久的内涵积蓄,培养出能够对中国特色社会主义建设有所建树的人才。

  大学不是企业,大学不是官府,大学是尊崇学术的学府。大学应该坚守崇高的理念,坚持正确的方向,自觉担当传承创新知识、提升国民素质、引领社会进步的使命!

  最后,借用2015年暑期在纽卡斯尔大学以客座教授作短期研究时的一篇随笔结尾,希望中国高等教育的未来更加美好!

  在高纬度的英格兰,下午六点从办公室出来,西边的太阳仍在高空照耀。在回住处的路上,想起万里之外的祖国。这个时候,她应该正在酣睡。但故乡或许有些人们夜不能寐:可能有些学者仍在寂静里冥思苦研,有些妈妈仍在挂念远方孩子,有些军人们仍在坚守岗位保家卫国,有些在走廊陪医的家属期盼奇迹出现、亲人康复……也许,没那么复杂,天气炎热的盛夏,大家只盼明天天气凉爽、空气清新。我盼着梦中的人们做个好梦,中国的梦引领世界的梦。

2021年6月于郑州

目录
CONTENTS

第一篇 大学发展理念

一、学术兴校

学术兴 大学兴(2006年12月在学校"学术兴校,建设特色鲜明的教学研究型财经大学研讨会"开幕式上的讲话) ………… 3

理念思路明晰之后关键在于行动(2006年12月在学校"学术兴校,建设特色鲜明的教学研究型财经大学研讨会"闭幕式上的讲话) ………… 17

我们要建设一所什么样的大学(2011年1月在学校发展中层干部研讨会上的讲话) ………… 22

地方大学应培育好发展理念(2012年《大学发展与理念创新》序言) ………… 37

让大学回归学术本位(2013年3月在学校新一届学术委员会组建动员会上的讲话) ………… 43

二、特色名校

依据地域特点培育地方高校的办学特色(2008年6月培育学校地域特色思考) ………… 48

河南财经学院特色发展八论(2009年5月学校特色发展思考) ………… 54

三、质量立校

学校人才培养的思路和体系(2009年12月在学校本科教学质量工程立项项目启动会上的讲话) …………………………………………… 61

四、绿色教育

构建高等财经院校人才培养的绿色教育体系(2009年11月《湖南商学院学报》) ……………………………………………………………… 70

五、全球化视野

以全球化的视野扎实推进地方高校建设(2012年10月全球化下学校发展思考) ………………………………………………………………… 82

打造一流本科教育　建设高水平地方大学(2013年3月在学校建设一流本科教育动员会上的讲话) ………………………………………… 95

第二篇　工作实践

一、综合实践

内抓机制　外引资源　拓展空间　跨越发展(2005年1月在全省教育工作会议上的发言) ………………………………………………… 103

坚持科学发展　构建和谐校园　奋力推动学校各项工作再上新台阶(2009年12月在学校第四届三次教代会暨工代会上的报告) ……… 107

再接再厉　再创佳绩(2011年2月在学校处级干部大会上的讲话) …………………………………………………………………………… 122

承前启后　继往开来　努力开创教学工作新局面(2011年12月在更名后学校第一次教学工作大会上的报告) ……………………………… 129

乘势而上　奋力而为　齐心唱响发展主旋律(2012年11月在更名后学校第一届教代会暨第一次工代会上的报告) ……………………… 143

二、条件改善实践

突破瓶颈　拓展空间(2004、2007年学校征地汇报合并材料) ………… 155

为达夙愿　夜以继日(2009年10月学校新校区建设情况汇报) ……… 158

群策群力　不折不扣　认真做好建校史上规模最大的搬迁工作(2010年
　　7月学校搬迁动员大会上的讲话)…………………………………… 164
学校主体东移拉开搬迁序幕(2010年8月在学校院系及职能部门搬迁
　　工作会议上的讲话)……………………………………………………… 170
启动试运行　保证新校区运行平稳过渡(2010年9月在学校新校区试运
　　行启动仪式上的讲话)…………………………………………………… 174

三、学术兴校实践

高起点定位　高标准运行(2009年12月在学校研究院揭牌仪式暨高峰
　　论坛上的讲话)…………………………………………………………… 176
实力与环境是成功的基石(2013年3月在学校博士后研发基地揭牌仪式
　　上的讲话)………………………………………………………………… 178
向教授治学迈出关键一步(2013年3月在学校第一次教授大会上的讲话)
　　……………………………………………………………………………… 180
学术引领　在求变创新中履行学术委员职责(2013年4月在学校新一届
　　学术委员会全体会议上的讲话)………………………………………… 182

四、教学评估实践

全校动员　以评促建　推动教育教学质量再上台阶(2005年1月学校本
　　科教学评估工作动员会议上的讲话)…………………………………… 186
凝心聚力　真抓实干　全力以赴做好本科教学水平评估与建设工作
　　(2007年6月学校本科教学水平评估工作会议上的讲话)………… 194
振奋精神　全力以赴　努力夺取评估工作的全面胜利(2008年5月学校
　　本科教学水平评估工作部署会议上的讲话)…………………………… 201
科学发展铸基业　中原崛起谱华章(2008年5月学校本科教学水平评估
　　校长报告)………………………………………………………………… 205
持之以恒　加强建设　努力做好整改工作(2008年5月学校本科教学
　　水平评估整改动员大会上的讲话)……………………………………… 217

五、两校合并实践

合两校之力　创优势品牌(2009年12月河南省教育厅初次遴选汇报)
　　……………………………………………………………………………… 223

汇集资源　优势互补　打造区域财经政法类大学品牌(2009年12月教育部高等学校设置专家组考察汇报) ………… 226

夫子之道　忠恕而已(2010年10月在学校处级干部大会上的讲话) …………………………………………………… 239

合并更名成功揭开学校发展的新篇章(2010年11月河南财经政法大学揭牌庆典上的致辞) ………………………… 246

因事设岗　按岗聘用　建立岗位绩效激励新机制(2010年12月在学校岗位设置管理工作动员大会上的讲话) …… 248

提层次　求突破　凝心聚力谋发展(2011年11月省委卢展工书记座谈会河南财经政法大学汇报材料) ………… 254

六、一流本科实践

大学本科教学中创新性学习的设想与实践(2010年10月高等财经院校第四届校长论坛交流材料) …………………… 257

五大工程铸就高等教育质量提升(2012年6月学校"质量立校"战略阶段总结) ……………………………………… 269

深化课程教学范式改革　创新人才培养机制　努力打造一流本科教育(2014年12月在学校第二次教学工作大会上的报告) ………… 275

第三篇　寄语师生

一、寄语教工

东风一夜寒意去　万木含绿待春来(2004年12月在学校教授迎春茶话会上的讲话) …………………………………… 289

学依才治　业以才兴(2006年9月在学校青年教师岗前培训开班典礼上的讲话) ……………………………………… 291

建标准　立标尺　树标杆(2007年10月在学校职称评审推荐工作会议上的讲话) …………………………………… 294

捕捉创新思想的火花(2008年12月在学校大学生课外学术科技创新工作表彰大会上的讲话) ……………………… 296

辅政八要(2009年5月在学校办公室主任座谈会上的讲话) ………… 302

站稳脚跟　打开局面(2009年5月在学校新任行政处级干部座谈会上的讲话) …… 307
正确处理八大关系(2009年7月在学校新任副处级行政干部会议上的讲话) …… 310
抓方向　抓特色　抓队伍　抓风气(2009年5月在学校新设院系(所)主要负责人座谈会上的讲话) …… 313
办公室工作的"四讲、四重"(2009年9月在学校院系行政副主任和办公室主任会议上的讲话) …… 317
发扬优良作风　展示军人风采(2010年7月在学校首次军转干部座谈会上的讲话) …… 321
岁月不居　天道酬勤(2011年新年献辞) …… 325
尊新必兴　守旧则衰(2012年新年献辞) …… 327

二、寄语学生

大学四年的四个学会(2004年开学典礼讲话) …… 329
教育之本　首在立人(2005年开学典礼讲话) …… 331
志存高远　追求卓越(2006年开学典礼讲话) …… 333
选择你爱　爱你选择(2007年开学典礼讲话) …… 336
珍惜当下　续写辉煌(2008年开学典礼讲话) …… 338
做"四有"新人(2009年开学典礼讲话) …… 340
新的主人　新的气象　新的希望(2010年开学典礼讲话) …… 342
朝气蓬勃　青春涌动(2011年开学典礼讲话) …… 344
青春正当时(2013年开学典礼讲话) …… 346
以追梦的名义往深处想　向高处看　朝远处走(2014年开学典礼讲话) …… 350

雄关漫道真如铁(2004年毕业典礼讲话) …… 354
风雨兼程　一路有你(2006年毕业典礼讲话) …… 356
特殊时刻　特色记忆　特别感动(2009年毕业典礼讲话) …… 359
梦想　操守　责任(2011年毕业典礼讲话) …… 362
浓浓离别意　莘莘学子情(2012年毕业典礼讲话) …… 365
凡你在处　便是母校(2013年毕业典礼讲话) …… 367
聚是太阳　散是繁星(2014年毕业典礼讲话) …… 370
青春不止　不止青春(2015年毕业典礼讲话) …… 374

三、寄语校友

涓泉汇就潭水澈　根深滋养枝叶荣(2011年5月在学校更名后第一次校友代表大会上的讲话) ……………………………………… 378

发展共进退　兴衰共命运(2014年4月校友会《校友通讯》发刊词) … 380

附录1　媒体掠影

为实现中原崛起培养高水平的财经人才——访河南财经学院院长李小建(河南日报2004年3月8日) ………………………………… 385

情系这方沃土——记河南财经学院院长、国家级有突出贡献中青年专家李小建(河南日报2004年4月2日) ……………………………… 387

志高意自远——访河南财经学院院长、博士生导师李小建(河南日报2005年11月2日) …………………………………………… 389

寻求中的另类学者(郑州日报2007年6月8日) ………………… 392

中原文化天津行　三位河南学子的津豫情(大河报2007年11月14日) ……………………………………………………………… 396

李小建:要做就做最好(河南教育2008年第1期) ……………… 397

用特色旋律奏响科学发展之歌——河南财经学院改革与探索纪实(河南日报2009年6月9日) ………………………………………… 403

河南财经学院:活水有源　润物无声(河南日报2009年9月29日) … 414

让创新之风舞动青春校园(河南日报2010年5月19日) ………… 418

看似寻常却崎岖　成如容易却艰辛(中国教育报2011年1月14日) …………………………………………………………………… 420

将教育软实力转化为对中原经济区建设的硬支撑(河南日报2011年11月30日) ……………………………………………………… 432

强化四大功能　助力中原经济区建设(人民网2011年12月23日) … 438

乘科研创新东风　展科学发展宏图(中国科学报2012年1月1日) … 441

让毕业证书变得更加金灿灿、沉甸甸(河南日报2012年6月20日) … 446

敬畏事业　敬畏教师　关爱学生　创一流本科教育(河南省教育厅主页2012年7月17日) ………………………………………………… 452

东风吹来满眼春　潮起正是扬帆时——河南财经政法大学人才强校纪实(中国教育报2012年11月28日) ………………………………… 457

学术委员会名单上没有校领导的名字(河南日报 2013 年 4 月 10 日)
 ………………………………………………………………………… 465
河南一高校首试去行政化　教授"当家做主"(大河网 2013 年 4 月 16 日)
 ………………………………………………………………………… 467
打造社会公认有特色的高水平大学——访河南财经政法大学校长李小建
 (河南日报 2013 年 5 月 29 日) ………………………………… 471
以文养心　以文育人　以文化人——河南财经政法大学校园文化健康
 和谐发展(河南日报 2013 年 12 月 25 日) ……………………… 473
一个个先进典型　一座座精神标杆——河南财经政法大学大学生模范
 群体现象的启示(河南日报 2013 年 11 月 6 日) ……………… 477
河南财经政法大学:和一流大学比本科(东方今报 2013 年 6 月 25 日)……
 ………………………………………………………………………… 483
打造一流本科教育　智驱河南经济社会发展(中国教育报 2014 年 5 月
 22 日) ……………………………………………………………… 488
让学生"聚是太阳,散是繁星"——河南财经政法大学:一场颠覆教学
 范式的改革(东方今报 2014 年 6 月 25 日) …………………… 492
与一流大学比本科——河南财经政法大学打造一流本科教育扫描(河南
 日报 2014 年 6 月 26 日) ………………………………………… 496
建设新型高级智库　打造中原新经济增长极(河南日报 2014 年 12 月
 23 日) ……………………………………………………………… 498
孵化园里"练摊"忙(河南日报 2015 年 1 月 28 日) ………………… 503
鼎故革新　"四大创举"助力打造一流本科教育——河南财经政法大学
 教育教学改革纪实(河南日报 2015 年 5 月 21 日) …………… 505
弹性的学制　个性化的课表——河南财经政法大学实施完全学分制
 (中国教育报 2015 年 6 月 2 日) ………………………………… 510
课程任意选　老师任意挑　主辅修课程任意转(东方今报 2015 年 6 月
 9 日) ……………………………………………………………… 513
河南财经政法大学:教学与科研齐飞　培养一流的本科人才(东方今报
 2015 年 6 月 25 日) ……………………………………………… 516
地方大学如何建设一流本科——河南财经政法大学打造一流本科教育
 纪实(中国教育报 2018 年 7 月 13 日) ………………………… 520

附录2　交流辑要

化危为机　促进就业(2008年12月在就业高峰论坛上的讲话) ……… 531

建设成为国际上有重要影响力的"黄河学"研究基地(2008年6月在
　第七届产业集群与区域发展国际学术会议上的欢迎辞) ……… 536

肝胆相照　合作共赢(2009年4月成功学院建校五周年庆典致辞) … 538

在黄河文明复兴史上将写下中国地理人自己的名字(2010年10月在
　中国地理学会黄河分会成立仪式上的致辞) ……………………… 540

为中原经济区提供有力的理论支撑和舆论支持(2010年11月第十届
　中国经济学年会致辞) ……………………………………………… 543

探索永无止境　创新未有穷期(2011年2月在清华大学粮食安全论坛
　致辞) ………………………………………………………………… 545

客居他乡　根在中原(2012年6月在中原华侨华人研究中心成立大会上
　的讲话) ……………………………………………………………… 547

八十五载筚路蓝缕　八十五年春华秋实(2012年9月在南开经济研究所
　85周年所庆上的致辞) ……………………………………………… 549

明确任务　讲究要领　为哲学社会科学事业贡献力量(2013年7月在
　河南省高等学校社会科学科研管理研究会成立大会上的讲话) …… 551

第一篇 大学发展理念

中国大学与其他国家大学办学目标的根本区别,在于其为中国特色社会主义建设服务。在为中国特色社会主义建设服务的大前提下,大学竞争的关键是学术水平。

本篇收录作者在12年的大学管理中,围绕着"学术兴校,建设特色鲜明的教学研究型财经大学"所进行的思考和实践。提出学术兴校是学校发展的理念,质量立校是学校发展的基石,特色名校是学校发展的抓手,人才强校是学校发展的引擎,制度立校是学校发展的保障。

在学术兴校方面,收录在全校讨论会上的发言2篇,学校更名大学后的大学发展论坛发言2篇,学校学术委员会改革组建后的发言1篇;在"特色名校"上收录作者相关思考文章2篇;在"人才强校"和"质量立校"方面,收录了作者在学校本科教育质量工程立项建设会议上的讲话1篇。在办学过程中,为了突出学校特色,分别收录了2009年提出高等财经院校人才培养的绿色教育体系、2012年提出打造一流本科教育和借助国际化力量推进地方高校建设的相关会议讲话及文章3篇。

主要观点:

学术是大学生命力、竞争力和影响力的集中体现。学术是大学的立校之基、发展之本、力量之源。

大学是学府。学府追求的是真理,是高水平的学术。谁掌握真理,谁就是权威。

从人才培养的角度,学校是人生长河的上游,大学是上游的下段，是上游和中游的交汇处。这是一个人由不成熟到成熟的重要过渡带。大学开始让学生学习专业系统知识，形成独立思考的能力，做好承担社会责任的准备。

什么是大学？学生、教师尤其是教师中的大师，以及所有这些人长期互助作用形成的氛围，就是大学。

不断创新是大学特色形成的根本。

学术兴　大学兴*

今天开的是研讨会。所谓研讨会,不同于一般的工作安排会,或者其他的正式会议,就是要有"研究",有"讨论",针对"学术兴校"这个研讨主题,大家发言时可以敞开一些。我第一个发言,主要起到一个抛砖引玉的作用,谈一谈自己的看法,然后再听听大家的看法。

围绕"学术兴校,建设特色鲜明的教学研究型财经大学"这个题目,我想解读一下"学术兴校",想就"学术兴校"这四个字,谈一谈自己的一些认识和体会。首先谈什么是"学术",然后谈什么是"校",最后再解读一下"学术"与"校"的关系,就是解读"兴"字。

为什么这个时候谈这四个字?为什么这个时候谈建设特色鲜明的财经大学?在解读之前,我想先谈四点背景。

一、提出"学术兴校"的背景

第一个背景:高等教育经过几年的大发展,已经进入了调整提高阶段。大家知道,从1998年起,我国高等教育开始了扩张性发展,整个高等教育规模出现突飞猛进式扩展:1998年全国有高等学校1 000所左右,到2005年年底,增加到1 700多所,7年间,增加了70%;全国高校在校生数量,从1998年

---

* 本文系作者2006年12月27日在学校"学术兴校,建设特色鲜明的教学研究型财经大学研讨会"开幕式上的讲话。

的100万左右,增长到2005年年底的2 300万左右,增长了23倍。这使得全国高等教育的毛入学率达到21%。大家知道,高等教育毛入学率的概念就是在18~22岁这样年龄段的人口中,进入大学人数所占的比重。毛入学率的大幅度提高,使得我国高等教育由精英教育快速进入到了大众化教育的发展阶段。整个高等教育在这么一段时间增长势头迅速。但经过增长,高等教育也出现了一些问题,面临一些挑战。这个挑战主要表现在以下几方面:一是大家普遍担心的教学质量问题。首先是生源质量问题。随着扩招,过去的精英教育是百里挑一,现在是一百人挑20多人,整个生源从选择学的角度,与过去相比,水平会有所下降。其次就是与之相关的资源配置问题。过去生师比例较高,师资充足,老师们有时间、有精力进行集体备课,开展教学研究。现在是生师比例低,教师短缺,一位老师要上很多课,空余时间很少,没有精力搞教研,没有时间进行教学反思。这样一来,在备课、教研、进修学习等方面所用的时间大幅度缩减,加之其他教学条件建设跟不上扩招的速度,教育质量难免会有所下降。二是管理方面遇到一些挑战。随着大幅度的扩招,学生人数快速增加,学生管理遇到前所未有的挑战。随着人才流动的市场化,教师管理也遇到了一些挑战。三是就业形势非常严峻。大幅度扩招以后,整个待就业大学生的数量大幅度增长。尽管随着经济社会发展,整个社会可以提供的就业岗位也在增长,但增长的数量远远低于待就业大学生增长的数量。据估计,全国每年待就业的人员,包括大学生及其他的人员(城市内的),有2 400万左右,而现在整个城市能够提供就业岗位的数量只有1 000多万。整体来算,这里面就有一千多万的缺口,就业形势非常严峻。

在这样的形势下,人们开始反思高等教育的发展问题。在充分肯定过去几年高等教育大的扩张对国家经济社会发展做出重大贡献的同时,人们开始考虑如何通过调整高等教育来提高办学质量。现在从教育部到各省教育主管部门讨论最多的主题就是高等教育的调整与提高问题。我国高等教育在经过一段大规模的发展以后,已经进入了一个调整、整顿、提高时期。

第二个背景:构建和谐社会和中原崛起对高等教育提出了新的要求。大家知道,十六届六中全会的主题是和谐社会的构建。和谐社会的构建对高等教育的发展提出了新要求:比如对高等教育质量的要求;对高等教育促进生产力的要求;对高等教育促进社会精神文明、政治文明建设的要求;对高等教育公平的要求等等。在和谐社会构建中最重要的一条,就是在资源共享方面,大家要公平。实际上高等教育本身,就从数量上来说,现在的供需关系矛盾已经不是非常突出了。只要高考成绩不是太差,考上大学不成问题,但要考上一所好些的大学就很难了,这是大家的基本共识。从某种意义上说,尽管高等教育发展到了大众化阶段,在很大程度上满足了人们对高等教育的需求,但高质量的高等教育仍然稀缺。所以,提高高等教育质量和水平是建设和谐社会的需要。同时中原崛起是河南省八次党代会提出的一个重要口号,也是整个河南经济社会发展的一项重要举措和一个重要战略。中原崛起尽管可以从多方面着手,但是经济仍然是中心。所以省八次党代会强调中原崛起"经济是中心、人才是关键、教育是基础、环境是保证"。从人才的角度尤其是培养高质量人才的角度看,高等教育的发展,尤其是通过整顿提高后的高等教育高质量的发展,对中原崛起是十分重要的。

第三个背景:对国内外大学共性的理性思考。我曾经在美国、澳大利亚、英国等国家和我国香港的8所大学工作或者学习过三个月以上,在国内学校呆过的有6所,一共是14所大学。仔细思考这些大学的办学特点可以发现,尽管国内外的大学在办学方面有很多不同之处,但它们都有一些共性特征,其中一个最主要的共性就是学术。所有这些大学都强调学术,通过学术这个核心竞争力来体现出各自在全世界的地位。在我们大学内部,尽管我们各个不同的群体关心或者关注的焦点不同,研究生有研究生关心的事情,本科生有本科生关心的事情,教师、中层干部、校领导等等,不同群体可能有不同的关注焦点,但就整个学校而言,大家关注的一个共性问题就是学术。因为学校的总体发展是靠学术来带动的。我认为,如果把整个世界大学的状况在一个坐标系中标识出来,坐标系左边的坐标表示为"学府"含量,右边是"政府"含量,那么欧美发达国家的大学更倾向于"学府",发展中国家,尤其是计划经济向市场经济转型的发展中国家更倾向于"政府"。如果我们把这个视野聚焦到国内,国内的一流大学像北大清华可能更侧重于学府,那些地方性大学、学院在管理上可能"政府"的味道更浓一些。所以,整个大学的核心都可以从学术这个基点上反映出来。

第四个背景:对河南财经学院发展阶段的现实把握。大家知道,经过23年的发展,河南财经学院已经取得了一些成绩:在校生规模已经达到15 000人,研究生规模也得到扩展,本科专业有32个,办学层次明显提高;在社会反响方面,整个社会的认可度不断上升。2004年,《河南日报》《大河报》曾经做过一个调查,在公众心目中,河南财经学院在河南省所有高等学校中排名第六位。河南财经学院对外的知名度也在大幅度提高,得到社会比较广泛的认可。23年的发展,在大家的共同努力下,在各级领导的正确领导下,我们确实取得了一些可圈可点的成绩,但同时也遇到了严峻的挑战。大家知道,学校的办学空间是个非常重要的挑战,这个挑战以后专题研究。今天我主要想谈一下办学空间之外的挑战。

一是办学层次的挑战。我校现在已有本科、硕士学位的办学层次,我们接下来就是要争取博士学位授予权。实际上大家更看重的就是这个人才培养的层次。我们更名、升格大学固然重要,但是从内涵的角度,人才培养层次的升格更为重要,而人才培养层次的升格,并没有其他方面如办学空间等硬性条件的约束。关于人才培养层次的升格,我们还有很多工作要做:比如学科带头人问题,有没有在全国很有影响的学科带头人,有多少;比如高层次成果问题,有没有可以拿到全国层面上竞争的高层次成果,有多少;比如高层次的项目问题、梯队问题等等。大家心中有数,这些都是问号,都有挑战。

二是学校影响力的挑战。客观上说,我校在河南省的影响力还是不错的,但冷静下来分析,我们仍有一些不足,仍有继续发展的空间,仍有明显的挑战。比如按照大学排名,全国1 700多所高等学校,700多所本科学校,2006年河南财经学院的生源质量在全国排名是133位,非常靠前了。但我校的综合排名基本上排在300名左右,有些年份在280、290,有些年份300多一些,远远落后于生源质量的排名。为什么?就是除了生源质量之外,其他方面我们没有上去,学校的综合实力与我们应该达到的目标有一定差距,影响了整个学校综合竞争力的提高。

三是教学方面的挑战。近一段时间,学校迎接教学水平评估抓了很多工作,取得了一些成效。但也遇到一些挑战,比如教风问题、学风问题、管理方面的问题。在教风方面,存在老师对教学的态度问题以及老师投入教学精力不足问题。为了教好课,我们是不是都拿出了一定时间来考虑教学;为了教好课,我们是不是进行了一些教学研究,开展教学反思。在学风方面,我们的学生是不是把主要的时间都用在了学习上,是不是制定了一个比较高的学习标准去认真完成。我知道有些学生的标准定得很低,只要及格凑合过去就行了,能拿到毕业证书、学位证书就万事大吉。今天来的研究生不少,大家要知道,研究生和本科生是有区别的,读研期间,你是不是能够真正奠定你的研究功底,在你一生的事业中,是不是确定了一个研究开端。在学校管理方面,尽管最近进步不小,但是总的来说,人治现象还是比较严重。人治现象的结果最后会导致官本位现象严重。高等学校本身是做学问的地方,大家都争相去做官,而不是埋头做学问,重官轻学,那就更令人担心了。

可以说现在学校进入了一个特殊的发展时期,在这个时候,我们必须理清思路,明确方向,才能实现办学水平上的跨越。

上面讲了今天讨论的主题背景,从全国的角度,从大学自身规律的角度,从河南财经学院发展的角度谈了一些背景。总的来说,"学术兴校"是高等教育大发展后调整提高的需要,是十六届六中全会和省八次党代会精神的具体落实,是国内外高等教育发展规律的体现,更是学校在23年发展基础上实现办学水平跨越,并为以后长足发展奠定坚强基石的重大举措。不仅仅是现在,马上要进行的教评,明年要进行的申报博士点,都与之有直接的联系。我坚信这一点,大家可以拭目以待,在整个学校发展的长河中,大家看一看它的地位。

二、解读"学术兴校"

(一) 对"学术"的解读

什么是"学术"呢?不同的人有不同的理解,在座有很多专家,咱们可以讨论,我这只是一家之言。我认为,所谓"学",从字面上理解,就是"学问、学识、知识"。那么"术"呢,就是取得或者传播这些"学问、学识、知识"的方法。"术"本身是一个技巧问题。我们知道"学"里面有零星的知识,也有系统的知识。我这儿更强调系统的"学问、学识、知识"。在此基础上,"学术"就是系统的、专门的学问,以及获取和传播该学问的方法。在高等教育领域,"学术"应该包括"教学、科学研究以及相关的辅助活动"。具体化一些,学术应该包括:科学研究以及探索发现、学科专业、教学活动、辅导活动、学术服务与交流、技术开发、服务支撑系统以及所有为此而进行的管理和服务等。比如科学研究以及探索发现,从自然科学的角度,主要是通过野外考察或者实验室的科学研究,对整个自然界的变迁规律提出自己的新发现;从社会经济相关学科的角度,主要通过观察和分析,研究社会经济变化规律。一言以蔽之,"学术"含义很广,广义上的学术,实际上包括高等学校的办学主体所进行的一切活动。本科生教学、研究生教学、科学研究、技术发明、科学普及等等,办学主体所进行的一切活动都可以包括在学术之内,都是学术工作。我们在座的每一个人都在从事与"学术"有关的工作。

"学术"与大家的关系非常密切,我想从两方面再进一步强调一下:

一是学术是大学的根本特性,是大学管理永恒的核心。学术这个特性,使得大学不同于其他的组织,不同于政府、企业、医院,不同于其他的事业单位。"学术"是大学的根本特性,大学是为"学术"而存在,"学术"是靠大学而发展和繁荣,两者之间关系密切。"学术"之于大学,好像粮食之于传统农业,机械之于制造业。农民辛辛苦苦劳作一年,就是要生产不同的粮食。汽车制造公司辛辛苦苦,就是要制造客户满意的不同品牌的汽车。而我们学校,教职员工辛苦努力地创造出的也是不同的学术产品,或者与学术相关的产品。实际上最后我们呈现出来的,与外界对接的就是我们的学术产品。

二是学术是大学生命力、竞争力和影响力的集中体现。这是从学校内部、高等教育内部、不同大学之间的比较来考虑。第一点是"学术"使大学不同于其他机构,第二点是"学术"又使大学之间出现差异。为什么有些大学好,有些大学不好呢?关键是"学术"水平不同。大学的生存靠学术,没有学术的大学,便没有生命力,预示着生命的停止,这不是危言耸听。如果一所大学的毕业生质量不高,不适应岗位需求,就表明这所学校制造出来的学术产品是次品,这所学校怎么能够生存下来呢!大学的竞争也主要靠学术,世界上的名校并不在于它的规模之大,实际上国际上很多名校并没有国内大学的规模大,牛津大学跟我们的规模差不多,也就是一万多学生。名校也不在于它的经济来源有多少,实际上国内211大学的经费已经非常充裕了。名校也不在于校园有多漂亮,咱们现在很多高校校园建的非常漂亮(当然这也很重要),但从根本上来讲,大学的排名、大学的影响力在于学校的学术,整个大学的竞争力主要靠学术。

国内提供大学排名材料的一共有七家:一是网大的排名,教育部的网站挂着它的排名;二是武书连的大学排名;三是全国研究生培养单位的一级学科排名;四是中国校友会的排名;五是中国本科院校办学能力的排名;六是中国高校竞争力评价的排名;七是上海交大的排名。

其中影响力比较大的是前两家。武书连教授成立了一个广东管理科学研究院,其主要产品就是大学排名,每年高考的时候,他都要出一本选大学、挑专业的书,那是他们的产品。还有一个就是网大排名。这两个排名都非常强调学术成果,比如说网大排名,它主要考虑六大因素:

第一个因素是学术声誉。占15%,就是100分占15分。它是怎么得出来的?就是请知名专家、学者、校长、企业家来评估。每年在全国数据库随机挑一些人,然后发问卷,对全国的高校评估,得出学术声誉的排名。

第二个因素是学术资源(2001年之前叫作学术地位)。占20%,100分占 20 分。就是博士点、硕士点、国家重点学科、重点实验室的数量。第一个因素一半与学术有关,一半与其他影响因素有关。第二个因素主要是学术,学术资源。

第三个因素是学术成果。占 22%,100 分占 22 分。他们挑选了七大论文检索数据库,国外有四家,就是我们知道的 SCI(科学引文数据库)、SSCI(社会科学引文数据库)、EI(工程索引数据库)、A&HCI(艺术与人文引文数据库)。国内有三家,一家是 CSSCI(中文社会科学引文数据库,我校的《经济经纬》去年进入了这个数据库)。大家可能记得,我在很多会上一直强调进入这个库的意义,未进入之前,你发表论文不能进入它的检索系统。因为今年刚刚进入,所以可能对大学排名的影响暂时反映不出来,估计明年后年才能反映出来,大家可以注意一下。一家是 CSCD(中国的自然科学检索数据库),还有一家就是新华文摘。

第四个因素是学生情况。占 12%。就是本科新生的质量和研究生占全校学生的比例。

第五个因素是教师资源。主要是指教师中的博士学位的比例、两院院士的人数、长江学者的人数。整个教师中的学历情况以及高层次人员的比例,只考虑院士、长江学者。

第六个因素是物质资源。就是科研经费、图书和教学研究用房等,占 12%。

上面六项指标,100 分中,80% 以上是与学术直接相关,其他的是与学术间接相关。

武书连的大学排名只考虑两大类因素:一个是科学研究,一个是人才培养,不考虑其他指标。科学研究只包括论文以及论文的被引用的数量,包括在上面七个检索数据库中发表的论文,以及被引用的数量。它尤其强调论文被引用的情况,论文被引用一次和发表一次给予同样的分数。被引用一次和发表一次的权重是一样的,我曾经和武书连讨论过这个问题,他说你发表的论文没人看有什么用!其他还包括奖励和专利等。人才培养就包括本科生的录取分数线,还包括学生的成果、科学研究情况。它有一个计算公式,就是研究生发表论文的数量,加上导师发表论文的数量,除以研究生人数。这是整个学生培养的指标。可以看出,科学研究,或者学术,对大学的影响是非常重要的。所以说学术是大学竞争力的集中体现。

学术也是大学影响力的集中体现。大学的影响力也主要靠学术,主要靠你有多少全世界或者全国有影响力的学术成果,靠你有多少名师,靠你有多少知名校友。牛津大学、剑桥大学之所以在世界闻名,当然有很多因素,牛津大学是英语世界中建校历史最早的学校,是整个英语世界大学的鼻祖,当然这就很有名气了,除此之外它靠什么呢?主要是靠它的成果、老师,以及学生的影响。剑桥大学有一个小酒馆很有名,酒馆旁边上面有一个很大的标志——DNA 的双螺旋结构,这个标志就是一个故事:一帮教授在酒馆聊天的时候,互相之间进行学术观点的碰撞,互相启发,考虑到了 DNA 的结构问题,在实验室进行研究,结果获得诺贝尔奖这样的成果。两个大学都有很多诺贝尔奖级别的成果,所以它的影响力大。教师也是这样。牛津大学有将近 100 名皇家学会的会员和 100 多名科学院的院士,剑桥大学也是如此。这两所学校在教师质量方面基本上不相上下,都有将近 200 名皇家学会会员和英国的科学院院士,所以牛津、剑桥的排名基本上就是第 1、2 名。它们的学生有巨大成就的人数也非常多。剑桥大学的学生和教师获得诺贝尔奖的数量是 82 位,居世界第一位。而牛津大学培养了 40 多位各国政要,有一个统计,1900 年到 1985 年间,英国政府 900 多位部长中,其中有 500 多位是牛津大学毕业的;11 位首相有 8 位是牛津大学毕业的,包括现任的布莱尔。所以它们是靠学生和教师来提高学校的知名度、影响力、竞争力的。可以说学术水平对学校的发展至关重要,学术可以看作是一切工作的核心。

(二) 对"校"的解读

关于"校"的解读,我准备谈三个问题:第一是为何我们提教学研究型;第二谈一下教学研究型的特点;第三是解读一下特色鲜明。

首先,为何提教学研究型。总的来说,学校的定位应该客观、科学、务实。基于这个考虑,我想谈一谈几所大学的定位。第一个是华东师范大学,在全国的排名在研究型比较靠后的位置,它提的是要建设高水平研究型大学。第二个是商丘师范学院,2001 年刚升本的大学,它提的是建设高水平的综合性大学。我们不对别人的提法有什么评论,我们只是做一个参照。第三个是西安建筑科技大学,它提出要建设国际知名、国内高水平的教学研究型大学。它的排名跟我们的基本相当,比如说它 2006 年本科生排名跟我们居于同样的位置,综合排名比我们稍高一点,但高的不多。基于我们对整个大学排名的理解,以及河南财经学院在大学排名的位置,得出一个比较客观、比较务实的考虑,我们在 2006 年的排名是 299 名,这与天津师范大学、山西师范大学、河南理工大学等56所高校位于同一个位置,排名靠前的基本上一个位次就是一个学校,越向后并列的学校越多,分数差距拉不开。我校新生的质量排名是133名,这个与西安建筑科技大学、西安外国语大学是并列的,这是在1 700多所高等学校中我校的基本情况。

我再对应说一下大学分类的情况,大学分类原则上依据各个大学的学术指标,主要是科学研究的指标,分为四类:研究型、研究教学型、教学研究型、教学型。具体怎么分呢？把所有大学的科研成果、科研指标,先按降序排列,然后累加到科研总成果占所有高校的黄金分割点61.8%为止,这部分是研究型大学。然后把上述这些大学拿掉,把其他的再累加到61.8%为止,这部分就是研究教学型。在第三类累加的时候,把研究生排名居第一的、有博士点的学校先列出来,把这些条件考虑进去,这部分是教学研究型。剩下的就是教学型。得出的结果是:研究型占6.83%左右,研究教学型占15.8%左右,教学研究型占23.8%左右,教学型占53.4%。700所本科院校,所有前三类加在一块,占的比例应该是47%,那么700所的47%,约330所。前330所应该属于前三类,研究型、研究教学型、教学研究型。我们刚才说300所左右同时要考虑50所左右是并列,我们的位置正好位于这两者之间,位于教学研究型和教学型之间,如果位于教学研究型,那么我们可能是位于教学研究型的后面。如果哪个年份我们成果少一些就掉到后面的一类,就位于后面一类前面领头的位置。在确定目标的时候,我们要有一定的前瞻性,不能把已经达到的某一个层次确定为目标,在务实、客观原则的基础上,考虑到前瞻性的可实现性,我们把学校的类型目标定位为教学研究型大学。可能在很多年份我们已经是教学研究型大学了,可能在某些少数年份我们成果稍低一点,掉在下面,但是我们仍把它作为目标,因为"教学研究型"前面还有修饰词,还要向特色鲜明来发展,需要继续进一步强化特色。如果掉到下面,我们更应该向教学研究型发展,从这个位次来看这个考虑是比较客观务实的。

其次,从教学研究型的特点考虑。教学研究型特点没有一个官方表述,我根据阅读的材料和自己的体会来谈。第一个特点是教学科研的并重,保持教学与科学研究的平衡与协调发展。包括在观念上、在资源分配上、在老师们的日常工作安排上,都要坚持教学、科研并重原则,两个应该协调发展。第二个特点是在教学上,在突出本科生教育地位的同时,要积极发展研究生教育。实际上就是本科生与研究生教育要达到一定的规模,具体占多大的比例,没有量化的说法。但是我自己考虑,研究型大学本科生和研究生规模应基本相当。像国内好的研究型大学都是本科生、研究生数量相当,每年招本科生三四千人,研究生也是三四千人。有些学校研究生数量甚至超过本科生数量。研究教学型大学的研究生比例稍低一些,比如河南省内的郑州大学、河南大学,研究生的比例是20%、30%,有些学校更好一点,达到40%,但基本上介于20%到40%之间。教学研究型再低一些,应该在20%或者10%到20%之间,我们学校现在还没有达到10%。第三个特点是在科研上,要围绕特色学科,推出具有创新性的成果,形成理论或应用研究的特色方向。学校不一定每一个学科都很好,应该有一些学科有一定特色和影响。

(三)对"特色鲜明"的解读

之所以提"特色鲜明",主要是不想用那些空洞的话来表述。因为要定高水平,什么是高水平,多少为高,高到什么程度,是比较抽象的。有一些学校定位为国内一流或者是国际一流,我认为,"国内一流"就很值得推敲,整个高等教育都已经与国际接轨了,最后标识的顶尖大学已经成为国际一流的时候,国内一流也就明显在上升了。比如北大、清华要瞄准国际最高水平的大学,要办国际一流,北大、清华是不是在中国国内呢,如果把北大和清华办成国际的,那么国内一流必须是国际一流。这个是值得考虑、值得分析的。我们避免用词"虚""空",就提一个"特色鲜明",感到这个比较具体。"特色鲜明"没有提"高水平",也没有提"特色鲜明的学科"就是"高水平学科"。但一般来说,把一个学科建成有真正特色的学科,把一个学校建成有真正特色的学校,本身要达到一定的程度和水平,这个特色才能表现出来。如果仅仅是人无我有,但质量不优,也不会被社会认可。具体到财经学院的"特色鲜明"主要指以下两方面:一是整个学校的特色,在全国大学方阵中已经具有特色。比如以前提到的以经济、管理、法学为主,多学科协调发展。一个是在学校内部,比如学科要具有特色,要在经济、管理、法学等学科形成一批有竞争力的学科带头人、队伍、成果等等。

(四)对"学术兴校"的解读

把"学术"与"校"用"兴"联系起来,如何通过强化学术来推进学校发展,促进学校向这个目标迈进。由于时间原因,我简单把要点谈一下:

第一,有利于突出大学的本质属性和遵循办学规律。通过强化学术,有利于人们充分认识到学术是大学的根本属性,要按照学术自身的规律来办大学。什么规律呢?我认为,学术本身的发展规律以及高等教育的发展规律有几点:首先是渐进性。不像建楼一样,只要有钱、有建筑队就可以建起来,学校的发展可不是那样。十年树木百年树人,认准了目标就要早日着手,临时抱佛脚来不及。其次是阶段性。一般情况下,按照中国大学发展的规律,一开始教学型、教学研究型、研究教学型,最后研究型。当然还有一种叫做分类指导,有些学校就定位于教学型,就一直朝着教学型发展就行了,不要再向上发展了,但是多数学校肯定不满于现状,要沿着台阶向上。最后是学科的差异性。世界名校也有相对比较弱的学科,各个学校认识到学科之间是有差异的,所以我们应该转变观念,按照高等教育发展规律办事。老师不要仅仅教书,还要进行科学研究积累。有一些老师抱怨课太多,没时间做科研;还有一些老师非常喜欢教学,想多教教课,教课的效果也不错,最后也得到相应的承认。两方面都会影响科学研究,一种是课太多,一种是认识不到位。大学发展到一定阶段需要老师们从学校发展的角度作一些相应改变,这两种情形都要根据教学研究型大学的建设情况逐步有所改变。教课的老师随着教师数量的增加能不能减少一些教课数量,做一些科研,有些老师做一点研究,拿到一定的项目,最后总报酬并不减少。

第二,有利于发挥大学的社会职能。首先是人才培养职能。大学的进口与出口之间最大的差异就是学生们的学术含量增加了,进来的时候是高中生,出去的是大学生或者是研究生,两者最大的区别是人没有变,性质没有变,但是脑子里的学术含量增加了。如果从生产价值链来考虑这个阶段我们叫做增值,主要增值在学术上了。所以我们要想方设法使他们增值,真正的物有所值,使他的增值到社会上能够发挥作用,成为社会上杰出的人才。从教师的角度,一定要教好课。一方面重视教课,但光重视还不一定会教课。不要只做教书匠,要做成教书大师。大师与教书匠最大的区别在于是否能把课讲活、讲透、讲得深入浅出。听过诺贝尔奖获得者的报告就会知道,他们可以把很深奥的东西用很简短的语言告诉大家,大家听的非常明白,反过来把那本书给我们,我们自己看不懂,让我们来教这个课,学生也可能听不懂。实际上只有研究达到一定程度才能成为真正的教学大师,我自己也有这样的体会。比如《经济地理学》,全国都在用,大家感觉教材比较难,但这本书是我主编的成果,在教师培训中,整本书说的是什么内容,我可以用一个小时通俗易懂地给大家讲清楚。所以要主动去做研究,去进行学术积累,要成为教学大师,不要只做教学匠。

其次是社会服务职能。大学服务要满足社会需求,也要具有引领性,尤其是自然科学研究、社会科学研究。有些情况下,我们不仅要根据社会的发展来服务社会,还要在某些方面进行超现代的研究,引领社会的发展。比如1978年南京大学教师提出来"实践是检验真理的唯一标准",这个本身就引领了整个中国社会一个阶段的发展,这是非常重要的。还要从现实的角度强化学术,不断满足国家和地方的需求,尤其是对我们地方性大学来说,更应该考虑区域经济社会发展的需求。现在我们要为地方的政治、经济、社会、文化四大建设服务,为四大建设做出贡献,同时也会得到社会的承认,社会就会把优越的资源贡献出来。

最后是科学研究职能。从科学研究的角度,通过强化学术,有利于激励科学研究。我们出台一些激励措施,促进大家都考虑科学研究问题。今年学校要考虑全体教师尤其是博士生的考核问题,这本身就是激励措施。我们学校以前引进的博士生待遇比较高,现在要同时给予一定的科学研究任务,把待遇和任务两者结合起来,促进这批人在科学研究中发挥作用。还有通过强化学术形成浓郁的学术氛围,有利于学术争论。鼓励大家发表一些不同的学术观点,叫板国际主流或者国内主流学术观点,形成浓厚的学术氛围。还要通过强化学术避免学术垃圾,提高学术质量。学校学术评估体系、学术评估指标的构建要以高质量高水平的成果为立足点。要树立学术研究信念,爱因斯坦曾经说过:科学研究有三种类型的人,一种是有动机或者有理想,一种是爱科学研究,一种是为了某些利益来进行科学研究。我们要通过强化学术鼓励更多的人为了理想为了爱好而进行科学研究,而不仅仅是为评职称。

第三,有利于促进大学管理。一是通过强化学术,可以进一步促进大学管理的制度化、规范化和程序化。大家知道学术界最大的特点就是科学性和规范化,要把这个引入到管理中来。大学管理有一部分是比较严的,人事管理、教务管理、后勤服务,要逐渐引入规范管理,加强制度管理,减少人为管理的风险。要让大家知道事情该怎么办,多少时间办,办到什么程度,这样就逐渐约束了管理者的权利,解决大家争相从政的现象。二是通过强化学术,建立柔性化的行政管理制度,提高大家的管理水平。大学管理,还有一部分应该是比较宽松的,对这部分要建立柔性化管理政策,比如学科管理、院系设置、学术人员、专家管理等等。第一点,学科之间应该是宽松的管理,不要非常严格,不要把学科之间的界限划那么清楚,建一个不透风的墙把它堵塞了,要大家共同在一个研究的前提下进行协商。与学科密切相关的就是系和院的设置问题,美国、澳大利亚、英国那些学校,它们的院和系管理都非常清楚,学院都是大的学科门类的汇集,在学院的框架下相关的学科组成学科群,大家可以进行各种各样的沟通、学习、研究。比如牛津大学,将近百十个系,现在只有四个单元:社会科学、人文科学、数学物理以及生命科学和医学科学。把化学中的研究分支分开,一部分分到数学物理和生命科学,一部分分到医学里面。澳大利亚、美国这些学校都是这样。我们国内的"系"变"院"就是原有名称的改变,不仅仅是咱们学校,包括其他名校,整个管理系统并没有变,学科专业越分越细,院系设置也是越来越具体,并不是真正意义上的学科集群,不利于学科之间的沟通。第二点,大学里的学术人员是属于个性化研究,一定要尊重学术人员个性化研究的特点,创造一种宽松的环境。大学和其他机构的不同就在于应该容许"怪才"出现,有时候正是这样一批人搞出了一批尖端的成果。前人长期的工作形成已有的知识、定理和学术观点,再按照常规的思路来思考,很难有创新和突破。很多时候就是那些"怪才"另辟蹊径,从另外一个角度得出了创新的结论。有部电影《美丽的心灵》,其中主人翁诺贝尔奖获得者就被人看作神经有些问题的"怪才"。所以大学就应该容纳这些非常特殊的人,给他们提供一些宽松的环境,让他们有机会发挥所长。第三点,注重专家管理,真正发挥学术权威治校的作用,促进大学管理的民主化,管理的角度要相对宽松一点。外行管理看数量,内行管理看质量。专家就是内行,知道大学真正该怎么发展,哪些是真正的高水平成果。为什么中国出现这么多数字,比如评职称就要求必须发表多少篇论文,原因在于有很多外行,看不出来质量,只能用数字来说话。只有真正有水平的内行才能看出质量来,一篇有水平、有价值的文章可以胜似千百篇学术垃圾。

第四,有利于大学的持续发展。这里主要讲三个观点。第一个观点是大学的学术精神具有凝聚作用。比如有些知名学者在一个学校工作,最吸引他的可能不是待遇问题,而是凝聚人心的学术力量。举个例子,剑桥大学,正教授工资的中位数,2004年的年薪为4.5万英镑,相当于美国同类学校中助理教授的工资。同样,牛津大学的工资也不是很高。但为什么那么多名人仍源源不断地凝聚到剑桥大学、牛津大学呢?就因为有一个凝聚人心的学术观念,有一种独立精神、批判精神、人文精神,有一种很好的学术氛围。再举个我校的例子,从2004年开始我们积极引进特聘教授,在待遇方面不受原有待遇的约束,但引进真正在全国有影响的学者非常困难。究其原因并不是待遇问题,是学术精神的问题,就是缺少那种看不见的凝聚人心的力量。

　　第二个观点是大学的学术精神具有激励作用。大学的学术精神是一种价值规范或者叫行为规范,是经过长期内化变成一种内在约束人们行为的学术良心和道德规范。为什么会有报道有些名校的教师年纪轻轻就自杀了?那是因为在那儿压力非常大。事实上没有人对他有约束,在那样的氛围之中内在的压力超过了心理承受能力,就做出了极端行为。我们不看压力带来的弊端,从另外一个角度来解读,在这个积极向上的氛围中,没有人强求你,你必须那样做,你不做自己就过不去,自己想干或者是某种神经牵制着你干,这种长期凝聚形成的大学精神或者学术精神具有内在的约束力和激励力。

　　第三个观点是大学的学术精神具有环境营造作用。大学的学术精神通过优秀的学风、教风、研风营造浓郁的学术氛围,直接作用于大学的发展。学术氛围的营造需要一个长期的过程,而这种优良氛围一旦形成,又具有长期延续的特点,它会支配着大学里的这群人,为了大学的持续发展而奋斗。

　　以上就是我对于"学术兴校"个人的理解,讲了什么是"学术",什么是"校",怎么来"兴",两者之间的关系。总的来说我觉得讲的是务实一点、人性化一点,因为今天是研讨性质,可以这样商讨着来谈。也可能今天所讲的这些与我们现在国内的实际以及我们学校的实际多少有一点距离,但为我们的研讨提供一个方向,通过这个研讨看看大学本身应该怎么发展,然后找出一个努力的方向,一步一步向前走。

理念思路明晰之后关键在于行动*

经过大家的努力,"学术兴校,建设特色鲜明的教学研究型财经大学研讨会"就要结束了。从 11 月 8 日学校党委提出"学术兴校,建设特色鲜明的教学研究型财经大学"的思路,到 11 月开启"学术兴校大型系列研讨活动月",全校各级各阶层积极响应,认真酝酿,并以各种形式从各个视角在理论和实践上展开了交流与碰撞。这次研讨会气氛热烈、畅所欲言、观点鲜明,有学校领导、院系部领导、机关处室领导、教师代表等 30 多位同志发言,每一位发言、每一条意见无不传递出大家关心财院、热爱财院、看好财院的良好愿望,全校上下无不为之感动、振奋,并受到激励和鼓舞。

学术兴校,建设特色鲜明的教学研究型财经大学,是现时背景条件下学校建设与发展的基本抉择,是新阶段、新形势、新目标的新追求,是财院人积极、主动、创造性工作的动力,也是我们坚持贯彻科学发展观、构建和谐校园的主要内容和任务。我们必须不断发展,也只能不断发展,否则既愧对前人创下的原有的发展基础,也愧对后人更上一层楼所追求的美好未来,更愧对我们现在泱泱万众之教职工生。

经过一个月的研讨活动,特别是这两天的研讨会交流,我们的办学理念越来越清晰,办学思路越来越明确,办学信心越来越坚定。现在就这次研讨会我再讲几点,算是又一次发言,与大家交流。

---

* 本文系作者 2006 年 12 月 28 日在学校"学术兴校,建设特色鲜明的教学研究型财经大学研讨会"闭幕式上的讲话。

一、这次会议形成了几个共识

（一）大家都认为"学术"能"兴校"，实施学术拉动是一个正确抉择。这包括大家对"学术兴校"概念的把握、"学术兴校"与建设真正大学的关系的认识和思考、"学术兴校"与河南财经学院的跨越式发展等。大家普遍感觉到新时期必须有新发展，而关键是要有新的发展理念、新的发展手段、新的发展机制。经过研讨，现在基本上达成了共识，就是"学术"能"兴校"，用"学术"来"兴校"，让"学术"在"兴校"的征程中发挥积极作用。

（二）大家都赞同"建设特色鲜明的教学研究型财经大学"这个类型目标定位。不同阶段应有不同的类型目标追求，也叫"类型目标定位"。学校23年的发展已经积累了一个单纯教学型向着教学研究型转变的基础，而面临新机遇、新挑战，更要求学校由教学型进入到一个有学术内涵、有教学水平、能按照现代市场经济体制要求以及经济全球化来培养一代创新型人才的新境界。显然，停留在原地故步自封是不符合大家期望的。事实上，无论我们是沾上教学研究型的边沿，还是居于教学研究型的末尾，改善和提升现有教学质量、教学效果的根本还是要加强教学研究，即赋予教学过程及其管理以学术性。教学研究型不是让教学与研究对立，而是要互动。按照学术思维，教学研究型既是指教育教学研究活动，也是指基础理论和现实应用研究活动，还包括所有围绕教学研究而关联的管理、服务性研究活动等。我们现在提出教学研究型大学并不是说马上就是教学研究型了，这只是一个定位、一个目标、一个追求、一个努力的方向，或者说一种动力，还需要我们去努力，去劳作，去争取。

（三）大家明确了"学术兴校"是一个涉及教学、科研、管理诸方面、诸环节、诸层次的广泛的概念。"学术兴校"不是某一个部门、某一些人的事情，不只是教务处的事，不只是科研处的事，也不只是人事处的事，是大家的事，是各部门、各阶层、各个教职工生共同努力、人人作为的大工程、大系统、大建设。

（四）大家都认识到"学术兴校""建设特色鲜明的教学研究型财经大学"的基本主体是人，是教师、学生、领导者。在既定制度及其规范条件下，教师作用非常重要。教师的学术意识、学术素养、学术水平、学术活动直接影响着整体学术的发展及"学术兴校"之"兴"起与否。所以，我们抓教学、科研、管理、服务,一切都要围绕和助推教师提升"学术"内涵为出发点和落足点,并依此形成相应的制度供给、环境供给、条件供给,而这个认识对于领导层面尤为重要。

(五)大家都理解了"学术兴校""教学研究型"的标识是学术研究成果。学术产品包括教学改革及其推广应用成果,优秀毕业生及其对学校的正面名片效应,教师指导学生参与省和国家"挑战杯"作品大赛名次;包括科研项目的等级和应用情况,高层次论文发表及复印率、转载率、引用率情况;包括重点学科、重点实验室、重点基地拥有情况,获得硕士点、博士点授权情况;也包括国际教育合作研究与交流情况以及教学管理、科研管理、人事管理、财务管理、后勤管理等情况。一个基本逻辑思维是:高校是培养人才的场所,而培养人才又主要是看培养人才的人,即教师的培养能力、水平,也即教师的学术水平和能力对教学、人才的影响效果。一个学术水平高的教师有可能培养出高水平的现代创新型人才,相反,简单的、混同于一般熟练劳动者式的"教书匠",充其量只是起传递的作用,不可能培养出真正的创新型人才的。

(六)大家都意识到"学术兴校""建设特色鲜明的教学研究型财经大学"的关键是要有一支高水平的学术人才队伍。这里边尤其是指高水平的学术带头人、学术合作、学术团队问题,面对新挑战、新目标,我们必须正视的最重大的问题,也是我作为校长一直关注和最为重视的问题,就是没有出类拔萃的人才,没有学术精英,没有一支特别能从事学术研究的人才队伍,我们可能什么都干不成。还有学术合作、学术团队问题,如果今天还是单打独斗,还是孤军奋战,是不会出真正的大作和大的成果的。"学术兴校"和"教学研究型大学建设"就是要引导和解决好这些问题。

二、这次会议中提到的几个问题

(一)关于"特色鲜明"及其定位问题。特色,是自己在同类别比较分析中确立的、相对于他人所不具有的某种优势或个性,特色可以是一个方面,也可以是某几个方面。比如从学科角度讲,我们的经济学特色是理论经济学,还是应用经济学?在理论经济学里,特色是劳动经济学,还是国民经济学?在应用经济学里,特色是区域经济学,还是产业经济学?学校有没有特色,主要看相对于别的高校这个学科的状况。特色,既取决于原有资源基础，又取决于现实创新发展层次程度，要孕育、支持和培养。我们要建设特色鲜明的教学研究型财经大学，就是要在现有财经学科基础上发现、发掘，生成一个或几个有发展潜力、能张扬个性、被同行、学界、社会看好的、有影响的学科，换句话说，我们要全力打造一个或几个在财经类领域，在省内外、国内外形成影响的著名学科。

（二）关于教学与科研关系问题。我的感觉是大家都认为两者不矛盾，是互动的，但为什么又提出这个关系问题呢？一些同志提得很具体，就是现时大量教学任务条件下，如何正确处理、协调教学时间与科研时间的均衡分配问题。这个问题我相信大多数教师是会合理调配的，我们是高校，高校教师本身都存在这样一个矛盾问题，关键是一个教师对教学和科研的认识、兴趣和研究的自觉性的问题。当你把他们看成是一种光荣的劳动、一种基本职责、一种创造、一种价值实现，这个所谓的时间矛盾应该就会迎刃而解。

（三）关于学术兴校与近期工作的关系问题。我们提出"学术兴校，建设特色鲜明的教学研究型财经大学"是不是会影响到现在的工作呢？我认为不会的，恰恰还会助推现在的工作。所谓近期的工作无外乎水平评估、冲博士点、和谐校园建设、校园文化构建等，这样几件事一个也不能耽误，哪一个都要抓紧、抓细、抓好，要寻求互动，要谋求结合。当前要切入这些工作，贯彻学术兴校和教学研究型大学建设，在"学术兴校，建设教学研究型财经大学"中推进我们的工作。"评估"推迟到2008年上半年，为我们赢得了很好的调整、整顿、提升的时间。"水平评估"的原则是"以评促建、以评促改、以评促管、评建结合、重在建设"，是要求提升教学质量等级水平，要求确实提高教育教学改革研究水平，所以请教务部门、评建部门能结合学术兴校、教学研究型财经大学建设，重新审视"评估"的组织运作。当然，也请有关处室就"冲博"问题提出具体运作意见方案，把"学术兴校"落到实处，让"学术兴校"结出果实。

（四）关于学术氛围和学术激励问题。这个问题大家应该提，提得好，学术研究、学术活动是需要学术氛围和学术激励的。现在普遍存在的"浮躁"问题、"学风"问题、"教风"问题，大家怨声载道，怎么克服？我看几个单位做得就不错，比如国际经济与贸易学院给专家学者配备了工作室，给高层次成果颁了重奖；工商管理学院计划2007年在高层次权威期刊上发表论文的奖励3万元，拿出全部可支配经费的70%用于教学研究、学术活动，特别是他们鼓励骨干教师外出参加国家级学术年会；信息学院的院长腾出自己办公室建设金融工程实验室；法学院科学调度教师授课时间，安排专门科研工作期;还有经济学系,这是个有名的穷系,但这次资助 8 名教师到武汉参加中国经济学年会等等。还有一些单位也做得很好,这就叫创造学术氛围,实施学术激励。所以,很多事情要主动思考,主动投入,不能解决的问题也能解决了,关键是要靠自己,不能等到别人来"兴"你,也不要总抱怨别人"兴"了,重要的是自己要主动"兴"自己。

(五)关于学术交流场所问题。目前还不能达到大家期望的条件,但我相信在不久的将来,这些问题将不成为问题,我们正在想尽办法争取东区建设重启。大家今天提的这些意见,我们会认真考虑,逐步落实的。

三、研讨会之后的一些工作

一是希望"学术兴校"活动月和这次研讨会之后,各单位,包括各机关处室也要开展研讨,让大家都动起来,融入新时期、新的大建设之中,就像教学楼中间连廊条幅写的那样,"大家齐努力,建设特色鲜明的教学研究型大学"。宣传部、网络中心等要及时跟踪报道。

二是会后要陆续出台一些相关的管理办法和文件,包括教学管理、科研管理、人事管理、后勤管理等,涉及到教务处、研究生处、科研处、学生处、人事处、财务处、后勤处等各个处室。比如人事处和科研处要会同有关部门抓紧出台权威期刊目录,人事处要出台职称工作具体办法、博士三年滚动考核办法等,这些问题都迫在眉睫地要研究、要解决。

总之,重要的是真抓实干,尤其是我们的领导干部,一定要从学校发展的大局和学校战略规划部署出发,按照十六届六中全会精神和省八次党代会要求,以"学术兴校,建设特色鲜明的教学研究型财经大学"为契机,全面改善和提升我校教学、科研、管理水平,为中原崛起做出我们应有的贡献。

研讨会结束了,研讨并没有结束。就"学术兴校"和"建设特色鲜明的教学研究型财经大学",还希望大家进一步就具体的问题开展不同形式的研讨。只要我们思路理清了,愿意积极主动投入精力,我们就一定能够达到预期目标,我们在座的这一群人、这一支干部队伍、这一批精英,一定会创造出学校新的辉煌!

学府与学术

我们要建设一所什么样的大学*

围绕"大学发展"这个主题,我们举办了"大学发展高层论坛"①,请了八位大学的领导做报告,还有3~4位由于工作安排问题,1月后来我校做报告。这些报告从不同角度,给我们以启迪,我自己从中受益良多。通过学习这些报告,结合我自己几年来对大学管理的思考,我想就"学术兴校、质量立校、特色名校、人才强校、制度治校"这二十个字,从办学理念和发展机制两个层面,谈一谈自己的一些认识和体会。

一、学术兴校是大学的办学理念

中国的大学是在十分特殊的环境下发展起来的,尤其是最近几十年来,大学的增长和环境间存在着十分特殊的关系。具体表现在以下四个方面:

第一,短期内快速增长。1978年全国有高校598所,2009年增至2 305所。30年增加了近4倍,尤其是2000年到2009年,9年增加2倍。河南,在20世纪80年代初仅有10所高等院校,仅有1所大学(郑州大学),而现在

---

* 本文系作者2011年1月12日在学校发展中层干部研讨会上的讲话,并以"以'学术兴校'引领大学发展"为题刊发在《河南教育》[J]2012,90(10)上。

① 河南财经政法大学组建之初,于2010年10月至2011年11月期间举办了10多场"大学发展高层论坛",邀请一些具有丰富管理经验和创新理念的大学管理者,就大学本质、大学理念、大学发展机遇和挑战等问题作专题报告,使广大教职工生开阔视野,启迪思路,形成共识,明确了学校今后努力的方向和目标。

发展到8所大学,40所高等院校,后者增加了4倍。

第二,大学发展不是市场推动的结果,而是政府主导的结果。大学应该是社会需求下逐步发展起来的,而中国主要是政府控制下的发展,社会需求到一定程度,再打开闸门快速发展,不是涓涓细流,逐步汇集,而是大坝型。如1963年到1978年由434所增加到598所,1978年到1985年增加至1 016所,到2000年基本稳定到1 041所,到2009年又增至2 305所。

第三,与政府主导发展相应,大学的发展与大学发展规律并不完全适应。尤其是多数高校是逐步梯升的结果,只是外部指标的简单加法,各种指标凑够就升一档次[中专—专科—本科(学院)—大学],但内部氛围、管理理念、学风、教风都难以随之发生突变。

第四,快速、奇特的大学发展中,出现了中国大学的一些特殊现象。1. 大学的社会定位中,大学的一般特性突出不够。社会并没有认识到大学是一种特殊的社会组织,必须以这种特殊组织的特性来确立其社会地位,引领社会发展。更多的是把大学作为准行政机构,接受和完成好政府下达的各种指令和要求。2. 大学内部行政化、衙门化突出。通过社会的影响(中国传统是官本位突出的社会),大学内部具有非常清楚的官阶,许多事情是围绕官阶,而不是围绕学术。这一点,在二流、三流高校更为突出。许多管理者认识到这一点,也无能为力。3. 大学的管理者多为低一级学校的原班人马。4. 大学本质、大学理念并不被全面理解。大学应该利用其特殊的创新学术来为中国特色的社会主义建设做出贡献。但办学者、管理者多凭自己的过去的经验来管理大学,并不强调围绕大学本质管理的特殊性。

在这种背景下,我们作为刚刚建立的大学,很有必要探索大学本质和大学理念,尤其是其公认的特点。因为办学理念引导着大学的管理,支配着大学组成个体的行为,对大学的发展至关重要。那么我们的办学理念是什么呢?我们可以通过对大学的理解来分析。

汉语的"大学"原指古代的一种学制(古代有"小学""大学"之分),延伸之意为青年和成人读书的场所。关于大学精神的阐述,最早表现为"大学之道"。"大学之道"包括修身立德,致用亲民。前者即格物致知而诚意正心,后者为齐家治国而平和天下。由此引申,国人对大学理解强调三点:

首先,"大学之大"首在大德。因为"大学之道,在明明德,在新民,在止于至善"。明德、新民、至善都是德的要求。一个大学有大德,才受人尊重,这个大德表现在哪里?第一,大学里面有大爱。大爱是指一种宽松、宽容的环境,一种以人为本的爱心。有了大爱,才能请得来、留得住大师,才能孕育创新性成果,才能在学者头脑中点燃创新的火种。第二,能够承担国家和民族的责任,忠于国家,忠于人民。第三,有一个对待物质利益最正确的态度,甘心为真理奉献。所以,大学是高雅的,不是世俗的。河南财经政法大学要办成一个有德形的大学,我们处在中原之地,有这样的传统和优势。

其次,大学之大还在于大学有大师。大师是兼具大德和大学问的人。著名大学是大师的摇篮,是大师的集聚地。有大师的大学才是民众羡慕和向往的大学。大师具有大学问,能够引领社会的发展。

第三,大学还要有优良传统和大楼。一所大学一定要有一个优良传统并且要持续地维护它,同时,大学还要有大楼。30年代,著名教育家梅贻琦先生说:"大学者,非谓有大楼之谓也,有大师之谓也。"那句话在当时是非常有道理的,但发展到今天,却需要变一下。优秀的大学一定是要有大楼。大楼是指能够使学者生存下去和能潜心为学的物质条件,使学者能够进行前沿研究的科学仪器设备等等外在的物质条件。大学没有大楼就对不起学生,对不起大师,也很难产生大的科研成果,大楼就是教学科研条件和生活条件。

在近代和西方交流以来,西方的"university"被对应译为"书院""大学堂""大学校"等,民国以后"大学"成为正式称呼。1895年中国成立第一所大学(北洋大学)。民国时期,效法的是美国的大学制度;中华人民共和国成立后,转为全苏式教育;1978年以后,逐渐引进美欧大学教育模式。所以,大学与西方的"university"既对应又有别。

英文中的"university"是由拉丁文 versus(趋向)和 unum(一)合成,是"合众为一"的涵义。可见西方的大学是"知识分子"集结的地方,是这些先知先觉之士"坐而论道"之处,它的基本特征是学术共同体。西方现代大学的核心是大气:坚持真理的志气、骨气、正气,自由讨论之风气,质疑前人之勇气。

综合中外大学的特性,应该强调大学是学府,不是政府,不是企业。政府内的最高权威是上级,命令与服从是基本行为模式,它的价值寻求是唯上的,只要有命令出现一定要服从。企业的价值以利益为导向,在企业中,谁是最高权威?谁的股份最多,谁的资本最多,谁就具有最高的权力。而学府的特征是以学术为导向,谁是最高权威?应该是真理,是高水平的学术,谁学术水平高,谁具有真理,谁就是权威。

大学的发展最主要的是学术的发展。一所大学能否被社会认可、能否获得较高的社会声誉,并不取决于它的规模和校舍,而更多地取决于大学的学术水平、所拥有的知名学者、所取得的丰硕的学术成果,以及它对社会发展实际产生的深远影响。学术是大学凝聚学者、服务社会的基础,大学的发展只能通过学术的发展来实现。

正因为如此,我们认为,在政治方向正确的大前提下,"学术兴校"是大学的核心办学理念。

学术之于大学的重要性,我们可以理解为以下四句话:

一是学术为魂。如果把大学比喻成有生命的人,学术就是一所大学的灵魂,是大学生命力的核心体现。没有学术,大学就没有生命,更没有大学的成长和发展,学术是大学赖以成长的基础。看大学的水准和品位,要看人们对学术的态度,要在大学营造"追求学术"的氛围。对学者本人来说,献身学术之人格、追求真理之精神就是他的品位。而对管理者来说,则要尊重学者的人格和崇尚学者的精神。追求学术不仅仅是学者的事情,也涉及管理层能不能营造这样的氛围,提供这样的条件。当对学术是以追求的精神来对待时,学术的目的就是高尚的,而不是功利的,这时候才有灵魂意义。

二是学术为本。学术是大学的根本特性,是有别于其他社会组织的本质标志。学术使得大学不同于其他的组织,不同于政府,不同于企业,不同于医院,不同于其他的事业单位。大学是为学术而存在,学术是靠大学而发展和繁荣,两者之间关系非常密切。学术使大学不同于其他机构,同时,学术又使大学之间出现差异。学术是大学的生命力、竞争力、影响力的集中体现,大学之间的竞争归根结底是学术的竞争,所以说学术是大学的立校之基、发展之本、力量之源。

三是学术为纲。学术处于学校工作的核心地位,抓住了学术,就抓住了核心,其他各项工作都必须突出学术、服务学术。学术贯穿于本科生教学、研究生教学、科学研究、技术发明、科学普及以及所有为此而进行的管理和服务之中,是以上办学行为的纲领。纲举目张,学校要科学发展,必须走靠学术聚人才、以学术保质量、借学术育特色、用学术促管理的良性循环、持续发展的道路。

四是学术为上。大学要对学术有崇拜之心、敬仰之心。要敬畏学术事业,敬重学术大师,推崇学术权力。大学的兴旺发达是以大学的学术实力为基础,如果大学放弃对高深学问的追求,就有被其他机构代替的危险。当大学处于学术的权威地位时,也是大学最有能力抵御外界控制与压力之时。所以,大学必须维护学术的尊严,坚守学术质量,创造学术权威,矢志不移地进行文化的传承和文明的传播。

所以,我们要确立"学术兴校"这个办学理念,以"学术"这个指挥棒统领学校的各项工作,依靠学术来提升学校的办学层次和水平。在"学术兴校"这个基本理念下,不同的学校、同一学校不同的发展阶段应有不同的理念特点。在我们大学刚刚成立阶段,应该首先确立这个最基本的大学理念。

二、质量立校、特色名校、人才强校、制度治校是大学的发展机制

发展机制对办学起着保障的作用。它是一所学校在较长一段时期内不断发展、持续发展的过程中,各项工作运行的原理、策略、程序与制度等等,能够落实办学理念,挖掘学校发展的潜能,保持学校发展的后劲。那么,能够落实我校"学术兴校"办学理念,挖掘我校发展潜能,保持我校发展后劲的发展机制是什么呢?在探索学校发展抓手之前,分析一下目前存在的不足,主要表现在以下几方面:(1)水平不高,高层次成果不多、不强,没有形成重视质量的氛围;(2)特色不特,与同类院校相比特色不明显,与河南同类专业相比特色不明显;(3)人才结构失调,尤其是缺少旗帜性人才;(4)制度厚度不够,表现为有形制度不健全,照章办事没形成风气;无形制度(制度文化)沉淀不厚重,激励制度力度不够。对照以上分析,我们可以将发展机制概括为:质量立校、特色名校、人才强校、制度治校。现在,我谈一下我对这十六个字的理解。

(一)关于质量立校

质量是办学基础,如果没有好的办学质量,一切将是空中楼阁,都将成为无本之木、无源之水,不可能赢得社会的认可,只有好的办学质量,才能使高校实现既扎扎实实又生动蓬勃的发展。正因为如此,《国家中长期教育改革和发展规划纲要(2010~2020)》的根本要求,就是高等教育要抓质量。从全国来讲如此,从一所大学来讲更应如此。一所大学要想在强手如林的教育界立足,必须有过硬的质量。

从人才培养的角度,学校是一个人人生长河的上游(如果把人生比作一条河流的话),大学是上游的下段,是上游与中游的交叉处。这是一个人由不成熟到成熟的过渡段。大学生之所以成为大学生,不仅因为年龄较大,而且因为他们开始接触高深学问,开始形成独立思考的能力,开始承担社会责

任。一个人怎样由不成熟到成熟,达到什么水平,由上游进入下游是什么状态,这个环节尤为重要。学生的性格、知识、能力、品行,基本上都是在这一阶段定型,所以说高质量的大学教育太重要了,它会影响学生的一生。

从大学发展的角度,质量是大学的品牌。据预测,2018年或成为高等教育的分水岭,此后,生源总量将会逐年下滑,市场竞争异常残酷,高校面临重新洗牌,缺乏核心竞争力的学校将面临危局,没有教学质量就没有学校和师生的明天。只有靠质量立校,形成大学的质量品牌,大学才可以安身立命,才可以做大做强。

从科学研究、服务社会和引领社会的角度,大学的质量高低会直接影响对社会的贡献大小,反过来又决定着大学的地位。大学的科学研究应该"顶天立地"。"顶天"就是指在学科前沿,做出引领学科发展、引领社会发展的理论成果;"立地"就是结合实际需要,扎扎实实地为地方经济、社会发展提供学科成果。从这方面讲,大学的研究是在未知领域的前沿上进行探索,即使在已知领域,也要体现一种怀疑和探索的精神。大学的社会服务功能体现在表象上是学术成果的应用化与人才培养的实用化,它们与学术理念直接相关。

提高教育教学质量是大学永恒的主题。数量的扩张一定有被客观条件限制住的那一天,但是质量的提升是没有止境的。这个质量指的是全面的质量,包括生源质量、师资队伍质量、教学理念质量、管理质量、科研质量等方面。学校的规模扩张有一定难度,但更难的是质量的提高,尤其是人才培养质量、科研成果质量,都不是一日之功。

(二) 关于特色名校

特色是什么? 特色就是不可替代性、独有性和不可模仿性。所谓办学特色,就是一所大学在发展历程中形成的比较持久稳定的、明显有别于其他大学的独特办学风格、独到的办学理念以及在人才培养、科学研究、社会服务、校园文化等方面的突出特色。特色是学校的水平、个性与影响力的标志,每一所大学只有彰显特色,才有存在的价值。特色是优势所在,竞争力所在,也是个性所在。因为有特色优势就有实力,有实力就有发展。有特色就可产生导向力,专业有特色可产生发展力,环境有特色可产生吸引力,校长有特色可产生感召力,教师有特色可产生影响力,学生有特色可产生竞争力。

不断创新是大学特色形成的根本,没有创新就无特色可言。特色包括办学特色(办学方向与办学理念、办学模式)、教育特色(教育模式和全面发展)、教学特色(教学思想、课程体系、教学方法)、管理特色(管理理念、管理制度、管理行为)、学科特色(学科高地或学科优势、学科群、学科布局或学科层次、支撑学科、学科交叉)。当然,任何一个高等学校都不可能是全能冠军,只能是单项或多项冠军,这些单项或多项冠军就是特色。一所大学只有认清自己的优势,找准自己的定位,保持自己的个性,才能办出特色,保持优势。

不同类型的高校办学特色的形成有所不同。有些是由于历史积淀形成的,有些是由于历史事件形成的,有些是由于国家特殊政策形成的,有些是由于院校调整合并形成的,有些是由于行业的特性决定的,有些是由于所处的地域特点决定的。一般来说,作为建校历史较短的地方院校,与历史传统等因素相比,地域特点对其办学特色具有更重要的影响。

说到特色名校,我不得不说一说学科建设。什么是学科?学科是人类在认识世界而形成知识的过程中把同类知识所进行的系统化的集合。在学科建设上,著名华人教育家、原美国加州大学(伯克利)校长田长霖认为:任何一所大学要成为世界知名大学,不可能在所有的学科上都有所发展,而必须集中力量先在一两个学科上有突破。当这个学科取得突破的时候,其他学科也会跟上来,而要把这个学科建好,最好的办法是让这个学科和其他学科形成互助的关系。反过来说,其他学科来配合这一两个学科。从他的思想里,我们感觉到一些学科建设规律性的东西。学科建设一定是扶强不扶弱的,所以在学科建设上不能搞平均主义,在学科建设上不能进行公平选择,一定要进行效率选择。学科一定是扶植和培育出来的,培育优势学科,把它做大做强,特别是把它做成国内第一、世界第一的时候,这个学校的特色就形成了。

所以,我们要构建独具特色的学科体系,一是侧重学科布局的个性化,有选择、有重点的进行学科布局。这种学科布局集中体现了大学自身的办学理念、发展定位、发展方向和自身特色。二是促进具备一定优势学科的跨越式发展,在一个或多个领域占据学术制高点。三是以现有学科为基础,拓展并生长若干具有潜在实力和优势的新兴学科。

(三) 关于人才强校

大学发展历史表明,没有一流的人才就不会有一流的大学。现代大学的一系列特征,诸如学校精神、校园文化、核心理念、创新能力、特色优势等等,无不体现在学校一代又一代的学者、教师、学生身上,特别是在学校各个发展时期有重要影响的人物得到了最为集中的体现。美国哈佛大学前校长科南特曾经就现代大学这个突出的特点作过精辟的概括,他认为"大学的荣誉不在于它的校舍和人数,而在于它一代代的教师质量"。① 因此,人才是现代大学强校之根本,这是几百年大学发展历史一个最基本的结论,也是我校确立人才强校的一个最根本的依据。

作为现代大学,最重要的是要有"大师",刚才在理解"大学"的涵义时,讲到大学之"大",要有学问精深、品格堪为学子楷模的大师。大学是大师赖以栖身的最佳学术场所,大学也只有聚集起一批大师才能成为学术的圣殿。

大师,是学校的旗帜,是学校地位、希望、实力的象征。学校的人员可以分为两类,一类是学校所依靠的人,是少数人;一类是依靠学校的人,是大多数人。在现代大学里,就是多数人依靠少数人吃饭,学校要依靠的那部分人就是大师,是旗帜型人才。大师没有可替代性,越向下替代的成本越低,越向上,替代的成本越高。大学要想方设法引进一些没有可替代性的大师,形成这样一个氛围。

同时,我们要围绕大师搭建学术梯队和创新团队。学术梯队就像金字塔,塔尖是学科带头人,其下依次是学科的主要骨干、学科的群众骨干以及管理人员。通过人才强校工程,广开人才培养渠道,激活人才引进机制,加快构筑高校人才资源高地,不断提高教师学历,改善队伍结构,形成学术梯队和创新团队。实践证明,一位站在教学、科研制高点上的优秀教师,可以带起一支学术梯队、形成一门优势学科、创出一个名牌专业。

在这里,我强调一下我的一个观点:什么是大学? 大师、教授、学生就是大学,他们始终代表着大学;有好的大师、教授、学生就有好的大学,没有好的大师、教授、学生就建不成好的大学。在目前这个体制之下,我们书记和校长的空间并不多,但是教授、大师的空间是无限的。我们的教授、大师走

---

① 柯君:《哈佛家训全书》,新世界出版社,2009。

多高,就把河南财经政法大学带到多高。因此,选聘好的教授、留住好的大师和培育优秀师资队伍永远是大学的头号工程,也是最重要的任务。当然,优秀管理人员也是重要人才,是大学发展不可缺少的,大家要尊重优秀管理人才。如香港大学2010年授予82岁的"三嫂"荣誉院士,对我们很有启发。

(四) 关于制度治校

现代大学是一个复杂的组织,人员众多,规模宏大,结构复杂,目标多样,任务繁重。大学又是一个开放的系统,与政府、企业以及社会的方方面面发生着广泛、深入的联系和交往,学校之间还面临着激烈的竞争。因此,制度建设对于高等学校组织的生存和发展,意义更加重大。从某一个角度来说,高校制度建设的作用主要体现在两个方面,一方面是规范,另一方面是激励。规范主要是日常运行的制度作用,激励主要是发展进步的制度作用。

在大学发展的过程中,大学内部制度起着关键性作用。大学是做学问的地方,是知识分子集中的地方。知识分子喜欢较真、讲道理。因此,学校做任何事都要讲原则、讲程序、讲公正,都要有章可依、照章办事,做到统一、公开、透明、合理。要做到这一点,就要建立比较好的机制。尽管大学靠少数人扬名、发展,但也离不开大多数人的共同努力。机制就是要激发每个人的活力,在自己的岗位上充分发挥自己的能力、积极性、天资和长处。因此,我们要建章立制,用合理化的制度规范我们的行为,用民主化的制度激励我们的行为。

当然,制度建设本身是一个非常复杂的工程。作为推进制度建设的一个重要步骤,尤其需要注重制度创新,提高制度的科学性和合理性。世界上不乏通过制度创新推进高等教育发展的先例。近代德国大学形成了两种创新制度:一是科研和教学相结合的实验室制度,二是以研究高深课题为中心的研讨班制度。这两种制度顺应了17世纪以来科学革命造成的知识分化的发展趋势,以及工业发展对人才培养提出的要求,有力地推动了大学的发展,使世界高等教育走向了一个新的历史阶段。哈佛大学选修制度的确立,也是高等教育制度创新的典范。19世纪60年代,美国工业化进程加快,新兴产业不断涌现,根据社会的需求,时任哈佛大学校长的艾略特(Charles W. Eliot)大刀阔斧地推行课程的选修制度,用选修制度冲击古典人文课程,引进新兴的实用科学知识。选修制度的确立,改变了高等教育的培养目标,促进了高等教育规模的扩大,重建了大学教学组织形式。我国近年来推行的学生缴费上学、自主双向选择就业制度,对于增加高校资源、扩大高校规模、推动教学内容和方法的改变,起到了十分重要的促进作用。

制度建设的另一个重要问题是维系制度的权威性和有效性。从一定意义上说,很多大学并不是完全没有制度或者说没有好的制度,而是一些好的制度得不到切实遵守和执行。出现此类现象,主要是因为:一方面,一些人遵守和执行制度的意识还不强;另一方面,大学的管理者只抓制度形式而不抓制度落实,这使制度的有效实施受到严重影响。任何制度都要经历一个从建立到不断完善的过程,任何制度的内容和形式都需要根据形势的变化不断丰富和发展。我相信,遵循合理、合法、民主、可行等原则制定的现代大学制度,在平稳、高效运行的基础上,一定能促进大学更好地发展。

另外,在制度建设上还应注意两点:一是严格的制度管理主要体现在行政管理上,在学术上,要尽量放松约束,提供宽松的环境;二是通过制度建设,强化教授治学、民主参与的作用。

通过对"质量立校、特色名校、人才强校、制度治校"的理解,我们可以看到,"质量、特色、人才、制度"是影响大学发展的四个关键要素。在大学发展过程中,抓住了这四个要素,建立了良性的运行机制,就能促进大学快速持续健康地发展。所以,我们说"质量立校、特色名校、人才强校、制度治校"是大学的重要发展机制。

三、"学术兴校、质量立校、特色名校、人才强校、制度治校"的操作设想

围绕以上讨论的20字办学理念和机制,我一直在思考学校下一步该怎么发展?发展目标该怎么确定?我们的目标是建设特色鲜明的教学研究型高水平大学。在未来5年时间内,我们要建设一个文化厚重、特色突出、美观实用的现代校区;获列国家博士学位建设单位规划;形成若干高水平的重点学科;在河南及周边地区形成重大影响。

为了实现这个发展目标,下面我谈一谈工作思路。

(一) 理念上要统一,思想上要重视

理念和机制的形成,不是一朝一夕的事情,是要通过长期实践累积才能实现。观念转变了,思想到位了,理念统一了,才有可能将学术摆到各项工作的首要位置,充分发挥学术的灵魂作用,才有可能将学校的总体发展思路与本部门的具体工作有机结合起来,遵循学术的标准和要求,将工作落到实处,才有可能真正将学术兴校的理念贯穿到我们的各项工作中去,形成"质量立校、特色名校、人才强校、制度治校"的学校发展机制。因此,我们思想上要高度重视这项工作,把确立学校办学理念和形成发展机制作为今后工作的主线,努力提高学校的核心竞争力。

(二) 四个发展机制的操作措施

第一,质量立校奠定学校发展基石。"质量为立校奠定基石"是办学的核心思路。教学质量是大学生存、发展的生命线,提高教学质量是学校工作永恒的主题。我们要以更名大学为契机,做到"建"有成果,"改"有实效,"管"有提高,多措并举、齐抓共管,不断强化教师的质量意识,切实做到思想重视质量,工作讲究质量,制度保障质量,以此实现人才培养质量的提升。

1. 从研究生培养角度,我们要重视培养质量,奖励优秀研究生、优秀硕士论文、优秀导师。

2. 从本科生培养角度,我们要重视专业建设,奖励名师、名课,对于优秀教师,要在课酬上有所体现。教师的上课质量不一样,课酬也要有区别。鼓励教师备好课、上好课,学好教学艺术,成为教书大师。对于教学名师,要在职称评定上给予特殊照顾。

3. 从教育教学的角度,我们要提倡创新性教学,2010年本科质量工程项目里有一个专题研究,就是创新性教学研究,包括创新性的教和创新性的学两个方面。教学方式进行改革创新了,学生的学习方式也会跟着发生变化。希望大家做好这类课题。

4. 从科学研究的角度,我们要改革我们的学术评价制度,从以量为主转向质和量并重,通过学术氛围的营造,要开辟并巩固一批在国内外有一定影响的研究领域,承担和完成一批国家及省部级重大科研课题,推出一批具有原创性、前沿性或重大应用价值的学术成果。我们还要改变考核方式,重奖

高质量、有影响的成果。

5. 从管理的角度,我们要大力提倡"研究型管理"的工作作风,在管理模式中要更加突出学术的重要地位,要求各管理岗位的干部和工作人员,以科学严谨的态度研究本管理岗位的工作规律、工作方式,研究各岗位之间协调、高效的规律,进而提高大学管理决策的科学化、民主化,强化行政组织的服务意识,提高学校的管理效率。

现在我校发展既要上规模,更要上质量。我们的整个发展战略为"规模稳中有增,内涵大步跨越,结构逐步优化"。因此,整个科研和教学都要在提高质量上下功夫。要通过深化教育教学改革,强化应用型人才培养;通过加强师资队伍建设,提高教师教学能力;通过扩大招生规模和优化结构,满足经济社会发展需求;通过强化制度建设,提高教学管理水平和效率。质量提升见效很难很慢,我们要十分重视。在过去几年内,我们通过抓质量,学位点数量从14个增加到54个,博士点建设也有很好的前景,但还需要我们作艰苦地努力。

第二,特色名校提供学校发展抓手。"特色为名校提供抓手"是大学形成品牌的关键。高校竞争力是由教师队伍、生源状况、办学经费、学科结构及水平、课题数量及档次和社会声望等显性因素和校园文化等隐性要素共同构成的。学校核心竞争力的培育,就要通过内部重组与整合,激活这些要素,使之形成优势和特色,才能提高核心竞争力。办学特色不仅是学校核心竞争力之一,还是关系到学校生存和发展的重要因素。随着高校分层分类发展趋势日趋明显,办学特色成为一所高校彰显自身价值、显示自身实力、谋求自身优势、扩展自身发展空间、扩大社会影响的支撑点。没有特色,就没有自身生存发展的空间和办学的生机与活力。

1. 从学校整体上来看,我们的特色是经济、管理、法学。河南财经政法大学的综合实力和学科建设与全国同类的知名大学,以及与省内郑大、河大相比还存在不小差距。但是我们的经济、管理和法学还是有较好基础的。今后一段时期,我们要突出特色学科,加强优势学科,形成若干适应国家和区域经济发展需要,具有较强知识创新和技术创新能力的重点学科和优势学科群。进一步整合现有资源,充分发挥学校现有的经济、管理、法律等主干学科的科研优势和特色。注重基础研究,加强应用研究,培育新的特色研究领域,逐渐形成特色鲜明的学术流派。同时,要坚持以市场为导向,继续开展国际实验班的有益尝试与探索,逐步推广先进教育模式,加大培养国际复合型人才的力度。继续加大国际交流力度,拓展国际交流的范围和层次,充分利用发达国家的优质教育资源,巩固并扩大已有的交流成果,在联合办学的层次上取得新突破。

2. 从单个专业来看,各专业也要有自己的特色。我们要在集中力量发展优势的同时,充分发挥特色学科的融合、渗透、辐射作用,拉动相对一般的学科和专业,从而提升学校的综合实力。

3. 从科学研究上来看,我们要围绕着特色学科,推出具有创新性的成果,形成理论或应用研究的特色方向。学校不一定每一个学科都很好,起码应有一些特色学科具有重要的影响力。

4. 从地域特色上来看,作为地方院校,我们要为区域经济服务好。地域文化和地域资源,既是科学研究的对象,又决定并影响办学特色的形成与发展,越是具有鲜明地域特色的文化,越是能够培育、滋养学校的特色。世界一流大学有世界性特色,全国一流大学有全国性特色,地方大学有地方性特色。河南地处中原,是一个欠发达的农业大省,近年发展又十分迅速。所以,我们学校的地域特色研究要在中原经济区发展、农业相关行业发展、后发地区快速发展、中小企业等相关经济、管理、法律问题上多下些功夫,争取形成我们独有的特色。

第三,人才强校打造学校发展引擎。"人才为强校打造引擎"是大学发展的动力。高校要聚集和依靠高水平、高职称、高学历的人才,才能提高更新知识、创造先进文化的能力,才能保持学校教学、科研和社会服务鲜活的生命力,才能有效地保证教育教学质量,办人民满意的高等教育,才能在日趋激烈的高等教育竞争环境中获得生存与发展的动力。

1. 在师资队伍建设方面,一是制定以学术创新为核心的学校人才政策,形成以能力为基础的人才评价政策、以成果为基础的人才激励政策和以贡献为基础的人才奖励政策。二是建立优秀教师梯队,从国家级特聘教授、省级特聘教授、优秀教授,到优秀副教授、优秀博士,搭建基于学科的人才团队和基于项目的人才团队,以此形成学校的人才体系。三是要高薪聘请学术带头人,努力开发造就大师级人才。通过合作科研、兼职教授、短期工作等方式,采取团队引进、创业引进、智力引进等形式,广泛吸纳国内外高层次拔尖人才来校工作或服务。对在国际国内学术界有一定影响,具有创新性构想和战略性思维,能带领本学科跟踪国际学科前沿并赶超国际水平的学科带头人,在安家费、科研配套经费、住房等方面实施特殊政策。

2. 在管理队伍建设方面,要加速建设高水平管理干部队伍。学校要通过岗位培训、学历继续教育、短期挂职等措施,增强干部培训的实效性,加强管理队伍的建设和后续干部的培养,不断提高管理干部队伍的整体素质。要以服务态度和能力建设为核心,切实提高决策领导层的服务意识和科学决策能力,提高管理执行层的贯彻执行能力,增强凝聚力,激发创造力,努力造就一支服务型、务实型和开拓型的管理干部队伍。

第四,制度治校形成学校发展保障。如果说大学理念是大学生存与发展的灵魂,大学制度则是大学生存与发展的条件和保障。制度界定了人的活动范围,规范着人们的社会关系和社会交往规则,告诉你什么该做,什么不该做,保证着大学正常的运行秩序。但是僵化的、不合时宜的制度也能阻碍大学的发展。因此我们要根据现代大学的要求,一方面加强大学制度建设,促进大学制度科学化;另一方面,维护制度的权威性和有效性,增强实施效果,提升管理人员的执行力。同时,要适时进行制度创新,从阻碍大学发展的关键问题入手,进行总体设计,分步实施,逐项进行。

今后学校将在人才培养、教师聘任、教学评价、科学决策等方面进行管理制度创新,进一步增加制度管理空间,缩小人为管理空间,遇事做到先议章,后议事;只对程序,不对个人。同时,我们对外要根据实际情况,按照有利于学校发展的思路,采取灵活的措施,争取学校利益最大化。

归纳起来,这20字的办学理念和发展机制,可以理解为"学术是灵魂、质量是基石、特色是抓手、人才是引擎、制度是保障。"

(三) 实施"学术兴校行动计划"的初步构想

我有一个初步想法,就是在近一两年内出台一个"学术兴校行动计划"。目前,思考的还不十分成熟,先讲出来,供大家讨论一下。这个计划应该包括几个工程:一是理念工程,确立"学术兴校"的办学理念;二是人才工程,启动多层次的人才培养措施,在高层次人才引进上进行超常规的投入。另外,适时酌情考虑建立终身教授制度、学术休假制度等等。三是特色工程,重点扶持2~3个有代表性的学科,产生一批原创性的科研成果,要争创中国一流,要在个别方向上在世界上有影响。四是质量工程,包括教学质量、科研质量、管理质量等等,要进行人才培养创新、科研创新和管理创新。五是共建工程,在重点学科上与国内名校、国家重点学科建立共建帮扶关系,有针对性带动我校学科发展。实施这个计划以后,要形成"尊重学者、崇尚学术"的校园文化软环境,建立适合学术发展的管理体制和机制,使主要的学术指标数量大幅增加,其他可排序的科研要素指标大幅前移。

以上就是我今天重点想给大家交流的三大问题。概言之,第一是学校的办学理念,希望大家能认同;第二是学校的发展机制,希望大家共同努力来考虑,并逐步去运行;第三是措施,共同研究,在研究的基础上变为实施意见。理念是先导,机制、计划和措施是保障,只有将他们统一起来,我们建设"特色鲜明的财经政法大学"的目标才有可能实现。

地方大学应培育好发展理念*

一

大学之于中国,并非舶来物。中国古代大学有两个源头,一是太学,是官办的大学;二是书院,是民间的大学。但现代大学却源于欧美。梅贻琦在《大学一解》开篇就说:"今日中国之大学教育,溯其源流,实自西洋移植而来。"由此,中国高等教育历史发展可分为三个阶段:自传说五帝至清朝末年为"人文"阶段,近百年来为"科学"阶段,正在发展为"人文·科学"阶段②。严格意义上的中国近代高等教育不是中国古代高等教育的自然延伸,而是在西学东渐潮流的冲击下,在近代中西方文化冲突、碰撞、综合的过程中,所出现的具有明显的创新、融合、转型特征的新事物。

与现代大学成长相伴生,现代大学制度在欧美不断地发育与完善。近代中国大学管理者们,在开办大学的过程中,十分注重吸取欧美现代大学的精华,把现代大学运行中的一般特性与中国的实际相结合,创立了中国早期的著名大学和大学文化,期间留下很多隽永的教育理念,比如"中学为体,西学为用""学术自由""教授治校""文理"并重、"通识教育"等。这一时期的大学教育,处于中西方文化的夹缝之中,其发展理念印刻着很深的欧美大学的痕迹。以此为主流,支配着20世纪前叶中国的大学发展。

---

* 本文系本书作者主编的《大学发展与理念创新》,河南大学出版社,2012,序言。
② 涂又光:《中国高等教育史论》,湖北教育出版社,1997。

新中国成立后,领导者们十分重视高等教育。但受制于意识形态的分歧和西方的封锁,高等教育照搬了苏联的大学体制和管理格局,对于近代中国教育界前辈对中国大学体制的探索和引进世界先进教育思想而形成的中国现代大学教育给予了全盘否定。从办学思想、教育方针、大学体制到教学组织、教学内容全面学习苏联模式。在教育体制上,将原有的包括文、理、工、农、医、师范等多种学科的综合大学改组为单科大学和文理科综合性大学;在科系设置上,建立了以专业为核心的专门人才培养体系,形成了与社会生产各个部门相对应的专业。这两方面的改革构成了新中国大学的基本模式,对半个多世纪以来的中国高等教育的发展产生了广泛而深刻的影响。直到今天,我们仍然可从教育体制、教学模式乃至一些大学的建筑风格,看到学习苏联教育的烙印。

"文化大革命"的10年浩劫,使中国高等教育遭到致命打击,学校关门、教师下放、学生流失,正常的大学招生中断。1966~1969年四年未招生,从1970年开始招收工农兵学员。1970年全国在校大学生规模比1949年还少59%,达到了新中国成立后的历史最低点,相当于1939年的规模。在这一时期,中国的高等教育发展跌入了历史的低谷。

改革开放以后,中国高等教育重获新生,步入了快速发展的轨道。伴随着经济和政治体制改革的深入,中国大学开始围绕着落实办学自主权、学术自由和大学自治等方面进行了一系列改革。这种改革又在某种程度上打破和改变着20世纪50年代所确立的制度和模式。在学校发展和招生规模上,经历了几次起伏。1977年恢复高考后,快速发展了2~3年。从1986~1991年,根据国家在全国范围内所进行的人才需求预测以及毕业生分配难等问题,高等学校基本保持了6年基本稳定不变的局面。1992~1993年,邓小平同志的南行讲话中的"经济发展,科技、教育先行"的观念,刺激了高等教育短期的大发展。经过1994~1998年的低速发展后,1999~2005年高等教育进行了较大规模的持续扩招。

纵观中国大学移植西方大学本地化的发展历程,有过短暂的快速发展,也有过曲折和迂回。但近百年来,中国大学的发展和环境间存在着十分特殊的关系。几次较大的起伏和波动,这主要是政治环境、经济波动和计划经济体制下对教育发展行为约束的结果。经过清末、民国、新中国成立后的17年和改革开放不同的历史阶段,中国大学也逐渐发展与健全了传播知识、科学研究和社会服务的职能。但随着我国社会转型与制度变迁,特别是市场经济对大学的强力渗透,使大学在办学过程中出现了功能异化和功利化倾向,以至于有悖于大学的本质。现代中国大学无论跟过去的大学比,还是跟外国的大学比,都缺少一种异彩纷呈、特色鲜明的办学理念和大学精神,大学的本质远远没有得到体现。英国教育家洛克说过,"教育上的错误比别的错误,不可轻犯,教育上的错误正和配错了药一样,第一次弄错了,绝不可能第二次第三次去补救,它们的影响是永远洗刷不掉的。"[1]因此,我们应该反思大学的本质和精髓到底是什么? 应该积极引入国际上先进的管理理念,努力发展自己的大学,管理好自己的大学,不可轻犯教育上的错误。

二

功能可以发展,本质不能改变,这就是办现代意义上大学的"原则"。现代大学的本质到底是什么呢? 众所周知,中世纪欧洲大学是现代大学的共同渊源,其在发展过程中逐渐形成的一系列制度和原则,为现代大学的建立奠定了坚实的历史基础。中世纪的大学就像一座"为学问而学问"的"象牙塔"。从某种意义上,"象牙塔"就是大学的原点和大学的本质。虽然大学在从欧洲向非欧洲的移植与传播过程中,并不是完全照搬其形态和功能的范式,但世界各国大学,不论历史之长短、规模之大小、水平之高低,均会因其有共同表征而互认。这个共同表征就是从"象牙塔"演化抽象出的学术。大学作为一个保存知识、传播知识、发现知识和应用知识的组织机构,学术是大学的本质所在,是大学形成与发展的内在根据。

中国早期的大学发展也是遵从学术的本质。但出于社会经济的需要,其功利性也在不断增强。特别随着社会转型和制度变迁,大学的功利化倾向更为明显。首先,中国大学发展不是市场推动的结果,而是政府主导的结果。大学正常的发展应该是社会经济综合发展的产物。它应该像一条河流一样,随着汇聚的水量而逐步变大。但中国近几十年大学的发展,像大坝对河流的人为调控一样,可以在短期内出现萎缩或猛增,在政府主导下,大学的发展谷峰交替,差别明显。其次,与政府主导发展相应,大学的发展与大学发展规律并不完全适应。多数高校不是逐步梯升的结果,只是外部指标的简单相加,内部氛围、管理理念、学风、教风都难以随之发生突变。再次,在快速、奇特的大学发展中,中国大学出现了一些特殊现象。在大学的社会定位中,大学的本质特性不够突出。社会并没有认识到大学是一种特殊的

---

[1] 约翰·洛克:《教育漫话》,人民教育出版社,1985。

社会组织，更多的是把大学作为准行政机构，因而大学内部行政化、衙门化突出。忽视大学管理，忽视大学的精髓，想当然地办教育，行政化的办教育已经严重影响大学的发展。大学内部管理围绕的是官阶，而不是围绕学术。大学本质、大学理念常常被忽视。因此，坚持大学的学术本质，对于现代中国大学的发展尤为重要。

在这种背景下，我们做为刚刚建立的大学，很有必要在大学本质和大学理念上加深理解，形成共识。为次，我们举办了"大学发展高层论坛"，邀请了南京大学党委书记洪银兴、吉林大学原校长刘中树、江西财经大学原党委书记伍世安、中南财经政法大学党委书记徐敦楷、西南财经大学校长赵德武、郑州大学原校长曹策问、郑州大学党委书记郑永扣、河南大学原校长王文金等国内著名大学的管理者给我们作报告。我们的初衷是邀请一些具有丰富的大学管理经验和创新理念的大学管理者，就大学本质、大学理念、大学发展机遇和挑战等问题，给我校的管理者们上上课，换换脑，进一步开阔视野，启迪思路，明确今后的方向和目标。为了使"大学发展高层论坛"产生更深入的实效，我们组织了一系列活动。学校的教授、副教授以及中层干部作为听众参与了论坛举办的全过程。学校根据录音整理印发了这些专家学者的报告材料，要求各单位组织学习。在此基础上，学校还举办了"学校发展研讨会"，就办学理念、学校定位、发展思路、改革措施等方面进行了广泛的讨论和交流，更好地谋划和促进学校平稳较快的发展，加快建设独具特色的河南财经政法大学。这本书就是邀请国内著名大学管理者所做报告的精华的汇集。

三

南京大学党委书记洪银兴书记以"关于大学发展及其管理的几个问题"为题，首先从南京大学的发展情况谈起，详细阐述了大学的三大职能，即科学研究、人才培养、社会服务在大学科学发展中的重要意义；其次从通识教育、专业培养、分类指导三个方面深入讲解了南京大学在人才培养方面的做法；最后就如何提高大学地位与国际影响力进行了深入阐述。

吉林大学原校长刘中树教授以"新世纪中国大学办学理念的思考"为题，从二十一世纪的大背景出发，探讨了新世纪中国特色大学使命的问题，指出了学生培养、学科建设、科学研究、师资建设、管理队伍建设是大学建设的根本，强调了依法治校、以德立校是大学管理的两个手段。

江西财经大学原党委书记伍世安教授以"大学的理念及其治理"为题，分别就大学的演进、大学理念、大学功能、大学特征、大学文化、大学治理和大学崛起等七个方面对大学理念及治理做了深入而细致的阐述，并紧密结合江西财经大学的实际情况谈了自己对于高等教育及大学发展的认识。

中南财经政法大学原党委书记徐敦楷教授以"财经政法类高校教育管理及其发展"为题，从中南财经政法大学的办学实践出发，结合学校历史渊源，详细阐述了中南财经政法大学的办学理念，并从高等教育发展规律、差异化竞争等方面分析了当前财经、政法类高等院校在发展中面临的形势和挑战，结合中长期教育发展规划纲要，从提高教学质量、学习借鉴国外先进办学经验、创新人才培养等方面提出了应对措施。

西南财经大学原校长、现党委书记赵德武教授以"高等财经政法教育改革与发展：时代背景与战略选择"为题，从"经济社会视角"和"区域经济发展视角"两个方面分析了高等财经政法教育改革和发展的时代背景，强调当下发展战略的主题是"质量优先、内涵发展"，发展主线是"体质机制改革创新"，并从特色发展、人才强校、改革创新和国际化四个方面深入分析了西南财经大学的战略选择。

郑州大学原校长曹策问教授以"关于现代大学的追溯"为题，从东西方文化的差异谈起，论述了古代西方和东方高等教育制度的不同特点，详细分析了社会需求与学科分类之间的关系。并结合现代社会的时代背景和自己的工作实践经验，针对现代大学的三大职能问题发表了独特的见解。

郑州大学党委书记郑永扣教授以"合并背景下的学校管理"为题，结合自己的工作经历，就合并背景下的学校管理问题讲了三方面的内容：一是抓住合校机遇，增加学校综合实力；二是切入治理结构，完善现代大学制度；三是培育大学精神，增强学校的文化软实力。

河南大学原校长王文金教授以"谈谈大学管理与班子建设问题"为题，针对学校管理以及学校初期融合问题谈了五个方面的问题：一是强化大局意识，避免分散与内耗的弊端；二是强化学习意识，明确自己的办学方向；三是强化定位意识，明确学校与个人的位置与责任；四是强化制度管理意识，养成依法依规的办学议事习惯；五是强化个人行为、素养意识，形成和谐共荣的局面。

四

在中国高等学校中,地方性大学数量十分庞大,占到本科院校总数的90%以上,是中国高等教育的主体。在一定意义上讲,地方性大学的发展水平,决定着我国高等教育事业的总体发展水平。但中国的地方性大学普遍存在基础薄弱、优秀师资欠缺、经费不足、教学科研与社会脱节、科技成果难以转化为现实生产力等问题,不同程度地制约着学校的发展。与此相关联,地方性大学还存在办学目标趋同、机制不活、特色不明、学术权力不到位等现象。如果我们建立一个坐标系,一边是官府化指数,一边是学府化指数,那么地方性大学比国家大学更偏向于官府化;同样,中国大学比西方大学更趋于官府化,更远离学府化。与此相应,新建大学比建立历史悠久的大学在学校治理方面又显出对学校本质的忽视。因此,地方性大学,尤其是地方性新建大学,在发展竞争中属于弱势群体,提高办学质量更加困难。

在这样的背景下,我们作为新建的地方性大学,一方面要充分认识我们发展的缺陷;另一方面,更为重要的是,我们要正视这种缺陷,想尽办法加以弥补。从大学成立伊始,我们就确立向中国和世界上最好的大学学习,努力建立现代大学制度的目标。我们积极倡导"学术兴校是大学的核心办学理念",强调"学术为魂、学术为本、学术为纲、学术为上",将学术看成是大学赖以生存和发展的灵魂,使学术处于学校工作的核心地位,对学术形成信仰和崇拜,努力在大学营造"追求学术"的氛围。尽力在办学实践中处处体现学术的作用,强化学术管理,坚持依法治校、民主管理、自主办学,建立教授治校、教授治学的管理模式,规范学校行政管理行为,抑制行政权力膨胀,努力创造有利于钻研教学、科研创新、人才成长以及大师形成的良性机制。

大学的管理是一种极其重要的事业,非常光荣,但也需要奉献;大学管理是大学管理者的重要职责,但也需要社会的关注、支持和理解,需要大学全体人员的参与、包容和奉献。大学管理模式的探索与各种环境密切相关,大学管理的改革是中国改革中至今还没深刻触动的一个角落。让我们一起努力,在欠发达地区这所新成立的地方性大学发展中,进行我们的探索!

让大学回归学术本位*

学术委员会制度改革是推动高等学校改革和发展的一项重要举措。2012年9月6日,校长办公会议专题研究,决定成立新一届学术委员会筹备组,并正式启动筹备工作。今年年初学校把建立和完善学术委员会制度列入了行政工作要点。经过筹备组的辛勤工作,形成了学校学术委员会章程。下面我就建立新一届学术委员会的重要性、基本思路、主要过程和基本特点谈一下看法。

一、建立新一届学术委员会的重要性

第一,是贯彻国家教育法律法规的迫切需要。高等学校肩负人才培养、科学研究、社会服务和文化传承与创新四大职责,其根本特性可以概括为两个字——学术。学术是高等学校的立身之本,生命之源,是学校一切工作的源动力。《高等教育法》第四十二条明确提出高等学校要设立学术委员会,审议学科建设、专业设置;审议教学、科学研究计划方案;评定教学、科学研究成果等有关学术事项。《国家中长期教育改革和发展规划纲要》第十三章第四十条也明确指出高等学校要充分发挥学术委员会在学科建设、学术评价、学术发展中的重要作用,积极探索教授治学的有效途径,充分发挥教授在教学、学术研究和学校管理中的作用。《高等学校章程制定暂行办法》

---

* 本文系作者2013年3月21日在学校新一届学术委员会组建动员会上的讲话。

(教育部令第31号)中明确规定学校要设置学术委员会、学位评定委员会等学术组织,保障学术组织充分发挥咨询、审议、决策作用,维护学术活动的独立性。学术委员会作为高校学术权力最重要的表达方式,在现代大学制度建设中有着举足轻重的地位与作用。现代大学制度的核心是"党委领导、校长负责、教授治学、民主管理",确定学术委员会独立行使职权的过程,也是重新理顺行政机构与学术机构、行政权力与学术权力、管理者与教授之间的关系,建设现代大学制度的过程。其中的关键就在于让大学回归学术本位,弱化行政部门对学校的干预,将学术权力归还给学术委员会和教授们,充分发挥教授在学术管理上的主导作用。

第二,是推进学校教学和科研创新的重要举措。高校的发展已经证明,如果没有很好的学术氛围、学术条件和学术成果,一个学校很难在高校激烈的办学竞争中立足。充分发挥学术委员会对学校学术工作的协调、咨询、研究作用,有助于活跃学校学术气氛,激发教师从事研究工作的热情,调动和保护研究人员积极性和主动性,有助于提升学校的学术研究水平和能力,扩大学校在省内、国内学术领域的影响力和知名度。因此,我们要创造学术氛围,学术问题学界讨论,民主决策,避免行政权力干预学术权力,保持学术的相对独立性,以使学者、教师专心考虑学术工作,充分发挥学术委员会在学校教育和科技创新中的重要作用。

第三,是推进学校改革、实现学校发展目标的现实需要。在中国计划经济向市场经济迈进的过程中,高等教育改革是最后一块阵地,大家有许多反映。美国加州大学伯克利分校前校长田长霖曾说过:"在美国,哪个大学的教授委员会力量大,哪个大学就有希望在竞争中获胜"。[①] 美国当时的哥伦比亚大学校长、后来的总统艾森豪威尔请1944年诺贝尔奖获得者Rabi教授演讲时说,"在众多雇员中,你能够获得那么重要的奖项,学校以此为荣"。Rabi回答:"尊敬的校长,我是这个学校的教授,你才是学校的雇员。"[②]我校合并更名大学以来,学校各项事业蓬勃发展,呈现了良好的势头,但离实现"学术兴校"战略和"加快建设特色鲜明的高水平教学研究型财经政法大学"总体目标的要求还有很远的距离。在这个重要阶段和关键时期,我们得到了徐济超副省长和省委组织部的支持,先行一步,探索学术权力与行政权力的适当分离,建立健全学术委员会工作机制。通过充分发

---

① 潘心纲:《我国高校管理体制的思考》,江汉大学学报(社会科学版)2007年第4期。
② 朱幸福、牛震:《中国大学教育最需要什么》,《上海文汇报》2006年5月8日。

挥学术委员会在学科建设、科学研究、师资队伍建设以及学术活动中的主导作用,学校的管理体制创新必将会注入新的动力。

第四,是引导教师专心从事科学研究,淡化学校行政化的举措之一。学术委员会作为高校学术权力最重要的表达方式,在现代大学制度建设中有着举足轻重的地位与作用。学术委员会是由各个学科专业的专家、教授组成的,是学校的最高学术权威机构,是校长领导下的学术审定、审议、评定、评议和咨询机构。充分发挥专家学者在学术决策和管理中的作用,是实行专家治校、民主管理、依法治校和制度创新的具体体现,是实践以学术为主导的办学理念的制度保障,对于学校营造宽松自由、公平公正、健康向上的学术氛围具有重要意义。

二、建立新一届学术委员会的基本思路

成立新一届学术委员会,是基于以下几方面的考虑:

一是正确处理党委领导、校长行政负责、民主治校(大事要通过一定民主形式)与教授治学(学术之事应当交由教授和学术委员会决定)四者之间的关系。党委领导下的校长负责制是指党委集体领导、校长全面负责行政管理的领导体制,是我国公办高等学校的根本领导体制。教职工代表大会制度是"民主治校"的重要载体,重在调动教职工的工作积极性,维护教职工的合法权益。学术委员会是高等学校领导体制的重要组成部分,是在校长领导下开展工作的学校最高学术审议、评定与咨询机构,它强调学术在学校的重要地位和作用,其本质是"教授治学",具体体现为"治学科""治学术""治学风"和"治教学"。学术委员会由各个学科政治素质好、业务水平高的专家学者代表组成,他们以广博的学术知识、高深的专业能力和深厚的学术阅历,成为推进高等学校发展的"智囊团"。学术委员会是"教授治学"的重要形式。

二是正确处理学校行政管理和学术管理的关系。行政权力和学术权力是高等学校中两个重要的权力系统。行政权力的依据是国家的法律法规或规章,其特征是等级管理、严密组织、上通下达,主要涉及教学、科研等行政管理工作,它要求自上而下地贯彻执行。行政权力的价值追求是保证教育方针和办学理念的落实,其目标是维持学校的正常秩序,保障大学组织目标的实现。学术权力的依据除了法律法规外,更主要的则是民主决策,依据学

术规则和高等学校的办学规律,其价值追求是保证学术规范得以贯彻,促进学术研究健康发展。两者关系本来就有严格区分,但中国国情特殊,尤其是地方大学很多学术尖子做行政管理,两者不好区分。这种形式有它的背景,但不是必需的,其作用应肯定,但不是发展的方向。教育部倡导"教育教学改革",我们根据学校情况,理清学校行政管理和学术管理的关系,逐步推进行政权力和学术权力的分离。制度非常重要,国家强调依法治国,学校强调依法治校、制度治校。行政权力与学术权力是从不同的方面来开展学校管理工作的,二者之间的协调与互补对于一个大学的发展至关重要。长期以来,由于种种原因,大学内部行政权力泛化,专家、学者对学术事务的管理常常被忽视,学术权力难以真正发挥实际作用,这已成为制约我国现代大学制度建立的重要障碍。因此,为提高学校的整体竞争力,必须改变这种状况,提升学术权力在学校权力结构中的地位,形成校长负责行政管理工作、学术委员会负责学术事务的互相促进的良性互动关系。

三是建设和谐学术生态环境。和谐学术生态环境主要包含三方面的内涵:一是宽容的学术研究环境,目的在于促进学术自由,培育创新成果,提升自主创新能力;二是鼓励创新的制度环境,目的在于建设学术规范,造就创新人才,提高人才培养质量和水平;三是和谐共进的人际环境,目的在于培育创新型学术团队,促进学术队伍整体素质的提高和学科的长远发展。建设和谐学术生态环境既是高校自身学术发展的需要,又是培养创新人才、实现自主创新和建设创新型国家的需要。

三、建立新一届学术委员会的主要过程、基本特点

(一) 建立新一届学术委员会的主要过程

1. **成立筹备组**:2012 年 9 月 6 日,校长办公会提议成立新一届学术委员会章程筹备组,研究决定由仉建涛、杜福磊、陈相成三人组成筹备组,发展规划处具体负责日常工作。筹备组立即开展工作,召开筹备组讨论会,商讨章程起草的初步思路,并要求 9 月底形成章程初稿。

2. **调研起草**:筹备组成立后,于 9 月初开始通过网上查询、电话咨询等方式,收集相关信息,了解国内一些知名高校和同类高校学术委员会运作情况。同时,筹备组分组到复旦大学、南京财经大学、中南财经政法大学、中央

财经大学等改革比较早的高校进行实地调研,汲取他们好的做法,在此基础上形成了章程初稿。筹备组对草稿进行了5次集中讨论。

3. 修改完善:9-10月,筹备组分别组织召开了章程讨论扩大会议和原学术委员会各学部主任会议,与会代表提出了许多很有价值的意见和建议。期间筹备组就章程的进程向学校党委和行政做了专门汇报,学校召开了校长办公会和党委会,专题研究讨论了章程。根据征求意见情况,筹备组逐项进行研究修改,对章程草稿进一步完善,并经党委会议正式通过。

(二)建立新一届学术委员会的基本特点

总体来看,与上一届学术委员会的区别主要表现在:

1. 学校领导不再担任校学术委员会委员。
2. 校学术委员会委员以普通教授为主体。
3. 校学术委员会采取席位制,由民主选举产生。
4. 建立相对独立的运作机制,尽量减少行政权力的干预,让学术委员会真正独立行使职权,体现学者在大学应有的主体地位,发挥学者在学术事务中的核心作用。
5. 扩大学术委员会的职能和权力。凡涉及学术资源分配、学术政策与学术规划制定、学术评价、各种学术奖励与推荐等事宜,首先应由学术委员会研究通过,再提交校长办公会表决,切实尊重学术委员会所作决策。强化学术委员会功能,在事关高校学术事务的种种利益问题上,必须敬畏学术权威的话语权,真正实现学术问题学术化。

建立和推行学术委员会制度,是学校着眼于国内外高等教育发展的大背景,推动学校改革和发展的一项重要举措。在学校改革、建设和发展的关键时期,组建新一届学术委员会,任务艰巨、意义重大。今天到会的都是各院系的行政负责人,希望大家对于学校这项改革多给予支持和理解,团结一致,推动这项工作顺利进行。会议充分考虑各院系情况,希望各院系把合适的人选推荐出来。我相信,新一届学术委员会也一定能不负众望,积极发挥"教授治学"作用,实现"学术兴校"的战略目标。同时,新一届学术委员会也一定会在河南财经政法大学学术发展史上写上重要的一页!

依据地域特点培育地方高校的办学特色*

近年来,我国高等学校尤其是地方院校的发展速度十分迅速。地方高校数量和在校生规模均占全国总数的90%以上。地方院校无论从学校数量、招生规模,还是其所承担的功能等方面,都毫无疑问地成为我国高等学校系统的主体部分①。从某种意义上讲,地方院校的发展水平,决定着我国高等教育事业的总体发展水平。

从世界发达国家高等教育发展历史看,地方高校的快速发展及其在整个国家高等学校系统中所占比重的增加,往往是高等教育从精英化阶段迈入大众化阶段的重要标志,同时也是高等学校社会功能发生重要转折的历史时期。这种转折的最显著特征就是高等学校着力于为地方经济社会发展服务,并在服务地方经济社会发展的过程中形成地方特色。因此,处于高等教育大众化初期阶段的我国地方高校,如何有效地利用所在地区的区位优势,促进高等教育与地区经济、社会环境的协调发展并形成地方特色,可以说是摆在高等教育领域的一个重要课题。

办学特色是一所高校赖以生存与发展的核心竞争力,是高校在发展过程中依据办学条件,明确办学目标、凝练办学理念、追求教育理想,从而形成的比较持久稳定的发展方式②,因此,不同类型的高校,办学特色的形成有所不同。有些是由于历史积淀形成的,如北京大学提倡的"兼容并包",清

---

* 本文系作者2008年6月对地方高等学校培育地域特色的思考。
① 周良奎:《开放办学:新建地方本科院校的生存发展之道》,《大学教育科学》2005年第1期。
② 黄启兵:《办学特色与制度空间》,《现代大学教育》2006年第1期。

华大学提倡的"厚德载物",南开大学提倡的"允公允能";有些是由于历史事件形成的,比如北京大学、清华大学、南开大学在抗日炮火中同赴国难,在昆明合并组建国立西南联合大学,倡导完整人格教育、通识教育,形成了西南联大"刚毅坚卓"的校训精神;有些是由于国家特殊政策形成的,比如西安交通大学在搬迁过程中所铸就的"胸怀大局、无私奉献、弘扬传统、艰苦创业"的西迁精神;有些是由于院校调整合并形成的,比如由具有不同渊源、多种背景和办学传统的六所院校在多次融合后组建的吉林大学,它倡导的"五湖四海、团结合作,秉承包容认同的人文传统";有些是由于行业的特性决定的,比如华北电力大学的构建"以能源发展为导向的'大电力'学科专业体系",追求"自强不息、团结奋进、爱校敬业、追求卓越"的华电精神。一般来说,地方高校建校历史均较短,与历史传统等因素相比,地域特点对其办学特色具有更重要的影响,同时,地方高校办学定位和服务面向,决定其与地方社会经济的密切关联,因此,依据地域特色培育办学特色成为地方院校创建办学特色的主要途径。本文拟对如何通过地域文化、地域经济、地域环境来培育和创建地方院校办学特色进行一些思考。

一、挖掘地方文化资源,培育地方高校文化育人特色

地域文化是重要的地域特色之一,它对培育地方高校的办学特色具有十分重要的作用。不同的地域构成不同的地域文化,不同的地域文化为地方院校办学特色涂上了基本底色。地域文化体现了本地域的民情风貌,反映了本地域人们的生存状态,包括思维方式、价值取向、行为习惯、社会心理、审美追求等,是本地域人们的精神和生活规范。地方院校的人才培养目标、学科专业、培养方案等方面要充分体现优秀的地域文化特色。地方院校一方面受到地域文化的影响,把本地域的不同文化形式接受下来,另一方面又经过内化,将其转变为新的文化形式,并通过教育传播活动,对原有的地域文化产生冲击甚而使之重构。许多地方院校都十分重视对地域文化的研究,吸纳地域文化的精髓,并把这种研究与学校的人才培养联系起来,通过弘扬地域文化,彰显学校的办学特色。例如,中原文化是中华民族传统文化的根,是中华文化的重要源头之一。中原文化呈现出的根源性、传承性、厚重性和辐射性在中华文明史上大放异彩。位于河南省会的河南财经学院注重从丰厚的中原传统文化积淀和人文精神传统中汲取育人资源,先后在焦

裕禄的故乡兰考县、在具有"愚公"精神的太行山区和红旗渠所在地林县等地建立大学生社会实践基地和人文素质教育基地。学校利用河南地下文物资源丰富的特点创建了"钱币博物馆",还把中原优秀传统武术资源引入教学,开设少林武术、太极拳等特色体育课程。学校把中原文明和中原精神融入人才培养过程,培育地方院校育人特色。齐鲁文化是中华民族传统文化中的瑰宝,也是中国传统文化的主要源头和精华之一。位于山东济南的山东师范大学一贯重视齐鲁文化的研究与传播。学校设立的齐鲁文化研究中心是教育部省属高校人文社会科学研究基地,近年来编辑出版的《齐鲁文化通史》《齐鲁文化丛书》《齐鲁文化概论》等专著及教材,在大学生中开设齐鲁文化与民族精神选修课,把齐鲁文化融入人才培养之中,重视用齐鲁文化哺育当代大学生①。历史文化名城绍兴,人杰地灵,名人荟萃。古代有大禹、陆游,近现代有秋瑾、蔡元培、鲁迅、周恩来等等。"越文化"是一种深厚的人文文化、稀有的人才文化、高品位的科技文化和难得的管理文化。作为一所地方高校,绍兴文理学院把自己定位为既要成为地域文化的承传者,更要成为地域文化发展的积极推动者。该校新办的"兰亭书法艺术学院",创立了国内第一个本科层次的新专业——书法学专业。许多教师结合自身的研究领域,开设了一大批颇有地方特色的专业课、专业选修课和公共选修课,把越地的精神文化、人才文化、管理文化、经济文化自然地引入课堂教学中,使之成为生动的教学资源。依托深厚的"越文化"资源,在历史和现实的结合点上寻找契机,浙江绍兴文理学院走出了一条"特色强校"之路。崛起于明初的晋商,在山西这块贫瘠的土地上创造了近代中国经济发展史的奇迹,他们表现出来的崇尚敬业、诚信重义、艰苦奋斗、勇于开拓的精神是晋商文化的精髓。山西财经大学传承和弘扬"晋商精神",认真挖掘晋商精神的积极内涵,用晋商底蕴支撑学校,晋商文化熏陶学校,晋商精神激励学校,学校走过的办学之路打上鲜明的晋商烙印,形成了"挖掘晋商精神积极内涵,培养造就优秀商科英才"的具有浓郁地域文化特征的办学特色②。

  这些地方院校在创建、培育、凝练办学特色的过程中,均是把弘扬地域文化作为彰显学校特色的闪光点,把地域文化的传承置于学校保持社会精神的核心地位。地方院校要对本地域独特的文化资源加以研究、开发、利

---

① 赵彦修:《把"发展·质量·特色"理念融入办学实践中》,《中国高等教育》2007年第21期。
② 杨怀生、原梅生:《传承晋商精神 彰显办学特色 培育商科英才》,《中国高等教育》2008年第7期。

用,宣传地域文化优势,扩大地域文化影响,通过把地域文化融入教学,使接受地域文化熏陶的人才成为引领地域文化发展的主力军。

二、结合地域经济发展需求,创建地方高校服务特色

高校所在地的发展和经济结构状况,对地方高校尤其是以经济管理等专业为主体的高校的发展产生重要的影响。由于地域上的自然差异和地域经济发展的不平衡,沿海和内陆、东部和西部在社会经济发展水平和产业结构上都呈现出很大的差异。地方院校如果脱离了地域经济的支撑,也就丧失了生存的活力。地方院校的发展对地域经济也有着很大的影响。地方院校的科研成果多数应用于本地域的经济和社会实际,从而推动地域经济的发展。因此,地方院校的学校定位、学科专业、人才培养、科学研究要主动适应地域经济,服务地域经济。大多数地方院校都十分重视对地域经济的研究,把对地域经济的研究贯彻落实到人才培养全过程,通过服务地域经济,拓展学校的办学特色。

河南是中国内陆地区的第一经济大省,近年来经济增长十分迅速,这为相关高层次人才培养和科学研究提供了广阔的空间。作为河南省唯一一所财经类本科高校,河南财经学院立足服务地方经济发展,着眼研究河南经济社会发展的重大现实问题,学校教师所开展的黄河流域经济研究、欠发达地区农区与农户研究、未来 20 年河南产业发展研究、中原城市群理论研究等研究成果有力地促进了河南地域经济的发展。同时,广大教师及时把科研成果融入课堂教学,使教学内容也具有鲜明的地域特性。吉林农业大学根据吉林省长白山特产资源、黄金玉米带的优势及西部荒漠化治理的实际,建设具有地域经济特色的学科专业,开设了中药学、植物科学与技术、野生动物与自然保护区管理、水土保持与沙漠化防治等特色学科专业,形成了人参及东北地道药材栽培与加工、野生植物开发利用、特种经济动物养殖等特色方向[①]。青岛是一座著名的沿海开放城市,是山东经济发展的龙头和中心。青岛大学依托青岛办学,专门成立"青岛发展研究中心",对青岛的城市定位、远景规划、经济建设、文化走向等课题进行全面攻关。学校增设了与地域经济发展和产业结构调整密切相关的 44 个新专业,加上原有的传统专

---

① 姚秋杰:《在为地方经济和社会发展服务中淬砺办学特色》,《中国高等教育》2007 年第 20 期。

业,学科门类几乎覆盖了青岛地区乃至整个山东省的主要经济行业。青岛大学借助青岛市提供的优质办学资源,实现了与城市经济发展的互动共进。台州拥有十大支柱产业(电力能源、医药化工、汽摩配件、家用电器、塑料模具、五金机械、水泵阀门、工艺美术、新兴材料和鞋帽服装)、四大产业基地(先进制造业基地、华东能源基地、绿色农产品基地、长三角南翼重要生态旅游业基地)和五大国家级工业基地(化工原料出口基地、模具企业基地、缝纫机出口基地、汽车摩托车配件基地和家用电器系列产品基地),因此,台州学院面向台州经济主战场,加强学科专业建设:制药工程、材料化学、电气工程及其自动化、机械设计制造及其自动化、精细化工、环境工程、外贸英语、装潢艺术设计等一批具有鲜明地方特色的专业如雨后春笋般崛起,迅速朝"群"的方向发展,并呈现出强劲的集聚态势①。

这些地方院校均把学校的服务方向定位为服务地方经济社会发展,把服务地域经济作为拓展学校特色的立足点,把深入开展地域经济研究和人才培养作为学校服务社会的切入点。通过紧扣地方需要的应用性研究,凝练科学研究方向;通过把地域经济融入教学,培养造就适应地方经济发展需要的应用性人才。

三、依托区位环境优势,打造地方高校学科与科研特色

高校所在地的地域环境特色,对高校的科研和人才培养也具有重要作用。地域环境是地方院校赖以生长的深厚土壤。地域环境包括地理位置、气候、地形以及它们所组合形成的地理综合单元。地方院校依托地域环境,注重"人—教育—环境"的和谐与平衡,造就生态校园,在地域环境中锻造办学特色,推进地方院校的可持续发展。

浙江海洋学院的校址在舟山,舟山群岛是研究海洋的理想之地,离开海洋,浙江海洋学院就失去了办学意义。舟山过去是一个传统的耕渔区域,以渔为本,随着渔业资源的衰退,现代新型渔业产业、航运、海港工业的兴起,迫切需要科技和人才的支撑。浙江海洋学院抓住海洋开发的有利契机,以"海"为主轴,以"船"和"鱼"为两翼,大力发展、重点扶植涉海类学科,通过不断优化和整合,组建成若干个涉海类学科群,办出了自己的特色。江苏省

---

① 周良奎:《开放办学:新建地方本科院校的生存发展之道》,《大学教育科学》2005年第1期。

拥有近千公里海岸线,沿海滩涂面积位于全国各省市之首,盐城海岸线占60%,滩涂面积占3/4左右。随着"海上苏东"与"沿海开发"战略的先后实施,这里的地域环境为盐城师范学院的发展打开了通道。学校主动适应沿海开发战略实施后苏北与盐城地域环境的发展走向,积极推进专业调整与改造,设立了应用化学、生物工程、制药工程、资源环境与城乡规划管理等应用型非师范专业。盐城滩涂上有两个国家级自然保护区和一个太平洋西岸最大的湿地公园,学校及时设置了旅游管理专业,实现了专业设置与地域环境的对接。三峡大学地处湖北宜昌,依托三峡的自然环境,学校以"立足宜昌,融入三峡"为办学宗旨,以"水电和三峡文化"为办学特色,在学科建设、师资队伍和科学研究等方面取得了富有特色的显著成果①。因此,地方院校要端正办学方向,依托地域环境,扎扎实实地锻造办学特色。

地域性是地方院校最显著的特点,打造地域特色应成为地方院校办学过程中所追求的终极目标。一方面,地方院校要依赖地域内的文化、经济、环境等因素发展壮大自己,另一方面,还要为地域内的文化、经济、环境服务。地方院校如果离开了所在地域,就谈不上发展。我国幅员辽阔,不同地区的自然资源、文化资源和地理环境有很大差异,经济社会发展明显不平衡。因此,不同地域的地方院校在创建地域特色过程中应当充分认识本地域社会、经济、文化、环境的特点,发挥学校自身的特点和优势,认清学校的根本任务,承担力所能及的社会职能,实现地方院校与地域文化、与地域经济、与地域环境的"主动结合",形成双向参与、互为支撑、共同发展的良性循环,从而更好地创建和培育地方院校的地域特色。

---

① 刘尧:《地方高等学校走向何方》,《江苏高教》2007年第1期。

河南财经学院特色发展八论*

河南财经学院在长期的办学实践中,坚持以先进的办学理念为指导,以服务地方经济建设和社会发展为己任,从改革和创新人才培养模式入手,将丰富的中原文明和中原精神植入人才培养之中,着力培养健全人格的应用型人才,形成了鲜明的办学特色。

一、以目标定位为先导,突出区域特色,增强科学发展的引导力

河南有河南的特殊省情,河南有河南的区位优势。建校以来,河南财经学院紧紧依托区域优势谋发展,取得了显著成效。

1. 紧扣农业发展。一是积极培养农林人才。建校之初,学校就成立了农业经济管理系,主要培养掌握农业经济管理的基本方法和技能的本科生、研究生。同时,还相继举办了乡镇企业培训班、农林实用人才培训班等,为河南农业经济发展培养人才。二是大力服务农村建设。一些专家学者瞄准国际前沿进行的农户与农区发展等理论研究,其成果在国际学术界产生重要影响。我校教授关于粮食及农业问题的建议受到国务院副总理回良玉、省委书记徐光春的赞赏。学校还长期致力于支农社会实践,《光明日报》曾以《河南财经学院大学生下乡做"村官"》为题,对我校大学生农村挂职担任村主任助理进行了报道。

---

* 本文系作者 2009 年 5 月关于学校特色发展的思考。

2. 重视黄河经济。杨承训教授十几年来一直关注黄河问题,潜心研究黄河流域经济,发表了大量论文,他撰写的《黄河流域经济》是我国第一部专门研究黄河流域的大型经济学专著。央视播出的杨教授专访《黄河汛期今天结束　60年安澜显奇迹》在社会各界引起强烈反响。兼任教育部重点研究基地——黄河文明与可持续发展研究中心主任的李小建教授,应中科院院士工作局之邀作为咨询组成员参加了由河南、山东两省委托开展的"黄河下游滩区安全和发展问题"院士咨询项目,参与撰写咨询报告。

3. 关注中小企业。2004年,"中美中小企业发展研讨会"由我校与河南国际商会共同主办,美国密苏里州Springfield商会、密苏里州立大学、美国Signature银行等协办。我校MBA中心在中小企业发展研究上独有专长。该中心多数教师都有过企业任职的经历,有着丰富的企业管理经验,其理论、案例、实践三位一体教学方式吸引了大批有志于发展职业生涯的年轻人。

4. 看好旅游市场。适应河南旅游市场发展需要而成立的旅游系,很快获准设立旅游管理专业硕士学位点。近年来,旅游系的招生与就业均表现出了良好的态势,毕业生供不应求,出现了用人单位预订和排队的局面。河南省旅游局借助旅游系的专家力量成立的"河南省旅游发展研究所"就挂靠在我校。日前,我校教授提出《实施"旅游立省"战略需要组建大型旅游企业集团》的建议,引起省长郭庚茂的高度重视,批示有关省领导"组织专题小组对此建议研究论证,如具备实施条件,可提出旅游集团组建方案"。

5. 紧跟时代步伐。郑州国际会展中心的兴建拉开了河南会展经济的序幕,越来越多的全国性会展登陆河南。然而面对会展经济的兴起,河南熟悉展览业务、了解国际惯例和富有操作经验的专业人士十分匮乏,这成为制约我省会展业务开展以及会展组织水平提高的"瓶颈"。在此背景下,河南财经学院在2007年就开办了会展经济专业,主要针对河南会展经济发展培养专业人才,这在河南省尚属首家。

二、以学科建设为龙头,突出财经特色,提高科学发展的竞争力

学校统筹全校学科及人才资源,重点组建了"产业经济学""金融学""会计学"等优势学科基地。通过精心培育,现在这些优势学科的示范效应已经充分显现。

1. 产业经济。产业经济学在建校 10 周年时便成为我校第一个获得硕士学位授权资格的学科,这在全国屈指可数。该专业连续三届蝉联"河南省省级重点学科",为我校第一个省级重点学科点。近几年,该学科获国家社科基金项目 4 项,在 CSSCI 期刊发表论文 100 余篇。

2. 区域经济。与该专业相关的资源环境与科学系所有教师均具有博士学位,毕业于美国名校或国内著名大学、中国科学院。目前承担 4 项国家级研究课题。该系的研究团队在区域经济微观研究、区域-城市综合研究、区域资源开发等方面更是独有建树。发表在国内外权威期刊的论文逐年增加,已经引起国际同行关注。

3. 会计学。我校拥有河南省第一个会计学专业硕士学位授予点,会计学和财务管理学为省级精品课程,会计学、中级会计学、财务管理学和审计学四门主干课程被评为省级优质课程。目前,该专业有在校生 2 000 余人,是河南省规模最大的会计学专业。

4. 财政学与金融学。财政学专业是目前我省唯一招收财政学硕士研究生的专业;金融学专业既是国家级特色专业,也是河南省名牌专业建设点,还是河南省为数不多的可以招收金融学硕士研究生的专业。据统计,我校毕业生占河南省建设银行系统员工比例的 7.39%,占河南省农业银行系统员工比例的 10.2%,占河南省中国银行系统 2001 年以来招聘员工比例的 37%。其中部分学生因业绩突出,已经走到国内主要银行省级分行副行长的位置。

三、以科学研究为核心,突出服务特色,扩大科学发展的影响力

我校深入实施学术兴校战略,推出了一大批层次高、分量重的学术成果,有力地促进了经济社会的发展。

1. 研究立足现实。学校制订了《关于实施学术兴校,加快学校发展的意见》等制度,鼓励教师积极开展区域经济和社会发展研究。我校教师撰写的《新经济对河南经济的影响》《构建产业链条、提升核心竞争力》《河南经济竞争力评析》《未来 20 年河南产业发展研究》《21 世纪河南经济发展若干重大问题研究》《河南经济发展比较研究》等文章和专著,不仅被省委、省政府主要领导批示并给予高度评价,还被指定为"十五计划""十一五规划""河南省全面建设小康社会规划纲要"主要参考文献。

2. 成果业内领先。我校教授瞄准国际学术前沿问题进行跨国公司与区域发展理论研究,并在国际期刊发表了系列文章,引起国际同行的高度关注。我校教授关于中国特色社会主义经济学研究等得到中央政治局常委李长春、中央政治局委员刘云山的亲笔批示。我校教师冯百鸣被媒体誉为"提出发行地震赈灾专项彩票第一人",其学术研究成果促使财政部改变了彩票有关游戏规则。

四、以延揽人才为关键,突出效应特色,加强科学发展的推动力

建校以来,河南财经学院坚持实施人才强校战略,确立"双百(百名教授、百名博士)"目标,取得显著成效。

1. 人才引进不惜代价。2001年,学校制订了《关于培养和引进高层次人才的若干规定》,并在《光明日报》发布招聘启事,面向全国广揽人才。对于引进的博士生和学科带头人,给予安家费10万元、科研启动经费5万元、月薪补贴4 500~5 500元的待遇。这项政策的实施,在社会上引起了巨大反响。近三年来,学校用于人才引进和学术队伍建设的经费达1 200余万元,引进博士、硕士约300人。

2. 队伍建设成效显著。目前,学校已实现"双百"目标,一批教师已成为国内或国际知名专家。去年,我们柔性引进了复旦大学高国希教授为我校特聘教授。学校现有享受国务院政府特殊津贴专家6人,河南省优秀专家12人,国家有突出贡献的中青年专家2人,教育部教学指导委员会委员2人,河南省555人才工程省级人选12人,省级骨干教师30人。

五、以教学质量为主题,突出实践特色,激发科学发展的生命力

学校始终坚持重实践、强能力的教学传统,构筑了基本技能训练、专业素养训练、综合创新训练三位一体的实践教学模式。

1. 课堂突出实训。学校投资1 200万元建立经济管理专业实验室,主要引入仿真、案例、模拟教学。学校通过举办思想学术节、科技文化艺术节、体育节,把思想性、学术性、娱乐性融入学生活动。学校开设"博士论坛""星火论坛""财智大讲堂"等系列学术讲座,拓宽学生视野。学校建立了123

个稳定的校外实习基地,较好地满足了学生实习实训的需要,连续 4 年被评为"全国大中专学生志愿者暑期'三下乡'社会实践先进单位"。

2. 校内鼓励创新。学校设立科技创新基金,鼓励学生申报科研课题,撰写科技论文取得显著成绩。如资源与环境科学系学生撰写的《郑州市区封闭快速道路系统可行性研究》,获得河南省第五届"挑战杯"竞赛一等奖,引起了政府部门热议,并被其他省会城市借鉴。我校樊明教授和 23 位在校本科生共同完成的专著《退休行为及退休年龄研究》,已成为全国政协委员大会提案的重要依据,《中国青年报》专题报道了这一成果。日前,樊明教授带领我校 4 名本科生作为特邀嘉宾应邀参加了凤凰卫视"一虎一席谈"专题节目——"男女该不该同龄退休"。

3. 校外鼓励创业。学校积极引导毕业生树立正确的价值观和择业观,鼓励毕业生发扬"草根"精神,自主创业。近年来,在校学生创办的企业就有几十家,如邵红杰等创办的"前沿(中国)科技有限公司"、王朝阳等创办的"大树人装饰有限公司"等,均比较成功。面向基层创业也是我校学生实现自我价值的重要途径。如我校毕业生李爱玲到宝丰县洼李村任村委会主任,取得了优异成绩,荣获了河南省"新长征突击手"等荣誉称号,被团中央选为"'青春的选择'大学生基层创业模范报告团"成员。因为具备良好的开拓精神和过硬的创业能力,我校毕业生已经成为河南省某些行业的骨干力量,如中国神马集团公司副总经理张允春、郑州粮食批发有限公司董事长刘文进、广发银行昆明分行行长朱灿璋、中信银行石家庄分行行长韩光聚、郑州市商业银行行长王天宇等,他们在各自的岗位上发挥着重要作用。

六、以拓展外延为要务,突出国际特色,提升科学发展的吸引力

近年来,学校围绕拓展类型、扩展领域、提升层次、丰富内涵的目标,就国际化办学进行了一系列有益的尝试与探索。

1. 培养复合人才寻先机。为顺应高等教育国际化的趋势,适应外资、合资企业对国际型人才的需求,我校在三个传统优势专业开设了国际型人才实验班——从三年级开始,引进国际名校教材,用英语授课,为培养能胜任涉外经济贸易、三资企业等涉外机构的实用型专门人才奠定了良好的基础。与之关联的是,我校作为教育部大学英语改革试点院校,有两项国家级教改立项。在 2007 年度全国英语专业八级考试中,我校学生的通过率为 82.

82%,高出全国平均通过率(47.30%)35.52个百分点。

2. 牵手世界名校扩影响。学校先后与英国威尔士大学、美国密苏里州立大学、澳大利亚科廷科技大学、新西兰奥克兰商学院、爱尔兰考克大学、爱尔兰卡罗理工学院签订协议,在联合培养硕士生、本科生、专科生层面取得了实质性进展。在巩固以往国际交流的基础上,学校最近又与牛津大学、卡迪夫大学、谢菲尔德大学等世界著名大学进行了接触,在学术交流和研究、办学合作等问题达成了合作意向,实现了与世界顶级名校合作的突破。

七、以培养人才为根本,突出全面特色,提高科学发展的说服力

学校秉承"做事"先"做人"的育人宗旨,与时俱进地用中国特色社会主义理论最新成果武装大学生,开展生动活泼的身心健康训练与教育,促进大学生健全人格的形成。

1. 以科学理论武装人,坚定大学生的理想信念。"起步早、队伍强、成果多、机制好、成效显、影响大",是我校大学生思想政治教育工作的亮点。早在1996年,由中宣部、教育部、共青团中央联合召开的全国"青年学习邓小平同志建设有中国特色社会主义理论座谈会",我校就作为率先开设该课程的学校,做了典型发言;同年底,省委宣传部、省教育厅组织河南省本科高校党委书记在我校召开了推进中国特色社会主义理论"三进"工作现场经验交流会;1998年,我校被指定参与了教育部"两课98方案"的讨论修订工作;2000年,在中宣部、共青团中央召开的全国青年学习邓小平理论经验交流会上,我校代表作了典型发言。

2. 以身心训练磨砺人,增强大学生的综合素质。学校坚持高水平竞技、大学体育课程与学生体质健康互动发展,极大地提高了学生的体育技能与体育素养,锤炼了学生的意志品质和吃苦耐劳精神。近年来,学校在省级以上各项赛事中,11项次获得团体总分第一名,11项次获得团体总分第二名;在全国大学生体育比赛中,获得单项冠军2项、亚军1项、季军2项。学校被教育部评为执行《学校体育工作条例》优秀高等学校,被国家体育总局评为大众健美操推广奖单位。学校还高度重视心理健康教育与咨询工作,每年坚持举办以"悦纳自我、赏识他人、和谐社会"为主题的心理活动周,坚持每年开展学生心理状态普查,为开展心理干预提供有效依据。

八、以校园和谐为基础,突出文化特色,奠定科学发展的软实力

在长期的办学实践中,我们把中原传统文化融入培养人才的教育教学过程,通过弘扬传统美德,加强人文素质教育培育育人特色。

1. 依托中原人文底蕴发掘文化特色。近年来,我们注重从丰厚的中原传统文化积淀中汲取育人资源,先后在焦裕禄的故乡兰考县、在具有"愚公"精神的太行山区和红旗渠所在地林县等地建立大学生社会实践基地和人文素质教育基地;利用河南地下文物资源丰富的特点创建了"钱币博物馆";把中原优秀传统武术资源引入教学,开设少林武术、太极拳等特色体育课程。

2. 依托通识教育体系提升人文素质。学校十分注重完善通识教育课程体系,尤其把哲学类、文学类、语言类、艺术类等人文课程建设摆在重要位置。近三学年有6万余人次参加修读人文课程,许多课程的一次选修人数在千人以上,学生的写作能力、表达能力、交往能力明显提高:会计学系学生张丽洁、程宇洁将心理学课堂实录整理成系列文章,在《心理与健康》《青年心理》等杂志上开辟专栏发表,多次被《读者》转载,并集结成《心理课堂——给大学生的50堂心理学课》,由上海大学出版社出版;我校毕业生邵丽所著《我的生活质量》获文学大赛小说类特等奖,《明惠的圣诞》获第四届鲁迅文学奖。

学校人才培养的思路和体系*

我们在这里召开2009年本科教学质量工程立项项目启动会议,标志着我校本科教学质量工程立项项目全面进入研究、实践阶段。这次项目的立项经费是从几个专项经费中挤出来合在一起的,有质量工程专项,还有专业建设、课程建设和教学改革专项。这些钱凑在一起不容易,在我们学校建校以来的近30年中,在本科教学质量和教学改革方面,投入这么大的力度,是前所未有的,也表明了我们的决心,就是要把这项工作做好、做扎实、做到位。我们为什么要在学校经费极度紧张的情况下,集中力量做这件事,大家都要认真思考一下这个问题。因此,今天的动员会既是立项工作的部署会,也是本科教学质量工程的研讨会。

今天,既要对立项项目启动工作进行部署,也要借此机会和大家交流一下关于人才培养、"质量工程"的一些思路。

一、我校实施质量工程的简单介绍

人才培养是一个系统工程,是由诸多的因素来决定的,应该需要全面的建设。教育部教高〔2007〕1号文件《教育部、财政部关于实施高等学校本科教学质量与教学改革工程的意见》中,提出了本科教学质量工程的六大建设任务,其中前四项是过去、现在乃至将来我们一直要致力去做的:

---

* 本文系作者2009年12月在学校本科教学质量工程立项项目启动会上的讲话。

第一项是专业结构调整。我们学校在这方面前期动作比较大,从专业结构调整进而带动院系调整。我们有3个专业成为国家级特色专业建设点(金融学、工商管理、会计学),有4个省级特色专业建设点(国际经济与贸易、财政学、统计、市场营销),有5个校级特色专业建设点(信息管理与信息系统、财务管理、人力资源管理、英语语言文学、经济学)。

第二项是课程、教材建设与资源共享。对于我们来说,主要是精品课程建设,下一步,会有网络课程建设、教材建设,更多是从资源共享的角度来开展这方面的工作。我们建设了10门省级精品课程,30门校级精品课程,还有3门省级网络课程。

第三项是实践教学与人才培养模式改革创新。2009级新的人才培养方案已经对实践教学和培养模式的改革和创新给予了充分体现。

第四项是教学团队与高水平教师队伍建设。目前我校已经有了2个省级教学团队和6个校级教学团队。

第五项是教学评估与教学状态基本数据公布。这项工作每年都有数据上报。

第六项是对口支援西部地区高等学校。我们也曾派出师资对西部地区高等学校进行过援助。

二、人才培养的思路和体系

说到这六项建设任务,我们需要探讨几个问题:为什么教育部要把这几项工作作为本科质量工程来重点建设?我们的教学工作重点到底应该放在哪里?我们各院系的院长(主任)的主要精力应该放在哪里?作为各个层次的教学第一责任人的责任到底在哪里?要回答这些问题,需要我们来理一理人才培养的思路和体系。我这里把人才培养分为四个体系:

(一)人才培养模式与培养方案体系

这个体系主要是研究和解决学校和社会的接口问题,即供与求的关系问题。学校给社会培养和提供人才,社会需不需要,需要什么样的人才,学校提供的毕业生适不适合?这就是供求关系。我们培养人才要适应市场需求,服从市场规律。当然不只是市场规律,还要兼顾办学规律和人才成长规

律,"三个规律"缺一不可。要完善这个体系我们至少要研究四个方面课题:

1. 质量标准的确定

搞"质量工程"建设,首先要明确质量标准。关于质量标准我想提四个问题:

第一个问题:社会需要什么样的人才?要做一些社会调查,不能闭门造车,可以通过用人单位、学生家长和在校生等渠道,收集信息,认真研究,就是要搞清楚社会需要什么样的人才。

第二个问题:什么样的教学是高水平的教学?我们搞"质量工程",教学是主渠道,要提高质量,提高到什么程度算是提高了,这个要研究,这就是质量标准问题。

第三个问题:什么样的教师是一个好教师?今天来开会的有院系领导,也有专业教师,我们要思考这个问题。适应时代要求的,适应市场要求的,受学生欢迎的,确实能在学生全面成长中起重大影响力的教师应该是什么样。

第四个问题:什么样的学生是一个好学生?培养学生,把他培养成什么规格,这也是质量标准的问题。

以上问题都是我们人才培养的关键问题,需要每一个教师和管理者深入地思考。

2. 人才素质结构的确定

研究人才培养模式和培养方案就要研究人才素质的基本要求。我们培养的人才,他们的素质构成应该是什么样的?我想可以从三个角度来认识这个问题:

第一个角度:从理论研究角度。可以说,知识、能力、素质构成了一个人才的素质三维空间,认识了这三维空间,就可以研究这三者在空间中的关系,它的自相关怎么样、互相关怎么样。或者可以把知识和技能、思维和方法、思想和情感作为素质结构的三维空间,研究这三者之间是一个什么关系。这是从三维架构来研究,大家可以按这个思路去扩展和发挥。

第二个角度:从职业素质要求角度。去用人单位调查,他们不是像我刚才讲的这样来进行理论研究,而是很直接的提出来希望要什么样的人,直接反映他们对职业素质的要求。比如说敬业精神、团队精神、专业知识、交流和沟通的能力、实践能力、诚信态度、探索与创新精神、自信心与意志力、适应能力等等,这些是职业界最关心的,也是我们的毕业生就业时最先涉及的。我们作为学校怎么培养。

第三个角度:从学科与专业标准角度。办学总要有学科和专业,总要有本专业所要求的基本规格,我们制定人才培养方案时总要明确这个专业的培养目标是什么,应该达到什么标准才算这个专业的合格毕业生。例如学科基础的宽厚度应该是什么样;专业知识的鲜活度应该是什么样;实践技能要求应该到什么程度;工具应用能力,也就是外语、计算机、网络等工具的应用能力应该到什么程度;等等。

3. 人才培养模式的确定

对人才培养模式的研究和理解从不同的角度可以有不同的思路。

第一,从与学校定位相适应的角度,选定人才培养模式。我们学校的人才培养定位是"以培养基础理论扎实,实践能力强,综合素质高,具有创新能力和艰苦创业精神的高级应用型人才为主,同时积极推进人才培养模式的多样化",可以说这是作为我校人才培养模式的主流定位。

第二,从与学生个性发展相适应的角度,应强调人才培养模式多样化。不同的学生个性不同,其发展模式允许自己定。人才培养的不同模式,其知识、能力、素质的要求都是不一样的,都是有所侧重的,这是从多样化的角度来研究。

第三,从与市场需求相适应的角度,来研究人才培养模式。现在和市场需求相适应的主流模式至少有两种。一种叫作"合格+特长","合格"就是必须有自己专业的基本知识,在德、智、体三个方面满足基本要求,然后再加上个性和特长,鼓励个性发展。这种模式现在多数院校都认可,市场也认可,也符合人才成长规律。另一种是"复合型",适应面更宽些。一个大学生不可"一业不专",也不可"只专一业"。这就是与市场需求相适应的主流模式。

第四,与学校传统相适应的特色模式。这也是一种思路,我们河南财经学院有自己的优良传统,这种优良传统总结起来可以用实在的"实"来描述,就是我们的毕业生总体上踏实、务实、诚实、实干。如果去我们的用人单位调查,他们对我们毕业生的评价大体都这样,往往还有适应性强、综合素质高的评语,这就是我们河南财经学院的特色,也代表了我们的人才培养模式。去年五月份,教育部在我们学校进行评估,正赶上汶川大地震,学生自发的捐款以及丝毫不受影响的教学秩序给专家们留下深刻的印象。这就是我们学生的精神风貌,也是我们的优良传统。

4. 人才培养方案的制订

人才培养体系最后要落到培养方案上。制订一个好的人才培养方案不容易,制订好了,就要按这个方案去培养,因为这个方案就是人才培养的"法"。人才培养方案不能等同于教学计划,比教学计划要宽,要将"三个课堂"都纳入培养方案。第一课堂是"固定课堂",是专业理论和知识学习,是大学期间最重要的课堂,也是大学生人才培养的重点。第二课堂是"流动课堂",指各种校园文化、社团活动,主要是丰富第一课堂以外,提升大学生综合素质的各种活动,是对第一课堂的有机补充,旨在使大学生的综合素质得到全面提升。第三课堂是"实践课堂",主要指社会实践。三个课堂都影响学生的成长,是相互作用的,所以三个课堂的设计都很重要。2009级新的人才培养方案就兼顾了这"三个课堂"的协同作用。

(二) 专业调整与建设体系

培养人才总要有载体,专业就是载体。考生报考我们学校肯定要选择专业,而且对专业特别看重,因为那是他未来的职业。对于这个体系我强调两条:

1. 专业结构的优化与调整

专业建设首先要考虑专业结构优化和调整,调整依据主要有三点:

第一,依据就业。我们总说由出口定入口,首先看出路怎么样,如果这个专业多年就业情况都不好,那就得考虑这个专业能不能办了。当然这个就业指的不是协议书上的就业率,是实际就业率,不能只看签协议的情况,实际就业率较高就能办下去。

第二,依据招生。今年招生,情况总体很好,分数线在省控最低投档线上提高了二、三十分。但另一方面,专业之间的不平衡非常严重,有些专业很热,有些专业第一志愿报考率很低,生源大量靠调剂,这种情况下,专业思想能稳定吗?另外这也导致了大量的一个专业一个班,办学效益降低,所以接下来我们还要在上半年院系调整的基础上认真研究专业调整问题。按招生和就业这两个要素组合,就四种情况:好招又好就业的、不好招好就业的、好招不好就业的、不好招又不好就业的。前两类应该好办,后两类就需要认真研究研究。学生毕业了没有地方可去,这是对学生不负责任,也是对学校不负责任,所以我们还要进行专业调整,我们要一直强调专业的办学特色,有特色了,学生就有出路了。

第三,依据我们省内的发展。河南是9 900万人口的全国第一人口大省,也是快速发展的农业大省、经济大省、文化资源大省。我国加入WTO后,河南经济与世界经济接轨的步伐明显加快,融入经济全球化的进程日趋明显。据调研,入世以后河南最紧缺的人才类型包括:农业、信息、金融、财会、法律、外贸和现代管理等领域的专门人才;生物技术、环保技术、新材料等领域的高科技专门人才;熟悉WTO规则、适应国际竞争需要,能够参与解决国际争端的专门谈判人才;了解国际惯例、精通外语又学有专长的管理人才;跨领域、跨行业、跨学科的复合型人才。从河南省人事厅自2005年以来每年发布的河南省人才需求目录可以看出,营销管理、财务管理、财务会计、人力资源管理、工商管理、金融保险、投资管理、国际经贸、服务管理等都是人才需求排前十位的专业,所以我们各个学科要研究怎么和产业对接,甚至和哪些大行业、大企业联手,给他们培养急需的人才。"有为"才能"有位",所以,专业调整要依据经济社会发展需要,才能到位而不是做无用功。

2. 专业建设

专业建设在这里不多讲,因为有详细的专业建设规划。通过从侧面,我了解到一些信息。针对前一阶段的水平评估,有些专家建议今后评估要更多的侧重专项评估,更具体的讲是专业评估,而不是就学校进行的泛泛的评估,因为专业评估是同行评价,容易评价,评价起来很具体、很真实。专业评估不但要评合格不合格,还要排队,就是你这个专业在全国能排多少名。虽然考生现在报考大学主要还是看学校,将来就不一定是这个概念了,而是要报考这个学校的某某专业,因为这个专业在全国排在前面多少名。这个学校的评估即使是优,没有品牌专业,大家也不一定去报,所以专业建设要抓紧,要有紧迫感。现在全国有三万六千个专业点,但不用担心评不过来,有那么多教指委,有那么多行业学会,总有办法去评。所以我们要尽快地建设一批特色专业,将来评估的时候我们才能有更多的专业排到前面去。

专业评估会评什么呢? 大家达成四点共识:一是培养方案,真正做好了不容易,既是重点也是难点;二是教学内容和与课程体系改革,也是难点和重点;三是实践教学,这是我们普遍欠缺的,也是最重要的和比较难的;四是教学方法。所以我们要瞄准这四个方面来做攻坚战。新的培养方案我们已经有了,下面就是操作层面的问题,就是把方案落到实处的问题。今年的教改项目和这次质量工程立项的重点都放在实验实训上,就是要解决人才培养方案中实践教学环节的落实问题。

（三）课程建设体系

课程建设包括师资队伍、教材、教学方法、实习基地、实验室等的建设，但最应该强调的是教学内容与教学方法的建设，这是课程建设中最难的，也是最主要的。这反映了教学与学生的接口，反映了教与学的关系。在这方面，总体上存在着教学内容过旧、教学方法过死的问题，存在着学生的创新精神不强、创新能力不足的问题，这是我国高等教育长期没有突破的一个大问题。拿中国大学生和美国大学生比的话，差距就在这儿，而且到硕士、到博士，越往上差距越大，所以反映出我们的创新精神不行，最后体现在经济上和产业上，企业有点儿利润先被国外的专利费提走了，剩的非常少。教学内容、教学方法是长久没突破的问题，如果哪个学校在这方面有所突破的话，那么这个学校就做出了贡献，就走到了发展的前面。我想，只要我们河南财经学院在这方面下功夫，就有希望突破。

1. 教学内容

对于教学内容，应该想一想四个问题：

第一，有没有介绍学科发展动态、学科前沿的内容，并且提出有待解决的问题？就是要给学生指出研究的方向，留出探究的空间。

第二，有没有自己的科研体会，或者自己所了解的社会问题？能不能做到这一点，是一流教师和三流教师之间的区别，一个学校有没有比较多的教师做到这一点，是一流大学和三流大学之间的区别。

第三，有没有对教学内容的删繁就简、吐故纳新？现在一个讲稿用了几年了，有多少更新？特别是专业课，在讲课中还有多少已经过时的东西？所以教学改革首先是改革教师，对教师的要求非常高，过去我们说要给学生一碗水，教师自身需要有一桶水，现在我们说一桶水不行，要有一条河，哪怕是一条小河，也得是活水。所以当一个称职的老师不容易，要跟上自己专业、学科的发展，要尽可能把新的东西充实到课堂上。

第四，有没有把素质教育和学科教育相互结合？素质教育我们提了很多年，但是有一些误区，好像素质教育就是开几个讲座，开几门素质教育课，比如说音乐欣赏或艺术欣赏。素质教育不是单靠开几门课来解决的，也不能设定哪些课就是素质教育课，哪些课就是学科教育课。素质教育首先是一种教育思想和观念，它应该体现在所有的教学环节中，应该落实到每一个教师的教学中。它应该是在学校里无处不在的，这样才能体现你的素质教育,才能有效果。我们的思想政治教育是最重要的素质教育,道理也一样,应该要融入每个教学过程中。这就是我们常说的潜移默化、润物无声,这样才是育人。这就要求我们每一位教师都要有这个意识和能力。所以教学改革最难的是提高师资水平。

2. 教学方法

关于教学方法现在至少存在"三多三少"的问题。

第一,灌输式过多,参与式过少。主体上现在还是灌输式教育,4 个班、5 个班的大课堂,老师上来就讲,从头到尾 50 分钟,讲完就走,不管学生掌握多少,不管学生愿意不愿意听,不管学生有没有讨论和参与的机会。

第二,结论型过多,问题型过少。大学里是要传授知识,但不能只有传授,还要进行研究。高水平的教学应该是以问题为纽带。学生带着问题走进课堂,听着你的讲授得到启发,又带着更多的高层次问题走出课堂,这才是教师的本事,是高水平的教学。我听过哈佛有这么一个说法,听着有点像戏言,但挺有意思:学生认为自己什么都懂了,给学士学位;学生认为自己还有些不懂的问题,给硕士学位;学生认为自己全是问题,那就给博士学位。一个好的教师,不在于教给学生多少知识,不在于让其记住几个名词,而在于有没有训练出其提出问题、思考问题的习惯。这一点非常重要,中国大学生缺少的就是这个,所以我们提出以问题为纽带的教学,以问题为主线,让学生去思索,逐渐训练学生主动提出一些问题来,这就是教学的成功。

第三,封闭式过多,发散式过少。我们在教学方法上要提倡把"学"的主动性还给学生,把"教"的创造性还给教师,把课堂变成教和学的互动。这是我们质量工程项目应该持续攻坚的地方,虽然做起来不容易,但绝对是我们永恒的主题。

(四) 支撑条件体系

办学和培养人才需要各种各样的支撑条件,概括起来有四条:

第一,是师资。师资是最基本的支撑条件,办学没有师资不行,师资差了也不行。教育部质量工程六条中的一条,就是"教学团队与高水平教师队伍建设"。前面讲教学内容、教学方法改革也离不开教师。

第二,是教材建设,这也是六方面中的一项。教材建设要强调质量,我们既要创造条件让教师得到锻炼(通过编教材的锻炼争取能竞争国家级教材),还要对学生负责,不能用不好的教材来教学生,所以要把握好这件事。

第三,是网络教育资源和数字化学习。我们这次立项的有网络课程建设,就是对网络教学资源的充实和完善,就是要逐步建立数字化的资源中心和学习中心。

第四,是育人环境建设。育人环境或者叫作校园文化和大学精神,这里面有几个理念需要宣传一下。第一,大学生上大学很重要的是感受校园文化,上没上大学的区别在于其有没有在大学校园里被熏陶过,有没有和大师级的老师进行零距离的接触,这些都是育人环境。第二,办大学就是办一个育人的环境,建设自己的大学精神与文化。第三,大学本质上属于文化领域,不属于政治和经济领域,过去把大学作为产业来发展,现在应该还原大学的本来性质,即传承文化、传播文化、创造文化,所以一个大学一定要有自己的文化,在这方面希望大家今后多关注、多研究。

探讨了人才培养的基本思路和体系,我们再回到开始提到的那几个问题,如何回答便一目了然。

第一个问题:为什么教育部要把这几项工作作为本科质量工程来重点建设?毫无疑问,这几项工作是人才培养中的重点和难点,也是关键点。

第二个问题:我们的教学工作重点到底应该放在哪里?是专业建设,涉及专业建设的方方面面,各个环节。

第三个问题:我们各院系的院长(主任)的主要精力应该放在哪里?是搞好专业建设,要对专业建设的各个环节把好关。

第四个问题:作为各个层次的教学第一责任人的责任到底在哪里?也是专业建设,要把握好我们自己所处的那个环节不出问题,而且要高质量地完成人才培养对这个环节的要求。

打造一流本科教育　建设高水平地方大学*

高等教育系统是一个分层有序的复杂体系,本科教育处于中间层次,是高等教育的主体,其发展水平直接影响整个高等教育系统的质量。河南财经政法大学是以本科人才培养为主要任务的地方大学①,本科教育是学校发展的基石,其质量和水平基本上代表着学校的办学质量和水平。因此,打造一流本科教育,建设高水平地方大学是我校实现持续发展的不二选择。

一、打造一流本科教育的重要性

(一) 是学校自身持续发展的需要

大学教育总体上是以本科教育为主的,在高等教育大众化的进程中,尤其关注本科生的教育质量。欧美的大学教育,非常注重本科教育。2010年,美国本科院校2 774所,在校四年制本科生1 333.5万人,研究生302.8万人,研究生与四年制本科生的比例为1∶4.4②。美国常春藤大学中的达特茅斯学院,成立于1769年,2012年被《美国新闻和世界报道》(US News & World Report)排名为美国本科教育第11名,但至今还叫学院,仍以本科教

---

*　本文系作者2013年3月6日在学校教学工作会议暨建设一流本科教育动员会上的讲话。
①　本文所指地方大学,其范围仅指以大学冠名的省属本科高等学校。
②　资料来源:Digest of Education Statistics 2011。本科院校指具有Bachelor's degree授予权的大学。

学为主。学校有在校生6 000人,其中本科生4 500多人,研究生1 500人。他们的目标不是培养科学家、政治家,而是通过一流的本科教育,培养适应社会需要的商界、金融界精英,即高级应用型人才①。英国的牛津大学和剑桥大学,把本科生作为精英来培养,学校为本科生配备导师,每周与学生见面,为学生提供学业指导。20世纪伟大的教育家、美国学者欧内斯特·L.博耶撰写的《重建本科生教育:美国研究型大学发展蓝图》中有过十分明确的阐述:"本科生教育的生命力影响到所有其他各层次的高等教育。美国高等教育的独特性植根于学士教育""大学本科生教育是整个教育过程中一个重要的阶段,对于它之前的中学教育和之后的研究生教育都是至关重要的"。②

2011年,我国有本科院校1129所(含独立学院388所),在校本科生1349.66万人,研究生164.58万人,研究生与本科生的比例大约为1∶8.2。③我国在20世纪初期就开始有本科教育,研究生教育真正开始则是在20世纪80年代以后,所以,可以说中国高等教育的发展史主要是本科教育的发展史。本科教育在整个中国高等教育中的分量最重,在高等教育各个层次中对社会的贡献最大。

不论是东方国家,还是西方国家,对于为社会做出贡献的学生,人们更看重其本科就读的学校。如:美国诺贝尔奖获得者就读的很多学校以其为荣,有本科阶段就读的学校、研究生阶段就读的学校、工作时期的学校等等,但人们最看重的是其本科阶段就读的学校。同时,大学也多以培养出的本科精英人才为荣,美国一些大学排名也更看重学校本科阶段的师资、生源和教学质量。由此可见,公众是通过本科教育直接或间接地认识和评价大学的。

今后相当长的一段时期,我国高等教育将进入以质量提升为目标的内涵式发展阶段。对于我校来说,本科教育是学校的主体,学校面向地方经济社会发展,为地方经济建设服务,以本科层次人才培养为主的基本格局长期不会改变。虽然学校同时承担着多层次的人才培养任务,也承载着科学研究和社会服务的重任,但是,占据在校生80%以上的本科生的培养工作始终是学校的根本任务。学校自身要发展,水平要提高,关键要提高本科教育质

---

① 资料来源:达特茅斯学院[OL].百度词条.
② 博耶研究型大学本科生教育委员会.重建本科生教育:美国研究型大学发展蓝图[J].教育参考资料,2000(19).
③ 数据来源:《中国统计年鉴2012》(北京:中国统计出版社,2013)。

量,所以打造一流本科教育是学校持续发展的生命线。

(二) 是学校应对激烈竞争的需要

从目前我国高等教育形势看,生源竞争日趋激烈。一方面,生源数量日趋减少,2008年全国参加高考的学生有1 050万人,2012年下降到915万人;另一方面,录取人数却逐年增加,2008年为599万人,2012年则为685万人,录取率由2008年的57%上升到2012年的75%。[①] 河南省2012年高考人数比2011年也减少近5万人,今后几年也会呈逐年下降的趋势。[②] 而地方大学在生源上则面临着更多的竞争压力,一方面有来自国内中央部属高校对优质生源的瓜分,另一方面还有高职院校对就业市场的争夺。此外,近年来,美国、英国、澳大利亚等西方国家的一些大学,为了吸引优质生源,凡高考分数达到一本线的中国学生可以直接申请就读。这就使地方大学同时面临着高端和低端的双重竞争。面对这些竞争,地方大学的核心竞争力来自哪里?只能来自于"本科+特色",就是打造一流的本科教育,培养高素质应用型特色人才。

对于任何大学而言,只要高质量、有特色,就能长远生存,打造有特色的一流本科更是永葆大学青春活力的源泉。对世界顶尖大学来说如此,对地方大学来说尤其如此。莱斯大学是闻名全美的私立综合性研究型大学,综合实力稳居《美国新闻与世界报道》历年大学排名前20名。莱斯大学长期致力于卓越的本科教学,通过提供一流的本科教育,培养学生的创新精神、交流能力、创业和领导能力,形成了非常鲜明的特色,这是其始终处于领先地位的基础。目前,我国地方大学的同质化问题非常严重,不少地方大学目标定位高移、办学定位、学科专业设置趋同,甚至人才培养目标和办学模式也趋同。差异化、特色化是地方大学核心竞争力的源泉。地方大学要提高核心竞争力就必须在理性定位基础上,培育特色,打造一流本科教育,克服同质化倾向。

---

① 资料来源:历年全国高考人数和录取率统计[OL],中国教育在线.
② 资料来源:高招调查报告[OL],中国教育在线,2012.

(三) 是我校本科教育改革的客观要求

我校"十二五"发展规划中把学校定位于教学研究型大学,且以应用型本科教育为主。从学校实际情况看,我校对社会贡献最大的是本科教育,竞争的优势也主要在本科教育。《国家中长期教育改革和发展纲要》提出对教育要关注"质量"和"公平",十八大提出教育要关注"质量"和"改革",而打造一流本科教育正是我校落实十八大精神和《国家中长期教育改革和发展纲要》的具体体现。

近几年来,我校在本科教育改革探索中,从"宽口径、厚基础、强能力、高素质"到培养应用型创新人才,把本科教育从单纯的专业教育逐步转变为通识教育基础上的宽口径专业教育。然而传统的专门化培养模式还没有彻底转变,新的人才培养模式还缺乏系统性的建构,若干"瓶颈"问题依然制约着学校的转型发展。因此我们必须积极反思,系统思考,通过教育思想大研讨和一系列措施,建构起与一流本科目标相匹配的本科教育体系。

二、什么是一流本科教育

目前,学界对"一流本科教育"还没有统一的看法,这是因为对本科教育水平的认识和绩效评估具有很大的难度。一是本科教育效果的显现具有明显的滞后性;二是本科教育效果的成因有多个变量,且变量之间的关系十分复杂;三是本科教育培养目标具有多元化特征,很难形成普遍适用的统一的评估标准。

尽管如此,我们透过高等学校的使命,可以归纳出一流本科教育的本质。简单地说,评价一所大学的本科教育是否一流,应以是否满足社会需求为主要评价标准。一流本科教育,是相较于同类高校能培养出更加符合本类别社会需求的高质量人才的本科教育。社会需求大致可以分为两大类:一是社会或用人单位对毕业生的需求,包括地域、行业等,集中体现在毕业生的质量上;二是"准大学生"对教学条件与教学工作水平等的期望,最终也集中体现在毕业生的质量上。因此,"高质量人才"应该是检验本科教育是否一流的最重要标准。

在这种认识的基础上,我们认为"一流本科教育"应具有如下特征:

一是高质量。学生的质量可以从知识、能力、素质等方面进行衡量。"质量"是"一流本科教育"功能与价值的核心检验标准。大学的成功与社会声誉主要在于其毕业生的质量。毕业生和校友的知识、能力、素质等的表现是为母校赢得声誉、体现成功的核心要素。正如评价一个工厂,主要不是看你有多少工程师,有多少先进设备,而是看你是否开发出优质的产品和这些产品有没有市场。所以真正反映一个学校水平的,是毕业生的质量,是人才培养的质量。

二是创造性。学生要有一定的创造思维,要有创造的胆略,能承担创造风险。如果一个人知识储量不少,素质也很高,但害怕承担创造风险而故步自封,其成功的概率会非常低,因为很多创造性的工作都有一定的风险。所以,欧美的很多学校非常注重学生承担各种各样风险能力的教育。众多具有中美学习经历的人士都感到,中美两国学生的差距归根结底是蕴藏于个性中的发现与创新素质的差异,所以,我国"一流本科教育"尤其要重视创造性。我们要树立研究性教学的思想,建立研究性的教育模式,注重学生创造性的养成,使学生形成创新的思维习惯。

三是特色化。一流就是特色,就是在某方面有长处。整个学校要有特色,专业要有特色,课程要有特色。特色具有导向的作用,使人才培养朝"优势"的质量轨道上运行。美国的威斯康星大学,开始地位并不高(曾被讥讽为"放牛娃大学"),但依靠走特色化之路,在推动高校服务社会方面形成了著名的"威斯康星"思想,使该校成为世界著名的一流大学。因此,注重特色的养成是"一流本科教育"必须始终坚持的发展战略。

四是应用性。"一流本科教育"既包括深层次的基础理论性教育,也包括高水平的实践应用性教育,尤其是对一个有着十三亿人口的发展中的大国来说,既需要学术型的杰出人才,更需要大量应用型的杰出人才。如果说中央部属高校主要是为了前者,那么地方大学则要更多地承担起应用性研究和应用型人才培养的责任。因此,每一所地方大学应该也可以根据其功能定位,争创一流本科教育。河南财经政法大学既不同于综合性研究型大学,也不同于地方职业技术学院,在服务对象、培养目标、办学层次、学科专业建设上都要立足地方,服务地方,为地方人才市场培养一流的应用型本科人才。

五是动态化。一所学校在不同的发展阶段有不同的发展目标,相应的也有不同的质量标准。比如,我校要打造一流本科教育,就有目标和质量标准的阶段递进过程。我校的近期目标是达到省内一流水平(事实上,我们的经、管、法学科已经达到省内一流),中期目标(5~10年)是达到国内地方大学的一流水平,远期目标是达到重点大学的一流水平。因此,在学校发展过程中,树立动态化的目标和质量标准也是关键环节。

三、我校打造一流本科教育的基础和条件

首先我校生源质量与一流大学差距不大。我校与一流大学差距最小的就是生源质量,这是学校打造一流本科教育最重要的基础。2011年,学校二本录取分数线文科高出河南省二本线39分,理科高出38分,分别居河南省二本录取学校的第二位、第三位。2012年,一本10个专业的录取分数线文科高出河南省一本线9分,理科高出11分;二本录取分数线文科高出河南省二本线39分,理科高出41分。

有关报告认为,我国大学的本科生生源质量要远高于研究生生源质量,而河南省内高校录取的研究生多是排位更后的非研究生培养学校的学生也是事实。我们还可以从本科生的流动趋向看,一流大学的本科生大多选择到国外或者留校继续学习,地方大学培养的优秀本科生则更多选择到一流大学深造。也就是说,在科学研究和研究生培养方面,地方大学与国内一流大学生源的差距更大,不是能够通过简单的努力就能缩小和弥补的。但是在本科教育上,地方大学确立建设一流本科教育的目标,通过努力是完全可以达到的。

其次我校在业界的影响力不断增大。我校面向地方经济发展的目标定位,其效果日益显现。我校毕业生在河南省的金融、财务、房地产、法学等行业的影响力在不断扩大,所占比例和就业层次在不断提高,相当一部分毕业生已经成为行业精英。他们为社会服务的意识较强,思维活跃,善于把握机遇,其扎实的专业知识和较强的动手能力受到社会的一致好评,社会认同感不断提升。

再次我校优势学科在全国排名靠前。2012年,在武书连发布的《2012中国大学各学科门类排行榜》中,我校优势学科(经济学、管理学、法学)入围2012中国大学各学科门类排行榜前100强、河南省前三名。本次学科门类排名中,开设经济学专业的大学共523所,我校位居全国第56名;开设管理学专业的大学共675所,我校排名全国第97名;开设法学专业的大学共513所,我校排名全国第75名。这说明我校的办学实力在不断增强,具备

了打造一流本科教育的学科基础。

四、如何打造一流本科教育

(一) 要处理好六大关系

影响地方大学本科教育质量的因素很多,存在着诸多复杂的关系。我认为建设一流本科教育,要着重处理好以下六大关系:

1. 学科建设和人才培养的关系。要"突出中心,兼顾两者",中心就是人才培养。一般来说,高校都十分重视学科建设,强调学科建设的龙头地位,但学科建设应包括人才培养,重视学科建设,也要重视人才培养,通过学科带动人才培养,通过人才培养来促进学科的建设和发展。学科建设的经费要考虑人才培养,学科队伍建设也要考虑人才培养的梯队建设,学科骨干的职责除了科学研究,也要强调人才培养。简而言之,就是以人才培养为中心,强调学科建设与人才培养的统一协调。

因此,地方大学应该从学科建设角度,思考怎样更好地为本科人才培养服务;从本科教育角度,思考如何依靠学科建设提升教育水平。要明晰学科建设与人才培养一体化思路,将学科建设和人才培养作为一个有机整体进行整体规划、同步建设,通过一系列有效的政策、制度保证学科建设和人才培养相互支撑、协调发展、同步提升。从组织形式看,学科可以跨院系,而人才培养多在院系内,因此,应逐步在学科间淡化院系界线,在院系间淡化专业界线,在专业间淡化课程界线,以促进学科、院系、专业和课程相互之间的沟通和交流。

2. 科学研究和教育教学的关系。从大学的本质功能来讲,大学首先是教育机构,然后才是研究机构,这一点任何类型的大学都不例外。从世界上一些研究型大学的实践经验来看,建立以研究为基础的教学体系是本科教育教学改革的首要目标。事实上,无论对整个大学组织还是对教师个体而言,虽然在任务分工、时间分配上,教学与科研之间存在着难以避免的冲突,但在服务于人才培养上,二者具有内在的功能一致性与价值统一性。没有研究的教学只是知识传递性的教学,没有教学的研究必将影响研究质量的提高。大学应当是学者与学生共同探求真理的场所,不存在单纯的教学,也不存在单纯的研究,二者是合二为一的。

因此,地方大学要"围绕教学,做好研究"。一方面,科学研究对于知识的传授非常重要,在科学研究领域有所建树,才能把整个知识体系很好的贯穿起来,才能把很深奥的知识变成浅显的语言,让外行都能听得懂,否则这样的教师就只是教书匠,只能照本宣科。科学是不断发展的,不断地研究可以不断地吸取学科前沿的东西,把最新的知识传授给学生,把自己研究的成果转化成教学内容,真正把教学和科研融为一体。另一方面,从广义上讲,教学也是学术,教学本身也需要研究,科学研究应包括教学研究,只有进行研究,才能很好地促进教学。应该把教学与科研、教学研究与科学研究放在同等重要的位置上。教学研究重在实用,科学研究重在前沿。教学研究更侧重于教学理念、教学内容、教学过程、教学方法和教学手段的研究和实践,其研究的内容直接来自于教学实践中的问题和困惑。一流的教学不是不抓科研,而是以高水平的科研支撑一流的本科教学水平。

3. **教学规范与教学创新的关系。**教学过程需要规范行为,同时也需要不断地创新。教学规范是对教学活动全过程提出的基本要求,它具有一定的准则性和指导性。教学创新是顺应经济社会发展对人才培养和教学的新要求,从某种意义上讲,它是改造一个旧的教学体系,建立一个新的教学体系的过程。教学规范与教学创新是普及与提高、厚积与薄发的关系,他们是学校教学活动得以生存、延续、发展的两个方面。成功的教学创新不仅可以打破现有的教学体系平衡,而且可以建立新的教学体系并维持更有利的平衡。创新和规范,既矛盾又相互依存。有效的管理工作,就要在适度的规范与适度的创新之间取得平衡。作为办学历史不长的地方大学,要强调规范,鼓励创新;要过程规范,内容创新。要把整个教学环节转变成若干个关键点,制定每个关键点的质量标准,按照质量标准去组织教学,在此基础上鼓励创新。

相对而言,一流大学的教师有更多的学术自由,可以运用自己特有的风格进行教学,可以保留较多主观的、有特色的东西而不用担心学校过多的限制,这就是人们常说的"自由的氛围"。而地方大学一般建校历史不长,文化底蕴尚不深厚,规范教学过程十分必要。但同时要鼓励创新,要在教学理念、教学内容、教学模式、教学过程、教学方法、教学评价等方面加强改革与创新,使老师能够"戴着镣铐跳好舞",在遵循教学规范的基础上,做到守正出新,破法而出。

4. **教学数量与教学质量的关系。**教学数量和教学质量是反映一所大学实际水平的两个重要方面。教学数量包含在校生规模、师资人数、学科数、专业数、课程数、课时数等一些数量指标。教学质量主要包括学科状况、师资水平、人才培养质量、设备条件、科研成果等一些质量指标。近年来,大学的学生规模快速扩张,由此引发许多问题。在这种情况下,就要积极探索在学生规模大幅增加的情况下,如何处理学生的数量增长与质量提升之间的关系,解决由于数量增长带来的诸如师资紧缺、忽视特殊人才教育、忽略创新、教学研究滞后等一系列矛盾和问题。

数量的累积相对简单,质量的提高却比较艰难。比如师资队伍的扩张,每年招聘人员容易,要招聘到高素质的人才却很难。"高素质"不仅是指具有很高的学术造诣,而且还具有较高的教学艺术和教学水平。教师讲授的课时数量多容易,但讲授的课程质量高不容易。要建设一流的本科教育,师资、学科、专业、课程的质量都是提高质量的核心要素,不仅要有相当的数量,比如师生比的提高、课程门数的增多、课时量的累积等等,而且要在质量上、特色上下功夫,要制定教学质量的评价标准,要培育更多的优势学科,要发挥不同类别课程的教学效能,更要提高师资队伍的教学能力。这就要在教学实践中处理好教学质量和数量的关系,使数量的增长与质量的提高协调一致。

对于一个学校的发展,数量很关键,质量更重要,要"重在质量,强调激励",要改变过去对教师工作绩效考核中以教学数量为中心的考核模式,转变到以质量考核为中心上来,要使质量标准具体化,不同的教学质量给予不同的报酬,质量高的教学就要高投入,给予高报酬。

5. 通识教育与专业教育的关系。要强调"专业引领,通识强基"。对于一个学校而言,专业教育起着引领作用,而通识教育起着对人才潜移默化的基础作用。通识教育所追求的不仅仅是知识的广博性,更强调知识的文化意蕴及由此对人的心灵和智慧的陶冶作用。通识教育注重人文教育与科学教育的平衡,注重学生的人文素质培养,也注重培养学生的思维能力和创新能力。专业教育强调知识结构的构建,一般以培养具有某一学科的基本理论知识和技能并能够从事某种职业或进行某个领域研究的人为目标,它强调知识结构的系统性。

本科教育应是通识教育与专业教育的统一,是做人教育与做事教育的统一。既为就业做准备,也为研究生教育做准备,还为终生学习做准备;既要满足经济社会发展需求,又要满足人的全面发展和个性发展需要。本科教育的出口概括起来有两个:一是就业,这是大多数学生的选择,也是地方大学毕业生的根本出路,对这类学生,要结合地方实际,适应经济社会发展需求,有针对性的培养上手快、能力强的应用型复合人才;二是继续深造——考研、读博,在地方高校,这类被称为学术型人才的学生虽然数量不多,但在人才培养过程中也不容忽视。其实,在这两种之外还有一个出路——创业,它应该包含在应用型复合人才之列,但与普通就业又有不同。在教学实践中,就存在如何处理通识教育与专业教育的关系(应用型与学术型之间的关系)的问题。概括起来,地方大学应在通识教育基础上进行宽泛的专业教育,将通识教育与专业教育的积极功能融合到本科教育的各个环节,推进全面素质教育和个性培养的落实与深化。

6. 知识传授与能力培养之间的关系。这两者的关系可以用"知识讲实,能力讲活"来概括。知识传授指学科专业知识要扎扎实实地传授给学生,而能力培养强调活学活用、举一反三,要给学生一把钥匙,授人以渔而不是授人以鱼,教会学生谋生的手段,提高学生解决问题的能力。地方大学由于学生规模大,教学模式单一,往往以知识传授为主,忽视能力、素质的培养。能力反映在多方面,其中两方面很重要:一是辨别正确方向的能力,与人相处的能力,适应环境的能力,与各类人打交道却不迷失自我的能力;二是坚持的能力。坚毅对于成功远比聪明更重要。很多中等智力的人,由于执着、坚毅,获得很大成功。但自认为聪明的人,却因为缺乏坚韧,做事浮躁,只能一生平平。河南籍作家刘震云曾说,世界上有一条大河特别波涛汹涌,淹死了许多人,叫聪明。许多人没有在愚蠢的河流里淹死,都是在聪明的河流里淹死。真正的聪明是愚公移山。世界上不存在大智慧,就像世界上本不存在才华这个字。重复的事情不停地做,你就是专家,做重复的事特别专注,你就是大家。①

所以,在教学实践中,知识传授固然重要,但能力培养更为重要。要打造一流的本科教育,处理好知识传授与能力培养之间的关系是一个重要的着力点。尤其要在借鉴工业生产中的"大规模定制"理念基础上,积极探索对学生大规模个性能力的培养问题,要充分发挥互联网、社会舞台等多种第二课堂在学生大规模个性化培养方面的作用,引导学生通过网络平台和社会实践,开展个性化学习与实践。

(二) 思路和措施

1. 以转变思想观念为先导,确保本科教育的基础地位

高校的本质功能是培养人,要进一步树立以人才培养为中心的理念,把

---

① 刘震云.一句顶一万句[M].武汉:长江文艺出版社,2009.

人才培养质量作为衡量办学水平的最主要标准,把社会评价作为衡量人才培养质量的重要指标。学校资源配置要以人才培养为主,进一步树立以学生为本的理念,把一切为了学生健康成长作为教育工作的首要追求。一是时间精力要放在提高质量上,校长办公会要经常研究如何提高质量的问题;二是政策措施要有利于提高质量,要不断加大对人才培养工作的投入力度,把经费多花在本科生的教与学上,切实保障本科教学的基础地位;三是体制机制要有利于人才培养,通过深化人事、分配制度改革,真正体现多劳多得、优劳优酬,更多地奖励、激励那些优秀教师和拔尖创新人才。

2. 以课程改革为突破口,积极探索人才培养新模式

整个本科教育包括专业、课程、教材、实践教学等很多方面,课程是教学改革的核心,课程改革起着基础性作用,任何教学改革的设想与提升质量的行动方案都必须落实到具体的课程改革上才能得以实现。本科课程的改革要在强调知识的宽度和注重知识的深度上做文章。强调知识宽度就要增加通识教育和跨学科课程的内容与分量,注重知识深度就要构建宽口径的专业课程体系。要做好这两点,均要在人才培养方案和人才培养模式上下功夫。

在进行人才培养模式改革的基础上,首先要着力推行"课程教学范式综合改革",通过课程教学范式综合改革,让课堂教学精彩起来,让学生学习紧张起来,让考试、考核诚信起来。其次要着力构筑立足通识教育的课程体系。发达国家一些大学的本科阶段均强调以通识教育为主,其课程目标和教学理念明确,授课方式灵活,已成为本科生的核心课程。我们要借鉴国际经验,把通识教育作为本科生的基础学术训练,确立其在本科教育中的基础和核心地位,积极培育通识教育课程群,并融入整个大学的人才培养体系之中。

3. 以理论与实践统一为目标,重构实践教学体系

一般而言,理论教学与实践教学的关系有三种模式:一是实践教学依附于理论教学,学术型本科人才培养就属于这种模式,认为实践教学只是理论教学的补充;二是理论教学依附于实践教学,高职高专技能性人才属于这种模式,认为理论知识必须够用,重在实践;三是实践教学与理论教学并重融合,应用型人才培养的大学应该属于这种模式,既要求以学科为基础,理论扎实,又以能力为主线,实现实践教学与理论教学的统一。

我们认为,重构实践教学体系,要始终坚持全面发展、素质教育和以人为本的教育理念,以综合能力、创新精神培养为主线,注重知识、能力、素质的培养,促进学生全面发展。具体实践是通过改革实践教学内容和教学方法,将与理论教学配套的实践课程设置与课内实践教学环节、课外实践有机结合起来,强化与理论教学体系的相辅相成,通过实验、实训、实习、毕业设计(论文)等课内实践体系,以及大学生创业孵化园、创业挑战赛等课外实践体系,大力促进第一与第二课堂的衔接,校内与校外学习活动的衔接,强化学生的职业素质、创业能力、实践能力和创新精神。

4. 以教学与科研融合为契机,改革现有的评价机制

要促进教学与科研的深度融合,其首要任务就是创新学术理念,给教学的学术以新的尊严和地位,调动教师参与教学的积极性。建立有利于教师从事本科教学和有利于学生探究学习的保障体系。一是实施教学与科研同等对待,教学工作与科研工作同等对待,教学成果与科研成果同等对待;二是建立教师教学发展中心,着力开展教师教学能力建设工作,组织教师进行广泛的教学经验交流,研究教学改革过程中的共性和个性问题,加强教师的教学能力培训和教学改革过程指导,等等;三是设立"校长教学质量奖",建立教师教学质量的激励机制,让教学质量好的教师和科研成果突出的教师一样获得应有的地位和尊重;四是建立教学研究基金,增加教学研究投入,扩展教学研究奖励种类与奖励范围,鼓励更多的教师参与教学改革的研究与实践。

在学生学习效果评价方面,要注重学生的自我评价,提倡过程性评价,彻底改变"一张考卷定考核结果"的做法。结合课程教学范式综合改革,建立以研究、实践和探索为基础的教学模式。一是建立本科生研究实践活动中心,拓展本科生参与研究的渠道和机会,让学生接受科研前沿体验,二是建立促进本科生参与研究、实践与创新活动的长效机制,比如设立本科生科研计划、创新活动计划、实践活动计划等,为学生提供探究性学习的机会;三是将研究贯穿于本科教育的全过程,通过开设新生研讨性课程、高年级专题研究课程,鼓励学生之间、师生之间开展交互式讨论和合作研究,加深与整合本科阶段的学习体验,从而培养学生在未来职业中分析问题与解决问题的能力。

我们要通过打造一流本科教育,切实提高我校的教学质量和办学水平,真正把学校建设成能得到社会公认的有特色的高水平大学。

构建高等财经院校人才培养的绿色教育体系*

自1992年联合国在里约热内卢召开的"环境与发展大会"上通过《21世纪议程》以来,可持续发展已成为人类共同追求的目标。我国政府在1994年制定的《中国21世纪议程》中具体提出了可持续发展的战略和行动方案。2004年3月全国人大十届二次会议期间的三个关键词:科学发展观、三农问题和政府职能的转变,显示公众对科学发展观的关注度。可持续发展是科学发展观的核心问题,实施可持续发展战略是人们世界观、价值观和道德观的一场深刻变革,也是社会行为方式的变革。科技和教育是可持续发展战略的重要支撑,只有依靠科学技术的发展和进步,才能在促进经济增长的同时,做到充分利用自然资源、减少环境污染和改善生态环境。高等院校作为培养各类高层次人才的重要园地,在宣传、普及、贯彻环境保护以及可持续发展思想和战略中是一块重要的基地。树立绿色教育理念、开展绿色教育,应该是高等院校实现教育的可持续性发展的重要内容。高等财经类人才是社会经济的理论研究者和管理参与者,构建高等财经类人才培养中的绿色教育体系显得尤为重要。

一、绿色教育的内涵及其理念

对于绿色教育的内涵,教育理论界主要有三种观点。一种观点认为,绿

---

* 本文系作者对绿色教育理念的践行与思考,发表在《湖南商学院学报》(2009(6))上。

色教育与环境教育在本质上没有根本的区别,其内涵具有一致性。[1] 另一种观点认为,绿色教育就是全方位的可持续发展与环境保护意识的教育,即将可持续发展和环境保护的原则与指导思想渗入到自然科学、技术科学、人文和社会科学等综合性教学和实践环节中,使其成为学生的基础知识结构和综合素质培养的重要组成部分。换句话说,绿色教育就是一种素质教育。[2] 第三种观点认为,所谓绿色教育是指在教育过程中不仅向受教育者传授文化知识、科学技术,而且还注意培养受教育者正确处理人与自然、人与人、人与自身关系的教育。[3] 环境教育只是绿色教育的一个方面,除此之外,绿色教育还包括人际关系教育和心理健康教育等素质方面的教育,其中贯穿可持续发展的思想和理念。绿色教育是一种把人与自然、人与人、人与自身的和谐作为追求目标的教育,它是在强调素质教育的基础上,突显出人对自然的道德和责任、个人对他人、对社会的关爱与义务,以及塑造和谐完美人格,以达到教育促进人类生存环境的改善与美化、促进人类社会可持续发展和培养具有综合素质的人为目的。

《中共中央关于完善社会主义市场经济体制若干问题的决定》在明确完善社会主义市场经济体制的目标和任务时,强调要按照"五个统筹"(统筹城乡发展、统筹区域发展、统筹经济社会发展、统筹人与自然和谐发展、统筹国内发展和对外开放)的要求,推进完善社会主义市场经济体制,促进经济社会和人的全面发展。"五个统筹"集中反映了全面、协调、可持续的科学发展观。其中,"统筹人与自然和谐发展"就是针对我国在进行市场经济体制转轨过程中遇到的生态环境、自然资源和经济社会发展之间的矛盾而提出的。

因此,应该将绿色教育视为一种具有基础性和前瞻性的教育理念。对绿色教育的理解需要放在宽广的文化和社会发展的背景下把握,需要一种整体而动态的思维来领悟,同时也应该将绿色教育视为一种以人为本的教育。虽然绿色教育直接教育学生要认识环境、保护生态,但它的深层目的是要引导学生关注和思考一种符合人性的生存方式,一种与自然资源和环境相协调的社会经济发展方式,一种使人的价值与自然价值和谐统一的生活方式。

---

[1] 陈南.高校绿色教育探索[J].广州大学学报(综合版),2001(6).
[2] 孙学成,赵新泽,邓晓龙.关于构建大学绿色教育课程体系的初步设想[J].科技进步与对策,2002(10).
[3] 吴丽兵,徐再起.关于绿色教育的思考[J].决策咨询,2000(1).

二、高等财经类院校实施绿色教育的重要性和必要性

(一) 实施绿色教育是实施可持续发展战略的需要

随着科技进步和社会生产力的极大提高,人类获得了前所未有的物质财富,推进了人类文明的进程。与此同时,也引发了资源枯竭、环境污染、生态破坏等全球性问题,严重地阻碍着经济的发展和人民生活质量的提高,继而威胁着全人类的未来生存和发展。面对这种危境,人类逐渐认识到,通过高消耗追求经济数量增长的传统发展模式已不再适应经济社会发展的要求,必须寻求一条经济、社会、环境和资源相互协调的,既能满足当代人的需求又对满足后代人需求的能力不构成危害的可持续发展的道路。

1989年,联合国教科文组织在《学会关心:21世纪的教育》①的报告中指出,21世纪的教育是要让学生"学会关心",要教育年轻一代关心全球性问题,走出以自我为中心的小圈子,培养他们学会"关心社会和国家的经济、生态利益""关心全球的生活条件""关心他人"等。1992年的《21世纪议程》,更是明确要求"教育是促进可持续发展和提高人们解决环境与发展问题的能力的关键",要把可持续发展和环境教育贯穿于各级各类教育的始终。1994年《中国21世纪议程》也提出,"发展教育是走向可持续的根本大计"②。作为以培养高级经济、管理人才为己任的高等财经类院校,必须大力加强绿色教育,增强学生的绿色意识,使学生学会关心地球,关心他人,具有能为社会可持续发展努力奋斗的精神,这是中国乃至世界实施可持续发展战略的必然要求。

(二) 实施绿色教育是培养具有可持续发展素质人才的需要

知识经济是可持续发展的经济,它要求高等财经院校的素质教育必须

---

① 《学会关心:21世纪的教育》(LEARNING TO CARE FOR OTHERS—The Aim for the Education in the 21st-Century)是1989年11月27日至12月2日联合国教科文组织在我国北京召开的"面向21世纪教育国际研讨会"会议报告的总标题。

② 资料来源:中国21世纪议程[OL].百度词条,1994.

将经济效益观、社会效益观与环境、生态效益观统一起来,使学生具有环境保护和可持续发展意识,这是当代财经类大学生应具有的一个基本素质。随着人们对全球环境问题的关注和研究的深入,环境哲学、生态伦理学、可持续发展战略等环境人文科学得到较大的发展,并以"绿色"文化的形式迅速渗透到生产、消费、生活各个领域。如果学生缺乏这一"绿色素质",那么他们走上工作岗位后就难免会出现片面追求经济发展而造成生态破坏、资源浪费的恶性循环,进而影响到社会、经济的健康与可持续发展。高等财经类院校实施绿色教育的重要目的之一是要培养具有可持续发展思想和环境保护意识的高素质经济、管理类人才,使他们成为环境保护和实施可持续发展战略的骨干和核心力量,因此实施绿色教育是财经类院校培养具有可持续发展素质人才的需要。

(三) 实施绿色教育是进一步深化高等财经教育改革的需要,也是实现高等财经教育自身可持续发展的需要

《中国21世纪议程》指出:"中国目前还在沿袭传统的非持续性的发展模式"①,这种模式无疑也在一定程度上反映在高等财经教育中。一方面高等财经教育在某种程度上呈现出较强的功利性,在与自然相处时片面强调以人为中心,片面追求经济效益,客观上忽视了自然和环境的价值。另一方面,高等财经教育体制不合理。财经类单科院校设置过多,专业设置过细,对专业和专业知识认识的视野也较狭窄,没有把它纳入社会、经济、环境、资源这一有机整体中去进行综合审视,在评价专业知识的功用时,往往以人类中心主义为尺度,而不是坚持人类与自然相协调的尺度。同时,教学内容的严重滞后,也不利于经济、管理类人才的可持续发展。因此,高等财经教育要适应不断向前发展的社会,就必须进行改革,全面实施绿色教育。

《中国21世纪议程》还提出:加强对受教育者的可持续发展思想的灌输,将可持续发展思想贯穿于从初等到高等整个教育过程。高等财经院校也应把可持续发展的思想贯穿到整个教育改革过程中,这是社会对我国高等财经教育提出的新要求。从这个角度看,实施绿色教育,培养学生的可持续发展意识和全球观念也是实现我国高等财经教育自身可持续发展的需要。

---

① 资料来源:中国21世纪议程[OL].百度词条,1994.

（四）实施绿色教育可以使传统的自然观、价值观、思维方式逐渐转变，是精神文明建设的需要，也是精神文明建设新的重要组成部分

当前，在市场经济的全面冲击与政治思想、人文教育薄弱的特殊情况下，人们淡化了"全心全意为人民服务"的宗旨和社会责任感，热衷于追求物质消耗主义、拜金主义、个人享乐主义。绿色教育是以先进的文明和崇高的审美理想去建设人类的客观世界和主观世界的全新教育，它追求人与自然、人与人、人与自身的和谐。因此，新时代的大学生应该建立起与可持续发展观相一致的自然观、价值观、道德观：把传统的对自然界单向的征服、索取观转变为人类与自然平衡协调的自然观；将物质消耗主义、个人主义等价值观转变为追求人与自然、人与社会和谐发展，以人类长远利益为崇高目标的价值观；将传统的人与人、个人与社会关系的道德观扩大到人与自然、人与其他生物的关系，建立尊重自然、与环境友好相处的生态伦理观。绿色教育是衡量社会进步和民族文明程度的重要标志，也是我国精神文明建设新的重要组成部分。

（五）实施绿色教育有利于缓解经济发展与环境保护之间的矛盾，对全社会绿色理念的形成有辐射作用

现代社会的可持续发展决定了任何高等院校的专业教育都不能是单纯的专业知识、技术的传授，专业教育需要放到整个社会系统中结合多方面因素来思考，特别要结合资源、环境等因素来进行。未来社会是一个科学技术高度发展并充分运用的社会。人与自然的和谐、社会可持续发展目标的实现，归根到底要靠科学技术的运用。经济发展要符合保持生态平衡、减少环境污染和降低物质消耗等"绿色"要求。高等财经教育也不例外，这一思想也必须充分体现在高等财经院校的专业教育中。

在高等财经院校实施绿色教育的重点是培养具有可持续发展的绿色人才，使他们成为绿色革命的中坚力量，通过他们使我们的环境保护和可持续发展的意识贯穿到经济、管理的各个方面，在追求经济利益的同时考虑到社会效益，为全人类的可持续发展负责。我们通过绿色教育向社会源源不断地输送一批又一批具有现代绿色观念的经济、管理类人才，同时要充分发挥财经大学的辐射作用,使绿色意识、知识、技术和生活方式传播开来,为提高全民族素质发挥重要作用。

三、财经类院校绿色教育现状分析

近年来,欧美一些知名大学先后启动了一些不同层次的绿色教育行动计划,澳大利亚的格利福士大学提出教学环境管理四环节:一是制定绿色课程计划。开设《资源与环境》《经济与可持续发展》《环境健康》等课程;二是对大学日常计划进行绿化,制订绿色大学的指标体系和环境管理系统,培育大学绿色资源,支持学生绿色社团;三是大学与社区建立伙伴关系,开展合作研究,提供"绿化"人才培训基地,建立学生生态意识实习基地;四是搞好"绿化"教学方法。加拿大多伦多大学开展共建大学与社区联合体活动,其组织形式是:商业组织+行政组织+学校绿色组织。共建联合体的契机和兴趣在于:共同的需要、利益、机会、知识、技术等方面的协同和互补。① 此外,还有美国乔治·华盛顿大学的"绿色大学"、加州大学的"校园环境规划"、英国爱丁堡大学的"环境议程"、加拿大滑铁卢大学的"校园绿色行动"等。在我国,大学里绿色教育起步较晚,财经类院校绿色教育更是严重滞后,不能适应可持续发展战略实现的需要。主要表现在以下几个方面:

(一) 生态环境危机意识不足

环境危机意识指的是在一定哲学理念下人们对日益恶化的生态环境所表现出的忧患意识和环境素质,既包括理论上的认识,也包含实践要素。我国经济在保持高速增长的同时,生态环境也日益恶化。国家环保总局公布的2000年《中国环境状况公报》表明:2000年全国城市空气污染严重,在监测的338个大中城市中,空气质量达到国家二级标准的城市仅占三分之一;全国七大重点流域地表水污染普遍;地下水受到点状或面状污染,水位下降,加剧了水资源的供求矛盾;目前我国有草地四亿公顷,90%的草地不同程度地退化,由于不合理利用,草原生态系统遭到严重破坏,草地退化面积不断扩大,西北地区沙漠逐渐扩展,荒漠化日益严重,沙尘暴频繁发生,生态

---

① 转引自韩明.《大学绿色教育:从理念到行动》[J].广州大学学报(社会科学版),2002(4).

破坏加剧的趋势尚未得到有效遏制。① 生态环境危机已经向我们逼来,而生态环境危机意识却还没有在大学生的头脑中形成。因此,必须唤起大学生对环境的危机意识和忧患意识,增强社会责任感。

(二) 环境教育体系不完善

环境教育体系是指有关环境保护的必修课、选修课、讲座以及包括对毕业设计进行环境分析在内的与教学相关的环境教育。我国整体的环境教育体系很不完善,中小学的环境教育不足,社会公众环境教育、成人继续环境教育几乎空白。高等院校的环境教育体系也不完备,财经类院校概不例外,主要表现在课程体系设置不合理,没能充分体现环境教育的理念;环境教育师资力量严重匮乏,尚未引起足够重视;教材建设严重滞后,尚未形成反映环境教育理念的教材编制体系;等等。

(三) 学科分类的局限、单科类院校的大量存在导致人才的知识存在结构性欠缺

传统科学分别沿着自然科学和社会科学两个方面独立发展,而我国的教育体制又过早的实行文理分科,使大学生很难受到系统、深入而又科学的环境教育训练。学校除了环境院系外,其他院系和专业的同学很难受到环境专业教育,这就极大地制约了环境知识的普及,更谈不上较高层次的环境思维、环境意识、环境观念和环境素质的形成和提高。即便是环境科学类的环境科学专业、生态学专业,也由于忽视人文教育,而难以培养出高素质的复合型人才。

在社会经济活动领域,财经类人才进行经济理论方面的建构,或直接参与社会经济的运作,他们对人与自然关系的认识,对于人类社会与自然界能否保持生态平衡有很大影响,有时甚至起着关键性作用。但是,由于财经类单科院校设置过多,专业设置过细,使培养出的财经类人才的知识结构出现结构性欠缺。我国传统的财经类人才培养模式中,侧重于对学生专业知识和技能的培养,而忽略了其科学发展观和在实践中如何协调经济、社会、资源与环境之间的关系的技能的培养,致使他们在实际工作中,往往只注重专

---

① 资料来源:2000年中国环境状况公报[OL].中国环境监测总站,2000.12.31.

业领域内的研究与运作,而缺乏可持续发展意识,在推动社会经济发展的同时使生态环境遭到破坏。

(四) 心理健康教育环节被忽视

心理健康教育主要是培养学生健康的心理和行为,提高心理素质和适应环境能力,形成健全人格,以达到身心和谐健康发展。心理健康教育是教育中的薄弱环节,从小学到高中,除了努力学习,背负着沉重的升学竞争的心理压力外,学生们生活十分单调,缺少合作机会,人际交往能力差,缺乏群体包容意识,独立生活能力差。而目前整个高等教育过分偏重于知识的传授、专业技能的培养,忽视学生人格的养成,也没有充分关注学生做人的品格。许多学生进入大学后,青春萌动,但由于不知如何正确处理恋爱中的问题,导致情绪大起大落;有些大学生虽很有才华,却不能正确认识自己,缺乏与同学的合作相处、综合协调的能力,引发心理健康问题。因此,绿色教育也必须注重人与人、人与自身的和谐发展

四、财经类院校绿色教育体系的基本框架

(一) 构建财经类院校绿色教育体系应体现的原则

1. 精益求精原则。绿色教育作为一种公共基础教育,它应和环境类的专业教育有所区别,课程设置上应体现出精益求精原则,要通过几门课程的学习使学生深刻理解可持续发展的内涵,树立起资源、环境与社会经济发展的协调观,同时增强学生的国情与环境忧患意识,树立全球观念。

2. 主体探究原则。绿色教育体系注重建构学生在环境、健康教育及其他教育教学活动中的主体地位。

3. 关注社会原则。绿色教育体系注重引导学生关注环境、健康教育和可持续发展问题,使学生形成关注环境、人口和可持续发展的责任意识。

4. 前瞻性原则。人类已进入知识经济时代,知识更新和科学技术发展速度非常快,绿色教育作为一种培养学生综合素质的教育,课程内容应尽可能地跟上科技发展的步伐,使学生了解环境保护与可持续发展的科技前沿。

5. 综合渗透原则。绿色教育体系注重在教学中渗透环境、健康教育与可持续发展的科学知识与科学思想教育，在教学中确定绿色教育相关知识点并加以渗透，注重开展多学科的综合实践活动。综合渗透原则要求教师从财经类学科的实际出发，通过各种各样的教学活动，将绿色教育理念渗透其中，并且注意与其他学科以及校园环境、校园文化活动、社区环境等的协调配合，从而形成绿色教育的合力。

（二）财经类院校绿色教育的目标

1. 培养具有可持续发展思想和环境保护意识的高素质经济、管理类人才，使这些人才在校期间掌握有关环境、健康教育与可持续发展的科学知识，提高财经类人才进行环境与可持续发展教育的认识和能力，形成有关环境与可持续发展的科学意识，树立新的自然观、价值观、道德观，在教育教学领域构建绿色教育的新型育人模式。

2. 深化高等财经教育改革，弥补财经类单科院校的缺陷，突显自然和环境的价值，坚持人类与自然相协调的尺度，把财经类专业属性纳入社会、经济、环境、资源的有机整体中去综合审视，把可持续发展的思想贯穿到整个财经教育改革过程中，实现高等财经教育自身的可持续发展。

3. 完善心理健康教育体系，培养学生健康的心理和行为，提高心理素质和适应环境能力，帮助学生建立平等互助的人际关系，提高学生自主、自为、自律的个体意识和自我调适能力，形成健全人格，以达到身心和谐健康发展。

（三）构建财经类院校绿色教育体系的基本框架

1. 以绿色教育理念构建专业知识结构体系

绿色教育首先要使学生的知识结构与可持续发展的要求相适应，因此在财经类院校专业设置上，要转变过去那种细而窄的专业条块分割观念；在课程内容的安排上，应该拓宽专业基础课的内涵，注重专业交叉，加强文理渗透；此外，还可以对研究生以上的学生采取跨专业、交叉联合的方式进行培养，充分利用各专业的资源优势。实际上，绿色教育所要求的知识结构与"通识教育"有着内在的一致性，它要求学生不仅要有专业知识，还要具有环境知识和可持续发展意识，所以构建绿色教育体系要突出环境自然科学与环境社会科学的多学科交叉,在此基础上进行课程教学系统的配置。

2. 建立绿色教育课程体系

财经类院校传统的课程体系具有刻板、僵化的特点。这种缺少灵活性的课程体系,就是缺少可持续发展性。为了适应绿色教育的要求,我们一方面要根据重新构建的新的学科"范式"构筑支撑新的学科课程的理论体系,形成高质量的课程群;另一方面要有目的地建构一系列有利于学生综合素质培养的具有宽泛性、交叉性和时代性特征的课程;同时应精心设计与之配套的课程内容。结合国内外绿色教育实践,一个完整的绿色教育课程体系应由四部分组成:

设置一到两门主干性公共必修课或限定性选修课:《环境保护与可持续发展》(《可持续发展概论》或《环境学概论》)。重在比较系统地介绍国内外关注的环境和生态问题、环境与发展战略等基本知识,培养学生的环境保护意识和可持续发展的价值观。其主要内容包括:环境问题,经济发展、人口、人类行为与环境的关系,可持续发展战略、政策和措施,可持续发展中的资源利用与保护,可持续发展中的农业问题,等等。通过学习,使学生初步具有评估和处理有关可持续发展和环境问题的能力。

设置多门辅助性公共选修课。把《社会问题研究》《绿色食品概论》《教育生态学》《环境保护法》《生态伦理学》《环境生态学》《环境管理学》《环境评价学》《环境科学概论》《环境学导论》等作为公共选修课。通过这类课程,使学生了解生态科学和环境科学的基本知识,引导学生了解全球的环境问题及愈演愈烈的原因所在,让学生了解遵循什么样的指导思想和行为准则才能从根本上解决地球环境问题,努力使所有的财经类人才具备相应的环境意识。

设置隐性绿色教育课程。结合财经类专业特色,把绿色教育贯穿专业教育的始终,开设环境类课程并将环境保护知识渗透到专业课程中,作为隐性教育目标,以此来改革、调整、充实各个专业主干课的教学内容。对财经类人才来说,"绿色制造"和"绿色消费"意识是可持续发展观在其专业领域内最直接的、具体的反映,在课堂教学中培养他们的这种意识应是重中之重。"绿色制造"的内涵非常宽广,包括绿色设计(环境设计)、绿色工艺规划、清洁生产(清洁技术)、绿色包装等。"绿色消费"是倡导消费者选择未被污染或有助于健康的绿色产品,同时在消费过程中注重对垃圾的处置,不造成环境污染,并且希望这种消费方式能够引导消费者转变消费观念,崇尚自然、追求健康、注重环保,节约资源和能源,实现可持续消费。在课程教学上要体现 4R 原则,即:reject——拒绝危害品,reduce——减量使用,recycle——循环使用,reuse——重复使用。学会掌握环境评价体系和方法,了解ISO14000 认证的具体内容等,突出环境社会科学与环境自然科学的多学科交叉。这些课程的开出,一方面能增强学生的环境保护意识,另一方面也在一定程度上拓宽了学生的专业视野与就业面。

开展课外实践与研究活动。绿色教育理论必须与社会实践相结合才能得到检验。绿色教育的形式是多样的,不仅有课堂上的理论学习和学校氛围的学术研讨,还有理论与实践的结合和环境体验——走出校园、走进社区、走进荒野、接近大自然。因此,财经类院校要广泛开展以绿色教育为目标的课外实践研究活动,在全校性的系列实践研究活动中,增加可持续发展与环保为专题的内容。例如:举办生态环境学术研讨会,将学术征文扩展到绿色环保科技、环境与发展等研究专题;在假期组织学生进行生态考察;在校内组织大规模的"环保科技设计大赛""绿色产品设计大赛";等等。使学生自觉地参与到绿色教育实践中去。

3. 建立校园绿色环保社团

校园绿色环保社团是绿色教育的有效载体。校园绿色环保社团活动是对绿色教育的有益补充,它可以弥补课堂因受时空限制与社会联系不够密切等方面的不足,发挥大学生主人翁精神,通过参加公益劳动等形式,让大学生更好地了解社会并服务于社会。学生自愿组织的环保团体则通过由学生组织、教师担任指导教师或顾问的形式,加强学生对环境保护的意识,号召他们从身边做起,从点滴做起。

4. 建立心理健康教育体系

心理健康教育体系包括两方面的内容。一方面是加强对学生情商的培养。美国哈佛大学心理学教授丹尼尔·戈尔曼在《情感智商》一书中首次使用了与智商相对应的情商概念,并且认为对一个人的成功起作用的要素中,智商占 20%、情商占 80%[①]。所谓情商或情感智力,包括人的动机、兴趣、情感、意志和性格等,开发情感智力的实质就是让学生学会做人。让学生既学会认知、学会做事又学会共同生活、学会生存;既具有可持续发展战略的理念又具有实施可持续发展战略的专业知识与技能;既为当今社会创造物质财富,又为后人留下可持续发展的空间。这是我们高等财经教育应培养的新型财经人才模式。另一方面是培养学生自我保健的意识。人的可

---

① [美]丹尼尔.戈尔曼.情感智商[M].耿文秀,查波译.上海:上海科学技术出版社,1997.

持续发展是以自身的健康为条件的,而人的自身健康又包括身体健康和心理健康两方面。在生活和工作节奏越来越快的今天,不仅要培养学生掌握自身保健的基本知识,让学生养成良好的卫生习惯和生活习惯,具备强健的体魄,还要培养学生具备健康的心态,来适应快节奏的社会与生活。

5. 创造可持续发展的校园文化,形成绿色教育氛围

绿色教育内化为受教育者的自觉意识不能一蹴而就,它是一个长期潜移默化的过程,既要靠明确的教育引导,也需要在一种氛围中通过情境的熏染形成,因而形成绿色教育氛围也是实施绿色教育的一个重要措施。学校绿色教育氛围的形成主要通过校园文化建设进行。校园的绿色教育氛围,对大学生是一种示范、教化,也是一种潜移默化。建造一批具有特色的人文景点与自然景点,把大学的校园建成一个可持续发展的、精心规划的生态园林景观区,让健康向上、富有民族特色的文化风尚占领校园,使学生在绿色氛围中受到熏陶和教育,并把这种氛围作为一种理念传播到整个社会,进而在社会大环境中形成绿色教育的氛围。

6. 设立绿色教育培训中心

在财经院校设立绿色教育培训中心,以大学后继续教育的形式,面向社会,实行多层次多形式的环境保护与可持续发展战略的教育,使绿色教育有计划地向社会辐射。绿色教育培训中心可开设几个班:一是绿色教育高级研讨班,对象为进行经济理论和实际经济运作的高级管理者,以环境保护与可持续发展的宏观性课程为主,兼授生态、环保科技方面的课程;二是绿色教育专题短期培训班,面向企业主管及科技人员,以增强可持续发展与环保意识、环保法规教育,推广新兴环保科技及污染治理技术为专题;三是面向财经类院校开设绿色教育师资进修班,主要讲授《环境保护与可持续发展》课程,在财经类院校的各类师资中树立绿色教育意识,贯彻绿色教育理念。另外,该中心还要制定财经类院校绿色宣传教育规划,进行绿色教材建设,征集"绿色大学"标志,制作绿色教育电视专题片,等等。

五、构建财经类院校绿色教育体系亟待解决的问题

在构建财经类院校绿色教育体系的过程中,存在许多亟待解决的理论与实践问题,主要表现在以下方面:

一是改革教育思想和教育观念,达成实施绿色教育的共识。加强绿色

教育既是教育思想认识上的飞跃,也是教育实践上的突破,只有改革教育思想,更新教育观念,树立现代教育观,使决策层、教师、学生达成共识,才能顺利实施绿色教育。但观念的变革不是一朝一夕就能完成的,它需要一个漫长的过程,因此达成绿色教育的共识是今后开展绿色教育的一个难点。

二是绿色教育氛围的形成。要使绿色教育的思想内化为受教育者的自觉意识不是一蹴而就的,它要经历一个长期的潜移默化的过程。绿色教育氛围的形成不仅需要进行校园硬环境建设、校园软环境建设,也需要全社会的大力支持。如清华大学在提出绿色教育的同时,提出要用"绿色校园"示范工程熏陶人,建立环境优美的生态清华园示范区,通过课堂教学、校园文化和多种多样的校内外实践,形成良好的绿色教育氛围。这在一定程度上为财经类院校绿色教育氛围的形成起到示范作用,但财经类院校有其自身的特点,形成符合自身特点的绿色教育氛围是实施绿色教育过程中必须关注的重点和难点。

三是绿色教育课程体系改革。改革教育思想,更新教育观念,形成实施绿色教育的共识,制定出符合绿色教育思想的人才培养方案。在修订人才培养方案和教学计划过程中,重新规划有关可持续发展和环境科学与技术的系列课程。绿色教育计划进课堂也有相当的难度,哪些课程为全校学生的必修课,哪些课程为选修课,以及绿色教学内容的改革力度,等等,涉及教育的全过程和各教学领域。因此,财经类院校绿色教育课程体系改革的具体操作策略是绿色教育过程的一大难点。

四是绿色教育系列课程的教材建设。绿色教育教材是进行绿色教育的载体,编好绿色教育教材可以达到事半功倍的效果。但编写高质量的绿色教育系列教材需要一个实践—理论提升—再实践的漫长过程,所以绿色教育系列课程的教材建设是财经类院校开展绿色教育必须面临的难题。

五是绿色教育师资队伍建设。造就一支具有良好"绿色意识"的教师队伍,对培养"绿色人才"起着主导作用。只有教师首先具有环境意识,才能有效地将环境保护观念融入教学。目前,财经类院校在绿色教育方面的师资无论在数量上还是在质量上都无法满足高等财经教育发展的需要,所以绿色教育师资队伍建设是财经类院校开展绿色教育遇到的又一难题。

以全球化的视野扎实推进地方高校建设*

有学者指出,经济关乎人类的今天,科技关乎人类的明天,而教育关乎人类的后天。新世纪以来,欧美掀起了新一轮提高教育质量的浪潮。从欧洲的"博洛尼亚进程"到美国的高等教育改革行动计划,都反映出老牌高等教育强国新的努力方向。尤为突出的是,随着教育国际化步伐的逐渐加快,国外高校对优质生源的竞争日趋明显,这对国内高校特别是地方高校提出了新的挑战。从世界发达国家高等教育发展的历史看,地方高校的快速发展及其在整个国家高等学校系统中所占比重的增加,往往是高等教育从精英化阶段迈入大众化阶段的重要标志,同时也是高等学校社会功能发生重要转折的历史时期。这种转折最显著的特征就是高等学校着力于为地方经济社会发展服务,并在服务地方经济社会发展的过程中形成地方特色。

一、勇于主动融入高等教育全球化大潮

对外开放是世界高等教育发展的一个大趋势,也是优化我省教育资源、培养国际化人才的有效途径。河南财经政法大学从以下三个方面进行了探索。

一是广引优质教育资源。我校积极与 2010 年 THE-QS 世界大学排名位居 184 位的爱尔兰考克大学联合筹建河南财经政法大学考克国际学院,

---

* 本文系作者 2012 年 10 月以全球化视野对地方高校的发展思考。

拟在金融学、投资学、计算机科学与技术、信息管理与信息系统等四个专业联合培养具有国际视野的优秀人才。该项目得到了爱尔兰政府总理、教育部部长、外交部部长的高度关注和大力支持。近日,我校还与世界上最大的地理信息系统(GIS)公司——ESRI公司,就在中国开辟第一个 GIS 与商业结合的专业人才培养领域问题达成合作意向。

二是创新人才培养模式。我校在"会计学""金融学""国际贸易学""工商管理"等四个传统优势专业开设了国际型人才实验班,从三年级开始,引进国际名校教材,用英语授课,以培养能胜任涉外机构和企业的实用型专门人才。

三是立足国际学术前沿。在经济全球化和世界多极化的时代,迫切需要对世界各国的政治、经济、文化有较为深入的、长期的跟踪研究。我校近年与牛津大学、斯坦福大学、加州大学伯克利分校等世界名校进行了多角度的科研合作。我们一些教授瞄准国际学术前沿问题进行的农户与农区发展等理论研究,引起了国际学术界的高度关注:成果被引用总数超过 4 000 次,电子商务专业潘勇教授撰写的学术论文被收入早稻田大学科研成果系列。

二、善于以地域特色引领地方高校科学发展

地域性是地方院校最显著的特点:一方面地方院校要依赖地域内的文化、经济、环境等因素发展壮大自己;另一方面还要为地域内的文化、经济、环境服务。

一要坚持学以致用的育人方向。高校所在地的发展和经济结构状况,对地方高校尤其是以经济管理等专业为主体的高校的发展会产生重要的影响。我校结合我省农业人口众多、农区面积广大、农副产品丰富的地方区位特点,在建校初期成立了农业经济管理系,主要针对河南农业的发展需要,培养掌握农业经济管理的基本方法和技能的本科生和研究生。适应河南旅游市场发展需要而成立的旅游系,很快获准设立旅游管理专业硕士学位点。我校在 2007 年就开办了会展经济专业,主要针对河南会展专业人才匮乏的现状,着力培养熟悉展览业务、了解国际惯例和富有操作经验的专业人才,这在河南省尚属首家。

二要坚持立足中原的服务方向。地方院校如果脱离了地域经济的支撑,也就丧失了生存的活力。地方院校的发展同样对地域经济有着很大的

影响。河南高校应始终坚持立足河南的服务方向,积极为中原经济区建设提供人才支撑和智力支持。我校教授针对粮食风险问题提出《实施"八高"工程 化解四大矛盾》的建议,得到国务院领导的重要批示;我校教授主持完成了国家自然科学基金重点项目《农户与地理环境相互作用下的中部农区社会经济协调发展研究》和其他7项国家基金;《中原经济区发展动力机制研究》项目被列为国家级重大科研项目;由我校教授联合编写出版的《中原经济区建设重要理论问题研究》获得广泛好评;由我校选派教授参加主讲的河南省干部"中原经济区建设"专题培训班得到了省委组织部的充分肯定和学员干部的热烈欢迎。

三要坚持厚德载物的文化取向。地方院校一方面受到地域文化的影响,把本地域的不同文化形式接受下来;另一方面又经过内化,将其转变为新的文化形式,并通过教育传播活动,对原有的地域文化产生冲击甚而使之重构。中原文化是中华民族传统文化的根源,其呈现出的根源性、传承性、厚重性和辐射性在中华文明史上大放异彩。我校注重从中原传统文化积淀和人文精神传统中汲取育人资源,坚持把中原文明和中原精神融入人才培养过程,培育地方院校育人特色。先后在焦裕禄的故乡兰考县,在具有"愚公"精神的太行山区和红旗渠所在地——林县等地建立大学生社会实践基地和人文素质教育基地。我校利用河南地下文物资源丰富的特点创建了"钱币博物馆",并把中原优秀传统武术资源引入教学,开设少林武术、太极拳等特色体育课程。

三、志于提升地方高校本科人才培养质量

胡锦涛总书记在庆祝清华大学建校100周年大会上的重要讲话中鲜明指出,"高等学校要把提高质量作为教育改革发展最核心最紧迫的任务",明确了我国高等教育的主攻方向。[①] 河南省委书记卢展工也多次强调质量是大计,质量是民生,质量是关键,质量是形象。我省是教育大省,但是"大而不强"的问题还比较突出。我校近年来围绕在"在欠发达地区建设一所特色鲜明的高水平大学"这一目标,大力实施"质量立校"战略,在提高本科教学质量方面进行了积极的探索。

---

① 胡锦涛.在庆祝清华大学建校100周年大会上的讲话[OL].新华社,2011.4.24.

一是还原大学本质。学术是高等学府有别于其他社会组织的本质标志。学术是一所大学的灵魂,是大学生命力的核心体现。没有学术,大学就没有生命,更没有大学的成长和发展。大学开明开放、兼容包容的思想,鼓励创新、追求真理的精神,作为当今大学的共同价值基础,通过学者及众多学生的传递,可以逐渐扩散至社会,对社会和经济发展起着关键作用。近年来,在对国内外高等教育发展趋势分析把握的基础上,我校审时度势,提出学术兴校战略,开始按照大学构架及理念引领发展、谋划未来。"学术兴校"作为我校发展的第一旗帜,为我校各项事业的发展提供了最直接、最有力、最有效的支撑。经过几年的实践、检验和完善,以"学术"为中心,以"质量、人才、特色、制度"为四个基本点的战略构架逐步形成。

二是鼓励人心向学。"学"就是本科教学。本科是大学生打基础的重要阶段,世界一流大学无不高度重视本科教学。我校在本科阶段始终重视应用型、复合型、创新型人才培养。在教师的引领、带动和直接帮助下,大学生创新领域的层次性、创新研究的应用性都实现了质的飞跃和新的突破:创新的视角由校内转向社会,竞争的舞台由省内延至全国,学习的视野由国内拓至国际。由学生撰写的《郑州市区封闭快速道路系统可行性研究》,获得河南省第五届"挑战杯"竞赛一等奖,引起了政府部门高度重视,并被其他省会城市借鉴;我校1名教授带领23名在校本科生共同完成的专著《退休行为及退休年龄研究》一书,已成为全国政协提案的重要依据,并与《种粮行为与粮食政策》《退休行为与退休政策》《生育行为与生育政策》以及《房地产买卖行为与房地产政策》等共同组成"公众行为与国家政策研究丛书"。

三是重视协同创新。在创新成为经济社会发展的主要驱动力,知识创新成为国家竞争力的核心要素的背景下,积极推动协同创新,以内涵发展的方式,提高高等教育质量显得尤为迫切。2010年9月份我校与台湾环宇集团达成了合作协议,双方将共建河南金融人才培训中心,为河南省金融系统培养专门人才。2012年5月,我校与河南省投资集团签署战略合作协议,双方将按照"优势互补、共谋发展、互惠互利、实现共赢"的原则,通过建立高校教学实践基地和企业人才培训基地等措施,实现长期、全面、深度的战略合作。

四是力求人民满意。师生满意度是检验教学质量最有效、最直接的标尺。作为河南考生心目中最理想的高校之一,河南财经政法大学近几年的生源数量和质量持续攀升。以2012年为例,本科一批文理科投档线分别位居全省第二、第三位,本科二批文科投档线位居全省第二位,本科二批理科位居全省第三。我校的传统专业,如金融学、会计学、审计学等第一志愿报考率超过了 10∶1,甚至接近 30∶1,这些专业的录取最低分也都超过或接近了重点线。

第二篇　工作实践

2003年10月之后的12年间,我们在大学管理工作实践中,进行了以下探索:

2004年提出了"内抓机制、外引资源、拓展空间、跨越发展"的工作思路;2004年11月在郑东新区龙子湖高校园区征地1 540亩(2006年增加200亩),并进行新校区建设;2010年9月,新校区运行。

2006年12月"学术兴校"大讨论之后,按教育部有关要求,全力做好本科教学水平评估以评促建工作,2008年5月以优秀成绩通过教育部本科教学工作水平评估;2009年12月组建了一支以研究为主的师资队伍,成立了河南财经学院研究院;2010年3月河南财经学院与河南政法管理干部学院合并,组建河南财经政法大学。

2012年学校确立了打造一流本科教育的长期发展目标,围绕这一目标进行了创新型、应用型人才培养方案改革、学分制管理模式改革、课程教学范式改革等行动方案。

2013年召开河南财经政法大学教授大会,选举产生了新一届学术委员会,学校领导、中层正职等不再担任学术委员会委员,学术权力与行政权力相对分离。学校的学术问题交由学术委员会讨论决定。

主要观点:

河南财经政法大学学生的入校高考成绩远高于一本控制线,与国内高水平大学差距不大,可以说是一流本科生源。在四年的培养中,如果避开一流大学人才培养的竞争优势,不与它们比培养科学家、思想家和政治家,而是集中培养各部门实用的创新性人才,集中资源和优势培养企业家、银行家、律师等行业实务人才,坚持下去,就会形成我们的"一流实业界精英"人才培养特色。如果不能形成这种优势,就是我们的工作没作好,对不起一流的本科生源。

内抓机制　外引资源　拓展空间　跨越发展*

过去的一年,河南财经学院以科学发展观统领全局,充分发挥集体智慧,制定出"内抓机制、外引资源、拓展空间、跨越发展"的发展思路,并按照该思路制定了《河南财经学院2010~2020年发展规划(草案)》。现就该发展思路简单谈谈我们的具体做法与设想,与大家交流,供大家参考。

一、内抓机制是基础

在抓机制、练内功方面,我们主要做了以下几个方面的工作:

(一)加强建章立制工作,进一步规范管理。一年来先后出台20余项管理制度,内容涉及行政事务、教学、人事、财务、科研、外事、学生管理等各个方面,为我校各项工作走向规范化、科学化、系统化轨道提供了有力的制度保障。

(二)不断完善分配机制、用人机制、奖惩机制和岗位考核机制,激励人人为学校发展做贡献。《河南财经学院分配制度改革方案》于2003年正式实施,把考勤与考核作为分配制度的基础,极大地提高了教职员工的工作积极性。同时,全员聘用的人事制度改革也由教代会通过,这必将对明确岗位职责、激发教工动力、促进学校发展起到积极的推动作用。

(三)减少行政权力,增加学术权力。大学是文化的家园、学术的圣地,

---

* 本文系作者2005年1月15日在全省教育工作会议上的发言。

在管理方面我们注重突出学术的重要地位,保障学校学术权力的正常行使和正当行使。凡是学校与学科、学术发展有关的重大决策,都在学术委员会上予以讨论。这种做法既尊重了人才,又凝聚了人心,同时也保证了学校决策的科学与规范,更有利于提升学校的学术层次。

(四)下移管理重心,实行简政放权,调动各级管理人员积极性。在管理的最高层面上,因为现任领导班子的同志们,大都具有人们所说的"三高一硬"的素质,即高学历、高职称、高水平和有过硬的功底。因此,在日常管理当中,我们着意放手让领导班子的每一位成员在工作中发挥积极性和创造性。其次,给予各系部及职能部门更大的自主权。凡在自己职权范围内可以决定、可以协调解决的问题,坚决不干涉,从而鼓励大家解放思想、更新观念,积极为学校发展献计献策。这样便形成了一套自上而下、充满活力的管理体制。如在津贴发放中,学校根据二级单位目标责任完成情况确定发放标准,各二级单位在对个人进行考评的基础上发放津贴,充分发挥二级单位的作用。

二、外引资源是关键

外引资源包含两个层面:一是引进人才资源,二是利用国际资源。为此在以下几个方面作了大量的尝试与努力:

(一)出台《河南财经学院关于引进和招聘学科带头人的决定》,并通过《光明日报》等媒体进行宣传,利用河南省特聘教授岗位的优厚条件,我校再补贴一定数额的津贴,面向全国引进3~5名高水平的学科带头人,建设全国有影响的学科群体。目前,有一名全国著名经济学家有意来我校工作。同时制定教师队伍建设的"双百目标"(百名博士、百名教授),兴建博士周转楼,继续落实博士的优厚待遇。仅去年,我校引进的博士总数较过去翻了一番。

(二)采取软引进方法,聘请郑州的与我校学科相关的高水平专家为我校兼职教授(副教授),其发表的成果署河南财经学院;为我校讲授课程;在申报学位点时,为正式的群体成员。

(三)多次邀请经济学领域的著名专家来我校举办专场学术报告会,参加大型学术研讨会。其中中共中央政策研究室副主任、经济学家郑新立,资深经济学家刘国光,中国社科院首席经济学家刘树成等所做的专场报告让我校的学术氛围变得更加浓厚,产生了良好的社会影响。

(四)主动与国际接轨,积极利用国际资源。一年来,我们先后与英国威尔士大学、德国波恩大学、法国巴黎大学、澳大利亚科廷科技大学、新西兰奥克兰商学院等签订友好交流协议。我校首批选派的学生已完成在英国威尔士大学的硕士学位课程学习并取得学位;与美国西南密苏里州立大学联姻,共同培养工商管理硕士,颁发国际认可的 MBA 学位证书;与澳大利亚科廷科技大学达成协议,联合培养会计学硕士并开展 2+2 本科项目合作;同时,与新西兰奥克兰商学院在本科项目的合作也在积极进行。

三、拓展空间是保障

新形势下,面对高校的逐年扩招,能否拓展办学空间成为影响高校发展的关键。不但要拓展学校的地理区域空间,也要兼顾学科建设的空间,同时,还要转变思路,拓展新形势下学生工作的空间。我们在以下几个方面作了努力:

(一)扩招以来,人多地少一直是我校建设与发展中的难点。为此我校及时成立了征地工作领导小组,加强对征地工作的领导。领导小组的同志和相关人员齐心协力开展工作,在省政府和相关部门领导的支持下,最终在郑东新区征地1 500余亩。我校将充分珍视这一历史机遇,力争把新校园规划建设成为一个布局合理、设计新颖、风格鲜明,兼科学化、现代化、人文化、环保化、信息数字化、生态园林化于一体的大学校园。

(二)结合新形势,积极拓展学科建设空间。考虑到人与自然关系的协调发展将是今后社会发展的热点,我校适时成立了资源与环境科学系。为全面提高学生的综合素质,我校在巩固和提高我们经济、管理等特色学科优势的同时,积极培育和发展高起点、小规模的人文学科。例如我们在研究生教育中增设伦理学硕士点,在本科教学中开设《音乐鉴赏》等美育教学课,目的就在于以人文知识训练学生思维,陶冶学生情感,培养健全人格,培育良好校风,全面推进素质教育。

(三)转变思想,拓展学生工作空间。以大学生"星火论坛"为载体,促进学生学术活动的蓬勃开展。同时通过配备专职心理咨询师,成立专门心理咨询室,拨专款购置心理仪器,开展大型心理普查活动等途径深入开展大学生心理健康教育活动,确保我校学生思想政治教育工作卓有成效。

（四）为顺应高等教育国际化的趋势，适应外资、合资企业对国际型人才的需求，我校在 2004 级开设了三个国际型人才实验班，从三年级开始，引进国际名校教材，用英语授课，旨在打造我校人才培养新模式、新品牌。同时围绕"制定一个条例、开拓两个市场、建立三个渠道"拓展毕业生就业空间。一个条例即《河南财经学院毕业生就业工作暂行条例》；两个市场即南方就业市场和省内上市公司；三个渠道即原有用人单位渠道、考研和公务员渠道、新开辟的就业渠道。

四、跨越发展是目的

只有建立好的机制，引入好的资源，增加办学空间，才能实现跨越式发展。我们设想短期内在以下两个方面实现跨越：

（一）2003 年，在大家的共同努力下，我校的硕士点数量实现了由 6 个增至 14 个的跨越。我们要在已有成绩的基础上，继续加强学科建设，争取近年内实现再次跨越，即到 2010 年取得 30 个左右的硕士点并获得博士学位授予权。

（二）积极准备，实现更名大学的目标。河南财经学院、河南政法管理干部学院的教职工最早提出了两校合并的建议。两校领导根据教职工的意愿，经过反复研究论证，提出了合并与升格同步，组建河南财经政法大学的设想。这一设想不仅得到省内领导和有关部门的支持，同时也初步获得教育部有关部门领导的肯定。大家一致认为，两院办学资源具有较强的可融性和互补性，合并组建河南财经政法大学，可以少走弯路，迅速实现跨越式发展。目前，两院共同在新区购地 1 500 余亩，并统一规划建设。

作为高等学校的领导和教育工作者，面对着如何以科学发展观指导我们的工作这一课题，我们深感任重而道远。我们河南财经学院的每一个领导和教职员工愿和全省的教育工作者们一道，以科学发展观统领全局，虚心学习、勤奋思考、踏实工作、勇于探索，在新的一年里，全面推进我们的各项工作，为实现中华民族的伟大复兴、实现中原的崛起做出我们的新贡献。

坚持科学发展　构建和谐校园
奋力推动学校各项工作再上新台阶*

一、2006~2009年工作回顾

2006到2009这四年,是学校发展史上承前启后、继往开来的四年。在省委省政府的直接领导与亲切关怀下,在教育厅等职能部门的直接指导和大力支持下,我们坚持校党委领导下的校长负责制,坚持社会主义办学方向,先后开展了"讲正气、树新风"教育活动,"新解放、新跨越、新崛起"大讨论活动,深入"学习实践科学发展观"活动,全校师生员工进一步解放思想、谋求发展、知难而进、迎难而上、顺势而为,使我们既定的四大发展目标逐次得到实现。本科教学工作水平评估获得优秀等次,新校区建设一期工程已经封顶,更名大学已经见到希望,为申报博士培养单位奠定了基础。四年期间,学校上下一心,经受了严峻的发展考验,学校明确定位,制定了科学的发展战略,走上可持续发展的正确道路。

(一) 抓主线,定方向,确立发展新战略

1. 广泛讨论。2006年底我校启动学术兴校大讨论,全校各阶层各单位

---

* 本文系作者2009年12月在学校第四届三次教代会暨工代会上的报告。

积极响应,认真酝酿,通过座谈、召开研讨会等形式共同探讨我校建设与发展问题。经过一个月的讨论沉淀,"学术兴校、质量立校、特色名校、人才强校、制度治校"的发展思路逐渐明晰,"学术兴校,建设特色鲜明的教学研究型财经大学"发展战略定位成为全校师生员工的共识。

2. 全面推进。一是出台纲领文件,提供制度保证。学校相继制定出台《关于实施学术兴校,加快学校发展的意见》《科研成果奖励办法》《大学生课外学术科技创新活动计划》等配套制度,全校逐步形成了探求学术、促进教学、服务社会的浓厚氛围。二是增设研究机构,搭建科研平台。为集中力量构建优势科研团队,学校新设立了研究院、高等教育研究所、全球化与中部经济发展研究所、思想政治教育研究所等多个学术研究机构。三是重视科研质量,提供一流成果。学校通过职称评定、科研奖励等措施激励科研成果由数量型、职称型向质量型、学术型转变。四是强化社会服务,拓展合作空间。我校与省旅游局成立的"河南旅游发展研究所",与省商务厅成立的"河南WTO研究中心"运行良好。今年,我校与河南煤化集团、建业集团、鹤壁市签订了全面合作协议,与许昌市、安阳市、三门峡市的全面合作也在洽谈之中。

(二) 抓大事,谋发展,推动四大新突破

1. 众志成城,全面夺取本科教学评估最佳成绩

自2004年评建工作启动以来,全校上下全神贯注、全力以赴迎接教育部本科教学工作水平评估。为配合评估工作的顺利开展,我校先后在《人民日报》《光明日报》《中国教育报》上刊发文章,介绍本科教学工作的成效和经验,营造良好的社会舆论氛围;加强与教育部、省政府、省教育厅等上级部门和领导的沟通联络,争取他们的支持和指导;加强同评估专家和专家委员会专家的联系,真诚地向他们介绍我校发展情况,虚心地向他们学习请教办学经验,营造良好的外部发展环境。最终,取得了教育部本科教学水平评估优秀等次。

2. 百折不挠,全力推进新校区复工建设

(1) 主动争取支持。四年来,学校领导多次向省委、省政府、省教育厅、国土资源厅等部门汇报新校区建设事宜,推动新校区建设早日复工。副省长张大卫、徐济超多次听取我们的工作汇报,同意比照重点工程项目进行建设。在我们长期不懈的努力下,5月份新校区建设正式复工。

（2）加快建设步伐。新校区一期工程复工以来，几条线同时推进。排除外部干扰，加大内部管理，保证了工程进度。目前，教学楼 A、教学楼 B、食堂、浴池楼、2 号学生宿舍楼、5 号学生宿舍楼、6 号学生宿舍楼和 7 号学生宿舍楼相继结顶，完全可保证明年 6 月交付使用，届时秋季入住新生将达到12 000名。

（3）加强督查指导。在新校区建设过程中，省政府、省教育厅、郑州市政府、郑东新区管委会领导多次亲临现场视察并指导工作，协调有关部门为我校解决问题。我校领导和河南省政法管理干部学院领导在新校区轮流值班，与新校区建设指挥部值班人员一起住在建设工地，督导工程建设。

（4）加快申办土地证。学校成立了新校区土地使用证申办领导小组及其办事机构，解放思想、打破常规，先后走访了市国土资源局、省国土资源厅、省政府、国土资源部并拜访了省主要领导，通过了解信息、反映困难，赢得了主管部门及领导的理解与支持，提前拿到了土地使用证。

（5）强力推进周转房建设。在客观环境和现实条件不利的形势下，为改善教职工居住等生活条件，学校积极推进新校区教职工周转房的建设工作。为确保教职工都能拥有一套比较理想的住房，学校根据征集的意见，对建筑设计方案进行了调整。当前 CFG 桩工程已基本完工，12 月 6 日建筑公司开始进驻工地实施地面以上工程的建设，预计明年底可以建成。

3. 厚积薄发，学科建设实现重大突破

（1）重点学科建设实现跨越发展。在 2008 进行的第七批河南省重点学科评审中，我校五个一级学科和两个二级学科成为省级重点学科，从而使我校省级重点二级学科的数量由评审前的 4 个上升为 25 个。同时，我校应用经济学和工商管理两个一级学科成功获批省级重点资助学科，这是我校重点学科建设的一个新突破。日前，我校河南经济伦理研究中心经教育厅专家组评估获批省级重点研究基地，成为继我校河南经济研究中心之后的第二个省级重点研究基地。12 月 1 日，我校"应用经济学科开放研究中心"获批为省级重点学科开放实验室，并被列为重点资助单位。

（2）学科建设布局得到优化调整。2009 年上半年，学校新成立财政税务系、物流与电子商务系、数学与信息科学系、艺术系；MBA 教育中心与工商管理学院分离；成立国际教育学院；马列部与德育部合并，组建思想政治理论教研部。这是我校规模较大的一次学科专业布局和院系调整，对于催生新的发展点与增长极，建构大学学科框架，拓展专业和人才发展空间具有决定性意义。

4. 坚持不懈,合并组建大学取得实质进展

从启动到现在,合并组建河南财经政法大学工作持续了 8 年之久。近几年,学校领导班子审时度势,从迅速增强办学实力、推动跨越发展的角度出发,决定全力促成此事。学校成立了专门的工作机构,进行了充分的论证,准备了大量的申报材料。今年 6 月 23 日,学校召开了合并组建河南财经政法大学考察工作动员大会。6 月 28 日至 29 日,两校师生员工以全新的面貌、饱满的精神,迎接河南省高等学校设置评议委员会专家组的评议验收,赢得了各位专家的一致好评,为合并组建大学打下了一定的基础。此后,学校领导积极争取,做了大量申办工作,赢得了省委书记、省长、省委副书记、副省长和教育厅领导的支持。12 月 1 日和 2 日,校党政领导再次向省教育厅蒋笃运厅长、肖新生副厅长汇报了我校与河南省政法管理干部学院合并组建河南财经政法大学准备事宜,得到了他们的大力支持。12 月 20 日学校参加陈述汇报,在河南省的激烈竞争中胜出,以票数第一名成为教育部考察的河南三所高校之一。12 月 26 日,我们共同接受了全国高校设置评议委员会考察专家组的考察,通过多方工作,赢得了有关领导和专家们的理解和支持。

(三) 重内涵,讲成效,取得"八项"新进展

1. 以评促建,教学水平不断提高

(1) 整改扎实。近四年,学校以本科教学评估为契机,围绕"提升层次、提高水平"的总体目标,学校及时提出了"一个总的工作思路,两大板块整改内容,三个方面的工作成果"的整改思路。根据教育部专家的意见,出台了《关于深入贯彻落实科学发展观,推动本科教学工作发展的意见》《关于进一步加强新专业建设的实施意见》等一系列整改文件,为进一步深化教学改革提供了制度基础。

(2) 成果丰硕。依托学科优势,建成了 3 个国家级特色专业;市场营销被评为省级精品课程;在国家教育部组织开展的第六届高等教育教学成果奖评选中,我校申报的"面向商务应用的电子商务本科专业教学模式研究与实践"和"财经类人才培养目标、培养过程优化的研究与实践"两项教育教学成果均获二等奖;组织申报省级教学成果 20 项,有 15 项获奖。

2. 规范管理,科研水平逐年攀升

(1) 科研制度日趋完善。修订和出台了若干科研管理办法,包括《科研

奖励办法(试行)》《学术奖励期刊目录(试行)》《重大课题预研究专项实施办法(试行)》《学术创新骨干支持计划实施办法(试行)》《学术交流中心公共科研平台管理办法(试行)》等,进一步调动了师生员工从事科学研究的积极性和创造性。

(2)科研成就硕果累累。近4年来承担省部级以上科研项目255项,其中国家级科研项目15项;获得省部级以上科研成果奖54项,其中省级一等奖4项;共发表学术论文3 443篇,出版教材和著作477部;获得各级各类科研成果奖励611项,其中省部级以上科研成果奖67项;在2009年河南省社会科学优秀成果奖评选中我校获得一等奖1项,二等奖2项,这也是我校近年获得的唯一一个一等奖;票数《中国特色农业现代化道路理论创新与分阶段分区域推进方略研究》项目获批国家社科重点项目,《农户与地理环境相互作用下的中部农区社会经济协调发展研究》被确立为国家自然科学基金重点项目;我校教授针对世界粮食危机和我国粮食风险问题提出《实施"八高"工程 化解四大矛盾》的建议,得到中共中央政治局委员、国务院副总理回良玉的重要批示。

(3)学术交流十分活跃。先后成功举办"河南省民营经济发展与和谐社会新春研讨会""全国(部分)高校经济与管理学院院长论坛""十七大理论创新与河南发展研讨会""第十届(2008年)全国政治经济学研讨会""第十届中国科协年会分会""中国民商法高层学术论坛""中国会展教育与河南会展经济发展高峰论坛""教育部高等学校数学与统计学教学指导委员会统计分会2009年年会"等国内高层学术会议,国内外诸多知名学者应邀参会,对于提升河南财经学院的学术层次与影响,起到了积极的推进作用。在12月的中国经济学年会上,我校争取了2010年第十届中国经济学年会的主办权,这也是第一次在地方高校举办该年会。

(4)学报建设成绩斐然。2006年,学报《经济经纬》被评为"CSSCI来源期刊",蝉联三届"全国社科百强学报"。近年来,学报《经济经纬》的影响因子、总被引频次、基金论文比、被引半衰期等指标稳步提升,排河南省所有社科类刊物之首。

3. 多措并举,办学类型全面拓展

(1)合作办学。学校高度重视中外合作办学。今年5月,专门成立了国际教育学院以加强对外合作办学工作。目前学校与爱尔兰考克大学、美国明尼苏达大学等世界500强、100强大学签订联合培养本科生协议,与牛津大学、谢菲尔德大学等世界著名大学达成了合作意向,实现了与世界顶级名校合作的突破。今年5月,瑞典卡尔斯塔德大学代表团应邀到我校访问,并就缔结友好学校、交流本科生项目举行合作签字仪式。美国密苏里州立大学访问团应邀到我校访问,双方就共同开展EMBA教育、研究生(本科生)交换交流项目以及密苏里州立大学向我校派出交流学生的具体细节进行了深入探讨并达成共识。9月27日,爱尔兰驻华使馆文化参赞与考克大学校长一行到校洽谈合作办学,徐济超副省长及教育厅领导参加了相关合作办学仪式,并支持我们早日实现本科层次的突破。前不久,爱尔兰考克大学常务副校长一行前来我校,就与我校联合举办非独立法人中外合作办学本科层次教育进行洽谈,取得了良好的成果。

(2)成人教育。在全省十多所高校申办的情况下,我校和郑州大学、河南大学、河南科技大学被省自考委确定为全省四所高等教育自学考试本科专业助学考试试点高校。在成人教育工作评估中,我们走在了全省前列,与河南大学并列获得优秀等次。

(3)软件学院。在申报背景和申报条件极为不利的情况下,学校主要领导和相关部门抢抓机遇、打破常规、积极争取,最终从近20所申办院校中脱颖而出,成为获得批准设立示范性软件职业技术学院的8所院校之一,并实现了申办当年招生的目标。

4. 延揽人才,师资队伍逐步壮大

(1)深化人事制度改革。为进一步强化师资队伍,我校相继出台了《校级特聘教授实施办法》《校级青年骨干教师实施办法》《校级教学名师评选办法》等系列文件,为选拔、培养优秀教师提供了制度保障。通过加强对青年教师的岗前培训和跟踪培养,积极推荐省级青年骨干教师和省教育厅学术带头人等形式,竭力为教师的进一步发展和我校师资力量的壮大提供更好的平台。同时,改革中、高级职称评审办法,突出教学业绩和高层次科研业绩在评审中的比重,发挥导向示范作用。

(2)努力壮大人才队伍。坚持引进、培养和提高相结合,构建多层次、多渠道的师资培养体系,重点引进知名学科带头人、优秀博士和高层次留学人员。以优厚条件公开对外招聘5所院长学术带头人。到目前为止,我校在校教授和博士均超过100人,提前实现"双百"人才建设目标。

5. 改革创新,切实抓好研究生教育

(1)研究生教育质量不断提升。2006年,我校硕士点由过去的14个增至32个,研究生教育规模取得历史性突破。目前,在校各类研究生已经突破1000人。面对规模的扩大,研究生教育部门坚持数量与质量并重,质量优先的原则,改革创新,围绕提高研究生培养质量开展一系列工作。通过"恢复三年制""按一级学科命题""简化教材及辅助参考书"等措施的实施,优化了生源结构,提高了生源质量。

(2) 博士点申报取得阶段性成果。申报博士点是学校四大战略任务之一,四年来各相关部门为此付出了艰辛的努力。2009年初的申博工作虽然没有达到我们的预期目标,但我们的努力赢得了教育厅及学位办领导的高度评价和充分认可,为省里下一步的重点扶持奠定了基础。

6. 完善体系,为学生成才打造平台

(1) 科技创新蔚然成风。学校出台了《大学生课外学术科技创新活动计划》,成立了领导机构,设立了科技创新基金,鼓励学生申报科研课题、开展科学研究,扶持学生学术社团活动。近4年,在全国大学生数学建模竞赛和"挑战杯"大学生课外学术科技作品竞赛、创业计划大赛中多次获得殊荣;《郑州市区封闭快速道路系统可行性研究》获河南省第五届"挑战杯"竞赛一等奖;专著《退休行为及退休年龄研究》被全国政协委员作为相关提案的重要支撑依据;在不久前结束的第十一届"挑战杯"全国大学生课外学术科技作品决赛中,我校荣获全国二等奖2项、三等奖1项,并被授予全国"优秀组织奖",在全国名列第26位,取得了我校大学生参加此项赛事的历史性突破。

(2) 扶贫帮困资助有力。2007年出台了《国家奖学金、国家励志奖学金和国家助学金评定实施细则(试行)》,对学生助学贷款工作从制度上予以保障。在2007年度国家助学贷款工作考核中,我校国家助学贷款工作荣获优秀并位居全省第一,在河南省高校2008年度国家助学贷款工作和学生资助工作的考核中分获"优秀"等次第二名和"优秀"等次第五名。

(3) 就业指导注重实效。学校采取多种措施促进毕业生创业就业:设立就业困难毕业生帮扶基金,实施就业困难毕业生重点帮扶计划,实行导师"一对一"就业帮扶计划,设立毕业生创业专项基金,等等。我校成功举办了"2006年河南省女性大中专毕业生就业双向洽谈会""河南省2008年经济管理类毕业生就业双选洽谈会",受到了省教育厅和社会各界的高度评价。2008年我校获"河南省普通大中专毕业生就业工作先进集体"荣誉称号。

(4) 体育赛事捷报频传。在第十届全国大学生田径锦标赛中,我校金牌总数在参赛的100多所高校中位居第7名,连续七届保持了河南省高校田径甲组团体成绩前3名的好成绩。在河南省大学生武术锦标赛上,我校学生荣获武术甲组团体总分第一名,健美操高水平竞技组团体一等奖。在 2008 年中国国际郑开马拉松比赛中,我校有 3 名学生名列前十,这是我校学生在国际体育比赛中获得的最好成绩。在日前进行的河南省体育工作评估中,我校被评为一类学校。

7. 排忧解难,后勤保卫为学校发展保驾护航

(1) 着力解决学生住宿问题。面对办学规模的逐渐扩大,学校有效的住宿资源十分紧张,后勤及相关部门克服困难、挖掘空间,创造性地开展工作,最大限度解决了学生住宿问题,确保了学校正常的教学生活秩序。

(2) 集中进行基础设施改造。仅教评前后,后勤处就承担了 300 余项修缮工程,面对工程碎、头绪多、变更快、要求高、时间短的压力,后勤部门克服万难,确保了各项工程按标准、按时限完成。

(3) 全面提供优质高效服务。后勤服务公司开展了以"优质服务迎教评、后勤真情连师生"为主题的优质服务月活动,先后为师生办好事、办实事 160 多项。为南院 113 户教职工办理了房产证,解决了困扰职工多年的难题。在教评期间,后勤服务公司不遗余力、采取得力措施,全力做好水电供应保障、餐饮保障、专家用车保障、校园环境保障、维修保障等工作,得到专家好评。

(4) 科学防控甲型流感传播。2009 年,甲型 H1N1 流感全面爆发,给学校管理带来巨大挑战。面对严峻的形势,学校及时成立防控领导小组,形成联动工作机制,出台应急预案,设立专项资金,购置器械设备,开展健康教育,普及防治知识。以上措施的有效实施,使得学校在校内人员密集、校外人流量大的不利条件下,防控工作走在同类高校前列。

(5) 积极构建平安和谐校园。扎实开展了"校园安全年"活动。通过成立活动领导小组、与各单位负责人签订目标责任书、强化安全教育等措施,进一步加强领导、强化责任落实、提高师生防范意识,有力推动了校园安全建设,并取得了明显成效,得到了教育厅的充分肯定。学校投资近 50 万,在校园关键部位安装了摄像监控系统,坚持校领导带班制度和保卫人员昼夜值班制度,消除师生员工的后顾之忧。我校的安全保卫工作受到了郑州市公安局的表彰和嘉奖。

8. 围绕大局,各项行政工作协调推进

(1) 监察审计得到进一步强化。监察和审计部门提前介入了新校区基础设施工程招标、教学设备采购等工作,全程参加了普招和成人招生工作。监察与审计职能的加强,为学校节约了资金,也维护了学校各项工作的公平与公正。

(2) 资产管理得到进一步加强。根据学校工作实际,制定下发了《固定资产管理办法》等 3 个规范性制度,进一步明确全校资产管理的环节和管理程序。依照上级要求,适时开展全校资产清查工作,摸清全校资产的家底和管理现状,并依照上级规定对下一步资产管理工作提出了明确要求,得到了上级主管部门的高度评价。在资产管理部门的努力协调下,我校日元贷款土建项目变更工作取得突破性进展。

(3) 财务管理得到进一步规范。这四年是我校的快速发展时期,资金需求问题显得尤为突出,财务部门严格管理、开源节流,通过银行贷款和向教育厅、财政厅争取等形式,争取项目资金 30 项,贷款数亿元,有力维护了学校的运转,保证了学校各项工作的顺利开展。

(4) 办学条件得到进一步改善。我校投入 100 多万元将原有的 5 个模拟语言实验室升级为数字模拟实验室。对现代教育技术中心加大投入,通过改造线路,更新设备,寻求技术支持等方式保证了校园网的快速运行。投入 300 万元,新建体育训练馆,增添部分体育设施和体育器材。近几年,先后投入千余万元用于增加图书馆馆藏图书,确保了教评工作、大学更名工作以及师生日常借阅的需要,与此同时,图书馆还采取"以时间换空间"的措施,实现每周开放时间 101.5 小时,走在了全国高校前列。

四届二次教代会以来的四年,是我校历史上发展较快的时期之一,在这段时间里,学校的综合实力得到迅速提升,学校的整体面貌发生了深刻变化,我们的工作得到了各方面的肯定。2008 年学校再次入选"河南公众最满意的十佳本科院校",并位居大河网"河南最具影响力"的本科院校第五名。同时学校还作为省内 6 所知名高校之一受邀参加了由《河南日报》、大河网联合举办的"河南省教育高端论坛"现场直播,面向全省推介办学经验。在 2009 年招生中,我校二本录取分数线文理科分别高出省控线 17 分、21 分,再次位居省内二本院校前列,其中会计、金融等专业最低录取分数线达到或接近省重点线。学校也因此享有了"读经管专业,选财院;要经管人才,找财院"的良好社会声誉。今天的河南财经学院已经成为全省最具人气和最具有发展潜力的大学之一。

特别需要提出的是,在学校面临挑战大于机遇、困难多于优势的总体态势下,这些成绩着实来之不易,它凝结着财院人的心血和汗水,它使我们见证了广大师生员工在特殊时刻热爱财院、顾全大局、同心协力、共谋发展的进程。这些成绩也充分印证了在学校建设和发展的进程中,我们必须时刻保持昂扬向上的精神状态,必须充满强烈的责任感和忧患意识,必须抢抓机遇而不能贻误时机,必须解放思想而不能故步自封！这些成绩也充分表明党政班子的团结一致、中层干部的爱校如家、广大师生的无私奉献是推动学校发展的不竭动力！

在长期的办学实践中特别是近年的学校发展进程中,我们积累了十分宝贵的办学经验,主要是：

必须把学术作为兴校之魂,抓准抓实。高校之间的竞争归根结底是学术的竞争。学术是维系一所高校生存的生命线,是大学生命力、竞争力和影响力的集中体现。自学术兴校战略实施以来,全校上下按照"强优势、创特色、入主流、占前沿"的思路取得累累硕果：科研成果形成顶天立地格局,既有瞄准国际前沿的力作,也不乏指导地区发展的成果；省级重点学科数量呈几何级增长,学科建设跻身河南省第一方阵之列；大学生科技创新同类领先,校园创新蔚然成风。

必须把质量作为立校之基,稳扎稳打。科学发展观在高等教育领域表现为质量观。强化质量意识、实施质量工程,稳步提高人才培养质量是办人民满意的高等教育的必然要求,也是构建学校品牌的关键所在。无质量的发展,只能是单纯的数量增长,只能是对社会需求的简单应付,只会给社会稳定埋下隐患。近年来,我们一手抓发展,一手抓管理,正确处理了规模、结构、质量、效益之间的关系,大力推行以实践教学为核心内容的教学改革,加强师资队伍建设,强调人才强校；积极探索和推进个性化教学,实行导师制培养；建立群众性的教学质量督导系统,使学校教育教学质量居同类院校前列,毕业生社会满意率达到92%。

必须把特色作为名校之要,常抓常新。办学特色不仅仅是基于自身的生存需要,更重要的是规避劣势、错位发展,获取竞争优势和可持续发展价值的内在逻辑要求和重要战略抉择。近年来,学校坚持有所为有所不为,走出了一条以特色促发展、以发展育特色的科学发展之路：专业设置突出时代特色,学科建设突出财经特色,科学研究突出创新特色,人才培养突出实践特色,空间拓展突出开放特色,就业指导突出应用特色。鲜明的办学特色在2008年本科教学评估中得到了专家的高度评价。

必须把人才做为强校之本,做强做大。人才是学术的载体,也是特色的载体。近几年,学校坚持"不拘一格、人尽其才"的指导思想,通过延揽名师、广纳人才,为学术兴校提供了有力的支撑。为切实发挥高水平人才的特长,学校成立了9个处级研究所(中心)等研究机构,并配备了研究团队。同时,在鼓励教师攻读学位、培训进修的基础上,注重通过做访问学者、合作科研、参加国内外学术会议等形式,使教师紧跟国际学术前沿,掌握先进教学和研究方法。在多种措施的激励和引导下,一支教育思想先进、学术功底深厚、教学水平较高的师资队伍逐步建成。

回顾这四年的工作,我们认识到,学校近几年的建设虽然经历了艰难曲折的过程,但依然在迎接挑战、克服困难中不断前进,实现了快速发展,并用发展树立了形象,用发展赢得了尊重。其中一个最重要的原因,就是我们逐步探索并有力践行了这"四个必须"。正是在这"四个必须"的具体指导和直接推动下,学校办学空间狭小、办学资源短缺、办学层次偏低等难题被一一破解。

我们在肯定成绩的同时,也要清醒地看到,学校在改革和发展的进程中一直存在不少亟须解决的困难。学校的许多工作与上级的要求相比,与社会各界的期待相比,与我们的既定目标相比,与先进兄弟院校相比,还存在不小的差距。

第一,学校办学软硬件实力与社会各界对学校日益增长的新期待不相适应。作为河南省唯一一所财经类本科院校,我校理应成为我省高等教育乃至全国财经类院校的表率,承担起探索新形势下高等财经教育改革与创新的重任,培养更多杰出的、优秀的高端人才。但由于历史原因,我校办学空间狭小,办学资源短缺,学校办学条件严重滞后于教学科研的需要。

第二,学校固有的行为模式与先进的办学理念不相适应。学校在不断探索中形成了"学术兴校、质量立校、特色名校、人才强校"的基本共识,但是,在传统思维与行为模式的影响下,服务低效率、管理欠规范等现象依然存在,这给学校发展带来了阻力。

第三,学科发展状况与发展目标定位不相适应。学校的学科发展目标定位是以经济管理类为主,多学科有机共存、协调发展。但当前,主干学科内部发展不平衡且未能实现很好的整合,非主干学科发展不平衡,新兴学科发展状况不尽理想,传统优势学科与其他学科的关系尚待理顺,跨学科的创新平台建设比较薄弱,学科之间尚未形成交叉支撑格局,多学科的办学优势尚未显现出来。

面对以上问题和不足,我们必须增强紧迫感、责任感和忧患意识,逐步采取得力措施,认真加以解决。

二、2010 年重点工作

2010 年既是新校区投入使用的开局之年,也是合并更名为大学进入实质性操作的重要一年,更是扩大规模、跨越发展的关键一年,因此,做好 2010 年的各项工作对于今后学校的发展具有统领性、全局性、基础性的意义。

2010 年学校工作的总体要求是:全面贯彻党的十七大和十七届四中全会精神,深入贯彻落实科学发展观,进一步解放思想、转变观念、改进作风,按照提供一流的办学条件、搭建一流的学科平台、创新一流的体制机制、营造一流的开放环境、培养一流的创新人才、产出一流的科研成果、贡献一流的社会服务的要求,谋划 2010 年各项工作,努力实现学校事业又好又快发展。

(一) 抓基础建设,坚定不移地拓展办学空间

1. 加快推进新校区建设。要抓住国家应对国际金融危机扩大内需、增加投资、降低利率的有利时机,大力推进新校区建设。近期目标,我们要确保明年 6 月一期工程交付使用,并完成景观规划;中期目标,加快推进景观绿化设计工作,做好基础设施的设计及施工工作,要确保满足明年 9 月份部分学生入住的需要;长期目标,要及时论证开始二期工程并完善配套设施,最大限度满足入住师生的学习生活需要。

2. 科学谋划学生搬迁。本着"厉行节约、循序渐进"的原则,在保证基本需要的前提下,有计划、有步骤、分阶段做好学生迁移工作。做好调研论证和预案制定、思想发动和组织动员、安全保障与科学管理、文化建设和设施配套等工作,确保学生顺利入住和教学工作的正常开展。与之相关联,要妥善做好西校区的撤离与回迁工作。

3. 统筹新老校区运行。新校区的投入使用,要求资源进行重新配置,这将打破学校多年来形成的格局。因此必须超前考虑新老校区之间资源的衔接、整合、共享机制和新老校区协调运转管理机制。妥善处理新校区与老校区、短期过度和长期发展、办学成本与办学效益、专业建设与办学条件、财经学院与政法学院的关系,确保新校区良性运行和两校区协调发展。

（二）抓核心任务，坚定不移地提升综合实力

1. 全面服务更名大局。一要坚定必胜的信心。我校经过26年的建设与发展，尤其是近四年的长足进步，已经具备了组建大学的基本条件，在个别指标上我们的优势还比较明显，以往唯一制约我们的办学空间难题也在新校区指挥部同志们夜以继日的努力下被成功克服。因而，我们要正确认识自己的优势和特点，以志在必得的信心和决心做好当前的更名工作。二要充分展示优势。要继续发扬教学评估中形成的"特别能吃苦、特别能战斗、特别能奉献"的精神，进一步把我们自己的事情办好，进一步提升办学能力和办学水平。三要加强外联工作。要调动一切可以调动的积极因素、利用一切可以利用的资源，积极赢取省委省政府方面的特别关注与特别支持，同时要加强与教育部方面的联系与沟通，争取为将来的教育部终评工作做好一切准备。

2. 持续扩大办学规模。随着新校区的投入使用，办学空间这一制约办学规模扩大的瓶颈将被打破。考虑考生就读我校的强烈愿望，结合学校长远发展目标，坚持社会效益与经济效益并重，在持续扩大本科生招生规模基础上，积极扩大合作办学规模，稳步发展成人非学历教育规模和高等教育自学考试专升本规模，争取使我校普通在校生达到2万人以上。

3. 及时修订发展战略规划。根据合并组建大学的实际结果以及新校区使用运行情况，在积极组织调研、广泛听取群众意见的基础上，全面修订学校发展战略规划，确保规划的指导性、战略性、前瞻性。

（三）抓中心工作，坚定不移地提高教学质量

1. 稳定教学秩序。要按照高起点建系、高标准要求、高质量育人的原则，加强对新建院系在专业建设、课程建设、人才培养模式、教学团队建设等方面的系统指导，尽快建立正常的教学、科研和行政管理秩序。

2. 深化教学改革。落实最新修订的人才培养方案；积极推进示范性教学质量与教学改革工程项目建设，通过项目化运作方式，大力推进专业建设、课程建设、教材建设，逐步推进教学团队建设的特色化、品牌化。

3. 强化实践教学。加强实验室建设，提高实验教学效果；加强管理，充分利用，切实发挥经济管理实验教学中心的作用；在2009年的教改项目和

本科教学质量工程立项的基础上,更加突出实验实训,切实采取有效措施解决人才培养方案中实践教学环节的落实问题。

(四)抓关键领域,坚定不移地实施学术兴校

1. 推动科研创新。要加大对重点学科、高层次学术平台和新设科研机构的扶持与引导力度,保证研究院场所、配套资金到位,建立和完善研究院管理体制、运行机制、激励机制;推动各科研机构尽快进入调整、规范、提升的良性运行阶段,切实为学术兴校战略服务。

2. 健全激励机制。加大对国家社科基金项目、国家自然科学基金项目等国家级项目和国家部委各类项目的支持力度,提高项目申报率和中标率。适时调整修订适合我校特点的科研评价标准,增加原创性、标志性、应用性科研成果在科研奖励中的比重,逐步建立重创新能力、重研究质量、重实际绩效的科研激励约束机制。

3. 鼓励社会服务。加大沟通与交流力度,赢取企业、地市对我校更多的支持与信赖,争取在更广范围、更高层次上开展项目合作,提升学校的社会知名度和影响力。以校企、校市合作为契机,积极支持横向研究项目,鼓励各部门和全体科研人员积极参与社会经济活动中重要课题的研究,积极参与政府、企事业单位的创新活动,通过横向项目研究,进一步加强学校和社会经济领域的联系,大力提升学校的社会服务功能。

(五)抓保障体系,坚定不移地规范行政管理

1. 改进工作作风。以行风评议为契机,以解决师生反映强烈的焦点、难点问题为抓手,切实改进工作作风,提高工作效率。扎实开展学习型机关建设,确保广大干部员工的文化视野在不断开阔,有效解决"知识贫乏"和"本领恐慌"等问题。扎实开展机关效能建设,确保广大干部能主动把自己融入工作大局,增强上下之间、部门之间、部门内部之间配合的默契度,保持追求高效率、高质量、高水平的工作状态。

2. 提升服务质量。围绕学生能顺利入住新校区这一大局,教学管理、学生管理、后勤保障、安全保卫、医疗卫生等部门要及时跟进,为教学、科研等提供配套服务。各相关部门要在现有条件下,克服困难,本着"小机构、大服务"的原则,切实增强大局观念,强化服务意识,提高服务质量,完善新校区

师生学习生活保障平台。

3. 强化制度落实。加强规章制度的学习教育,不断增强管理人员按制度办事的意识,提高遵守制度的自觉性。采取定期或不定期的方式,对制度的执行情况进行督促检查,及时发现和纠正执行中存在的问题,以提高制度的执行力,维护制度的严肃性。要对制度执行情况进行跟踪了解,充分听取管理和服务对象的意见和建议,收集各方面反映。针对执行中存在的问题,及时制定改进措施。建立完善制度评估机制,定期对出台满一定时间的制度实施情况进行评估,评估结果作为制度"留、改、废"的依据。

(六) 抓民生工程,坚定不移地促进校园和谐

1. 强力推进周转房建设。坚持以人为本,科学制定周转房交付、验收、分配方案。坚持进度与质量并重,充分发挥监督员的作用,确保把新校区周转房建设打造为民心工程、放心工程、暖心工程。

2. 积极促进毕业生就业。切实把学生就业放在就业工作首位,通过加强校企、校市合作,选派人员走访用人单位、优秀校友,挖掘一切可以利用的社会资源,进一步开拓就业市场,拓宽就业渠道,促进毕业生顺利就业。

3. 切实依靠教职工办学。进一步推进校务公开工作,高度重视并研究落实广大教职工代表的议案提案,不断增强广大教职员工的主人翁意识和全员管理意识,推进学校决策的科学性、合理性、规范性。

河南财经学院的今天,来自于昨天的奋斗和积淀;财经学院的明天,取决于今天的努力与拼搏。回顾历史,我们心潮澎湃,无比振奋;展望未来,我们豪情满怀,责任重大。今天的河南财经学院,已经站在新的起点,踏上新的征程。上级领导、全校师生、广大校友对学校发展寄予厚望。举全校之力,集全校之智,奋力推进发展新跨越,是人民的重托,也是我们每个代表的神圣职责与光荣使命。我们一定要在校党委的统一领导下,认真履行校长负责制,妥善处理改革、发展、稳定的关系,知难而进,乘势而上,只争朝夕,加快发展,为全面推动各项工作再上新台阶而不懈努力!

再接再厉　再创佳绩*

告别春节假期,一个令人期待的新学年拉开了帷幕。站在新的起点回望过去一年的工作,令人倍感欣慰。全校上下以揭牌庆典为契机,围绕合校、融校、强校的工作主线,自加压力、乘势而上,在原有工作成绩的基础上打开了学校快速发展的新局面。现在,让我们简要回顾一下过去一年的主要工作:

第一,合并组建大学圆满实现。在全校师生的不懈努力下,2010年3月22日,经教育部发文批准,河南财经政法大学正式成立。更名大学是全校师生多年来的夙愿,也是学校发展史上的里程碑。更名大学将为学校实现更大规模、更高水平、更深层次的快速发展提供更广阔的舞台,为学校实现建设特色鲜明的高水平大学的战略目标奠定坚实的基础。

第二,新校区建设取得阶段性胜利。新校区建设者们以16个月的时间、22万平方米的建筑面积、顺利通过工程合格验收的成绩演绎了新校区建设的传奇。骄人的建设战绩得到了教育部专家组、全国高校设置评议委员会专家们的高度赞赏。今天我们欣慰地看到,新校区的高起点规划、高质量建设、高效率推进成就了当前新校区运行开局良好、运转有序、师生满意的目标。

第三,初步实现多校区的协调运行。今年,我校第一次以河南财经政法大学的名义招收本、专科生7 320人,研究生250多人,是历年来本、硕招生人数最多的一次。鉴于校区资源配置较为复杂的状况,学校审时度势,决定新

---

*　本文系作者2011年2月24日在学校处级干部大会上的讲话。

校区主要作为经济、管理、法学本科的教学校区,文北校区(原财经学院)暂时主要作为研究生、中外联合办学等的教学校区,文南校区(原政法学院)暂时主要作为专科生的教学校区。

第四,成功实现了办学主体东迁。我校坚持"边建设、边使用"的既定方针,在继续完善新校区一期工程的同时,成功实现了办学主体的东迁。经过多方面的努力,当前已有15个院系的办学主体迁往新校区,入住近12 000名学生。学校实行统一的领导管理体制,由3位校领导主要负责,学校领导、院系领导实行24小时值班带班制度,确保新校区正常运转。

第五,新校区二期建设强力推进。学校在加速推进新校区教职工周转房建设的同时,及时启动新校区二期建设工程。新校区的二期工程建设项目主要包括8号学生宿舍组团、9号学生宿舍组团、实验楼、行政办公楼、综合楼、学院楼、图书馆、2号学生食堂、校医院等,总建筑面积约23万平方米,预计在今年秋季,部分项目可以投入使用,届时可再入住近7 000名学生。为谋求学校利益最大化,通过多方努力,争取到新校区预留地200亩,待核定学校规模之后划归我校。新校区购地款中有1 000亩为每亩10万元,其余为每亩15万元,教师周转房公用事业费减半缴纳,校园公用事业费全免。

第六,学科建设取得重大进展。在新一轮硕士点申报中,我校成功申报地理学、农林经济管理、法学、哲学等4个一级学科硕士学位授权点,使该项授权点由原来的4个增至8个,二级学科硕士点由原来的32个增加至54个。去年年底,我校被正式列入博士单位立项建设规划,距离获得博士学位授予权的目标更近了一步。去年我校还新增1个省级重点学科开放实验室。根据最新的"中国大学及学科专业评价报告",我校已进入中国大学分学科门类竞争力排行榜前5%的方阵,管理学学科在全国高校排名中位居第24位。

第七,成功举办大学揭牌庆典。经过紧张筹备,11月21日在河南省人民会堂举办了河南财经政法大学揭牌庆典。省四大班子领导和省级机关、中外高等学校代表近400人以及我校师生代表2 000多人出席了庆典活动。全国政协副主席陈宗兴及教育部分别发来贺信。这项活动的成功举办,在高校中产生了重要的影响,鼓舞了全校师生员工的斗志,振奋了精神。

第八,圆满举办两个全国性的高层次学术会议。11月13~14日,由我校主办的中国信息经济学会第十五届学术年会顺利召开,中国信息经济学会理事长杨培芳教授、中国工程院院士胡启恒教授等知名专家学者到会。

11月20~21日,我校主办了第十届中国经济学年会,吴敬琏、海闻、巫和懋等700多位知名经济学家参加会议,副省长刘满仓代表河南省人民政府对中国经济学年会在郑州召开表示祝贺。这两次学术会议都是建会以来规模最大、层次最高的会议,在学术界产生了重要的影响,也扩大了我校在同行中的知名度。

第九,成功举办"大学发展高层论坛"。面对大学发展的新课题,学校先后邀请南京大学党委书记洪银兴等8位省内外知名高校的书记、校长前来讲学,引导大家进一步理解大学理念、大学精神,探讨大学管理、大学建设的规律和经验,以及学校合并的做法和经验。今年1月12日,学校在"学校发展大讨论"的基础上,召开了中层干部总结交流大会,内容非常丰富,效果非常好。我本人也做了题为《实施学术兴校、质量立校、特色名校、人才强校、制度治校,努力建设特色鲜明的财经政法大学》的报告,进一步阐明了学术兴校的理念、大学的发展机制、具体建设中的操作设想等大问题,使我们对于如何办好大学有了更明确的认识。

第十,扎实推进教学改革和发展。继续坚持推进教学改革,提高教学质量,开展本科教学质量工程建设。召开了教学工作会议、经济管理类专业实验教学建设研讨会、人才培养模式创新等专门会议,进一步提升我校教学水平。在第七届"挑战杯"中国大学生创业计划大赛中,我校选送的两项作品(占河南省三分之一)摘得国家级银奖,我校还被团中央授予"优秀组织奖"。2010年我校新增1个国家级特色专业建设点、2个省级特色专业建设点、2门省级精品课程、1个省级教学团队、1个省级实验教学示范中心。

第十一,科学研究有新的突破。2010年,学校全面贯彻落实"学术兴校"战略思想,科研学术取得许多新突破。2010年我校获得省部级奖9项,厅局级奖95项,较去年都有进步。我校国家课题获批7项,省部级课题获批68项,尤其是7项国家级课题在类别和总量上均创建校以来历史新高。我们积极邀请一批专家学者到我校讲学,100多位专家以"财经高层论坛""财经期刊高层论坛"为平台来校做报告,有力增强了学校的学术氛围。

第十二,对外合作空间有新的拓展。2月上旬,我校与爱尔兰考克大学正式签署合作协议,两校将合作共建校园,这将大大提升我校与世界名校的合作层次;12月初,学校与韩国大佛大学签署合作交流意向书,双方将在学生和教师交流、教学科研、信息资料等方面开展多方位的交流;近期,学校又与俄罗斯贝加尔国立经济与法律大学签署合作办学协议。

第十四,有序推进学校融合。自10月4日省委宣布学校领导班子以来,为了推进两个学校实质性融合,学校党政领导班子开展了一系列工作。学校分别于10月7日和8日召开了新的校级领导班子会议和处级以上领导干部大会,分析形势,分配任务,提出加快融合、促进发展的初步要求。随后,学校又先后召开了老干部座谈会、党总支书记座谈会、院系主任座谈会、机关干部座谈会等不同层次、不同方面的座谈会。校领导走访了大量的单位和干部,通报学校情况,调研校情,逐步理清工作思路。为适应多校区办学的实际,我们实行新校区联席会议制度,成立新校区综合办公室,并且指定文南校区校级负责人,筹备成立文南校区综合办公室。学校领导班子还责成有关部门认真清理现有的规章制度,结合当前的实际修订、完善《党委会议事规则》《校长办公会议事规则》《处级干部选拔任用工作实施细则(试行)》等规范性文件,以便各项工作有规可依、有章可循。

第十五,圆满完成对处级干部的年度考核和试用期满干部的考察工作。今年两校合并之后,干部年度考核工作人员多、任务重、情况复杂。针对这一实际情况,我们从文北、文南两校区抽调19名处级干部、3名科级干部,组成六个考核组,分别由两校区组织部部长、党办主任、宣传部部长带队,深入全校84个处级单位(文北校区51个,文南校区33个),严格按照处级干部个人述职述廉、民主测评等规定的考核程序,完成年度考核任务。从对处级干部的年度考核来看,我校绝大多数干部都能够维护学校大局,团结和带领教职工积极推进学校建设,为学校的发展做出了重要贡献。

河南财经政法大学成立一年来,我们开展了许多影响深远而又艰苦卓绝的工作,也取得了令人瞩目的成绩。我们深知,我们所取得的成绩是全校师生员工团结奋斗的结果,也是原来两个学校长期奋斗的结果。2011年是建设高水平大学的起步之年,这一年孕育着新的希望,昭示着新的未来,在原有扎实工作的基础上,我们对2011年的主要行政工作作如下安排:

一是统一思想,深入贯彻落实学术兴校发展理念。通过对大学发展有关理论的学习和全校性的"学校发展大讨论",我们初步形成"学术兴校、质量立校、特色名校、人才强校、制度治校"的基本办学理念和发展机制。在新的一年中,我们要在思想上高度重视这项工作,将学校的总体发展思路与本部门的具体工作有机结合起来,把确立学校办学理念和形成发展机制作为今后工作的主线,努力提高学校的核心竞争力。

二是积极稳妥,全力推进学校深度融合。在去年扎实工作的基础上,我们要继续深入推进学校实质融合:要继续邀请名校教育家传播先进办学思想和经验,在思想层面促进学校实质融合;要严格按照上级要求,紧密结合两校合并的实际情况,扎实做好岗位设置及聘任工作;要加快推进组织机构融合的进度,合理谋划学科专业科学合理的重组和交叉渗透,逐步推进办学理念和校园文化方面实现整合与创新;要在积极调研论证、广泛听取群众意见基础上,全面修订学校发展战略规划,确保规划的指导性、战略性、前瞻性。

三是大刀阔斧,持续推进新校区建设和入驻工作。在保证高质量的前提下,要抢抓建设机遇,大力推进新校区建设,尤其要加快二期工程中学生宿舍、综合楼、学生食堂等项目的建设,保证 2011 年秋季 7 200 名新生的入住需求。坚持以人为本,再接再厉,把新校区周转房建设打造成民心工程、放心工程、暖心工程。认真总结 2010 年搬迁入驻成功经验,有计划、有步骤、分阶段做好 2011 年新校区入驻搬迁工作。进一步调整校区使用方案,使多校区运行体系更加科学化、合理化。

四是开拓创新,不断提高教学质量和办学水平。我们要采取有效措施,进一步稳定教学秩序。提倡创新性教学,积极推进示范性教学质量与教学改革工程项目建设。加强现代教育技术应用,推动教育信息化建设。要重视专业建设,奖励名师、名课,并在课酬和职称评定上体现差别。继续开展国际实验班的有益尝试与探索,加大培养国际复合型人才的力度,巩固并扩大已有的交流成果,在联合办学的层次上取得新突破。抓好校风、教风、学风、考风,营造风清气正的校园氛围。

五是科学谋划,积极培育有重大影响力的学科和专业。要进一步整合资源,发挥学校经济、管理、法学等主干学科的优势和特色,重点扶持 2～3 个有代表性的学科,产生一批原创性的科研成果,为争创中国一流、有世界影响的学科和专业打下基础。在重点学科上与国内名校、国家重点学科建立共建帮扶关系,有针对性带动我校学科发展。要借助国家调整研究生教育结构的新政策,大力发展专业硕士学位建设。弥补弱项,科学谋划 MPA 学位点建设。

六是再接再厉,全力推进科研工作更上新台阶。要改革我们的学术评价制度,从以"量"为主转向"质和量"并重,进一步强化对高层次科研立项和科研成果的奖励力度。要结合学校学科专业优势,争取更多高层次课题,积极承担和完成一批国家及省部级重大科研课题,推出一批具有原创性前沿性或重大应用价值的学术成果,力争在 2011 年使我校国家级课题的立项突破 10 项。要充分发挥学术委员会成员们的学术模范作用,推动学校学术发展,塑造学校良好的学术风气。

七是多措并举,努力打造素质高、能力强的人才队伍。在科学调研的基础上尽快形成校内分配方案,制定以学术创新为核心的学校人才政策,形成以能力为基础的人才评价政策、以成果为基础的人才激励政策和以贡献为基础的人才奖励政策。建立层次合理的优秀教师梯队,搭建基于学科的人才团队和基于项目的人才团队。高薪聘请学术带头人,努力开发造就大师级人才。把教学作为教师考核的首要内容,纳入教师职务评聘办法,通过教师分类管理,制定合理的薪酬制度,形成引导和保障教师专心教学的机制,津贴和奖励向教学一线教师倾斜。

八是锐意进取,不断提高办学层次和规模。在持续扩大本科生招生规模的基础上,积极扩大合作办学规模,稳步发展成人教育规模,争取2011年的招生规模和质量在2010年的基础上更进一个层次。注重国际交流合作的内涵发展、质量提升和品牌建设,鼓励教师互派、学生互换、学分互认和学位互授联授。推进与爱尔兰考克大学合作共建校园项目,集中力量去教育部取得办学资质,争取在最短时间内实现招生目标。继续开展国际实验班的有益尝试与探索,逐步推广先进教育模式,加大培养国际复合型人才的力度。

九是积极改革,逐步建立科学合理的保障体系。要通过岗位培训、学历继续教育、短期挂职等措施,增强干部培训的实效性,加强管理队伍的建设和后续干部的培养,不断提高管理干部队伍的整体素质。要改革原有后勤、保安的管理结构,建立起条块结合、以条为主的管理模式,体现出整体性、多样性、灵活性和高效性。要充分用好、用活国家政策,争取获得更多的贷款和资助,力争预算外资金数额突破2 000万,为学校重点工作提供更多支持。要进一步规范并做好各种专项工程和大宗物资器材的政府招标采购工作,进一步完善审计内控制度,充分发挥监督职能,提高资金使用效益。

十是依法治校,全面激发各方参与力量的活力。我们要加强大学制度建设,促进大学制度科学化,维护制度的权威性和有效性,增强实施效果,提升管理人员的执行力。要克服行政化倾向,积极发挥学术委员会在学科建设、学术评价、学术发展中的重要作用。要正确行使学术委员会议事、监督的权力,充分发挥学术委员会成员们的学术模范作用,塑造学校良好的学术风气。进一步推进校务公开,高度重视并研究落实广大教职工代表的议案提案,增强广大教职员工的主人翁意识和全员管理意识,推进学校决策的科学性、合理性、规范性。

成绩属于过去,河南财经政法大学美好的明天更加令人期待,让我们在校党委的统一领导下,按照"规模稳中有增,内涵大步跨越,结构逐步优化"的指导思想,围绕学校发展核心任务,认真谋划2011年各项工作,努力促进学校各项事业又好又快的发展!

承前启后 继往开来
努力开创教学工作新局面*

今天我们召开河南财经政法大学第一次教学工作大会。这是我校顺利通过教育部本科教学工作水平评估、成功合并更名以及新校区顺利启用后，召开的一次规模盛大的教学工作会议，也是我校切实落实《国家中长期教育改革与发展规划纲要》，进一步加强教学工作的一次动员、部署大会。目前正值"十二五"开局之际，这次大会更是具有承前启后、继往开来的重要意义！希望通过这次大会，进一步统一思想、提高认识、开拓创新，以新观念、新思路、新举措，开创学校人才培养工作新局面！

今天讲三个部分的内容：第一部分主要对过去五年我校的教学工作进行一下简要回顾与总结，总结学校教学工作取得的成绩和经验；第二部分主要分析我校目前人才培养面临的形势，并对目前教学工作中存在的主要问题进行反思；第三部分阐明我校今后几年教学工作的基本思路和主要举措。

一、我校教学工作的回顾与总结

近五年来，我校在教学工作的诸多方面都有了较大的发展和突破：

2008年5月，学校以优秀的成绩通过了教育部组织的本科教学工作水平评估；

---

* 本文系作者2011年12月26日在更名后学校第一次教学工作大会上的报告。

2010年3月,两校合并组建河南财经政法大学,使学校的发展跃上新台阶,踏上新里程;

2010年9月,学校新校区启用,入住第一批学生;2011年9月,入住第二批学生,学校教学重心转移到新校区;

2009年和2011年,学校进行了两次较大规模的院系和专业调整,使院系设置和专业结构更趋合理;

本科在校生规模从2006年的1.2万人发展到目前近2万人,学校办学规模稳定扩大;

师资队伍结构进一步优化,教师职称和学历的"双百工程"目标提前实现;

2009年学校获得了3项国家级教学成果奖,教学改革研究取得重大成果;

学校的社会声誉不断提升,社会影响不断扩大,录取分数线连年稳居河南省前列。

这些都标志着学校教学工作不断迈上新台阶。回顾这五年,我校教学工作确实取得了很大成绩,并积累了一些有益经验:

(一) 不断更新教育教学观念,进一步明确了人才培养工作思路

1. 教学工作中心地位持续巩固。在过去的五年中,前3年,全校师生众志成城,共同努力,顺利通过了教育部本科教学工作水平评估,获得优秀成绩,并根据专家意见进行了全面整改;后2年,全校上下齐心协力,顺利通过了教育部审批,合并组建了大学。合并组建大学的过程,是对人才培养和教育教学工作水平的进一步检验和梳理的过程,我们更加认识到,教学工作的中心地位不容动摇,人才培养的神圣使命不容懈怠,这是学校发展最基本、最重要的保证。

2. 教育教学思想观念不断更新。大学合并组建后,学校举办了"大学发展高层论坛""管理高层论坛",邀请了十数位国内著名大学的管理者,就大学本质、大学理念、大学发展机遇和挑战等问题举办讲座,使我校的管理者们进一步开阔了视野,启迪了思路,明确了今后的方向和目标。同时,学校还举办了"学校发展研讨会",就办学理念、学校定位、发展思路、改革措施等方面进行广泛的讨论和交流,更好地谋划和促进学校平稳较快的发展。在教学方面,围绕"如何树立现代大学教学理念,如何推进人才培养模式改

革,如何建立和优化大学教学模式"等,开展了教育思想观念大讨论和教育教学改革实践,现代大学教学理念和质量意识逐步确立。

3. 人才培养工作思路逐步明晰。经过多年来的实践和总结,学校已经形成了"学术兴校、质量立校、特色名校、人才强校、制度治校"的发展思路。体现在人才培养工作中,就是以学术力量促进教学工作为引领,以提高人才培养质量为目标,以特色人才培养模式改革为突破口,以高水平教师队伍建设为基础,以教学基本建设和制度的完善为保障,扎实推进教学改革与教学质量建设工作,逐步建设人才培养高地。这也是今后一个时期教学工作必须坚持的基本思路。

(二) 加强学科专业建设,进一步凝练了学科专业内涵

1. 凝练优势学科发展方向。在学科发展方向上,学校坚持把经济和管理两个学科作为我校数十年历史积淀形成的最具有核心竞争优势的主体学科,两校合并组建后,法学学科也纳入到学校主体学科群,积极加强建设。在此基础上,抓住机遇,发展了工学、理学、文学和艺术学等学科。

2. 调整和优化专业结构。我校本科专业已经由 2006 年的 32 个增至目前的 44 个,同时,逐步调整专业结构,管理学类专业所占比例有所下降,理学、工学专业所占比例有所上升,分别提高了 3 个百分点和 1.5 个百分点。更为重要的是,在新专业发展中,注重形成特色和优势专业群,比如,通过新设审计学、资产评估专业,使我校的财务会计类专业群更具优势;通过设立投资学专业,使我校金融类专业优势更加突出;通过设立房地产经营与管理、物业管理专业,形成了与房地产产业链相适应的完整的房地产类专业群;通过设立税务学专业,使我校的财税类专业成为河南省的一大特色;通过设立软件工程和会展经济与管理专业,很好地适应了我省信息服务产业和文化产业发展的需要。

3. 加强学科专业交叉融合。在专业建设中,学校注重以经济、管理、法学等特色学科带动其他学科发展,在一些学科专业中设置了与经济、管理优势特色学科紧密相关的专业方向。比如,在汉语言文学专业设置了商务秘书方向;广播电视新闻学专业设置了财经新闻方向;英语专业设置了商务英语方向;社会工作专业设置了企业社会工作方向;金融学与统计学专业结合,设置了风险管理与精算方向,与应用数学专业结合,设置了金融数学方向。通过学科专业间的交叉融合,进一步凸显了学校的办学特色和专业竞

争优势。

(三) 进一步深化教育教学改革,教学质量要素得到整体强化

1. 不断创新人才培养模式。围绕培养应用型专门人才的培养目标,构建了"通识教育平台+学科基础教育平台+专业教育平台"的"三平台"主流人才培养模式,同时积极推进人才培养模式多样化。主流模式采用理论教学、实践教学和第二课堂相结合的方式,强化实验实训环节,完善专业基础实践、综合训练实践、创业教育实践等实践教学体系,着力培养应用型人才。同时,与学生个性发展相适应,完善学分制、本科生导师制,实施双学位制,扩大培养复合型人才;与市场需求相适应,不断完善国际实验班、会计学ACCA/CGA国际实验班方向,试点培养拔尖创新人才。

2. 科学制订人才培养方案。在科学修订2006、2007级人才培养方案的基础上,2008年下半年,根据教育部本科教学工作水平评估专家的意见,启动新一轮人才培养方案修订工作,做了几项重大变革:一是完善人才培养方案的基本要素和框架,将创业教育、第二课堂、综合实践、课外实践等内容纳入人才培养方案体系,兼顾"三个课堂"的协同作用;二是大幅压缩理论教学学时,增加实践学时,实践教学环节贯穿于整个培养过程;三是对本科专业目录中二级类的学科基础课程进行了统一,体现了"厚基础,宽口径"的理念;四是对思想政治理论课、英语、体育课等公共基础课进行大幅调整和改革;五是增加创新学分和素能拓展学分;六是改革课程考核方式,取消考查课形式,强化学风建设。

3. 加大质量工程项目建设力度。一方面,国家质量工程项目建设取得显著成效。到目前为止,学校共获得国家级特色专业4个,省级特色专业7个,省级精品课程12门,省级实验教学示范中心3个,省级教学团队4个,省级双语示范课程1门。另一方面,从2009年开始,针对2009版人才培养方案操作层面的问题,学校启动"本科教学质量工程专题项目"建设,在实验实训、网络课程、国际实验班、人才培养模式创新试验区、考试方法改革和创新性教学等方面开展专题研究和实践。学校已连续进行了两年,投入经费近180万元,激励和支持教师积极参与教学改革,教育教学改革取得了显著成效。2006、2009年学校共获省级教改项目30多项,其中重大项目3项;在2009年教学成果奖评选中,获得了3项国家级教学成果奖,11项省级教学成果奖。

4. 不断优化师资队伍结构。针对我省高层次人才缺乏、引进难度大的弊端,我校从2006年开始实施了"双百人才工程",并提前实现了目标,吸引了一大批优秀人才到我校工作。学校还通过进修和在岗提高等多种方式,使师资队伍结构进一步优化,整体实力显著增强。目前,专任教师中具有硕士及以上学位的所占比例达70.31%,具有博士学位的比例达15.30%;高级职称比例达到44.98%。初步形成了若干个方向明确、结构合理、有一定实力的学术梯队,教学科研水平不断提高。截至目前,我校有2名教师获得河南省教学名师称号,建设有管理学、刑法学等4个省级教学团队、5个校级教学团队。学校还开展了"师德师风演讲赛""教师说课比赛""教师观摩大赛"等一系列教学竞赛和评选奖励活动,营造了"教书有为、育人光荣"的良好氛围。

(四) 深化教学管理体制改革,教学资源进一步得到优化整合

1. 不断加大教学经费的投入。学校在教学工作水平评估、合并组建以及新校区建设过程中,注重加大投入、改善条件、巩固成果、提升水平,在持续进行高标准建设新校区的教学楼、实验楼和相应的数字化校园、实验室、图书馆、体育运动场所的同时,投入专业、课程、实验室、实践教学等方面的经费持续增长,教学经费从2006年的2 612万元增长到2011年的4 870万元,增长了86.45%;院系教学经费从2006年的776万元增长到2011年的2 697万元,增长了2.47倍;教学科研仪器设备资产总值翻番,由2006年的3 422万元增长到2011年的7 612万元,尤其是连续两年投入近2 000万元建设数字化校园,为构建数字化学习中心和教学中心奠定了坚实的基础。

2. 持续优化整合教学资源。按照科学、规范、高效的原则,一方面优化整合学科专业,将同类或相近专业整合到同一院系,完成14个学院、9个系、2个教研部、3个教学中心的本、专科教学机构设置和布局,搭建学科专业发展平台,拓展学科专业生长空间;另一方面,健全教学单位的基层教学管理组织,成立90多个教研室和实验室,并落实教研室主任待遇,在一些学院设立教学办公室,落实教学秘书待遇,使教研活动和教学管理得到组织保证。

3. 规范和加强教学管理。学校自2007年以规范教学管理为主题开展"教学质量与规范年"活动以来,教学管理制度更加完善,教学秩序更加稳定,教师教书育人更加投入。合并组建大学后,学校吸纳现代大学教学理

念,进一步加快教学管理制度建设,以坚持严格要求、规范程序、提高服务效果、管理效率和教学质量为目标,建立规范运转的教学管理工作运行机制,目前,涉及"人才培养""教学运行""质量管理"等教学工作的30多个教学管理文件正在修改和征求意见阶段,经教学工作大会审议、修改后将印发执行。

4. 不断完善教学质量保障和服务体系。随着办学规模的不断扩大,学校加大对教学工作评估和检查的力度,积极推进校、院两级教学质量保障评价体系建设。一方面,学校实施教学督导组督导、学生评教和学生信息员反馈相结合的教学督导评价机制。以及常规教学检查与专项教学检查相结合的教学质量监控机制。在此基础上,又成立教学质量评价中心和教学督导委员会,以加强教学质量保障体系建设。另一方面,不断强化教学服务理念和服务意识,在教务处成立教学服务中心,改进教学管理与服务流程,多渠道了解师生的需求和意见建议,及时解决教学中出现的问题,师生的满意度在逐步提高。

总之,经过大家5年的共同努力,学校的办学层次得以提升,学校的知名度和社会影响力显著增强,人才培养质量不断提高。我校学生在"挑战杯"大学生课外学术科技创新活动、数学建模比赛、英语竞赛、ERP沙盘模拟大赛、大学生运动会等全国、全省比赛中屡屡获得好成绩,侧面地展示了我校的人才培养水平。

这五年来的教学工作成绩是我们克服一重又一重困难,跨过一道又一道难关才取得的。一方面,2008年我校本科教学工作水平评估目标定位是要取得优秀等次,否则就会影响组建大学的进程,而学校的硬件条件又存在明显不足,在这种背景下,教学工作就面临着巨大压力;另一方面,随着学校在校生规模的快速扩大,日常教学管理承受着严峻的考验;学校新校区尚未启用,多校区运行给教师上课、学生生活、教学管理、资源配置等带来诸多难题。在这种背景下,教学工作能够取得成绩,主要得益于以下四点:一是始终坚持教学工作和人才培养的中心地位;二是始终坚持狠抓教学质量不放松的原则;三是始终坚持人才培养和教学管理模式的不断优化和创新;四是始终坚持育人为本,重视学生的全面发展。这些成绩的取得,是上级主管部门和社会各界大力支持的结果,更是全校师生员工开拓创新、共同努力的结果。在此,我谨代表学校向辛勤工作在教学第一线的广大教师,向热情服务师生的教职员工表示衷心的感谢和崇高的敬意!

二、目前面临的形势及教学工作中存在的主要问题

(一) 学校人才培养面临的新形势

1. 面临着我国教育事业全面振兴这一发展机遇。未来十年,是我国教育事业全面振兴的战略机遇期,国家正在实施《中长期教育改革和发展规划纲要》,启动了"中西部高等教育振兴计划"和"有特色高水平地方高校建设计划"等一系列重大工程,我国高等教育的格局将处于一个新的战略调整期,《河南省教育改革和发展规划纲要》也已经开始实施,我校作为地处中部省份的一所特色鲜明的大学,将面临新的发展机遇。

2. 面临着对接中原经济区建设的战略机遇。目前,《国务院关于支持河南加快建设中原经济区的指导意见》已经正式出台,要求高等教育主动融入中原经济区建设大局,高等学校要主动对接中原经济区建设对人才的需求,实现学科专业建设与区域经济发展的互动,为中原经济区建设提供更加有力的人才、科技和智力支撑。同时,我省生均财政拨款到2012年将达到12 000元,其中,将有较大比重以专项资金形式投入到重点学科和特色专业建设中,这种高等教育资源配置形式,对我校是一个难得的发展机遇。

3. 面对着高校之间的竞争压力。从国内大学的建设和发展来看,经过"211工程""985工程"以及地方重点大学的持续建设,国内很多大学都有了长足的发展,竞争力在增强,已初步形成了一流大学、高水平大学、行业特色大学、地方重点大学和地方一般高校的办学层次。由于高等教育适龄人口在逐年下降,国外高校对优质生源的竞争也日趋明显,生源的竞争也将更加激烈,更加注重内涵发展,因此提高教育质量和办学水平是高等学校获得竞争优势的必然选择。

4. 面对着大学生新期待的挑战。目前,高等教育的学生主体已经进入90后时代,这是对自身发展充满期望,而又追求个性化发展的一代大学生,他们对大学教学过程的要求更注重突出主体地位和自主意识,对择业更注重理性和务实。近年来,随着学校办学实力的增强和社会声誉的提升,我校生源越来越好,学校已经连续两年录取分数线高出我省二本分数线35分以上,近1/3的学生达到了一本分数线,而且进入本科一批录取的专业逐年增加。充足、优质的生源,既是我们的机遇,更是对我们的挑战,我们的人才培

养模式和课程教学范式、教学管理和学生管理、职业发展规划和就业指导等人才培养的全过程必须适应他们的更高要求和更多期待。

面临的这些机遇与挑战，都集中指向"教育教学质量"这一主题。由高等教育的"量"向"质"的转型，是高校获得竞争优势的必经之路，在如此激烈的竞争态势面前，我校如何寻找差距、凸显特色、形成优势，打造核心竞争力，迎接新挑战，在高等教育发展的新起点上抢占先机，取得竞争的主动权，跻身国内一流财经政法大学的行列，是我们在新的形势下必须要做出的战略选择。

（二）学校教学工作中存在的主要问题

我们在总结、肯定成绩的同时，也应清醒地认识到，学校的教学工作还存在着不少问题和不足。

1. 对教学工作的重视程度有待加强。教学工作中的人才培养、教学改革是最复杂的系统，范围最广，涉及每个部门的配合；重心最低，需要每一位教师和学生的参与；周期最长，显效慢，很容易被忽视；难度最大，缺少内在自发的动力；责任最重，关系到每位师生的利益。但是，目前我们的中心工作还没有完全统一到人才培养和教学工作上，各部门、各环节之间围绕培养高质量人才这一根本任务的协调一致性和相互配合程度还不是很高；部分院（系）不能在评估后对教学工作进行持续性的重视和创新；学科建设、科学研究还没有和人才培养很好地协调起来。

2. 学科专业的内涵建设还需进一步深入。一是学科专业特色有待进一步培育。我校虽然注重重点学科专业的特色培育，也取得了一定的成果，但特色和优势还不够鲜明，其他专业的特色培育更需加强，即便是国家级的特色专业，其特色也彰显不足。二是专业综合改革力度不够，培养方式还显单一，实践环节落实不够到位，不能很好地适应应用型人才的培养要求。

3. 师资队伍结构和教师教学水平亟待改善。师资队伍的数量、结构、水平仍是制约学校人才培养的瓶颈。一是结构失衡比较严重。有些专业、课程的教师数量严重不足，因师资问题影响教学运行的情况时有发生。二是教师教学水平有待提高。教师教学方法不够先进，教学效能不高，实践能力欠缺，不能很好适应应用型人才的培养要求。三是学术优势向教学优势的转化率不高。目前，我校已经有160多位教授，但是教授必须为本科生上课的制度还没有落实到位，将科研成果转化为教学资源的不多，教师吸收学生参与科研的数量少,水平较低;四是教师教学投入有待加大,整体上还缺乏引导教师将更多精力投入教学的激励约束机制和制度。

4. 学风建设有待进一步强化。一是心态比较浮躁。不少同学既感到竞争的压力大,又不愿刻苦学习;既希望老师少管,自控能力又差;既主张自主学习,自学能力又弱。二是对学习的投入不足,学习纪律性不强。不少同学缺乏明确的学习目标,受到各种各样的诱惑而分散了学习注意力,甚至沉迷于网络;平时不努力,考试靠突击,甚至依赖老师划重点,复印往年试卷等现象几乎成为常态,到课的学生中不听课的大有人在,不带教材的为数不少,不做笔记或没有一个完整笔记本的现象比较突出。三是学习方法不恰当。不少同学不能很好地适应大学的学习方法,对启发式、探究式、讨论式、参与式教学活动的参与程度不高,这将成为提高教学效果的重要制约因素。

5. 教育教学改革的广度和深度还需进一步拓展。一是教学理念落后,在人才培养方案制定和课程体系优化的过程中缺乏深入研究,先进性不够,针对性不强,特色不明显,甚至与社会需求脱节;二是教学内容陈旧,不少课程教学内容明显落后,还没有建立起教学内容及时更新的有效机制;三是教学范式传统,还没有转变到以学生为主体、以教师为主导的现代教学范式,离启发式、探究式、讨论式、参与式教学范式还有相当的距离;四是教学改革研究与实践效果不够明显。教育部、省、校级质量工程项目建设已经进行了6年,我们除获得了4个国家级特色专业外,在国家级层次上还没有大的突破;省、校级项目还在一定程度上存在着重立项、轻建设的问题,其研究与改革的深度和力度都不够,教学成果应用转化的比例也不高,影响了项目的建设水平以及带动和示范作用的发挥。

6. 教学管理的方式及执行力有待改变和提高。一是为教学服务的意识尚不浓郁,以学生为本的理念需进一步加强,缺乏以学生权利为本位的制度设计;二是教学管理方式不适应学校规模发展的需要,教学管理重心偏高,教学基层单位参与学校教学管理的积极性、主动性未得到强化,集体备课、公开课、观摩课和青年教师培养等提高教学水平的行之有效的教学研究活动没有在各教学基层单位有效实施;三是教学管理的科学性、规范性和执行力还需进一步加强,建立现代大学教学制度还需要下大功夫,不少教学管理制度没有真正落到实处。

7. 教学基本条件还需进一步改善。目前,制约人才培养和教学工作的教学基本条件还很多,主要表现在新老校区交接转换过程中遇到的诸多困难和矛盾。一是在校生规模屡创历史新高与现有教学资源严重不足之间的矛盾,使教室、教师工作室、图书资料、网络教学资源、教学管理办公场所等资源显得十分紧张;二是教学管理重心东移与学校决策重心、教职工工作生活重心不变之间的矛盾,使学生与教师直接的交流、稳定与规范教学秩序等方面面临很多困难;三是强化实践教学与实践教学软硬件建设和实践教学队伍建设滞后之间的矛盾,使人才培养方案中的实践教学环节作用没有充分发挥出来。

以上这些问题,有的是发展过程中出现的新问题,有的是长期积聚的一些难题。解决好这些问题,是学校在日趋激烈的竞争中抢夺先机,赢得进一步发展的有利位置,实现又好又快发展的关键。

三、今后几年教学工作的总体思路和主要举措

(一) 总体思路

今后几年,我校教学工作的指导思想是:牢固确立人才培养是学校的根本任务,教育质量是学校的生命线,教学工作是学校各项工作的中心;坚持以学生为主体,以教师为主导,以教学改革为核心;按照学校"十二五"发展规划的要求,紧紧围绕学校培养应用型创新人才的办学定位,面向社会需求办学;不断融入现代大学理念,深化人才培养模式改革,优化人才培养方案,促进学科专业融合,推进教学质量工程,加强师资队伍建设,强化教学管理,完善教学质量保障体系,全面提升高素质应用型人才培养质量。

根据这一指导思想,学校今后几年教学工作的总体思路为:融入现代大学理念,面向经济社会需求,创新人才培养模式,强化学科专业能力,彰显应用创新特色,加强规章制度建设。

(二) 主要举措

为全面提升我校人才培养质量,为学校办学层次提升奠定坚实的基础,未来几年我校将重点实施推进"五项工程",强化本科教学的核心竞争力。

1. 实施人才素质拓展工程,促进学生全面发展

实施人才素质拓展工程,我们要着力做好以下工作:一是全面实施素质教育。把促进人的全面发展和适应社会需要作为衡量人才培养水平的根本

标准;将科学知识传授与思想道德教育、人文素养和科学精神教育结合起来,加强科学与人文素质和社会责任教育。二是实施"大学生创新、创业、实践能力培养计划"。系统设计学生职业发展、创新教育、创业教育和课外实践项目,并将其贯穿于人才培养的全过程;以大学生竞赛活动为平台,鼓励和支持大学生参与科技创新,培养学生的团队协作意识和创新精神。三是加强体育、艺术和心理健康教育。优化大学体育教学和管理模式,完善大学生心理健康教育咨询体系,深入开展艺术教育的改革与实践,提高学生的身心素质和审美情趣;大力促进第一、二课堂的衔接,校内与校外学习活动的衔接,构建学生综合素养的整体养成环境。

2. 实施专业特色培育工程,提升学科专业竞争力

实施专业特色培育工程,着力实施三项计划。一是"专业结构调整优化计划"。围绕经济、管理、法学等特色学科,结合地方经济建设和产业结构调整,以社会需求为导向,调整优化学科专业结构,适度扩大专业数量,重点发展特色与优势专业,扶持基础性和新兴交叉专业,加强学科专业交叉渗透,灵活设置特色专业方向,培养学生特长能力。二是"专业人才培养模式创新计划"。围绕应用型创新人才培养目标,鼓励和支持院系结合专业特点,探索多元化的人才培养模式,进一步优化和完善专业人才培养方案;探索在教师指导下,学生自主选择专业、自主选择课程等自主学习模式;以本科生院制为方向,探索试行"按专业类招生与培养、按专业与方向分流"的招生和培养模式,以实现"厚基础、宽口径、重应用、强能力"目标;鼓励因材施教,探索在高年级按学术型、就业创业型、学科交叉型人才培养方向,制定同一专业不同类型的人才培养子方案。三是"特色专业建设与评估认证"计划。建立健全专业评估诊断长效机制,加强专业分类管理,分层次建设学校的重点专业和特色专业,探索建立基于地方经济社会发展需求的专业设置"准入与退出"机制和专业基本技能标准及考核制度,带动专业建设水平整体提升。

3. 实施课程效能提升工程,丰富课程教学内涵

在合理构建专业课程体系的基础上,实施课程效能提升工程,着力实施五项计划。一是"课程教学范式综合改革行动计划"。以现代教学范式的要求为基本参照系,就教学内容、教学环境、教学方法、课程实践、考试方式、课程边界、学生管理等进行系统改革,实现课堂教学效能最大化。二是"课程资源库建设计划"。大力加强各类课程资源库建设,建立网络课堂等数字化教学中心,以及英语自主学习平台、精品课程视频资源库等数字化学习中心,构建基于互联网的自主学习体系。三是"实践环节创新计划"。构建与理论教学相衔接的实践教学体系,改革实践教学内容和教学方法,探索与社会、企业联合培养人才,制定实践教学工作核算办法,将一个实践教学环节视同一门课程,提高实践教学效果。四是"通识课程改革计划"。围绕学生关注的热点和现实问题不断推进思想政治课程改革;以身体素质提升和体育锻炼习惯形成为主导,大力推进公共体育课程内容与教学模式改革;建立能力本位的大学英语和计算机基础课程的分级教学体系;以就业和创业为导向推动职业生涯发展规划与指导;以综合素养和个性发展为导向优化公共选修课程体系,大力开发艺术、文学、哲学以及自然科学等方面的课程以及系列讲座,促进学科之间的融合,培养学生文化综合素养。五是"教材资助和优秀教材引进计划"。健全和完善教材选用和评价机制,严把教材选用质量关,优先选用优秀教材和获奖教材,鼓励选用新出版教材;加强教材征订管理,必修课程要保证学生有教材,禁止盗版、复印教材进课堂;重点支持各级精品课程和双语课程教材、有特色的实验和实践课程教材以及特色专业的系列核心课程教材的编写与出版,加大对我校承担的"国家级规划教材"和"省级规划教材"的支持和奖励力度。

4. 实施教师教学发展工程,提高教师教学水平

实施教师教学发展工程,着力做好以下五个方面。一是"师资队伍结构调整计划"。积极扩大专任教师规模,着力调整师资队伍结构,使各专业和各类课程保持合理的生师比。二是"教学名师培育计划"。设立"校长教学质量奖",建立名师工作室,引入激励与竞争机制,培育教学名师。三是"新进教师培养计划"。健全老中青教师传帮带机制;加强青年教师教学技能培训,积极选派青年教师赴国内外高校进修,到业务部门、企业挂职锻炼,支持教师获得校外工作或研究经历。四是探索建立教师教学发展中心。以提高教师教学技能为目标,加快专业和课程教学团队建设;采取有效措施,强化教学相长,促进科研与教学互动,促使科研优势转化为教学优势。五是加强教师教学业绩和教学质量评价。推行教学效果一票否决制,将教师教学效果与职称评聘、年终考核直接挂钩;探索建立学生评教末位进修制度;创造条件,实现教授必须为本科生授课的目标,将承担本科教学任务作为教授聘用的基本条件;让最优秀的教师为一年级学生上课,提高学科带头人、博士、社会知名学者与实战精英为本科生授课的授课比例;开展专业核心课程教授负责制试点以及知名教授开设新生研讨课试点。

5. 实施教学质量保障工程,保证教学工作高效运行

实施教学质量保障工程,着力做好以下六个方面,保证教学工作高效运行。一是加强教学基本条件建设。加大教室和教师工作室、实验室和实习基地、图书馆和图书资料、体育设施、网络等教学基础设施与条件建设,每年投入专项经费用于改善教学基本条件,使学校教学条件建设重要指标达到教育部规定的优良标准。二是加强教风、学风建设。首先加强师德师风建设,强化责任意识,促进教师严谨治学、从严执教、教书育人,把教书育人作为首要的岗位职责和学术任务;其次深入实践"本科生导师制""考研促进计划""优秀人才成长计划",引导学生把主要精力投入到学习活动之中;第三严格考试管理和考场纪律,以严肃的考风带动优良的学风。三是实施质量工程升级计划。建立校院两级教学质量工程建设和管理体系,培育具有核心竞争力的质量工程后备梯队群,强化质量工程项目的过程管理。紧密追踪国家级、省级教学工程项目建设;定期组织校级教学改革研究项目立项;深入开展学校层次本科教学质量工程项目建设。同时大力促进教研成果的推广及应用,促使教育教学不断进行改革与创新。四是加强教学管理制度的制定与落实。健全和完善大学教学管理制度,并加大执行力度;建立院、系为主体的教学运行管理机制,加大教学管理重心下移力度;深入推进教学质量第一责任人制、专业负责人制、课程负责人制、多媒体教学准入制、课堂教学第一责任人制和教学效果一票否决制等教学工作责任体系,提高教学质量责任意识;建立健全教学服务机制,搭建服务平台,强化服务意识,优化服务流程,制定服务规范,提高服务水平和师生满意度。五是加强教学管理队伍建设。建立激励约束机制,优化、充实和稳定教学管理队伍,提高管理人员的学历层次;加强教学管理人员培训、考核和教学与教学管理规律研究,促进教学管理人员严格履行岗位职责;树立"管理即服务"的教学管理理念,不断提高教学管理和服务水平;建立健全机制,充分发挥教研室主任在教学及教学管理中的作用。六是加强教学质量指导、监督与评价。建立教学质量标准体系,定期编制学校教学质量报告,加强对教学工作基本状态的实时监控;进一步重视和加强学校教学指导委员会和教学督导委员会工作,强化对教学工作的指导和监督;加强学生评教、教师评学和院系教学工作评价工作,完善评教、评学和评管等教学质量综合评价体系;坚持定期开展专业、课程、课堂教学、实践环节、教材选用等专项检查评估和日常教学信息反馈等制度,有效保障教学质量的提高。

教学工作是学校的中心工作,提高教育教学质量是学校永恒的主题。

加强教学内涵建设,全面提升教学水平,是时代和社会赋予我们的艰巨任务和光荣使命。发展未有期,奋斗无止境。希望全校上下要以这次教学工作大会为契机,以强烈的责任感和使命感,以改革创新的精神和求真务实的工作作风,全面推进我校人才培养质量提升,争取用 5~10 年的时间,将我校在全国财经高校的排名提前 2~4 位(目前,以中国校友会网的排名,全国 45 所,我校处于 19 位),共同开创我校教学工作新局面,为实现我校"十二五"期间持续、快速发展做出新的更大贡献!

乘势而上 奋力而为
齐心唱响发展主旋律*

一、河南财经政法大学组建以来工作回顾

2010到2012年河南财经政法大学成立的三年,是学校用发展凝聚人心、用发展破解难题、用发展化解矛盾、用发展检验工作的三年。三年来,学校力促融合,汇聚了强大的发展动力;明确定位,制订了科学的发展战略;奋力进取,取得了全新的发展佳绩。三年来,学校提升形象,赢得了广泛的社会赞誉。

(一)抓契机,扩影响,提升发展新境界

1. 合并组建大学圆满实现。在全校师生的不懈努力下,2010年3月22日,教育部正式批准成立河南财经政法大学。合并组建大学是全校师生多年来的夙愿,也是学校发展史上的里程碑。合并组建大学为学校实现更大规模、更高水平、更深层次的快速发展提供更广阔的舞台,为实现建设特色鲜明的高水平大学的战略目标奠定坚实的基础。

2. 成功举办大学揭牌庆典。2010年11月21日在河南人民会堂举办了

---

* 本文系作者2012年11月14日在更名后学校第一届教代会暨第一次工代会上的报告。

河南财经政法大学揭牌庆典。省四大班子领导和省级机关、中外高等学校代表近 400 人以及我校师生代表 2 000 多人出席庆典活动。全国政协副主席陈宗兴及教育部分别发来贺信。这项活动的成功举办,在高校中产生了重要影响,鼓舞了全校师生员工的斗志,振奋了精神。

3. 圆满举办高层次学术会议。2010 年,我校主办了中国信息经济学会第十五届学术年会,中国信息经济学会理事长杨培芳教授、中国工程院院士胡启恒教授等知名专家学者到会。随后,我校主办了第十届中国经济学年会,吴敬琏、海闻、巫和懋等 700 多位知名经济学家参加会议。我校与河南大学共同举办中国地理学会 2012 年学术年会,有 5 名院士和 1 200 多名全国学者参加会议。这些学术会议都是其自建会以来规模最大、层次最高的会议,在学术界产生了重要的影响,也扩大了我校在同行中的知名度。

4. 隆重召开第一次校友代表大会。第一次校友代表大会经过认真筹备后隆重召开,有关领导及校友代表、师生代表等 500 余人参加。大会审议通过了《河南财经政法大学校友会章程》、河南财经政法大学第一届理事会理事建议名单和第一届组织机构建议名单。校友代表大会的召开,搭建了团结校友共商母校发展、组织校友支持母校建设的坚实平台。

(二) 抓融合,促团结,汇聚发展新动力

1. 深入开展校情调研。自省委宣布学校领导班子以来,为推进两个学校实质性融合,学校党政领导班子开展了一系列工作。首先召开了新的校级领导班子会议和处级以上领导干部大会,分析形势,明确任务,提出了加快融合、促进发展的初步要求。随后,学校又先后召开了老干部、党总支书记、院系主任、机关干部等不同层次、不同方面的座谈会。校领导走访了大量的单位和干部,通报学校情况,调研校情,逐步理清工作思路。

2. 圆满实现人员融合。在校党委领导下,完成处级、科级机构等设置工作,完成文南校区 4 个系部撤并和相关教职工调配工作,完成法学资源整合、法学院系设置与 190 名教职工的调配工作。

3. 初步完成全校的资产清查。成立专项工作领导小组,制定清查工作实施方案,明确各单位资产清查专职人员,并邀请社会专门力量全程介入该项工作。经过专门力量长时间的工作,最终摸清了底数,整合了资源。

4. 积极整合多校区资源。学校组织力量进行了三次大规模搬迁,将四地办学调整为两地办学,节约办学成本,增加办学效益。

5. 探索创新多校区管理模式。新校区成立综合办公室,实行新校区联席会议制度,同时启动文南校区再利用工作并达成合作协议。

6. 及时修订重大规章制度。结合实际修订完善《党委会议事规则》《校长办公会议事规则》《处级干部选拔任用工作实施细则(试行)》等基础性文件,确保重大工作有规可依、有章可循。

(三) 抓主线,定方向,确立发展新战略

1. 成功举办"大学发展高层论坛"。面对大学发展的新课题,学校先后邀请10多位省内外知名高校书记校长前来讲学,引导大家进一步理解大学理念、大学精神和大学管理、大学建设的规律和经验,以及学校合并的做法和经验,给我们树立一个努力的目标。

2. 凝练确立学校发展战略。在"学校发展大讨论"的基础上,召开学校发展中层干部大讨论总结交流大会,经过反复的讨论沉淀,"学术兴校"的发展理念和"质量立校、特色名校、人才强校、制度治校"的发展思路逐渐明晰,"建设特色鲜明的高水平财经政法大学"的发展战略定位成为全校师生员工的共识。

3. 制定印发五年发展规划。根据学校发展大讨论的最新成果,在调研论证、听取意见的基础上,制定印发学校《2011~2015年发展规划》,启动围绕规划、确立目标、分解任务、强化措施的工作。

4. 全面启动制度建设。2011年3月学校启动全面清理学校管理规章制度的工作,经过不懈的努力,学校新的管理规章制度已基本成稿,目前正在分批讨论通过和定稿。

5. 初步拟定大学章程。根据上级要求,结合我校实际,集中力量起草《河南财经政法大学章程》。当前章程正处于征求意见、专家论证阶段。

6. 着手组建学术委员会。成立由两名正校级调研员为主的校学术委员会筹备工作组。筹备组先后赴多所知名大学学习调研,并拟定学术委员会章程,明确学术权力与行政权力的适当分离,在民主办学方面迈出新的一步。该章程已经通过不同层次的讨论,待学术委员会通过后即可公布实施。

(四) 抓大事,谋发展,开辟发展新局面

1. 教学改革持续深化。在全校范围内开展教育观念和教学工作大讨

论,进一步更新教育观念;深化国际实验班、双学位、辅修专业、会计学专业、优秀学生转专业等多元化人才培养模式改革;隆重召开学校第一次教学工作大会,进一步明确当前和今后一段时期我校教学工作的任务;出台《河南财经政法大学关于进一步深化本科教学改革,提高教育教学质量的若干意见》,表彰教学工作先进单位、教学名师和教学标兵,进一步调动广大教师教书育人的积极性;围绕应用型创新人才培养目标,不断优化人才培养方案,探索试行"按专业类招生与培养、按专业与方向分流"的人才培养模式,加强学生的法律基础和心理健康教育。截至目前,我校共打造了4个国家级特色专业、7个省级特色专业,获批省级教学团队3个,建成河南省实验教学示范中心——经济管理实验教学中心,2个专业获批省级"专业综合改革试点"。

2. 生源优势更加明显。2011年我校招生计划突破8 000人,招生计划增幅11.9%,远远超过全省3.3%的平均水平。本科一批文科投档线为568分,在河南省属高校中仅次于郑州大学;理科投档比例为103%,投档线为591分,略低于郑州大学、河南大学,位居河南省属高校第三。本科二批文科投档线为554分,在河南省属高校中仅次于郑州大学。良好的生源形势进一步巩固了我校在河南省普通高校中的良好社会声誉。2012年,共争取招生计划8 702,实录近9 000人。生源质量进一步提高,一本和二本录取分数线均在省内居于前列。扩大本科一批专业和特色优势专业的招生规模,探索按专业类的招生新模式,效果良好,得到考生的认同。

3. 科学研究再结硕果。一是高层次项目连创新高。2011年获得15个国家级立项,国家社科基金项目数量在全省高校中排名第三;2012年获得国家社科基金12项,自然科学基金8项,科技部重大招标课题1项,其中国家社科基金项目在全省排名第四,在全国排名七十九位,经济类项目获批数位居全省第一。二是全面启动了2011计划。获批成立了河南省"中原经济区三化协调发展"协同创新中心,组织校内专家围绕中原经济区建设开展专题研究,推出了一批应用性的研究成果;进一步推进校企合作,与河南投资集团有限公司签订战略合作协议,双方将按照"优势互补、共谋发展、互惠互利、实现共赢"的原则,通过建立高校教学实践基地和企业人才培训基地,开展重大课题合作,加强优势学科和专业队伍建设,确定双向交流机制等措施,实现长期的、全面的、深度的战略合作。三是学报办刊水平取得重大进步。围绕"引领河南、影响全国、兼容并蓄、特色鲜明"的发展目标,学报大胆创新,办刊水平进一步提升,《经济经纬》蝉联CSSCI来源期刊,《河南财经政法大学学报》跻身全国中文核心期刊。

4. 学科建设成效显著。启动我校省级博士单位立项建设项目,积极申报"国家调查"和"知识产权管理"两个博士学位人才培养项目。经过努力,"知识产权管理"通过国家有关部门的推荐上报,为我校博士学位授权点建设积累了经验。2012 年新获批省级重点一级学科 3 个,二级学科 2 个。省重点研究基地——"河南经济研究中心"被评为优秀等次,"产业与金融发展研究中心"被评为省级重点研究基地。根据武书连发布《2012 中国大学各学科门类排行榜》,我校经济学、管理学、法学入围 2012 中国大学各学科门类排行榜前 100 强,河南省前三。其中经济学位居全国第 56 名,河南省第 3 名;管理学排名全国第 97 名,河南省第 2 名;法学专业排名全国第 75 名,河南省第 2 名。

5. 人事管理不断规范。一是人才引进有新进展。学校于 2011 年初出台文件,提高待遇条件,并通过《光明日报》等媒体广泛宣传,还到西南财经大学等相关重点大学进行专场招聘,当年便吸引了近 70 名优秀博士到我校工作。二是岗位聘任顺利进行。完成了全校的岗位设置及首次聘任工作,共涉及在职人员 1 783 人,退休人员 47 人,有 800 多人提高了职级待遇,基本实现了大家满意的目标。三是职称评审更加规范。出台《教师系列职称评审工作业绩量化计分办法》,建立职称评审推荐计分制度,完善职称评审部门推荐和学校推荐两级推荐程序,职称评审的导向作用更明显。在与省教育厅充分沟通协调的基础上,抓住机遇,申请了我校经济、管理和法学等学科的副教授任职资格评审权。申请材料经教育厅考察验收后,已报送教育部审批。四是全面规范临时用工。在妥善处理编制外用工的各种历史遗留问题的基础上,对编外用工进行了全面、系统、科学的清理、核定和调配使用。

6. 开放办学取得实效。学校成功接待了东芬兰省省长的来访,与芬兰米凯利应用科学大学签署了联盟合作意向书,逐步在学生和教师交流、科研合作等领域寻求实质性合作。成功访问了斯坦福大学、加州大学伯克利分校、加州大学河滨分校、加州大学尔湾校区、加州大学洛杉矶分校、雷德兰兹大学等多所著名大学,并就学校发展、学科建设、人才引进、学生交流等事项达成合作意向。学校与 2010 年 THE/QS 世界大学排名位居 184 位的爱尔兰考克大学联合筹建河南财经政法大学考克国际学院,该项目与其他两所 985 高校于 2011 年接受了教育部专家组的实地考察评估,反馈良好。学校还与世界上最大的地理信息系统(GIS)公司——ESRI 公司就在中国开辟第一个 GIS 与商业结合的专业人才培养领域问题达成合作意向。2012 年已招收商业 GIS 方向本科生。2010 年学校与台湾环宇集团达成合作协议,双方将共建河南金融人才培训中心,为河南省金融系统培养专门人才。

7. 学生工作有声有色。一是日常管理扎实有效。我校继续推进制度化建设,完善学生管理与服务制度,不断促进学生工作的规范化;健全全程化的就业指导服务体系,就业工作得到河南省评估专家组高度评价。二是考风、学风明显好转。加强学生诚信教育,特别针对四六级考试和期末考试、平时分散考试的考风考纪问题,召开考风建设专题会议,严格考风考纪,使大型考试的考风考纪得到比较彻底的扭转。三是各项赛事战绩辉煌。在第七届"挑战杯"中国大学生创业计划大赛中,我校选送的两项作品(占河南省三分之一)摘得国家级银奖,我校还被团中央授予"优秀组织奖";在 2011 年全国大学生英语竞赛中,我校 99 人获国家级奖励,其中特等奖 2 人,一等奖 10 人,二等奖 29 人,三等奖 58 人;在世界大运会全国大学生田径选拔赛中,我校有 6 人进入前 8 名;在 2012 郑开国际马拉松比赛中,我校选手夺得半程男子组冠军。

8. 新校区建设不辱使命。一是新校区前期建设成绩卓著。新校区建设者们以 36 个月的时间、25 万平方米的建筑面积、顺利通过工程合格验收的成绩演绎了新校区建设的传奇。正是因为新校区的高起点规划、高质量建设、高效率推进,成就了当前新校区运行开局良好、运转有序、师生满意的目标。今年,按计划完成建筑面积为 3 万多平方米的教学科研楼、5 千多平方米的校医院和 6 千多平方米的综合办公楼的建设任务。行政办公楼、图书馆、标准田径运动场、篮排球场、室内训练馆、引进人才公寓 2 号楼等其他 12 项二期在建工程也在积极推进之中。二是办学主体顺利转移。按照"边建设、边使用"的既定方针,在继续完善新校区一期工程的同时,成功实现我校办学主体的东迁。当前已有 18 个院、系在新校区办学,入住了 22 000 名学生。学校实行统一的领导管理体制,由 3 位校领导主要负责,学校领导、院系领导实行 24 小时值班带班制度,确保新校区正常运转。

9. 教工期许广获回应。本着提高教职工待遇原则,在充分调研论证的基础上,学校根据实际财力状况最大限度地提升原有的津贴发放标准并及时发放。备受关注的教工周转房也如期交付,水电气暖四项市政公用设施也全部完成。五大责任主体综合验收反馈意见显示,教职工周转房工程质量符合设计要求,质量等级评定合格,顺利通过竣工验收,郑州市人民政府重点项目建设管理办公室对验收过程进行了全过程监督。目前已圆满完成全校2 059户教职工周转房分配工作。

10. 其他工作可圈可点。法律服务部门充分发挥在学校决策管理中的参谋助手作用,有理有节地与数十名编外用工人员就劳动争议达成和解协议。财务管理部门充分用好、用活国家政策,加大资金筹措力度,共获得专项资金支持数千万元,保证了新校区建设和学校日常工作的运行;切实按照上级要求,完成了省政府要求的化债目标。资产管理和监察审计部门进一步规范并做好各种专项工程和大宗物资器材的招标采购工作,加强对学校各类经费支出的财务审计工作,确保各项支出合理合规,积极配合上级部门,较好地完成了河南省审计厅对我校财务工作的审计。后勤管理部门以管理精细化、服务人性化、办事规范化为目标,扎实做好制度建设、节能减排、日常保障等工作,全面提升了工作质量;通过走访和调研兄弟院校家属区物业管理模式,初步探索并建立符合我校实际的管理模式。医疗卫生部门以新校区校医院启用为契机积极推进学校医疗服务资源的整合强化工作。安全保卫部门认真落实安全防范责任制,加强防范,加大检查、巡逻力度,及时处置各类突发事件,切实保障师生人身和财产安全,有力维护了校园的安全与稳定。

河南财经政法大学组建以来的三年,是我校历史上发展较为快速的时期之一,在这段时间里,学校的综合实力得到迅速提升,学校的整体面貌发生深刻变化,我们的工作得到各方面的肯定。在2012中国大学榜综合实力350强排行榜中,我校排名第294位。其中教师平均学术水平排名229位,教师绩效排名234位。根据武书连首次发布的2012年全国705所大学本科毕业生质量分省排行榜,我校在2012河南省大学本科毕业生质量排行榜中位居前列。现在我们可以理直气壮地说,今天的河南财经政法大学已经成为全省最具人气和最具有发展潜力的大学之一。

河南财经政法大学组建后取得的成绩表明,发展才是硬道理,发展才会出形象,发展才能赢得尊重。学校近几年的建设虽然经历了艰难曲折的过程,但我们依然在迎接挑战、克服困难中不断前进,赢得了学校的快速发展。其中一个重要的原因,就是人心齐,泰山移。融合要的是胸怀、比的是境界,为的是责任。正是因为有了这种凝心聚力的干劲、闯劲、拼劲,学校的发展难题被一一破解。这些成绩也充分印证了党政班子的团结一致、中层干部的戮力同心、广大师生的众志成城是推动学校发展的不竭动力!

在长期的办学实践中特别是近年的学校发展进程中,我们积累了十分宝贵的办学经验,主要是:

1. 坚持把学术作为兴校之魂。高校之间的竞争归根结底是学术的竞争。学术,是维系一所高校生存的生命线,是大学生命力、竞争力和影响力的集中体现。自学术兴校战略实施以来,全校上下按照"强优势、创特色、入主流、占前沿"的思路取得累累硕果:科研成果形成顶天立地格局,既有瞄准国际前沿的力作,也不乏指导地区发展的成果;省级重点学科数量呈几何级增长,学科建设跻身河南省第一方阵之列;大学生科技创新同类领先,校园创新蔚然成风。

2. 坚持把质量作为立校之基。科学发展观在高等教育领域表现为质量观。强化质量意识,实施质量工程,稳步提高人才培养质量是办人民满意的高等教育的必然要求,也是构建学校品牌的关键所在。这几年,我们一手抓发展,一手抓管理,正确处理了规模、结构、质量、效益之间的关系,确保学校教育教学质量居同类院校前列,毕业生社会满意率达到92%。

3. 坚持把特色作为名校之要。办学特色不仅仅是基于自身的生存需要,更重要的是规避劣势、错位发展,获取竞争优势和可持续发展价值的内在逻辑要求和重要战略抉择。近年来,学校坚持以人为本,走出了一条以特色促发展、以发展育特色的科学发展之路:专业设置突出时代特色,科学研究突出创新特色,人才培养突出实践特色,空间拓展突出开放特色,就业指导突出应用特色。

4. 坚持把人才作为强校之本。人才资源是高校发展的第一资源。近几年学校转变观念,创新思路,加速了延揽、培育领军人才,创新培养优秀团队和群体的进程,初步造就了一支师德高尚、业务精湛的师资队伍,着力建设了一支思路清晰、精干高效的管理队伍和一支爱岗敬业、乐于奉献的保障队伍。

5. 坚持把制度作为治校之纲。现代大学是一个复杂的组织,人员众多,规模宏大,结构复杂,任务繁重。因此大学做任何事情都要讲原则、讲程序、讲公正,都要有章可依,照章办事。近年来,学校坚持制度创新,及时制定、实施适应形势发展的规章制度,建立完善的体现大学发展规律的制度体系。同时,切实强化制度的权威性和有效性,提升管理人员的执行力,增强了实施效果。

我们在肯定成绩的同时,也要清醒地看到,学校在改革和发展的进程中还存在不少亟须解决的困难。学校的许多工作与上级的要求相比,与社会各界的期待相比,与我们的既定目标相比,与先进兄弟院校相比,还存在不小的差距。

1. 办学观念不够先进。围绕怎样办好大学这一主题,在思想观念、体制机制、管理水平、服务效率等方面,存在不够适应、不够理解、不够规范等诸多问题。

2. 高端引领不够充分。旗帜型人才及优秀创新团队匮乏,优秀人才数量和结构难以适应学校发展需要;国家级重点学科尚未获得突破;处于国内、国际前沿的研究力量不足,标志性重大项目和创新性成果缺乏。

3. 办学特色不够鲜明。与国内学科相近院校相比,传统学科不具备引领性,优势专业特色还需进一步凝练和培育。

4. 制度文化不够厚重。校内各类资源的科学配置机制尚未有效建立,以业绩为依据,目标管理和量化考核机制尚未充分发挥效能。有形制度不健全,照章办事执行力不够,无形制度(制度文化)沉淀不够厚重,激励制度力度不够。

面对以上问题和不足,我们必须增强紧迫感、责任感和忧患意识,逐步采取得力措施,认真加以解决。

二、今后一段时期的重点工作

今后几年,是学校实现从"外引资源、拓展空间、跨越发展"为主导的外延式发展向以"学术驱动、质量提升、特色引领"为主导的内涵式发展模式转变的关键转型期,做好今后几年的各项工作对于学校长远的发展具有统领性、全局性、基础性的意义。

今后几年学校工作的总体要求是:全面贯彻党的十八大精神,深入贯彻落实科学发展观,以现代大学制度建设为基础,以学科建设为龙头,以师资队伍建设为关键,以深化改革为动力,以人才培养为根本,实施学术兴校、质量立校、特色名校、人才强校、制度治校,努力为建设一所特色鲜明的高水平教学研究型财经政法大学打下具有决定性意义的基础。

(一)全面提高人才培养质量

1. 优化专业结构布局。围绕经济、管理、法学等特色学科,调整优化专业结构,构建特色鲜明、布局合理的专业体系,提升学科专业竞争力。

2. 变革课程教学范式。加强课程建设的分类指导,实施"课程教学范式综合改革行动计划",对不同类别课程,就教学内容、教学环境、教学方法、课程实践、考试方式、课程边界、学生管理等进行系统改革,实现课堂教学效能最大化。

3. 提高研究生培养质量。适应研究生培养特点,深化研究生管理体制改革,实行管理重心下移,调动院系积极性。深化研究生招生制度改革,采取积极有效的激励措施,广泛吸引优质研究生生源,稳步发展学术型研究生教育,积极发展专业学位研究生教育。

（二）大力加强学科建设

1. 加强学科建设管理。根据学校的学科现状和发展势头,科学制定新的学科建设发展规划。不断强化优势学科、重点扶持特色学科、大力发展新兴学科和交叉学科,进一步完善学科结构布局。

2. 推进博士学位授予单位建设。整合学科资源,发挥现有学科优势,积极做好应用经济学、工商管理、法学3个一级学科博士学位授权学科立项建设工作,扶持理论经济学、管理科学与工程两个支撑学科,构筑完整的优势学科建设体系。

3. 加大重点学科建设力度。建立学科特区,给予政策扶持,在人才引进与考核、资源配置、研究生招生、经费投入、运行机制等方面给予倾斜。实施学科帮扶工程,与国内重点大学建立学科联盟,借力发展,力争在经济、管理等省级重点学科的基础上,使其中的1~2个战略性学科达到国家重点(培育)学科水平。

（三）努力建设高素质人才队伍

1. 引进高层次和优秀人才。大力实施《关于引进高层次人才的若干规定》,围绕重点科研领域和重点学科发展方向,重点引进2~3名领军人物;围绕重要科研领域和主干学科发展需要,重点引进10名优秀骨干教师。

2. 创新人才培养机制。根据重点学科发展需要,制定实施优秀团队建设计划,打破学科界限,整合全校资源,遴选和培育5个左右优秀团队,予以重点支持。

3. 优化用人机制。深化机构改革,科学定编、定岗、定责,合理调剂配置人力资源,完成岗位设置和聘任工作,促进身份管理向岗位管理的转变,不断提高管理效率。进一步完善考核评价制度,探索和推进以岗定薪、按劳取酬、优劳优酬、以绩效工资为主要内容的激励机制,加大考核与奖惩力度。

(四) 着力提升科学研究水平

1. 创新科研工作管理制度。进一步完善科研激励政策,加大对重大项目、重点项目、国家级项目、高水平论文及论著的激励和支持力度。健全学术委员会,充分发挥其在凝练研究方向、重大科研课题论证、把握学术前沿等方面的积极指导作用。

2. 培植重大研究成果。积极参与国家创新体系建设,面向经济建设主战场,全方位、多渠道争取科研项目,力争在重大项目、重大成果和重大奖励方面取得新突破。鼓励、支持围绕基础学科、社会重大现实问题研究选题,形成一批原创性、标志性、应用性的重大研究成果,力争在国内外权威期刊上发表论文的数量翻番。

3. 增强服务社会能力。充分发挥学校人文社科研究优势,紧密围绕地方政府和企事业单位在改革发展中面临的重大理论和现实问题开展横向课题研究,努力发挥智囊团、思想库的作用。积极与大型骨干研究院、研究所或企业开展密切合作,组建和培育6~8个产学研基地,增强社会服务力和社会影响力。

(五) 持续改善办学条件

1. 基本完成新校区建设。在高质量完成二期工程的基础上,高标准规划并如期推进三期工程建设,计划五年内完成新校区建设主体工程。同步推进新校区美化、绿化和亮化工程,精心建设校园园林景观,打造低碳校园,建设一所厚重、特色、美观、实用的财经政法大学新校园。

2. 整合优化资源配置。按照文南校区置换、文北校区作为开放办学教育基地、新校区作为办学主体的总体思路,对各类资源进行有效整合、充分利用。进一步推进节能减排、资源共享及资产运营等工作,努力建设资源节约型校园。

3. 提升办学经费保障能力。充分利用国家和地方政府的有关政策,积极向政府争取增加对学校的拨款,尤其是各种无息贷款资助的建设项目;按照年递增10%的目标争取专项资金支持;充分挖掘内部潜力,调动学校各种资源,逐年增加预算外收入,确保学校办学总经费能逐年增长。

(六)积极推进科学管理

1. 健全现代大学制度。认真学习贯彻《河南省高等学校坚持和完善党委领导下的校长负责制暂行规定》,坚持民主集中制原则,不断健全党委领导、校长负责、教授治学、民主管理的现代大学治理结构。出台《河南财经政法大学章程》,实行校务公开,推进依法决策、科学决策和民主决策。

2. 加强学生管理工作。坚持以人为本,构建符合时代特征的学生管理服务体系。加强学生管理机构和管理队伍建设,强化学生日常管理和服务。加强学生职业发展教育、创新和创业教育。健全全程化的就业指导服务体系,切实提高毕业生的就业竞争力。

3. 加强后勤保障和安全稳定工作。进一步深化后勤管理改革,积极探索符合学校实际的后勤保障模式,构建起高效、安全、优质、有序的后勤管理体制和运行机制。深入开展平安校园、文明校园、和谐校园创建活动,切实做好校园安全稳定工作。

学校的今天,来自于昨天的奋斗和积淀;学校的明天,取决于今天的努力与拼搏。回顾历史,我们心潮澎湃,无比振奋;展望未来,我们豪情满怀,责任重大。今天的河南财经政法大学,已经站在新的起点,踏上新的征程。上级领导、全校师生、广大校友对学校发展寄予厚望。举全校之力,集全校之智,奋力推进发展新跨越,是人民的重托,也是我们每个代表的神圣职责与光荣使命。我们一定要在校党委的领导下,妥善处理改革、发展、稳定的关系,乘势而上,只争朝夕,加快发展,为全面推动各项工作再上新台阶而不懈奋斗!

突破瓶颈　拓展空间*

在省委、省政府的领导下,在省教育厅等相关部门的具体指导下,河南财经学院得到了长足的发展,在此表示由衷的感谢!现在,征地扩建问题已成为制约我校发展的最大瓶颈,现就我校征地工作的现状、规划与困难向各位领导作以汇报:

一、现有用地面积十分狭小。学校现有用地面积340亩(其中含家属院用地60余亩,校区实际用地不足280亩),按在校生人数15 000人计算,生均占地面积0.018亩,仅占教育部规定的生均占地面积0.1亩的18%,已经大大低于学校生存的最低标准。因为占地狭小,学校已经引来诸多非议。在新校区建设短期无望的情况下,学校只有千方百计挖掘空间,租用周边四个区域供学生住宿,但校内人口密度依然过大,不但给正常管理带来诸多困难,也带来了一系列安全隐患和不稳定因素。为进一步缓解办学压力,完成既定的招生计划,学校不得不在荥阳租用校区。为了不增加学生负担,仅在该校区收取学生住宿费用每人800元,而学校则为校区提供方按每人1 500元的标准支付款项。这在很大程度上增加了我校的教育成本,同时也分化了教育资源,分散了教师精力,不利于整体合力的形成。

二、教育部水平评估通过困难。校区面积的局限性直接影响着我校其他硬件设施的建设。2003年,就某些办学指标,教育部对我校亮了黄牌。按照目前的情况,我们在校区面积和建筑面积方面均离要求有很大的差距,这在评估工作中是十分明显的硬伤。教育部原定在2006年对我校进行本

---

* 本文根据作者2004、2007年给上级领导的征地汇报材料整理而成。

科教学工作水平评估,鉴于新校区建设的不确定性,我们四处奔走,多方努力,将评估时间一推再推,最后推迟到2008年上半年。即便如此,也仅剩15个月的准备时间,如果我们不能尽快实现征地目标,进行新校区建设,想要通过这次教学评估,难度将会很大,这也是目前我们最为担心的。

三、招生规模不能满足社会需求。这表现在两个方面。第一,生源市场火爆。近几年由于我校狠抓教育质量,办学水平不断提高,科研力量不断加强,吸引了众多考生、家长及社会的眼光。随着社会知名度的不断提高,我校的生源市场持续升温,生源质量继续攀升。以2006年为例,文科生第一志愿上线录取率为32.2%,最低录取分数线556分,录取分数居河南省同批次高校前列。然而,由于受校区面积的限制,现在的招生规模已远远不能满足众多考生就读我校的强烈愿望。第二,就业市场广阔。由于我校以市场为导向,大力培养"宽口径、强能力、高素质、复合型"的特色人才,通过加强就业指导等一系列强化措施,使我校的毕业生在就业市场上相当走俏。2005年,省邮政局与我校50余名毕业生签约,走入银行等金融系统的学子更是不计其数。一方是高考学子的热切企盼,一方是用人单位的急切需要,面对这样两个群体,我校在用地面积面前也只有忍痛压缩招生规模。如果能够扩大校区面积,我校就能整合资源,逐步扩大办学规模,就能为河南高等教育发展做出更大贡献。

四、发展规划目标遭遇瓶颈制约。按照《中共河南省委、河南省人民政府关于加快高等教育改革与发展的意见》中所规定的目标任务(到2010年,全省高等教育毛入学率达到21%,接近全国水平;到2020年,高等教育毛入学率达到32%以上,高于全国平均水平),实现我省高等教育发展规模的新跨越。我校2010年普通本科学生、硕士研究生、成人教育学生总数要达到24 000人。届时,按教育部要求,用地面积至少要有2 000亩。不扩大用地面积,将会影响到学校的发展,甚至影响全省高等教育发展规划的实现。同时,更名大学是提升办学层次的内在需要,也是提高学校知名度的客观需求,更是无数财院人孜孜以求的夙愿。就在河南财经学院、政法管理干部学院并校更名河南财经政法大学的工作进行申报的关键时刻,新校区建设意外中止。不管是学校的规模目标,还是学校的更名目标,都迫切需要通过扩大校区面积来突破瓶颈。

五、新校区建设资金有保障。学校为了推动新校区的建设进程,避免出现取得征地后因建设资金缺乏而不能动工的被动局面,已通过各种渠道,筹备了1个亿的资金准备用于新校区的征地开工。现在的局面可谓是万事俱备,只欠东风。我校的征地一旦到位,我们有准备、有能力迅速投入施工,尽最大的努力缓解当前办学的紧张局面。如果征地建设迟迟不能落实,这笔资金可能被闲置,将造成一定的经济损失。

总的看来,征地建设已成为我校当前工作的重中之重,也是我校建设中不可回避的焦点与难点。我们的紧迫感、使命感与日俱增,学校领导班子为征地工作可谓是朝思暮想、寝食难安。我们诚恳希望我校的征地建设能引起各位领导的特别关注,得到各位领导的特别支持。

为达夙愿　夜以继日*

一、两校合并组建河南财经政法大学和新校区建设的基本情况

河南财经学院和河南省政法管理干部学院从 2001 年开始酝酿合并组建河南财经政法大学事宜。2003 年 7 月，两校向河南省教育厅、河南省政府上报了关于合并组建河南财经政法大学的请示文件后，省委办公厅、省政协、省教育厅先后专门组成考察组对两校进行考察论证，都认为合并组建大学是十分必要的，也是切实可行的。2004 年 9 月，两校正式成立河南财经政法大学筹备工作组，全面启动合并组建工作。河南省教育厅核定两校合并组建大学后在校生的发展规模为 2.1 万人，省发改委也核定两校合并组建大学后的新校区建设用地面积为 1 540 亩，并同意新校区按一个单位进行统一规划、统一设计、统一建设。2005 年 1 月，两校成立新校区建设指挥部，先后共同投资 2.1 亿元用于新校区购地和基本建设。今年，两校又开始全力推进合并组建大学工作，并且在 6 月份通过了教育厅高校设置评议专家组的考察。这几个月来，我们多次就两校合并组建大学问题向教育部、省政府、省教育厅进行专门汇报，教育厅还专门研究了两校合并事宜。各级领导都表示大力支持两校合并组建河南财经政法大学。目前，我们正在加快新校区的建设步伐，以进一步适应组建大学的要求。

---

* 本文系作者 2009 年 10 月 29 日在教育厅新校区建设专项检查汇报会上的情况报告。

两校新校区占地面积1 540亩,设计在校生规模21 000名,远期控制规模为在校生30 000名。总建筑面积50万 m^2,远期将达到60万 m^2。新校区一期工程设计建筑面积28.17万 m^2,其中,教学行政用房包括2座教学楼、院系行政办公楼、综合实验楼和图书馆,共计14.08万 m^2;生活用房包括4座学生宿舍楼、学生食堂、浴室、锅炉房等,共计14.09万 m^2。

新校区建设始于2005年1月,由于众所周知的原因,新校区建设被迫于2005年6月停工,在两校的不懈努力和积极争取以及省市政府和教育厅的关心与支持下,今年5月份,新校区一期工程开始复工建设。同时,在省、市、开发区政府及相关部门的大力支持下,经过积极争取,新校区土地使用手续也已办理完毕,取得了土地使用权证。

二、新校区一期工程建设的进展情况

新校区一期工程原计划开工面积为28.17万 m^2,并完成了方案设计、初步设计、施工图设计及室外配套工程设计。工程分两批进行,第一批主体施工计划于2009年8月15日开始,2010年7月15日竣工验收;第二批主体施工计划于2009年9月15日开始,2010年9月30日竣工验收。在一期工程建设初期,综合考虑各种因素,最终于8月份确定主体工程共开工建设18.87万 m^2。目前,经过各方面的共同努力,各项工程按计划顺利进行,能够确保11月20日结顶,到明年7月15日,18.87万 m^2 建筑全部竣工并投入使用。同时配套道路管网工程也将于2010年8月1日前投入使用,景观绿化工程将于今年冬季开始招标,明年春天开始施工,保证首批11 000名学生9月份入住新校区时,生活、学习条件具备,路网、绿化满足需要。连同两校老校区的36.88万 m^2 建筑面积,学校总建筑面积将达到55.75万 m^2,生均30.1m^2,其中教学行政用房达到29.45万 m^2,生均15.9m^2,符合合并组建大学的要求。现将一期工程项目目前的进展情况汇报如下:

1. A号、B号教学楼

A号、B号教学楼分座在南广场中轴线的两侧,为设计完全相同的两栋楼,每栋楼建筑面积为29 506m^2,包括地下一层和地上六层。目前正在进行二层柱子的钢筋绑扎。11月10日,可以完成到四层封顶;11月20日,计划主体结顶。

2. 院系行政办公楼

院系行政办公楼总建筑面积18 686m²,包括南楼和北楼,均为地上六层建筑。目前完成到二层。11月10日,可以完成到四层;11月20日,计划全部结顶。

3. 二、五、六号学生宿舍楼

二、五、六号学生宿舍楼是与设计图纸完全一致的三栋组合学生宿舍楼,每栋楼建筑面积为29 862m²,地上6层。目前,三栋楼均完成到二层。11月10日,可以完成到四层;11月20日,计划全部结顶。

4. 学生食堂、浴室、锅炉房

学生食堂、浴室、锅炉房是一个综合组团,为地上三层建筑,设计建筑面积为21 471m²,目前,已经完成一层。11月10日,可以完成到二层;11月20日,计划全部结顶。

三、加快新校区一期工程建设进度的对策措施

新校区建设主体工程施工以来,尽管遇到了9月份的连续阴雨天气干扰和大量农民工返乡收秋的"民工荒"影响,但是新校区建设指挥部采取种种措施,保证施工的正常进度,为确保11月10日的工程进度和11月20日工程全部结顶,两校党委、行政高度重视,将新校区建设作为当前重中之重的工作来抓,采取以下保障措施。

1. 加强领导,提供工程建设组织保证

为了保证新校区建设指挥部高效、顺利地开展工作,一方面两校党委会、行政办公会定期召开专题会议,听取新校区建设指挥部工作汇报,及时解决困难;另一方面加强新校区建设指挥部人员力量,配备1名院长助理专门协助主管新校区建设的副院长工作;第三从全校范围内抽调精明能干的13位处级干部和10多名科级干部专职充实到新校建设指挥部;第四加强新校区工作条件建设,如增配车辆等。

2. 建立施工单位激励机制,增强施工单位积极性

确保工程进度的关键在于施工单位的积极性,为此,学校及时建立了激励机制,新增500万元资金,用于奖励各标段在9月底、10月底、11月10日、11月20日完成预定工程进度的施工企业,补贴各施工单位的工程赶工支出。同时,学校领导和新校区建设指挥部领导定期慰问施工企业工人,使

施工企业及工人充分理解学校的施工进度要求,积极采取措施,确保工程进度。各施工企业都想方设法增派工人,增加设备,加强施工组织与管理。

3. 实施24小时作业制,提高施工效率

为提高施工效率,各施工企业都按照学校的要求,实施24小时作业制,分两班轮流施工。目前,A号教学楼每班施工人数为180人,B号教学楼为180人,院系行政办公楼为190人,2号宿舍楼为230人,5号宿舍楼为220人,6号宿舍楼为210人,食堂、浴室为180人。

4. 细化工程进度计划,确保工程进度

为确保工程进度,将责任落实到位,各施工单位都详细设计了各工程项目的日工程进度计划,各项目经理和监理单位都按照日工程进度的要求,制定工作计划,有效地保证了每阶段的工程进度。

5. 加强督导,保证工程进度与质量

为保证工程的进度与质量,学校加强对工程建设的督导,两校主要领导每周2次亲自来新校区检查、指导工作,及时解决存在的问题。同时,每天选派1名校级领导和1名处级干部在新校区值班督导,吃住在新校区,听取指挥部、各项目部和监理单位的工作汇报,记录工程进度,深入工地一线施工现场检查督促工程进度、质量和安全生产情况。这一措施,不仅保证工程的进度和质量,而且有效地激励了指挥部和项目部同志的工作热情,使新校区建设出现一派热火朝天的景象。

6. 加强沟通,保证工程建设环境

工程建设的进度和质量,还有赖于良好的工程建设环境。为此,新校区建设指挥部为每一个工程项目的施工单位都配备专门的联络员,及时沟通工程建设中的问题,随时解决问题;同时,还由专人负责与郑州市、郑东新区、龙子湖建设指挥部、各乡村负责人的联络与沟通,确保良好的工程建设外部环境。

7. 加强管理,确保工程建设质量

新校区建设既要讲进度,更要讲质量,为此,两校高度重视新校区建设的质量。一方面,主动请郑州市大项目质量监督站和安全监督站来工地监督检查指导;另一方面,新区指挥部监督部和技术部不定期地组织相关人员到工地检查工程质量和安全生产情况;同时,由纪委书记任总监督,纪委全程监督新校区建设,确保健康的建设环境,学校领导则带班值班,对施工单位和监理单位的工作进行全程督导,确保工程质量。

四、各级领导对新校区建设十分关心和支持

近几个月来,各级领导对两校合并组建大学和新校区建设给予不少关心和支持。

省委徐光春书记、陈全国副书记,省政府郭庚茂省长、李克常务副省长对两校合并组建河南财经政法大学问题做了专门的批示,明确支持两校合并组建大学和新校区建设。希望加大工作力度,加快工作进程。

9月30日,省委常委、郑州市委书记王文超在郑州市常务副市长李柳身、副市长兼郑东新区管委会主任王哲、副市长张建慧等领导陪同下,到我校新校区建设工地视察指导工作。强调指出两校新校区建设作为河南省重点项目要抓进度、抓质量,并现场协调有关部门为我校解决建设用地问题。

张大卫副省长、徐济超副省长多次听取学校新校区建设的工作汇报,对新校区复工建设和土地证办理给予直接的支持和帮助,保证新校区建设的顺利进行。

省教育厅蒋笃运厅长专门到学校检查指导更名大学和新校区建设工作,给予我们大力的支持。

8月12日,郑州市市长赵建才视察我校新校区建设工地,主持召开现场办公会,对我校新校区建设中的土地证办理、建设环境等问题做了重要指示。

7月29日,教育厅常务副厅长肖新生、发展规划处处长陈垠亭、副处长张莉同志视察新校区建设工地,对确保新校区按计划高质量完成建设任务提出明确要求。

另外,郑州市副市长、郑东新区管委会主任王哲,郑州市政协副主席、郑东新区管委会副主任兼龙子湖建设指挥部指挥长牛西岭等领导也专程到新校区建设工地视察,现场解决工程建设中的具体问题,有效地保证了工程建设的顺利进行。

各级领导对我校新校区建设的关心和支持,不仅及时解决了建设中遇到的困难和问题,而且激发了我校加快新校区建设的步伐,为确保工程建设的进步和质量奠定了基础。

今天,我们非常荣幸地迎来教育厅专家组来我校检查指导工作,各位都是高校基建方面的专家,这对我们来说是非常难得的学习机会,恳请各位专

家多多指导,留下宝贵的经验和意见建议。合并组建河南财经政法大学是两校两万余名师生员工的迫切愿望,是学校几代人为之奋斗的目标,尽管我们目前已经符合大学设置的基本条件,但还需要进一步优化学校的软硬件条件。今天各位专家的考察意见和建议,对我们两校合并组建大学起着十分关键的作用,恳请各位专家多指导、多理解、多支持,帮助我们实现组建河南财经政法大学的夙愿。

群策群力　不折不扣
认真做好建校史上规模最大的搬迁工作*

历经重重波折，排除种种困难，我校新校区一期工程终于建成，即将投入使用。在这里，我们要感谢新校区指挥部和所有参与新校区建设的工作人员付出的辛苦劳动，感谢全体教职员工和广大学子的理解、支持和配合，正是大家一致的努力成就了这座崭新、宽敞而美丽的校园！

建设与使用相结合，及时、充分地发挥建设投资的效益，在新校区一期工程交付使用后，尽快完成办学主体向新校区的转移是摆在我们面前的紧迫任务。面对这样一个全新的挑战和考验，如何保证搬迁工作顺利进行，如何保证正常的教学、工作和生活秩序，需要我们各级干部和全校教职工认真思考。在此，我谈五点意见。

一、充分认识新校区入驻的"四大"意义，切实增强搬迁工作的自觉性

一是新校区的启用顺应了高等教育的发展趋势。在高等教育备受关注的今天，在生源竞争日渐激烈的今天，我们必须软硬件两手抓，扩大办学空间，改善办学条件。为了建设新校区，2005年以来，尤其是自2009年复工以来，新校区建设指挥部领导和全体同志日夜战斗在第一线，克服了难以想象

---
* 本文系作者2010年7月2日在入驻新校区搬迁动员大会上的讲话。

的困难,做到了高起点规划、高质量建设、高标准要求、高效率运行、高水平管理,顺利完成一期建设主体工程。可以说,在新校区建设上,河南财大不是第一,但我们的速度、质量、效率都树立了一个样板。建设好新校区、使用好新校区成了我们责无旁贷的历史使命。

二是新校区的启用满足了学校发展的迫切需要。学校当初的设计规模仅为3 000人,而今已经扩大5倍,校园密度也就随之增加5倍。为缓解暂时的困难,我们每年要花1 000多万元租用教学设施。参加过2008年本科教评的同志都应该清晰地记得"办学空间狭小"一直是我们提心吊胆的致命硬伤。今天,我们可以欣慰地说,随着新校区的投入使用,制约学校发展的瓶颈将被彻底打破,学校的快速发展也具备了坚实的基础。

三是新校区的启用实现了广大师生的强烈愿望。建设新校区、扩大办学空间、全面改善办学条件是学校发展史上的一件大事,也是多年来师生们梦寐以求的目标。自2003年学校启动新校区建设工作至今,已经将近6个年头,由于不可抗因素,这几届学子乘兴而来、失望而归。抢占座位、食堂拥挤一直为广大学生所诟病。对广大教师而言,狭小的办学空间直接制约了实践、实验等条件,从根本上束缚了教师展示本领的手脚。而新校区的投入使用,以上所有的问题将迎刃而解。

四是新校区的启用展示了新生财大的崭新风貌。在新校区一期工程顺利进行的同时,我校成功实现升格大学目标,我们将以"大学"的身份入驻新校区,这是鼓舞人心、令人振奋的一件喜事。所以说,入驻新校区不仅是位置的改变,更有层次提升的意义,入驻新校区将开启学校发展的新阶段,我们所处的历史必将是学校发展史上浓墨重彩的一笔。

二、牢牢把握入住新校区的"四大"任务,切实增强搬迁工作的全局性

一是资源的分配。在入驻新校区领导小组以及相关人员开展大量的辛苦而卓有成效的工作基础上,我们首先确定了教学资源的配置原则:有利于资源充分利用,有利于学科专业协调发展,有利于不同阶段学生学习就业,有利于不同层次集中办学,有利于满足特殊专业的特殊需求。根据我们确定的校区分配原则,我们对三个校区作如下分配:新校区作为经济管理类本科和法学本科教学基地;政法学院校区作为专科教学基地;财经学院校区作

为研究生、国际教育学院、成人教育学院的教学基地。

二是学生的迁移。学生是办学的主体。此次搬迁工作牵涉到三个校区四种调整关系，几乎涉及了所有在校生和即将报到的新生等1万多名学生的搬迁：一是从西校区到校本部的学生，2009级计算机与信息工程学院等共939名学生搬迁至校本部；二是从西校区到新校区的学生，这涉及2009级统计学系等15个院系共计3 112名学生；三是从校本部到新校区的学生，这涉及2008级国际经济与贸易学院等15个院系共计3 137名学生；四是校本部住宿资源的整合，这涉及学校未搬迁的院系和所有大四毕业生，届时我们将退租B区2号楼、3号楼和农培中心3号楼、5号楼，留校6 446名学生将进行宿舍调整。

三是院系的随迁。根据经验，有的学校在较短的时间内就完成了主体搬迁。在这个过程中，不会没有困难，困难是多样的，但经验是一致的，那就是这些学校的领导和广大教职员工达成了共识：学生主体在哪，管理人员和教师就跟到哪。这也是办学理念的体现。因此，我们要求这次搬迁新校区涉及的所有院系实现管理重心的跟进，更具体点讲，就是日常办公全部在新校区进行，本部所有的办公室腾出移交学校统一调配使用。

四是服务的跟进。"兵马未动，粮草先行"。新校区正常运行前，必须全方位考虑水、电、暖、气、路、围墙、绿化、通讯、网络、食堂、浴室、交通以及其他生活方面的配套设施的规划、设计、采购和安装等工作。各系部在方案确定后，各个院系的教学安排、设备搬迁等工作都要统筹考虑；还有各行政管理部门，特别是与学生管理、教学工作紧密相关的部门，要尽早计划；保卫部门要提出新校区安全保卫工作计划。

三、妥善处理入驻新校区的"四大"关系，切实增强搬迁工作的协调性

校区的布局既要考虑两个校区的分布，同时也要考虑学生培养过程的完整性、校园文化和校园主体的完整性。为此，我们必须处理好以下关系。

一是要处理好搬迁工作与日常工作的关系。搬迁工作是对我校组织、管理、协调、应急处理能力的一次总考验，各院系、各部门要以高度的政治责任感和强烈的事业心，充分认识做好搬迁工作的重要性、特殊性和复杂性，尽量减少搬迁工作对教学、科研工作的冲击，尽量缩短在新校区各项工作的磨合期，确保搬迁顺利。尤其是2009~2010学年已接近尾声，各单位的日

常工作都进入一年中较为繁忙的阶段。在这个时段进行搬迁工作，对我们的工作方法、思想状态提出了新要求，虽然搬迁工作是目前的核心工作，但做好搬迁工作的同时一定要兼顾好日常工作。

二是要处理好搬迁工作与安全稳定工作的关系。此次搬迁人员之广、时间之紧、头绪之多、影响之大在财经学院建校史上尚属首次，对我们学校而言，堪比一次规模巨大的移民工程。既是移民，就要把安全稳定这一最大的民生要求放在突出位置。各单位要切实把师生人身和财产安全放在搬迁工作的首位，把潜在的危险因素估计的更充分一点，把影响稳定的隐患考虑得更周全一些。居安思危，确保搬迁过程的人身财产安全以及入住后的学生安全与稳定，要多考虑环节衔接之处，多考虑职能真空之地，宁重勿漏、忙而不乱，确保整个搬迁及运行过程井然有序。

三是要处理好搬迁工作与两校合并工作的关系。虽然由于各方面原因，两校尚未进行实质性的融合，但搬迁工作已不再仅仅是一个学校的事情。尤其是在学校揭牌以前，这个工作对于两校来说，共同关注度高、涉及敏感话题多。在这个非常时期，我们更要加强两校沟通，约束个人言行，做到不利于两校和谐的话不说，不利于两校和谐的事不做，避免因沟通不力、言行失当而造成厚此薄彼、顾此失彼的错觉和议论。

四是要处理好新校区搬迁工作与校内资源整合的关系。搬迁新校区并非意味着对本部的忽视，而恰恰是为了最大限度发挥两个校区协调运行的最大功效。因此，各院系、各部门要精心统筹整个搬迁工作，处理好新老校区交替循环、新旧资源调配、校区功能协调、人员流动等关系和矛盾，确保整个搬迁工作有序进行。

四、着力确保入驻新校区的"四大"关键，切实增强搬迁工作的科学性

一要确保思想认识的高度。新校区搬迁涉及学校的方方面面，部门和部门之间、部门和院系之前，都会有不同的要求和利益，这是不言而喻的。但是，我们必须充分认识到，搬迁有利于学校的长远发展，有利于学校办学水平的提高，也有利于广大教职工的个人发展。唯有如此，全校上下才可能以强烈的使命感和高度的责任感，扎扎实实做好当前和今后一段时期的搬迁工作。

二要确保宣传发动的广度。搬迁是一次变革,不仅涉及工作学习环境的变换,而且也涉及个人的观念调整,还可能涉及部门和个人利益的调整,因此可能会出现一些思想波动。对于各部门而言这是一种困难,但也是各部门统一思想、凝聚精神的良好契机。学校宣传部门要加大宣传力度,全方位地宣传新校区搬迁建设的意义,营造人人关心新校区、人人为新校区建设出力的良好氛围。要广泛动员广大师生积极主动地参与到搬迁工作中来,确保搬迁任务顺利完成。

三要确保搬迁时间的进度。搬迁工作环环相扣,层层推进,任何一个节点出现纰漏或者闪失,将直接影响整体搬迁工作的推进。从现在到下学期开学只有不到三个月的时间,集中搬迁将会在放假后不到两个月的时间内完成,加之新老校区之间距离较远,整个学校搬迁体量很大,各校区搬迁过程相互交叉,因此各单位在这个时间节点不能有丝毫含糊,不能打任何折扣,决不允许有因一己之闪失而影响整体工作推进的情况发生。

四要确保工作推进的力度。我们必须充分认识到这是一次牵一发而动全身的移民工程,是一次毕其功于一役的战略转移。今天动员会以后,不管困难有多少,问题有多大,完成搬迁是硬性的任务,任何人不能以任何理由对此产生动摇。各单位领导干部一定要下决心,不讲任何条件地确保在新学期开学前顺利完成搬迁。各有关部门之间一定要保持良好的沟通,相互尊重、相互理解、相互配合。

五、坚决落实入驻新校区的"四大"要求,切实增强搬迁工作的实效性

新校区搬迁工作是一项浩大而复杂的工程,时间紧、任务重、困难多,全校教职工必须高度统一思想,紧密配合,争取科学合理、稳定安全地完成搬迁任务。为此,我提出几点要求:

一要牢固树立大局意识。各院系和各部门必须站在学校的大局上考虑问题,正确处理个人、单位与学校三者的关系,要有克服困难的勇气和行动,要以学校的整体利益为根本,将个人、院系的发展融入学校的整体发展之中,坚决贯彻学校的决定,保持政令畅通。各部门要坚决摒弃办事拖拉、依赖、等靠等不作为行为,特别是当部门利益、局部利益与全局利益、整体利益发生矛盾和冲突的时候,要主动做到舍小局顾全局,舍小家顾大家。

二要牢固树立创业意识。新校区的建设与启用,标志着又一次的创业。创业是艰难的,创业的一代人要做出利益的牺牲。第一批入住的院系和部门,在工作条件、环境上肯定要艰苦一些,遇到的困难、难点、难题会多一些,复杂一些,不到位、不配套、不方便、不称心的事情时有发生,这是一个必然的过程。既是创业就必须厉行节约,科学安排。在新校区搬迁和使用的过程中,要充分发扬艰苦朴素、艰苦创业精神,各单位要精打细算,节能降耗,既要服务到位,又要节约开支,同时要根据资源合理规划安排,严格控制党政领导办公用房,有效促进资源的高效运转,为学校整体搬迁做出应有的贡献。

三要牢固树立超前意识。意识先行,思想先行,行动更要先行。目前,出台的搬迁实施方案仅是一期搬迁方案,各院系和相关职能部门要根据学校的总体安排,认真研究面临的具体问题,要从学校的总体发展和长远目标着眼,以超前意识和发展眼光对二期搬迁和各项工作进行规划、安排。同时,搬迁工作是一个系统工程,时间紧、任务重,一环套一环,在实施过程中,肯定会出现这样或那样的问题。所以,各院系和相关职能部门一定要有超前意识,将压力变成动力,根据自己的工作职责超前做好工作计划,对可能出现的问题和矛盾要做好分析预见,提前采取措施,把工作做到前面,做细致,做扎实,特别是对影响搬迁的细节问题要考虑充分,高度重视。比如炊事员、保安的招聘问题如何安排,金融服务机构如何引进,通信网络的建设等问题,都要提前考虑并予以落实。

四要牢固树立责任意识。责任是成就事业的可靠途径。有了责任心,再艰难的工作也能设法解决;没有责任心,再简单的工作也会解决不了。责任心强,再大的困难也可以克服;责任心差,很小的问题也可能解决不好。新校区建设和搬迁工作既是学校的责任,也是全校每个教职员工的责任,各院系、各部门要尽快成立以党政主要负责人为组长的搬迁工作领导小组,按照学校总体方案的要求制定本单位搬迁工作实施方案。要把工作责任明确到具体的机构或人,各司其职,精心组织,周密安排,把工作做细、做实、做好。

入驻新校区标志着我校一个新时代的开始,我们应该感到自豪,我们的工作发展了学校的历史,我们的工作在创造历史。让我们振奋精神,扎实工作,确保搬迁任务的顺利完成,以优异的成绩为河南财经政法大学献礼!

学校主体东移拉开搬迁序幕*

暑假尚未结束,各位已经返回工作岗位,开始谋划新学期的工作。实际上,在座的各位有很多人假期并没有休息,奔波在新校区入驻工作的第一线,为学校的发展大局尽职尽责、倾心倾力。当然,假期里,学校领导班子也是率先垂范、靠前指挥,自然是对大家的付出看在眼里、记在脑里、想在心里。正是得益于方方面面、上上下下的无私奉献和勇担重任,为今天主体搬迁的大幕开启奠定了基础、提供了保障。我们马上就要进行15个院系和有关部门的搬迁,在此,我仅就此次主体搬迁工作谈两点意见。

一、充分认识此次主体搬迁的重大意义

(一)充分认识此次主体搬迁在新校区启用中的基础性地位。暑假期间,按照搬迁方案的总体要求,学校各方为了确保主体的顺利搬迁开展了大量艰苦而又富有成效的工作。学校行政多次召开现场办公会和校长办公会,听取工作汇报,协调解决需要学校层面来解决的困难;入驻工作领导小组也多次召开全体会议,部署工作,落实方案,并先后形成《责任明细表》《办公用房分配方案》等指导性文件;大教学组基本完成多媒体教室、语音室、计算机房等与教学直接相关设备的购置及安装;大后勤组统筹安排各类设备、设施的招标采购及配置,购置学生教室、宿舍、食堂、浴池、开水房及各

---

* 本文系作者2010年8月30日在院系及职能部门搬迁工作会议上的讲话。

类后勤设施；综合组制定办公资源调配方案,科学配置教学、后勤、管理等部门的办公场所,制定新老校区通勤方案并安排落实。截至目前,我们可以有信心地讲,新校区的启用基本是万事俱备、只欠东风。暑期进行的工作都是为了新学年 15 个院系的工作更好地开展,而搬迁是工作开展的起点。从某种意义上说,我们的一切工作都是围绕此次主体搬迁、服务此次主体搬迁、保障此次主体搬迁,为的就是以良好的风貌、周密的保障欢迎院系的入驻。因此,此次主体搬迁工作的顺利与否,检验着前期准备工作的成效,事关新校区如期、正常运行的成败。

（二）清醒认识此次主体搬迁对其他入驻环节的关联性影响。我们搬迁的时间自 9 月 1 日始,9 月 5 日下午必须结束。5 天、120 个小时,而我们面对的是大量老化、难拆、易损的家具和设备,更重要的是面临着资源的二次分配,任务相当繁重。需要特别指出的是,我们设计的搬迁方案环环相扣,层层推进,任何一个节点出现纰漏或者闪失,将直接影响整体搬迁工作的推进。由于天气异常和水、电、暖、气等不可控因素,我们被迫将试运行时间推迟了 3 天,这已经给我们敲了警钟。如果我们这次主体搬迁不能按时保质完成,我们的试运行还要被迫延迟,随之而来的老生开学将不能如期,与之相伴的新生报到就要受到影响,这不仅关系到学校的社会形象和声誉,还将直接影响到学校的稳定大局。对此,大家必须要有清醒的认识。今天会议以后,不管困难有多少,问题有多大,任何人都不能以任何理由对时间安排提出质疑或产生动摇,必须无条件、无折扣地按时间节点完成任务。

（三）高度重视此次主体搬迁对全校师生员工的示范性效应。院系和职能部门是学校决策的执行者和检验者,处在承上启下、协调左右、联系内外的中枢地位,师生关注度高,言行示范性强。因而,此次院系和职能部门的东迁,决定着新校区入驻的速度和力度,也印证着学校办学主体东移的信心和决心,更影响着师生群体搬迁的自觉性和积极性。对此,我们不能掉以轻心。暑期的准备过程中,新区建设指挥部、后勤、教务等职能部门已经开了一个好头,树立了一个标杆。现在,是该我们院系和其余部门显示凝聚力和执行力的时刻了,我坚信经历教评、更名等众多考验的院系和部门会说到做到、说好做好,而且是越做越好！

二、严格落实此次主体搬迁的各项工作要求

近两个月暑期的入驻准备工作已经充分检验了大家的大局意识、时间观念、奉献精神和干练作风,可以讲,从今天开始的主体搬迁,学校对各单位是高度信任和完全放心的,但鉴于时间的紧迫、任务的繁杂、环境的陌生等新的形势和困难,我还是要谈几点要求,以期我们的工作做到更好。

(一)提高认识、正视困难。鉴于各种配套设施暂不完备、周边工作环境尚待优化的实情,学校在研究新校区办公用房使用上,优先满足了适度改善办公条件这一合理需求。但考虑临时性因素,因此此次分配不会一步到位,也不可能面面俱到,所以,第一批入住的院系和部门,遇到的难事、难点、难题会多一些,复杂一些。此时,就需要大家正确认识和处理过渡时期的艰苦和困难,尤其是在资源分配等方面的要求未得到全部满足、愿望未完全实现的部门应该想得长远一些。随着二期工程的投入使用,办公条件相对紧张、工作环境相对艰苦的情况将得到彻底改观。与之相关,搬迁就会动用人力、物力,产生相关费用,学校将拨出专项资金,用于支持部门搬迁。

(二)顾全大局,服从指挥。新校区的建设与启用是财大人的一次创业。创业是艰难的,创业就会有局部利益的牺牲。尤其是在办公用房调配等事关资源分配、牵涉利益调整的事情上,学校在尽可能满足部门要求的同时必须兼顾过渡时期的特殊校情。而在学校发展的关键时期,各部门必须正确处理个人、单位与学校三者的关系,以学校的整体利益为根本,主动服从入驻工作领导小组的各项要求与安排,确保令行禁止、步调一致。

(三)加强沟通,确保安全。安全是整个搬迁工作的第一要求。整个搬迁入驻工作存在着院系和学校的管理、服务、保卫等各个部门之间的内部联动,也牵涉到不同校区之间的协调互动。因此,部门之间一定要保持良好的沟通,相互尊重、相互理解、相互配合,多虑环节衔接之处,多思职能空白之地,不允许有因一己之闪失而影响整体工作推进的情况发生。

(四)严肃纪律,落实责任。安全高效、不折不扣地完成主体搬迁工作是一项严肃的政治任务。对于因责任心不强、自觉性不高甚至是因挑三拣四、拈轻怕重、推诿扯皮等小部门、小团体现象而影响搬迁工作大局的,学校将按照"谁实施、谁负责"的原则严格落实责任制,严肃追究个人及其组织

责任。

以今天会议为标志,我们正式拉开主体东移、实质搬迁的序幕,让我们抖擞精神,以出色的表现,务实的作风,让我们财大人的精神大旗在郑东新区的土地上冉冉升起、巍然屹立!

启动试运行　　保证新校区运行平稳过渡*

2010年9月9日,是我校新校区建设史上的一个重要日子,我校新校区一期工程完工,各项准备工作基本就绪,将进行试运行。欢迎各位参加今天的启动仪式。

建设新校区,使用新校区,是我们新老几代财院人的殷切希望和强烈期盼。几年来,特别是去年四月份以来,经过新校区建设指挥部全体同志的艰苦奋斗和辛勤努力,以及施工企业的密切配合,如今十八万平方米的立体建筑,包括两栋教学楼、十一栋学生宿舍楼以及学生和教工食堂,已经巍然屹立在我们的新校园。与之配套的学校大门、校园道路、学生运动场及校园广场也基本完成施工,上水、下水、强电、弱电、天然气、蒸汽等基础设施也基本完成施工和对接,新校区一期工程已经具备入驻的基本条件。按照学校党委和行政的安排,学校新校区入驻领导小组自今年3月份成立以来,认真组织全校入驻新区的规划、组织和协调工作。在充分调研和科学论证的基础上,确立入驻准备工作科学调度、及时到位、确保入驻的指导思想,规划入驻工作方案。按照这一方案和要求,认真组织新区一期工程所需的各类教学设备、宿舍设备、餐饮设备、数字化校园设备的采购及安装等工作,认真组织新校区各类管理制度的制定、各种资源的分配使用、各类人员的进驻搬迁等工作。7月10日,老校区和西校区近七千名学生顺利搬入新校区;9月3日,学校15个院系和7个职能部门的管理人员搬入新校区。到新学期开学,全校将有涉及15个院系、3个年级的11 800余名本科生在这里学习和生

---

*　本文系作者2010年9月9日在学校新校区试运行启动仪式上的讲话。

活。在这里,我们向为新校区的启用做出决定性贡献的新校区建设者,向重视、关心、支持新校区入驻筹备工作的同志们,表示最衷心的感谢!

新校区试运行工作的内容,就是要检查四个办学基本条件是否全部具备,是否能形成较为合理有效的内部工作机制。这四个条件是:基础设施是否完备;工作和生活条件是否基本满足;管理和服务人员是否到位;有关的管理制度是否完善,较为合理的工作机制是否建立。

上述四个内容,尽管我们做了一定工作,但限于种种原因,难免会存在种种不足,特别是入秋以来的连续降雨,给我们的基建工作和入驻准备工作带来较大的困难,以至许多方面的工作都不能使我们按预定计划顺利完成,在此也请大家理解。试运行的时间为十天。试运行,就是要及时发现问题、解决问题,以保证新学期开学后新校区能正常使用。因而希望各位领导和同志,能以主人翁的姿态,瞪大眼睛,多动脑筋,多发现问题,多改进工作。我相信,只要我们上下一心,努力工作,我们就一定会创建一个设施齐全、管理规范、运行高效的新校园,我们就一定能以崭新的面貌成为郑东新区的一个亮点。

高起点定位　高标准运行*

今天是个特殊的日子,我们筹备近两年的河南财经学院研究院正式揭牌成立了,欢迎各位领导、各位嘉宾参加今天的揭牌仪式。

为了有效提高我校的科研水平和更好地服务地方经济建设,把河南财经学院办成特色鲜明的教学研究型财经大学,同时为河南经济发展建言献策,学校决定成立河南财经学院研究院。河南财经学院研究院是在整合全校科研资源的基础上成立的专门的综合科研机构,目前其协调管理的有经济研究所、全球化与中部经济发展研究所、会计学理论与应用研究所、法学研究所、区域可持续发展研究中心、技术经济与管理研究中心、信息学理论与应用研究中心、三农问题研究中心、高等教育研究所和思想政治教育研究所等十个实体研究机构。

研究院的正式揭牌成立,意味着河南财经学院科研管理体制得到进一步完善,科研平台得到进一步壮大,科研力量得到进一步充实,必将为河南财经学院实现跨越式发展及河南省的经济发展提供有力的智力支撑。

研究院以及各研究单位将秉承"学术兴校、质量立校、特色名校、人才强校"的理念,本着求真务实的精神,以校内、校外资源为支撑,以经济学、管理学、法学等领域的重要理论和实践问题为研究对象,在前沿理论研讨上提出观点,为地方经济建设提供决策参考。在高等院校中设立专门的研究院,统一协调和指导各实体研究机构的工作,是一种创举,希望通过这种创新,为

---

* 本文系作者 2009 年 12 月 24 日在学校研究院揭牌仪式暨高峰论坛上的讲话。

河南财经学院整体科研水平的提高注入新的活力。

在领导和专家的关心与支持下,在研究院全体工作人员的共同努力下,一定能够把河南财经学院研究院办成在全省乃至全国具有一定影响力的研究机构,为河南以及中西部的经济发展做出应有的贡献。

实力与环境是成功的基石*

在早春三月的美好时节,我校"河南省博士后研发基地"揭牌,标志着我校作为河南省第三批博士后研发基地建设单位,正式启动了博士后基地建设工作。在此,我代表学校向出席今天揭牌仪式的各位嘉宾表示热烈的欢迎!向长期关心支持我校建设发展的人事厅领导和社会各界朋友表示衷心的感谢!

河南财经政法大学于2010年3月由原河南财经学院和原河南省政法管理干部学院合并组建而成,是河南省博士学位授予权立项建设单位。学校近年来快速发展,取得了一定的成绩,为人才强省战略的实施和高等教育发展做出了应有的贡献,也为学校开展博士后研发基地的建设工作提供坚实的智力支撑和科研保障。

人才是第一资源,创新是第一动力。在全省产业聚集区和有条件的企事业单位建立博士后研发基地,是我省深入贯彻落实科学发展观,全面实施人才强省战略,充分发挥博士后工作在技术创新中的主体作用,加速实现科研成果转化为生产力所做出的一项重要举措。博士后研发基地建设,对培养、引进高层次人才,推动科技进步和产业发展,加速科研成果转化,构建产学研结合的平台,有效发挥博士、博士后人员在经济建设中的主力军作用,促进中原崛起和我省经济社会又好又快发展具有十分重要的现实意义。在我校设立博士后研发基地,是学校发展史上新的里程碑,必将有助于学校高层次人才的引进、培养,促进学校学科建设、师资队伍建设和人才培养质量

---

* 本文系作者2013年3月26日在河南财经政法大学博士后研发基地揭牌仪式上的讲话。

的提升,有效拓展产学研合作教育途径,促进科技成果转化,增强学校服务地方经济和社会发展的能力。

建设博士后研发基地,对于学校、科研机构或企业既是一个发展机遇,也是一个挑战。作为新建单位,我们要认清形势、抓住机遇、理清思路,以求真务实的精神和认真负责的态度,不断提高博士后工作的科学化水平。我校将按照《河南省博士后研发基地管理办法》的要求,加强对研发基地工作的组织领导,科学规划,完善制度,健全机制,加大投入,切实加强对研发基地的建设和管理。我们要加快制定完善博士后人才引进政策,加大高层次人才招收引进力度,开展高新技术项目研发工作,提高自主创新能力和科技竞争力。要充分发挥我校学科特色优势,充分利用好博士后研发基地平台作用,全力建设好一个"中原经济区'三化'协调发展—河南省协同创新中心"研究基地,争取突破一个经济学重点,抓好一个应用经济学典型,推出一个"中原经济区"亮点,推动博士后工作优先发展,促进多出成果、出好成果。

我们坚信,实力与环境是成功的基石。在各级领导和社会各界的关心、支持下,通过自身的不懈努力,我校博士后研发基地一定能够办出自己的特色,成为河南的品牌,为实现中原崛起、河南振兴,为我省全面建成小康社会做出新的、更大的贡献!

向教授治学迈出关键一步*

今天看到代表学校最强师资力量和最高学术水平的各位教授济济一堂,由衷感到高兴。这是河南财经政法大学历史上第一次教授大会,大会的主要任务是选举产生新一届校学术委员会委员。这是我们探索学人治学的具体体现,会议本身就标志着我们在探索大学治理结构方面迈出了可喜一步。

自大学组建以来,学校各项事业呈现出蓬勃的发展势头,但我们也要清醒地看到,与"建设特色鲜明的高水平教学研究型财经政法大学"总体目标还有很远的距离,我们学校的学术氛围还有待于进一步加强。在学校加快发展的进程中我们日益体会到,大学的根本特性可以概括为两个字——学术。大学本身是一个学术机构,从建立之初就带有发展学术的使命。繁荣学术,培育人才,这是核心的办学理念。学术之于大学的重要地位可以解读为学术为魂,学术是一所大学的灵魂,是大学生命力的核心体现;学术为本,学术是高等学府有别于其他社会组织的本质标志,学术是大学的立校之基、发展之本、力量之源;学术为纲,学术处于学校工作的核心地位,其他各项工作都必须围绕学术、服务学术;学术为上,大学要对学术有崇拜之心、敬仰之心,要敬畏学术事业,敬重学术大师,推崇学术权力。大学的发展证明,如果没有很好的学术氛围、学术条件和学术成果,就很难在高校激烈的办学竞争中立足。学术要得到自由健康的发展,关键就在于让大学回归学术本位,弱化行政部门对大学的控制权,将学术权力归还给学术委员会和教授们,充分发挥教授在学术管理上的主导作用。事实上,中国在 20 世纪早期引入了大

---

* 本文系作者 2013 年 3 月 29 日在更名后学校第一次教授大会上的讲话。

学尊崇、敬畏学术的理念,但文化大革命时期,工农兵管理大学,颠覆了这个观念。在中国的提出要体制改革中,高校是最后一块阵地,大家有许多反映,意见比较集中的在提出要还原大学的真实本质,要敬畏学术、突出学术。学习十八大精神以及纵观教育部近期有关文件精神,"改革"和"质量"成为热点词汇,其核心也指向了大学观念——学术。《国家中长期教育改革和发展规划纲要》第十三章第四十条也明确指出高等学校要充分发挥学术委员会在学科建设、学术评价、学术发展中的重要作用,积极探索教授治学的有效途径,充分发挥教授在教学、学术研究和学校管理中的作用。《高等学校章程制定暂行办法》(教育部令第 31 号)中明确规定学校要设置学术委员会、学位评定委员会等学术组织,保障学术组织在学校的学科建设、专业设置、学术评价、学术发展、教学科研计划方案制定、教师队伍建设等方面充分发挥咨询、审议、决策作用,维护学术活动的独立性。

从大学治理结构来讲,确定学术委员会独立行使职权的过程,也是学校重新界定学校、行政机构与教授、学生之间的关系,建设现代大学制度的过程。现代大学制度的核心是"党委领导、校长负责、教授治学、民主管理",充分发挥专家学者在学术决策和管理中的作用,是实行专家治校、民主管理、依法治校和制度创新的具体体现,是实践以学术为主导的办学理念的制度保障,对于学校营造宽松自由、公平公正、健康向上的学术氛围具有重要意义。

在此背景下,学校着手建立和推行学术委员会制度,此次探索也得到了主管教育的副省长和省委组织部的支持,他们鼓励我们先行一步,探索学术权力与行政权力的适当分离,建立健全学术委员会工作机制,以充分发挥学术委员会在学科建设、科学研究、师资队伍建设以及学术活动中的主导作用。

为此,在校党委的领导和支持下,校长办公会于 2012 年 9 月 6 日提议成立新一届学术委员会章程筹备组。筹备组通过电话咨询、实地调研、座谈论证等形式,形成了章程初稿。学校召开校长办公会和党委会,专题研究讨论了章程。从总体来看,本届学术委员会的区别主要表现在:一是学校领导不再担任校学术委员会委员;二是校学术委员会委员以普通教授为主体;三是校学术委员会采取席位制,由民主选举产生,今天的教授大会就是民主选举的具体体现;四是决策机制的调整,凡涉及学术的有关问题首先应由学术委员会研究,再提交校长办公会,切实发挥学术委员会的作用。

组建新一届学术委员会,任务艰巨,意义重大。今天到会的都是教授,希望大家对于学校这项改革多给予支持和理解,把最佳人选推荐出来,推动这项工作的顺利进行。

学术引领 在求变创新中履行学术委员职责[*]

我校新一届学术委员会正式成立了,这是我校改革与发展的一件大事。新一届学术委员会的成立,充分体现我校要运行依法治校、民主办学、教授治学管理模式的决心,对促进我校教育事业又好又快地发展,必将产生积极而深远的影响。我代表学校党委领导班子祝贺新一届学术委员会成立,祝贺各位委员当选为新一届学术委员会委员。下面我讲两点意见:

一、新一届学术委员会的鲜明特点

第一,体现学术的权威性。学术委员会作为学校具有学术权威的最高学术机构,代表了学校最高学术水平,负责对有关学术事项进行审议、评定、咨询和决策,为学校的学术发展把关、定向。

第二,体现学科的综合性。学术委员会委员实行定额席位制。30位委员,其中28位来自28个院系、研究机构和中心,每个院系至少有1人。而且校领导、职能部门负责人、院系领导不参加校学术委员会,委员会委员以不担任学校中层正职的教授为主体。这个组成,充分考虑了学科的代表性和综合性,考虑到了学术权力与行政权力要相对独立。同时,考虑到学科的不同特点、代表性和如何有利于开展工作等方面,校学术委员会可视学术发展的需要,下设经济学部、管理学部、法学学部、人文学部和理工学部等五个

---

[*] 本文系作者2013年4月2日在学校新一届学术委员会全体会议上的讲话。

学部,分别开展工作。

第三,体现工作的试验性。《中华人民共和国高等教育法》对现代大学治理结构的顶层设计做出了非常明确的规定,归纳起来就是:党委领导、校长负责、教授治学、民主管理。《中华人民共和国高等教育法》第42条明确规定:"高等学校设立学术委员会,履行下列职责:审议学科建设、专业的设置,教学、科学研究计划方案;评定教学、科学研究成果等有关学术事项"。可见,党委领导、校长负责、教授治学、民主管理是高校管理体制的四个重要组成部分,缺一不可。但在实际工作中,教授治学的作用,还没有得到很好的发挥。因此,设立新一届学术委员会,是现代大学制度顶层设计的关键环节,也是教授治学的具体体现。如何更好地发挥学术委员会的作用,我们要从体制、机制上进行创新和尝试,要不断进行改进和完善,包括对人员的适时调整和补充。

第四,体现人员的开放性。各级学术委员会可吸纳单位外相关学科专家学者参加,学校也会外聘一些学术造诣深、知名度高的专家学者参加到校一级学术委员会中来,充分发挥校外委员的辐射和联动作用。

二、对新一届学术委员会的要求

如何把目前这种外在的特点转化为内在行动,我认为委员们应该做到以下几点:

第一,学术委员会成员一定要站在学校学术发展的全局。校学术委员会是学校最高学术机构,是代表学校,要站在学校的立场,对学校学术发展、学科建设、队伍建设等重大事项进行研究和审议。一方面,学术委员是某一个学科方向的学术带头人,也是这个学科的代言人,当然要发表自己的意见,促进这个学科的持续、健康发展;另一方面,我们是学校的学术委员会委员,是一个集体,要对整个学校的学术建设负责,因此,我们在代表某一个学科的同时,更要从学校的整体出发,从有利于整个学校的学术发展出发思考问题,更好地促进学校的学科建设和学术繁荣。

第二,学术委员会成员要为提升学校教学科研水平多做工作。教学是立校之本,科研是强校之路。科研工作对提高学科建设水平和人才培养质量具有积极的促进作用。高水平的学科建设、专业建设和教学工作必须依托高水平的科研工作,只有高水平的科研才能进一步促进高水平的学科、专业建设和教学工作。因此,如何使科研工作与教学工作有机结合,需要学术委员会的各位委员们认真的思考和深入的研究与实践。我们要在学校科研发展中多做推动工作,不断强化科研意识,创新科研制度,优化科研环境,打造学术特色,带动团队发展,提升科研能力,多出科研精品,更好地为社会服务,推动学校向更高水平迈进。

第三,学术委员会成员要加强学习,尊重科学,严格自律,提高学术道德水平。在学校发展的新形势下,学术委员会肩负重任。委员们要履行职责、发挥作用,就必须加强学习,不断更新知识,改善知识结构,提高学术水平和业务能力,这样,才能保证各位委员既是各自研究领域的前沿学者,又对其他学科领域的前沿知识有所了解和把握。关于"教授治学",教授首先要治学术、做学问,要带头在自己的研究领域做出成绩、取得突破,争取取得更多、更有影响力的标志性成果,才能更好地胜任学术委员会的工作,努力成为全校师生的学术楷模。

学术研究是一项严肃的工作,它需要有尊重科学、尊重规律、实事求是的科学态度。大家担任学术委员既是一份荣誉,更是一份责任。广大教职工和学校赋予了学术委员会重要的职责权限,每一位委员都肩负着教职工的厚望和学校的重托。每一项学术决策和学术评审都是对委员们的一次考验,委员们只有公正公平地进行学术决策和学术评审,才能无愧于教职工的信任和学校的期望。希望各位委员在工作中尊重事实、广开言路、集思广益、群策群力,努力形成一个"思路活泼、讨论热烈、相互尊重、敢讲真话"的氛围;要深入调查研究,掌握第一手资料,善于综合分析,以数据讲话,用事实为证,不断提高学术研究质量;要本着对学校发展负责,对师生员工负责,更对自身信誉负责的精神,树立全局观念,克服本位主义,坚守学术良知,不徇私情,不搞学术专横和学术欺骗,努力做维护学术道德规范的楷模。

第四,学术委员会成员要发扬学术自由和民主,倡导百家争鸣。在学术研究、学术讨论中,意见和见解难免有交锋,甚至是争执,这些都是正常的现象。作为学校的学术委员,在讨论、研究问题时,希望大家充分发表意见,但在决定重大事项时,就有个少数和多数的问题:个人可以自由发表意见,但要尊重多数人的意见;多数同志又要关注少数人的意见。一些重大学术的创新和发现,在开始阶段,有时容易被人忽视,因此既要少数服从多数,又要提倡多数关注少数。有时,真理是在少数人手里,尤其是科学发现,或者原创性的基础研究更是如此。学术无禁区,但作为一个工作机构,工作有规矩。学术委员会做出的决定,一般要经过校长办公会审定,有些特别重大的问题,还要经过校党委常委会审定。当然,无论是校长办公会,还是常委会,都会尊重学术委员会的意见。

现代大学的三大职能:人才培养、科学研究和服务社会,都把学术放在了非常重要的位置。学术研究是人才培养和服务社会的基础和前提,没有学术研究,就无法实现人才培养和服务社会。近年来,学校的学术水平有了较大提升,尤其从量上看更是如此,但我们还缺少质的飞跃,缺少有重大突破的学术成果。与国内著名的一流大学比,我校在资源争取,大项目的组织、申报、评审上,还缺少发言权。如何调动全校力量,既能发挥重大传统优势,又能坚持科技创新,在学术水平上超越别人,这就是我们校学术委员会的历史责任。

本届学术委员会的任期正处在学校改革、建设和发展的关键时期,任务艰巨,责任重大。希望大家团结一致,坚持学术民主,正确行使自己的职责。我相信,在全体委员的共同努力下,本届学术委员会一定能不负众望,圆满地完成各项工作任务,在河南财经政法大学学术发展史上写上重要的一页!

学府与学术

全校动员 以评促建
推动教育教学质量再上台阶*

根据教育部办公厅关于对全国592所普通高校进行本科教学工作水平评估的通知,我校将在2006年上半年接受教育部本科教学工作水平评估。这次评估既是对我校教学管理和教学水平的全面考量,也为我校进一步深化教学改革、规范教学秩序提供了良好机遇。这次评估涉及学校的方方面面,关系到学校的整体利益和全校师生的切身利益,必须上下同心同德,才能做好评估工作。今天我们在这里召开动员大会,安排和部署我校迎评促建工作。

一、统一思想,高度重视,充分认识本科教学工作水平评估的重要意义

1. 教学评估是贯彻科教兴国和人才强国战略的需要

2003年底,在中共中央国务院召开的人才工作会议上,党中央提出了人才强国战略。无论是科教兴国还是人才强国,教育都是根本,高等学校的根本任务是培养人才。在高等学校的"人才培养、科学研究和服务社会"三大任务中,人才培养是学校的根本任务,教学工作始终是学校的中心工作。近几年,本科教育规模迅速扩大,师资队伍和办学条件的建设跟不上规模扩张的步伐;同时,随着社会主义市场经济体制的完善和经济结构的战略性调

---

* 本文系作者2005年1月在学校迎接本科教学工作水平评估动员大会上的讲话。

整,社会对人才的要求也在不断提高和变化,高等教育的人才培养质量问题日益突出,受到政府和社会的高度关注。本科教育是高等教育的主体和基础,是提高整个高等教育质量的重点和关键,是立校之本;本科教育是青年学生成长的重要阶段,德、智、体诸方面基础打得是否扎实,对人才的整体素质具有重要影响。当前,在国家实施科教兴国和人才强国战略中,进一步提高对本科教学工作的认识,深化教育教学改革,加强教学基本建设,从严治校、规范管理,全面提高人才培养质量是高等学校义不容辞的责任。本科教学工作水平评估正是教育部对高等学校强化质量意识、实施宏观调控的重要举措,也是大学自身实现可持续发展的现实需要。

自1993年开始,教育部在普通高等学校中开展了以本科教学为主要对象的教学评估工作。当时有三种评估方式:合格评估、优秀评估和随机性水平评估。合格评估主要用于改革开放后新建立或升格的基础比较薄弱的学校,目的是使学校能够达到国家基本的办学水平和质量标准;优秀评估主要用于本科教育历史较长、基础较好、工作水平较高、进入"211工程"重点建设的学校,评估目的是促进学校深化改革,办出特色;随机性水平评估适用于上述两类学校之间的学校。2001年,教育部根据近几年本科教学评估工作的实际情况和取得的经验,把上述三种评估方式合并成为本科教学工作水平评估,评估结论为优秀、良好、合格、不合格。2003年教育部启动了"高等学校本科教学质量与教学改革工程"(简称质量工程),这是教育部制定的《2003—2007年教育振兴行动计划》的重要组成部分,质量工程近期实施的主要内容有四项:(1)高等学校精品课程建设;(2)大学英语教学改革;(3)高等学校教学名师奖;(4)高等学校教学评估工作。全面推进高等学校教学评估工作,是实施"高等学校本科教学质量与教学改革工程"的重要内容。2003年开始,教育部拟用5年时间对全国普通高等学校本科教学工作进行一次全面的评估,并使之形成稳定的制度,以后每5年评估一次。

高等学校本科教学工作水平评估是国家教育行政部门转变职能、强化监督、加强宏观管理、实施分类指导的重要手段,是贯彻和落实《中华人民共和国高等教育法》的重要举措,也是学校深化教学改革、强化质量意识、提高办学水平,建立自我激励、自我约束和自我发展的教学运行机制,增强主动适应社会和经济发展能力的需要。其目的是促进学校不断明确办学指导思想,牢固确立教学工作的中心地位,加强教学基本建设和教学管理,深化改革,办出特色,更好地满足我国经济建设和社会发展的需要。因此,评估对学校的办学水平、教学质量、社会地位的全面提高具有重要的意义,对此我们应该有足够的认识。

2. 教学评估是提高学校办学水平的有效途径

进行本科教学工作水平评估,是对我校多年教学工作的全面检验,其根本目的是上水平、保质量、促改革、创特色。通过评估,促使我们全面总结学校的优良办学传统与特色,总结教学改革所取得的成效,反思存在的不足,进一步按照与时俱进的要求不断深化改革,加强教学基本建设,有效地提高办学水平。在具体实施评估时,教育部将选派一批具有丰富教学工作经验的专家深入学校各个基层,细致地、全方位地进行现场考察,诊断问题,挖掘特色,提出具有深刻见解的建设意见,帮助我们进一步整改,这对学校的发展会有深远的影响。因此,本科教学工作评估的过程,就是学校深化改革、加强建设、提高水平、弘扬特色的过程。

3. 教学评估是实现我校建成省内外知名大学的需要

进行本科教学工作水平评估不仅仅是对过去工作的审视,更重要的是对未来本科教学与科研开发相结合的建设规划,并进一步理清学校的改革发展与建设思路,既是发展的基础,也是发展的需要。随着评估工作的逐步深入,评估指标体系日趋科学和完善,对于我校建成省内外知名大学,无疑具有很好的指导作用。同时,通过评估,可以创立学校本科教学的优质品牌,扩大学校的知名度,吸引更多优秀学生来校学习;吸引高层次人才来校工作,加快形成一流的师资队伍;也会使我校得到国家、省、市的更多支持,得到社会各界的更多援助。因此,评估是与学校的发展息息相关的。

二、理清思路,突出重点,准确把握教学评估的内涵

这次评估是对我校各项工作的一次全面性检查和验收,决非一般性工作检查。教育部的评估体系共有 7 个一级指标、19 个二级指标(其中重要指标 11 项)、44 个观测点和一个特色项目。从学校定位、队伍建设、教学条件,到专业、课程、质量控制及教师风范及毕业生质量,非常全面和系统,涵盖了本科教学工作及学校工作的方方面面。这些指标具体体现了教育部对高校办好本科教育的总体要求。评估的程序非常严格,学校首先自评,由各处室、各院系按照评估指标体系分头准备,学校组织校内专家进行自评,对自评中发现的问题实行整改,然后由学校写出自评报告递交教育部,最后由教育部组织专家组到校实地考察。专家考察又涉及许多方面:专家组到校

后要听取汇报、查阅原始资料、听课巡课、走访座谈、问卷调查、抽样检查等，许多活动直接深入到教学和管理工作的第一线。可以说，这次评估工作涉及本科教学和学校工作的各个方面，不仅是对本科教学工作的检查，更是对学校各项工作的一次全面性考评和验收。

在这次评估中，每一个指标都有具体的内涵。要想评估达到优秀，必须满足上述 19 项二级指标中 A≥14、C≤3，其中重要项目 A≥9、C≤1、D＝0，特色项目要鲜明；要想评估达到良好，必须满足上述 19 项二级指标中 A+B≥15、C≤3，其中重要项目 A+B≥9、D＝0，还要有特色项目。

评估的重点概括起来主要有三个方面：

1. 学校办学指导思想

办学指导思想是统帅学校工作的纲领，反映了学校的治学方略和人才培养目标。评估学校的办学指导思想就是从培养高质量人才的要求和教育教学规律出发，以办学指导思想→教学基本建设→教学改革→教学效果为主线，着重考察学校的定位、所确定的总体目标是否准确并切合实际，学校的实际工作状况、各类规划是否体现学校的培养目标；考察教育教学思想的转变是否贯穿始终；是否牢固确立教学工作的中心地位；规模与质量、教学与科研、改革与建设的关系是否处理得当等。既要看它的科学性、可操作性，又要看它的实效性。

2. 学校的教学改革与建设

教学改革是各项改革的核心，教学改革的根本目的是为了提高教学质量和人才培养质量。对教学改革与建设考察的重点是看学校围绕实现人才培养目标，在专业建设与调整、人才培养模式设计、培养计划制定、教学内容和课程体系建设、教学方法改革等方面思路是否清晰，措施是否得力，效果是否明显。

3. 学校的办学条件

必要的办学条件是保证教学水平和质量的物质条件。对办学条件进行考察的重点在师资队伍、教学经费、教学基础设施与设备、实验实习基地等方面。通过对办学条件进行评估，能够认清教学工作的薄弱环节，明确建设目标，加大教学投入，改善办学条件。

三、实事求是,认清现状,科学确定我校评建目标

1998年,我校师生员工团结一致,历经艰辛,顺利通过了教育部本科教学工作合格评估,学校的办学规模与办学水平均有很大提高,为本次评估打下了良好的基础。但这次评估涉及面广,时间长,程序严,层次高,我们必须充分认识我校的优势和不足。

(一) 我校的优势

1. 我校定位基本准确。我校作为河南唯一的经济管理类大学,基本确定了以教学为主的类型定位,以本科教学为主的层次定位,以经济管理类为主的学科定位,立足河南、面向全国的服务定位。

2. 形成了良性的人才引进机制,师资力量逐步增强。经过多年的努力,我校高学历、高职称人才的比例逐年提高,尤其是具有博士学位的教师比例在逐年提高。我校经济、管理类师资力量逐步增强,师资的整体水平在社会上有一定的影响,在我省同类高校中居于前列。

3. 学科专业建设取得显著成效。我校目前有25个本科专业、14个硕士点、3个省级重点学科,形成了以经济、管理类为主的学科专业群。

4. 课程建设取得了显著成绩。我校目前已有15门课程被评为省级优秀课程,3门课程被评为省级精品课程,3门课程被评为省级网络课程。

5. 学分制改革取得实质性进展,教学管理更加制度化。我校制订了学分制教学管理规章制度和弹性教学计划,推行了导师制。学生可以自主选课、选专业、选教师。积极进行教学管理软件的开发,大力推行数字化教学管理,制定了与学分制改革相适应的一系列教育管理文件,教育管理走上了制度化、规范化的轨道。

6. 多媒体教学建设取得了长足发展,教学手段现代化的进程不断加快。我校目前已经购置了105个(套)多媒体教学设备。多媒体教学已在我校推广,形成了教师争先恐后使用多媒体教学授课的良好风气,部分教师的多媒体教学以及制作的课件质量已经达到较高的水平。为配合大学英语教学改革,我校已建立4个大学英语自主学习专业机房。

7. 建立符合我校实际的教学管理模式。从院到系,我校培养了一批有

一定管理技能的教学管理队伍,逐步建立了一套符合我校教学实际的教学管理模式。

8. 生源状况良好,毕业生质量受到社会的肯定。近几年,我校生源状况越来越好。以 2004 年为例,我校第一志愿上线录取率文科为 42%、理科为 86%。从考研率来看,近三年考上研究生的人数逐年上升,2002 年为 59 人,2003 年为 160 人,2004 年近 300 人。从就业情况来看,近几年我校毕业生就业率达 95%,其中一次就业率达 65%。

(二) 存在的不足

1. 教学中心地位和质量意识还有待进一步加强。

2. 生师比过高,师资总量不足,师资结构不尽合理,基础课教师和新增专业的专业课教师不能完全满足教学需要。

3. 学科建设方面,部分学科专业缺乏在省内外有较大影响的学科带头人,学术梯队建设力度不够。

4. 教学基本建设投入不足。对照评估方案的相关指标,缺口较大,相当一部分指标达不到 C 级标准,如:生均图书、生均教室面积、生均图书馆面积、生均实验室面积、生均运动场面积、生均教学仪器设备值等指标。

5. 教学经费投入不足。四项教学经费占学费收入的比例过低,2002~2004 年四项教学经费占学费收入的比例大约为年均 12% 左右,而合格的 C 级标准是年均不低于 20%~23%。

6. 新增专业建设力度不够。新增专业经费投入不足,人才引进滞后,一些新增专业的主要专业课程靠外聘教师来维持,新增专业的部分专业课教师业务水平有待提高。

7. 双语教学、实践教学、实验室建设有待进一步加强。

8. 教风、学风、工作作风建设还有待加强。

对照评估指标体系,在正确分析和充分认识我校现状的基础上,既要发挥优势,更要查漏补缺,以确保"通过优良评估"这一评建目标顺利实现。

四、明确任务,强化措施,以积极姿态迎接评估

本科教学工作水平评估是对学校整个教学系统的一次全面检查,是对

学校整体实力的综合评估。我校要遵照教育部的评估指导思想,就是坚持一个原则,即"以评促建、以评促改、以评促管、评建结合、重在建设"原则,明确任务,强化措施。

1. 转变观念,统一思想,牢固确立教学的中心地位

高等学校的中心任务是培养人才,人才培养的中心环节是教学,因此教学工作始终是学校的中心工作。学校教学工作中心地位的确立不是一句空话,它是有实际含义的:各级党政领导要重视教学工作,经常研究教学工作,深入教学第一线进行调查研究,解决教学中存在的问题;同时,要正确地处理好人才培养、教学工作与其他工作的关系,教学经费投入要处于优先地位并且有稳定的来源,各职能部门都能围绕着育人进行工作,并能主动地为教学服务。学校的各项政策和规定都要体现出对教学的重视。

2. 加强领导,明确责任,狠抓三个落实

首先要思想落实。充分认识本次评估的重要意义,认真做好宣传和动员工作。充分利用校报、电视台、广播站、新闻网等多种媒体大力宣传。各单位要分别召开动员会,动员广大师生员工积极投入迎评促建工作之中,提高对评估的认识,要让每个人都明确人才培养在我校各项工作中的中心地位,正确领会本科教学工作评估指标的内涵,树立全员参与、各负其责的观念。

第二要组织落实。我校为了做好迎评促建工作,成立了本科教学工作评估与建设领导小组,领导小组下设教学与学科建设组、经费投入与教学条件组、校风建设组、材料组、宣传组和督查组六个工作小组。院系党政一把手、各职能部门一把手都要亲自挂帅,在第一线指挥迎评促建工作,并组织专职人员,密切配合评估与建设办公室及各工作小组做好迎评促建工作。

第三要任务落实。为了更好地开展迎评促建工作,学校给各单位下达了建设任务书。各单位一定要明确责任和任务,根据任务要求,认真及时地启动、开展各项工作。学校将定期检查各单位任务落实和工作进展情况,凡是没有按期、保质完成任务者,都要追究其责任。

3. 以薄弱环节为突破口,进一步加大建设力度

对照指标体系,我们要有紧迫感、危机感,要扎扎实实针对存在的薄弱环节一个一个地攻关,一个问题一个问题地解决。概括起来,迎评促建的主要任务包括:

一是加大教学投入。要增加"四项教学经费",提高"四项教学经费"占学费收入的比重,使之最低达到 C 级标准的要求;要加强教学基本建设和实验室建设,提高生均图书、生均教室面积、生均图书馆面积、生均实验室面积、生均教学仪器设备值、生均运动场面积等指标值,使之达到评估指标的良好水平。

二是加强师资队伍建设,大力引进急需人才,降低生师比。

三是加大教学改革力度。加大教学内容、课程体系以及教学方法与手段改革的力度,尤其是要树立精品意识,把建设精品课程、精品教材与迎评促建结合起来。进一步加快学分制改革,充分发挥多媒体等现代化教学手段的作用,继续深化大学英语教学改革,着力推进双语教学,进一步提高教学效果和教学质量。

四是加强学科专业建设,尤其是新增专业建设。进一步加大新增专业的投入和改善新增专业的办学条件;完善学科专业体系,加强重点学科建设。

五是加强制度建设,规范教学管理。进一步完善教学质量监控体系,建立质量标准,完善教学管理制度,规范教学管理。

六是进一步加强学风、教风建设。学风与教风是教师治学执教的作风、学生学习的态度、风气以及学校的历史传统、育人环境的折射和综合体现,因此要重视师德师风建设,严格履行岗位职责,遵循师德规范,严谨治学,从严执教。我们还要进一步加强学生思想政治教育,给学生树立正确的世界观、人生观和价值观;同时培育良好的校园文化环境,调动学生学习的积极性和主动性。

本科教学工作水平评估在学校的改革与发展过程中具有里程碑意义。由于本次评估内容全面,标准高,评估过程时间长,评估结论对我校具有全局性和历史性的影响,使得我们的任务更加艰巨,责任更加重大。我们的目标是以优良成绩通过教学评估,为此,我特别强调教学评估绝不仅是教学管理部门的事,特别强调全校师生员工要齐心协力,以求真务实的工作作风、认真负责的工作态度、争分夺秒的工作效率,投入到迎评促建工作中,为实现我校评估目标而努力奋斗。

凝心聚力 真抓实干 全力以赴做好本科教学水平评估与建设工作[①]

教育部将于 2008 年上半年对我校本科教学工作进行水平评估。这次评估对我校的发展至关重要,是决定我校进一步发展的大事。现在距离评估只有 6 个月左右的时间,教评工作已经进入了倒计时,我们必须清醒地认识到,从现在起到教育部专家组进校,教评工作是我校压倒一切的中心工作。今天,我们在这里召开教评工作会议,旨在进一步提高全校师生员工对教评工作重要性的认识,做到全校上下全力以赴、全身心地投入到本科教学工作水平评估与建设的工作中去。

目前我们学校除了面临 2008 年的本科教学工作水平评估,还面临新校区建设,面临更名大学,面临申请博士学位授权点这四件大事,教学评估处在基础性地位。学校能否顺利通过评估,能否取得优良的评估结果,将直接影响到学校能否更名大学,能否上博士点,更会影响学校的社会声誉以及在全省乃至全国高校中的地位。在我校发展历史上的这个特殊时期,做好本次教评工作具有里程碑意义。今天,我讲三个方面的内容。

一、对教评工作的简要回顾

我校的教评工作,起步较早,但由于评估时间的两次推迟,使学校教评

[①] 本文系作者 2007 年 6 月 21 日在学校本科教学水平评估工作会议上的讲话。

工作两次由快车道不得不进入慢车道。自 2004 年 12 月教评工作开展以来,根据教学评估的要求,学校所开展的主要工作有:

2004 年 12 月,学校正式启动迎评促建工作,成立了校教评领导小组和校教评办公室,按照"将评建工作与日常教学工作相结合"的原则开展迎评促建工作。

2005 年 1 月,学校召开了第一次教学评估动员大会,对我校本科教学评建工作作了全面动员和部署。印发了《本科教学工作水平评估与建设工作安排》,对评估指标体系进行了分解,形成了《本科教学工作水平评估与建设任务分解书》,组织各院系(部)和职能部门进行全面自查自评与整改建设。

针对我校硬件建设时间紧、任务重的现状,为了给教评工作争取更多的时间和资源,我校先后于 2005 年 5 月和 2006 年 11 月两次向教育厅和教育部报告并获得批准,推迟评估时间至 2008 年上半年。

2006 年 3 月,根据教评工作延缓至 2007 年的情况,学校召开了教评工作再动员大会,印发了《"迎评促建"工作总体方案》,再次下发了任务分解书。在这次会上,各单位负责人分别与分管校领导签订了评估责任书,使教评工作责任到人。按照"迎评促建"工作总体方案,评建工作有序地展开。

2006 年 4 月,学校召开建校以来的第二次教学工作大会,总结了 11 年来教学工作经验,找准了目前教学工作存在的问题,明确了教学工作发展思路和主要措施。会上讨论了一个纲领性文件、五个规划性文件和 38 个制度性文件,并刊印了各院系的教学工作经验交流材料。第二次教学工作大会的顺利召开,为我校教学评估工作创造了良好氛围和环境。

在 2006 年,教务处在《"迎评促建"工作总体方案》规定的时间区间内如期开展了一系列专项评估活动,如开展了教学名师和教学标兵的评选、教研室评估、校级精品课程评选、新增专业评估、课程全面评估、教学管理质量检查、教育思想观念大讨论、实验室与实验教学评估、教材评估等活动;调整了双语授课计划;优化更新了综合教务管理系统;完善教学质量监控机制,建立了学生网上评教制度;加强了毕业论文(设计)的指导和规范。《"迎评促建"工作总体方案》是在认真研究教学评估指标体系及其内涵的基础上制订的,评估方案中每一项任务都与评估指标体系有关。这些教学活动和过程的陆续开展,极大地丰富了我校教学评估软件指标的内涵。

2006 年底,为了进一步加强教学管理,提高教学质量,根据教育部有关文件要求,教务处拟定了《2007"教学质量与规范年"活动计划》,该项计划已得到学校批准并正在逐项实施。本次会议再次下发 2007 年"迎评促建"工作总体方案和根据新的评估指标体系修订的评估任务分解书。各单位要根据新的工作方案和任务分解书逐项落实。

两年多来,我们坚持"以评促建、以评促改、以评促管、评建结合、重在建设"的方针,紧紧围绕评估指标体系的要求,全面推进评建工作。进行了如生师比、图书资料、多媒体教学设备与实验室、专项教学检查与评估等硬软件建设活动。目前,全校师生员工对本科教学评估重要性的认识进一步提高,学校办学指导思想进一步明确,教学改革与建设进一步加强,教学工作的中心地位进一步巩固,人才培养质量进一步提高,这些都为我们迎评促建工作打下了一定基础。

二、目前我校的现状和存在的问题

在肯定成绩的同时,还必须清醒地看到,当前我校教学工作和教评工作中还存在许多问题与不足,部分办学指标与教育部的要求还存在着明显的差距。概括来说,主要表现在以下几方面。

(一) 对教评工作的认识和重视程度还有待进一步提高

部分教职工特别是一些领导干部,对当前学校的办学状况和存在的问题认识不足、重视不够,对评估指标体系还缺乏全面、深入、准确的认识和理解,工作的积极性和主动性还不够高。个别单位仍存在领导重视不够、组织工作不力、质量把关不严、整改效果不大的问题。各级领导投入到本科教学工作的精力不够,如现场办公、专题调研、专门听课、专项研究等工作做没做到位? 做了哪些工作? 需要深刻反思、认真研究。领导的行动直接影响着教评工作的开展力度和效果。事实上,我校广大教职工生都非常关心和关注各级领导对评建工作的重视程度,领导的一言一行对大家的参与意识、工作情绪都会有直接的影响,从而影响着教评工作的进展和质量。

(二) 教风、学风状况还有待进一步改善

在教风方面,教师对教学工作的投入不足,主要表现为精力投入不够,

时间投入不够,感情投入不够。个别教师责任心不强,不能全身心投入教学工作,缺乏职业道德约束力,在教学上对自身要求不够严格,备课不够充分,上课迟到、提前下课现象还时有发生;在课堂上不注意组织教学,不注意启发和调动学生,上课只顾自己讲,对学生不专心听课听之任之,不管课堂秩序和教学效果,没有很好地发挥教师在学风建设中应有的作用。有些教师对教学的精力投入不足还突出表现在缺乏对教学规律和本学科专业学术方面的研究,不注意知识更新,不注意教学方法。教师对教学的投入还有一个能力和方法的问题。有些教师虽然对教学投入了相当多的精力,但在研究性教学上还存在一些问题。我们的教师是不是对教学规律、教学方法进行了认真的研究和总结?是不是在教学中进行了不断的改革和创新?是不是对本学科专业进行了深入的学术研究?是不是将最新成果充实并运用到教学中去?这些都是我们需要认真思考的问题。

在学风方面,学生对学习的精力投入不足,部分学生学习的主动性、积极性不高。一些学生不遵守课堂纪律,上课迟到、早退、旷课、说话、睡觉等现象还较为严重,抄袭作业、考试作弊等行为也时有发生;个别学生法纪观念淡薄,缺乏作为一个大学生应该具备的基本的文明素养,公德意识较差,随意丢弃垃圾;少数专业的学生受培养目标和就业率等方面的影响,部分存在着学习目标不明、动力不足的现象。

以上教风和学风存在的问题,都是影响我校教学水平、教学质量和人才培养质量的关键和核心问题,是我们必须研究和解决的问题。

(三) 教学管理工作还需要进一步规范

几年来,学校颁布了一系列的教学管理规章制度,采取了一系列规范教学管理的措施,但很多院系仍不同程度的存在有章不循、有令不行、有禁不止的现象。关于毕业论文(设计),这是 2005 年以来学校非常重视的一项工作,但目前仍然存在许多问题。一是选题的题目过大,不是本科生的能力所能做好的,内容不切题,没有深度,泛泛而谈;二是教师对论文缺乏指导或指导不严,从选题、研究过程、形成论文等各个环节均缺乏深入、细致的指导;三是学生对毕业论文投入不足,抄袭的现象较为严重;四是尽管学校对毕业论文有模板,仍存在规范性的问题;五是论文答辩把关不严,过关率达到 98% 以上。6 月初,教务处组织各院系教学副主任对 2007 届所有毕业论文进行了检查,发现还存在一些问题。各院系要根据本次检查发现的问题,对毕业论文作进一步的规范。个别院系的试卷差错率较高,或封面标注不清,或阅卷人、核分人、复核人签名不全,等等。个别单位落实学校迎评工作安排不到位,报送材料不及时,不能完整、准确地提供相关的材料和数据等。这一点需要引起大家高度重视。

三、对今后工作提几点要求

现在我校的教评工作已经到了关键时刻,时间紧,任务重,希望全校师生员工时刻保持紧迫感和危机意识,团结一致,开拓进取,加强协作,继续努力,扎扎实实完成各项建设与整改任务,为迎接教育部评估做好充分的准备。下面,我对下阶段要开展的工作谈几点意见。

(一)高度重视,全员参与,把全校工作重点放在教评工作上来

从宏观角度来认识我校教学评估工作的重要性。本科教学工作水平评估是一项带有权威性的政府行为。如果此次评估结果不尽人意,将会对我校的招生、就业以及知名度造成不利影响。但是如果经过全校师生员工的共同努力,使我校在本次评估中顺利通过,并取得良好成绩,这将会为学校赢得更大的生存空间、更好的发展环境、更多的发展机遇、更快的发展速度。

教评工作的影响是全局性的,不仅对本科教学至关重要,还是反映学校综合办学实力的"晴雨表"。评估不仅关系到学校的生存和发展,也关系到每一位师生员工的切身利益。这次教评工作绝不单纯是学校领导和职能部门的事,也不仅仅是教学单位的事,而是全校每个师生员工都必须积极参与的大事。

我们常说,态度决定一切,细节决定成败。教评工作是一项庞大、繁杂但又系统、细致工程,我们必须认真仔细、滴水不漏、扎扎实实地做好每一项工作。要有全校一盘棋的思想,全校各单位、各部门及全体教职员工必须按照学校党委、行政的要求,加强责任感,增强紧迫感,做到认识上高度统一,思想上高度重视,相互支持,相互配合,狠抓落实,十分认真地抓好本次教评工作,绝不能抱有任何侥幸心理和埋怨心理,绝不能有丝毫麻痹思想和懈怠情绪,绝不能存在精神上不振作、工作上不参与、不支持、不配合现象。要以对学校生存发展高度负责,对16 000多名师生员工高度负责的精神,以脚踏

实地的工作作风来做好教评工作。要把教评工作的各种困难估计得更严重一些,把各种可能出现的问题考虑得更周全一些,把解决问题的措施准备得更充分一些,要以一万个努力来消除万一的可能。

(二) 明确责任,细化措施,严格实行教评工作责任制

教评工作的责任不仅要落实到评估领导小组成员身上,落实到各个党政主要领导身上,落实到分管领导身上,还要层层分解,落实到每个单位、每个部门、每个岗位、每个人身上。凡是本单位和本人工作职责范围内的事情,要积极主动地负起责任,需要其他部门和人员支持帮助的要主动沟通协调。学校教评办将定期进行督办检查,对评建措施不落实、工作不得力的要实行问责制,谁出了问题,谁的工作影响了评估结果,追究谁的责任。要把各级领导在此次教评工作中的表现作为干部考核和使用的重要依据,要在评估过程中锻炼干部、考验干部和发现干部。要把教职工在教评工作中的表现与年终考核挂钩,形成奖惩分明、奖勤罚懒、奖优罚劣的激励机制。

教评工作是一把手工程。对整个学校而言,学校党政一把手负总责;对各个单位而言,各单位的党政一把手为第一责任人。教评工作的关键在于抓好落实。教评办在充分领会和研讨教育部评估指标内涵的基础上,形成了《本科教学工作水平评估任务分解书》,已经把每一个二级指标、观测点分解成了可操作的教评工作任务,并把每一项任务又分解到各单位、各部门。各单位、各部门要认真学习和研究教育部评估方案及指标内涵,落实好《任务分解书》,切实将每一项任务落实到岗,责任落实到人,保证做到人人有事做,事事有人做。各级领导干部不能只当"二传手",必须亲自进行指导、督促和检查。学校要求每一位教职员工都要在教评工作中找到自己的位置,领到自己的任务。各院、系、部要充分认识到自己在这次教评工作中的基础性和重要性。评估指标体系中,44个主要观测点有31个观测点与各院、系、部工作有关,其中23个观测点的得分等级主要取决于各院、系、部工作的状态。可以这样讲,如果没有各院、系、部从思想上、行动上的大力支持和配合,一些工作根本无法推动,更不用说达标。为此,各院、系、部要按照学校的统一部署,制定详细的工作计划,分工负责,层层落实,确保各项工作落实到位。教评办将加强对评估建设过程的监控,组织专家组分阶段检查、评估和验收各单位的教评工作完成情况。

还需要强调的是,教师是教评工作的主体,全体教师要以高昂的斗志,

以主人翁的精神认真做好本职工作:要增强自身的师德修养,发扬敬业精神,精心上好每一堂课,并认真完成近三年来所开课程的授课计划、教案、教学大纲、试卷、多媒体课件、毕业论文(设计)、课程档案、教师业务档案等材料的整理工作,同时还要了解学校的定位、办学理念、发展规划,以及学校教学工作的总体情况,在接受专家组进校检查时,充分展示河南财院教师的风采和应有的水平,为学校的发展做出应有的贡献。

(三) 措施到位,全面整改,认真落实迎评促建工作方案

根据迎评促建工作方案和任务分解书的要求,要一步一步抓好落实工作。要想尽一切办法使生均四项教学经费、生师比、生均占地面积、生均教学行政用房面积、生均宿舍面积、生均运动场面积等硬件指标达到合格标准的要求;采取多种措施,认真做好教风学风建设、图书资料建设、校园环境建设、教学基础设施建设等项工作;组织开展好教学质量与规范年活动;认真整理和规范毕业论文、试卷和教评材料。我们强调,软件建设和硬件建设并举,硬件抓实,软件抓严。软件提高的主要着力点要放在已有改革措施的落实、完善、深化方面,放在对薄弱环节的加强和问题的整改方面,并且必须要在有限的时间内切实完成。相对于硬件建设,软件建设尤其是教风和学风建设方面,是评估的重要观测点,会给专家留下深刻印象。良好校风、教风和学风的形成绝不是一日之功、一蹴而就的,必须常抓不懈,日积月累才能见效。学校要对"三风"建设作专题部署。只有将平时的"三风"建设抓好了,才能经得住评估专家组五天在校的听、看、查、谈、问,也才能真正达到重在建设的效果。

河南财经学院是每一位财院人的精神家园,是我们开创事业、实现梦想的地方。我们是河南财经学院的建设者,也是此次教评工作的策划者、组织者、参与者。艰苦奋斗、迎难而上是我校的优良传统,求真务实、开拓创新更是我们的现实精神。每一位有责任心的财院人必须勇于担当教评的重任。我们要以此次评估为契机,全面开创河南财经学院更加美好的未来!

振奋精神 全力以赴
努力夺取评估工作的全面胜利*

再过7天,也就是5月11日,教育部专家组将进驻学校,对我校本科教学工作进行全面的评估。这就意味着,全校上下为之奋斗了三年多的评建工作即将迎来最终的检验。自2005年学校开展评建工作以来,全校师生员工紧紧围绕学校党委、行政的统一安排和部署,全身心投入,全过程参与,做了大量艰苦细致和卓有成效的工作,促进了学校教学及其他各方面工作。全体师生充分发扬主人翁精神,与学校同呼吸、共命运,舍小家、顾大家,严格对照评估指标体系要求,开拓创新、真抓实干,已深深融入学校的改革与发展中,成为评建工作的主力军。为了评建工作,有的顾不上家中年迈的父母和年幼的孩子,有的带病坚持在评建工作第一线,有的将婚期一拖再拖……教室、办公室、图书馆、实验室,校园的每一个角落都闪动着师生员工忙碌的身影。在此,我代表学校党委、行政向辛勤工作在评建工作第一线,为学校发展呕心沥血的广大师生员工表示最衷心的感谢!

这次教育部本科教学工作水平评估,是继1998年本科教学合格评价以来我校接受的最为权威的国家级检验,整个评估指标体系之详细、标准之严格、内容之全面、结果之权威,都是前所未有的。下面,我就有关问题,重申几点希望和要求。概括起来,就是:保持信念、坚定信心、全力以赴、精心组织、明确职责、狠抓落实、广泛参与、全员发动。

---

* 本文系作者2008年5月3日在学校本科教学水平评估工作部署会议上的讲话。

一、保持信念、坚定信心

　　回顾过去,我们不难发现,财经学院的历史就是一部财院人开拓创新、抢抓机遇的发展史,是财院人锲而不舍、提高人才培养质量的奋斗史,更是财院人一心一意为经济社会发展做贡献的创业史。一代又一代财院人不辱使命,抓住了时代赋予的历史机遇,促进了学校事业的持续快速发展。无论是建校之初,我们紧跟改革开放的历史时代步伐,创建了河南省唯一的一所财经类高等院校,还是我们在困难重重的条件下,积极争取在郑东新区征地1540亩,建设新校区,无论是我们在建校只有10周年,获得了硕士学位授予权,提升了学校的办学层次,还是在每一次关乎学校声誉、展示学校实力的关键时刻,我们都能取得好成绩。学校发展历程已使我们深深感受到财院人所具有的"聚全校之力办大事""万众一心创一流"的力量震撼。这种不甘人后、顽强拼搏的进取精神和众志成城、志在必得的实干品质,已成为学校克服重重困难、取得一个又一个胜利的强大精神动力。今天,我们再一次面临具有里程碑意义的重要历史时刻,这是我们的意志力经受最严峻考验的阶段,是必须依靠我们的精神和信念去战胜困难的阶段。全体教职员工必须以坚定的信念、顽强的意志、坚强的决心去面对每一项工作和每一个任务,必须以饱满的工作热情、踏实的工作作风、奋发有为的精神面貌,把迎评促建工作做到最佳,把各个项目都做成精品。只要我们以高度的政治责任感、以加快学校事业发展的紧迫感、以勇往直前追求胜利的使命感,团结协作,奋力拼搏,就一定能够抓住机遇、战胜困难、取得最好成绩。

二、全力以赴、精心组织

　　经过三年多的评建,我校各项工作已经准备得比较充分,但在看到成绩的同时,我们要保持清醒的头脑,认识到我们还有一些工作要做。在专家进校前的这7天时间里,各部门、各单位要抓住最后的时机,对各项评建准备工作做最后的检查。要进一步加强对《自评报告》相关内容的学习,各类支撑、汇报材料要与报告相一致,师生员工要深刻领会报告的主要内容,熟知学校历史和定位、办学理念和特色以及与评估有关的知识,力争准确掌握,做到对评估了如指掌、人尽皆知。相关材料要准备齐全,工作汇报要提前演练,力争做到主题突出、亮点鲜明、语言精练。要继续加强课堂教学练兵和实验教学训练,组织学生强化英语、计算机、专业基本知识等基本技能训练。积极开展校园卫生运动,清理办公室及卫生区域环境卫生,营造整洁美观的办公、教学环境。总之,全校上下要坚持高标准、严要求,克服"差不多""无所谓""马虎应付"的侥幸麻痹心理,对各项工作反复进行核查,确保不出现疏漏。

三、明确职责、狠抓落实

评建工作攻坚战能否取得成功,关键在于执行和落实。为了迎接专家进校考察,学校已经制订了周密的实施方案。在方案实施过程中,要严格落实评建工作责任制,评估期间,"人人都是评估对象,事事都是评估内容",要把评建的每项工作层层分解、落实到人,要做到事事有人管,件件有人抓,不留死角,不出纰漏。各部门、各单位党政一把手作为"第一责任人",要团结带领每一名职工、每一名老师,明确自身职责,坚守工作岗位,以高度的责任感扎扎实实、不折不扣地完成每一项任务。各专项工作组要按照学校迎评工作方案,加强沟通、密切协作,有条不紊地做好各项工作。广大同学要自觉遵守学校各项规章制度,注意文明举止,积极参与专家组组织的评估活动,充分展示我校学生的优良素质。全校各个层面绝不允许任何人以旁观者、局外人的态度对待评估,绝不允许出现责任不清、任务不明、有事无人管的现象。要重视细节,细节决定成败。对各项工作要想得多一点、深一点、全面一点,要对评估中可能出现的各种情况和问题做出充分的预测,提前谋划和演练,做到慎之又慎、查之又查、细之又细、实之又实、好之又好。要强调纪律,全校上下要严格遵守评建工作的组织纪律和工作纪律,坚决执行学校布置的各项任务,快速准确地完成每一道指令,自觉做到令行禁止。

四、广泛参与、全员发动

评估既是对学校办学实力的综合检验,更是对学校风气、师生精神面貌的全面展示。广大师生发自内心的爱校情怀、必胜信心和进取精神,是打动专家、给专家留下深刻印象的必要因素。各单位要广泛动员,不断创新宣传形式,丰富宣传内容,继续深入宣传迎评促建工作,进一步坚定信心、鼓舞士气,在全校形成人人关心评建、人人支持评建、人人了解评建、人人为学校添彩的浓厚氛围。特别是在专家进校期间,全校师生员工要继续保持勇于争先、敢于拼搏、乐于奉献的工作作风,把爱校的情感转化为迎评促建的坚定信念,把荣校的决心转化为迎评促建的实际行动,把兴校的力量转化为迎评促建的现实成效。切实做到专家不走,干劲不松,善始善终,力争以扎实的评建成果折服专家,以积极向上、充满活力的精神面貌感染专家,以众志成城、坚韧不拔的坚定信念打动专家,以百倍的信心和干劲赢得评估的最终胜利。

再过7天,教育部专家组就要进校了。学校领导有决心、有信心,与大家一道,打好这一关键性战役,决不辜负历届领导和师生员工付出的心血和汗水,决不辜负全校师生员工的期望和要求。我们坚信:只要大家团结一心、众志成城,以时不我待的使命感和主人翁精神全身心投入工作,我们就一定能取得本科教学工作水平评估的最佳成绩!

科学发展铸基业　中原崛起谱华章*

中原五月，风和日丽，花团锦簇。在这个美好的季节里，我们十分高兴地迎来了教育部本科教学工作水平评估的专家组。在此，我代表全校师生员工对各位专家、领导的光临表示热烈欢迎！下面，我就学校本科教学工作向各位专家、领导进行汇报，敬请批评指正。

一、学校的历史与现状

1983年4月1日，河南财经学院经原国家教育委员会批准正式成立，并于同年10月开始招生，成为河南省唯一一所财经类本科院校。

1993年，学校被批准为硕士学位授权单位，建校10年即迈上研究生教育新台阶。

1998年，学校顺利通过教育部本科教学工作合格评估。

2004年，经省政府批准，学校在郑东新区购地1 540亩筹建新校区。

2004~2006年，学校在已有省级重点学科产业经济学的基础上，又获批企业管理、会计学、技术经济及管理3个省级重点学科。

2005年，学校评建工作正式启动。全校上下聚精会神搞建设，一心一意谋发展，切实做到"建"有成果，"改"有实效，"管"有提高，学校发展迈出

---

* 本文系作者2008年5月12日在迎接教育部专家组进校欢迎会上所作的本科教学工作水平评估校长报告。

新步伐。

经过25年的发展,学校设有15个教学院系,37个本科专业,32个硕士学位授权点,拥有普通在校本科生11 773名、专任教师777人,成为河南省培养高级经济管理人才的重要基地。据2004年河南日报进行的"我心目中最理想的大学"评选结果显示,我校排名第6位,位居河南省非综合性大学之首。据2006年中国管理科学研究院武书连等人推出的大学排名结果显示,我校生源质量在全国700多所大学中排名133位。学校先后荣获省级"文明单位""河南省思想政治工作先进单位""河南省文明校园标兵""河南省'两课'教学先进高校"等荣誉称号。

学校自创办以来,得到了中央领导和省委、省政府的亲切关怀和大力支持。1998年,原中共中央政治局常委、国务院副总理李岚清同志到我校视察工作;建校十周年,时任河南省委书记的李长春同志为学校题词——"培养合格人才,为振兴河南服务";建校二十周年,全国人大常委会原副委员长姜春云、时任河南省委书记的李克强同志发来贺信,对学校发展寄予厚望。中央和省里领导同志的亲切关怀和大力支持,为学校发展指明了方向。

面对高等教育快速发展的新形势和服务中原崛起的新要求,学校适时提出以评促建、新校区建设、博士点申报、更名大学四项重点工作,全校师生员工精神振奋,备受鼓舞。

回顾25年的办学历程,我们走出了一条以学术铸校魂、以质量求生存、以特色显优势、以发展增实力的强校之路。河南财经学院25年的发展史,是财院人聚精会神把握高等教育规律的探索史,是锲而不舍提高人才培养质量的奋斗史,是一心一意服务河南经济社会发展的创业史。

二、办学指导思想与定位

学校制订了《河南财经学院2006~2020年发展规划》,在准确把握"三个符合度"的基础上,进一步明确了学校的办学指导思想、发展目标和办学定位。

学校的办学指导思想是:以邓小平理论和"三个代表"重要思想为指导,坚持社会主义办学方向,全面贯彻党和国家的教育方针,落实科学发展观,以改革为动力,以质量求生存,以创新谋发展,优化结构,突出特色,不断提升学校的综合实力和核心竞争力,全面提高教育教学质量和办学水平,为全面建设小康社会、实现中原崛起提供人才资源和智力支持。

在这一思想指导下,学校的发展目标、办学定位和办学思路是:

办学总体目标:学校坚持学术兴校、质量立校、特色名校、发展强校,实施"两步走"发展战略。第一步,到2013年(建校30周年),进一步提升人才培养质量、学术水平和社会服务能力,使我校的综合实力得到进一步增强。第二步,到2023年(建校40周年)或更长一段时间,把学校建设成特色鲜明、多学科协调发展、国内知名的财经大学。

学校的办学定位:积极推进我校由教学型向教学研究型大学转变。以本科教育为主,大力培养"厚基础、宽口径、强能力、高素质"的应用型人才,为河南经济建设和社会发展服务。

学校的办学思路:内抓机制、外引资源、拓展空间、科学发展。

三、本科教学工作与成效

学校一贯重视本科教学工作,始终坚持以人才培养为根本任务,始终把教学质量作为学校发展的生命线,始终坚持本科教学工作中心地位不动摇,本科教学质量稳步提高。

(一)建设高水平师资队伍,满足本科人才培养需要

引进人才措施得力。学校实施"双百人才工程",坚持引进、培养和提高相结合,构建多层次、多渠道的师资培养体系,重点引进知名学科带头人、优秀博士和高层次留学人员。2001年,学校制订《关于培养和引进高层次人才的若干规定》,对于引进的博士和学科带头人,给予安家费10万元、科研启动经费5万元、月薪补贴4 500~5 500元的待遇。这项政策一经实施,在社会上引起了巨大反响。近3年,学校用于人才引进和学术队伍建设的经费达1 210万元,新增博士、硕士学位教师235人。

队伍建设成效明显。学校现有专任教师777人,其中,具有博士学位110人,具有硕士学位以上教师占专任教师的64.09%。学校现有国家级有突出贡献专家2人,国家"百千万人才工程"第一层次1人,教育部教学指导委员会委员2人,享受国务院政府特殊津贴专家6人,河南省优秀专家12人,河南省"555人才工程"省级人选12人,河南省教育厅学术技术带头人

33人,入选河南省创新人才支持计划3人,河南省杰出青年科学基金获得者3人,省级骨干教师30人。其中,经济学界最高奖"孙冶方经济学奖"获得者杨承训教授是河南省唯一一名中央马克思主义理论研究和建设工程成员,著名经济地理学专家李小建教授是2001年、2003年中科院院士有效候选人。

教师科研水平较高。在学术兴校战略的引领下,广大教师不断进行学术创新,科研成果的层次和水平显著提升。近三年,学校获得国家和省级立项项目118项,其中涉及经济管理研究领域的项目占70.34%。杨承训教授的黄河流域经济研究,李小建教授的公司地理与农区发展研究,李鸿昌教授联系河南实际进行的金融、投资理论与对策研究,郭军教授等人的未来20年河南产业发展研究,郭文轩教授的中原城市群理论研究,乔法容教授的经济伦理研究,侯恒教授的商品经济理论研究,吴承业教授的投入产出理论研究,郭济兴教授的《三国演义》与经营谋略研究等众多科研成果,不仅产生了良好的经济效益和社会效益,而且有力地促进了教学质量和学术水平的提高。2000年,学报《经济经纬》入选中文核心期刊,2006年又入选CSSCI来源期刊,影响因子升至0.58,位居河南省社科学术理论期刊之首,在包括《经济研究》在内的48家综合性经济类学术理论期刊中排名第18位。

(二)加强基础设施建设,改善本科教学工作条件

努力拓展办学空间。为适应河南经济社会发展对高等教育发展的要求,学校在郑东新区征地1 540亩,并做好了总体规划与单体设计、基础设施和勘探等建筑施工前的准备工作。在新校区建成使用前,我们在郑州西郊租用郑州职业技术学院作为西校区,用于安置每学年的大一新生,较好地解决了扩招后学生的学习和生活问题。

着力改善办学条件。近三年,学校共投入文献资源建设经费900余万元,构建了纸质文献和电子文献、传统馆藏和数字馆藏相结合的文献信息资源保障体系。2005年和2007年,学校先后斥巨资用于校园网的扩建和改造,较好地满足了师生的需求。

倾力加大教学投入。学校积极筹措资金,优先保证教学投入,教学经费逐年增加。2005~2007年,四项经费占学费收入的比例为30.01%、30.69%、31.03%。

(三) 深化教学改革，提高本科教学质量

优化专业结构。目前学校设置 37 个本科专业，其中经济管理类专业 24 个。此外还包括与此相关的法学、信息等学科关联较强的专业，英语、应用数学等基础性专业，资源环境与城乡规划管理、会展经济与管理等体现科学发展观的专业和新兴专业。在 2005 年河南省首届名牌专业评审中，会计学、金融学入选省级名牌专业，2007 年金融学入选国家级特色专业，国际经济与贸易、工商管理专业入选省级特色专业。

强化实践教学。2007 年，利用日元设备贷款项目 1 200 万元，更新了计算机基础实验室、语言实验室，建成了经济管理系列专业实验室。通过产学研合作和人才协作培养等途径，建立了 123 个稳定的校外实习基地，较好地满足了学生实习实训的需要。以"思想学术节""科技文化艺术节""体育节"为龙头的课外活动成为学生自我教育、自我学习、自我管理的有效载体。学校长期坚持开展多类型、多层次的社会实践活动，近三年连续被评为"全国大中专学生志愿者暑期'三下乡'社会实践先进单位"。

加强课程建设。学校建设省级优秀课程 15 门、省级精品课程和省级网络课程 11 门。目前学校利用多媒体授课课程 315 门，占全部开设课程的 92.11%。近三年，我校教师共发表关于教学内容与课程体系、教学方法与手段改革的论文 95 篇。在近两届国家级、省部级教学研究项目中，我校教师共承担 36 项。2001 年获国家级教学成果奖 1 项，2001 年、2005 年获省级优秀教学成果奖 10 项。李小建教授将最新科研成果融入《经济地理学》教材，该书荣获全国优秀教材一等奖，被中国地理学会理事长陆大道院士称为是与国际接轨的教材。我校教师编写的《会计学》《证券投资学》《政治经济学》《国际经济学》《公共财政学》《计量经济学》等地方院校经济管理类核心课程系列教材，获省级教学成果特等奖；《国际贸易结算与融资》《国际经济学》入选国家"十五""十一五"规划教材，《旅游企业财务管理》《旅行社经营管理》等教材入选国家旅游管理专业"十一五"规划教材。

(四) 完善质量监控体系，规范本科教学管理

监控体系完善。学校构建了以组织保障系统、教学质量测评系统、教学检查及信息收集系统、教学建设评估系统、信息反馈及调控系统等组成的本

科教学质量监控体系。

监控制度健全。学校制定了一系列教学管理文件,完善了各主要教学环节的质量标准,把突出教学中心地位作为院、系(部)和各职能部门绩效考核的重要指标,把教学质量作为教师评先评优、职称评聘的必要条件,实行教学质量一票否决制,从而保证了教学管理的科学化和教学行为的规范化。

监控队伍优秀。学校拥有一支熟悉教育规律、管理经验丰富的教学管理队伍。近两届,这支队伍承担了国家级教学改革研究项目2项;获国家级和省部级教学成果奖10项;近三年主持各级教学管理及改革研究项目29项;获得各级优秀研究成果奖53项;出版专著、教材28部。

(五) 加强学风建设,浓郁本科教学工作氛围

以教风带学风。学校坚持教师学术能力培养与师风师德建设并重,大批爱岗敬业、为人师表的教师不断涌现,先后有27名教师被评为国家级优秀教师、全国劳动模范等,他们有力地感染并带动着学生刻苦学习、勤奋进取。心理学教师周正的课堂实录被学生整理成系列文章,在《心理与健康》《青年心理》等杂志上专栏发表,多次被《读者》转载,并由上海大学出版社集结成书出版。

以研风促学风。学校出台了《河南财经学院大学生课外学术科技创新活动计划》,成立了领导机构,设立了科技创新基金,鼓励学生申报科研课题、开展科学研究,扶持学生学术社团活动。大学生"挑战杯"竞赛、"星火论坛"、"素质大讲堂"、"财智大讲堂"、"学术报告月"等学术类品牌活动广受欢迎。近三年,学校开展的各类讲座及报告总计275场,参加学生达51 592人次,营造了浓厚的学术氛围。资源环境与科学系学生的"绿色小组"科研团队撰写的《郑州市区封闭快速道路系统可行性研究》,获河南省第五届"挑战杯"竞赛一等奖,受到专家一致好评;该团队完成的专著《退休行为及退休年龄研究》,被全国政协委员作为相关提案的重要支撑依据。旅游系学生在教师带领下,参与了南阳市区、平顶山市区、郑州市惠济区、兰考县等市县的旅游规划制订,有力地促进了当地旅游资源的开发和旅游业的发展。统计学系学生完成的调查报告《河南农村留守妇女状况调查研究》在中国人文社会科学核心期刊、中国科技核心期刊《西北人口》2007年第6期发表,2006年11月,《中国人口报》曾于头版头条报道。

以机制保学风。我校建立了完善的奖励机制和助学机制,确保优秀的学生学习有动力,困难的学生学习有保障,后进的学生学习有参照。2005年,学校荣获"河南省高校国家助学贷款先进单位"荣誉称号,在2006年全省高校国家助学贷款工作评比中荣获优秀奖并位居第三名,同时获得全省高校国家助学贷款工作特别贡献奖。

(六)本科教学工作成效显著,社会声誉好

生源质量优。学校2005年文科第一志愿上线人数是录取人数的1.3倍,理科为1.52倍;2006年文科第一志愿上线人数是录取人数的2.16倍,理科1.39倍;2007年文科第一志愿上线人数是录取人数的2.37倍,理科为3.02倍。

学生素质高。我校毕业生基础理论扎实,基本技能过硬,综合素质高,以"能干、肯干、会干"受到社会的广泛欢迎,成为河南省诸多地区、部门和重要行业的生力军。我校学生在竞技体育方面表现出色。在第十届全国大学生田径锦标赛中,我校金牌总数在参赛的100多所高校中位居第7位,连续七届保持了河南省高校田径甲组团体成绩前3名的好成绩。

社会评价好。近三年对857名毕业生所在用人单位的调查结果统计,对我校毕业生的综合素质表示满意的为92.42%,认为我校毕业生基础理论和专业知识水平较好的为95.57%,认为我校毕业生的开拓创新能力较强的达98.83%,认为我校毕业生工作适应能力和社会适应能力较强的为99.42%。近三年,我校毕业生就业率稳定在94%以上。

四、办学特色

沐浴改革开放的春风,经历市场经济的洗礼,植根中原文化沃土,秉承现代大学精神,河南财经学院走过25年的风雨历程,形成了鲜明的办学特色。

特色项目一:根植中原文化沃土,依托学科专业优势,培养应用型经济管理人才。

25年来,学校坚定不移地走学术兴校、质量立校、特色名校、发展强校之路,坚持以先进的办学理念为指导,以服务地方经济社会发展为己任,依

托经济管理类学科专业优势,着力培养应用型经济管理人才,逐步赢得了"读经管专业,选财院;要经管人才,找财院"的社会声誉。

优化学科专业布局,凸显经济管理类专业优势。学校坚持增量与做强、均衡与侧重相结合,积极构建经济管理类优势学科专业体系。学校现设置24个经济管理类专业,基本覆盖了教育部本科专业目录中经济管理类的所有专业。2005年和2007年我校获批的4个国家和省级特色专业、名牌专业均属经济管理类,拥有的4个省级重点学科和1个重点人文社科基地也均属经济管理类,这体现了学校作为河南省经济管理类学术资源最集中、办学实力最强、专业最齐全的特色和优势。

优化师资队伍结构,凸显经济管理类师资优势。截至2007年底,我校经济管理类专业博士生77人,占博士生总人数的71.96%;经济管理类高级职称179人,占高级职称总数的57.74%,基本形成了经济管理类师资优势明显的学科群体和结构合理的学术梯队。西方经济学教研室被评为省级教学团队。目前,我校有注册会计师、注册资产评估师、金融经济师等"双师型"人才73名。

优化人才培养模式,凸显经济管理类培养优势。学校高度重视经济管理类通识人才教育。在课程设置上,学校坚持把政治经济学、经济数学、会计学、财政学、西方经济学、货币银行学、国际贸易、国际金融、统计学、发展经济学和经济法概论等核心课程作为财经类专业基础课在全校打通,统一学时,统一考核,强化这些课程在财经类人才培养过程中的基础和核心地位。同时强化实践教学,构建了基本技能训练、专业素养训练、综合创新训练三位一体的实践教学模式,学生专业技能显著增强。近三年,会计学院学生获得会计从业资格证书的有447人;国际经济与贸易学院学生获得各种职业(如物流、报关、报检、营销等)从业证书的有140余人;旅游管理系学生仅获导游证的就有71人;工商管理学院学生获得各种职业(如营销、公关等)从业证书的有35人。近三年,在全国大学生数学建模竞赛和"挑战杯"大学生创业计划大赛中,我校荣获全国二等奖3项、三等奖3项;荣获河南赛区一等奖8项、二等奖15项和三等奖23项。

坚持以科研促进教学,凸显经济管理类科研优势。学校实施"学术兴校"战略,鼓励教师关注并研究河南经济社会发展的现实问题。学校先后举办"河南省发展先进生产力研讨会""河南省全面建设小康社会理论研讨会""建设创新型河南理论研讨会""十七大理论创新与河南发展研讨会"等,为省委、省政府决策提出有价值的参考意见,李克强、徐光春等领导先后出席会议。我校教师在国际期刊发表的跨国公司与中国区域发展、欠发达农区发展等方面的系列文章引起国际同行的关注。围绕省委、省政府中心工作撰写的《新经济对河南经济的影响》《构建产业链条、提升核心竞争力》《河南省投资建设资金寻源》《河南经济竞争力评析》《未来20年河南产业发展研究》《21世纪河南经济发展若干重大问题研究》《河南经济发展比较研究》《河南省辖市经济发展的个性与战略选择》等重要文章和专著,多次被省委、省政府主要领导批示,被指定为"十五"规划、"十一五"规划、"河南省全面建设小康社会规划纲要"等纲领性文件的主要参考文献。

广大学子学以致用,彰显经济管理类就业优势。25年来,学校已向社会输送6万余名毕业生,活跃在河南省经济建设和社会发展的主战场,大批毕业生成为单位和行业的骨干力量。如中国神马集团公司副总经理张允春、郑州粮食批发有限公司董事长刘文进、广发银行昆明分行行长朱灿璋、中信银行石家庄分行行长韩光聚、郑州市商业银行行长王天宇、经纬会计集团董事长赵克罗、中国侨商联合会副秘书长董磊石等,都在各自的岗位上发挥着重要作用。另据统计,我校毕业生在河南省建设银行系统中的员工的比例达7.39%,在河南省农业银行系统中的员工的比例达10.2%,占河南省中国银行系统2001年以来招聘员工比例的37%。还有一部分毕业生选择了自主创业。我校毕业生李爱玲,到宝丰县洼李村任村委会主任,先后荣获了宝丰县"巾帼科技致富带头人"、平顶山市"三八红旗手"、平顶山市"劳动模范"、河南省"新长征突击手"等荣誉称号,被团中央选为"青春的选择"——大学生基层创业模范报告团成员,新华社对她的事迹进行了专题报道;我校毕业生周广文,现任北京文华投资管理公司董事长;毕业生王建树现任豫发置业有限公司董事长,经过艰苦创业,现已形成雄厚的经济实力,为当地经济发展做出了积极贡献。

特色项目二:坚持用中国特色社会主义理论统领思想政治教育,着力提高大学生的思想政治素质。

25年来,我校依托主渠道、主阵地,注重"三个建设",坚持"三个结合",促进"三个坚定",与时俱进地推进中国特色社会主义理论"进教材、进课堂、进学生头脑",不断用马克思主义中国化最新理论成果武装大学生,着力培养学生的核心素质,促进大学生的健康成长。"起步早、队伍强、成果多、机制好、成效显、影响大",形成了大学生思想政治教育工作的亮点和特色。

注重"三个建设":师资队伍建设、课程建设和理论建设。杨承训教授作为中央马克思主义理论研究和建设工程主要成员,在中国特色社会主义理论研究方面提出了富有价值的见解和观点。1994年,我校就成立了中国特色社会主义理论研究所,聚集了一批精干的教学研究人员。目前,学校设置了马克思主义基本原理等4个硕士学位授权点,承担理论课教学任务的教师41人,其中高级职称19人,博士及在读博士10人,硕士22人。1995年,我校率先独立开设"建设有中国特色社会主义理论概论"课。1998年,我校参与了教育部"两课""98方案"的讨论修订工作。十多年来,学校围绕"三进工程"开展教学改革研究,构建"四点筛选式"教学体系,重点讲解"理论重点、科学难点、社会热点、思想疑点",力争在理论上讲深、讲透、讲实,完成了一系列教改成果,获国家级教学成果奖1项,省级教学成果奖2项,2门课程被评为省级优秀课程和精品课程。近年来,学校共主持和参与国家级、省级理论研究课题70余项,出版著作和教材39部,发表学术论文400余篇。乔法容教授发表的《论社会主义核心价值体系的功能》一文,被《光明日报》评为2007年十大学术热点支撑文章。

坚持"三个结合":坚持理论教育与实践活动相结合、教师引导与自我教育相结合、全面教育与骨干培养相结合。通过"抓活动、抓实践、抓骨干、抓社团、抓网络"等实践育人的环节,与第一课堂的主渠道教学形成了相互衔接、彼此促进的理论教育模式。以思想学术节、科技文化艺术节、体育节为载体,构建校内实践活动平台。学校先后组建"三个代表"重要思想实践团、形势政策宣讲团、落实科学发展观实践服务团、新农村政策及社会主义荣辱观宣讲服务团,广泛开展科技、文化、卫生"三下乡"活动,构建校外实践活动平台。学校连续3年被评为"全国大中专学生志愿者暑期'三下乡'社会实践先进单位"。我校学生理论学习社团时间长、数量多、影响大,在河南省高校独树一帜,被学生称为"第二党校",多次获得"河南省优秀学生社团标兵""河南省教育系统优秀社团"等荣誉称号。享有"中原第一班"美誉的国旗班在学生爱国主义教育方面成为一道亮丽的风景。学校组织实施"青年马克思主义者培养工程",组建了优秀大学生骨干分子培训班。在兰考焦裕禄纪念馆、林县红旗渠等地建立"思想教育基地"。目前,全校递交入党申请书的学生占在校学生总数的80%以上。

促进"三个坚定":大学生理想信念坚定、政治立场坚定、发展信心坚定。我校始终坚持用中国特色社会主义理论武装大学生,实施"核心课程主导、多条渠道配合"的思想政治教育实践,与时俱进地构建大学生"灵魂工程",取得显著成效,坚定了大学生的理想信念,坚定了大学生的政治立场,坚定了大学生对改革开放发展的信心,得到了上级认可、社会认可、学生认可。2006年我校对600名学生进行的专题调查结果显示,有61.3%的学生认为开设思想政治理论课程是"必要的",有75.5%的学生认为老师讲课"很好"或"较好",有67.2%的学生认为学习思想政治理论课对于"形成正确的世界观有帮助"。2007年的问卷调查再次显示,84%的大学生对于中国特色社会主义建设表示"较有信心"和"十分有信心",在回答"如果国家遇到危险和困难时",有89%的样本显示"如需要,可以献出一切"。

五、存在的问题及努力方向

三年的评建实践,学校的学科专业建设、师资队伍、教学管理、学风建设、教学基本条件等都得到了全面提升。在环境相对困难的情况下取得当前的办学成绩实属不易,全校上下艰苦创业、志在必得的顽强意志已经成为学校发展史上一笔宝贵的精神财富!

我们也应清醒地看到,与国内同类大学相比,与我们的发展目标相比,与全省人民的要求和期望相比,我们在办学空间、高水平专业实验室内涵建设等方面还存在一定差距和不足。在今后的办学实践中,我们将虚心接受专家意见,认真学习兄弟院校的先进办学经验,进一步采取有针对性的整改措施,努力实现学校各项事业又好又快发展。

明德博学育新人,经世笃行济社会。植根中原文化沃土,历史的厚重让我们不敢懈怠;投身中原崛起大潮,时代的重托催我们奋发有为。今天的河南财经学院,已经站在新的起点,踏上新的征程。占地1 540亩的新校区,坐落在生机盎然的郑东新区,现已完成了总体规划、单体设计,短期内,一所兼具生态化、数字化、园林化、现代化的大学校园将拔地而起;我校更名大学的工作已经通过省专家的调研论证,现在进入了实质操作层面;我校优良的学科基础和蓬勃的发展势头也将是我们申报博士学位授予权的重要筹码和竞争优势。我们深信,实现办学层次的新跨越、办学空间的新突破,建设基础实力雄厚、办学特色鲜明的财经大学的目标已不再遥远!

三年的评建实践使我们深刻地认识到,迎接本科教学工作水平评估的过程不仅对我们工作有重大促进,而且使我们思想经受了一次深刻的洗礼。是评估让我们有机会静下心来梳理建校以来的办学历史,总结25年来的办学经验;是评估为我们搭建了创业的舞台,让全校师生爱校如家的热情空前高涨;是评估让我们有幸请到了这么多威望高、成就大的教育专家来为学校的发展进行科学诊断和现场指导,这些都必将成为财院人宝贵的精神财富,并将赋予财院人无尽的创造力!

评建工作开展以来,全校1万多名师生员工一直在为学校更好更快发展、为评建工作尽职尽责、倾心倾力。但河南财经学院毕竟建校时间不长,发展空间暂时受到一定制约,本科教学工作及其他各项工作有待改进的地方还有很多,我们热切渴望各位专家多提宝贵意见,殷切期盼得到各位专家的理解、支持。我们要以此次评估为契机,举全校之力,汇全校之智,正视不足,认真整改,为建设特色鲜明的财经大学而不懈奋斗!

持之以恒　加强建设　努力做好整改工作*

通过对预评估以来评建工作的认真总结和全面梳理,充分吸收教育部专家组对我校评估的考察意见和建议,在此基础上多次召开专题会议研究整改工作,并形成了整改方案。针对下一步的整改工作,我谈几点要求。

一、整改工作的指导思想

本科教学工作水平评估是由学校自评自建、教育部专家组进校考察和学校整改提高三个阶段构成。自评工作是第一阶段;第二阶段就是专家组到被评学校现场考察,这个时间是一周,在专家考察评估基础上提出整改意见,供学校整改参照;第三阶段是学校整改提高阶段,是指专家组进校考察结束后的为期一年的整改工作。这三个阶段构成了一个完整的过程,不能认为只有专家组进校考察才是评估。整改阶段的任务是根据教育部正式下发的专家组考察意见,有针对性地对教学工作进行整改,进一步提高学校的教学工作水平和人才培养质量,并为学校的进一步发展奠定坚实的基础。为此,教育部要求被评学校在专家组现场考察结束后,一个月内向教育部和高等教育教学评估中心递交整改方案;一年的整改结束后,向教育部和高等教育教学评估中心呈报整改情况报告。

评估工作并不像一些同志所想象的那样,专家走了,评估也就结束了,

---

* 本文系作者2008年5月23日在学校本科教学工作水平评估整改工作大会上的讲话。

以为专家给予了较高的评价,可以拿到好的成绩,就可以万事大吉、松一口气了。这样的思想认识是要不得的,教育部专家评估仅是评建工作的一部分,最后的评估结果如何,还要看我们在这一年时间内的整改工作如何,因为它随时有一个检查回访。我们必须扎扎实实地搞好整改阶段的各项工作,不能因为我们的工作疏漏或者松懈使前一段的工作成绩前功尽弃、付诸东流。

在总的指导思想上要突出以下几个方面:坚持以科学发展观统领学校本科教学工作,坚持以"二十字"评估方针推进本科教学工作,坚持以长效机制监控和保证本科教学工作,坚持以培养健全人格的应用型人才引领本科教学工作,切实把我校本科教学工作提高到一个新水平。

二、整改工作的主要内容

根据专家在大小反馈会上的反馈意见,下一步整改工作的主要内容包括以下几个方面。

1. 优化学科专业布局,加强特色专业和新专业建设。一是学校应依据以经济、管理类学科为主,经、管、法、文、理、工等多学科协调发展的定位,优化学科专业结构布局。要以教育部1998年颁布的《普通高等学校本科专业目录》上二级学科分类为依据,进行专业归属的重新定位,逐步理顺各院系的专业布局,推进相关院系、专业进一步融合。二是加强特色专业建设。特色专业建设对提高教学质量具有重要地位,我们要从师资队伍、教学经费、课程、教材、课堂教学、实践教学、教学改革、教学管理等方面,积极培育新的特色专业建设点。增加特色课程和精品课程的数量,提高质量,并不断拓展与原有专业关联强、就业市场好,能显示我校优势的专业。三是要切实加强新专业的规划和建设。要制定关于加强新专业建设的指导性文件,协调教务处、人事处、科研处、财务处、相关院系等相关单位和部门,科学规划新专业,严格新专业申报程序,加大新专业建设的扶持力度,加强对新专业的指导和监督,定期进行新专业评估。从师资队伍建设、课程建设、教材建设、教学方法和手段、教学条件、实践教学环节、图书资料、教学制度文件建设等方面,切实加强新办专业的各项建设和改革。

2. 加强师资队伍建设,提升教师整体教学水平。一是要严格执行、落实教授、副教授为本科生上课制度,连续两年不讲授本科课程的,学校不再聘任其担任相应的技术职务。这个工作,就从 2008 年开始,人事处要认真抓落实。二是积极培育教学名师和优秀教学团队。人事处和教务处要把教学名师、教学团队的培育和选拔列为常规工作,积极开展校级教学名师、教学团队建设,努力创建省级教学名师和教学团队,力争国家级教学名师和教学团队。三是切实抓好中青年教师教学水平建设。目前我校的中青年教师比例较大,尤其要注意加强对青年教师的指导和培训。要继续发扬"以老带新"的优良传统,对青年教师实行导师制,为每一位新进青年教师配备一名副教授以上的教师作为其导师。青年教师要上讲台,必须经过导师们的培训、试讲,教学效果必须让导师们"满意"。四是要进一步提倡研究性教学,不断提高教师的教学科研水平,以科研促进教学,造就教学名师。

3. 加强教学设施建设,不断改善办学条件。一是要想尽一切办法加快新校区建设,积极拓展办学空间。二是增加教学经费,尤其是增加四项教学经费的投入,保证四项教学经费的比例稳定在 30% 以上。三是加强经济管理专业实验室的内涵建设。教务处牵头,相关院系协助,努力创建省级经济管理类实验教学示范中心。四是进一步增加图书馆藏书,保证能满足各专业的教学需要,图书馆要重点提高纸质图书的借阅率和电子文献的点击率,提高图书馆利用率。五是不断加强校园网建设,确保校园网高效运转,不断提高为教学服务的水平。六是进一步整合教学资源,建立教学资源共享和有效利用的工作机制。

4. 规范教学管理,建立保障教学质量的长效机制。一是要建立健全各个教学环节的质量标准,进一步细化包括课堂教学、课堂讨论、辅导答疑、实验、实习、实训、毕业设计等各主要教学环节的质量标准,不断完善质量监控机制并严格执行。二是进一步加强实践教学。完善实践教学体系,全力践行三位一体的实践教学模式,通过加强实习基地、实训环节和实验室等方面的建设,切实强化基本技能训练、专业素养训练和综合创新训练。三是进一步提高试卷质量,规范试卷管理。试卷命题能反映命题教师的水平,试卷出的好,就能全面考核学生的理解能力、应用能力和创新能力,不会仅仅局限在考核学生的认知能力上,所以提高试卷的命题质量是我们下一步试卷整改的重中之重。同时还要加强试卷的审核、把关环节,各院系要把好试卷质量关,教务处要把好试卷规范关。四是加强毕业论文指导。围绕选题、指导、中期检查、评阅、答辩等环节,制定明确的规范和标准;根据不同专业特点和条件,建立有效的毕业设计质量管理模式和监控制度;加强过程管理,确保毕业设计(论文)质量。在试卷和论文的整改上,要突出教研室的基础地位,充分发挥教研室的作用。

5. 更新教育思想观念,进一步深化教学改革。一是加强对教师和管理人员关于高等教育思想、教育观念的学习、研讨和培训,不断提高教师的思想素养和专业水平。要不断研究教学方法,探索先进的教学方法,就像伍世安组长讲的那样,要启发、引导学生去主动分析问题、解决问题。二是明确高等教育发展规律,把提高教育质量的理念贯穿到教学的各个环节,如专业设置、培养方案、课程设置、课堂讲授、试卷、论文、实践教学。三是进一步加强课程建设。深化教学内容和课程体系改革,力创国家级精品课程;进一步加强双语教学,制定有效措施保证双语课程比例稳步上升,保证双语课程质量不断提高。

6. 进一步加强教风、学风建设,营造良好的育人环境。一是要尽快修订、完善加强教风建设的各类制度文件,大力弘扬敬业精神和奉献精神,高度重视师德师风建设。充分发挥"三育人"评比的导向功能,通过课堂教学技能竞赛、课堂教学优秀奖评选、教师教学质量评价(包括建立教师教学质量档案)、课件评比等措施,奖励先进,树立榜样,指导并鼓励教师要把主要精力投入到教学和科研工作中来,把主要精力投入到如何提高课堂教学质量中来。认真研究和探索教学方法和手段的多样化,认真研究和探索教学艺术。我们的教师要注重教学内容的研究,认真备课,认真准备教案;要做好课件,提高课件质量,增强教学效果。学校要加强对教师授课质量的检查评议,促使其尽快提高教学水平。二是进一步加强学风建设。要深入开展各种学术活动,努力营造健康向上的校园文化,弘扬努力学习、刻苦拼搏的精神,打造诚信理念,增强学生自主学习的积极性和终身学习的意识;要大力推动第二课堂活动,开展科技创新,强化学生的科技创新意识,激发学生参与科技创新活动的积极性;要开展促进学风建设的学生思想大讨论活动,围绕"做人、做事、做学问"的主题,塑造学生朴实、诚实、务实的人格品质,促使学生"肯干、能干、会干";要努力排除社会不良风气的干扰,形成良好的育人环境。

除以上六方面的工作之外,我们要进一步加强特色建设。学校在25年办学过程中,凝练的办学特色是"根植中原文化沃土,构筑三位一体实践教学模式,培养健全人格的应用型人才",这个项目已经得到专家肯定,下一步的任务重点放在以下三个方面:一是学校如何从办学的各个侧面进一步体现这一特色,学校的办学指导思想和理念、师资队伍、教学条件、专业建设、教学管理等方面都要围绕学校特色做文章;二是各职能部门要深入思考如何为教学服务,如何做工作增亮学校的特色;三是各教学单位如何以项目为抓手,使学校特色具体化,认真思索我们可以做哪些项目能够带动院系的工作,使学校的办学特色更鲜明、更突出,进而带动学校和院系又好又快地建设和发展。

三、整改工作的总体要求

1. 统一认识,全员参与。我们要充分认识整改工作的重要性。从评估工作的过程看,整改是评建工作的重要环节;从评估工作的方针看,整改是巩固评估成果的重要手段;从评估工作的目的看,整改是促进教学质量提高的重要措施;从评估工作的结果看,整改是衡量评估效果的重要标志。对于评估工作,虽然我们取得了良好的成绩,专家组对我们的工作给予了充分肯定,但我们绝对不能认为我们的各项工作都很完美。我们要清醒地认识到,我们在教学、科研和管理等各个层面上与许多大学的差距是明显的,需要整改的问题和不足还很多。我们必须强化忧患意识,珍惜利用好难得的评估整改机遇期,广泛宣传、全面发动、层层动员,统一思想、统一行动,坚决克服部分教职员工存在的思想放松和整改"与己无关"的错误认识,全体师生员工要以对学校高度负责的精神,积极投身到整改工作中来,团结一致,扎实工作,用解放思想焕发出的工作热情扎扎实实做好评估整改的每一项工作。尤其是上述重点工作所涉及的主要部门、单位和相关人员,更要高度重视、积极努力做好工作。

2. 理清思路,明确任务。必须把握好整改工作的总体思路,"立足长远、全面规划、分类实施",做到"四明确、四落实"。一是明确整改思路,落实具体方案。各部门、各单位要在"立足长远、全面规划、分类实施"的总体思路指导下,明确整改的具体工作思路,切实落实具体整改工作方案。二是明确整改目标,落实指标责任。整改目标是要全面整改,不留死角,改进工作的方方面面。各部门、各单位要明确整改工作的各项目标,将整改指标层层分解到单位、到个人,做到责任明确。三是明确整改任务,落实专项措施。要认真布置各项整改任务,继续组织开展专项检查,加强指导和监督,使各种专项措施落在实处。四是明确整改计划,落实工作细节。各部门、各单位要把评估专家提出的问题逐项进行认真研究,一一提出整改计划,确保每一个问题都得到有效解决,每一处不足都得到切实改进。要把细节做好,标准做细,工作做扎实,把标准、工作细节处理得更加完善,整改的工作才能更富有成效,更见水平。

3. 精心谋划,务求长效。整改工作不能就整改谈整改,要立足当前,谋划长远。要巩固成果,建立机制,勇于创新,对下一步工作要精心谋划,既要立足于"改",更要着眼于"建"。要将固化的评建成果、先进的思想观念、成功的经验做法,运用到今后的教学和各项工作中去,充分发挥评估成果的积极促进作用,在指导思想、办学特色、办学条件、教学管理、教风学风、服务教学等方面下功夫,建立起长期有效的工作机制,努力促进学校教学和各项工作再上新的台阶。

评建成果凝聚了全校师生员工的心血和汗水,来之不易。有人说,评估之后有"四看":一是评估之后看评估,评估对学校发展的重大价值和重要作用已为历史证明,并将继续得到彰显;二是评估之后看教学,要始终坚持本科教学工作的中心地位不动摇;三是评估之后看发展,要切实把学校发展的重点转变到提升内涵质量和打造办学特色上来;四是评估之后看学校,要进一步增强河南财院的社会责任感和历史使命感。我们一定要好好珍惜迎评促建的工作成效,将通过迎评促建形成的好作风、好做法继续保持下去,落实到日常工作中,始终以迎评促建的精神促进河南财经学院各项工作进一步发展。

回顾过去,我们成绩显著、信心百倍,展望未来,我们前景美好、任重道远。我们要继续全面落实教育部《关于加强高等学校本科教学工作 提高教学质量的若干意见》的文件精神,继续发扬艰苦奋斗、自强不息的优良传统,以评估为机遇,以改革为动力,认真做好整改,进一步加强学校各方面的建设与管理,努力培养优秀人才,为建设河南财经学院美好明天而奋斗!

合两校之力　创优势品牌*

一、合并组建大学的必要性

合并组建大学是我省加快实现中原崛起战略的客观要求。据2009年全国人才需求信息，工商管理类、经济学类、法学类排在前十位。目前我省高校对经济、管理和法律类人才的培养能力明显不足，本科以上在校生仅占总数的9%左右。组建河南财经政法大学，将实现经济、管理和法学学科的优势互补，对加快中原崛起起到强有力的人才支撑作用。

合并组建大学是填补我省高校结构空白的必然选择。河南84所高校中仅有7所大学，且以综合、理、工、农、师范为主，尚缺少以财经政法管理类为主的多科性大学。与河南财经学院建校历史、办学实力相当的河北经贸学院、安徽财贸学院、新疆财经学院均已更名为大学。

合并组建大学是我省成人高校改制工作的现实需要。教育部要求，成人高等学校必须到2010年完成改制。这是当前河南省高校发展中必须解决的大事。河南省政法管理干部学院若不尽快实现合并改制，其生存将受到严重影响。

合并组建大学是圆满解决历史遗留问题的必由之路。两校从2001年酝酿组建大学事宜，2004年，在省教育厅、省发改委等部门的主导与协调

---

* 本文系作者2009年12月19日在合并组建河南财经政法大学初次遴选会上的汇报提纲。

下,两校在校生规模核定、新校区规划和建设工作已共同进行,难以分开。

原省委书记徐光春、原省长郭庚茂做出专门的批示,明确表示支持两校合并组建。常务副省长李克同志以及四任主管副省长、省教育厅主要领导也先后做出批示或到两校进行调研,支持两校合并组建。

二、两校合并组建大学的条件和优势

两校现已具备办大学的基本条件并在相关领域具有明显特色和优势。

(一) 学科建设

两校拥有河南经济研究中心、河南经济伦理研究中心、诉讼法研究中心、应用经济学开放研究中心等 4 个人文社科重点研究基地和省级重点学科开放实验室,在经济、管理、法学等领域形成了一批特色和优势学科。

区域经济学在 7 项国家自然科学基金和社科基金项目的资助下,开拓并建立了中国的公司地理学和农户地理学,在区域经济发展的微观研究、空间网络研究方面进行了开创性研究,引起国际同行的高度关注。

产业经济学在建校 10 年时便获得硕士学位授权。近几年,该学科获国家社科基金重点项目等国家级项目 6 项,在 CSSCI 期刊发表论文 100 余篇。

工商管理拥有河南省第一个会计学硕士学位点和 MBA 学位授权;工商管理和会计学专业是国家级特色专业,拥有管理学省级教学团队。

民商法学先后承担国家级研究项目 3 项,获得省级以上科研成果奖 13 项。

经济伦理学先后承担国家级科研项目 8 项,获得省部级以上奖励 12 项,出版著作和教材 39 部。

(二) 科学研究

近 5 年来,两校共承担国家级科研项目 29 项,获得省部级以上科研成果奖励 83 项,其中省级一等奖 8 项。近 5 年的科研经费总额为 2 934.02 万元,年均科研经费 586.8 万元。

其中,李小建教授关于跨国公司与区域发展、农户与农区的研究在国际重要期刊发表系列成果,引领该领域发展,产生了重要影响。杨承训教授关于"中国特色社会主义经济学研究",以及"关于粮食及农业发展问题的意见建议"受到了李长春、刘云山、回良玉等党和国家领导人的高度关注。

学报《经济经纬》连续被评为"中文核心期刊""中文社会科学引文索引(CSSCI)来源期刊"和"全国百强社科学报"。

(三) 教学质量

河南财经学院在2008年教育部本科教学工作水平评估中荣获优秀等次。2009年两校完成的《中西部地区高等教育专业结构调整的研究与实践》《面向商务应用的电子商务本科专业教学模式研究与实践》《财经类人才培养目标、培养过程优化的研究与实践》等3项成果,均获得了第六届国家级教学成果二等奖。李小建教授主编的《经济地理学》获全国普通高等学校优秀教材一等奖,多次修订重印,被国内多数本科高校选用。由于文科类没有政府评定的国家级科研奖,经请示教育部,国家级教学成果奖可在更名大学中视为国家级科研奖。

(四) 基础设施

两校拥有三个校区,占地1 840亩。新校区一期工程项目已经封顶,可确保明年9月份入住12 000名学生。生均教学科研仪器设备值3 965.5元,生均图书103.83册,生均预算内教育事业费7 212.3元。

组建河南财经政法大学是近两万名师生员工的迫切愿望。我们已具备大学设置的基本条件,且合校有利于资源重组,创建优势品牌,解决成人高校改制这一政府必须解决的问题。

汇集资源 优势互补
打造区域财经政法类大学品牌[*]

我们非常荣幸地迎来了教育部高等学校设置评议委员会专家组,对两校合并组建大学工作进行考察和指导。这是学校发展史上的一件大事,对两校事业的全面进步和长远发展,必将产生重要而深远的影响。

第一部分 学校概况

1983年4月1日,经原国家教育委员会批准,河南财经学院正式成立,并于同年10月开始招生。建校10年后,学校被批准为硕士学位授权单位,迈上研究生教育新台阶。1998年,学校顺利通过教育部本科教学工作合格评估。2006年,学校的硕士点由14个增加到32个。2008年,学校在教育部本科教学工作水平评估中荣获优秀等次。同年,学校获得5个省级重点建设一级学科,省级重点二级学科的数量增加至25个,其中应用经济学和工商管理2个一级学科获得省级重点资助学科。

经过26年的发展,学校已经成为河南省培养高级经济管理人才的重要基地。据2004年《河南日报》进行的"我心目中最理想的大学"评选结果显示,学校排名第6位,位居河南省非综合性大学之首。2008年学校再次荣

---

[*] 本文系作者2009年12月26日在教育部高等学校设置评议委员会专家组对合并组建河南财经政法大学工作进校考察时的汇报。

获"河南公众最满意的十佳本科院校",位居大河网河南最具影响力本科院校第五名。2009年又跻身河南教育十大品牌高校。

河南省政法管理干部学院是河南省唯一的一所政法类成人高校,有着悠久的历史和革命传统,学校前身是以邓小平为第一书记的中共中央中原局责成豫西行署创建的豫西行政干部学校,成立于1948年8月,至今已有60多年的办学历史。先后历经河南行政学院、河南大学行政学院、河南省人民政府干部学校、河南省人民委员会干部学校、河南省政法干部学校等发展阶段。1984年,河南省政法干部学校与中央第二政法干部学校合并,成立河南省政法干部学院,1985年更名为河南省政法管理干部学院。

经过60多年的发展,学校已经成为河南省法学教育的重要基地,是省委组织部确定的政法领导干部培训基地,先后为社会培养法学人才5万余人,为河南的民主法制建设做出了重要贡献。学校法学专业优势突出,拥有全省三分之一以上的优质法学教育资源,高级职称教师占全省法学高级职称教师的三分之一以上,全省公检法司干部队伍中三分之一以上接受过我校教育,其中一大批已经走上重要领导岗位。

第二部分 两校合并组建大学的必要性

从全面建设小康社会、实现中原崛起的战略高度出发,结合河南高等教育层次结构和科类结构与布局调整的实际需要,我们认为两校合并组建大学的思路不仅是成熟的,而且是必要的。

一、两校合并组建大学是实施中原崛起战略的客观要求

胡锦涛总书记和温家宝总理近两年视察河南,殷切希望河南在中部崛起中走在中西部前列。"经济能不能再快一点,关键在人",在于大批懂经济、善管理的高层次人才。河南省人力资源和社会保障厅发布的2009年人才需求目录显示,公共管理、企业管理、营销管理、人力资源管理、财务会计、贸易与服务等经济管理类专业是企业人才需求的热门专业。河南省作为全国第一人口大省和中西部经济规模最大的省份,近年来经济增长逐步加快,由此带来了对高层次经济、管理、法律人才的旺盛需求。目前河南省本科以

上经济、管理、法律专业在校生仅占全部在校生的9%,低于全国14.8%的平均水平;每年这些专业本科以上毕业生仅2万人左右,其中硕士毕业生更不足1 000人。河南省对该类高层次人才培养的能力明显不足。与之相对应,河南财经学院作为河南考生心目中最理想的大学之一,由于办学规模和办学层次制约,致使每年第一志愿上线的近七成考生与学校失之交臂。我们深感迅速提升办学层次、扩大办学规模义不容辞,责无旁贷。

二、两校合并组建大学是进一步优化河南高等教育结构的现实需要

河南现有高校84所,但仅有7所大学,而且科类集中在综合、理、工、农、师范五类,尚缺少一所以财经政法管理类为综合优势和特色的多科性大学。从全国范围看,与河南财经学院建校历史、办学实力相当的河北经贸学院、安徽财贸学院、重庆商学院、新疆财经学院等均已更名为大学。而在全国具有较大影响的河南省尚无一所与其经济地位相匹配的财经、政法类大学,实属遗憾。当前,河南省法学教育存在"规模小、层次低、布局散"的问题,对高层次政法类专门人才的培养能力十分有限。将在经济、管理等领域具有独特优势的河南财经学院与拥有丰富法学教育资源的河南省政法管理干部学院合并组建为河南财经政法大学,有利于进一步改善河南高等教育结构,提升河南高等教育的整体层次。因此,河南省已将两校合并发展列入《河南省高等学校设置"十一五"规划》。

三、两校合并组建大学是实现两校优势互补、又好又快发展的最佳选择

合并组建河南财经政法大学,将共同搭建一个更高的发展平台,达到优势互补,形成强势,实现学校的跨越式发展。一是有利于拓宽专业框架,增强学科特色和综合实力;二是有利于经济、管理和法学学科专业的交叉、渗透和融合,培养懂经济、精管理、通法律的高层次复合型人才,更好地为我省经济社会发展服务;三是有利于优化资源配置,实现教育资源共享,提高教育质量和办学效益。

两校早已认识到合并的重要性,从2001年开始就酝酿合并组建河南财经政法大学事宜。期间,两校先后八次联合行文向有关部门请示合并事宜,三次赴教育部汇报情况。两校的教授、省人大代表和省政协委员曾数次分别联名向省有关部门和领导致信,提出合并组建大学议案。2003年7月,两校向省教育厅、省政府正式上报了关于合并组建河南财经政法大学的请示。2004年,两校正式成立河南财经政法大学筹备工作组,全面启动了合并组建大学工作,并在郑州新区共同购地1540亩用于建设新校区。同年,在省教育厅、省发改委等政府部门的主导与协调下,两校完成了学生规模核定、新校区统一规划、统一建设等工作。2005年1月,两校成立了新校区建设指挥部,先后投资2.1亿元用于新校区的购地和建设。两校还于2005年联合申报了3个法学专业硕士点。2009年1月,两校再次全面启动了合并组建大学和新校区建设工作。

两校的合并组建工作得到了省委、省政府有关领导同志的关心和大力支持。原省委书记徐光春、原省长郭庚茂做出专门的批示,明确表示支持两校合并组建。常务副省长李克以及四任主管副省长、省教育厅主要领导也先后做出批示或到两校进行调研,支持两校合并组建。2009年6月,河南省高校设置评审委员会在实地考察后认为:两校领导对合并组建大学的工作,目标是明确的,措施是有力的,成效是显著的;学校对合并组建大学的必要性的论述是充分的、有说服力的,对可行性的论述是清晰的,所具有的条件或者说对照组建大学所具备的条件是相符合的。

需要指出的是,合并组建河南财经政法大学在推动两校快速发展的同时,也解决了河南省政法管理干部学院改制问题。按照教育部要求,成人高等学校必须限期改制。及时合并组建河南财经政法大学有利于破解河南省成人高校改制难题,推进河南省高校设置的顺利进行。

第三部分 两校合并组建大学的条件和优势

在多年的办学实践中,两校积累了丰富的教育教学资源,现已具备了申办大学的基本条件并在相关领域具有明显优势。

一、坚持"理念先导,思想先行",增强了发展战略的引导力

2006年年底,我校启动"学术兴校"大讨论,全校上下积极响应,认真酝酿,通过座谈、召开研讨会等形式共同探讨改革发展大计。经过一个月的讨论沉淀,"学术兴校,建设特色鲜明的教学研究型财经大学"成为全校师生员工的共识。

在"学术兴校"战略的统领下,"质量立校、特色名校、人才强校、制度治校"的发展理念也逐渐明晰。

学术是核心。学校大力推崇学术、引领创新,为学术兴校营造了浓厚的氛围。

质量是标准。学校致力深化改革、规范管理,为学术兴校奠定了坚实的基石。

特色是抓手。学校着力培育特色、错位发展,为学术兴校开辟了独特的空间。

人才是载体。学校通过延揽名师、广纳人才,为学术兴校提供了有力的支撑。

制度是保障。学校注重建章立制、照章办事,为学术兴校构建了完备的保障。

二、坚持"重点突破,整体带动",提高了学科建设的带动力

两校拥有河南经济研究中心、河南经济伦理研究中心、诉讼法研究中心、应用经济学开放研究中心等4个人文社科重点研究基地和省级重点学科开放实验室,在经济、管理、法学等领域形成了一批特色和优势学科。

区域经济学学科:该学科是省级重点学科,依托区域可持续发展研究中心(教育部人文社科重点研究基地——黄河文明与可持续发展研究中心分中心),汇聚了毕业于国内外著名大学的研究团队,开拓并建立了中国的公司地理学和农户地理学,在区域经济发展的微观研究、空间网络研究方面进行了开拓性研究。先后承担了国家自然科学基金重点资助项目《农户与地理环境相互作用下的中部农区社会经济协调发展研究》等7项国家级研究

项目,获得省级科研成果奖 8 项,在国内外权威期刊发表了 100 余篇学术论文,在学术界产生了较大的影响。

产业经济学学科:该学科是省级重点学科,依托河南经济研究中心和应用经济学开放研究中心,在现代农业产业发展、旅游产业发展等领域开展了系统研究。先后承担了国家社科基金重点研究项目《中国特色农业现代化道路理论创新与分阶段分区域推进方略研究》等 6 项国家级研究项目,获得省级科研成果奖 18 项,众多研究成果被国家和省市决策部门采纳。

工商管理学科:该学科拥有一级学科硕士学位授予权,是一级省级重点建设学科,拥有河南省第一个会计学专业硕士学位授予点和 MBA 学位授权。工商管理专业是国家级特色专业,拥有管理学省级教学团队。该学科团队以技术创新管理、市场营销管理、知识产权管理等为主要研究方向,先后承担了国家自然科学基金项目等国家级项目 4 项,获得省级科研成果奖 8 项。

民商法学学科:该学科是省级重点学科,依托于法学研究所等研究机构和刑法学、民商法学、经济法学 3 个法学类硕士点,汇聚了河南省主要的法学研究团队。先后承担了国家社科基金项目《市场经济与民事诉讼结构研究》等国家级研究项目 3 项,获得省级科研成果奖 13 项。

经济伦理学学科:该学科依托于伦理学省级重点学科,是哲学与经济学科的交叉学科,特色优势明显,成果丰富。该学科建有河南人文社科重点基地——河南经济伦理研究中心和中国人民大学伦理学与道德建设研究中心企业伦理研究所。学科团队长期开展以企业伦理为主的经济伦理研究,先后承担国家社科基金项目《循环经济伦理——一种新的经济发展伦理理论研究》等国家级科研项目 8 项,获得省部级以上奖励 12 项,出版著作和教材 39 部。

三、坚持"顶天立地,协同攻关",激发了科学研究的生命力

在学术兴校引领下,学校出台《关于实施学术兴校,加快学校发展的意见》《科研成果奖励办法》《学术奖励期刊目录》等文件。在多种措施激励下,教师研究水平逐步提高,具有原创性、标志性、应用性的科研成果不断涌现,在《中国社会科学》《经济研究》以及国际 SCI、SSCI 检索期刊(如 Applied Geography,Professional Geographer,International Journal of Urban and

Regional Research，Third World Planning Review，China Review 等）发表论文的数量逐年增加。

瞄准理论前沿。我校教授瞄准国际学术前沿问题进行跨国公司与区域发展理论研究，并在国际期刊发表了十余篇相关文章，引起国际同行的高度关注。在国际期刊某个研究领域连续发表十几篇文章，在全国文科类高校屈指可数。我校教授在中国特色社会主义理论研究方面提出了富有价值的见解和观点，关于中国特色社会主义经济学研究得到中央政治局常委李长春、中央政治局委员刘云山的亲笔批示。乔法容教授发表的《社会主义核心价值体系的主要功能》一文，被《光明日报》评为 2007 年十大学术热点支撑文章。教师冯百鸣被媒体誉为"提出发行地赈灾专项彩票第一人"，其学术研究成果促使财政部改变彩票有关游戏规则。

紧扣区位特色。一是服务农业发展。河南是中国第一农业大省。诸多教师把研究选题的目光锁定在农村经济发展上。近年来，在该研究领域内共获得包括国家自然科学基金重点项目在内的国家自然科学和国家社会科学基金多项，资助金额达数百万元，推出了一批在国内外有影响力的成果。一些专家学者瞄准学术前沿进行的农户与农区发展等理论研究，在国际学术界产生重要影响。2008 年 6 月，我校教授针对世界粮食危机和我国粮食风险问题提出"实施'八高'工程，化解四大矛盾"的建议，得到中共中央政治局委员、国务院副总理回良玉的重要批示。二是关注黄河经济。杨承训研究员十几年来一直关注黄河问题，潜心研究黄河流域经济，出版了我国第一部专门研究黄河流域的经济学大型专著。央视播出的杨教授专访——《黄河汛期今天结束　60 年安澜显奇迹》，在社会各界引起强烈反响。资源与环境科学系的教研人员围绕黄河中下游生态环境和经济发展问题开展了系列研究。兼任教育部重点研究基地黄河文明与可持续发展研究中心主任的我校校长李小建教授，应中国科学院院士工作局之邀作为咨询组成员参加了有河南、山东两省委托开展的"黄河下游滩区安全和发展问题"院士咨询项目。

助推中原崛起。围绕中原崛起战略大局，我校教师撰写的《新经济对河南经济的影响》《河南经济竞争力评析》《未来 20 年河南产业发展研究》《21 世纪河南经济发展若干重大问题研究》《河南经济发展比较研究》等文章和专著，不仅被省委、省政府主要领导批示并给予高度评价，而且还被指定为"十一五规划""河南省全面建设小康社会规划纲要"主要参考文献。师求恩教授主持的《河南省"十一五"服务业总体发展规划纲要》，直接被河南省发改委全部采用。李卫平教授参与起草了《中华人民共和国司法鉴定法》，由其主持起草的《河南省司法鉴定管理条例》等2部法律草案已经颁布实施。在全国影响颇大的"河南经济论坛"已经进行了8届，于光远、刘国光、厉以宁、吴敬琏、李京文等近40位著名专家学者担纲顾问并先后出席活动，为河南经济建设和社会发展建言献策。

提高办刊水平。河南财经学院主办的学术期刊《经济经纬》连续多次被评为"中文核心期刊""中文社会科学引文索引(CSSCI)来源期刊"和"全国百强社科学报"，影响因子位居河南省社科学术理论期刊之首。在包括《经济研究》在内的48家综合性经济类学术理论期刊中排名18位。

四、坚持"不拘一格，人尽其才"，提升了人才队伍的竞争力

坚持"人才强校"战略，采取一系列措施，有重点、分层次地大力加强师资队伍建设。

加大投入。2001年，学校制订了《关于培养和引进高层次人才的若干规定》，并在《光明日报》发布招聘启事，面向全国广揽人才。对于引进的博士生和学科带头人，给予安家费10万元、科研启动经费5万元、月补贴4 500~5 500元的待遇。这项政策的实施，在社会上引起了巨大反响。2009年，学校再次在《光明日报》《中国教育报》等新闻媒体发布招聘研究院院长等5名高层次人才的启事，得到了有识之士的积极回应。近三年，两校用于人才引进和学术队伍建设的经费达2 000多万元，新增具有博士学位教师100多人，形成了教学、科研力量较强的师资队伍。

搭建平台。围绕教师教学科研事业发展，学校十分注重校、院系学术研究环境的创建和改善。为切实发挥高水平人才的特长，成立了9个处级研究所(中心)等研究机构，配备了研究团队。同时，在鼓励教师攻读学位、培训进修的基础上，围绕教师教学科研水平的提高，注重通过做访问学者、合作科研、参加国内外学术会议等形式，使他们紧跟国际学术前沿，掌握先进教学和研究方法。

成效显著。学校现有国家级有突出贡献专家2人，享受国务院政府特殊津贴专家7人，国家"百千万人才工程"第一层次1人，博士生导师4人，教育部教学指导委员会委员2人，省管优秀专家14人，省级特聘教授1人，省级跨世纪学术和技术带头人11人，省高校科技创新人才支持计划等高层

次人才项目获得者8人,省级教学名师2人。学校现有30多名学者在全国性学术组织中担任重要职务,其中,经济学界最高奖——孙冶方经济学奖获得者——杨承训教授是河南省唯一一名中央马克思主义理论研究和建设工程成员,著名经济地理学专家李小建教授是2001年、2003年中科院院士有效候选人。

五、坚持"改革创新,质量立校",巩固了教学水平的保障力

坚持质量立校。以培养人才为中心,始终把教学工作放在中心地位,不断强化质量是学校生存发展的生命线和永恒主题的意识,人才培养质量逐年提高。河南财经学院在2008年教育部本科教学工作水平评估中荣获优秀等次。

深化教学改革。采取了多种措施,保证教学质量和水平的持续提高。近两届教学成果奖评选中,两校完成的教学研究成果共获得省级以上奖励25项,其中2009年的《面向商务应用的电子商务本科专业教学模式研究与实践》《财经类人才培养目标、培养过程优化的研究与实践》《中西部地区高等教育专业结构调整的研究与实践》等3项成果,获得第六届国家级教学成果二等奖。

创新培养模式。为顺应高等教育国际化的趋势,适应外资、合资企业对国际型人才的需求,我校从2004年开始,在三个传统优势专业开设了国际型人才实验班,引进国际名校教材,用英语授课,为培养能胜任涉外经济贸易、外资企业等涉外机构的实用型专门人才奠定了良好的基础。除在涉外机构工作之外,毕业生中已有100多人到国外著名大学继续学习。

完善监控体系。建立了以教学质量一把手工程为基础的全过程教学质量控制体系,从制度上确保了教学质量的稳定与提高。

教学成果丰硕。专业建设方面,建成工商管理、金融学、会计学等3个国家级特色专业和4个省级特色专业。课程建设方面,出版了包括国家级"十五"规划教材在内的经济管理类特色教材130多部,获得省级以上奖励12部,其中,《经济地理学》获全国普通高等学校优秀教材一等奖,多次修订重印,被国内多数本科高校选用。课程建设方面,获批省级优秀课程、精品课程、网络课程28门。建成西方经济学、管理学、刑法学3个省级教学团队。

六、坚持"敢为人先,全面发展",扩大了人才培养的影响力

围绕"上手快""后劲足"的培养目标,学校十分注重提高学生的综合素质以及创新能力、实践能力、创业能力和就业能力。

突出实践教学。在人才培养方案中,所有实验课程与集中实践性教学环节学分(总课时)占总学分(课时)的20%以上。学校投资1 200万元建立经济管理专业实验室,主要引入仿真、案例、模拟教学。通过产学研合作和人才协作培养等途径,建立了123个稳定的校外实习基地。学校还建立了22个稳定的社会实践基地,连续5年被评为"全国大中专学生志愿者暑期'三下乡'社会实践先进单位"。

引导学生创新。学校出台了《大学生课外学术科技创新活动计划》,成立领导机构,设立科技创新基金,扶持学生学术社团活动,鼓励学生申报科研课题,开展科学研究。近年来,学生在全国大学生数学建模竞赛和"挑战杯"大学生创业计划大赛等各项专业竞赛中获得国家级奖励170多项次。《郑州市区封闭快速道路系统可行性研究》获河南省第五届"挑战杯"竞赛一等奖。《退休行为及退休年龄研究》被全国政协委员作为相关提案的重要支撑依据,与《生育行为与中国计划生育政策有效性研究》共同获得第十一届"挑战杯"全国大学生课外学术科技作品决赛二等奖,获奖数位居全国高校第26位。

社会反响强烈。毕业生质量跟踪调查显示,学校毕业生在社会各界,特别在金融等企业有较大的影响,用人单位对历届毕业生的满意度达95%以上。据2008年中国校友会网推出的"中国造富大学排行榜"显示,学校因造就2位亿万富豪而在培养财富人物方面位居全国第47名。据2008年统计,学校毕业生在河南省建设银行系统工作的人数占该银行总人数的7.39%,在河南省农业银行系统工作的人数占该银行总人数的10.2%,占河南省中国银行系统2001年以来招聘员工比例的37%。其中部分学生因业绩突出,已经走到国内主要银行省级分行行长的位置。全省有4位现任地市级检察长、2位市中级人民法院院长毕业于河南省政法管理干部学院。随着社会知名度的不断提高,学校吸引了众多考生的目光,报考学校的考生规模逐年扩大,生源质量持续攀升。2008年,文理科录取分数分别高出省二本控制线28分和24分,录取线居省内二本院校首位。2009年,文理科录

取分数线分别高出省控线 17 分、21 分,其中会计、金融等专业最低录取分数线达到或接近省重点线。

第四部分　学校发展规划

一、发展思路

以中国特色社会主义理论体系为指导,按照科学发展观的要求,全面贯彻党的教育方针,全面推进素质教育,培养德智体全面发展的专业人才和创新人才。本着解放思想、实事求是、与时俱进的原则,以学科建设为龙头,以队伍建设为保障,以深化改革为动力,创新办学理念,培育办学特色,改善办学条件,优化学科结构,创新办学机制,努力实现发展与稳定的统一、规模与质量的统一、经济效益与社会效益的统一,不断提升学校的综合实力和核心竞争力,全面提高教育教学质量和办学水平,在实现中原崛起和全面建设小康社会的进程中,快速实现跨越式发展,打造河南财经政法大学的特色品牌。

二、发展定位

目标定位:学校坚持学术兴校、质量立校、特色名校、人才强校、制度治校,实施"两步走"发展战略。第一步,到 2015 年,进一步提升人才培养质量、学术水平和社会服务能力,综合实力进一步增强,教学型大学的实力更加雄厚。第二步,到 2020 年或更长一段时间,把学校建设成经济、管理、法学特色鲜明、多学科协调发展、国内知名的教学研究型大学。

层次定位:以本科教育为主,大力发展研究生教育,适度开展高等职业教育和继续教育,积极开展留学生教育,力争 5 年左右成为博士学位授权单位,形成学士、硕士和博士三级学位教育体系。

特色定位:继续保持经济学、管理学、法学类学科专业的优势和特色,建设特色鲜明、优势突出、多学科协调发展、国内知名的教学研究型大学,成为主动适应经济社会发展需要的高级专门人才培养基地和经济社会发展咨询服务基地。

服务面向定位:立足河南,面向全国,为全面建设小康社会、实现中原崛起提供人才资源和智力支持。

人才培养目标:大力培养"厚基础、宽口径、强能力、高素质"的应用型人才,为河南经济建设和社会发展服务。

三、发展目标

办学规模:到2015年,在校生总规模保持在2.1万人左右,其中,本科生达到1.8万人左右,研究生达到2 000人左右。

学科与专业建设:到2015年,形成经济学、管理学、法学、文学、理学、工学协调发展的学科专业框架。本科专业达到50个以上,硕士点增加到45个左右,省级重点建设一级学科达到7个以上,争取获得博士学位授权资格。

师资队伍建设:到2015年,人才队伍建设经费投入达到2 000万元左右,专任教师稳定在1 400人左右,生师比为15∶1左右。在教师队伍中,具有高级专业技术职务者达650人以上,其中正教授超过250人。加强高层次人才的引进和培养,使专任教师中具有博士学位者达到35%以上,具有研究生学位人员占教师总数的80%以上。

科学研究:到2015年,以研究院为平台,组建实体科研机构15个左右;建成省级人文社会科学重点研究基地5个以上,争取建设教育部人文社会科学重点研究基地;承担国家级科研项目30项以上,省部级科研项目200项以上;年均科研经费800万元以上。

校园基本建设:到2015年,完成新校区建设,新增建筑面积30万平方米以上。新校区作为河南财经政法大学的中心校区,根据规划,把新校区建设成数字化、智能化、人文化、生态化,能满足学校事业发展需要,有利于学科融合和学生全面发展的大学新校园。加快对现有的2个老校区调整、改造和置换步伐,使其成为研究生教育、成人教育和留学生教育的办学基地。

加大对办学基础设施的投入,进一步改善办学条件,建成一批设备先进的专业教学实验室,到2015年,使教学科研仪器设备总值达到1.2亿元,图书藏量达到230余万册。

办学经费筹措:预计3年内,我校经费的主要来源有:政府财政教育拨款5.2亿元,学校教育事业收入4.78亿元,财政专项资金1.01亿元,其他收入0.4亿元。预计3年总筹资11.39亿元,年度平均3.79亿元,能够基本满足学校正常的教学运行、学科建设、实验室建设等方面的资金需求。另外,学校将利用原河南省政法管理干部学院校区置换或经营性开发收入及贷款所得的7.5亿元去弥补学校新校区建设资金的不足。

两校自2001年酝酿合并组建大学,至今已有9年。9年的执着追求,使近2万名师生员工爱校如家的热情空前高涨,大家围绕更名大学这一夙愿,尽职尽责、倾心倾力;9年来的艰苦奋斗,使我们具备了大学设置的基本条件并形成了鲜明的办学特色;9年的不懈努力,使我们终于有幸迎来了这么多威望高、成就大的教育专家,实地为学校的发展科学诊断、现场指导。我们深知与先进院校相比,学校有待改进的地方还有很多,我们热切渴望各位专家多提宝贵意见,殷切期盼得到各位专家的理解、支持。

夫子之道　忠恕而已*

刚才,杨健燕书记宣读了省委关于我校主要负责人和党政班子调整的决定。我十分荣幸地受省委和同志们的信任和重托,任河南财经政法大学校长。十分感谢两校干部和职工对我的支持,十分感谢广大教职工生在两校合并更名工作中的努力和奉献！大家在各自的岗位上为河南省教育事业的发展、为河南财经政法大学的发展作出了贡献！

省委关于杨健燕同志担任学校党委书记的决定,充分体现了省委对河南财经政法大学的高度重视,我们十分欢迎。杨健燕同志2007年任河南省政法管理干部学院院长、党委副书记,2008年10月主持党政全面工作。在两校合校更名大学工作中我们有很多成功的合作。杨健燕同志迎难而上的拼搏精神大家有目共睹,其在艰难条件下取得的显著业绩已被河南省政法管理干部学院所认可和赞誉。我相信,在今后的工作中,杨健燕同志会团结党政领导班子,带领广大师生一起开创河南财经政法大学美好的明天。

此次班子调整,省委任命我为河南财经政法大学校长。衷心感谢组织对我的培养,感谢省委和学校教职工对我的信任。我来财院工作已有7年,回顾7年的工作,感触很多。根据国内外的教育发展和河南财院的实际,我们确定了发展的四大目标和"抓学术、抓质量、抓特色、抓制度"的工作思路。7年的工作中,有奋斗的艰辛,有成功的喜悦;有低谷的压力,有坚韧的信心;有掌声,有理解,有鼓励,有支持。在大家的共同努力下,我们实现了三大目标,另一目标也显现出很好的兆头。作为河南财经政法大学的首任

---

* 本文系作者2010年10月8日在学校处级干部大会上的讲话。

校长,我深感使命光荣、责任重大。在今后的工作中,我将按照省委"重在持续、重在提升、重在统筹、重在为民"的总体要求,按照"三具两基一抓手"的工作方法,群策群力谋发展、同心同德干事业,加快实现学校科学发展,向2.6万名师生交上一份满意答卷,不辜负省委对河南财经政法大学的殷切希望。

新的学校,新的班子,新的起点,新的征程。上级领导、全校师生、广大校友对学校发展寄予了厚望。举全校之力,集全校之智,奋力推进学校新跨越,是组织的重托、师生的期盼。在我们即将开启学校全新一页的时刻,我讲几点意见。

一、统一思想,坚决拥护省委的决定

省委一贯关心支持学校的工作,河南财经政法大学的诞生直接得益于省委的支持和厚爱。此次学校领导班子的调整,是省委通盘考虑河南高等教育事业发展的需要和我校的实际情况,为了推动两校和谐发展而做出的重大决定。反映了省委对河南财经政法大学在全省经济社会地位的充分认同和肯定,反映了省委对河南财经政法大学发展的一贯关注和支持,我们要坚决拥护省委决定并在省委领导下继续做好财大的各项工作。当务之急,我们要克服各种不利于发展的因素和各种不正确的认识,要把思想迅速统一到省委决定的精神上来,要以做好学校工作的实际行动响应省委的决定。

大学合并的关键是融合,融合的关键在包容。今天我想特别跟大家分享一下对包容的理解。包容是大哲学、大智慧、大艺术、大境界、大享受。中国传统文化的精髓是包容,有容乃大。古语有云:"泰山不让土壤,故能成其大;河海不择细流,故能成其深。"《论语》中有这样一段话:"子贡问曰'有一言而可以终身行之者乎?'子曰:'其恕乎?!'"曾子也用了"夫子之道,忠恕而已"对孔子"吾道一以贯之"作出了精彩的解释。无论是"恕"还是"忠恕",其核心都是包容。由人间佛教开创者星云大师与凤凰卫视总裁刘长乐共同编写的畅销书就叫《包容的智慧》。而日前中央高层提出的"包容性增长""包容性发展"亦折射出中国传统文化的光彩。纵览古今中外,谋大事者,成大事者无不是在包容的环境中成长和壮大的。蔺相如对廉颇的包容,成就了"将相和"的佳话;鲍叔牙对管仲的包容,成就了"一匡天下"的壮举;李世民对魏征的包容,成就了"贞观之治"的盛世。试想,开放初期的宝安县城若没有不拘一格的包容力量何以成就今天举世瞩目的深圳发展传奇？北京大学前期如果没有"兼容并蓄"的远见何以成就高等教育的百年辉煌？具体到今天，具体到我们学校，何以展现包容的力量？作为今年3月份就已经得到教育部承认的一家人，作为有着多年愉快合作的老朋友，在包容思想的指引下，大家还有什么问题不能面对？还有什么困难不能克服？可以讲，过去的几年正是由于大家的不计得失、不分彼此、精诚合作才造就了今天河南财经政法大学的诞生。在今后的整合中，最重要的还是包容。包容，作为学校发展的法宝不仅要持续传承，更要发扬光大。我们要在包容中凝心聚力、在包容中共生共荣、在包容中顾全大局、在包容中放弃私利、在包容中发展前行。相信有包容的指引，认识上不会出现厚此薄彼，工作中不会出现顾此失彼。

二、团结协调，处理好几个重大关系

一是合并中形式统一与实质融合的关系。我们要清醒地认识到，两校的合并不是部分相加，不是单位拼盘，不是群体乌合，而是省委省政府慎重考虑做出的重大决策，是河南高等教育界的重大事件，是两校教职工的重大关切，也是2.6万学子的殷切期盼。两校合并，首先是形式上的统一：一个队伍、一种利益、一个准则、一个步调。可以预见的是，人、财、物等硬件的统一是可以量化的过程，尤其是我们已经有了几年愉快合作的基础，特别是在新校区建设中，两校在统一征地、统一规划、统一建设、统一经费使用中积累了宝贵的经验。而认识、理念、文化等软实力的统一对我们则是崭新和陌生的，更需要我们下大力气加以解决。我们今后的合并工作在关注形式统一的同时要更加注重思想的融合，切实做到同步开展、协调推进、互相促进。

二是全局长远发展利益和一己一时得失的关系。常言道，大河有水小河满，大河无水小河干。这一俗语阐明了贡献与受益的正比关系。只要我们同心同德真正把学校做大，最后获益的还是我们这些创造者、建设者。在两校实质合并的关键时期，大局观念与集体意识尤为重要。融合也是一次改革、一次创业。改革与创业就难免有一时的、局部的利益调整与牺牲。大家要站在学校发展全局的高度正确处理个人、单位与学校三者的关系，拿出克服困难的勇气和行动，个人服从单位，单位服从学校，将个人、院系的发展融入学校的整体发展之中，在个人利益与集体利益、部门利益与全局利益发生矛盾和冲突的时候,要主动做到舍小局顾全局,舍小家顾大家。

三是原有机构分工负责与团结协作的关系。学校在真正内部融合前,各位校领导要率先垂范,根据班子分工做好两校的协调工作。原有部门要按照学校的统一部署,各司其职、各负其责,保持工作的整体性、稳定性和持续性,确保队伍不散、秩序不乱、工作不断。全校上下要以主人翁的姿态,在学校平稳过渡这个特殊时期、关键时期,切实履行好自身职责,维护好当前学校发展的大好势头。如出现各部门责任范围内没有明确的临时性工作,要按照职责最接近原则主动承担该项工作。我们提倡权力上相互冲突时让一步,责任上出现空当时进一步,要通过我们富有创造性的工作,确保学校各项工作平稳过渡。

四是各个校区功能划分与协调发展的关系。根据有利于资源充分利用、有利于学科专业协调发展、有利于不同阶段学生学习就业、有利于不同层次集中办学、有利于满足特殊专业的特殊需求的基本原则,在共同协商的基础上,根据各校区功能优化的校区分配原则,对三个校区作如下分配:新校区作为经济管理类本科和法学本科教学基地;原政法学院校区作为专科教学基地;原财经学院校区作为研究生、国际教育学院、成人教育学院的教学基地。

五是新校区建设有序推进与老校区持续运行的关系。今年新校区的全面启用拉开了学校办学中心东移的大幕,但新校区毕竟只是完成了一期工程,各种配套设施还暂不完善,边建设、边使用的模式势必会带来这样与那样的困难。在此,希望参与新校区建设的各位继续发扬不怕吃苦、连续作战的精神,不为成绩所惑、不为困难所惧,再接再厉做好二期工程,努力为改善我校办学条件再立新功!当然,对新校区建设的重视并非意味着对老校区工作的忽视,最大限度发挥新老校区协调运行的功效才是我们的初衷。因此,各院系、各部门要高度重视并精心统筹新老校区协调运行工作,处理好新老校区交替循环、新旧资源合理调配、校区功能科学定位、工作人员有序流动等关系,确保多校区办学格局的稳固与平衡。

三、把握方向,全力做好重点工作

对照大学设置的各项指标,我们基本符合各项条件要求,但距离建设高水平大学,依然存在很大的发展空间。为了尽快实现建设国内知名、特色鲜明的财经政法大学,我们必须着力抓好以下几项工作。

一是正确处理学术与行政的关系,抓好学术兴校。学校之间的竞争归根结底是学术的竞争。学术,是维系一所高校生存的生命线,是大学生命力、竞争力和影响力的集中体现。在高校,行政是为了服务学术、促进学术。但当前学校不好的现象是把行政干部看得太重,这就反映出学校学术气氛不够浓厚的现状。罗志田在《南方周末》撰文指出:在20世纪50年代,"战斗"在教学科研第一线的各系主任,是校领导最为重视的。直到90年代中期,这一状况都基本维持。大约从20世纪90年代后期起,学校里所谓职能部门的作用和权限都日益增强,在干部编制方面与院长系主任属于"平级"的部处主管,如今渐有成为"上级"的意味了。这里当然有一个重要的变化,即以前大学规模相对小,校领导直接与各系接触,较为容易。实行扩招以后,学校规模日益扩大,校领导不得不越来越多地通过职能部门进行"管理",与院长系主任的接触,由直接转为间接;对下面院系的情况,也就日渐疏远,甚而至于无所知了。① 对于此种现象我们要保持警惕并竭力避免。围绕"学术兴校",我们要继续做好以下两项工作。一要浓郁学术氛围,推出重大学术成果。今年,学校重视高层次创新成果,通过采取有力措施,获得7项国家级项目,呈现出好的态势和趋势。今后要继续在深入实施"学术兴校"战略的基础上,按照"强优势、创特色、入主流、占前沿"的思路巩固科研成果业已形成的顶天立地格局,把河南财经政法大学的经济、管理、法学优势叫响中原、推向全国。要加大对国家社科基金项目、国家自然科学基金项目等国家级项目和国家部委各类项目的支持力度,提高项目申报率和中标率。加大对校内科研机构的扶持与引导力度,增强科研机构的研究能力并巩固和扩大研究成果,推动研究成果由数量型、职称型向质量型、学术型转变。二要减少行政权力,增加学术权力。在管理上继续突出学术的重要地位,保障学术权力的正常行使。凡是有关本科教学发展的重大事项都要在本科教学指导委员会上研究讨论,凡是与学院、学科、学术发展有关的重大决策,都在学术委员会上予以讨论,从而确保决策的科学与规范,并以此直接提升学校的学术地位与影响。

二是正确处理质量与规模的关系,抓好质量立校。科学发展观在高等教育领域表现为质量观。现在我校发展既要上规模,更要上质量,唯有质量才能经得起历史的检验。无质量的发展,只能是单纯的数量增长,只能是对

---

① 罗志田:《竞争时代的大学管理》,《南方周末》(教育版)2010年9月23日。

社会需求的简单应付,只会给学校发展埋下隐患。因此,整个科研和教学都要在提高质量上下功夫。要通过深化教学改革,强化应用型人才培养;通过加强教学队伍建设,提高教学管理水平;通过强化基础教学(如多媒体大赛等)提高教学水平;通过扩大招生规模和优化结构,满足社会经济发展需求。

三是正确处理引进与激励的关系,抓好人才强校。人才兴,则事业旺。哈佛大学前任校长科南特曾说过,"大学的荣誉不在于他的校舍和人数,而在于一代一代教师的质量。一个学校要想站得住,教师一定要出色。"一位大师,就是学校一面旗帜,就是学校地位、希望、实力的象征。今年上半年,我们已经引进了50余名优秀的博士、硕士,下一步还要不遗余力地引进一些知名学科带头人和利于学科快速发展的优秀人才。但仅仅靠引进还不够,因为输血远远不能代替造血。我们要充分发挥优秀人才的示范、带动与激励作用,采取有效的激励机制,充分发挥"二八"定律(通过20%人的示范效应带动80%的充分发展),在全校上下形成一种见贤思齐、比学赶超的良好氛围。与之相关,当下大家最关心的莫过于本年度的职称评审了。职称评审直接关系到专业技术人员切身利益,关系到学校人才队伍建设,这也是两校合并后共同组织参与的第一件大事。我们要发挥正确的用人导向,保证程序的公平、公正、公开,保证最终的评审质量。我还想特别强调的是,我们的评委来自过去的两个院校,而且其中多数都是各院系主任、教授,在这里,我们都要抛去这些身份,不要仅仅局限于我们过去所在院校的局部利益,局限于所在系部的小团体利益,而是要站在全校的高度把学校里面真正符合条件的同志推荐出来,把真正有学术水平的同志推荐出来,使我校职称评审推荐工作形成一个鼓励先进、鞭策后进的良好导向。

四是正确处理重点与一般的关系,抓好特色名校。办学特色不仅仅是基于自身的生存需要,更重要的是规避劣势、错位发展,获取竞争优势和可持续发展价值的内在逻辑要求和重要战略抉择。现在来看,虽然我们财经政法大学的综合实力和学科建设与全国同类的知名大学相比还存在不小差距,但是我们的经济、管理和法学在省内是毫不逊色的。今后我们要把这一传统优势做强、做大,使之真正成为我们拿得出、叫得响、比得硬的王牌学科。与此同时,我们还要高度重视"短板理论",兼顾一般学科的长远发展,要在集中力量发展优势的同时,充分发挥特色学科的融合、渗透、辐射作用,拉动相对一般的学科和专业,从而提升学校的综合实力。

五是正确处理原则与灵活的关系,抓好制度治校。在大学发展的过程中,大学内部制度起着关键性作用。制度可以物化思想理念,是办学思想理念转化为行为实践的中介,是大学科学发展的必要环境支持。学校是基层,做任何事都要讲原则、讲程序、讲公正。今后学校将进一步增加制度管理空间,缩小人为管理空间,遇事做到先议章,后议事;只对程序,不对个人。事实上知识分子是最讲究原则的,对内也必须讲原则。但我们在此要把原则与对外的死板教条区分开来。我们对外要根据实际情况和外部环境变化,按照有利于为学校发展创造良好的外部环境、有利于树立学校的良好形象、扩大学校外部影响力的思路,在讲究原则的前提下灵活掌握、适度调整方法。这也就是我们在场面上讲的要做到内方外圆,游刃有余。

以上五条归纳起来,其实也就是我们的20字办学理念"学术兴校、质量立校、人才强校、特色名校、制度治校"。其中学术是核心、质量是标准、人才是载体、特色是抓手、制度是保障。

异常艰辛的升格大学工作已经充分检验了学校中层干部的大局意识、时间观念、奉献精神和干练作风,可以讲,面对今后河南财经政法大学的发展,依靠背后这么一支敢打硬仗、善打胜仗的中层干部队伍,学校领导是充满信心和完全放心的。今天的大会拉开了河南财经政法大学崭新的一幕,标志着学校一个新时代的开始。我们应该感到自豪,我们书写了学校的历史,我们的工作在创造历史。让我们同心协力、振奋精神、扎实工作,以优异的成绩为河南财经政法大学献礼!

学府与学术

合并更名成功揭开学校发展的新篇章*

今天,我们怀着激动而喜悦的心情,隆重举行河南财经政法大学揭牌庆典,共同见证中原大地上一所朝气蓬勃的大学迈向新的征程。在这庄严而喜庆的时刻,我谨代表全校 26 000 名师生员工,向莅临庆典的各位领导、嘉宾、校友、各界人士以及新闻媒体的朋友们,表示最热烈的欢迎!

河南财经政法大学是一所以经济、管理、法学为主干学科的现代大学,由两所高校合并组建。原河南财经学院成立于 1983 年,是河南省唯一一所财经管理类本科院校和培养高级经济管理人才的重要基地,也是教育部本科教学工作水平评估优秀高校。原河南省政法管理干部学院创建于 1948 年,是河南省法学教育的重要基地。2001 年,两校就开始商讨合并组建大学事宜。来之不易的成果积淀了今日分享收获的喜悦心情,孜孜以求的历程凝练出一笔弥足珍贵的精神财富,合并更名的成功也掀开了学校科学发展的崭新篇章。

今天,我们站在学校新的发展起点上,回顾奋斗历程,感慨万千;面对各界宾朋,感激不尽。我们深知,河南财经政法大学今天的成绩,首先得益于中国特色社会主义的指引,得益于改革开放政策的实施,得益于科教兴国战略的推进,是春风雨露滋润的结果;今天的成就,应该归功于教育部和省委省政府的殷切关怀,归功于省教育厅、其他相关厅局和各地市的大力支持,归功于兄弟院校及金融机构的无私帮助,是社会各界鼎力相助的结果;今天的成功,凝聚了两个学校历届领导班子的大量心血,凝聚了两校师生员工的

---

* 本文系作者 2010 年 11 月 21 日在河南财经政法大学揭牌庆典上的致辞。

无数汗水,是两校上下共同奋斗的结果。在此,我代表全校师生员工,向各级领导、各位专家和各界朋友,致以最崇高的敬意和最真挚的感谢!

我们站在学校发展新的起跑线上,面向美好未来,环视世界风云,倍感责任重大。合并组建大学不仅是名字的变更,更应该是办学质量的提升、办学理念的深化、办学思路的拓宽。如何建设一所特色鲜明的高水平大学,是摆在我们面前的一项全新课题。围绕这一课题,我们先后以"大学发展高层论坛"为平台,邀请武汉大学校长顾海良、南京大学党委书记洪银兴等十余位大学领导,为我们传经送宝、破解难题;以"弘扬学术"为主题,承办了第十届中国经济学年会、第十五届中国信息经济学年会。诸位教育大家的指点与启发、高层学术会议的带动与影响,在全校上下掀起了追求大学理想、铸就大学精神、拓展大学职能、实现大学价值的热潮。今后,我们将继续贯彻落实科学发展观,按照《国家中长期教育改革和发展规划纲要》的要求,确保社会主义办学方向,不断提升综合实力;我们将继续坚持"学术兴校、质量立校、人才强校、特色名校、制度治校"的办学理念,切实把握人才培养的时代性、科学研究的创新性、社会服务的实效性,坚定不移地走内涵发展的道路,全面提高教育教学水平;我们将继续坚持深化改革的方向,以实质性融合为契机,改革内部管理的体制机制,规范行政权力,扩大学术权力,营造尊重学术、尊重学者、尊重学生的良好氛围,充分调动各方面的积极性、主动性和创造性,共同促进学校可持续发展;我们将继续坚持立足河南的服务取向,融入河南、服务河南,为中原崛起做出新的更大的贡献!

植根中原文化沃土,历史的厚重让我们不敢懈怠;投身中原崛起大潮,时代的重托催我们奋发有为。举全校之力,集全校之智,奋力推进学校新跨越,是组织的重托、人民的期盼,也是我们每位河南财经政法大学人的神圣职责与光荣使命。我们坚信,有国家教育部的大力支持,有省委省政府的坚强领导,有省教育厅的悉心指导,有社会各界和兄弟院校的鼎力相助,我们完全有信心有能力把河南财经政法大学的事情办好,为中原经济区建设再添新功,为高等教育事业发展再创辉煌!

因事设岗　按岗聘用
建立岗位绩效激励新机制[①]

教育事业岗位设置工作,是今年我省事业单位人事制度改革工作的一件大事,是一项关系到广大教职工切身利益的重要工作。今天,我们在这里召开全校中层干部大会,主要任务是动员和部署全校岗位设置管理改革工作。根据上级主管部门的要求,结合我校的实际情况,正式启动我校的岗位设置管理工作。为了积极稳妥地做好这项工作,以便统一思想,明确目标,顺利推进岗位设置管理的各项工作,下面,我就全校岗位设置管理实施工作讲几点意见。

一、提高认识,统一思想,切实增强实施岗位设置管理的紧迫感和责任感

开展岗位设置管理工作,建立岗位设置管理制度,是高校人事管理的重大改革和制度创新,是进一步深化高校人事制度改革的重要内容,也是推进高校收入分配制度改革的迫切需要,涉及全校教职员工的切身利益,事关学校改革、发展和稳定的大局。我们要充分认识这项工作的重大意义,切实增强做好这项工作的紧迫感和责任感。

第一,深刻认识实施岗位设置管理制度的重要意义。在高等学校建立岗位设置管理制度,是事业单位人事制度改革的重要组成部分,对进一步深

[①] 本文系作者2010年12月10日在学校岗位设置管理工作动员大会上的讲话。

化高校人事制度改革,优化配置人才资源、提高用人效益和质量,转换用人机制、搞活用人制度都具有十分重要的意义。通过实施岗位设置管理,改革传统的事业单位人事管理模式,建立符合事业单位运行规律和特点的人事管理制度,促进固定用人向合同用人、身份管理向岗位管理转变。通过实施岗位设置管理,建立体现高校特点的收入分配制度,突出岗位绩效的激励功能,建立岗位绩效工资制,逐步形成科学规范的事业单位收入分配制度。通过实施岗位设置管理,规范完善事业单位人员管理制度,实现因事设岗,按岗聘用,并推进事业单位人事制度改革的进一步深入。通过实施岗位设置管理,有利于调动广大职工的积极性,充分激发个人的潜力;有利于吸引优秀人才进入事业单位,优化事业单位人才配置,增强单位的活力。为此,我们必须充分认识高校实施岗位设置管理工作在整个事业单位改革中的地位和作用,分析工作中面临的形势和任务,切实提高认识,不断深化改革,通过改革增强自身活力,不断促进我校各项事业持续健康协调发展。

第二,实施岗位设置管理制度是深化高校人事制度改革的需要。长期以来,事业单位人事管理一直沿用党政机关工作人员管理的办法,存在着人事管理方式的行政化、用人机制不灵活、实际上的身份终身制等问题。高校作为事业单位的主体,迫切需要进一步加快人事和分配制度改革的步伐,以合理配置教育人才资源、优化高校人员结构、提高用人效益为核心,理顺人事管理体制,引入竞争激励机制,推行全员聘用制,实现高校人事管理由身份管理向岗位管理转变,由单纯行政管理向法制管理转变,由行政依附关系向平等人事主体转变,由国家用人向单位用人转变。从而打破身份管理,实现职务能上能下、待遇能高能低、人员能进能出的用人新机制,为高等教育又好又快发展注入新的活力。

第三,实施岗位设置管理制度是优化分配体系、维护教职工切身利益的需要。按照上级要求,建立和实施岗位设置管理制度,是这次推进收入分配制度改革的前提,是落实岗位工资和绩效工资的基础。按照国家关于事业单位改革的制度设计,事业单位的用人制度将实现由原来的身份管理为主向岗位管理为主转变;与之相对应,事业单位的分配制度,将由过去的职务等级工资制度向新的岗位绩效工资制度转变。也就是说,以前事业单位人员的工资待遇是随人走的;这次改革后,事业单位人员的待遇是以岗定薪、岗变薪变。根据我省事业单位岗位设置管理工作部署,要求所有高校在2010年底前全部完成,目前全省高校基本接近尾声,正处于实施聘用阶段。由于我校涉及合并更名,经请示上级主管部门同意,我校的岗位设置工作可顺延至明年4月中旬。对此学校领导高度重视，要求人事处的同志加班加点，赶拟实施方案，进行摸底测算，以期早日完成。这项工作是对学校、对教职工都有利的好事，至少有40%以上的专业技术人员都会提高工资级别，所以全校同志要充分认识这项工作的重要性和必要性，积极支持、配合好工作。因此，加快推进我校岗位设置管理工作，落实好相关的政策待遇，也是维护我校职工的切身利益的迫切需要。

第四，实施岗位设置管理制度是加强人才队伍建设、推动学校事业发展的需要。通过实施岗位设置管理制度，可以促进人才资源的合理配置，优化人才队伍结构，推动人才队伍的全面协调可持续发展。对此，我们应该有一个清醒的认识。我们在制定学校岗位设置管理实施方案时，要按照国家、省有关政策要求，将岗位设置管理与学校的发展结合起来，与学校人才队伍发展规划结合起来，与学科建设结合起来，始终把促进人才队伍发展作为岗位设置管理的重要出发点和落脚点，为优秀人才的成长和脱颖而出创造条件，留出足够的空间。通过全面实施岗位设置管理制度，切实加强高质量高素质教师队伍建设，为全面提高教育教学质量、促进学校事业的快速发展提供强有力的人才支持。

二、把握政策，突出重点，扎实推进岗位设置管理的各项工作

实施岗位设置管理是对我校人事管理制度的重大改革，涉及面广，政策性强。在具体实施过程中，我们一定要全面掌握改革精神，准确把握政策界限，牢牢抓住重点环节，正确处理各类关系，严格程序，规范操作，积极稳妥地推进岗位设置管理各个方面的工作。

（一）明确四项工作任务。根据上级要求，我校的岗位设置管理改革工作的主要任务是：一是明确人员范围。凡是我校在编在岗的人员，都要按照岗位设置管理的有关规定进行管理。同时，2006年7月1日工资制度改革以来办理退休手续且执行专业技术工资的人员，可比照我校同岗位、同类条件人员，确定其岗位等级，重新计算退休费。二是合理设置岗位。岗位分为管理岗位、专业技术岗位、工勤技能岗位三类，管理岗位为8个等级，专业技术岗位分为13个等级，工勤技能岗位分为技术工岗位和普通工岗位，其中技术工岗位分为5个等级。各类别、级别之间均有明确的结构要求和控制比例。具体情况方案中都有，人事处将印发各单位。三是进行人员聘任。

四是兑现岗位工资。

（二）把握两个关键环节。一是要合理制订设岗方案。在制订岗位设置方案时，一方面要严格执行岗位设置的原则、实施范围、结构比例和审核程序等刚性政策规定，不得随意突破；另一方面，还要立足现实，着眼发展，在充分摸清现有人员结构的基础上，按照"先入轨、后完善"的原则，把现有人员都纳入进去，把岗位管理制度先建立起来。同时，还要着眼长远，在岗位设置时适当留有余地。二是要严格规范岗位聘用。岗位设置方案核准后，都要按照核准的岗位设置方案，对现有人员按照相应的岗位和等级进行聘用，兑现岗位工资。对现有人员结构比例超过核准结构比例的，要通过自然减员、调出、低聘或解聘等办法，逐步消化达到规定结构比例；对尚未达到核准结构比例的，也要严格控制岗位聘用数量，根据单位发展需要和队伍建设要求逐步到位。现在最急、最关键的是把岗位设置好，要有利于调动全校教职工的积极性，有利于推动学校事业发展。

（三）正确处理好三个关系。一是正确处理单项改革和统筹兼顾的关系。岗位设置管理工作是整个事业单位人事制度改革中最基础性的工作和首要任务。在实施这项工作过程中要统筹兼顾，把岗位设置与事业单位分类改革、推行聘用制改革、工资收入分配制度改革和职称制度改革等各项改革结合起来，尽量与现行的高校管理制度相衔接，确保我校人事制度改革统筹谋划、协调推进。二是正确处理建立制度和逐步规范的关系。一方面，我们要打好基础、着眼长远。要把工作的立足点放在促进我校的长远发展上，把工作的重点放在建立岗位管理的基本制度上，坚持"先行入轨、逐步完善、问题简化、制度优先"的原则，把岗位管理制度先建立起来。另一方面，要因地制宜，分类指导。要按照有利于推动学校事业发展、有利于提高工作效率、有利于增强活力、有利于优秀人才脱颖而出的原则，区别对待，分类推进，先易后难，逐步规范。三是正确处理深化改革和维护稳定的关系。要按照中央和省里的统一要求，坚持以岗为主、因事设岗的原则，坚持进度，服从质量，严格地按照国家和省里规定的政策，完成好岗位设置、人员入轨、工资套改等改革任务。同时，要坚持以人为本，切实维护我校教职员工的切身利益，充分考虑我校各种历史遗留因素和现实情况，尊重不同人员的不同成长规律，最大限度地把问题解决在基层，把矛盾化解在萌芽状态。对能够解决的问题马上解决；对复杂的问题先解决其中的主要矛盾；对有政策规定的按政策解决，没有政策规定的等以后改革再解决；对目前不能解决的问题适当回避，以保证岗位设置工作平稳有序地推进。

（四）处理好几个重点难点问题。在这次岗位设置管理工作中，将有一些重点、难点问题，在政策设计过程中一定要慎重处理。一是关于"双肩挑"岗位设置问题。岗位设置管理制度规定，事业单位人员原则上不得同时在两类岗位上任职。因工作需要确需兼任的，按人事管理权限审批，而且人数严格控制在管理人员总数的10%以内。二是关于专业技术职务与所聘岗位不对应人员的岗位聘用问题。根据省里规定，原则上专业技术职务与所聘岗位应当一致。在首次聘用时，可以按照现有职称先进入，在三年过渡期内逐步调整到位。三是关于如何科学制定各岗位的上岗及考核条件问题。上岗、考核条件的制定，既要考虑现有状况，又要考虑学校将来的发展。制定出一套鼓励竞争、激励先进、公平合理的上岗及考核条件。其他可能还会有很多特殊情况，我们将在开展这项工作过程中逐步解决。这些特殊问题，在政策设计过程中一定要处理妥当。在这一点上，也算是我们晚一步开展这项工作的好处，我们可以充分参考兄弟院校的做法，把省里的政策用足，从而保证广大教职员工的利益。

三、加强领导，落实责任，确保岗位设置管理任务的圆满完成

实施单位岗位设置管理，是一项事关全校改革发展稳定的重点工作。全校各部门务必切实加强领导，精心组织实施，确保我校在规定时间内完成岗位设置管理的各项任务。

（一）高度重视，强化责任。在事业单位推行岗位设置管理，是中央的一项重大决策，也是我校的一项全局性、基础性工作。全校上下要把岗位设置工作作为当前深化改革的头等大事来抓，认真落实"一把手"负责制，做好安排和部署。学校成立以党委书记和校长为组长的岗位设置管理工作领导小组，以及以分管组织工作的党委副书记和分管人事工作的副校长为组长，党办、校办、组织、人事、教务、科研、研究生、学科办、财务、纪委、工会、后勤等相关职能部门负责人组成的工作小组，统一组织协调岗位设置工作。工作小组下设办公室，办公室设在人事处。随着这项工作的迅速推进，还会成立一些相应小组或组织，也会抽调部分同志参加到具体工作中，请各有关单位给予配合与支持。各院系及相关部门也要按照要求，成立相应的设置工作小组，并指定专人负责，切实加强对设岗与聘用工作的领导。各级工作小组认真制定方案，精心组织实施，确保按照省里规定的时间和要求，圆满

完成任务。

（二）认真学习，领会精神。为了把这项工作落到实处，人事处为大家准备了非常详细的资料。在座的各位中层领导干部，你们是学校此次岗位设置管理工作的重要组织者，也是本单位、本部门岗位设置管理工作的主要负责人，大家一定要认真学习学校岗位设置管理实施办法，认真学习领会学校下发的岗位设置管理工作的有关文件精神。做到先学一步，充分领会精神实质。只有这样，才能把本部门的岗位设置管理工作做得更细、更扎实，确保不出差错。

（三）平稳操作，维护稳定。岗位设置管理工作直接关系到全院1 800多名教职员工的切身利益，政策性强、涉及面广，广大教职员工十分关注，稍有不慎，就可能引发不稳定因素。希望大家能创造性地开展工作。要从提高办学水平，加强人才队伍建设，构建现代大学人事制度的高度出发，按照学校文件精神，结合各自实际状况，寻找妥善解决问题的途径和办法。尽量把问题考虑得复杂一些，把方案考虑得周全一些，真正把好事办好。既要正视矛盾与问题，又不回避这些矛盾与问题；既要充分尊重个人的利益诉求，又要服从学校的整体利益。在开展工作时，要讲究方式方法，要妥善做好思想政治工作、说服教育工作，坚决维护校园的安全稳定。

（四）严格政策，严明纪律。严肃组织人事纪律是确保岗位设置管理工作顺利推进的关键。全校干部职工一定要认真学习政策，吃透文件精神。对上级文件有明确规定的，要严格按照政策办事。这就要求我们，在组织和领导本单位岗位设置管理工作的工程中，要实行"阳光操作"，确保岗位设置管理过程的公平、公正、公开。工作小组和纪检部门要认真履行职责，切实加强监督检查，对没有按照文件规定进行岗位设置的，要及时予以纠正和处理。各单位、各部门在审核教职工的申报条件时，既要热情关心，又要严格把关，最大限度的维护公正。

岗位设置管理是我校干部人事管理工作的一项重大改革和制度创新，意义重大，影响深远。同时，这次岗位设置管理工作时间紧，任务重，政策性要求高，容不得半点马虎。希望各部门领导班子加强领导，精心组织，周密安排，扎实工作，确保岗位设置管理工作任务顺利完成，为实现我校各项事业又好又快发展做出新的贡献！

提层次　求突破　凝心聚力谋发展*

一、学校发展概况

围绕"在欠发达地区建设一所特色鲜明的高水平大学"这一课题,河南财经政法大学新任领导班子带领广大师生进行了积极的探索与尝试,并取得了阶段性的成果。

（一）深度融合,形成合力。立足发展,加快推进了机构、人员、资产的实质融合;围绕大局,合理谋划了学科专业科学合理的重组和交叉渗透;着眼长远,逐步推进了办学理念和校园文化的整合与创新;同时按照继承性、创新性、实效性的原则,修订完善了《党委会议事规则》《校长办公会议事规则》等一系列新的规章制度,确保各项工作有法可依、有章可循。

（二）广泛研讨,达成共识。以"大学发展高层论坛"为平台,密集邀请了全国政协常委葛剑雄教授、南京大学党委书记洪银兴教授等10余位专家学者为学校传授经验。在专家的指引与启发下,我们在全校范围内开展"学校发展大讨论",并隆重召开总结交流大会,进一步强化了学术兴校的办学理念和质量立校、特色名校、人才强校、制度治校的发展战略。

（三）制定规划,引领发展。校领导按照工作分工亲自主持规划的修改和完善。经过发展规划处先后10次修改,校长办公会3次讨论和研究,并

---

* 本文系作者2011年在卢展工书记召开的座谈会上的汇报材料。

经校党委会审议,形成规划草案。当前草案正在更大范围内征求意见,待进一步修改完善后发布实施。《学科与师资队伍建设规划》《校园建设规划》以及各项配套制度和措施也在拟定之中。

(四)弘扬学术,提升影响。2010年11月,学校分别承办了第十届中国经济学年会和中国信息经济学会学术年会。吴敬琏、海闻等经济学家以"未来十年的中国经济"为主题给学校的两万余名师生带来了一场学术盛宴。与此同时,学校调整、修订科研评价标准,增加了原创性、标志性科研成果在科研奖励中的比重。2011年学校获得国家社科基金年度项目9项、国家自然科学基金3项、国家软科学研究计划项目1项,数量创历史新高。

(五)广引资源,固本强基。一是打造立体人才工程。搭建基于学科和基于项目的人才团队,初步建立了从国家级特聘教授、省级特聘教授、优秀教授到优秀副教授、优秀博士、优秀硕士的多层次人才体系。二是实施学科建设帮扶工程。着手考察并确立了几所在经济、管理、法学等领域具有国家级重点学科的国内知名高校,与之建立学科建设对口帮扶关系,在课题申报、人才梯队建设、信息资源共享方面达成合作意向。三是推动中外非独立法人机构项目。今年暑假,我校就申办中外合作非独立法人机构项目(河南财经政法大学考克国际学院)与其他两所985高校(中国人民大学、东南大学)一道接受教育部专家组实地考察评估,专家反馈意见良好。

(六)统筹资源,提高效益。为节约办学成本、增加办学效益,学校统筹各校区间短期过渡和长远发展的关系、办学成本与办学效益的关系、学科发展与办学条件的关系,将四地办学调整为两地办学。为此,先后进行了三次大规模的搬迁,秩序井然,收效良好。围绕"厚重、特色、美观、实用"的目标,学校加快推进了新校区的绿化、美化工程,有力改善了学生学习、生活环境。新校区管理班子充分发挥联席会议的联动机制、综合办公室的协调机制和院系单位的配合机制,探索出了上下联动、多方参与的运行机制,确保了2万余名师生正常的学习、生活秩序。

二、学校近期目标

(一)谋共建,助发展。紧紧抓住国务院出台《关于支持河南省加快建设中原经济区的指导意见》的大好时机,特别是其中关于鼓励省内"骨干高校准确定位、办出特色,使整体水平或若干学科、专业进入国内先进行列"的目标定位,积极谋求省部共建,努力实现优势学科高层次突破和跨越式发展。

(二)提层次,求突破。认真实施《关于加强省级博士学位授予单位建设工作的意见》,围绕建设目标形成全方位、多层面、高效率的服务体系,整合学科资源,发挥现有学科优势,积极做好应用经济学、工商管理、法学 3 个一级学科博士学位授权学科立项建设工作,扶持理论经济学、管理科学与工程两个支撑学科,构筑完整的优势学科建设体系,力争进入教育部博士学位授权单位规划行列。

(三)重合作,促双赢。按照教育部专家的反馈意见,进一步完善与爱尔兰考克大学联合申办的非独立法人合作办学机构项目的论证和规划,同时关注河南财经政法大学考克国际学院的审批进程,进一步强化外联工作,为项目顺利获批奠定坚实基础。通过该项目的顺利实施,进一步扩大了我校的国际影响,优化了我校的招生结构,提升了我校的办学效益。

(四)调结构,抓优势。将服务加快转变经济发展方式的要求和理念贯穿到学校发展全局,积极推进教育教学与中原经济区建设战略的紧密结合。充分发挥学校在经济、管理、法学领域的优势,紧密围绕中原经济区建设面临的重大理论和现实问题开展横向课题研究,努力发挥智囊团、思想库的作用。积极推进专业评价,在进一步办好传统优势专业的基础上,围绕战略性新兴产业、服务业、"三农"建设等产业和社会发展的需要,调整、优化专业结构,构建特色鲜明、布局合理的专业体系,提升学科专业竞争力。引进国外优质教育资源,借鉴国际先进教育理念,调整人才培养结构,扩大紧缺人才特别是技能型、应用型、复合型人才培养的规模。

大学本科教学中创新性学习的设想与实践*

未来社会的竞争是综合国力的竞争,其实质是人才的竞争,归根到底是学习的竞争。《中华人民共和国高等教育法》第五条明确规定:高等学校的任务是培养具有社会责任感、创新精神和实践能力的高级专门人才,发展科学技术文化,促进社会主义现代化建设。没有创新意识和创新能力的大学生,不可能是高质量、高素质的专门人才。学校对大学生进行创新意识和创新能力培养的关键在于能否进行学习方式与教学方式的变革,能否有效地实施创新性教育,开展创新性学习。学习方式与教学方式的变革直接关系到高等教育质量的提高,如何改革学生的学习方式,将学习方式改革与教学方式改革有机结合、相互促进,是当前高等教育教学改革实践面临的主要任务。

一、创新性学习的基本内涵

"学习"一词,在我国最早见于《礼记·月令》,距今有两千多年历史。从那时起,人们就梦想着通过最有效的学习方式获得最佳的学习效果。教育大词典对"学习"二字的解释为:作为结果,指由经验或练习引起的个体在能力或倾向方面的变化;作为过程,指个体获得这种变化的过程。

"创新学习"(innovative learning)的概念最早出现在罗马俱乐部的研究

---

* 本文系作者在2010年10月高等财经院校第四届校长论坛上的交流材料。

报告《学无止境》(No Limits To Learning)一书中,它是针对全球存在的环境、能源危机等问题而提出来的。《学无止境》提出两种学习概念:创新性学习和维持性学习(maintenance learning)。维持性学习是一种目的在于维持现有体制或已经建立的生活方式基础上的学习,以获得已有的知识和经验为目的,强调对学生进行社会适应能力的培养。它以公认的准则为基础,重视模仿的继承,不重视重新获取知识成果和积累信息的能力。而创新性学习,是一种可以带来变化、更新、重建和重新系统地阐述问题的学习。它能够运用一切已知信息,产出某种新颖、独特、有个人或社会价值的产品。[①]人类面临的是一个开放的领域,要求人们具有适应未来社会的应变能力,具有独立思考、大胆创新的精神。学习是要在"学会"的基础上达到"会学",学习是要在知识获取的基础上进行创新性学习。

创新性教育是创新性学习的基础和前提,是一种具有前瞻性、科学性的教育理念,以培养学生的创新意识、创新精神和创新能力为基本价值取向,以研究和解决人的创新潜能开发为宗旨的教育。创新性教育把学生作为教育主体,学生是教育过程的参与者、创造者,学生的学习效果具有多面性,不单纯以分数和成绩评定学习效果的好坏。创新性教育着重个人对过去的超越,关注的是教育对象的创造潜能是否得到充分发挥,人文精神是否及时确立,健全的人格是否得以完美塑造,创新精神、创新意识是否得到关注和培养等方面。

在这里,我们要明晰几个概念:探究性学习、研究性学习和创新性学习。这三个概念在一些研究中,存在着某些概念模糊、定义不准确的问题。它们虽然是三种不同的概念,其特征及侧重点均有不同,但相互紧密联系,是三种不同方式的发现学习。三者在独立性和创造性的程度上有逐渐增强的趋势,体现出层次递进的关系。探究性学习强调学习主体的能动性和自主性,是能够实现自主发展的有目的有选择地学习。研究性学习注重学习主体的实践性、综合性和探索性,通过学习者自主积极参与研究性探索活动获得体验,逐步形成敢于质疑、乐于探究、勤于反思的心理倾向。创新性学习不仅囊括了探究性学习和研究性学习的所有特点,它还具备前两者所不具备的特征——独创性,是最高水平的发现学习。[②] 创新性学习的独创性主要表

[①] 詹姆斯.博特金等:《回答未来的挑战——罗马俱乐部的研究报告〈学无止境〉》,上海人民出版社,1984。

[②] 屈林岩、谷建春:《自主性学习·研究性学习·创新性学习》,《求索》2002年第6期。

现在学习者能够独立思考问题,敢于对现成的答案或结果进行质疑和反思,用发散思维去思考问题,发现事物之间的联系,能创造性地运用所学习的知识去探索新的问题,使自身能力得到提高和发展。

二、开展创新性学习的现实意义

在大学本科教学中开展创新性学习,通过教学方式、学习方式的根本变革,培养学生创新意识、创新精神、创新性学习能力等基本的创新品质,对促进大学本科教学的自我完善,实现大学教学与科研有机统一具有重要的现实意义。

(一)开展创新性学习是主动适应经济社会发展的需要,也是大学本科教学自我完善的体现

从20世纪90年代以来,欧美各国及日本把学习方式的变革作为教育改革的重要内容,纷纷倡导"探究学习""发现学习""综合学习"等学习方式,强调培养学生的"主动探索和研究精神""分析与解决问题的能力""与人合作的能力及其责任感",以"学会学习和终身学习"为总目标。我国教育部于2000年将"研究性学习"纳入基础教育阶段各级学校的课程内容,同时,《关于进一步加强高等学校本科教学工作的若干意见》(教高〔2005〕1号)明确提出要"积极推动研究性教学,提高大学生的创新能力"。在大学教学工作中提倡研究性教学,其实质就是倡导创新性教育,即创新性地教和创新性地学。创新性教育是当今国内外各级教育改革中的热点和亮点,在大学教学实践中强调创新性教育,是课程改革和人才培养方式的大势所趋。

相较于基础教育,大学本科教育更强调学生学习的自主性和创新性。但我国当前的大学本科教学,具有统一的教学计划、满堂灌的课堂教学、呆板的考核方式、划一的考试标准、验证性的实验等特点,继承性、规范性的教学仍占主导地位。近年来高校规模扩张使大学教学管理方式的教条化倾向更加明显。学生具有较强的复制能力、驯服的性格倾向,却普遍缺失社会发展需要的创新能力。结构性失业现象普遍存在,大学生过剩与社会需要的创新性人才短缺并存。在这种背景之下,提倡创新性学习,有助于弥补当前大学本科教育中创新能力培养的不足。

（二）开展创新性学习是实现大学教育理想的有效途径，也是大学本科教学自身的根本追求

大学阶段的学习往往被理解为"职业预备"的专业学习，教学主要围绕学生就业所需要的知识和技能进行组织和运行。但专业性只是大学教育的特征之一，并非唯一特征，过分强调专业知识和职业技能，用统一的专业和课程标准训练学生获得专业技能，大学无疑会退化为职业养成训练所，而失去创新的活力。当今社会，科学教育与人文教育的整合是当代大学本科教育的取向，通过人文与科学的整合以培养智力因素与非智力因素协调发展的具有健全人格的人。除了对学生进行专业训练外，大学教育更应强调"育人"功能。当前大学教育所倡导的多种主流教育思想，如素质教育、通识教育、创新教育应批判传统的工具性教育，坚持倡导学术探究为本，以人文养成为目标，使人文教育和科学教育有机融合，共同构成大学教育的核心内涵。

创新性学习通过激发学生内在的学习主动性，使学生主动将社会要求内化为心理需求，转化为具有创造性的探索精神和合作能力。这有利于改变传统教学以统一的专业课程标准为对象，抹杀个体差异性的局面，尽可能弱化学生的依附性和模仿性；也有利于适应学生兴趣的广泛化和多元化，使教学内容呈现多样化、个性化和综合化特征，激活学生自主性、独特性和创造性。

（三）开展创新性学习是对传统学习方式的批判超越，也是大学生个体发展的内在要求

传统的"维持性学习"强调如何接受和掌握人类已积累的知识、经验和方法，继承现有的文化和价值观念，知识的学习是在原有规模上重复进行的，目标是把学习者的头脑作为储存知识的"仓库"，为一个已知的世界培养已知的人。这种方式培养出来的人一般能从事岗位要求单一、职业技能固定不变的职业，往往缺乏创造性和变通性，不能适应瞬息变化的现实世界。"创新性学习"是一种面向将来的学习，它要求学生在了解已有理论和技术的基础上有所创新和发展，激励学生对已有知识进行新理解、再加工、重组合，提出质疑并不断探索新领域，其目标是把学习者当作教育的主体，为未知世界培养未知的人。当然,进行创新性学习并不要求大家完全摒弃维持性学习,而是将两种学习方式的功能进行合理组合和搭配,在教学中教会学生学会学习,以适应未来经济社会发展的需要。

创新性学习也是大学生自身个体发展的必然要求。大学生正处于生理机能和神经系统成熟的最佳时期,精力旺盛,学习效率高,身体素质好;个性、心理品质已趋于成熟,思维的独立性、全面性、深刻性与批判性得到极大发展。这些因素使学生能够独立思考、独自操作,能自主地与他人合作,灵活有效地完成各项创新性学习任务。

(四) 创新性学习是对教学方式与学习方式改革的有机结合,也是大学"教学与科研相统一"思想的具体实践

19世纪德国教育家洪堡倡导的"教学与科研相统一"的思想一直影响着大学的发展,它不仅赋予现代大学人才培养、科学研究、社会服务三个基本职能,同时也衍生了对人才培养这一本体性功能的深层理解与诉求,即大学的教与学应融入研究,融入创新。大学人才培养具有"研究性""学术性""创新性"。把科研引进教学过程,在教学过程中渗透对大学生的科研能力训练,是高等学校教学过程的重要特点。从人才培养的实际情况看,本科生教育中研究与教学相对独立,合力作用的发挥较少,大学教学的学术性、研究性功能往往被人们忽视,同时,融入研究的学习也被弱化,传授式学习方式占主导地位。开展创新性学习,把研究同时融入教学和学习之中,符合高等教育教学和科研相结合的规律,有利于大学生科研能力和创新能力的培养。

1998年4月,美国卡内基教学促进会下属的博耶本科教育委员会发表了题为《彻底变革大学本科教育:美国研究型大学的蓝图》的研究报告,该报告认为:"高深的研究和本科教育存在于两个完全不同的平面上,前者是愉悦、成名和奖励之源,而后者却只是用来维持大学的存在。来自本科生的学费收入是大学收入的主要来源之一,但是在许多情况下,学生得到的却比付出的少。各大学在招生材料中骄傲地宣称拥有世界知名的教授、先进的设施和开拓性科学研究,但成千上万的学生直至毕业也未曾见过这些教授或亲身体验真正的科学研究。一些教师没有经过很好的培训或根本不曾接受过培训;还有一些教师享有终身职位,却只根据发黄的笔记讲授固定的内容。许多学生毕业时仍对不同知识间的关系一无所知,不知如何合乎逻辑

地思考、条理清晰地写作或连贯地表达。除了可帮助他们得到第一份工作的文凭之外,大学给予学生真正有价值的东西太少了。"①因此,大学需要一种新的本科教育模式,利用其庞大的研究生教育和科研项目源,提高本科教育质量。可见,创新性学习与创新性教学的有机结合及深入实施回应了当前教育发展的需求,更体现了大学本体性功能回归的内在要求,是大学"教学与科研相统一"思想在实践中的具体体现。

三、我校开展创新性学习的初步设想及实践探索

上述对开展创新性学习的内涵及其现实意义的理解,可以概括为:创新性学习的实质是不局限于对现成知识的传播,而是对未知领域的主动探索;不止步于接受解决问题的现成答案,而是主动寻求解决问题的独特方法。这不仅需要教育思想观念的彻底转变,还涉及培养目标、教学模式、教育过程、师生关系和评价制度等多方面的变革。近年来,河南财经政法大学有意识地在大学本科教学中开展创新性学习试点,并在2009级本科人才培养方案中使试点的成果得以体现,取得了较为明显的效果。

(一)课程设置体系突出学生"创新"

人才培养方案制定的质量和水平,直接关系到创新性学习目标实现的程度和水平,关系到学校整体的教学改革和发展,而人才培养方案的核心内容就是课程设置体系的科学构建。如何在课程设置体系中突出学生"创新"的内容,是我校教学改革的重点。

首先,人才培养方案突显学生创新。本科人才培养是一个完整的系统过程,河南财经政法大学在规划设计这一系统的总体运行方案时,就依据人才培养目标来设定系统功能。其本科人才培养方案的总体思路和基本框架分三个层次来反映。第一层为顶层设计,确定整体培养思路。根据知识、能力和素质协调发展的总体要求,确定人才培养的整体思路,充分体现以学生为主体,强化能力培养和素质训练,注重知识的交叉融合,注重个性培养和

---

① 美国博耶本科教育委员会:《彻底变革大学本科教育:美国研究型大学的蓝图》,朱雪文译,《全球教育展望》2001年第3期。

创新能力培养。第二层为内容体系设计,确定知识、能力与素质培养的内容和要求,确定思想道德素质、文化素质、科学素质、专业素质、身心素质等方面的内容与要求。各方面能力要求的侧重点不同,在总目标中的构成比重也不同。第三层为搭建方案框架,确定系列专业人才培养方案。各方案是为了实现上述人才培养目标和要求所设计,根据教学过程的不同环节来确定,包括理论教学课程体系设置方案、实践教学课程体系设置方案、第二课堂指导性方案。各方案之间具有很强的相关性、配套性和互补性,从而使整个培养方案成为一个全面、综合、立体的培养过程,整个人才培养方案突显学生创新学习的本质。

其次,理论课程体系重视学生创新。依据知识、能力、素质的结构体系要求,以学科为基础开展课程结构体系的优化与设计,重视方法论课程、思考性课程、交叉融合性课程和前沿性课程的开设,理顺各课程之间的逻辑关系。在具体课程设置时,采用"通识教育课程平台+专业教育课程平台+实践教育课程平台"的方式。"通识教育课程平台"包括公共基础类课程、学科基础类课程和公共选修类课程三大部分。公共基础类课程往往为全校范围的基础课程;学科基础类课程为大学科类基础课程;公共选修类课程强调自然科学、社会科学和人文科学的融合,设定若干不同学科的课程组,以限定选修和任意选修的方式组织教学。当理论教学课程体系设置方案确定以后,实施的效果则主要体现在课堂教学质量上。课堂教学是教学过程的主要环节,也是实施知识、能力与素质培养的重要步骤,在这方面主要是通过不断优化教学内容、教学方式和教学方法来实施培养过程。

第三,实践课程体系强化学生创新。要培养具有较强创新精神和实践能力的应用型高级人才,必须重视实践教学,科学设计实践教学体系设置方案并付诸实施。我校在实践教学体系设置方案的规划与实施过程中,注意实践教学与课程教学内容的衔接性和连续性、实践教学本身的集中性和分散性。在不同阶段、不同环节,都考虑到实践教学的培养目标、前后衔接、教学需要等因素,统筹安排,系统设计,满足知识、能力、素质培养与训练的连续性要求。实践教学的形式与种类比较多,有阶段性实践,也有零散性实践。学校依据不同类型实践教学的目的和要求,以实践模块及分散安排的形式实现实践环节集中与分散的有机结合。我校实践教学体系主要包括课堂内实验、课堂外实践、综合实训和集中实践环节。

第四,第二课堂融入学生创新。第二课堂是指业务课以外的文化、体育、艺术活动以及一切有利于提高学生综合素质的活动,主要指在课余时间举办的旨在提高学生综合素质的各项文化、科技、体育、艺术等活动的总称。学校将第二课堂列入人才培养方案,并制订较为详细的第二课堂指导性方案。第二课堂的组织与开展结合学生学习生活的不同发展阶段有针对性地进行,低年级第二课堂开展的目的着重培养学生的综合素质和修养,高年级以科技创造性教育、专业理论拓展以及实践教育为根本目的。增加创新学分和素能拓展学分。

(二) 课堂教学引导学生"创新"

课堂教学是实施以培养创新精神和实践能力为核心的创新性学习主渠道。施教之功,贵在引导和指导,教师在教学中的主要任务不是"教",而是"导"。恰当地处理"教"与"导"的关系,变"教"为"导",指导学生"学",引导学生从"学会"到"会学"是我校教学改革重点关注的课题。

首先,教学模式的选择利于学生创新。教学模式是在一定的教学思想指导下建立的比较典型和比较稳定的教学程式,它是教学方式或多种教学方法的总和。创新性学习作为一种教学方式、学习方式,甚至是一种生活方式、生存方式,本身是一个复杂的系统,与之相适应的创新性教学模式应该是多元化的。学校积极在课堂教学模式上进行探索和创新,选择有利于学生创新的多元化教学模式。一是目标性的接受教学模式。创新性学习不排斥接受教育,还要以接受教育为基础。学校在接受性教学模式基础上更强调接受教学的目标性,更注重发挥教师的主导作用和调动学生的积极主动性。这种模式对接受教学模式的研究具有普遍意义,因为其应用比较广泛。学校对"目标性的接受教学模式"还处于探索阶段,目前正以教学质量工程项目立项的方式积极展开研究和实验。二是主体性教学模式。在教学过程中,学生的主体地位得到落实,学习积极性得到调动,个性得到和谐发展,这是实施主体性教学模式的具体体现。学校的有些课程在实践主体性教学模式时,以活动式、问题导向式、互动交往式等方式,通过教师设计富有探索性的问题,刺激学生突破传统课程的束缚,引导学生主动参与、探索、思考和实践,使学生在主体性教学活动中获得和谐发展。2009 年,为了促进学生和教师的课堂互动延伸到课外适时交流,突出学生的主体地位,学校专门加强网络课程平台建设,对 20 多门课程进行了重点资助。经过 3~5 年的持续建设,预计到 2013 年,学校的网络课程平台将建设成数字化的学习中心和课程资源中心。另外,还有课堂与学科渗透模式、课外专题讲座模式、研讨交流模式等引进课堂教学,交互使用,使各课程教学既成为传授知识的过程,又成为培养学生创新能力的过程,培养学生主动探索和研究的精神,以及独立思考和解决问题的能力。

其次,课堂教学过程激励学生创新。课堂教学只有让学生成为发现者、探索者,才能发挥学生学习的主动性,才能使学生将学习转化为一种心理需求,充分发挥他们的内在潜能。一是在教学过程中,强调教师要重视理论形成过程,体现学生的主体地位,教给学生学习和思维的方法,激励学生进行创新学习的思维活动。二是改革传统教学法,在课堂教学中逐步引入帕尼斯创造性教学模式,提倡在动态的过程中学习知识。为了加大课堂教学改革力度,学校在2010年的质量工程项目立项方面,选择合适的课程开展创造性教学模式试点,把课堂教学分为五个教学阶段,并延伸到第二课堂,即发现事实—发现问题—发现构想—发现解决方案—接受所发现的解决方案。这几个阶段构成了创新学习对某一问题的过程性探索和解答,通过这样的发现问题,解决问题,体现创新学习的完整过程。

第三,考核和评价体系检验学生创新。创新性学习面向每一个学生的个性发展,尊重每一个学生发展的特殊需要,其课程的目标和内容具有开放性。创新性学习关注学生在活动过程中的学习体验和个性化的表现,其评价标准具有多元性,因而,学生的考核和评价体系也具有多元性。学校2009年的本科质量工程项目专门就考试方式方法改革立项10个项目,在教学实践中打破"一把尺子"评价所有学生的单一评价模式,采取"合格+特长""课堂+课外""平时+期末""理论+创新""个体+群体"等多元评价模式。评价模式是多元化的,具体表现在重学习过程,重知识、技能应用,重亲身实践与全员参与;评价的主体是多元化的,评价者可以是教师,也可以是学生,可以是个人,也可以是群体;评价的手段方法也是多元化的,以适应学生个性差异和潜能差异发展的需要,开发和培养学生的创新素质。

第四,教材选择倾向学生"创新"。要进行教学内容创新,教师就要在使用教材时对教学内容进行改造,因为教学内容主要体现在教材中,而教材建设总带有一定的滞后性和局限性。学校在教材建设方面要重点对教学内容进行改造,渗透"四化"理念,即教学内容的背景化、过程化、新颖化(前沿化)和应用化。一是确保高质量教材进课堂,并大力锤炼精品教材,把精品教材作为教材选用的主要目标。近四学年,学校选用优秀教材的比例分别达到34.22%、34.70%、32.94%、32.60%,选用近三年以内的新版教材比例分别为57.56%、64.16%、66.47%、58.31%。所选教材包含了科技发展的和学科发展的最新成果。通过对12 000余名学生的调查,学生对所学教材"非常满意"和"满意"的比率占77.52%以上。学校还鼓励教师编写高水平的优秀教材,重点支持优秀教材的出版。目前已出版了一批有影响的优秀教材,其中,"地方院校经济管理类核心课程系列教材"获省级教学成果特等奖。二是注重创造性地使用教材。创造性地使用教材是教学内容与教学方式综合优化的过程,是教师智慧与学生创造力的有效融合。每一套教材都有自己的结构优点,也有自己的不足之处,学校鼓励教师根据学生学习和发展的实际需要对教材进行有效重组,适当调整和活化教材,关注知识的来龙去脉、难点、争论点和热点,以创新性学习为尺度,调整、充实、拓宽综合性知识,为学生开展创新学习提供基本素材。教师以教材为载体,灵活有效地组织教学,不断拓展课堂教学空间,引导学生不断进行创造性研究和学习。

(三)创新性教师的培养助推学生创新

推行创新性学习的前提是培养创新性教师。教师要有较广博的知识,有较高的科学研究素养,要懂得现代创造教育学,要有创新精神和创新意识。只有具备创新精神和创新意识的教师才能对学生进行启发式教育,培养学生的创新能力。因此,学校采取积极措施,加强创新性教师的培养。

第一,对全体教师加强继续教育。学校重视构建教师合理的知识结构和提高教师课堂教学监控能力及管理艺术,通过经常开展学术交流与合作等活动,使教师成为勤于思考、善于创新的表率,成为课堂教学优秀的组织者和实施者。

第二,建立健全有利于创新性教师脱颖而出的制度。如教师工作评价制度、优秀教学团队选拔制度、课堂教学优秀奖励制度。

第三,规范课堂教学管理。如出台了课堂教学规范、多媒体课件准入制度、课堂教学第一责任人制度等一系列制度。

第四,大力开展教改活动。开展了教学改革项目和本科教学质量工程项目立项活动,鼓励教师进行教学方法、考试方法改革,尊重教师选择教学方法、教学手段的自主权,提倡教师在课堂教学中展示不同的教学风格。

第五,注重具有实践经历教师的引进和培养。根据经济管理类应用型人才培养的需要,充分利用社会资源,对曾在政府部门、社会机构、企业等单位工作过,有实际工作经历的教师优先考虑引进。采取"软引进"等特殊政策,对所需高层次人才实行倾斜政策;在教师培养中,积极推荐博士、高职称教师参加社会和地方政府挂职锻炼,增加其社会实践经验,使他们在课堂教学中能更多地引导学生突破课本束缚,主动思考,培养学生创新学习思维。

(四)创新性学习实践取得阶段性成果

近年来,我校在大学本科教学中积极进行创新性学习实践,尤其注重在日常教学工作中融入对本科学生社会实践和创新能力的培养,学生的创新意识和创新能力明显增强,本科学生的学术成果在社会上引起广泛关注。

首先,学术科技创新活动取得了众多的研究和实践成果。近3年,我校学生在挑战杯、数学建模、全国大学生英语竞赛等竞赛中均取得优异成绩。其中,在第九届"挑战杯"全国大学生课外学术科技作品竞赛中,我校获得二等奖1项,三等奖2项;在第十届"挑战杯"全国大学生课外学术科技作品竞赛中,我校获得三等奖1项;在第十一届"挑战杯"全国大学生课外学术科技作品决赛中,我校荣获二等奖2项、三等奖1项,并被授予全国"优秀组织奖",取得了我校参加此项赛事的历史性突破。在近三届"挑战杯"河南省大学生课外学术科技作品竞赛中,我校取得了一等奖7项、二等奖9项、三等奖29项的好成绩。在第四届"挑战杯"河南省大学生创业计划竞赛中,我校获得金奖2项、银奖1项、铜奖3项。我校学生在全国大学生数学建模竞赛中获全国二等奖2项,获河南赛区一等奖8项、二等奖10项、三等奖7项。在ERP沙盘模拟大赛中,我校获全国一等奖。

其次,本科学生的学术成果受到社会广泛关注。一是退休行为与退休政策研究。由我校1位教授及22名本科生参与撰写的《退休行为与退休政策》一书由社会科学文献出版社出版,22名学生分别来自经济学系、财政税务系、金融学院、哲学与社会学系、公共管理学院、国际经济与贸易学院、会计学院、资源与环境科学系。他们通过问卷调查和计量分析,以退休行为和退休年龄为研究对象,系统研究了我国现行退休政策及其所存在的问题,得出了延长退休年龄这一贯穿全书的基本结论,并依据权威数据设计了延长退休年龄的调整方案。此项研究得到了清华大学蔡继明教授等三名全国政协委员的高度肯定,受到《中国青年报》《光明日报》《中国教育报》《中国改革报》、新华网、人民网、凤凰网、中央电视台、凤凰卫视等国内百余家新闻媒体的关注、转载,并引发热议,其核心成果作为提案提交2009年的"两会",建议对中国已实行了半个多世纪的退休年龄制度进行改革。二是农村留守妇女儿童研究。统计学系本科生组成暑期社会实践调查小组,历时两个月,深入河南5县20个乡镇进行调查研究,得出了"丈夫外出务工,妻子生活负担加重"的结论,完成了调查报告——《河南农村留守妇女状况调查研究》,获河南省第五届"挑战杯"鼓励奖,并在中国人文社会科学核心期刊、中国科技核心期刊《西北人口》上公开发表。《中国人口报》曾头版头条报道此次实践活动,引起了社会对农村留守妇女和儿童生活的高度关注。三是郑州市区交通拥堵研究。2007年4月,51名学生经过半年的辛苦努力,提出了一个改造郑州市区交通堵塞的"铜钱"方案,受到了郑州市交通局及省外相关部门的关注和肯定。四是生育行为与生育政策研究。来自于公共管理学院、金融学院、国际经济与贸易学院、工商管理学院、旅游与会展学院、资源与环境科学系的24名本科生与樊明教授一起,撰写的《生育行为与生育政策》一书已由社会科学文献出版社出版。该书在大量第一手调查资料的基础上,提出了人均收入水平提高、受教育程度增加、城镇化进程以及对外开放是中国自20世纪60年代中叶以来出生率持续下降的重要原因,计划生育政策只发挥了一定的作用,建议国家采取更为宽松的计划生育政策。2010年3月1日,清华大学、社会科学文献出版社和河南财经政法大学在清华大学图书馆报告厅联合举办了"《生育行为与生育政策》新书发布会暨中国计划生育政策论坛",受到新华社、中国青年报、中国人口报、中国网等诸多媒体的广泛关注。清华大学蔡继明教授特别肯定了教师指导本科生进行高难度学术研究所体现的教育学上的价值,认为是对大学生创新教育的一次成功的尝试。

  总之,培养具有创新能力的大学生是高等教育的核心任务。我们要更新观念,改变方法,根据学生各自的特点,有意识地培养他们的创新素质。推行创新性学习,培养学生的创新能力是一个复杂的工程,不是一朝一夕可以完成的,还需要我们在今后的工作中不断地努力和探索。借用《生育行为与生育政策》后记中的几句话作为本文的结束语:

  中国的一所普通高校,一批普通的本科生,经过教师的指导及自身的努力,他们在批判能力、创新能力和实践能力以及其他诸多方面都有了很大提升。我们希望通过中国的一所普通高校,一批普通本科生的成就连续三次向中国高等教育界的同行们传达这样的信息:让我们一起来做创造教育吧。①

---

① 樊明等.生育行为与生育政策[M].社会科学出版社,2010(1).

五大工程铸就高等教育质量提升*

质量是高等教育的生命线。提高教育教学质量是大学永恒的主题,是办人民满意的高等教育的必然要求,也是构建学校品牌的关键所在。作为教育部本科教学工作水平评估优秀等次的高校,河南财经政法大学在办学实践中探索并实践了五位一体的质量提升战略,有力提高了学校的教育质量。

一、实施学术引领工程,塑质量提升之魂

质量要提升,学术是核心。在学术兴校战略的引领下,教师研究成果实现了由数量型、职称型向质量型、学术型的转变。我校近年与牛津大学、斯坦福大学、加州大学伯克利分校等世界名校进行了多角度的科研合作。我们一些教授瞄准国际学术前沿问题进行的农户与农区发展等理论研究,引起了国际学术界的高度关注,成果被引用超过4 000次;电子商务专业潘勇教授撰写的学术论文被收入早稻田大学科研成果系列。作为河南省唯一一所财经政法类本科院校,我校始终坚持立足河南的服务方向,积极为中原经济区建设提供人才支撑和智力支持。乔法容教授发表的《社会主义核心价值体系的主要功能》一文,被《光明日报》评为年度十大学术热点支撑文章;教师冯百鸣的研究成果促使财政部改变彩票有关游戏规则;杨承训教授针

---

* 本文系作者2012年6月对学校质量立校战略实施的阶段总结。

对粮食风险问题提出《实施"八高"工程 化解四大矛盾》,得到国务院领导的重要批示;李小建教授主持完成了国家自然科学基金重点项目《农户与地理环境相互作用下的中部农区社会经济协调发展研究》和其他7项国家基金;《中原经济区发展动力机制研究》项目被列为国家级重大科研项目;由我校教授联合编写出版的《中原经济区建设重要理论问题研究》获得广泛好评;由我校选派教授参讲的"中原经济区建设"专题培训班得到了省委组织部的充分肯定和参学干部的热烈欢迎。

二、实施项目运作工程,聚质量提升之力

质量要提升,项目是关键。在质量立校战略带动下,学校按照"三具两基一抓手"的实践要领,通过实施项目化运作,大力建设示范性教学质量与教学改革工程项目,致力推进专业建设、课程建设、教材建设、实践教学、人才培养模式、教学团队建设的特色化、品牌化。从2009年开始,针对2009版人才培养方案操作层面的问题,学校启动"本科教学质量工程专题项目"建设,在实验实训、网络课程、国际实验班、人才培养模式创新试验区、考试方法改革和创新性教学等方面开展专题研究和实践。学校对此项目已连续进行了3年,投入经费近300万元,激励和支持教师积极参与教学改革,教育教学改革取得了显著成效。2006、2009、2012三个年度,学校共获批省级教改项目40多项,其中重大项目5项。在2009年、2011年教学成果奖评选中,我校获得了3项国家级教学成果奖,21项省级教学成果奖。学校在水平评估、合并组建大学以及新校区建设过程中,注重加大投入、改善条件、巩固成果、提升水平,在持续进行高标准建设新校区的教学楼、实验楼和相应的数字化校园、实验室、图书馆、体育运动场所的同时,投入专业、课程、实验室、实践教学等方面的经费持续增长。教学经费从2006年的2 612万元增长到2011年的4 870万元,增长了86.45%。院系教学经费从2006年的776万元增长到2011年的2 697万元,增长了2.47倍。教学科研仪器设备资产总值翻番,由2006年的3 422万元增长到2011年的7 612万元,尤其是连续两年投入近2 000万元建设数字化校园,为构建数字化学习中心和教学中心奠定了坚实的基础。

三、实施特色驱动工程,扣质量提升之要

质量要提升,特色是体现。在特色名校战略的带动下,学校构建了独具特色的学科体系和人才培养模式。现有 5 个省级重点建设一级学科,占全省经济管理类省级重点建设一级学科总数的 50%。根据《中国大学及学科专业评价报告》,我校进入中国大学分学科门类竞争力(前 5%)方阵,管理学学科在全国高校排名位居第 24 位。

合作办学突出开放特色。学校在"会计学""金融学""国际经济与贸易""工商管理"等四个传统优势专业中开设了国际型人才实验班,引进国际名校教材,全英文授课,培养能胜任涉外机构和企业的实用型专门人才。与 2010 年 THE/QS 世界大学排名位居第 184 位的爱尔兰考克大学联合筹建河南财经政法大学考克国际学院,拟在金融学、投资学、计算机科学与技术、信息管理与信息系统等四个专业联合培养具有国际视野的优秀人才。目前该项目已经通过教育部专家组的实地考察。近日,学校还与世界上最大的地理信息系统(GIS)公司——ESRI 公司就在中国开辟第一个 GIS 与商业结合的专业人才培养领域问题达成合作意向。在深度交流访问的基础上,与美国斯坦福大学、加州大学伯克利分校、加州大学河滨分校、雷德兰兹大学等世界知名高校近期就合作培养人才事宜进行了友好协商。2010 年 9 月份我校与台湾环宇集团达成了合作协议,双方将共建河南金融人才培训中心,为河南省金融系统培养专门人才。2012 年 5 月,我校与河南投资集团签署战略合作协议,双方将按照"优势互补、共谋发展、互惠互利、实现共赢"的原则,通过建立高校教学实践基地和企业人才培训基地等措施,实现长期的、全面的、深度的战略合作。

培养模式突出创新特色。围绕培养应用型专门人才的培养目标,构建了"通识教育平台+学科基础教育平台+专业教育平台"的"三平台"主流人才培养模式,同时积极推进人才培养模式多样化。主流模式采用理论教学、实践教学和第二课堂相结合的方式,强化实验实训环节,完善专业基础实践、综合训练实践、创业教育实践等实践教学体系,着力培养应用型人才。同时,与学生个性发展相适应,完善学分制、本科生导师制,实施双学位制,扩大培养复合型人才;与市场需求相适应,不断完善国际实验班、会计学 ACCA/CGA 国际实验班方向,试点培养拔尖创新人才。在招生工作中,积

极配合培养模式改革,利用优势学科专业,吸引优质生源。2012 年,进一步优化了招生专业的批次结构和规模,在河南省本科一批的招生中,招生专业从 2011 年 4 个增加到 2012 年的 10 个,投放计划从 2011 年 687 人增加到 2012 年 1 516 人。学校还将 18 个专业归并为 8 个类别进行按大类招生,一、二年级统一基础课程,从三年级开始,进行专业分流培养。按类招生,减少了考生填报专业志愿的盲目性,给学生提供了更多的专业选择空间,更有利于培养基础扎实的复合型人才。

创业教育突出实践特色。学校制订了包括课题申报、审批立项、基金支持、专利申请、成果转让和创新团队管理等一系列规章制度,促进学生创新、创业活动向规范化、制度化方向的发展。从 2009 年到 2011 年,我校学生在"挑战杯"全国终审决赛中,获得银奖两项、二等奖三项、三等奖四项,我校连续三年获得"挑战杯"全国优秀组织奖,同时还多次在全国大学生职业生涯规划大赛、全国大学生数学建模比赛中摘金夺银。我校富有创造性地开展了大学生"创业挑战赛",每年五月,组建 100 支配备 1 000 元启动资金的 3~5 人小分队,配备专业指导教师,以一周时间为限,采取市场化运作模式,为学生搭建创业实战平台。2011 年 12 月《中国青年报》对我校"创业挑战赛"进行了专题报道,团中央把比赛作为助推青年学生创新创业工作典型予以推广。学校还高度重视校企合作,广泛建立大学生就业创业基地,把学生创新创业实验室建在企业。截至目前,已经与包括河南煤化工集团在内的 200 多家大型国企、金融企业、民营企业签订了就业创业基地协议,年均输送实习生 1 000 余人,定期组织学生到创业型企业一线观摩实习,为学生在企业这个大实验室里经受锻炼提供了广阔平台。积极推进大学生创业孵化园建设也是学校推进创业教育的重要举措。新校区建立了 500 平方米的创业孵化园,通过实施创业基金、房租补贴、税费减免等一系列扶持政策,提供专业的创业咨询和创业服务,助推学生自主创业。在创业类竞赛中获得优异成绩的同学和团队,可以获得入驻孵化园的优先权。已经入驻的大学生创业团队中,业绩较好的年净利润超过了 30 万。

四、实施人才支撑工程,筑质量提升之基

质量要提升,人才是前提。在人才强校战略的带动下,学校逐步形成了以学术创新为核心的学校人才政策,以能力为基础的人才评价政策、以成果

为基础的人才激励政策和以贡献为基础的人才奖励政策,初步建立了从国家级特聘教授、省级特聘教授、优秀教授,到优秀副教授、优秀博士、优秀硕士的多层次人才体系。采取团队引进、创业引进、智力引进等形式,广泛吸纳国内外高层次拔尖人才来校工作或服务。针对我省高层次人才缺乏、引进难度大的情况,我校从2006年开始实施了"双百人才工程",并提前实现目标,吸引了一大批优秀人才到我校工作。近3年,学校用于人才引进和学术队伍建设的经费达2 000余万元,引进博士、硕士约400人。学校还通过进修和在岗提高等多种方式,使师资队伍结构进一步优化,整体实力显著增强。目前,专任教师中具有硕士以上学位者所占比例达70.31%,具有博士学位者的比例达15.30%,高级职称比例达到44.98%,初步形成了若干个方向明确、结构合理、有一定实力的学术梯队,教学科研水平不断提高。截至目前,有2名教师获得河南省教学名师称号,建设有管理学、刑法学等4个省级教学团队,5个校级教学团队。学校还开展了"师德师风演讲赛""教师说课比赛""教师观摩大赛"等一系列教学竞赛和评选奖励活动,营造了"教书有为、育人光荣"的良好氛围。我校在本科阶段始终重视强调应用型、复合型、创新型人才培养。在教师的引领、带动和直接帮助下,大学生创新领域的层次性、创新研究的应用性都实现了质的飞跃和新的突破:创新的视角由校内转向社会,竞争的舞台由省内延至全国,学习的视野由国内拓至国际。由学生撰写的《郑州市区封闭快速道路系统可行性研究》,获得河南省第五届"挑战杯"竞赛一等奖,引起了政府部门高度重视,并被其他省会城市借鉴;我校1名教授带领23名在校本科生共同完成的《退休行为及退休年龄研究》一书,已成为全国政协委员大会提案的重要依据。该书与《种粮行为与粮食政策》《退休行为与退休政策》《生育行为与生育政策》以及《房地产买卖行为与房地产政策》等共同组成"公众行为与国家政策研究"丛书。

五、实施制度保障工程,固质量提升之果

质量要提升,制度是基础。在学校自2007年以"规范教学管理"为主题开展"教学质量与规范年"活动以来,教学管理制度更加完善,教学秩序更加稳定,教师教书育人更加投入。合并组建大学后,学校吸纳现代大学教学理念,进一步加快教学管理制度建设,以坚持严格要求、规范程序、提高服务

效果、管理效率和教学质量为目标,建立规范运转的教学管理工作运行机制。目前,涉及"人才培养""教学运行""质量管理"等教学工作的30多个教学管理文件正在修改和征求意见阶段。随着办学规模的不断扩大,学校加大了对教学工作评估和检查的力度,积极推进校院两级教学质量保障评价体系建设。一方面,学校实施了教学督导组督导、学生评教和学生信息员反馈相结合的教学督导评价机制,以及常规教学检查与专项教学检查相结合的教学质量监控机制,在此基础上,又成立了教学质量评价中心和教学督导委员会,以加强教学质量保障体系建设;另一方面,不断强化教学服务理念和服务意识,在教务处成立了教学服务中心,改进教学管理与服务流程,多渠道了解师生的需求和意见建议,及时解决教学中出现的问题,师生的满意度在逐步提高。

深化课程教学范式改革
创新人才培养机制　努力打造一流本科教育*

召开本次大会主要有两个目的:一是总结第一次教学工作大会以来学校教学工作所取得的成绩和经验,进一步明确教学工作的指导思想、发展思路和主要任务;二是启动课程教学范式改革三年行动计划,创新人才培养机制,切实提高教育质量和教学水平,努力推动我校教学工作再上新台阶。

下面我主要讲三方面内容:一是简要回顾与总结过去三年我校的教学工作;二是分析并反思我校目前教学工作中存在的主要问题;三是部署我校近期及未来几年的教学工作。

一、三年来我校教学工作的简要回顾

第一次教学工作大会以来,学校坚持贯彻教育部《关于进一步深化本科教学改革　全面提高教学质量的若干意见》、教育部和河南省人民政府《关于全面提高高等教育质量的若干意见》精神,始终把提高教育教学质量作为学校发展的根本任务,不断强化教学工作的中心地位,加强教学基本建设,深化教育教学改革,优化人才培养模式,持续推进质量工程建设,我校教学工作进入了一个新的发展阶段。

---

* 本文系作者2014年4月11日在学校第二次教学工作大会上的报告。

（一）不断更新教育教学观念，确立了打造一流本科教育的努力目标

1. 人才培养工作的基础地位不断巩固。人才培养是学校的核心使命，本科教学是学校最基础的工作。在工作中，学校坚持把教学工作作为学校的中心工作，把教学改革作为各项改革的核心，把人才培养作为学校一切工作的出发点和落脚点；坚持以学生为主体，以教师为主导，充分发挥学生的主动性和积极性；把本科教学作为学校最根本的工作，以教学为中心，进行资源配置和经费分配。

2. 确立了"打造一流本科教育"的工作目标。鉴于我校是一所以本科人才培养为主的地方大学，本科生源质量逐年提高的现状，学校经过广泛调研和讨论，于2012年确立了"打造一流本科教育"的长期发展目标，将学校的社会价值定位从"办什么样的大学"转向"培养什么水平的人才"，着力将一流的生源培养成一流人才和业界精英，计划用5~10年的时间，使学校人才培养的质量和水平达到国内地方大学的一流水平，这为学校提高人才培养质量奠定了坚实的思想基础。

3. 教学工作思路更加清晰。2013年初，围绕打造一流本科教育的长期发展目标，学校组织开展了为期两个多月的教育思想观念大讨论活动，广泛且深入地讨论了打造一流本科教育的理念、标准、现实基础以及我校的发展目标、发展思路和发展举措，促使全校教师不断思索我们应该"培养什么人""怎样培养人"以及"培养的人怎么样"等一系列问题，现代大学教学理念和质量意识得到进一步确立。同时，明确了"以学术力量促进教学工作为引领，以提高人才培养质量为目标，以特色人才培养模式改革为突破口，以高水平教师队伍建设为基础，以教学基本建设和制度完善为保障，扎实推进教学改革与教学质量建设工作"的本科教学工作思路。

（二）持续深化教育教学改革，优化人才培养过程

1. 专业结构不断优化。在专业建设中，学校注重以经济、管理、法学等特色学科带动其他学科发展，继续在一些学科专业中设置与优势特色学科紧密相关的专业方向。比如，在地理信息系统专业中设置了商务 GIS 方向等。同时，在新专业发展中，注重形成特色和优势专业群。比如，通过设立

金融数学、信用管理专业,使我校金融类专业优势更加突出;通过设立知识产权专业,适应了我省经济转型升级需要一大批懂技术、懂经济、懂法律的复合型人才的要求;通过设立软件工程、物联网工程和体育经济与管理专业,很好地适应了我省信息服务产业和体育文化产业发展的需要,凸显了学校的办学特色和优势。

2. 人才培养模式不断创新。一是启动并平稳推进本科生完全学分制管理模式改革。学校制定《学分制改革工作方案》,以完善选课制为基础,努力创造条件为学生在选课程、选教师、选进程、选专业等方面提供更大的自主选择空间;进一步完善导师制、学分计量制、学分绩点制、相对成绩制等在内的学分制管理制度;为深化弹性学制改革,学校进一步探索学分收费及人事、后勤管理等方面的制度改革。二是构建具有我校特色的本科人才培养体系。为配合学分制改革,在 2009 版人才培养方案的基础上,2013 年上半年,学校组织了新一轮人才培养方案的论证制定工作,并做了四项重大变革:(1) 首次实现学校各个专业培养方案学分的完全统一;(2) 按照经济、管理、法学等不同的学科门类,最大限度地统一了学科基础课的开设门数与名录;(3) 调整课程设置结构,采取"平台+模块"的方式,将所有课程分为通识教育、学科基础教育、专业教育、实践教育四个课程平台,每个平台包括若干模块,模块下包括若干课程,同时增加选修课类别和比重,进一步拓宽专业口径,扩大学生知识面;(4) 加强实践教学环节,每学期均留出两周时间用于集中实践性教学,以解决我校学生普遍存在的实践环节弱、动手能力差等问题。三是积极实行"按专业类招生与培养、按专业与方向分流"的招生和培养模式,利用优势学科专业,进一步优化招生专业的批次结构和规模,吸引优质生源。2013 年,在河南省本科第一批的招生专业从 2011 年 4 个增加到 14 个,投放计划从 2011 年 687 人增加到 1 908 人。并将 23 个专业归并为 10 个类别,按大类招生,为培养基础扎实的复合型人才奠定了基础。四是大学英语和计算机基础课程实行分级教学。大学英语教学分 A 级(Ⅰ~Ⅳ)、B 级(Ⅰ~Ⅳ)、C 级(Ⅰ~Ⅳ)三个大层次,英语水平较高的学生还可免修大学基础英语,直接学习高水平英语课程,并加强与实际应用有关的技能训练。计算机基础课教学将学生分为两类:分班测试成绩在 85 分及以上的,给予免修资格,为其开设《计算机网络应用技术》;85 分以下的,可根据学校相关规定自主选择编入 A 级班或 B 级班学习,达到真正提高学生计算机实际操作和应用能力。

3. 课程建设不断加强。一是不断加强课程资源建设。学校立项建设一批"精品视频公开课",引入了尔雅通识课(慕课建设)15门,自2012~2013年第二学期开始运行,目前共有13 000余人次进行选修,弥补了课程数量的不足,推动了通识课的建设。二是推行课程教学范式改革试点项目。该项目以现代教学范式的要求为基本参照系,对课程教学全过程进行系统改革试点,倡导启发式、探究式、讨论式、参与式教学,以实现课堂教学效能最大化。三是积极进行实战教学探索。比如文化传播学院的三科联考、工商管理学院的以赛代考、国际经济与贸易学院的国际贸易模拟谈判、会计学院的案例分析大赛等等。四是加强教材建设。学校健全和完善教材选用和评价机制,严把教材选用质量关。2013年对全校所有本科教材进行评估,涉及四百多个教材品种,参评学生、教师、专家20 000多人,师生参与率达到95%以上,对今后的教材建设、教材选用起到了积极的促进作用。学校支持有特色的实验和实践课程教材以及特色专业的系列核心课程教材的编写与出版,取得了明显效果。我校教师主编的《经济地理学》《法律文书写作教程》入选"十二五国家级规划教材";《电子商务案例分析》《财务管理学》《国际货物运输与保险》《导游实务》等入选"十二五河南省规划教材"。

4. "本科教学工程"项目建设力度不断加大。一方面,国家层面"本科教学工程"项目建设取得显著成效。2012年以来,学校共获批国家级专业综合改革试点1个,省级专业综合改革试点5个,省级特色专业2个;省级精品资源共享课3门;省级实验教学示范中心1个;省级本科工程教育人才培养模式改革试点1个;省级卓越法律人才培养基地1个;省级教学名师2人。另一方面,学校不断加大校级"本科教学质量工程"专题研究项目投入力度,在2009、2010年连续两年立项的基础上,在实验实训、专业综合改革试点、课程教学范式改革、精品视频公开课、学分制教学管理等方面开展专题研究和实践,教育教学改革取得了显著成效。2011年以来学校共获省级教改项目10项,其中重大项目2项;在2012、2013年教学成果奖评选中,获得了特等奖2项,一等奖7项,二等奖8项。

(三) 不断加强教学基本建设,改善教育教学条件

1. 教学经费投入持续增加。学校投入专业、课程、实验室、实践教学等建设和教学运行经费持续增长:教学经费从2011年的4 870万元增长到2013年的9 130万元,增长了87.47%;院系正常教学经费从2011年的2 697万元增长到2013年的3 461万元,增长了28.33%;教学专项经费从2011年

的609万元增长到2013年的3 878.6万元,增长了5.37倍;教学科研仪器设备资产总值由2011年的7 612万元增长到2013年的12 109万元;尤其是连续三年投入近3 220万元建设数字化校园,为构建数字化学习中心和教学中心奠定了坚实的基础。

2. 师资队伍不断加强。一是师资结构不断优化。近三年共引进博士60余人,学校还通过进修和在岗提高等多种方式,使师资队伍结构进一步优化,整体实力显著增强。目前,专任教师中硕士以上学位所占比例达74.6%,具有博士学位的比例达22.1%,高级职称比例达到49.2%,初步形成了若干个方向明确、结构合理、有一定实力的学术梯队和教学科研水平不断提高的师资团队。截至目前,有4名教师获得"河南省教学名师"称号,学校还建设有西方经济学、管理学、会计学和刑法学等4个省级教学团队、8个校级教学团队。二是实施名师工程,启动"校长教学质量奖"的评选。"校长教学质量奖"是我校教学领域的最高荣誉奖,获奖教师可以得到教学工作量的质量系数、职称评审加分以及物质等方面奖励,以激励和表彰教学一线取得显著成绩的教师。6位教师在首届"校长教学质量奖"的评选中脱颖而出,极大地调动了教师投入教学的积极性,增强了教师的使命感和荣誉感,发挥了很好的示范作用。三是成立了教师教学发展中心。针对我校新进年轻教师越来越多,却大多缺乏专业师范训练的现实,为提高教师尤其是年轻教师的课堂讲授质量与效果,2013年6月,学校成立了教师教学发展中心。此后,中心就如何发挥教研室在教学中的作用、如何做好教研室主任、如何利用实验教学中心开展集中教学实践活动等内容进行了有针对性的培训,取得了初步的效果。

3. 学风考风建设不断加强。一是坚持"名师讲坛计划""读书计划""爱我专业"主题教育活动及征文活动、"诚信考试、杜绝作弊"宣传签名活动、新老生学习经验交流会、考研经验交流会等活动,加强学风建设,塑造良好学风。二是加强学生诚信教育,特别针对英语四六级考试和期末考试,平时分散考试的考风考纪问题,召开考风建设专题会议,严格考风考纪,使大型考试的考风考纪得到了比较彻底的扭转。三是注重第二课堂与第一课堂的衔接。鼓励学生积极参加全国挑战杯竞赛、全国英语演讲比赛、职业规划大赛、数学建模大赛、创业大赛等各类竞赛,大力支持开办科技文化节,积极加强创业园区建设,促使学风不断得到改善。四是大力开展学风建设主题教育活动。培育了一大批富有特色的院系学风建设品牌,如会计学院的"知、智、行大讲堂"、旅游会展学院的"校园展会"、法学院的"大学生法律学术文化节"和"法庭庭审进校园"等,营造了良好的学习氛围和校园学术风气。

(四) 深化教学管理体制改革,教学质量保障体系逐步完善

1. 教学管理不断加强和规范。在制度建设方面,学校以现代大学教学理念为指导,加快教学管理制度建设,坚持严格要求、规范程序,以提高服务效果、管理效率和教学质量为目标,建立规范运转的教学管理工作运行机制。2012年,涉及"人才培养""教学运行""质量管理"等教学工作的30多个教学管理文件全部印发执行。在教学服务方面,学校专门成立教学服务中心,开通教学服务中心微博,同时开始启用移动教务系统,初步实现与教师、学生、社会的实时互动,提高了整体服务水平和服务质量。

2. 法学教学资源整合优化。2011年6月法学院系组建(成立了三个法学相关学院)以后,法学教学、科研和学科建设等工作稳步推进,取得了一定成绩。但在运行过程中,法学院系之间在学科规划、师资调配、教学任务分配等方面仍存在一些不协调因素。为了更有利于法学人才的培养,学校按照科学、规范、高效的原则,在充分调研的基础上,借鉴兄弟院校的成功经验,于2013年6月,对各法学院系的办学层次、培养方向以及师资力量进行重新整合和优化。目前,整合后的法学院系运行效果良好。

3. 教学质量保障体系不断完善。一是教学督导更具针对性。每学期都有督导的重点,比如多媒体教学课件效果、毕业班课堂教学状况、大三课堂到课率、外聘教师教学效果等专项督导评价。二是教学评价常态化。连续三年,每年按时发布任课教师教学质量综合评价结果。这个结果已经作为职称评审的重要参考指标。三是发布本科教学质量报告和院系教学质量分析报告。我校发布的《2012年本科教学质量报告》是河南省发布的首份非211高校本科教学质量报告,这一举措被媒体评价为"开门办教育、开明畅言路、开放展自信"。学校决定从2012年起,今后每年都要发布客观反映学校教学质量的年度报告,接受公众的问责,接受社会的监督,接受市场的评价,进而获取社会和公众对学校的广泛认同。

总结三年来的教学工作,我们取得了很大的成绩,在许多方面做了新的探索,也取得了新的突破。这些都得益于我们始终坚持了以下四点:一是坚持打造一流本科教育的长期发展目标,把学校的社会价值定位的重点从办什么样的大学转向了培养什么样水平的人才;二是坚持内涵发展,牢固确立教学工作的中心地位和人才培养的基础地位,始终把工作重心放在提高教

学质量上;三是坚持人才培养和教学管理模式的不断优化和创新,始终将培养应用型创新人才作为我们的培养目标;四是坚持学生发展的主体地位,为学生的个性化发展积极创造条件,不断激发学生的学习兴趣和创造潜能。这些成绩的取得,离不开上级主管部门和社会各界大力支持,离不开广大教师的潜心教学、默默奉献,离不开全体教职工的团结协作、开拓创新,在此,我代表学校向为培养学生付出大量心血和汗水的全体教职员工致以崇高的敬意和衷心的感谢!

二、教学工作中存在的主要问题

近三年来,学校本科教育教学改革取得了一定的成绩,为保证我校的人才培养质量打下了良好基础。同时,必须认识到学校的本科人才培养和教育教学改革已经进入攻坚阶段,面临着更深层次的矛盾和问题,与我校建设特色鲜明的教学研究型大学的要求相比,还有很大差距和不足。

第一,办学定位和人才培养目标与国家和区域经济社会发展需求的适应度不够高。一是专业特色不鲜明。我校虽然注重学科专业的特色培育,也取得了一定的成果,但特色和优势还不够突出,在同类院校中还不占据绝对优势。二是人才培养目标与社会的契合度还需进一步融合。在人才培养方案制定和课程体系优化中,先进性不够,针对性不强,与社会需求存在脱节现象。三是与专业应用能力相关的课程建设力度不够,专业基本技能训练体系不够健全,培养方式还显单一,培养过程评价体系不够完善。

第二,教师和教学资源的保障度不够高。在教师方面,一是数量不足,生师比偏高,基础课外聘教师较多,不能保证授课质量。二是结构失衡。各专业教师队伍发展不平衡,结构性短缺问题突出,高水平的教学团队为数很少,中青年学科和专业带头人还十分缺乏。三是观念更新滞后,教学范式传统。一些教师教育教学观念还比较陈旧,还没有树立起科学的发展观、人才观、质量观,离启发式、探究式、讨论式、参与式等现代教学范式还有相当的距离。四是教师教学水平有待提高。教师教学方法不够先进,教学效能不高,实践能力欠缺,不能很好地适应应用型创新人才的培养要求。五是学术优势向教学优势的转化率不高。教师将科研成果转化为教学资源的不多,吸收学生参与科研的数量少,水平较低。在资源方面,实验室、图书馆等软硬件建设还要加强,实验开出率和仪器设备的使用效率还不高,资源共享不够,图书资料还要进一步充实。同时,还需要进一步挖掘和发挥校园网在教学工作中的作用。

第三,教学和质量保障体系的有效度不够高。一是院系的教学质量责任体系还没有建立起来。二是教学服务体系还需完善。教学秘书队伍不稳定,数量不足,为教学服务的意识还需强化。三是教学管理的科学性、规范性和执行力还需进一步加强,教学管理制度需要进一步落到实处。教学管理方式还需要进一步转变,特别是与两级管理对应的制度、措施还有待加强。四是人才培养和教学质量标准建设还需加紧建设。

第四,学生对教学的满意度不够高。表现在两方面:一是教师从严执教、严谨治学、爱岗敬业的风气还不够浓厚。从课堂教学、毕业论文(设计)、试卷评阅等常规工作中反映出部分教师责任心还不够强,对工作投入不够;教师在课堂中缺乏组织教学,对学生的学习状态不够关注,教师教书育人的责任感有待加强;对学生的教育和管理尚未形成合力,部门之间、课堂内外、教师与学生管理者之间存在一定的壁垒。二是学生学习的主动性、自觉性还需要加强。一些学生心态比较浮躁,缺乏充足的学习动力,对学习的投入不足,学习纪律性不强;还有一些学生因缺乏明确的学习目标,受到各种各样的诱惑而分散了专注于学习的注意力;还有一些学生缺乏恰当的学习方法,不能很好地适应大学的学习生活。

以上这些问题,有的是发展过程中出现的新问题,有的是长期积聚的一些难题。解决好这些问题,是学校在日趋激烈的竞争中抢夺先机,赢得进一步发展的有利位置,实现又好又快发展的关键。

三、今后一段时期继续加强教学工作的主要措施

目前,我国高等教育已进入坚持内涵发展、全面提高质量的阶段,高等院校之间的竞争特别是生源的竞争日趋激烈。因此,我们必须要有危机意识、竞争意识。今后几年,我校教学工作的基本思路是:围绕学校"打造一流本科教育"的发展目标,深入推进本科生学分制教学管理改革,实施课程教学范式改革三年行动计划,优化学科专业结构布局,创新人才培养模式,加强教师教学发展,强化教学质量监控,加强实践教学和数字化教学资源建设,深化招生改革和扩大优质生源,持续提升高素质应用型人才培养质量,为迎接教育部本科教学工作审核评估奠定基础。

(一) 不断更新教育教学理念,巩固本科教学的基础地位

提高人才培养质量,要切实树立人才培养是学校核心使命的理念,树立以学生全面发展为目标的教育质量观。我们应当反思学校制度的价值取向是否与提高人才培养质量相吻合,"领导精力、师资力量、资源配置、经费安排和工作评价"是否体现以人才培养为中心,学校职能部门是否有"为学生着想、为教师服务"的观念文化,院系是否真正成为人才培养的主体。概而言之,学校就是要建立适合学生成长的生态环境。

一般而言,一所大学的价值取向是要满足学生和社会这两方面的需求。大学不仅要关注学生当前的需求,更要保障他们的长远发展。教育的目的不仅要把学生培养成才,还要使他们能够适应和驾驭未来。可以这样说:知识可以过时,但能力将陪伴你一生;知识决定了你第一份工作,而能力则决定了你最后一份工作。因此,学校必须从社会需求和学生未来发展需要的角度来审视大学教育和教育理念,建立满足学生和社会需求的观念是大学教育改革的前提和出发点。我们要树立科学的质量观,把促进学生的全面发展和适应社会需要作为质量的根本标准;要改变以知识传授为主的教学观,更加注重开发学生的创新思维,培养学生的学习方法和创新方法,练就学生的创新能力;要改变单纯以分数高低评价学生的人才观,更加注重学生综合素质的提高;要改变过去单一以书本学习为主的学习观,更加重视学生课外实践与研究活动的开展。牢固确立人才培养是大学第一使命的观念和本科教学在大学教育中的基础地位,不断探索适应我校本科教育发展的新思路。

(二) 完善校院二级教学管理体系,理顺教学管理体制

一是要以学校经费划拨改革为契机,推进教学管理体制改革,改革教学质量评价办法和人才评价标准,逐步建立以院系教学管理为主,学校宏观指导、监督评估的现代大学教学管理体制。二是落实教学质量分层管理责任制。通过明确学校各管理层次岗位职责,促进教学过程管理与目标管理的有机结合。建立教学管理质量考核制度。按照经费划拨与教学管理质量相挂钩的原则,制定教学单位教学质量考核办法,引导各教学单位注重量化管理、科学管理,调动各教学单位在教学管理工作中的积极性和主动性。三是强化院系在学科专业建设中的责任,落实专业建设责任制,加强对专业建设的管理和质量控

制。以社会需求为导向,探索专业动态管理机制,积极培育新的专业增长点,灵活调整招生规模,灵活设置专业方向。根据用人单位需要,适时调整培养目标和课程结构,加强学科专业交叉渗透,培养学生特长能力。

(三)深入推进学分制教学管理改革,创新人才培养模式

一是学校将加快推进本科生学分制教学管理改革,以学生为本,以选课制为基础,以学分计量制和学分绩点制为核心,最终构建起"按学分注册、按学分交费、按学分毕业、按绩点授学位"的教学管理模式。在此基础上,实施相对成绩政策,建立学生学业指导体系。改革适应学分制的招生政策,优化招生专业结构,继续扩大按类招生范围。二是构建实施学分制下的学风监督评估体系,建立学风建设长效机制,为优良学风的形成和保持提供制度保证。三是扎实落实2013版人才培养方案。要采取有效措施,加强通识教育课程和学科基础必修课程建设。重点建设一批素质教育课程、专业选修课程,要研究制定新的导向机制,鼓励教师增开选修课程,丰富学生选课资源。四是积极推进人才培养模式创新。区分不同专业性质和特点,鼓励和支持院系探索多元化的人才培养模式;探索在教师指导下,学生自主选择专业、自主选择课程等自主学习模式;鼓励因材施教,探索在高年级按学术型、就业创业型、学科交叉型人才培养方向,制定同一专业不同类型的人才培养子方案。

要鼓励院系积极走出去,扩大与企事业单位合作,努力开辟毕业生实习就业新渠道。要通过国际合作培养、交换生以及双语教学等形式,增强师生的国际意识,拓展师生的国际视野。

(四)推进课程教学范式综合改革,提升课程教学效能

学校将讨论出台《课程教学范式改革三年行动计划》,正式启动课程教学范式改革。一是要彰显现代课程教学范式核心理念。努力践行教学学术观、教学民主观和教学协作观。二是要确立新型梯度课程教学目标。课程教学目标要在教学实践中逐步从"知识传递"到"能力培养"中梯次演进,经过"知识传递—融通应用—拓展创造"的过程,凸显现代大学课程教学的主流范式。三是要明确改革的目标和任务。通过推进课程教学范式综合改革,把学生潜能的无限开发作为课程教学的终极目标,把生活与实践作为大

学课堂教学的重要内容,把怀疑反思与创造发现作为大学课堂教学的基本方法,把内省学习作为大学课堂的主要学习方式,把网络学习作为大学生课堂学习的重要补充,最大限度地发挥课程教学效能,不断提高学生的学业挑战度和学习主动性,着力培养学生的实践能力和创新精神。2014年,学校将选择四个院系和部分课程开展试点,制定基于教学范式改革的课程教学大纲,确立以学生为主体,以教师为主导的新型课程教学范式。同时,支持教师编写"十二五"规划教材和各种创新教材,加强信息网络体系和数字化课程建设,推进网络教育资源的开发和精品课程上网开放工作,使更多学生在网络辅助教学中获益。

(五)实施教学能力提升计划,促进教师教学发展

一是制定促进教师教学能力提升的政策和教师教学发展中心三年工作规划。加强教师教学经验交流和青年教师教学能力的提升,举办校长教学质量奖获得者教学观摩活动和青年教师课堂教学竞赛。二是加强师德师风建设,营造尊师重教的良好氛围。广大教师要以高尚人格教育和影响学生,成为学生健康成长的良师益友;教学管理人员要把主要精力投入到管理和服务工作中去,增强服务意识,提高管理和服务水平;行政管理和后勤部门要围绕教学工作的中心地位把主要精力投入到为教师和学生提供优质服务上来,努力在全校范围内形成尊师重教的良好风气。明年,学校将评选教学奉献奖,奖励潜心教学的一线教师。三是组织实施"中青年教师能力提升计划",以提高教师教学能力为目标,开展各类教学研讨活动,实施微格教学诊断,全方位加强教学训练,加大频次开展教学观摩活动,不断促进教师间的沟通、交流和学习。四是不断完善教师的教学考核与激励机制。学校在政策导向上要合理统筹教师的教学和科研工作,充分调动广大教师从事教学工作的积极性。学校坚持将教学工作与科研工作在工作考核、职称评聘、项目评选和评优晋级等方面同等对待,发挥教师在人才培养中的重要作用。

(六)实施实践教学提升工程,培养学生创新能力

一是进一步完善实践教学体系。把实践性课程贯彻教学全过程,保证学生得到不间断的实践训练。在实施2013版人才培养方案过程中,要采取有效措施,建立校内与校外、集中与分散、教学实习与社会实践、课程实习与

毕业实习有机结合的实践教学体系。二是优化实践教学内容。学校将增加各专业的综合性和设计性实验,减少零散的课程实验,构建大类实验教学平台;将专项支持实验教学项目开发,制定课程实验和集中实践教学环节的实验(实践)大纲和实验(实践)指导书;将研究探索不同类别、不同课程的实践教学考核方式,提高实践教学效果。三是加强经济管理实验教学中心内涵建设,提高各专业实验项目开出率;充分发挥法学实验教学中心作用,切实落实法学类专业实践教学环节。制定相应政策,引导、吸引高水平教师从事实验和实习教学工作。四是总结推广部分课程实战教学经验,提高学生的知识运营能力。五是制定实践教学评价办法,加强实践教学评估。加强对学生实验、实习环节的质量监控,保证实践教学达到预定的目标。六是重视大学生实践创新活动。以创新性实验计划和学科竞赛为载体,全方位推动学生实践创新活动和创业活动,培养学生的创新意识和实践能力。

(七)迎接教育部审核评估,推进学校内涵发展

相关部门要认真学习教育部《普通高等学校本科教学工作审核评估方案》,制定迎接教育部本科教学工作审核评估工作方案,明确各单位的职责和任务。审核评估包括审核评估范围、教学基本状态数据、学校自评报告、专家考察建议等多项内容。评估范围包括定位与目标、教师队伍、教学资源、培养过程、学生发展、质量保障6个项目以及自选特色项目,即"6+1"个审核项目,涉及24个审核要素、63个审核要点,涵盖学校本科人才培养质量影响因素的核心内容。审核评估重点考察"五个度",即学校人才培养效果与培养目标的达成度,学校办学定位和人才培养目标与社会需求的适应度,教师和教学资源对学校人才培养的保障度,教学质量保障体系运行的有效度,学生和用人单位的满意度。这是推进学校内涵发展的大好机会,学校要求广大师生员工积极投入到审核评估工作中去,以主人翁的姿态,积极主动完成各项审核评估工作任务。

人才培养是高等学校的永恒主题,高校只有牢固确立教学工作的中心地位和质量意识,才能赢得广大家长和全社会的广泛认可,才能肩负起人才培养、科学研究、社会服务、文化传承的崇高历史使命。我校正处在发展的关键时期,让我们更加紧密地团结起来,坚定信心,开拓进取,勤奋工作,以饱满的热情,务实的作风,深化教学改革,推进教育创新,提高教学质量,为开创学校教学工作的新局面,实现学校的持续健康发展而努力奋斗!

第三篇　寄语师生

本篇收录12篇教职工会议的相关发言和新年致辞，17篇学生入学和毕业典礼的致辞，2篇校友会议致辞和校友会刊发刊词。

主要观点摘录：

作为大学校长，我还是更加愿意看到你青涩而不愿看到你世故，愿意看到你率性而不愿看到你圆滑，愿意看到你朴实而不愿看到你功利。

青春本有一场难舍难分的告别，同学笑着笑着哭了。告别是另一种形式的铭记，告别是另一种方式的成长，告别是另一种高度的相约。

在学校里抱怨一点，学校会宽容你，不会十分苛求你为自己的行为负责，但是，走出校门，社会不会在乎你的抱怨，不会同情你的处境，不会理解你的天真。或许将来有一天，你穿梭在水泥森林里晕头转向，拥堵在雾霾尾气里怒不可遏，奔波在客户需求间不能自拔，周旋在人情世故中进退两难……可是，同学们，不要抱怨，不用牢骚。我们要用乐观的心态，看好的、想好的、讲好的、做好的，这样我们的人生才更美好！

认真想一想，祖国真不容易。国力要和美国比，福利要和北欧比，生态要和瑞士比，制造要和德国比。今天的中国，就像一个饱受磨难但不屈不挠的农村少年孙少平，正在通过自己的坚忍不拔，努力在平凡的世界里留下不平凡的印记。我们看到,中国在进步,她誓言要把过去两个世纪输掉的繁荣和尊严赢回来。

如果有可能,去给宿管阿姨道个别,毕竟这四年看着你早出、等着你晚归的不是父母也不是校长,而是默默无闻的她们;如果有可能,给同舍的室友一个深情拥抱,毕竟这辈子再也不会有同处一室、卧谈四年的铿锵六人行了;如果有可能,给朝夕相处的辅导员狠狠点个赞,毕竟半夜最害怕手机响的是这群不比你们大多少的最可爱的年轻人。如果是道别,就深情一点;如果是拥抱,就用力一点;如果是点赞,就诚挚一点。

从家庭的视角看,河南财经政法大学只培养了两种人:年轻时陪男人过苦日子的女人,富裕时陪女人过好日子的男人。你们走出校园,就是要做这样的女人和男人!

东风一夜寒意去　万木含绿待春来*

美猴辞旧岁,金鸡迎春来！我们送走了满载喜悦与收获的 2004 年,迎来了充满奋斗与希望的 2005 年。在这辞旧迎新之际,我代表校党委、校行政向在座的各位专家、教授致以新年的问候和良好的祝愿,祝大家新春愉快,万事如意！

2004 年是我校深化人事制度改革、推进学校建设的重要时期。面对高校之间日趋激烈的竞争和社会经济、科技发展的新形势,广大师生齐心协力,迎难而上,扎扎实实做好各项工作,学校的建设和发展呈现良好的势头。教学改革不断深化,教育质量不断提升,我校的知名度和社会影响力也不断提高。2004 年高校招生中,我校录取分数又居河南高校前列。师资队伍建设成效显著,我校 2004 年共引进博士 16 名,使在岗博士达到 34 名,硕士 43 名,在职称评审中又有 10 名教师通过教授资格评审,有力地改变了师资结构。学科建设取得突破,在河南省第六批省级重点学科评审中,全校有 4 个学科跻身重点学科之列。科学研究再结硕果,全校科研课题立项 74 项,创历史新高,其中,国家社科基金项目和国家自然科学基金国际合作项目各 1 项,国家统计局项目 1 项,全年获省厅级以上奖励 17 项,包括省"五个一"工程奖 2 项,省科技进步奖 1 项,省社科优秀成果奖 3 项,这些成果巩固和提高了我校优势和特色学科在全省的影响和地位。同时经过全校上下的共同努力,我们在郑东新区大学城征得了 1 540 亩地,为学校的进一步发展提供了空间。正在进行的人事制度改革激发和调动了广大教职工的积极性,为

---

*　本文系作者 2004 年 12 月在学校教授迎春茶话会上的讲话。

学校的发展提供了人事制度的保障。学院积极筹备更名为河南财经政法大学事宜,更名的各项工作进展顺利。荥阳西校区克服诸多困难,目前运转良好;新区建设也在紧张有序的筹备中。在学校重点工作稳步推进的同时,其他工作也有大的进步。

目前,我校正面临着发展的大好时机,而学校的发展最终都需要由人才来支撑,高校的人才主要是教师,而教授则是教师中最顶尖的人才。在座的各位专家、教授是财院的中坚,是财院的脊梁,是学校日益向前发展的最强大的力量源泉。财院20年的发展凝聚了大家的心血,大家的辛劳付出才换来今天辉煌局面,财院的发展离不开大家。

岁末回首,我们深深感到成绩来之不易。脚踏实地、开拓创新、勤俭办学的作风是学校前进发展、取之不尽的精神资源,而全体师生爱岗敬业、乐于奉献则汇成了学校各项事业与时俱进的力量源泉。

东风一夜寒意去,万木含绿待春来。2005年,将是河南财经学院建设和发展的关键的一年:全国第十批学位点评审机遇难得,关系到学位点建设能否实现新突破;教育部教学水平评估各项准备工作已全面展开,事关我们能否顺利获得国家优良教育质量认证;新校区全面建设要展开;"人才强校"战略、人事分配制度改革和后勤社会化改革管理体制等都要积极推进。做好这些工作,对学校今后全面、持续、健康、快速发展有着十分重要的意义。我们要以这次人事制度改革为契机,促进学校的各项工作持续协调发展。

新的一年就要到来,新的希望正在升腾,让我们迎着新年的曙光,以百倍的热情、百倍的信心、百倍的精力投入到学校的改革发展中去,为创造财院人的美好未来而奋斗。

学依才治　业以才兴*

金秋送爽,丹桂飘香。在第 22 个教师节即将来临之际,我们满怀欣喜之情,举办青年教师岗前培训开班典礼,我代表校党委、行政对加盟到河南财经学院这个大家庭的 81 名新成员们表示热烈的欢迎!

河南财经学院是一所年轻但充满生机的大学。1983 年建校之初,她便是河南省唯一一所以财经管理为主的本科院校。伴随着改革开放的春风,经过几代财院师生的共同努力,学校的教学科研水平不断提高,办学规模不断扩大,在社会上赢得了良好的声誉,成为河南省重点院校,并且在全国同类院校中有了一定的知名度。在《河南日报》2004 年对河南省高校进行的"我心目中最理想的大学"的调查中,河南财经学院位列河南高校第六位。随着我校知名度和社会影响力的不断提高,各界对我校的认可和信任也在不断加强。在近两年的招生工作中,我校生源质量持续攀升,以 2006 年为例,文科第一志愿上线录取率为 32.2%,最低录取分数线 566 分,理科第一志愿上线录取率为 55.6%,最低录取分数线 556 分,录取分数居省内同批次学校前列。

近年来,学校按照"内抓机制、外引资源、拓展空间、跨越发展"的思路,开拓进取,各项工作都迈上了新台阶。2005、2006 年对学校来说是不平凡的两年,两年来,学校理清思路,确立了今年的奋斗目标。随着办学规模的不断扩大,办学层次不断提高,更名大学日益成为广大教职工和学生的共同愿望。在多方呼吁与积极筹备下,省教育厅专家组对我校进行了为期两天

---

* 本文系作者 2006 年 9 月在学校青年教师岗前培训开班典礼上的讲话。

的工作考察。通过校长汇报,现场资料查看与核实,与校领导、专家教授、普通教师座谈,实地察看教学设施等环节,专家组一行对我校与河南省政法管理干部学院合并组建河南财经政法大学工作给予了充分肯定。日前,学校按照既定的工作思路,完成了"三大规划",确立了学校21世纪头20年的奋斗目标。学校正全力以赴为更名大学和争取博士学位授予权而努力奋斗!

两年来,学校克服困难,拓展了办学空间。在大环境极为不利的条件下,学校各部门齐心协力,历尽艰辛,最终在郑东新区征地1 540亩,使我校的占地面积增加了四倍。现在,新校区已开工建设,相信不久,一个布局合理、风格鲜明、兼科学化、现代化、人文化、生态化于一体的大学校园将呈现在大家眼前。

两年来,学校搭建平台,开展了广泛的国际交流。我们先后与英国威尔士大学、德国波恩大学、美国密苏里州立大学、澳大利亚科廷科技大学、新西兰奥可兰商学院、爱尔兰考克大学、爱尔兰卡罗理工学院签订协议,在联合培养硕士生、本科生、专科生层面取得了实质性进展。2006年,经过紧张磋商谈判,与爱尔兰考克大学、爱尔兰卡罗理工学院实现了专科层面的合作,今年争取了480名的招生计划,目前,招生已经结束,生源较为良好。近日学校又与牛津大学、谢菲尔德大学、卡迪夫大学等英国多所著名学府达成了合作意向。我们欣慰地看到,学校正逐步朝着国际教育大舞台迈进。

两年来,学校开拓进取,极大地提升了办学层次。在2005年第十次新增博士、硕士学位点申报中,我校获批3个一级学科硕士点(理论经济学、应用经济学、工商管理),17个二级学科硕士点(马克思主义哲学、马克思主义理论与思想政治教育、人文地理学、刑法学、经济法学、民商法学、计算机应用技术,以及3个一级学科所覆盖的10个二级学科)。这充分展示了我校良好的学科发展基础和学科优势,提前超额完成了我们的预期目标。

学校的振兴和崛起,关键在人才。财院之所以在短时间取得重要的成绩,一个重要的原因就是因为我们有一支高素质的教师队伍。目前,人才竞争愈来愈激烈,我们又将要面临教育部本科教学水平评估,为此,学校决定加大人才引进力度。2006年计划引进人才80人,上半年通过人才招聘会和研究生就业网共收到来自全国百十所院校的研究生求职材料1 000多份,博士生求职材料近100份,是我校近几年人才招聘工作前所未有的情况,为我校广纳群贤、优中选优创造了有利的条件。在如此激烈的竞争环境下,相信你们大多数人都曾经品尝过昼夜苦读的艰辛,都曾经历过披荆斩棘的激烈竞争,甚至曾经徘徊在取舍的边缘,当你们最终以渊博的学识和骄人的工作业绩赢得最充分的肯定,踏上了财院这片沃土时,你们就成为学校重要的人才。你们的到来,为我校师资队伍的建设和壮大注入了新鲜血液,为我校的本科教学工作水平评估工作增添了新生力量,为实现我校的跨越式发展奠定了坚实的基础。

你们在学校发展的最为紧要的关头来到学校工作,是学校的幸事,也是你们的幸事。学校将积极为你们提供一个干事创业的最佳平台,在这个平台上,你们可以尽显自己卓越的才华和多彩的人生,实现自己一生的梦想和追求,相信你们一定会在财院的发展史上写下浓墨重彩的一笔。

面对着新的校园、新的机制、新的环境、新的群体,你们将会有一个心态的调整期。期望大家能够全身心地投入工作,及时调整自己的心理状态,培养健康的心理、健全的人格、美好的情操及豁达的胸怀,以学校的整体工作为出发点,以新的精神状态和工作作风,迎接新挑战,树立新形象,创造新业绩。大家不仅要有"中流击水、浪遏飞舟"的豪迈情怀,还应具备勇于实践、不断创新的开拓精神,这样才能以更加自立、更为积极的姿态面对未来。让我们团结起来,共同奋斗,谱写新的篇章,使财院的发展迎来一个新的高峰,朝着更高、更强、更优的目标前进。

建标准　立标尺　树标杆[*]

职称评审推荐工作是我校人事工作的一件大事,时间紧,任务重,政策性强,直接关系到专业技术人员的切身利益,关系到学校的人才队伍建设,我们要高度重视,保证评审质量。

第一,职称评审要坚持评价标准,在评审过程中我们一定要以评审条件为基本评价标准,一把尺子量到底。以业绩为依据,对申报人的品德、知识、能力、业绩等要素进行综合评价。在评审过程中要注意处理好三个关系。一是要处理好思想政治标准与业务标准的关系。各类人才的评价都是既有政治和职业道德方面的要求,又有业务能力、工作业绩、知识水平等业务条件。在职称评审中,我们在强调业务条件要求的同时,还要重视思想政治素质,因为老师不仅要教书,还要育人,因此对于在学术上弄虚作假的,在评审中要坚决予以"一票否决"。二是正确处理好定性与定量的关系。评审条件中有的标准具体,便于把握,但这些具体的"条条"并不完全等于实际的水平和能力。论文和科研成果的数量多不等同于质量高,在评审中不能机械地对"条条",不能单看业绩成果的数量,更要看其水平、价值和对社会的贡献。我们今年要在去年的基础上,在申报正高职称的条件中,继续加大权威期刊的分量,对质量高、层次高的科研成果要有所侧重。三是要处理好科研与教学的关系。过去的职称评审中,重点考察科研成果、教学数量等方面,今年在注重这两方面的同时,还要参考教师平时上课的教学质量和教学效果。每位评委的手里有一份今年申报职称的教师平时上课效果的评价情

---

[*] 本文系作者 2007 年 10 月在学校职称评审推荐工作会议上的讲话。

况。这份表格来源于校督导组的听课评价、所教的一个班的学生评价和学校的网上评教结果。今年是第一年这样做,提供的结果仅供评委在评审时作为参考,想以此带动教师重视平时教学的积极性,从而达到提高教学质量的目的。

第二,职称工作要围绕全校的工作重点去做。目前,我校的工作重点主要有三个:一是更名大学,二是成为博士授权单位,三是要通过2008年教育部对我校的本科教学工作水平评估。我们的各项工作都要围绕这三个重点去做,职称工作也不例外。职称工作是个指挥棒,我们要通过这个指挥棒让各位老师都积极完成教学工作量,多去争取主持完成国家级课题,鼓励更多的教师能够获得博士学位。因为这些指标都是我们升大学、申请博士点、通过教学评估所要具备的硬指标。要让具备这些资格的教师在同等条件下优先晋升高级职称。去年,我强调这一点,今年,我们仍要将这一点在评审推荐过程中得到更好的体现。

第三,职称工作一定要做到公平、公正、公开。职称评审能否做到客观公正,能否把真正优秀的人才选拔出来,评委是关键。因此我们在座的评委在评审推荐过程中,一定要体现公平、公正、公开,要一碗水端平,既要公道正派,又要有科学的态度。总体上讲,这些年我们的评委在评审过程中大多都能做到客观公正的。这两年的评审结果,教职工还是比较满意的。这种满意就是教职工对在座各位评委、专家最好的肯定。不过,大多数教职工满意,并不是说我们的职称评审推荐工作一点问题都没有了。我希望,我们今年的职称评审工作能够做得更好。因此,我还想强调一点的是,我们评委中多数都是各系(部)主任、教授,但在这里,我们都要抛去这些身份,不要仅仅局限于我们所在系部的利益。我们到这里来,就是要站在全校的高度把学校里面真正符合条件的同志推荐出来,把真正干事创业的同志推荐出来,使我校职称评审推荐工作起到一个鼓励先进、鞭策后进的良好导向作用。

第四,职称评审委员会成员要按要求进行调整。根据上级文件的有关要求,为了保证评审的客观公正,要求每年的评委需更换1/3。今年我们在主系列评委中调整了10人,调整比例达到1/3;非教师系列增加、调整了14人,调整比例为60.9%。今后我们要严格按照上级要求,每年都要调整1/3以上的评委,从制度上保证职称评审推荐工作的客观、公正。

这两天的评审过程,日程安排很紧,希望各位评委集中精力、全力以赴,把我们今年的职称评审推荐工作做好。

学府与学术

捕捉创新思想的火花*

我很高兴能来参加这次学生科技创新工作表彰大会。我有不少职位,但我很看重咱们学校"学生课外学术科技创新工作领导小组"组长这个职位。刚才樊明主任在发言中谈道:一个好老师,应该把书教好;一个好校长,应该把学办好。我是学校的校长和老师,我也想当一个"好校长""好老师"。学生的科技创新能力在大学的各项工作中占有很重要的地位,反映了一所大学的办学水平和办学实力。我们学校的学生科技创新工作在今年取得了很好的成绩,我要代表学校向在大学生科技创新活动中付出辛勤劳动、做出突出贡献的各位领导、老师、同学们表示热烈的祝贺和衷心的感谢!

长期以来,学校一直把加强大学生科技创新活动作为全面实施素质教育、提高教育教学质量、实现"学术兴校"战略目标的重点工作来抓,得到了全校师生的积极响应。学术研究是大学工作的一个重要方面,反映了学校的教学和人才培养水平。去年年底,我们制定并实施了《大学生课外学术科技创新活动计划》,成立了"学生科技创新工作领导小组",建立了一整套完善的工作机制,经过一年的运行,取得了显著的成效。刚才受表彰的单位和个人就是我们成绩的代表。在大家的共同努力下,大学生课外学术科技创新活动已经成为我校学生工作以及教育教学、科技创新工作的一个品牌。当然,在我们肯定工作的同时,也要看到存在的不足。比如:广大师生的潜力和热情还可以进一步激发,体现河南财经学院在河南省经济建设地位的高水平的创新成果还不够丰富,学生自主创新能力还有待提高,科技创新活

---

* 本文系作者 2008 年 12 月 30 日在学校大学生课外学术科技创新工作表彰大会上的讲话。

动在同学们当中的影响力、感召力和塑造力也需要进一步增强,等等。这些,都需要我们认真地加以总结和思考。

下面,我围绕提高大学生创新能力谈四点意见,与大家讨论。

一、增强时代意识,高度重视大学生创新能力的培养

什么是创新?在英文中,创新(innovation)这个词起源于拉丁语,其原意有三层含义,第一,更新,就是对原有的东西进行替换;第二,创造新的东西,就是创造出原来没有的东西;第三,改变,就是对原有的东西进行发展和改造。"创新"这一概念的起源可追溯到1912年美籍经济学家熊彼特。熊彼特第一次把"创新"引入了经济领域,他提出:"创新"是指把一种新的生产要素和生产条件的"新结合"引入生产体系。熊彼特的创新概念包含的范围很广,如涉及技术性变化的技术创新及非技术性变化的组织创新。经过一个世纪的发展,创新的概念有多种不同的论述,但概括起来,"创新"就是利用已存在的资源条件创造新东西的一种手段。从科学实践来看,"创新"是指科学活动中的发现事实、发明方法和创造理论三种基本形式,而从哲学上来分析,创新则是观念的转变,是"思想革命"的过程。简单地说,"创新"就是在现有基础上,提出新理论、新概念、新技术、新方法、新产品的过程。

20世纪50年代以来,科学技术的高速发展,引发了社会方方面面的急剧变化。当今世界的竞争,归根到底是综合国力的竞争,实质是知识总量、人才素质和科技实力的竞争。党的十七大报告明确提出要"提高自主创新能力,建设创新型国家。这是国家发展战略的核心,是提高综合国力的关键"。这是从国家层面上提出的,创新对于国家的发展非常重要。从一个区域的发展来说,创新同样非常重要。区域中的高等学校在创新中起到重要作用。当代经济和科技发展的很多成果都是在大学中进行研究并在实际运用中得到转化的,因而大学承担着重要的创新使命。陶行知先生曾说过:"真正的教育必须培养出能思考会创造的人。"增强大学生的创新意识,不断培养年轻一代的知识水平和创造性能力,是继承中国先进知识成果的首要条件,也是不断创造新发现并赶超世界先进生产力的不竭动力。中国的知识成果转化需要有一大批年轻骨干作支撑,中国科技事业和经济建设事业更需要年轻的大学生通过自身研究和实践来维持和发扬光大,这是科教

兴国战略的初衷,更是时代所赋予后代的历史使命。因此,培养创新性人才,有其重要的历史意义,是高校的重要任务。

在座的大部分是本科生,可能有同学会想,大学的创新工作主要依靠教师和研究人员,或者是博士生、硕士生来做,跟本科生关系不大。其实,学校里的任何一个科学研究领域都离不开本科生的参与。从科研层面来讲,本科生思想更活跃,更大胆,更无所畏惧,更容易突破禁锢。只要掌握了一定的科学方法,加强基础工作,你们的新思维比我们这些年龄大的老师要活跃的多。我自己的研究课题组也经常有本科生参加,他们在里面表现得非常好,起到了重要的作用。从人才培养层面来讲,创新能力已经成为判断现代人才的重要标准之一,对一个人的进步与发展起着重要作用。学校并不奢望每一位参与科学研究的学生都能获得创新成果,重要的是在科学研究的过程中培养他们的创新能力。

二、增强忧患意识,充分认识大学生创新能力的不足

大学生创新能力的提高意义重大,但我们不得不面对一个现实:我国大学生目前创新能力普遍不足。温家宝总理曾在一个校长和教育家座谈会上谈及"为缺乏创新氛围十分担忧"。某研究机构曾经针对大学生的创新能力和创新意识做了一个调查,结论为:"现代大学生创新能力普遍降低,总体评价结果为创新能力较差。"

一是缺乏创新兴趣。兴趣是创新最好的老师,多数大学生虽然不满足于现状,但往往缺乏行动,缺乏强烈的创新精神和创新的兴趣。很多国际知名大学在招收学生时都会有面试,而面试很重要的一个内容,就是考察学生的兴趣。没有创新观念和创新欲望,会影响一个人创新潜能的开发,也影响着创新探索的发挥,因此,创新的兴趣非常重要。

二是缺乏创新思维。创新思维,是人在思考和解决问题过程中,能够站在不同的角度观察和认识世界,从而提出具有创造性和经得起实践检验的新观点、新思路和新方法。创新思维是创新或创造的思想基础,是培养人的创新能力的核心。古人讲"学从疑生,疑解则学成",而现在多数大学生却缺乏深层次思考以及另辟蹊径的自我总结和学习等能力,不敢对前人提出质疑,考虑问题和处理问题的方法常常千篇一律,没有新意和突破。你们以后都要做毕业论文,实际上一篇论文最重要的就是"有新意",要有自己独

到的见解。

三是缺乏创新毅力。毅力是人类自觉确定目标,并根据目标来支配、调节自己的行动,克服各种困难,坚持实现自己目标的心理过程,是意识能动性和个体积极性的集中体现。虽然多数大学生都能意识到毅力在创新活动中的重要性,但在实际工作中往往对困难准备不足,见异思迁,放弃追求。科学研究是一个艰苦的过程,在最终成功前往往都会有一个最困难、最黑暗的阶段,很多人缺乏坚持到底的毅力,不愿意吃苦,就会倒在"黎明前最后的黑暗"里,半途而废。

四是缺乏观察能力。在观察的速度和广度、观察的整体性和概括性、观察的计划性和灵活性等方面,大学生普遍存在不足。观察是个体预定目的主动了解事物的感知过程,是感知活动的高级形式。一切创新都是建立在观察的基础之上的。要善于从细微之处观察事物,眼光敏锐才能从细微、平常之中发现别人容易忽略的细微变化,这常常是发现问题的契机,是解决问题的前提。要善于从不同的角度去观察事物,任何一个事物从不同的角度去观察都会有不同的认识和收获。比如,我面前的这个麦克风,从我这面来看是一个圆形,而从你们台下的角度来看,它又是另外一个形状。善于观察,就能对前人的研究成果,撕开一个口子,攻进去,提出自己的设想,为最后的成功打开通道。

三、增强责任意识,全面营造大学生创新的氛围

一个人创新的能力也许与天生有一定关系,但更重要的是后天的实践和培养。大学生科技创新能力的提高是一项意义重大、影响深远的工作,也是一项涉及面广的系统工程,需要学生、老师,以及管理部门共同努力,才能取得良好的效果。

一要营造工作氛围。各个单位都要从学生成长成才的大局出发,从学校事业发展的高度出发,清醒地认识到自己部门在这项工作中应起的作用,认真地履行应尽的职责,把自己应该做的事情做好、做完整。同时,部门之间要打破条块分割的界限,加强合作,彼此协调,在全面实施素质教育这一共同目标的引领下,齐抓共管、群策群力地做好大学生科技创新工作。

二要激发教师热情。大学生科技创新活动,本身就是一项教学活动,是育人的一个重要环节。广大教师的积极参与是这项工作取得实效的重要条

件。我们一方面要强调指导大学生课外创新活动是每位教师义不容辞的工作责任,同时也要尽量完善激励教师参与工作的相关政策,对于指导教师的工作和辛劳,我们不仅要进行精神奖励,也要进行必要的物质激励,使他们的工作价值得以体现,从而进一步激发广大指导教师的工作热情。

三要引导学生参与。各单位应充分利用多种宣传教育手段,使每一个同学都深刻理解参与科技创新和社会实践活动的重要意义,引导和激励每一个同学的积极性、主动性和创造性,从而扩大活动的覆盖面、影响面和收益面。作为科技创新工程的主体,大学生更应该积极主动地参与进来:要注重培养自己的创新意识和创新兴趣,这是创新能力提高的源泉和动力;要培养科学的学习习惯和思考习惯,这是创新能力提高的关键;要持续夯实基础知识,这是创新能力提高的根基。

四要促进学科交融。严格意义上讲,参与学生的科技创新和社会实践活动,各学科都有独特的领域,都有广阔的舞台,但是,只有进一步推动各学科间的交流与合作,推动各学科的交叉渗透,充分发挥各学科的综合优势,形成整体合力,才能在大学生科技创新活动中出精品、出特色、出亮点、出成绩。在英国剑桥有个伊格尔(Eagle)酒馆,在这个酒馆的墙上有个"DNA"的标志。这个酒馆就是当年"DNA"的发现者经常去的一个地方,在这个酒馆里,很多不同学科的科学家经常在一起讨论,碰撞思想的火花,最终促成了"DNA"的发现。

四、增强改革意识,大力落实鼓励创新的各项措施

为加强对大学生科技创新能力的培养,我们要不断加强改革的力度,在具体操作层面继续做好工作。

一要不断深化课程化改革。把学生的科技创新纳入人才培养的整体格局是我们的一个工作目标。我们要把大学生创新活动与课堂教学体系紧密结合起来。学校目前正在进行设立科技创新学分的论证,还要积极探索切实可行的课程改革方案,把创新体现在教学、授课的各个环节,进一步加强方法论、新观点探索性课程的设置,在讲授知识的同时,注意研究型教学,要把关键知识传授给学生,并把教学、研究与实践紧密联系起来,多启迪学生,让学生把知识完全掌握,并能运用自如。

二要继续推进项目化运作。我校去年制定并实施了《大学生课外学术

科技创新活动计划》,成立了专项工作领导小组,设立了"学生科技创新基金",按照"公开立项、自由申请、择优资助、规范管理"的原则,支持学生科研项目的开展,并制定了"科技创新奖"的评选办法,形成了一套比较完善的运行体系,有力地推动了我校大学生科技创新活动的开展,取得了比较好的效果。今年我们还要继续坚持和推进这种项目化的运作。

三要大力加强活动平台建设。要进一步开放校内实验室和各种管理、服务岗位,完善以"挑战杯"为代表的科技创新竞赛体系,为大学生科技创新搭建校内实践平台。各单位要高度重视这项工作,将其作为培养高素质人才、培养学生良好学风的重要措施来抓,支持学生不出校门就能进行创新研究和社会实践。同时广泛寻求社会支持,充分利用社会优质资源,进行科研技能训练基地建设,为培养创新型高素质人才提供良好条件。

四要深入实施精品化战略。要树立品牌意识,坚持精品理念,将科技创新活动与学生的专业学习和就业创业有机结合,在更高的层次上思考问题、规划工作。建立科学的评价体系,从活动规划、项目选拔到组织实施、成果展示等各个环节都高标准、严要求,将每项活动都作为一个品牌去经营,务求活动的精品化,使活动的吸引力更大、塑造力更强、科技含量更高、人文内涵更丰富,力争在全省乃至全国的影响力有新的突破。

我们处在一个创新的时代,创新是民族之魂、教育之魂、科技之魂。我们要成为高水平大学,就要着力提高学校的人才培养质量和本科生的社会竞争力,要使本科生成为反映学校办学水平的窗口,成为学校可持续发展的社会资源。刚才获奖单位和个人介绍的经验值得其他单位借鉴,希望全校各单位学习他们的经验,在大学生科技创新工作上,再接再厉,奋勇拼搏,开拓创新,为我校的大学生科技创新工作再谱新篇章,为我校早日建成特色鲜明、在国内有影响力的财经大学做出我们积极的努力。

辅政八要*

办公室是各单位的综合部门，处于"承上启下、协调左右、沟通内外、联系各方"的中枢地位，担负着参与政务、管理事务、搞好服务的重要职责。办公室既是干群的桥梁和纽带，又是领导的参谋和助手，更是单位的门面和窗口。办公室主任作为办公室这一运转中枢的"首脑"，既是一个单位的"总管家"，更是信息调研、督促检查、综合协调、日常运转的重要责任人。在我校发展进程中，办公室发挥了重要作用。办公室主任以"参谋、服务、协调、督办"为己任，围绕学校中心工作，在服务本科教评、日常教学、学科建设、科学研究、安全稳定等方面做出了突出贡献。办公室工作本身纷繁复杂，加之相当一部分办公室主任身兼数职，工作的劳累程度可想而知。但我们的办公室主任队伍踏踏实实、默默无闻、任劳任怨，确保了各项工作平稳有序地开展，对此学校给予充分肯定。下面我就如何当好办公室主任，充分发挥办公室的综合效能，谈几点意见。

一要以文辅政。以文辅政作用体现在各项工作中，其中最主要的是文稿起草、调查研究和提出建议。办公室主任要坚持把以文辅政放在为领导搞好决策服务的重要位置，切实加强理论学习、调查研究，以此带动办公室整体服务水平的提升。首先要强化落实意识。要在吃透上级文件精神的基础上，结合本部门实际，努力把学校的整体工作思路变成部门具体的工作措施。其次要突出创新意识。在深入调研中，力求思路新、角度新、意境新，在摸准下情的基础上，增强意见建议的思想性、针对性和可操作性。

---

* 本文系作者 2009 年 5 月 15 日在学校办公室主任座谈会上的讲话。

二要循章行事。办公室工作千头万绪,办文、办会、办事、机要、后勤保障等工作繁杂,要确保单位日常工作的正常高效运转,必须抓住制度建设这个根本。一是要落实岗位责任制。要通过进一步明确岗位职责,使办公室每一位工作人员真正做到:不让领导交办的工作在自己的手中延误,不让工作职能在自己的岗位上削弱,不让工作差错在自己的身上发生,不让来办事的同志在自己的接待中受到冷落,不让不文明行为和消极现象在自己的身上出现,不让办公室的形象因自己的失误而受到损害。二是要落实目标考核制。要认真制定工作目标和计划,做到年初有方案,每月有安排,每季有通报,年终有总评。要按照人员分工,将每个人的工作目标进行量化考核,根据考核情况完善机制,并提出奖惩建议及推进工作的意见。

三要点面结合。所谓的"面"即全局意识、大局意识。办公室主任不能完全陷入烦琐事务,要有全局观念、战略眼光。要吃透上情,切实了解党和国家的大政方针,善于分析新形势、新任务以及新形势、新任务提出的新要求;要吃透中情,切实理解领导及领导机关的工作意图,知道领导最新的思路及工作打算,切实了解并掌握部门工作动态以及思想状况;还要吃透下情,深入调查研究,了解院系工作的热点、难点,了解师生意愿。在吃透上、中、下情的基础上,综合分析,反复论证,积极为领导当好大参谋,出好大主意,搞好大服务,并围绕教学科研等中心工作,搞好办公室的政务、事务管理与协调。大局意识要求办公室主任们发扬敬业爱岗精神,以高度的责任感和事业心做好领导交办的每一项工作。要把自己所从事的平凡的、琐碎的、不显山不露水的工作同促进学校改革开放联系起来,同推动高等教育事业蓬勃发展联系起来,正确对待和处理得与失的关系,做到重事业、轻得失,重奉献、轻索取,甘当"无名英雄"。要安心定志,不挑肥拣瘦,不见异思迁,更不能把办公室工作离领导近当作达到个人目的跳板。所谓"点",即"举轻若重",缜密细致。办公室主任和院长、系主任不一样,院长、主任管宏观,管决策,办公室主任就要抓具体,抓落实。比如说系领导决定开个会,那么这个会的具体筹备工作就是办公室主任的责任,包括会议的议程、会议的通知、会场的布置、人员的编组、讨论情况的记录等。如果办公室主任大而化之,只是作原则性的指导,甚至敷衍了事,肯定会出问题。因此,在履行办公室主任职责的过程中,大家一时一刻也不能懈怠。"举轻若重""百密而无一疏""细节决定成败"应当成为办公室主任的基本工作方法。

四要主次分明。办公室工作事多、事繁、事杂,只有做到主次分明才能重点突出、简繁得当、事半功倍。办公室主任职责的中心是为教学科研服务,把握了这一点,就做到了主次分明。围绕教学科研大局,首先要善于谋事。办公室主任不能只是奉命办文、办事,当"传声筒""录音机",而是要发扬开拓创新精神,强化超前意识,创造性地开展工作。既要想领导所想,又要想领导未曾想,力求想在领导之先,谋在领导之前,做到早介入、早思考、早研究,凡事想得远一点,思考深一点,为领导分忧,为师生解难,为发展尽责。其次敢于管事。办公室是个综合部门,其他部门不想管、不能管、不会管的事,办公室主任都要管。俗话说:不经一事,不长一智。办公室主任的这种"管事",既是一种责任,也是一种难得的锻炼机会。办公室的同志要有这样一种"傻气",不管是分内的事还是分外的事,不管是领导交办的事还是师生期盼的事,只要是有利于单位发展大局,有利于教学科研改革,就要积极管、大胆管、尽力管,尽可能地使主要领导从日常琐事中解脱出来,集中精力想大事、抓大事。最后要乐于息事。息事,就是要消除误会,化解矛盾,不能一有问题就上交,一有困难就绕道,要敢于面对矛盾,要善于化解矛盾,为领导遮风挡雨、分忧解愁,自觉维护领导形象,营造和谐氛围。

五要方圆相济。"方",就是办事的原则性;"圆",就是处事的灵活性。第一,大事要方,小事要圆。在大是大非面前保持清醒头脑,坚定政治立场,牢守办事原则;在小事方面不斤斤计较,不吹毛求疵。第二,管理要方,策略要圆。方圆相济,绝不是"和稀泥",当"老好人",核心是要有立场。这个立场,就是原则性。大到一个社会、一个国家,小到一单位、一个科室,只有人人讲原则、个个守规矩,才能秩序井然,和谐相处。办公室工作人员身处领导身边,肩负重要使命,又是钱、财、物的直接经手人,更要始终坚持原则,敢于坚持原则,善于坚持原则,但同时,我们的管理要以人为本,体现人文关怀,致力于营造一种宽松和谐的工作氛围。

六要宽严并用。"严",即严于律己。"欲影正者端其表,欲下廉者先之身"。办公室主任本身不是单位领导,本身没有权力,但由于身处领导周围,身处各种利益关系的中心,往往被人高看一眼、厚爱一分。因此办公室主任要时刻保持清醒的头脑,自觉做到慎言、慎行、慎独、慎微,自重、自省、自警、自励,不贪不占,以身作则,不断淡化领导身边这个"岗位"带来的光环。"宽",即宽以待人。宽以待人是团结协作的前提。大家在一起共事,是事业的需要,也是一种难得的缘分,要多看他人之长,常思自己之短,以责人之心责己,以恕己之心恕人。要相互支持、相互补台、密切合作,抢挑重担,大事讲原则、小事讲风格,不闹意气、泄私愤,不搞"窝里斗",最大限度减少和消除内耗。办公室主任还要开阔胸怀。由于身处多方矛盾的交汇处,所以有各种褒贬评议是正常现象。同时,从某种意义上说,办公室主任常常处于被驾驭的地位。驾驭办公室主任的,一般不是一个人(分管领导),而是一个群体(领导班子)。工作中难免有被领导误会的地方,但真金不怕火炼,要相信随着时间的推移问题终将得到澄清。

七要内外兼修。办公室的窗口和门面地位决定了办公室主任要"内显素质、外树形象",切实做到"对内是管家,对外是行家",两者不可偏废。素质的提升有赖于学习的持续。当前高等教育事业蓬勃发展,新的形势和任务对我们高校办公室队伍也提出了更高的要求。大家要发扬勤勉好学的精神,进行深入的、系统的、理论联系实际的学习,通过博学多闻,广采厚积,进一步深化对高等教育规律的认识与把握,从而最大限度发挥"以文辅政"的作用,以便多出成果,快出成果,出好成果,使更多的调研成果进入领导决策。工作忙、事务杂、头绪多是办公室主任面临的共性问题,大家可采取化整为零、见缝插针的方式挤时间学,要诚恳向领导学,虚心向同行学,向报刊学,向典型学。通过学习不断提高敏锐发现问题、辩证思考问题、科学解决问题的能力。办公室处在单位的第一线,一举一动都代表着部门形象。办公室主任在加强自身修养的同时还必须注重自我形象塑造。同时,还需引导办公室全体员工强化形象意识,形成塑造形象的共识。工作中,要重视外在形象的"包装",对来单位办事的人要热情接待、礼貌待人,实现"四个一"服务,即"一张笑脸相迎、一把椅子让座、一杯热茶暖心、一片赤诚待人"。

八要上下协调。办公室主任上通领导,中连科室,下系师生,处于承上启下的中枢地位。因此务必发扬求真务实精神,决不迫于情势和迎合的需要而造假,对上正谏陈辞,对下开诚布公。有的办公室主任,对上百依百顺、和颜悦色,对下颐指气使、傲慢无礼,善于在二者之间"变脸",看似在工作中游刃有余,其实已经陷入心态失衡的误区。我们提倡,对领导要尊重而不盲从,服务而不奴婢,做到不以言轻而金口难开,不以职低而唯唯诺诺;对下属要以礼、以诚、以情,学会尊重,学会理解,学会"给予"。切实把为领导服务和为师生服务统一起来,切勿眼睛长在头顶上,谄上傲下;切勿对上一套,对下一套,欺上瞒下;切勿从个人好恶和主观臆断出发,为领导出"馊主意"。要以院系发展和教学科研建设为出发点和落脚点,为领导多出好主意,多拿好方案。

最后,需要特别强调的是,办公室工作很辛苦、很清苦、很艰苦,然而衡量一个办公室主任是否合格,很重要的就是看其愿不愿、能不能为院系发展而吃得辛苦、乐得清苦、耐得艰苦。尤其是在市场经济快速发展的今天,社会利益格局不断调整,办公室主任和社会上一些从业人员甚至是本单位高职称、高学历人员的收入差距悬殊。不仅如此,而且经常超工时、超负荷工作,晚上加班、节假期加班更是家常便饭,从某种意义上讲,付出的劳动与收入不成正比。如果缺乏吃苦奉献精神,就会产生失衡感和失落感,直接影响工作质量和效率。请大家相信,你们的付出学校领导和部门领导是看在眼里、记在脑里、想在心里。衷心希望同志们继续发扬甘于清贫、甘于奉献、甘于吃苦的精神,吃得起苦,吃得起亏,把"工作一丝不苟、作风一尘不染"作为自己的座右铭,在平凡的岗位上创造非凡的业绩!

站稳脚跟　打开局面[①]

在公开、公正、公平的原则下,经过层层选拔,在座的各位同志脱颖而出,走上部分重要的正处级行政干部岗位,为学校的发展注入新的血液。希望你们不要辜负上级领导和广大教职员工的厚望,戒骄戒躁,在新的岗位上发扬成绩、再创佳绩。新的岗位有新的要求,如何在新的岗位上站稳脚跟,打开局面,我提几点要求和希望。

一、提高认识,倍加珍惜新岗位。今天在座的同志都是新升迁的正处级干部,你们的升迁首先是你们辛勤工作、努力拼搏的结果,是你们通过积极争取,不断获得组织和群众信任的结果。就你们个人而言,由普通工作人员干起一直到今天的正处级干部,你们都付出了汗水和辛劳,是昨天的付出换来了今天新的发展机会,所以,珍惜今天这个来之不易的新岗位,也是对自己过去努力和拼搏的肯定和尊重。其次,你们今天的升迁与上级领导和广大教职员工的支持和信任密不可分,你们的成功离不开组织的长期培养和群众的大力支持。每一个干部的成长都是合力作用的结果,一个人的成功包含了很多人的辛苦。在座各位今天能够坐在这里,除了个人努力,与组织的培养和领导的关爱是分不开的,与广大教职员工对你们的信任是分不开的,与家庭成员默默的付出和支持也是分不开的。当然,你需要感谢他们,但如何感谢他们呢?我认为,珍惜新的工作机会,在新的工作岗位上做出更大的成绩就是对他们最大的回报。同时我们也要看到,综合素质和整体实力虽然是你们得以成功的主要原因,但不可否认,与你们进行激烈角逐

[①] 本文系作者2009年5月26日在学校新任行政处级干部座谈会上的讲话。

但最终落选的人群中也不乏优秀的人才,他们在许多方面丝毫不逊于在座的各位,只不过是因为某些偶然性的因素或某个方面的欠缺而屈居人后。所以,你们的新岗位弥足珍贵,你们新的发展机会来之不易,好好把握这个机会,尽职尽责,让这个职位在学校的发展中发挥更大的作用。

二、抓紧调整,尽早进入新角色。原来的工作岗位上,你们的工作水平和能力都很出色,也做出过很大的成绩。但是,成绩只代表着过去,新的岗位既是组织和群众的信任,也是对你们做出更大成绩的期望。新岗位意味着你们要面对新的情况,你们的工作能力要经受新的考验。新岗位要求你们要及时调整工作定位、工作方法和工作风格,适应新工作的要求。行政处级干部在整个学校工作中占有很重要的地位。往上,处级干部要协助学校领导,做好整个学校的行政管理工作,因此要具备"全校上下一盘棋"大局观念。在同一工作层面,要与各兄弟单位和部门加强沟通,积极协作,形成合力,为财院建设"特色鲜明的教学研究型财经大学"的战略目标共同努力。往下,处级干部要统筹管理学校各部门的日常工作,又要求你们熟悉基层工作,具备指导具体日常工作的能力。新的工作岗位要求你们从两方面做起。一方面,你们要及时调整自身定位,以新岗位的标准严格要求自己,尽快、尽早进入新角色;另一方面,新岗位要求你们积极学习,全面了解情况,特别是要多向有经验的老同志请教,将他们丰富的工作经验直接转化为指导新岗位工作的宝贵财富。还有一点,新的工作岗位不仅要求你们要认清新岗位和老岗位在工作内容、工作性质和工作特点方面的不同,还要你们把现在的你与过去的你区别开来,调整心态、更新观念,适应新的工作岗位。所以,在座的同志要尽快适应岗位,尽早进入角色,争取在一年的试用期内做出出色的成绩。

三、认真调研,大胆开创新局面。"凡事预则立,不预则废",大家走上新的岗位,更要在扎实做好调研工作的基础之上确定新的发展目标。你们所处的岗位对于财院今后的发展都起着至关重要的作用,每一步工作的成败对财院的发展都有直接的影响。上任后,你们应该结合财院长远的发展规划,制定出切实可行的计划,为财院的进一步发展添砖加瓦、增光增色。刚进入新的工作岗位,你们首先需要认真调研,多看勤问,在充分掌握第一手材料的基础上大胆开创事业发展的新局面。作为新任部门领导,可以参考"沉、查、析"三步走的程序开始新工作:"沉",沉下去深入基层,亲身调研,掌握最新最实际的问题;"查",深入调查,广泛听取各方意见,既了解下属的基本情况,又缩短了下属与领导者之间的距离;"析",对通过调研所了解的情况进行分析,理出头绪,抓住要害,分清主次,加以认真解决。

四、维护团结,全力打造新团队。在新的岗位上有新的上级领导、新的同事和新的下属,全新的团队要求我们要更加重视队伍内部建设,处理好团队中的各种关系。首先,面对新的上级领导,要积极调整心理定位,多沟通、勤请示,尽快明确新岗位在全局工作中的作用和地位;其次,要按照民主集中制的原则办事,尽快与新的团队打成一片。在座的同志即将成为财院各重要部门的领导,一是要善于听取同事和普通群众的意见,集思广益,择善而从;二是遇事要多商量、多沟通、多通气,形成一种尊重他人意见的良好作风;三是要注意工作方法,突出行政工作与党务工作的不同,更加注重协调、服务、干练的工作特点,以平等的态度真诚合作,以积极的态度主动联系,努力求得理解和支持,在新团队中形成一种互相信任、开诚布公的氛围。

在座的同志都是经过层层选拔脱颖而出的优秀人才,都具备了处级行政干部的水平和能力,我相信只要讲究方法,肯努力,肯学习,你们都能在新的岗位上干出一番新的事业。不过,考核任命只是你们通过的第一关,以后长期的工作实践才是对你们真正的考验。

学府与学术

正确处理八大关系*

经过层层选拔,大家在数以百计的基层干部队伍中脱颖而出,走上了学校副处级干部岗位。在此,向你们表示祝贺,希望大家能把握机会,再接再厉,为学校发展做出更大的贡献。

在学校发展的关键时期,大家的入选承载着组织更大的信任、师生更多的期待和学校更重的托付。副处级干部处在一个特殊而且重要的位置,对全校管理工作起着重要的管理协调和执行落实的作用。鉴于此,我向新上任的副处级干部们提一些要求,具体来讲就是处理好以下八大关系。

一要放平心态,科学评价,处理好组织信任和个人能力的关系。在进入新角色之前,你们在原有的工作岗位都很优秀,经验丰富,能力出众,这也是你们被委以重任的主要因素。但是,仅有个人能力是远远不够的,组织的信任和群众的肯定是你们成功入选的关键因素,组织提供的良好机会是你们得以发生质变的临界因素。因此,出任领导岗位之后你们要放平心态,科学评价自己的本次晋升,不骄不躁,争取做出更大的成绩。进入新岗位后,你们要坚持两点:一是要勇于开拓,努力工作,不断提升个人素质和能力;二是要谦虚谨慎,勤于沟通,不辜负组织的重托和厚望。

二要统筹兼顾,重点突出,处理好全局与局部的关系。作为学校重要部门的负责人,你们的本职工作是管理好、发展好本部门,发挥本部门的功能和作用。所谓"牵一发而动全身",每个部门功能的正常发挥都关系着全校能否正常运行。各个局部工作统筹兼顾,协调发展,才能形成推动全局工作

---

* 本文系作者2009年7月6日在学校新任副处级行政干部会议上的讲话。

的强大合力,最终要达到全局目标。作为新任的领导干部,你们的思想应该提升到更高的层次,视野需要更加开阔,看到全校上下一盘棋,着眼全局,谋划局部。"大河无水小河干",部门利益要服从全局利益,我们要防止过分强调部门利益的倾向,坚决杜绝个别部门为部门利益而影响全校利益的现象。希望你们在日常工作中要始终坚持联系全局、服从全局,在全局思想指导下抓好局部工作,从而达到局部服务全局,局部顺、全局活的良好局面。

三要积极协调,敢于负责,处理好行政与党务部门的关系。党委党总支和行政领导同为部门的主要负责人,在职务上是平级关系,双方共同决策,相互支持,为本部门各项事业发展共同努力。作为行政干部,你们的工作内容和性质与党务工作性质有很大不同,党务工作相对常规和稳定,而行政工作则具有突发性和随机性的特点,这也对行政干部提出了更高的要求。因此大家要想在新的岗位上打开局面,必须牢固树立创新意识,进一步解放思想,推进观念创新、理论创新、制度创新、方法创新,努力用新举措解决、应对新情况,用新办法解决新问题,用新点子化解新矛盾。干大事业就要敢于发现问题,敢于解决问题,敢于负起责任。在日常工作中,行政干部要积极处理好与同级党务部门的关系,多交流、勤沟通,协调一致,形成合力,打造出强有力的领导核心。

四要站好位置,胸怀大局,处理好副职与正职的关系。学校的副处级行政干部大多都是各部门领导副手,分管部门部分工作,任务是协助正职管理好、发展好该部门。副手身份特殊,既是领导者,又是被领导者,既是决策者,又是执行者,做好副手并不容易。对此,我提三点建议:一是在具体工作中要甘于寂寞,宁静致远,站好位置,做好本职工作,"在其位,谋其政,行其权,尽其责";二是在考虑问题时要胸怀大局,全盘考虑,以正职的眼光做副职的事情,并积极为正职提供有价值的意见和建议;三是尽快熟悉新团队的整体情况,了解团队正职领导的工作特点和行事风格,尽早融入新团队。另外,除了部门内部正副职的相互配合之外,还要充分考虑其他部门,勤于沟通,积极协调,形成合力,为学校发展共同努力。

五要尊重领导,团结同志,处理好领导与下级的关系。你们出任新部门的领导之后,处理好与上下级的关系是你们面临的重要任务之一。作为部门领导,你们要关注新下级的成长和发展,充分团结普通工作人员,激发他们的工作热情和创造性。上任伊始,我建议你们把思想沟通工作放在其他工作前面,思想统一后团队才能产生凝聚力,才能得到下级感情上的认同,进而激发下级献言献策、努力工作。同时,作为一个部门的负责人,你们还要勤向上级领导汇报工作,多与上级部门沟通,准确理解上级的意图,保质保量完成工作。

六要立足行政,统筹兼顾,处理好行政管理与个人业务的关系。在上任新岗位之前,你们从事的工作内容比较具体,甚至比较琐碎,这要求你们踏踏实实,认认真真做好每一个细小的环节。这时候你们的工作内容与个人业务紧密相连,熟练掌握个人业务,做精做细,才可能很好地完成任务。但是你们上任新岗位之后,干部级别得到了提升,工作内容发生了改变,工作方式也发生了本质的变化:行政管理成了你们最主要的工作内容,仅仅靠提高业务能力已经不能满足副处级干部岗位的需要了,这就要求你们要及时调整,尽快适应新岗位。所以,新任务要求你们要把行政管理作为首要工作,立足行政岗位,做好部门管理工作。研究院、研究所的新任干部同志,也要充分认识到行政管理首要工作的性质,不能因为工作对象的特殊而忽视了自身的工作性质。同时,你们还要学会统筹兼顾,争取在做好行政管理本职工作的前提下,继续加强个人业务学习,提高自身业务能力。

七要勤于学习,勇于实践,处理好学习与实践的关系。在座的各位同志上任之后面临着全新的情况,这要求你们要勤于学习,敢于实践,切实做到理论指导实践。身为部门领导,你们应具备较高的理论素养,要靠正确的理论指导具体的工作。对于新任干部而言,切忌忽视理论学习、凭经验办事、拍脑袋解决,把实干变成缺乏理论指导的盲目蛮干。实践是检验真理的唯一标准,有了理论之后就要敢于用理论指导工作,尤其新上任的领导同志要放开手脚,敢于把理论运用到日常工作当中去。新官上任三把火,但我认为在大张旗鼓开展工作之前,你们还需要做一件事情:深入基层,做好调研工作。因为只有了解实际情况才能更深刻领悟学到的理论知识,才能更好地将理论付诸实践。

八要扬长补短,勇于创新,处理好继承与创新的关系。进入新团队后,你们都要在前任的基础上开展工作,"旧事"是"新官"面临的首要问题,这就要求你们要处理好继承与创新的关系。我认为,一方面要在继承的基础上创新,创新不是另起炉灶,而是要尊重前任的劳动,结合新的要求进行创新。对于前任留下的已经被实践证明可行的,对于被组织和群众、广大师生认可的,我们都要积极的继承和发扬。另一方面,要在创新的前提下继承,继承不是照搬照抄,而是要对前任的工作客观、全面地分析,该继承的充分肯定、坚决继承,不科学或错误的要坚决调整或舍弃。对于新任干部而言,在工作和学习中更要勇于面对现实、研究探索,想别人所未想,做前人所未做,解决前人解决不了的问题。

抓方向 抓特色 抓队伍 抓风气*

围绕"推动科学发展,努力建设特色鲜明的财经大学"为主题,学校最近以调整专业结构、优化学科布局为抓手,开展了院系调整建设工作。按照学科发展和专业建设规律,学校新成立了财政税务系、物流与电子商务系、数学与信息科学系、艺术系,同时设立高等教育研究所、全球化与中部经济发展研究所、思想政治教育研究所等学术研究机构。MBA教育中心与工商管理学院分离,独立工作,着力推动MBA教育快速发展。为适应开放性办学的需要,学校成立了国际教育学院,意在利用国际化力量将学校做强做大。我要强调的是,大家要透过现象看本质,要站在学校发展战略大局的高度,认识此次院系设置、调整工作的重要意义。唯有如此,才能以更加强烈的使命感和责任感,不断开创工作新局面。下面我就院系调整的现实意义和对大家的工作要求谈谈自己的看法。

一、新院系(所)设置是根据"四新",顺势完善学科建设新布局的现实需要

一是顺应科学发展的新需要。随着高等教育大众化、国际化、多元化、终身化的深入,学校发展的内外环境和条件都发生了变化,学校发展也出现了一些与科学发展观不相适应的地方。在学科建设与专业建设上则有着比

---

* 本文系作者2009年5月27日在学校新设院系(所)主要负责人座谈会上的讲话。

较集中的体现:一方面,专业归类不合理,同类专业分属不同的院系;另一方面,一个院系开设了不同学科类的专业。有部分院系学科专业交叉严重,专业关联性不强;有部分专业归类挂靠不符合专业目录要求;有部分专业归类布局符合专业目录要求,但未充分显示我校特色和优势。因此,我们以此次学习落实科学发展观为契机,以调整专业结构、优化学科布局为重点,适时进行了院系调整建设工作。从完善学科布局、兼顾新老专业这一角度看,体现了科学发展观关于全面发展的要求;在调整中,我们统筹专业性与综合性、统筹优势学科与薄弱学科的作法也体现了我们努力实现协调发展的初衷;而我们紧扣经济社会发展需要,开设新专业,成立新院系,凝练新方向,从而催生新的发展点与增长极,正是顺应学校可持续性发展的需要。可以说此次院系的设置、调整对照了科学发展观关于全面、协调、可持续发展的基本要求,是我们学习落实科学发展观的具体体现和最新成果。

二是借鉴先进高校的新经验。"以评促建"是本科教学评估的出发点与落脚点。去年,由教育部选派的高等教育领域的知名专家对我校进行了全面客观地评估。这些专家多是来自同类高校、具有丰富经验的管理者和学者。他们结合自己的学科专长并依照自己所处院校的发展经验为学校把脉诊断,从关心学校发展的角度为我们提出许多中肯的意见和建议。其中,调整院系设置、完善学科布局是专家们的共识。教评结束以后,学校把这两项作为整改的重要内容,并为此进行了大量的前期准备工作,还组织力量进行课题调研论证。经过一年的反复研究、论证,最终实现了在时机成熟、条件具备的情况下进行实质性调整的目标。

三是满足广大师生的新期待。我到财院工作的这几年,在多次调研中也听到相关院系负责人、学科带头人、专业负责人对调整院系设置、理顺专业归属的意见和建议。同时,学生也通过一定途径表达了这方面的诉求。另外随着学校社会声誉的提升,考生家长也在招生咨询中流露出对我们增设新专业、开办新院系的愿望。坚持以人为本要求我们把广大师生的呼声当作第一信号。今天进行的院系调整,更多的是为调动师生的积极性,更好地发挥教师的专业特长和优势,更充分地培养学生的专业兴趣和爱好,从而实现教学相长的良性互动。

四是服务学术兴校的新实践。随着"学术兴校"战略的深入实施,我们发现院系设置方面存在重复、交叉等弊病,在一定程度上影响了学科团队的凝练、研究方向的稳定、协同能力的提升、创新能力的提高。因而,根据人才优势和学科优势,设置一些新的院系、研究机构,搭建科研平台,集中力量构建优势科研团队,让爱好科研、擅长科研的人才有施展才华的舞台也是大势所趋。因此,此次调整,也是我们为配合"学术兴校"战略的深入实施而采取的重大举措。

二、新院系(所)设置是要围绕"四抓", 顺应打开科学发展新局面的迫切需要

一要抓方向,这是科学发展的先导。有一个明确而科学的发展方向是一个院系不断发展壮大的前提。抓方向要求发展思路清晰,而发展思路的关键在定位。新建院系(所)在定位上有着独特的优势。就如同一张白纸,更容易在上面描绘出多姿多彩的蓝图。同时,确定方向这一步又非常关键,它直接决定着本单位今后的发展前景。大家一定要充分考虑到国家的人才结构与布局要求、社会和市场的需求、单位自身的竞争优势和劣势,摒弃一窝蜂追赶潮流、盲目攀比的做法,立足于自身生存和发展内外条件,找准自己的位置,发挥自己的比较优势,确立有个性的办学定位,办出自己的特色,才能在竞争中独树一帜。希望大家回去认真思考一下,自己单位在全国高校同类院系中如何定位,在财经类高校中如何定位,在我们学校的发展战略布局中处于什么位次。只有把这个问题考虑清楚了,才能实现开局良好的局面。

二要抓特色,这是科学发展的核心。特色就是关键发展力,是核心竞争力,是强大生命力。形成特色不仅仅是基于自身的生存需要,更重要的是规避劣势、错位发展,获取竞争优势和可持续发展价值的内在逻辑要求和重要战略抉择。特色是多方面的,可以表现在教育思想、教育理念方面,培养目标、培养规格方面,师资力量方面,学科专业方面,教学方式方法方面,还可以表现在管理模式方面。新院系有新院系特色建设的独特优势,因为它缺少传统思维的约束和障碍。以资源环境与科学系为例,虽然建系近4年,但因其依照高起点定位、高质量育人的原则建系,发展势头良好。在科研方面,资环系获批了国家级和省级科研项目10多个,横向课题经费高达100多万元。从发表的科研成果上看,发表论文的数量在全校院系中名列前茅,这些科研成果不仅数量多,影响也较大,不仅在学校影响大,对整个学术界也有甚为广泛的影响。在仅有的40多位毕业生中就有15人考取了研究生,占该系全体毕业生的三分之一。其学生在相关领域的研究在国内引起

较大反响,大家都已熟知,在此不做赘述。举这个例子,就是想给大家加些压力,希望大家在特色建设上多下功夫,早出成效。

三要抓队伍,这是科学发展的根本。方向的确定、特色的形成,都需要人才来实现。如果没有一批敢想敢为敢当的师资队伍,发展只能是空谈。新建院系人力、物力、财力都相对薄弱,但最根本的是人才资源的稀缺。大家要根据发展定位,尽快制定人才队伍建设规划,在引进合适人才的同时用好现有人才,确保每个人冲得上去、顶得下来。需要特别指出的是,大家都是刚走上新的工作岗位,情况不熟悉,人员不熟悉,干工作靠单枪匹马不行,靠几个人也不行,要调动最大多数的同志共同干事,掌握工作主动权。要把每个人凝结起来,形成团队合力。尤其是新单位,凝聚力显得尤为重要。希望大家在发挥团队优势上多想办法、多出实招。

四要抓风气,这是科学发展的保证。新单位的系风、所风会对后来者产生重大影响。我个人也有七八年的院系负责人经历,在河南大学地理系、环境与规划学院担任系主任、院长期间,倡导并力主朴实、务实、踏实的风气。现在反观,其成效是明显的,作用是深远的。这种良好的风气一经形成,将潜移默化、润物无声,各种不端行为也将无藏身之地,其他部门或各届领导带也带不走、学也学不像。同时需要提醒的是,院系领导整天和师生打交道,大家的一言一行、一举一动都处在师生的视线之中,因此形成照章办事、秉公处事、朴实从事的风气对营造单位的和谐氛围尤为重要。此外,新院系(所)没有守旧意识的钳制、没有陈规俗套的制约、没有传统势力的影响,这是真正优势所在。希望大家在培育秉公正、讲规矩、重朴实的风气方面多动脑筋、勤想办法、快出成效。

新的岗位既是组织的新考验,也有师生的新期盼。希望大家尽快站稳脚、起好步、开好局、创佳绩,争取在这一年的试用期内为组织、为师生交上满意的答卷!

办公室工作的"四讲、四重"*

办公室是各单位日常事务综合管理机构,是具体落实学校大政方针的重要环节,在高校行政工作中处于承上启下、协调左右、联系内外的中枢地位。在当前高等教育快速发展的新形势下,学校的工作任务更加繁重,改革、发展和稳定中出现的新情况、新问题需要及时做出决策和处理,加之学校正处于逐步实现四项战略任务的负重爬坡阶段,学校各部门尤其是办公室这一事务性部门的工作日益繁杂。如何做好新时期高校办公室工作,我想最重要的就是要坚持做到"四讲、四重"。

一要讲大局,重角色。行政副主任、办公室主任有别于其他处级、科级干部,这是由其在全局中所处的特殊地位、在整体中所扮演的特殊角色决定的。对此大家要有清醒的认识。首先,办公室是承上启下的桥梁和纽带。办公室上通领导、中连科室、下系师生,通过信息反馈、调查研究、处理来电(信)来访等形式,把广大师生的情况、群众的意见和呼声及时反映到院系领导和学校领导。同时,办公室又通过办文、办会、办事,把学校的路线、方针、政策、指示和决议传达到基层当中去。其次,办公室是领导决策的参谋和助手。办公室是领导的工作班子、参谋班子、秘书班子,担负着参与政务、管理事务的重要职责,是信息调研、督促检查、综合协调、日常运转的直接参与者和执行人,因而办公室职能发挥的好坏对于部门领导决策的科学化、民主化具有决定性影响。再次,办公室是联系内外的"门面"和"窗口"。办公室是各院系和部门的综合办事机构,校内广大师生和校外社会各界都往往

---

* 本文系作者2009年9月3日在学校院系行政副主任和办公室主任会议上的讲话。

把办公室作为观察、评价该部门的参照对象。办公室的精神风貌、思想作风、服务态度、办事效率，不仅直接关系到自身形象，而且直接影响到整个部门乃至院系的声誉和形象。正是由于办公室工作举足轻重的地位，大家才普遍认为：办公室工作无小事。所以，"百密而无一疏"已成为衡量办公室工作的基本要求，而办公室主任也正是在事关大局的小事和细节上看素质、论高低。

　　二要讲奉献，重服务。办公室工作千头万绪，没有一项能离开"服务"这个主题的。作为办公室主任，要明确搞好服务是我们最重要、最基本的职责。办公室同志可能会有这样的感觉，感到每天很忙很累，领导还不是很满意。这里面可能有体制机制方面的原因，也可能有领导所站角度的问题，但是，我认为更多的还是应从我们服务的质量和效率方面找一找原因。要提高服务的质量和水平，要在以下三个方面下功夫。其一，忙而不乱，突出重点服务。办公室工作纷繁复杂，要保证办公室的高效运转，必须有条不紊，在沉着冷静中理出重点服务工作。什么是重点？领导关注的热点就是重点，推进工作的难点就是重点。在领导决策前，了解实情，积极谏言就是重点；在贯彻落实中，积极协调，真督实查就是重点；在落实后，认真总结，及时反馈就是重点。其二，胸怀全局，突出整体服务。学校各个部门功能的正常发挥与否都关系着全校能否正常运行。作为各部门的管理人员，大家的本职工作就是实现好、维护好本部门利益，但在做好本职工作的同时，大家的思想应该提升到更高的层次，视野需要更加开阔，看到全校上下一盘棋，着眼全局，谋划局部。"大河无水小河干"，部门利益要服从全局利益，我们要防止过分强调部门利益的倾向，坚决杜绝个别部门为部门利益而影响全校利益的现象。其三，把握定位，突出人性服务。大学是文化的家园，也是文明的象征。高校工作人员的言谈举止应体现高等学府应有的文化氛围与品位。我们要从自我做起，从小事做起，通过自己热情、文明、周到的服务，真正做到不让工作职能在自己的岗位上削弱，不让来办事的同志在自己的接待中受到冷落，不让不文明行为和消极现象在自己的身上出现，不让办公室的形象因自己的失误而受到损害。

　　三要讲配合，重参谋。办公室负责人是领导的参谋和助手，是真正意义上的左膀右臂。要切实提高办公室的辅政水平，就要努力做到以下两点。一是积极为领导出谋划策。首先要勤勉好学。要进行深入、系统、理论联系实际的学习，通过博学多闻、广采厚积，进一步深化对高等教育规律的认识与把握，从而最大限度地提升建言献策的水平。其次要深入实际。要结合部门实际,围绕中心、贴近师生、服务大局,坚持以院系发展和教学科研建设为出发点和落脚点,为领导多出好主意,多拿好方案,要尽可能提供第一手资料,并进行初步的综合分析,提出有价值的参考意见。二是努力为领导分忧解难。首先要善于化解急事。办公室主任往往是突发性事件的第一知情者,处置的第一道工序,在这种情况下,办公室主任必须政治敏感、头脑冷静,不能盲为。先要冷静地进行分析,及时拿出解决方案,请示领导,并按领导要求协调相关单位,组织力量进行处理。在处理过程中既要胸有主见,也不能乱表态、乱许愿,以免为彻底解决问题埋下隐患。其次要敢于面对难事。一个称职的办公室主任,必须忍人难忍之耐,任人难任之劳,承人难承之重,挑人难挑之担;必须不怕揽矛盾,不怕受委屈,不怕得罪人,不怕找麻烦。在关键时刻,敢挑重担,在原则面前,敢于碰硬。

四要讲政治,重纪律。办公室不但是本部门信息的集中地,也是部门间信息流通的中转站。办公室信息性强的特点要求办公室工作人员必须要努力用铁的纪律来规范工作程序,约束思想言行。一要严守政治纪律。作为办公室的工作人员,在思想上、政治上、行动上应与学校保持一致,坚决维护学校的权威,对学校的决策部署,要不折不扣、毫不动摇地贯彻落实,不能有一丝一毫的懈怠,更不能说三道四。二要严守保密纪律。办公室负责人经常参加包括学校较高层次的各种会议,接触到学校领导的决策,因此保密责任十分重大。不该看的不看、不该听的不听、不该说的不说、不该问的不问,这些不仅仅是对保密人员的工作要求,对我们办公室同志也同样适用,决不能为炫耀和抬高自己身份而泄露机密要事。那些捕风捉影、人云亦云、搬弄是非者表面看似聪明,实则既得不到领导的赏识与器重,也难以赢得同事的信赖与尊重。三要严守工作纪律。对每项工作任务,都要严格按照制度办,按照领导要求办,不自行其是、阳奉阴违;不凭个人感情用事,不搞亲亲疏疏;更不能打着领导和机关的旗号拉关系,徇私舞弊,谋取私利。古人云:"欲影正者端其表,欲下廉者先之身。"作为部门的重要领导和主要管理人员,一言一行对其他人员都起着潜移默化的示范作用,直接关系到单位风气的好坏。因此大家要时刻保持清醒的头脑,自觉做到慎言、慎行、慎独、慎微、自重、自省、自警、自励,维护单位的整体形象。

办公室工作很辛苦、很清苦也很艰苦,晚上、假期加班更是家常便饭。然而衡量在座各位工作是否出色,也恰恰就是看其愿不愿、能不能为部门发展吃得辛苦、乐得清苦、耐得艰苦。尤其在社会利益格局不断调整的今天,办公室同志和社会上一些从业人员甚至是本单位高职称、高学历人员的收入差距悬殊。如果缺乏吃苦奉献精神,就会产生失衡感和失落感,直接影响工作质量和效率。请大家相信,你们的付出学校领导和部门领导是看在眼里、记在脑里、想在心里。衷心希望大家在今后的工作中吃得起苦、吃得起亏,努力在平凡的岗位上创造非凡的业绩!

发扬优良作风　展示军人风采*

众所周知,国无兵不稳,民无兵不安。无论是历史还是现实,都无可辩驳地证明,人民军队在革命和建设的实践中,始终发挥着不可替代的重要作用。

历史将铭记大家在国家钢铁长城上留下的奋斗足迹。今天参加座谈会的是学校近60名军转干部的代表,上至团职干部,下至连级干事,上至参谋长,下至卫生员,几乎涵盖了军队的各个职别和类型。大家虽然番号不同,但有一点是相同的,大家都曾经在不同年代为共和国的安全做过贡献,大家都是军人的优秀代表。我们感同身受的是,新中国成立60年来,每当灾情发生时,人民军队总是一声令下,奋勇当先、赴汤蹈火,全力抢救国家和人民群众的财产,奋力保护人民的生命安全。从唐山抗震到大兴安岭扑火,从98抗洪到抗击非典,从抗击冰雪灾害到"5·12"汶川抗震救灾,再到当前的抗洪救灾,每当国家和人民最需要的时候,总会出现人民子弟兵的身影。在座各位作为曾经参与其中或经历其时的特殊力量,你们的这些功勋和贡献,共和国不会忘记,人民不会忘记,历史更不会忘记。

历史将铭记大家在学校快速发展中挥洒的辛勤汗水。想当年,你们义无反顾奔向绿色的军营,舍小家,顾大家,用青春和热血为祖国的军队建设和国防事业做出了积极的贡献。今天,你们顾全大局,服从安排,脱去戎装投身到河南财经学院的事业发展当中来,转业不转志,退伍不褪色,为学校的快速发展做出了重要的贡献。大家可以感受到,过去的几年是我校历史

---

* 本文系作者2010年7月26日在学校首次军转干部座谈会上的讲话。

上发展最好最快的历史时期之一。2008年教育部本科教学工作水平评估,全校上下万众一心,全力以赴,终于赢得了评估优秀等次;2009年更名大学工作进入实质阶段,在全校师生员工的一致支持下,我校顺利更名为河南财经政法大学;2010年新校区一期工程竣工,目前搬迁工作正在有序进行,我校将实现首次办学重心转移。这些成就的取得是全校上下团结一致、奋力拼搏的结果,当然也包括在座的军转干部。大家的任劳任怨、兢兢业业、默默无闻必将载入河南财经政法大学的史册。

社会的长治久安和学校的持续发展给我们三点重要启示。

启示之一:任何时候都不能忘记军转干部的贡献,要始终真正尊重军转干部。想当年,大家毅然投身军营,为国防和军队现代化建设奉献了宝贵的青春。生活、工作在河南的转业干部更是心系中原,为河南的经济社会发展和高等教育事业无私奉献,可以说,没有大家的舍身为国,没有大家的艰苦奋斗,就没有中原的长治久安,就没有今天的美好生活。大家是河南人民的骄傲,河南人民永远不会忘记你们!永远应该尊重你们!

启示之二:任何时候都不能忽视军转干部的作用,要始终真心依靠军转干部。鲁迅曾经说过:中国自古以来,就有埋头苦干的人,就有拼命硬干的人,就有为民请命的人,就有舍身求法的人,他们是中国的脊梁。埋头苦难、拼命硬干,放在我们今天的转业干部身上,恰如其分。各位都有部队服役的宝贵经历,军队优良的传统教育培养了你们崇高的思想境界和强烈的责任感;艰苦紧张的军营生活锤炼了你们的坚强意志;军人特有的职业要求造就了你们灵活机智、干练果敢、雷厉风行、扎实工作的作风;严格缜密的工作性质锻造了你们忠诚可靠的人格。这些作风和品格,注定使大家成为推动我校发展的有生力量,成为维护校园安全稳定的重要保障。

启示之三:任何时候都不能淡漠军转干部的权益,要始终真情关爱军转干部。军人的付出是一种特殊意义的"国防劳动",这种特殊劳动收获的是国家安全和社会安宁,是社会发展进步的必备条件。按照社会公平的原则,这种特殊劳动的回报应该是国家和社会对于军人退役后给予可靠的生活保障,真正体现"一人当兵,全家光荣;当兵一回,终身受益"。仅从这个意义上讲,我们就必须带着感情做好军转干部的工作,把军转干部这项工作做出感情来,要用做好安置工作的实际行动,表达对人民子弟兵的崇高敬意和真心关爱。全校各部门要对军转干部的工作和生活高度重视,在政治上充分信任,政策上予以关照,思想上经常交流,生活上积极关心,确保事事有人管、制度有保障、困难有人帮,最大限度地帮助大家解决实际问题。

值此河南财经政法大学成立之际,我们在更高的起点上展望未来,学校更需要在座各位军转干部的全身参与、全力支持。在这里,我作为一个有着军旅生涯的老兵提几点要求与大家共勉。

一是角色要变,作风不变,继续以永不服输的作风带动人。从军队干部到地方干部,是一种职业转换,是一次"工种"换位。转业或以其他方式退出现役,本身并不是军队干部的个人选择,而是一种制度选择。大家从部队转业到地方,工作和生活环境都发生了很大变化。大家以前在部队有从事管理工作的,有从事政治思想工作的,也有从事专业技术工作的。客观上讲,在科学技术发展迅速、知识更新日新月异的现代社会,军转干部的年龄、经历和知识储备使自身在新的竞争环境中,尤其是在高等教育环境中处于不利地位。因此在座的各位必须尽快转变角色,继续发扬不轻言放弃的作风,加强学习,"比学赶帮超",尽快适应新的工作环境。

二是心态要变,思想不变,继续以崇尚荣誉的思想鼓舞人。从部队到地方,尤其是从部队到高校,我们不再轻易牺牲卫国,不再面临生死考验,但永恒的却是对荣誉的追求。荣誉是当代革命军人核心价值观的重要内涵。军人有了对荣誉的向往和珍重,就有了前进的动力和支柱。我们学校的转业干部在这方面做出了表率。在学校"三育人"先进个人、优秀共产党员等创优争先活动中,我们经常可以看到转业干部的名字;转业干部较为集中的保卫处在维护学校安全稳定中做出了突出贡献,尤其是勇斗歹徒的事迹得到了公安部门的嘉奖,为学校赢得了荣誉。在这些优秀模范中也不乏突出的典型代表。比如,后勤处副处长梁立志,荣获"全省模范军队转业干部"称号,并受到省领导的亲切接见;武装部长王奎一也先后获得"征兵先进个人"和省军区"国防教育先进个人"荣誉称号。这些荣誉和成绩在学校传为佳话并激励和鞭策着一大批教师员工为学校发展献策献力。希望各位再接再厉,戒骄戒躁,继续追求新的荣誉,创造新的佳绩!

三是目标要变,精神不变,继续以无私奉献的精神感召人。各位在军营的奋斗目标是保家卫国、建功立业,而来到高校的任务则是服务育人、管理育人。岗位在转换,使命在变化,但不变的是无私奉献的精神。我们转业的干部接近60名,如果把军队比作一个院校,应该是学校员工队伍中校友规模最大的一支队伍。在这支分布在学校各个重要岗位的队伍中,有的担任过校级领导职务,大部分也走上了处级、科级领导岗位,这些成绩都是大家兢兢业业、无私奉献、任劳任怨干出来的。需要特别指出的是,高校管理育人、服务育人的岗位普遍很辛苦、很清苦、很艰苦,尤其是在市场经济快速发展的今天,社会利益格局不断调整,大家和社会上一些从业人员甚至是本单位高职称、高学历人员的收入差距悬殊,不仅如此,超工时、超负荷工作也是家常便饭。但我对有过军旅生涯的转业干部深有信心,我相信大家会在无私奉献的军人精神的激励下吃得辛苦、乐得清苦、耐得艰苦,你们的付出学校领导和部门领导是看在眼里、记在脑里、想在心里!

军队熔炉的锻炼、军营生活的熏陶铸就我们工作优势和特长,国防、教育战线的不同也给我们带来了新的困难和挑战,希望大家在今后的工作学习中,继续发扬并大力传播解放军的光荣传统、品质、作风,认认真真学习,踏踏实实工作,老老实实做人,把自己打造成为一位平常时期帮得上忙、关键时刻使得上劲、紧要关头顶得上去的好干部,为河南财经政法大学的明天做出新的更大的贡献!

岁月不居　天道酬勤*

一元复始,万象更新。值此辞旧迎新之际,我们谨代表学校,向长期以来关心支持学校发展的全体师生员工表示衷心的感谢和诚挚的问候! 衷心祝愿大家在新的一年里万事如意,幸福安康!

春风化雨,润物无声。难忘2010,新世纪第一次全国教育工作会议奏响了宏伟教育乐章中最响亮的音符,《国家中长期教育改革和发展规划纲要(2010~2020年)》擎起了伟大教育长征中最红艳的旗帜。庄严的承诺、铿锵的步伐,呼唤着我国教育事业又一个新春天的到来!

艰难困苦,玉汝以成。2010年,虽然在学校发展史上只是若干建设单元中一段正常的时间刻度,却因其振奋人心、鼓舞士气而具有了沉甸甸的重量,以合校更名为中心的各项事业取得重大进展:顺利通过了更名大学评审、隆重举行了揭牌庆典、成功举办了第十届中国经济学年会、认真组织了大学发展高层论坛……在欢庆与自豪中,我们真实感受到了一所大学共同体的真实存在,感受到了个人与学校不可分割的真实情感,感受到了全校师生共创未来的激情满怀。在一路的高歌猛进中,学校又跻身河南省省级博士单位立项建设规划单位,新增1个国家级特色专业建设点、2个省级特色专业建设点、2门省级精品课程、1个省级教学团队、1个省级实验教学示范中心,获批1个省级重点学科开放实验室,这些成绩无疑是诠释新生大学生命力与竞争力的最好注脚。时间是考量万物的尺度。回眸2010,梦想与现实相交织的四季,历史与未来相呼应的春秋,成就了一所崭新大学刻骨铭心

---

* 本文系作者2011年1月1日对学校师生员工的新年献辞。

的集体记忆。

宏图肇始,任重道远。当 2011 年的第一缕阳光照进蜡梅傲雪的寒冬,新世纪激流勇进的前 10 年已经成为历史。合并的辉煌,更名的成就,连同数万师生创造的历史共同构筑起一所新生大学进取进步、成长成熟的坚实路基。2011 年的曙光已经来临,这一年是中国共产党建党 90 周年,是"十二五"规划的开局之年,也是我们大学长征的起步之年。在这关键的一年里,我们将带着昨日积累的精神财富,创造属于明天的荣耀。

岁月不居,天道酬勤。站稳脚、起好步、开好局,不仅是学校建设中坚的使命所在,更是万千学子和教师的福祉所向。新的一年,我们要在中国特色社会主义旗帜的指引下,深入贯彻全国教育工作会议和《国家中长期教育改革和发展规划纲要(2010~2020 年)》精神,以科学发展观为统领,深入实施"学术兴校、质量立校、人才强校、特色名校、制度治校"的发展战略,加快建设高水平财经政法大学的进程,努力书写河南财经政法大学建设的新篇章,为中原经济区建设再添新功,为高等教育事业发展再创辉煌!

尊新必兴　守旧则衰[*]

日月开新元，天地又一春。在这辞旧迎新的美好时刻，我们谨代表学校，向长期关心支持学校发展的各界朋友和全体师生员工道声：新年好！

寒来暑往，秋收冬藏，2011年依然在四季的365个刻度中被度量。无需用恢宏的叙事赋予2011特殊的意义，因为时间会以自身的事件绽放其特有的绚丽。回眸2011，新世纪第二个十年的开局乐章，因融合、破题、发轫的音符而愈发雄浑激昂。

这一年，我们感到自豪，因为收获的喜悦在数字间流淌。新校区的建设传奇在更广范围内继续演绎：二期10.7万平方米的工程于秋季交付使用，2万学子衣食起居有条不紊，办学中心顺利东移。民生工程在更广领域里持续推进：30多万平方米周转房基本竣工，引进人才公寓随之启动；岗位设置及首次聘任圆满完成，涉及1 800余人，800多人提高了职级待遇；财务收入净增1亿元，科研奖励标准大幅提升，师生期许广获回应。社会影响在更高程度上迅速扩大：招生计划突破8 000人，本科二批录取分数省内遥遥领先。

这一年，我们感到欣慰，因为战略的引领在成果中得到印证：尊新必兴，守旧则衰。这一年，大学发展高层论坛方兴未艾，学校发展大讨论风生水起，发展理念、战略、思路愈辩愈明。有了理念的创新，局面便豁然开朗：以"学术"为中心，以"质量、人才、特色、制度"为基点的战略构架稳步形成。未必波澜壮阔，早已润物无声：在数量上，国家社科基金年度项目在河南省高校中位居第3名，"学术兴、学校兴"的主旋律响彻校园；河南财经政法大

---

[*] 本文系作者2012年1月1日对学校师生员工的新年献辞。

学考克国际学院项目与其他两所"985"高校一道接受教育部专家组的实地考察评估。事实证明,我们完全有能力在个别领域、某些方向与国内知名高校比肩而立。

这一年,我们感到温暖,因为发展的力量在团结中凝聚。团结的前提是包容,包容的愿景是融合。融合要的是胸怀、比的是境界、为的是责任。人员的整合将实质融合的序幕拉开。这一次共调整任用处级干部299人、科级干部218人、法学院系等机构干部51人。如此大的人事变动前所未有,如此快的融合进度省内罕见,如此好的调配效果为人称道。凝心聚力中,第一次教学工作大会隆重召开,开出了干劲、开明了导向、开暖了人心;第一次校友代表大会圆满落幕,桥梁已搭建,温情被传递,影响在持续;第一份发展规划尘埃落定,上下反复,十易其稿,凝聚了民智,反映了民意,关注了民生。事实胜于雄辩。这一年,我们把团结读的如此透彻,因为彼此相系,所以彼此相惜。

非知之艰,行之维艰。一个好的年景,必然是在师生的共同祈愿和共同努力下创造出来的。这一年的每一个时间节点都值得铭记,每一种铭记都是为了再接再厉。

唯实是务,所务必实。跨越2011,一个从容自信、生机勃发的年轻学府,砥砺着把握未来的能力和勇气。干大事者,须心无旁骛、责无旁贷;成伟业者,必凝神聚气,全力以赴。

时间将曾经的辉煌留给历史,也将无限的希望带给未来。2012,春风浩荡,春意融融,春光无限,希冀在2.6万名师生的心头荡漾。中原经济区建设的大幕已经开启,"四个高地"的重要论断振聋发聩。在大有可为的时代里必须更加奋发有为,因为建设特色鲜明大学的机遇就在这里。

一切早已时不我待,一切早已喷薄而出。

大学四年的四个学会*

金色九月,硕果累累。今天,我们怀着无比喜悦的心情,迎来了2004级3800多名新同学。作为新生的一代,你们是幸运的,你们有幸见证着中华民族之复兴,华夏中原之崛起。但仅有见证是不够的,你们还要勇于参与,因此,这几年的大学时光就显得尤为关键。在此,我代表学校并以一个师长的身份,对你们提几点希望:

一要学会做人。教育之本,首在立人;立人之本,重在育德。上善若水,厚德载物,是中华美德的精髓,也是我们人才培养的不懈追求。良好的道德品质并非与生俱来,它需要教育的感化、理性的约束,更要靠每个人的身体力行。作为大学生,就更应该自觉地把自己锻炼成一个道德高尚的人。

二要学会学习。大学的学习模式由过去的被动接受转变为主动寻求,也就是由"要你学"过渡为"你要学",自学成了大学学习的重要环节。一方面,大家要自律自制,分秒必争;另一方面,大家要掌握科学的学习方法,学会利用学校的丰富资源,如图书馆、电教室等,充分为自己的学习服务。

三要学会实践。学以致用,是我们学习的目的。学校不仅为你们提供了学习的条件,而且还为你们提供了实践的机会。大家只有抓住一切机会,充分参加课内外的各种实践,全方位的提高自己的综合能力,才能大大缩短我们与社会接轨融合的进程,为将来事业的发展赢得充裕的时间。

四要学会交流。交流是团结的基石,友谊的纽带。随着科学技术的突飞猛进,市场竞争的日趋激烈,具备团结与协作能力已成为时代的要求。希

---

* 本文系作者2004年9月在新生开学典礼上的讲话。

望大家学会交流,善于沟通,与人为善,互帮互助,建立起良好的人际关系,为将来事业的成功积累一笔宝贵的财富。

这四种能力也是联合国教科文组织在21世纪教育报告中所提到的,即:learn to be,learn to know,learn to do,learn to together。它是我校培养"宽口径、强能力、高素质、复合型"特色人才的必由之路,也是"树一等品德、求一等学问、做头等大业"的基本要求。

大学的生命之树为什么常青,因为每年的优秀新生似雨后春笋,脱颖而出,源源不断;财院的声望为什么逐年攀升,因为一代又一代财院人如队员接力,奋力不息,薪火相传!今天学校对你们既祝贺又欢迎,但更多的还是期待,期待你们经过四年的努力学习成为国家的栋梁之材!

我们刚刚体味过雅典奥运赛场上中国健儿给我们带来的喜悦与激动,相信"更高、更快、更强"的奥林匹克精神,一样会激励你们在新的起点去奋力实现光荣与梦想。现在就让我们点燃激情,放飞梦想,共同把前进的号角吹响。坚信你们的未来充满希望,财院的明天更加辉煌!

教育之本　首在立人*

在这秋风送爽的美好时节,很高兴看到又一批朝气蓬勃、充满激情的年轻人加盟河南财经学院。河南财经学院是一所年轻但充满生机的大学,正在向着建设国内知名财经大学的目标扎实奋进。在这里,名师荟萃,一代又一代的专家学者辛勤耕耘,秉承文明火炬,传递科学之光;在这里,英才云集,一批又一批的莘莘学子求学深造,塑造完美人格,谱写人生辉煌。

大学是解惑人生的精神家园,是追求真理的知识殿堂,是陶冶情操的人文乐土,是编织理想的心灵故乡。今天,当你们迈进大学殿堂,踏上新的征程,面临新的竞争考验的时候,我代表学校并以一个师长的身份,对你们提几点希望:

一要志存高远,胸怀祖国。成大事者必立大志,大家要有一种"舍我其谁"的英雄气概、一种"勇于担纲"的历史使命。作为承前启后、继往开来的一代,你们将有幸见证中华民族之复兴,华夏中原之崛起。你们要勇于参与其中,把个人的理想追求同构建社会主义和谐社会的伟大事业紧紧联系在一起,自觉服务祖国,无私奉献社会。

二要以德立身,以诚待人。教育之本,首在立人;立人之本,重在育德。厚德载物,是中华美德的精髓,也是我们人才培养的不懈追求。希望大家在今后的学习生活中,诚信做人,诚恳待人,互帮互助,学会在相互尊重、肯定赞赏的基础上建立师生情谊和同学友谊,学会在实践活动中培养自己的团队精神和合作意识。

---

* 本文系作者 2005 年 9 月 12 日在新生开学典礼上的讲话。

三要自强不息,积极进取。在即将开始的大学生活中,大家会面临生活环境、学习方式、心理、生理等多个方面的新变化;会面临知识挑战、学习竞争、交友困惑、师生磨合、家长期望等许多新的问题。而财院也许有些会与你们的想象有所不同或不尽如人意之处。这个时候,希望你们不要迷惑、失望,而应以一种积极进取、永不气馁的精神应对种种挑战,在挑战中不断战胜困难和挫折,不断砥砺品格、磨炼意志,以一个良好的心态融入财院的集体中来。

四要勤于思考,勇于创新。在中学,大家的主要任务可能是理解和记忆,在大学的主要任务却是思考和研究。相信你们会时时提醒自己,优异的成绩已成过去,新的征程已经开始。希望你们在老师的指导下,充分利用学校和社会提供的条件,学会认真地倾听、研读,学会批判性的思考,学会自主、自律地学习。青年是最具有创造热情和创造潜力的群体,希望同学们勇于创新,敢于超越。通过不断思考与创新,培养自己发现问题、分析问题和解决问题的能力。

从今天开始,你们已经成为财院的主人,河南财经学院这个名字将伴随你们一生。希望大家铭记,作为财院人,爱护财院就是尊重自己,建设财院就是成就未来。我们迎接各位的到来,正像迎接东方喷薄而出的朝阳一样,充满喜悦;我们期待着各位的成才,正像聆听大海潮涨潮落的涛声一样,充满激情。我坚信,你们的未来一定会充满希望,河南财经学院一定会因你们而更加辉煌!

志存高远　追求卓越*

在这秋风送爽的美好时节,很高兴看到生机勃勃的你们踏入河南财经学院。你们曾经是中学阶段的佼佼者,也是同龄人中的幸运者,你们的幸运不仅体现在你们成功迈进了大学的校门,更体现在你们将参与并见证河南财经学院今后几年不平凡的发展进程。

你们将亲身参与学院更名大学的历史跨越。更名大学是我校进一步加快发展的必然选择,也是广大教职工生的共同愿望。去年,省教育厅专家组对我校进行了为期两天的工作考察。通过听取汇报、查看与核实资料、实地察看教学设施等环节,专家组一行对我校与河南省政法管理干部学院合并组建河南财经政法大学工作给予了充分肯定。现在学校正在努力创造条件,积极筹备,认真做好更名大学的各项准备。

你们将目睹新校区拔地而起的辉煌。在大环境极为不利的条件下,学校历尽艰辛,最终在郑东新区征地1540亩建设新校区。相信不远的将来,一个布局合理、风格鲜明、兼科学化、现代化、人文化、生态化于一体的大学校园将呈现在大家眼前。

你们将亲自见证学校在学科建设上的强校之路。在2005年第十次学位点申报中,我校一举获批了17个硕士点,充分展示了我校良好的学科发展基础和学科优势。现在全校上下正在努力做好博士授权单位授权点调研论证及学位点建设规划,力争在一段时间内取得博士授予权的突破。

你们将切实分享学校日益丰硕的国际交流成果。近年来,学校先后与

---

* 本文系作者2006年9月11日在新生开学典礼上的讲话。

英国威尔士大学、美国密苏里州立大学、澳大利亚科廷科技大学、新西兰奥可兰商学院、爱尔兰考克大学、爱尔兰卡罗理工学院签订协议,在联合培养硕士生、本科生、专科生层面取得了实质性进展。今年上半年,学校又与白俄罗斯国立大学和俄罗斯国立贸易经济大学签署了友好合作协议,并与牛津大学、谢菲尔德大学、卡迪夫大学等英国多所著名学府达成了合作意向。我们欣慰地看到,学校正逐步朝着国际教育大舞台迈进。

大学阶段是生命中最宝贵的时光,在此,我代表学校并以一个师长的身份,对你们提几点希望:

第一,希望你们志存高远,追求卓越,做一个"有气魄"的财院人。首先,大家要有勇于承担大学责任的意识和勇气。大学的责任,就是传播知识、启迪智慧、繁荣学术、服务社会。河南财经学院作为河南省最具人气和最具有发展潜力的大学之一,作为河南人民寄予殷切希望和厚爱的大学,理应肩负起传承中华文明、服务当今经济社会发展的重任。大家要有一种"舍我其谁"的英雄气概,一种"勇于担纲"的历史使命,一种"做一等事,成一等业"的雄伟胆识,规划设计好自己的职业生涯走向,无论身处何种境遇,都能勇敢面对,立志拼搏,为成就事业打下坚实基础。

第二,希望你们博爱宽容,严于律己,做一个"有德行"的财院人。德为立身之本,行为处世之范。求真、求知与人生修养并重是我国知识分子的优良传统。希望同学们在大学良好的人文氛围中,加强德行修养,遵纪守法,培养与主流社会相融合的"阳光人格",培育科学规范精神和人文精神,做到治学与修身、立命相互促进,共同发展。

第三,希望你们求真务实,脚踏实地,做一个"重实干"的财院人。求真务实、脚踏实地是财院的优良传统,曾激励过数万财院人无怨无悔地追求真知、追求进步,并已经成为财院校园文化的一个重要组成部分。"少年易学老难成,一寸光阴不可轻",希望同学们珍惜四年的学习时光,充分利用学校良好的教学和科研资源,既要掌握扎实的基本功,拥有广阔的知识面,更要训练适合自身特点的学习方法,培养强烈的求知欲,为终身学习打下良好的基础。

第四,希望你们独立思考,打破陈规,做一个"敢创新"的财院人。科学的精神,一是要谦虚的继承,二是要大胆的创新。创新并非神秘莫测,高不可攀,也并非天才所独有。学校将尽量给大家创造一个平等、和谐、宽松的学习环境,营造一种充满活力的创新氛围,希望同学们不要忽视自己思想的火花,打破自身的思维定式,充分开发自己的潜在能量,把自己锻炼成具有国际视野、专业水准高、竞争力强的复合型人才。

春花孕秋实,往来成古今。从今天开始,你们已经成为财院的主人,河南财经学院这个名字将伴随你们一生。我们欣慰,今日之财院,因你们而焕发出无限生机,我们更坚信,明日之财院,会因你们而更加辉煌!

学府与学术

选择你爱　爱你选择*

从中学生到大学生,虽然只有两个月的间隔,但却是人生征途上的一次重要跨越。迎接你们的大学生活丰富多彩,河南财经学院将会以鲜明的特色为你们撑起展示自我的舞台!

你们将亲身感受青春财院蓬勃的生命力。我校作为河南省唯一的以经济管理为主体的本科院校,经过二十多年的积累,迎来了新一轮的发展机遇期。当前,全校上下正围绕迎接教学评估、实施学术兴校、推进新校区建设、申报博士授权点、更名大学等几项中心工作加速前进,力争你们在校期间实现办学层次的新跨越、办学空间的新突破,真正让大家能够激情满怀走进财院,信心百倍走向社会!

你们将切身体会实力财院不凡的影响力。从学科建设上来看,我校有4个省级经济管理类重点学科、32个硕士学位点;从国际合作上来看,学校实现了与牛津大学、卡迪夫大学、谢菲尔德大学等世界顶级名校合作的突破;从科研成果上看,河南财经学院经济期刊论文产出量位居省内第一;从教学质量上看,今年我校学生英语专业八级考试的通过率高出全国35个百分点;从学生教育上看,我校的思想政治教育工作获得了中宣部的首肯;从社会实践上看,我校连续两年被授予"全国大学生暑期社会实践先进单位"称号。当然,这些成绩和大家参加的高考一样,已属于过去,辉煌的继续有赖于我们所有人的加倍努力!

你们将亲身体验活力财院空前的凝聚力。同学们恰逢其时,有幸赶上

---

* 本文系作者2007年9月10日在新生开学典礼上的讲话。

了教育部明年上半年对我校进行的本科教学工作水平评估。现在,全校上下万众一心、志在必得。财院人大事面前讲团结、重任面前比奉献的精神风貌再次得以呈现。大家要抓住机遇,积极加入这股百舸争流、各显身手的迎评大潮,为学校发展尽一份心、出一份力,为刚刚开启的大学生涯划上浓重而又靓丽的一笔!

你们将深切感受到魅力财院独特的吸引力。今天的河南财经学院已经成为全省最具人气、最具发展潜力的大学之一。随着社会知名度的不断提高,我校吸引了众多考生的目光。在近几年的录取中,我校文理科第一志愿上线考生已超过录取计划的200%。今年的录取分数更是高出省二本控制线20分左右,再居河南省同类高校之首。

这些成绩凝结了几代"财院人"的辛勤汗水和殷切期望,体现了我们财院人坚忍不拔、顽强拼搏的精神,这是我们财院积淀下来的宝贵财富。财院为你们提供了成长的沃土和施展才华的舞台,你们也将给财院带来新的生机与活力。财院的传统需要你们去继承,财院的精神需要你们去弘扬,财院的未来需要你们去创造!从今天开始,你们就成为财院的新主人,你们的命运注定要和财院的历史、未来紧紧相连。希望在今后的岁月里,大家能和学校风雨同舟、荣辱与共,竭力为财院增添新的魅力和光彩,让河南财经学院这个响亮的名字在你们手中传的更广远、更持久!

学府与学术

珍惜当下　续写辉煌[*]

在这秋风送爽的美好时节,很高兴看到又一批朝气蓬勃、充满激情的年轻人加盟正在向着建设国内知名财经大学扎实奋进的河南财经学院。作为河南省唯一一所本科财经类院校,学校在以学术铸校魂、以质量求生存、以特色显优势、以发展增实力的强校之路上取得诸多可喜成绩,在每年的录取工作中,我们都会接到考生的来电来函,表达他们就读我校的迫切心情与强烈愿望。需要特别指出的是,生源充足的招生形势促进了学校的发展,但同时也给我校原本紧张的办学条件带来了压力。因此,在新校区建成之前,大一新生将在这里完成一年学业后再返回校本部学习。令人宽慰的是,大家在这里享受与本部同等师资力量的同时,还能体验比校本部更为宽松的生活环境。事实也证明,在西校区学习生活的美好回忆,已成为你们学长们大学生涯中一笔宝贵的精神财富。

和那些与财院失之交臂的考生相比,你们的脱颖而出确属不易,也确实幸运。我们有理由庆贺,有理由自豪,但更有理由珍惜。为此,我对大家即将开启的大学生活提几点希望:

一要胸怀祖国,坚定成材之志。作为新时代的大学生,你们应该把个人的成材与国家命运结合起来,勇敢地担负起中华复兴的光荣使命和中原崛起的历史责任,树立矢志不渝、奋斗不息的远大理想,成就骄人学业,谱写辉煌人生,为将来成为国家栋梁而努力奋斗。

二要志于修德,奠定立身之本。德为立身之本,行为处世之范。求真、

---

[*] 本文系作者2008年9月8日在新生开学典礼上的讲话。

求知与人生修养并重是我国知识分子的优良传统。希望同学们在大学良好的人文氛围中,加强德行修养,遵纪守法,做到诚信做人、诚恳待人,学会在相互尊重、肯定赞赏的基础上建立师生情谊和同学友谊,学会在实践活动中培养自己的团队精神与合作意识,实现治学、修身与立命相互促进、共同发展。

三要勇于进取,铺就成功之路。在即将开始的大学生活中,大家会面临生活环境、学习方式等新变化;会面临交往合作、师生磨合等新问题。而财院也许有些会与你们的想象有所不同或不尽如人意之处。大家要以乐观的心态,抓紧调整,尽快适应,充分利用学校良好的教学和科研资源,不断接受新理念、开阔新眼界、增长新本领,为自己成功走向社会奠定基础、铺平道路。

四要敢于创造,奏响青春之歌。过去,大家的学习任务可能是理解和记忆,今后却是思考和研究。学校将努力给大家创造一个平等、和谐、宽松的学习环境,营造一种充满活力的创新氛围。希望同学们在今后的学习中敢于打破思维定式,善于捕捉思想火花,把青年人的创造热情和创造潜力发挥到极致,用青春的音符奏响时代最美的旋律。

我们刚刚体味过北京奥运赛场上中国健儿给我们带来的惊喜与激动,相信"更高、更快、更强"的奥林匹克精神,一样会激励你们在新的起点上争取新的光荣,实现新的梦想。我坚信,你们的未来充满希望,财院的明天更加辉煌!

做"四有"新人*

金秋时节,很高兴看到又一批朝气蓬勃、充满激情的年轻人走进河南财经学院,开始新的学习生活。我代表学校党委、行政向来自全国各地、四面八方的2009级新生,表示热烈的欢迎和衷心的祝贺!同时也借此机会,向培育你们健康成长的各位家长和老师们,表示诚挚的敬意和亲切的问候!

人生有很多"第一次",从今天开始,你们就将面临许多"第一次":第一次远离家乡和父母独立生活,第一次迈进高校自主学习,第一次与来自全国各地的同学朝夕相处……面对全新的生活,该如何判断选择,这是每一位新同学都必须认真思考并努力做好的事情。作为师长,我有几点感想,也作为对你们的希望和要求,希望能对你们更好把握"第一次"有所裨益。

一要志存高远,追求卓越,争做有志青年。大学的责任,就是传播知识、启迪智慧、繁荣学术、服务社会。河南财经学院作为河南人民寄予殷切希望和无限厚爱的大学,理应肩负起传承中华文明、服务中原崛起的重任。大家要有"舍我其谁"的英雄气概,要有"敢为人先"的雄伟抱负,勇于在报效祖国、服务社会上走在时代最前列。

二要以德立身,以诚待人,争做有德青年。希望你们在大学良好的人文氛围中,加强德行修养,遵纪守法,做到诚信做人、诚恳待人,学会在相互尊重、肯定赞赏的基础上建立师生情谊和同学友谊,学会在实践活动中培养自己的团队精神与合作意识,实现治学与修身、立命相互促进、共同发展。

三要惜时如金,积极进取,争做有为青年。在即将开始的大学生活中,

---

* 本文系作者2009年9月14日在新生开学典礼上的讲话。

大家会面临生活环境、学习方式等新变化;会面临交往合作、师生磨合等新问题。而财院也许会有些与你们想象不同或不尽如人意之处。大家要以乐观的心态,抓紧调整,尽快适应,充分利用学校良好的教学和科研资源,不断接受新理念、开阔新眼界、增长新本领,为自己走向社会奠定坚实的基础。

四要勤于思考,勇于创新,争做有心青年。过去,大家的学习任务可能是理解和记忆,今后却是思考和研究。学校将努力给大家创造一个平等、和谐、宽松的学习环境,营造一种充满活力的创新氛围。希望同学们在今后的学习中敢于打破思维定式,善于捕捉自己思想的火花,把青年人的创造热情和创造潜力发挥到极致。

新的主人　新的气象　新的希望*

今年3月份成立的河南财经政法大学,今天以崭新的名字迎来了它新的主人,在这个全新的校园,我们诚挚地邀请在座的4 500多名有志青年,登上河南财经政法大学这艘即将启航的巨轮,一起乘风破浪、扬帆远航!

同学们,新的校名寄托着新的发展希望!河南财经政法大学这个崭新的名字,承载着太多人的梦想,寄托着太多人的希望。为此,一届又一届师生倾注了大量的心血,留下了铭心的记忆。功夫不负有心人,2009年6月份和2010年1月份,我们分别接受了河南省和教育部高等学校设置评议委员会的评审验收,均以十分优异的成绩通过了专家票决。今年3月份,教育部下发文件,河南财经政法大学正式成立!更名大学将为学校实现更大规模、更高水平、更深层次的快速发展提供更广阔的舞台,为实现学校特色鲜明的高水平大学的战略目标奠定坚实的基础,也为在座各位同学提供更好地学习环境,帮助你们更好的成长、成才!

同学们,新的校区开启了新的大学生活!新校区相关建设人员的高效运作,创造了河南省高校建设的奇迹。今天屹立在大家面前的这些崭新建筑,曾是我们多年的期待。所以,你们是幸运的,你们不仅是财大的第一届新生,还是财大新校区的第一批主人。目前,新校区二期工程也已经启动,明年的这个时候,一座能够容纳2万多人、兼具数字化、园林化、现代化的大学校园将完美地呈现在大家面前。在这里,需要特别指出的是,毕竟我们的新校区暂时处于边建设边使用阶段,此刻的配套设施和校园环境会与大家

---

* 本文系作者2010年10月11日在新生开学典礼上的讲话。

心目中的期待有一定的差距。但一切都是暂时的,学校将在短期内完善设施、改善环境,帮助大家尽快克服各种不适和不便。同时,也相信你们作为这所新家园的主人,一定会以包容的眼睛、文明的言行来关注、呵护它的一草一木、一砖一瓦,一起见证她的成长与壮大!

同学们,财大新的态势展示了新的大学形象!虽然财大仅成立半年,但已经表现出了很好的发展气势和趋势:上半年,学校共获得7项国家级项目,在类别和总量上均创历史新高;在今年首次以财大名义的招生中,招录形势异常喜人;四个专业首次按第一批次招生,录取最低分数文理分别高出7分和11分;本科二批招生录取平均分在全省二本高校中位居第一;在暑期举办的第七届"挑战杯"中国大学生创业计划大赛中,我校选送的两项作品(占河南省三分之一)摘得国家级银奖,同时我校被团中央授予"优秀组织奖";近期,与台湾环宇集团合作共建河南金融人才培训中心的项目建设也即将展开,我校成为河南省第一所与台企合作共建人才培训机构的高校。以上成绩无疑是给河南财经政法大学最好的献礼,也充分展现了全校上下在新财大的鼓舞和感召下的蓬勃朝气和昂扬士气!

同学们,财大新的蓝图描绘了新的光明前景!学校既定的四大发展目标,即本科教学评估、更名大学、新校区建设和申报博士点,前三大目标已经实现。今年9月份,会计、金融、国际商务、应用统计、资产评估、农业推广等6个专业硕士学位点将正式落户我校,近期我校又有4个一级学科硕士点获批,至此学校硕士点已升至54个,为博士点的筹建工作奠定了坚实基础,再加上扎实的前期准备工作和上级部门的大力支持,我校第四大战略目标也将在不久的将来得以实现。中外合作办学是我校办学特色之一,我们已经在全校范围内选拔了数十名学生赴爱尔兰国立考克大学就读,更值得我们期待的是,作为河南省首家与国外大学在郑共建校园的高校,我们与考克大学共建协议已经启动,在不久的将来跨国联合培养高水平的国际型人才将成为我校人才培养的新模式。财大未来前程似锦,它不光属于财大,更属于在座的各位同学,希望你们能与财大一起创造未来!

朝气蓬勃 青春涌动*

今天,我们在这里隆重集会,举行河南财经政法大学2011级新生开学典礼。欢迎你们成为这所朝气蓬勃的大学的新成员!

说我们朝气蓬勃,是因为河南财经政法大学这个年轻而又响亮的名字。2010年,学校持续9年的更名大学工作圆满完成,数万名师生多年的愿望终于实现。新的大学寄托着全省亿万人民的殷切期望。在欠发达地区建一所特色鲜明的财经政法类大学,对于河南乃至全国高等教育事业都具有典型意义。现在的河南财经政法大学,已经站在了新的起点,美好的明天等待着我们一起去开拓、去创造!

说我们朝气蓬勃,是因为这座数字化、园林化、现代化的校园。围绕建设一所"厚重、特色、现代、实用"的大学校园的目标,经过全校上下特别是一线建设人员的不懈奋战,新校区一期工程如期竣工,二期工程正在紧张有序进行,近两万名学生和部分职能部门得以顺利入驻。新校区的初步建成彻底改变了过去教学、生活资源相对紧张的局面,为大家提供了宽敞、舒适的学习、生活空间。现在,这座漂亮的校园又迎来它的新主人。需要特别指出的是,因为我们的后续工程还在建设,学校可能暂时还存在一些不方便、不周全的地方,希望大家能以包容的心态、文明的言行爱护自己的家园,呵护学校的成长。

说我们朝气蓬勃,是因为大学成立后的强劲发展态势。在更名后的短短一年多时间,我们就在诸多领域取得了可圈可点的成绩:一级学科硕士点

---

* 本文系作者2011年10月10日在新生开学典礼上的讲话。

新增4个,二级学科硕士点从原来的32个增加到54个;新增1个国家级特色专业和2个省级特色专业,最新的"中国大学及学科专业评价报告"显示,我校进入中国大学分学科门类竞争力(前5%)方阵;学校被列入博士单位立项建设规划单位;继去年成功获批7项国家级科研课题之后,今年我们又成功获批13项国家级科研课题,屡创历史新高;暑期,我校与爱尔兰国立考克大学在郑州共建校园的合作办学项目已经顺利通过国家教育部专家组的实地考察评估(此次全国共有三所高校接受评估,其他两所均为985高校——中国人民大学和东南大学)。

说我们朝气蓬勃,是因为在座的八千多名青年才俊。作为河南考生心目中比较理想的高校,河南财经政法大学近几年的生源数量和质量持续攀升。今年本科一批文理科投档线分别位居全省第二、第三位,本科二批文科投档线位居全省第二位,仅次于郑州大学,本科二批理科位居全省第三。我校的名牌专业(金融学、会计学、审计学等)第一志愿报考率超过了10∶1甚至接近30∶1,这些专业录取分数的最低分也都超过或接近了重点线。所以在座的各位同学都是在激烈的竞争中脱颖而出的佼佼者,河南财经政法大学因你们的到来而更加引人注目,是你们在塑造着河南财经政法大学的未来。

作为河南财经政法大学的首任校长,看到学校成立不久就得到了广大考生和社会各界的信任和厚爱,我深感欣慰和自豪,但同时也感受到了肩上的重任。对于在座的各位同学而言,大学四年也是你们重要的成长阶段,以何种方式度过这不短也不长的四年对个人前途也起着至关重要的作用。学校将为你们开启一条绚丽多姿而富于挑战的道路。在这条路上,我希望你们认认真真地走,踏踏实实地走,积极乐观地走,激情满怀地走,走出属于自己的一片辉煌,让河南财经政法大学这个名字因为你们的精彩而更加响亮!

学府与学术

青春正当时*

凉风送盛夏,霁日迎清秋。在这个神圣而喜悦的时刻,我代表全校师生,向将要用智慧和勤奋点亮生命旅程的新同学们,表示衷心的祝贺与热烈的欢迎!欢迎来到新家!来到正在建设、条件还不尽完善但会越来越好的新家!

开学典礼是大学的第一课。这几天我一直在思考,第一课该跟同学们讲些什么。我想有两个问题值得每一位同学深思,那就是"大学是什么"和"大学怎么过"。

大学是一条神秘地平线。大学在你的视野范围内,却又在你永远不能抵达的地方。这不仅是因为大学自身的博大,更因为新的知识、新的思想会不断推动着大学边界的变化。大学的学习,犹如置身广阔的草原,没有确定的道路,却有了无限的可能。作为36年前的77级大学生,我很羡慕你们,羡慕你们在这个好时代中拥有的无限可能和机会,而这个机会对于有些青年只是奢望和梦想。因此,希望你们把握住机会,学会释放被无数考试所禁锢的思想,学会想象在你不能抵达的地方的世界模样,这样才有不断走下去的动力和梦想。

大学是一条人生起跑线。老舍先生说,人生最值得纪念的是"大学生活"那一段,因为它是清醒的、意识的、自动的、努力向上的生活,而且是后半世生活的根基。从今天开始,你们面向未来,人人平等,机会均等。在大学里真正收获精彩的大学生活,并不完全取决于高考分数的高低,不取决于家

---

* 本文系作者2013年10月10日在新生开学典礼上的讲话。

庭条件的贫富,也不只取决于你们学到的知识和能力,关键更在于你们能不能在大学四年里养成一种良好的习惯。人与人之间最小的差距就是智商,最大的差距就是习惯。亚里士多德曾说,"我们的习惯造就了我们,优秀不是一次行为,而是一种习惯"。在大学四年,养成独立思考、自主学习、解决疑难的习惯,会让你们增长更多的知识和智慧;养成包容他人、关心他人的习惯,会让你们收获更多的快乐和友谊。

大学是一条成长分界线。初入大学,同学们首先感到的是无拘无束的自由,但接下来感觉到的则可能是迷茫,因为不再有高考指针,为你们规定制式的生活轨迹。自由面前,你可以选择舒适安逸,也可以选择艰苦奋斗;可以选择投机取巧,也可以选择脚踏实地;可以选择小富即安,也可以选择壮志凌云;可以选择囫囵吞枣,也可以选择慎思明辨。一切选择皆在一念之间。如果你认为大学是逍遥游,远离了父母的监管,可以自由自在,"我的地盘,我做主",那么大学的精彩注定将与你无关;如果你认为大学是温柔乡,猫在网上看《小时代》,梦想着《北京遇上西雅图》,痴情《我们一起追过的女孩》,那么四年后,你也唯有感叹"终将逝去的青春"。

大学是一条道德基准线。大学作为社会的一部分,沉淀着现代社会的美好与无奈,坚守着社会良知和道德基准。在未来四年的大学生涯中,大家不仅会感受到求知、求真路上的酸甜苦辣,更会面对各种急功近利、自私自利的社会思潮,两极分化的社会分配现实,日益激烈的竞争和就业压力的困扰。在这种错综复杂的社会环境中,我们会不会轻瞥窗外的云卷云舒,专注于课堂教学的每一个细节,在一次次的反问与质疑中磨炼心智?我们会不会淡看身前潮起潮落,静静地翻开书页,在一回回的解惑求真中励志前行?虽然无力去完全阻挡无孔不入的各种诱惑和功利思想,但作为大学校长,我还是更加愿意看到你青涩而不愿看到你世故,愿意看到你率性而不愿看到你圆滑,愿意看到你朴实而不愿看到你功利。你们面对10万元巨款不为所动而广受赞誉的师姐,你们带着奶奶求学而感动中原的师兄,你们身边考取研究生的保安……都是我们净化心灵、历练心智的榜样。

你们肯定很想成功度过大学生活,为一生事业奠定良好的基础。此时此刻,你们也许很期望我可以告诉你们在大学该怎么做才算成功,但这是你们大学的第一天,我们暂不谈成功,只谈做人,怎样做一个拥有坚定信念、高尚情操、人文情怀和快乐方法的人。

一是要让使命成为一种行动。今年是你们大学生活开始的第一年。再过8年,就是建党100周年;再过36年,就是中华人民共和国成立100周年。到了那个时候,中华民族伟大复兴的梦想会变成现实,而你们正值中年。换言之,你们不仅将亲眼见证这个梦想的实现,而且你们一定是实现这个梦想的主力军。这是何等大的舞台,这是何其高的光荣,我由衷的羡慕你们!同样,在 90 多年前,是一群像你们一样的年轻人点燃了五四运动的熊熊火炬;60 多年前,也是一群像你们一样的年轻人成为共和国的脊梁;30 多年前,更是一群像你们一样的年轻人创造了中国式的奇迹。多年之后,另一位校长也会像我今天这样站在这里为新生致辞,那时的他会分享哪些属于你们的故事?会讲述哪些属于你们的成就?因此你们成长成怎样,母校的明天便会怎样,中国的未来便会怎样!我相信在不久的将来,你们一定会成为母校校史中一颗颗璀璨的星辰!

二是要让挫折成为一种资本。木必有节,玉必有瑕。迎接你们的大学生活不仅有梦想、激情和浪漫,还有挫折、失败和焦虑。第一堂课,你会感到节奏太快、难以适应,不再是老师目光的焦点;第一次考试,你可能成绩靠后、大失所望,不再是熟悉的第一,特别是身边的"学霸""达人"比比皆是,你会更加迷茫和纠结。于是,你可能会开始怀疑以往的读书方式、学习习惯,甚至怀疑自己的专业选择和能力潜质。很多人在来校之前还是"梦想家",后来,可能"梦"没了,只剩下"想家"。但我要说的是,青春无畏!敢为人先、敢冒风险,就是青春的资本。如果愈挫愈勇是一种疯狂,你就尽情疯狂一把吧;如果屡败屡战是一种勇气,你就一鼓作气,将战斗进行到底吧。我们就是要用青春的丰满战胜现实的骨感,唯有如此,青春才会在绽放时惊心动魄,在飘落时无怨无悔!

三是要让宽容成为一种品质。同窗谊是人间最真诚的情感,是人性最质朴的交流,这是一个人值得追忆一生的美好。"同桌的你""睡在我上铺的兄弟",笑过哭过爱过怨过,多么弥足珍贵!坐在身边的都是你的兄弟姐妹,你生命中最宝贵的青春年华将与他们一起度过。你们要懂得兼容并包、接纳不同,更要学会彼此欣赏、相互支撑。你们的胸怀有多宽广,未来的路就有多宽广。我希望你们在收获知识和能力的同时,也能收获信赖和友爱,并彼此成为未来事业中最可靠的伙伴和多彩人生中最真诚的朋友!

四是要让思考成为一种力量。犹太人口占世界的 0.2%,却获得了占总量 20% 多的诺贝尔奖。敢于质疑、善于质疑,是犹太文化的一个秘密,也是犹太民族保持巨大创造力和旺盛生命力的最重要因素。你们长期接受的大多是中规中矩、有标准答案的教育,习惯于做"听话"的好孩子,但大学教给你的不再是唯一的答案,而是教你懂得多样性和不确定性。爱因斯坦曾经说过,科学的真正发展,需要孤独的灵魂。作为未来的创造者,只有勇于质疑,敢于发现前人的局限,才能养成批判性思维的习惯,形成对世界本质的认知和判断;只有打破传统,敢于挑战权威的思想和理论才能激发新的思想、创造新的范式、建立新的理论,推动人类文明不断进步。

  从今天起,你们人生道路上一段重要历程将正式开启,这段历程关系到你们未来能够达到的高度,关系到你们一生的幸福。同样,对学校而言,今天也是一个崭新的起点,因为从今天起,学校将和你们签下契约,我们会承担起责任,努力为你们走好这段人生历程创造条件,努力支撑你们的成长和发展;而你们,从此也将和"河南财经政法大学"这八个字荣辱与共,紧密相连。希望在未来的日子里,能够经常听到你们自强不息的回响,听到你们坚守良知的故事;希望在未来的日子里,能够经常看到你们经历失败却依旧刚毅的身影,看到你们日渐成熟但依旧纯真的脸庞!如果你们在校园里遇到我,也请和我打个招呼,在路边聊上几句,让我一起分担你们的烦恼和忧愁,分享你们的成功和辉煌!

以追梦的名义往深处想　向高处看　朝远处走*

欢迎你们来到这个将要在这里度过人生重要四年的新家！有人说高考前你们是少年老成，因为高考的影子掩盖了青春的色彩；高考后你们是返老还童，因为大学的光芒映红了年轻的脸庞。而在我看来，你们一直都活泼可爱，你们在处，皆有阳光！

也许从高考结束的那一刻起，你们就已经开始了对大学的想象，开始了对未来的思考。此刻我回想起三个月前，有的毕业生说，本想把大学生活过成优雅的诗，时而简单，时而精致，不料却把日子过成了粗犷的歌，时而不靠谱，时而不着调。今天，为了大学之路更靠谱，为了人生之歌不跑调，我们就一起认真思考并回答三个问题。

首先，这是一个怎样的时代？这不是一个后会无期的小时代，也不是如狄更斯所言的最好和最坏的时代，这是一个崇尚梦想的时代。有人说，一个国家处于上升期的标志之一，是这个国家开始打造她的"造梦"能力，她的国民开始自信地谈论自己的梦想。中国梦的实现被称作"21世纪最激动人心的大事"，但中国梦不只是物质财富的剧增、经济格局的重塑，更为重要的是中华文化的弘扬。一个只能出口电视机而不输出文化的国家，成不了世界大国。中国为世界做出过巨大贡献，却一直没有摆脱被误读的命运。由此看来，国家间的竞争，外表比的是经济、军事，最终拼的却是文化软实力。因此在中国梦的征途上，文化作为一个国家的精神旗帜，必然要率先复兴。在文化复兴之路上，我们的大学准备好了吗？

---

* 本文系作者2014年9月12日在新生开学典礼上的讲话。

第二个问题,这是一所怎样的大学?这不是一所只教你长知识而不长文化的大学,也不是一所只教你富口袋而不富脑袋的大学,这是一所成就梦想的大学。你青睐的大学,看重你的现在;青睐你的大学,会成就你的未来。在泱泱中华877所本科院校中,河南财经政法大学十分突出地把本科教育摆在了"众星拱月"的地位,把"与一流大学比本科"作为最真实、最具体的梦。我们并不着力培养科学家、政治家和思想家,而是重点培养社会需要的商界、金融界、法律界的精英,我们称之为高级应用型人才。事实也证明,你们的学长已经成为这些业界的中流砥柱。这个梦想实现的信心更来源于在座的你们。今年的新生中,很多同学的高考分数线达到或接近985或211院校。换句话说,是你们的优秀,承载了一所大学的梦想。你就是你的大学!你怎样,你的大学就怎样!那么,在打造一流本科教育的征途中,我们的学子准备好了吗?

第三个问题,这里有怎样的校友?这里没有夸夸其谈、圆于世故的校友,也没有急功近利、流于世俗的校友,这里有一群坚守梦想的校友。他们用自己的故事诠释了大学之大,在大德、在大爱、在大气、在大业。他们当中有把自己当作奶奶的眼睛,坚持带奶奶到大学读书的道德模范胡利朋;有在出租车上捡到十万元钱,物归原主并荣登"中国好人榜"的文气女生周文静;有13年来边做保安边攻读专科、本科直至在去年获得硕士学位的保安哥刘鹏林;有毕业后创业成功不忘回馈母校,出资2 000万元捐建教学科研楼的儒商王建树;有将比赛奖金捐献给白血病同学的马拉松冠军刘鹏;有帮助80多岁身患重病的老人供养的35个留守儿童的"微力量"爱心团队……我无意让大家一一记住他们的名字,因为这里的一草一木,都在行"不言之教",这里还有很多的惊喜等待着你们去发现,还有很多故事等待着你们去发掘。我内心更希望,若干年之后,大家能成为校长在开学典礼上所讲故事里的新主人公。

从以上三个问题中,我们知道了这是一个崇尚梦想的时代,这是一座成就梦想的大学,这里有一群坚守梦想的校友。你们得天时、占地利、享人和,为成就梦想奠定了良好的基础。但梦想的真正实现取决于你坚定的信念、刻苦的奋斗、持续的付出。从今天开始,你说过的话、做过的事、走过的路、遇见的人,每一个现在,都是今后的大学回忆。为了今后的回忆更加美好,我想给大家提几点建议:

一是用行动拉近梦想,做一个不费光阴的追梦人。大四的简历,不是用文字编写出来的,而是靠你们从大一到大四一点一滴的行动书写出来的。

人的一生平均只有 900 个月,画一张 30 乘以 30 的表格,一张 A4 纸就够了。如果每过一个月,就划掉一个方格,你会发现,痴迷自拍和崇尚广场舞的岁月,两者之间的距离是何其的短暂。从现在开始的每一天,都是你生命中最年轻的一天。虽说谁的青春不迷茫,但大学生迷茫的原因往往只有一个,那就是在本该拼命努力的年龄,想得太多,做得太少。人生征途中,没有最好的时机,现在开始行动便是最好的时机。所以,我认为,即使懂得很多大道理,但能不能过好此生的差别便在于是说了就做了还是说说就算了。

二是用自立开启征程,做一个不负青春的追梦人。高考成绩优异的你们,不是一块让大学老师随心所捏的橡皮泥。在大学,自己教育自己才是最重要的。小鸟站在树上,从来不担心树枝断裂,因为他们相信的不是树枝,而是自己的翅膀;智者面对未来,从来不担心前途未卜,因为他们依赖的不是师长,而是自己的本领。无数事实证明,靠山山会倒,靠河河会干。古人云:"富不学,富不长,穷不学,穷不尽。"希望大家从今天开始,在这个平等、自由的环境中,自强不息、超越自我,唯有如此,才可能像华为手机那样,代代经典、款款受捧。

三是用阅读沉淀生命,做一个不虚此行的追梦人。有位名人说,如果真有天堂,天堂应该就是图书馆的模样。理解了这句话,也就理解了为什么河南财经政法大学不是省内财力最雄厚的大学,却选择了在其他领域节衣缩食,硬要建成省内高校最大的图书馆。我们暂且不去求证钱钟书是否实现了"横扫清华大学图书馆"的豪言壮语,也暂且不去论证三毛所言"读书自然会改变容颜"是否属实,我只想转述梁漱溟老先生说过的一段话:人生必须处理好三种关系,第一是人与物的关系,第二是人与人的关系,第三是人与内心的关系。图书馆就是处理第三种关系的载体。在这里,做一个书虫,沉浸在睿智思想散发出的书香中,你会明白,要么读书,要么旅行,灵魂和身体总得有一个在路上;在这里,掩卷沉思,你会体味,人生最大享受,不是华宅美食,而是与高人相晤。

四是用包容砥砺人格,做一个不辱德行的追梦人。做人一辈子,人品为底子。一个人越来越成熟的标志是发现可以责备的人越来越少。来到大学,就是一次心灵的旅行。谁走进你的生命中,是由命运决定的;谁停留在你的生命中,却是由你自己决定的。一个人的旅途可以享受诗意,两个人的旅途能够分享情意,多个人的旅途方可修心正意。在你身边的,都是你的兄弟姐妹,你生命中最宝贵的青春年华,将与他们一起度过。如果以恕己之心恕人,以责人之心责己,相信你们一定可以在这里收获弥足珍贵的朋友情、同窗谊!

五是用孤独叩问成功,做一个不言放弃的追梦人。从"自古圣贤皆寂寞"到"要么庸俗,要么孤独",都在印证梦想的坚持注定与孤独相伴。其实人跟树一样,越是向往高处的阳光,越要把根伸向深深的地底。但凡大成就的人,往往都要经历一段没人支持、没人帮助的孤独时刻,而这段时光,恰恰是沉淀自我的关键阶段。请你相信,世界上只有回不去的,没有过不去的。终究有一天,你的孤独必将变成礼物,你受的苦终将照亮你前行的路。

六是用微笑绽放自我,做一个不惧艰辛的追梦人。"物有甘苦,尝之者识;道有夷险,履之者知"。未来的四年里,有晴空万里也会有愁云密布,有一马平川也会有崎岖泥泞,有柳暗花明也不乏辗转反侧。面对其中的酸甜苦辣,是用你的笑容改变它,还是让它来改变你的笑容,一念之差,人生打岔。无畏才是青春的标签,乐观应是大学的行囊。每天走路时,请多关注一下脚下的草、身边的花、枝上的叶,它们如此微小的生命尚且在美丽地绽放,而作为挤过千军万马脱颖而出的优秀的你,更要尽情地把自己最好的一面活给自己看!

怀揣着打造一流本科教育的大学梦想,生活在这所富有特色的美丽校园,吸吮着中原大地 5000 年沉淀的文化养分,聚合着近 3 万学子的磅礴之力,我和你们一样激情满怀,让我们一起为梦想共同迈出坚实的步伐!

学府与学术

雄关漫道真如铁*

学业的结束,意味着事业的开始。在英语里,毕业典礼叫"graduation ceremony",也叫作"commencement",后一词是从中古英语和中古法语演变来的,意思是"开始"。毕业是成就事业的开始,是新的挑战的开始,也是新目标的开始,更是新的水平、新的精神境界和人生价值的开始。在你们即将开始新征程的重要时刻,我真诚地希望同学们努力体会以下几点:

一、转换角色,适应社会。大学毕业生或工作,或攻读更高的学位,都应该算是开始了自己的职业生涯,适应社会自然便成为面临人生的第一个课题。走向社会你们会逐渐明白,社会不会再像老师那样,欣赏你的天真清纯,社会将不会迁就每一个年轻的新成员。社会要求你遵守规则,社会期待你辛勤劳动,社会希望你有所贡献。社会与自然一样奉行一条法则:适者生存。为了适应社会,希望年轻的大学毕业生们能够不断调整自己的专业方向和就业选择,让自己的才华和特长与社会的进步、经济的发展和谐地合上节拍。

二、确立目标,爱岗敬业。无论大家即将踏上怎样的人生道路,首先都需要树立远大的理想。青年人只有树立了崇高的理想,才能具有永不枯竭的奋斗之源,才能在埋头苦干的磨炼中,不断缩短理想与现实的差距。在工作中,自觉地把奋斗目标和脚踏实地的行动结合起来,把"虚"和"实"结合起来,干一行爱一行、爱一行精一行,用自己的青春和热情、智慧和知识谱写奉献祖国、服务社会的人生之歌。"创业维艰,奋斗以成"。希望大家诚恳

---

* 本文系作者2004年6月16日在毕业典礼上的致辞。

做人,勤恳做事,砺练心志,甘于在平凡的工作岗位上建功立业。

三、勤于学习,勇于实践。有学者认为,大学毕业生知识的半衰期已经缩短为五年。现在的世界,即使你念到硕士、博士,在大学里攻读了六七年、十来年,也不等于有了一劳永逸的保险。如果说高等教育在20世纪有过什么新的创造发明,那应该首推"继续教育、终身学习"的理念。只有坚持不断更新知识,充实自己,才有可能成为时代需要的精英人才。人的本领需要从书本中获取,更需要通过实践来增强,但凡获得成功的人,无不经历过社会实践的磨炼和艰难困苦的考验。因此,你们要真正成为祖国的有用之才,就必须自觉地向实践学习。实践出真知,实践是增长才干,乃至实现个人可持续发展的必由之路。

四、强健体魄,健全心理。身体对于事业和人本身的重要性无须赘言。人是社会的人,人在社会中生活要有健康的心理、正常的心态,而这些源自于理性和良知。你们应该懂得,人的一切,都是社会赠予的,奉献和服务,应该是每个大学毕业生的义务,应该成为你们真心的追求。潮起潮落,终归自然。社会经济发展有快慢,人生职业生涯多艰难,特别是在目前就业形势不容乐观的情况下,积极乐观的心态显得尤为重要。我们提倡成功不自满,失败不气馁。有道是,山重水复疑无路,柳暗花明又一村。

毕业在即,母校希望你们能以高尚的方式表达情感,以正确的心态面对毕业,以文明的形象影响社会。母校相信你们毕业后会像历届校友一样对母校怀有深厚的感情,经常为母校的建设和发展出力献策。同时,母校将永远是你们事业起飞的基石和坚强的后盾。我们期待早日听到你们事业成功的喜讯!也请你们相信,在包括你们在内的社会各界的关心和大力支持下,母校一定能够抓住机遇、深化改革,实现新一轮跨越式的发展。母校的明天将更美好!

风雨兼程　一路有你*

今天,我们在这里隆重集会,举行毕业典礼,送别2006届毕业生。同学们在财院学习期间,学校继往开来,走上了快速、健康、和谐发展的道路。你们恰逢其时,见证了母校这段不平凡的发展历程。在你们即将背上行囊,踏上新征程的时候,让我们再次回顾这段经历,重新品味这份喜悦:

四年期间,学校明确思路,确立了今后的奋斗目标。在对国内外教育发展状况和我校实际把握的基础上,学校制定了"内抓机制、外引资源、拓展空间、跨越发展"的工作思路,完成了"三大规划",确立了学校20世纪头20年的奋斗目标。学校正全力以赴为更名大学和争取博士学位授予权而努力奋斗!

四年期间,学校固本强基,奠定了坚实的发展基础。经过不懈努力,今天,学校本科专业达到了32个,拥有4个省级重点学科(河南省管理类重点学科全在我校),硕士点由三年前的6个发展到今天的32个,各类在校生达到了15 000多人,真正成为一所以经济、管理学科为主,经、管、文、法、理、工、艺等多学科协调发展的财经院校,成了高考学生心目中理想的大学。

四年期间,学校克服困难,拓展了广阔的办学空间。在大环境极为不利的条件下,学校各部门齐心协力、历尽艰辛,最终在郑东新区征地1 540亩,使我校的占地面积增加了四倍。现在,新校区已开工建设,相信不久的将来,一个布局合理、风格鲜明,兼科学化、现代化、人文化、生态化于一体的大学校园将呈现在大家眼前。

---

* 本文系作者2006年6月20日在毕业典礼上的致辞。

四年期间,学校搭建平台,开展了广泛的国际交流。我们先后与英国威尔士大学、德国波恩大学、美国密苏里州立大学、澳大利亚科廷科技大学、新西兰奥可兰商学院、爱尔兰考克大学、爱尔兰卡罗理工学院签订协议,在联合培养硕士生、本科生、专科生层面取得了实质性进展。近日,学校又与牛津大学、谢菲尔德大学、卡迪夫大学等英国多所著名学府达成了合作意向。我们欣慰地看到,学校正逐步朝着国际教育大舞台迈进。

　　过去四年,你们以自己的勤奋刻苦为今后的发展奠定了坚实基础,也为学校赢得了众多荣誉。我为你们感到无比骄傲和自豪!

　　肺腑之言,留待别时。在此,我谨提出几点希望,作为临别赠言。

　　一要转换角色,适应社会。大学毕业生或工作,或攻读更高的学位,都应该算是开始了自己的职业生涯。社会经济发展有快慢,人生职业生涯多艰难,特别是在目前就业形势不容乐观的情况下,积极乐观的心态显得尤为重要。走向社会你们会逐渐明白,社会不会再像老师那样,欣赏你的天真清纯,迁就你的幼稚。社会要求你遵守规则,期待你辛勤劳动,希望你有所贡献。希望你们能够不断调整自己的专业方向和就业选择,让自己的才华和特长与社会的进步、经济的发展和谐地合上节拍。

　　二要爱岗敬业,服务社会。离开母校,是你们把握自己,选择人生道路的关键转折点,也是你们大显身手、报效祖国、贡献社会的新起点。希望你们在新的人生征途中,诚恳做人,勤恳做事,干一行爱一行,爱一行精一行,将个人的奋斗与祖国和社会的需要紧密结合起来,用自己的青春和热情、智慧和知识为全面实现小康社会的奋斗目标,为中华民族的伟大复兴做出贡献。

　　三要坚持学习,不断进取。大学时期的学习和实践,为你们实现理想、成就事业奠定了基础。但是,离开学校,你们将面临一个全新的环境,迎接的将是各种机遇和挑战。因此,你们要顺应社会和时代的需要,牢固树立终身学习的观念,继续加强学习,不断接受新理念、开阔新眼界、增长新本领,使自己永远走在时代和社会发展的前列。

　　四要以德立身,以诚待人。厚德载物是中华民族的精神,也是我们人才培养的不懈追求。优良品德的养成对人的一生至关重要。希望大家在今后的学习生活中,诚信做人,诚恳待人,与同事团结协作,与友邻和谐相处,建立起良好的人际关系,为事业的成功积累一笔宝贵的财富。

　　毕业在即,母校愿做你们坚强的后盾和温馨的家园,无论你身在何方、身居何职,当你成功时,母校为你欢呼、与你分享,当你失落时,母校为你分忧、给你安慰！当然，学校在快速发展的征途上，离不开校友的关心与支持，相信你们毕业后会像历届校友一样，对母校怀有深厚的感情，经常为母校的建设和发展出力献策。母校的明天一定会更美好！

最后祝大家有一个美满的家庭，有一番成功的事业，有一个无悔的人生！

特殊时刻　特色记忆　特别感动*

过去的四年是学校发展史上最为关键也极为特殊的历史时期。你们恰逢其时,共同见证了财院的发展,共同分享了成功的喜悦,也共同品味了奋斗的艰辛。

四年期间,教职工生众志成城,夺取了本科教学工作水平评估的最佳成绩。自评建工作启动以来,全校上下全神贯注、全情投入、全力以赴,打了一场异常艰苦的全民战争。结果证明,我们的努力没有白费,我们的汗水没有白流,我们用最佳的竞技状态,赢取了本科教学工作水平评估的最佳成绩——优秀等次。事实也再次证明,财院人有能力办大事,有实力办成事,有毅力把我们的明天建设得更加美好!

四年期间,全校上下矢志不移,实现了新区的复工建设。由于不可控因素,新校区建设被迫中断,广大学子入住新校区的梦想也暂时搁浅。但是,我们争取早日复工建设的努力一刻也没有放弃。我们不等不靠,四处奔走,多方争取,终于在本月上旬得到全面复工的通知。当前,新校区建设已经开始完善设计、招标、施工等工作,预计在明年秋季新生可以入住。大家虽然没有机会在毕业前领略新校区的风光,但我们不妨在此做一个约定,在建校30周年的时候,我们相约在新校区共话师生谊、同叙校友情!

四年期间,全体师生抢抓机遇,创造了较快的发展速度。2006年,我校的硕士点由14个增加到32个;2008年,我校省级重点二级学科的数量由评审前的4个增加到25个,其中应用经济和工商管理两个一级学科成功获批

---

* 本文系作者2009年6月18日在毕业典礼上的致辞。

省级重点资助学科。这些成绩的取得将为我校更名大学和申报博士授权单位等工作奠定坚实的基础。

四年期间,广大学子厚德载物,展现了良好的精神风貌。5.12地震发生后,师生员工有序撤离到户外,当广播通知解除危险后,万名师生又顷刻进入教室上课,校园立即恢复了往日的平静。地震后第二天上午,我校迅速组织开展爱心募捐活动,此举不仅使我校成为河南第一家向灾区捐款的高校,更是吸引了教评专家参与其中。大家的表现也赢得了专家给予的"勤奋好学、不断进取,整个学校充满生机和活力"的赞誉。

需要特别指出的是,以上成绩是在硬件设施相对不足、客观条件暂不完备的情况下取得的。这些成绩的取得有赖于广大师生百折不挠、知难而进、勇于创造、善于创新,其所展现的我们财院人愈挫愈勇、愈战愈坚的坚强意志和顽强斗志,必将成为学校发展史上弥足珍贵的精神财富!

尤其值得一提的是,虽然学校在改善办学条件上殚精竭虑,但取得的成效与大家的期盼还存在一定的差距。我们通过校长信箱、网络贴吧等途径倾听到了大家要求改善学习环境的合理呼声,感受到了大家对学校快速发展的真实渴望。这声音与愿望已成为学校领导班子思发展、谋发展、议发展的最原始、最强大的动力。令我们感动的是,面对办学空间的狭小、办学资源的紧张甚至是某些条件的简陋,广大学子毫无怨言,对学校的困难给予充分理解与包容,以实际行动默默支持着学校的建设与发展。大家不仅是学校发展的见证者,更是学校发展的参与者、创造者,学校取得的每一项成绩都渗透着你们的热情和付出。作为校长,我为你们出色的表现感到无比骄傲和自豪!

此地一为别,相隔千万里。作为你们的师长,想对你们提几点希望,作为临别赠言。

第一,希望大家把爱国主义情怀作为个人奋斗的最高追求。事实证明,面对抗震救灾、奥运火炬传递、本科教学工作水平评估等难事、大事、急事,财院学子自觉担当、奋勇向前,表现出高度的责任意识、强烈的爱国热情和崇高的奉献精神,向社会展示了财院学子优秀的精神风貌。希望你们在新的人生征途中,继续发扬心系民族命运、心系国家发展、心系人民福祉的责任担当,诚恳做人,勤恳做事,干一行爱一行,爱一行精一行,将个人的奋斗与祖国和社会的需要紧密结合起来,以广阔的视野、豪迈的气魄、一流的业绩、良好的风貌,报效祖国,服务社会。

第二,希望大家把乐观心态作为适应社会的最新要求。从今天起,你们中的绝大多数人,依靠家庭供养、国家资助的大学生涯将告一段落,融入社会、自力更生的职业生涯将由此开始。社会不会迁就年轻的新成员,社会期望你的劳动与贡献。特别是在目前就业形势不容乐观的情况下,积极乐观的心态显得尤为重要。希望大家今后不管从事什么工作,不管遇到什么困难,都要把准人生坐标,做到以高尚的方式表达情感,以乐观的心态面对就业,以文明的形象影响社会,以完美的人格建功立业!

第三,希望大家把坚持终身学习作为人生进步的最好阶梯。大学教给你们的不仅仅是科学知识,更重要的是获取更多知识的思维方式。四年的大学生涯已经结束,课有终结,但学无止境,尤其是在科学技术迅猛发展、知识创新不断加快的今天。离开学校,你们将面临一个全新的生存环境、多元的发展空间,希望同学们能够牢固树立终身学习的观念,把学习作为一生的追求,在时代发展和社会实践中始终以一种虚心的态度、一种求知的热情,自强不息,努力学习,不断接受新理念、开阔新眼界、增长新本领,努力谱写光辉灿烂的人生篇章!

第四,希望大家把珍惜财院声誉作为回报母校的最佳选择。希望同学们今后倍加珍惜自己的信誉,倍加珍惜母校的声誉,踏实工作,端正做人,为河南财经学院增添新的光彩和魅力。母校在向着更高的发展目标迈进的征途上,离不开社会各界,特别是校友们的关心、支持和帮助。我相信你们毕业后会像历届校友一样,对母校怀有深厚的感情,经常为母校的建设和发展出力献策。当然,也请你们相信,在包括你们在内的社会各界的关心和大力支持下,母校一定能够抓住机遇、锐意进取,实现新一轮的快速发展。母校的明天一定会更美好!

梦想　操守　责任[*]

现在是公元 2011 年、黄帝纪元 4709 年 6 月 16 日早晨 7 点,我们迎着初升的朝阳,以最隆重的场面、最热烈的方式为 2011 届毕业生举行毕业典礼。作为校长和老师,我荣幸地见证了你们化羽成蝶、羽翼渐丰的成长历程,也十分高兴地为你们鸿鹄飞四海、雄鹰搏长空的追梦之路饯行!在这个感谢师恩亲恩、感念友情爱情、感怀青春岁月的时刻,我提议,全体毕业生用最热烈的掌声,向辛勤培育你们的老师们致以崇高的敬意!此刻,我们更不能忘记,你们的父母和亲友们一直是你们成长发展中的牵挂者、支持者、期盼者,大家应该把心底的挚爱传递给他们!

这些日子,穿戴学士服的你们成为校园里最美丽的风景,校园的一草一木,一楼一宇,回荡着你们的欢笑,珍藏着你们的不舍。大家顶烈日、冒酷暑,三五成群,走走停停,依依不舍,恨不得把每一位师长、好友、同窗乃至校园中的一枝一叶都拍入画面。在离开母校的日子里,你们可以触摸的也许就是这些曾经的影像。你们无法带走在母校的风风雨雨,但母校却留下了你们的点点滴滴!

几年前,同学们怀着对大学美好生活的憧憬和对科学知识的渴求,在这里度过了你们人生成长过程中最为灿烂的流金岁月。你们是被称为 80 后的一代,你们大多数人出生自 88、89 年,所以甚至可以称得上准 90 后。伴随年轻和阳光,几年来,你们见证了 2008 年奥运、60 年国庆,感受到祖国的崛起、民族的强盛;经历了地震无情与甲流肆虐,付出了爱心、经受了煎熬。

---

[*] 本文系作者 2011 年 6 月 16 日在毕业典礼上的致辞。

你们骄傲着祖国的骄傲、悲伤着民族的悲伤。你们自觉把个人幸福与社会进步和祖国富强联系在一起,特别是你们在国家危难时刻虔诚而坚定的表现,令我坚信你们已经做到了青春无悔。作为校长,我为你们的出色表现感到无比自豪!

在校期间,你们还直接参与了学校的建设,亲身见证了学校发展的历史。短短的四年,学校在教学评估、新区建设、更名大学上攻难克坚,完成了同类院校十年甚至是几十年才能完成的跨越。这些可圈可点的硕果中凝聚着你们的青春汗水,那些可歌可泣的征途上积淀着你们拼搏进取的印记。在此,我代表学校感谢你们为学校发展做出的卓越贡献!

大学生活是历久弥新、常忆常新的。若干年后,你们或许会忆起荥阳校区的杨柳依依,文南校区茂密的梧桐树,文北校区共青湖畔的波光粼粼,图书馆旁的书声朗朗和绿茵场上的凉风习习。这些难以忘却的怀念成就了一届又一届学子刻骨铭心的集体记忆。当然,许多苦辣酸甜的校园经历同样会让你难以释怀。或许你们为抢占座位发生了一些不愉快,或许冬天的寝室并不能让你们感到十分温暖,或许食堂的饭菜并不能让你们满意,或许新校区不完善的公共服务给你们带来了种种不便……我相信若干年后,当你们以校友身份再看待这些不足时,一定会泯然一笑、不以为然。普希金说过,"一切都是瞬间,一切都会过去,而那过去了的都会成为美好的回忆"。这就是为什么有人说"母校就是那个你一天骂他八遍却不许别人骂的地方",还有人说"母校就是那个左看右看都不顺眼,但还要回来看的地方"。请大家相信,有你们的鞭策和推动,母校的明天将会更美好!

今天是一个收获的时刻,也是一个出征的起点。四年的青春岁月,已经永远铭刻在记忆深处,而今你们已经告别稚嫩,即将展翅高飞。作为一个师长,在此只想以六个字为大家饯行——"梦想、操守、责任"。如果需要在前面再加两个字,那便是"坚守"。

要坚守年轻时代的梦想。离开母校,你们就是散落在祖国各个角落的一粒沙、一滴水。无论何时,无论何地,希望永远不要放弃你们的理想、激情和期冀,这是照亮人生成功之路的一盏明灯。梦想能够让我们放弃一时的摇旗呐喊,抛却暂时的愤世嫉俗,梦想能够支撑你与国家同命运、与社会同进步、与人民同甘苦。

要坚守知识分子的操守。大学有大学的精神操守,社会有社会的风俗习气。当一种风气开始侵蚀社会的肌体,当一种流俗逐渐遮蔽了人们的希望和梦想,我希望你们永远记得大学对你们情操的熏陶。你们在适应社会的同时，不能放弃本应执着的追求和耿介不阿的操守，永远坚持诚信、刚毅！否则，在社会的发展中，创新将离我们渐行渐远，公平也将离我们渐行渐远，文明也终将离我们渐行渐远。

要坚守社会精英的责任。坚守梦想，就意味着责任和担当。"人生于天地之间，各有责任。知责任者，大丈夫之始也。行责任者，大丈夫之终也"。人生于世，每个人都承担着一份责任，不论对家庭，还是对国家、对社会。牢记责任，能让我们在困难时选择执着，在成功时保持冷静，在绝望时不言放弃。

此地一为别，相隔千万里。"深夜买醉"发酵着分别的不舍，"相拥一泣"燃烧着青春的激情，"毕业留念"安放着年轻的倩影，"跳蚤市场"因袭着节约的风尚，凡此种种，无不流露出大家对大学生活以及老师和同学的眷恋与不舍。离开学校，变换的只是从学生到校友的称谓，但永恒不变的是师生情谊！无论你们走到哪里，都会把老师的牵挂带到那里，把母校的力量和精神传递到那里！请你们牢记，无论你身在何方，无论你身居何职，当你成功时，请你告诉我们，母校会为你欢呼、与你分享，当你失落时，请你告诉我们，母校会为你分忧、为你祝福。母校将是你们人生旅途中永远的港湾、坚强的后盾、温暖的家园！

浓浓离别意　莘莘学子情[*]

初夏的六月,又是一年毕业的时节。这一段时间,我看见校园里穿戴学士服的毕业生们手里拿着相机,在校园里到处合影留念,想把学校每一个场景、老师和同学的每一张笑脸都定格为永恒的影像记忆。母校,是值得我们永远记忆的地方。在这里,我们收获了知识、完成了学业;我们结交了挚友、开阔了眼界;我们参与了丰富多样的校园活动,收获了交流的喜悦。而最重要的是,在这里我们度过了最好的青春年华,在这里记录了我们点点滴滴、成长的痕迹。而所有这些,汇聚成了你们今天复杂的心情,有一点点自豪喜悦,有一点点激动兴奋,有一点点留恋不舍,有一点点伤感失落,这就是离开母校的心情。

你们是学校发展的"见证者",是学校新校区建设的直接"参与者"和"拓荒者"。短短的四年,河南财经政法大学完成了新校区建设和搬迁、更名大学等重大战略目标,完成了同类院校十年甚至是几十年才能完成的跨越。而这些活动中到处都有你们的身影。我清晰地记得,你们主动请缨到新校园里植树、美化自己的母校;我还记得,在学校揭牌庆典、第十届中国经济学年会、校友代表大会等学校重大活动中,很多同学作为志愿者到现场服务。还有很多场景都历历在目,母校的点点滴滴的成长和进步与你们都密不可分,你们以出色的表现展示了河南财经政法大学学子的风采。在此,我代表学校感谢你们,谢谢你们为学校发展做出的卓越贡献!

今天,作为你们的师长,想对你们提几点希望,作为临别赠言。

---

[*] 本文系作者2012年6月19日在毕业典礼上的致辞。

一是希望你们修炼品行,尤其注重诚信、坚毅和创新精神的培养。有人说过,"人与人之间最小的差距是差距,而最大的差距是坚持"。坚毅对于成功远比聪明更重要。很多中等智力的人,由于执着、坚毅,获得很大成功。但自认为聪明的人,不去执着、坚毅,却一生平平。河南籍作家刘震云曾说:"世界上有一条大河特别波涛汹涌,淹死了许多人,叫聪明。许多人没有在愚蠢的河流里淹死,都是在聪明的河流里淹死。真正的聪明是愚公移山。世界上不存在大智慧,就像世界上本不存在才华这个词。重复的事情不停地做,你就是专家,做重复的事特别专注,你就是大家。"

二是希望你们放宽视野,把握全局,努力把握好人生的发展方向。人的一生中有无数次的取舍选择,为了大方向的进取要勇于排除其他干扰,舍弃其他的诱惑,要考虑长远,考虑全局,为了长远的理想,为了全局的利益,要敢于牺牲局部的利益。你们一定要学会取舍、学会选择,要学会看长远、看整体。从时间上讲,既要看过去,从而吸取经验教训,又要看未来,确定长远方向。从空间上讲,既要看到我们学校的发展和个人的进步,也要看到河南的发展、中国的发展和个人的未来使命。很多事情在短期内看可能会吃亏,可能会付出与收获不成正比,但立足长远、持之以恒,必然会得到社会的回报,得到大家的认可,必然会有可喜的收获。

三是希望你们多观察、善思考,快速适应社会,努力提升处世为人的能力。社会的复杂和快速发展要求我们必须有全面的素质,你们不仅要以专业的知识参与社会实践,更要学会处理身边各种各样的事情,要学会得心应手地与各种各样的人和事打交道。社会是由各种各样的人组成的,要多观察、善思考,充分理解各类人的特点,逐步锻炼与各种不同的人相处的能力。人的一生曲曲折折,有高峰有低谷,遇到高峰时不要自傲,身处低谷时不要气馁。从长远来看,有些低谷在人生的万里征途中只是一步小坎,不愉快的经历只要走过去,只能成为万千经历中小小的一瞬。

四是希望大家坚持终身学习,紧跟时代步伐,勇于迎接时代挑战。"吾生也有涯,而知也无涯","路漫漫其修远兮,吾将上下而求索"。学业的完成并不意味着学习的终结,相反,你们将走进社会的大课堂。大学教给你们的不仅仅是科学知识,更重要的是获取更多知识的思维方式。希望同学们能够牢固树立终身学习的理念,把学习作为一生的追求,始终以一种虚心的态度、一种求知的热情,自强不息,不断接受新理念、开阔新眼界、增长新本领,努力谱写光辉灿烂的人生篇章!

凡你在处　便是母校*

公元 2013 年 6 月 18 日,在历史的长河中只是普通的一天,而对于在座的 6 000 多位同学来讲,意义非凡。特别是作为最后一届录取通知书和毕业证书上印章不同的学生,今天就更加特别。第一,今天预示着制度性学习的终结,从明天开始你们将以另一种形式进行学习。第二,毕业典礼是你们在校的最后一刻,今后你们的身份转变成了校友。

曾经学过的"时光荏苒""斗转星移",今天读来会别有一番滋味。四年前开学典礼的场景犹在眼前,而毕业典礼却如期而至。四年前,我们告别家乡,相约在这将古长城的厚重与酒红色的欢快相融合的一号校区。也许理想与现实的落差曾一度左右着我们的情绪,也许至今尚有人抱怨学校不够阔气,老师不够名气,就是专业也不够牛气。不可否认,最初的不满也是进步的阶梯,激人思变、催人进取。然而一味地不满,则容易使人颓废。不满中,有人满足于"起床刷微博,睡前聊微信,上课看'人人',路上淘商城",让时光匆匆在指尖上流逝。其实,世界上每一所高校,不管她是位于万众瞩目的政治中心,还是空气清新的荒郊牧野,不管他是如雷贯耳,还是鲜为人知,在人才培养的功能上都是一致的。当理智而平静地展开一所高校的发展史,你会发现,每一所高校都有她放射出的光芒,每一校学子都有里程碑式的耸立。而你们的母校和在座的你,同样如此。所以你们的母校也拥有面对 10 万元巨款不为所动的无名英雄,你们的母校也培育着带奶奶求学的大孝至爱,你们的母校也在某些研究方向与世界知名大学并肩而立! 最近在

---

* 本文系作者 2013 年 6 月 18 日在毕业典礼上的致辞。

网上热转的"某大毁一生,某大穷三代,要是报财大,必成高富帅"的帖子,虽然不乏自我调侃,但也从某个侧面告诉我们,只要明白"志在云中走,脚在泥中行"的道理,你所就读的河南财经政法大学就是你的清华、你的北大,甚至可以说是你的剑桥、你的哈佛!

这是一个最困难的就业季,因而也注定成就了一个最温情的毕业季。互赠寄语时的真挚祝福,集体合影时的甜美笑容,散伙宴会上的难以割舍,坐在宿舍里的沉默无语,"甩卖旧物"时的复杂心情,无不流露出大家对这片熟悉热土的无比眷恋。这种眷恋让我深受感染、深深感动。也正是这时,才能真正读懂普希金的诗句,"一切都是瞬间,一切都会过去,而那过去了的都会成为美好的回忆"。

在这美好的回忆中,难以忘却你们与祖国同进步、共成长。这几年,你们见证了60年国庆、上海世博会,目睹了嫦娥飞天、蛟龙潜海,经历了地震无情与甲流肆虐,付出了爱心、经受了煎熬。你们骄傲着祖国的骄傲、悲伤着民族的悲伤。你们在国家危难时刻虔诚而坚定的表现,让我们感到无比自豪!

在这美好的回忆中,难以忘却你们对母校的真感情、大付出。为了美丽的校园,你们默默无闻地开展志愿者活动;面对尚不完善的公共服务你们毫不犹豫地选择了理解和包容;为了揭牌庆典、学术年会等重大活动,你们严守纪律、默默奉献、意气风发、激情满怀,所表现出的学子风范让校友和嘉宾为之赞叹……在此,我要代表学校向你们道一声谢谢:母校的今天,感谢有你!

我们一定记得,"您幸福吗?"这著名的央视一问曾经在国人心中掀起的波澜。小时候,幸福是一种东西,拥有就幸福;长大后,幸福是一种目标,达到就幸福;成熟后,发现幸福是一种心态,领悟就是幸福。在大家即将离开母校的时候,作为你们的师长,也想给大家分享三点领悟,也算是希望。

一是要守信仰。哈佛大学有两扇门,右扇上写着"为了真理而来",左侧也有一行字"为了祖国而去",为什么来,为什么走,哈佛的两扇门给了我们答案。今天有的同学穿上了袍服,可有人知道袍服的意义?在西方只有三类人可以穿袍服,第一类是牧师和神职人员,他们的袍子底下有信仰;第二类是医生和教师,预示着真理在他们身上;第三类是法官,体现着公平和正义。同学们今天穿上袍服,就要向往三者合一,即坚守信仰、怀揣真理、追求正义。

二是要立大德。中国商界有句名言,叫作"小胜靠智,大胜凭德"。大学不仅建造大楼、成就大师,更传承人类的大德与大爱。大学的文明积累往往沉潜在一代代学子的血脉中,并成为其坚守的精神高地。所以,希望你们无论身处何种岗位,都要少一些功利心,多一份责任感;放下小聪明,走向大智慧,把母校的厚德与大爱播撒向社会,这才是你们离开母校应该带走的东西。

三是要扩胸怀。雨果说,比天空更宽阔的是人的胸怀。胸怀的宽度决定了事业的高度。胸怀博大,源于一颗宽容之心。宽容是一种高贵的品质、精神的成熟、心灵的丰盈。有容事之量,方有成事之机;有容才之量,方能广纳贤才。常言道:"处世让一步为高,退步即是进步;待人宽一分是福,利人实是利己。"

此地一为别,相隔千万里。请记住已深深烙上你们青春足印的这片土地,请记住这个只准自己指指点点却不许别人指手画脚的地方。既然此生深深地烙上了母校印,就希望你们时常关注她的变化,也欢迎你们带着自己惊人的变化,常回家看看。

最后请记得一句话:凡你在处,便是母校,无论你走到哪里。

聚是太阳　散是繁星*

十分荣幸参加今天的毕业典礼。这是你们一生中无可取代、并承载诸多重托的典礼,它不仅是回忆、是告别、更是新征途的出发。

人生本是一场说走就走的旅行,朋友走着走着就散了;青春本有一场难舍难分的告别,同学笑着笑着就哭了。在我看来:

——告别是另一种形式的铭记。作为以河南财经政法大学招生的首届毕业生,你们既享有着"先驱者"的荣耀,又肩负着"开拓者"的艰辛。几年来,你们以青春的坦率深爱着母校。我知道,正是出于热爱,让你们有愤懑、有纠结,有焦虑。餐厅饭菜的质量、自习教室的拥挤、选课系统的繁忙,这些老生常谈却常谈常新的吐槽,在今天,将连同那些爱过、恨过的一切,被一同装进你们远走高飞的行囊。你们即将告别在工地中一脚一脚踩出来的捷径,告别一直在努力提高饭菜质量的食堂,告别时时抬头仰望却还未能投入使用的图书馆,告别载着你们在风雨中穿梭的西门口的红色蹦蹦车。这部属于你们的、绝无仅有的《致青春》,不仅在湿润你们的大学回忆,也在滋养着母校的精神家园!作为校长,我为你们几年来无声的付出、默默地承担感到无比的骄傲和自豪!

——告别是另一种方式的成长。大学期间,你可能不觉得受到过学校的呵护、甚至宠爱,离开母校,你才会感到母校的山高水长。少数同学突然发现要面对"成人"的恐惧。新的征程即将开启,自己似乎还未站稳,懵懵懂懂就被推了出去。睡懒觉时候的香甜,玩游戏时候的刺激,翘课时候的自

---

* 本文系作者2014年6月18日在毕业典礼上的致辞。

在,挂科时候的无奈被一一定格在脑海里。可人生总得继续。走向社会,就不要再像大学上课时那样总挑后排的座位,而要勇敢地站到前排,这样才会离成功更近;也不要像在校园里那样一味地低着头走路,而要经常地抬头远望,这样未来的道路才会更加清晰。从这个意义上讲,告别也是一种积极的被成长!

——告别是另一种高度的相约。每一种积极的告别都是为了更高层次的相遇。我相信,因为青春的告别,你们一定拥抱过、沉默过、酒醉过。而能够抚慰这种伤感情愫的是十年、二十年、三十年后再见的相约。我期望着,河南财经政法大学这八个大字因你们走向社会后的坚忍不拔、锲而不舍而熠熠生辉!母校期待着多年后在校友投资建成的教学楼里与你们相聚,倾听你们自强不息的回响,畅谈你们坚守良知的故事,分享你们温暖社会的义举!

告别是为了更好的出发。人生就是一段旅行,一路艰辛、一路风景,必须且行且珍惜。几个月来我一直在想,毕业典礼上给你们传递一些什么信息?回想我毕业后的工作经历,今天我以师长的名义,送你们六点希望,伴你们远行。

一是用感恩之心回馈祖国。我们的祖国用 30 年的时间完成了西方国家用了近 200 年才走过的路程。我们在享受发展成果的同时也在用 30 年的长度咀嚼着西方 200 年才消解的痛楚。这个国家也和曾经的我们一样,经历着少年维特成长的烦恼。所以爱她就要给她时间。再过 35 年,这个你们眼含热泪爱的深沉的新中国就迎来了百岁华诞。这是实现中华民族伟大复兴中国梦的时间节点,这也恰恰是你们走出校门、干事创业、实现价值的 35 年。使命何其光荣,责任何其重大!作为 37 年前的 77 级大学生,我很羡慕你们,羡慕你们在这个好时代中拥有的无限可能和机会。实现中国梦,靠我们也靠你们,但归根结底是靠你们。"要赶上时代,这是国家改革要达到的目的",要无愧时代,这是同学们前行的方向。所以未来中国会怎样,就看你们的了!

二是用梦想之光照亮人生。荷马史诗《奥德赛》中有一句话,"没有比漫无目的地徘徊更令人无法忍受了"。毕业后 5 年里的迷茫,会造成 10 年后的恐慌、20 年后的挣扎,甚至一辈子的平庸。而梦想则是引领人生奋斗的灯塔,坚持梦想才能系好人生第一枚扣子。也许离开校园后,你想要报效祖国,却发现用武无地;你想要执子之手,却发现房车还是浮云;你想要孝敬父母,却只能"月光"啃老……此时请沉静下来,想一想普京的办公室里这样一句话:"即使身陷沟渠,也要仰望星云"。梦想就是一种让你感到坚持就是幸福的东西。而坚持的内涵就是在忍不下去的时候再忍一下下。很多梦想的实现正是靠着这咬牙的一下下。

三是用刚毅之志超越自我。其实,人生恰是与自己的一场较量,正如海明威所说,优于别人,并不高贵,真正的高贵是优于过去的自己。我们无法左右太阳几点升起,但我们可以决定自己几点起床。在每一个充满希望的清晨,告诉自己,超越昨天的自己就能在明天遇见更好的自己。继续努力吧,请相信,明天的你一定会感激现在拼搏的你!

四是用宽容之怀接纳世界。"夫子之道,忠恕而已"。人能走多远,靠的不是双腿而是胸怀,你装得下世界,世界才会拥抱你。《百年孤独》的作者马尔克斯也说,如果我有一颗心,我会将仇恨写在冰上,然后期待太阳的升起。包容既不是懦弱也不是忍让,而是察人之难、补人之短、谅人之过,而不是鄙人之能、讽人之缺、责人之误。也许当你真正读懂了人艰不拆,也就深刻理解了包容,也就会在现实世界中,多给人关注,多帮人点赞!

五是用乐观之声回应生活。在学校里抱怨一点,吵闹一些,学校会宽容你,不会苛求你为自己的行为负责。但是,走出校门,社会不会在乎你的抱怨,不会同情你的处境,不会在意你的感受。或许将来有一天,你穿梭在水泥森林里晕头转向,拥堵在雾霾尾气里怒不可遏,奔波在客户需求间不能自拔,周旋在人情世故中进退两难……可是,同学们,不要抱怨、不用牢骚。因为,在某种程度上,总是挂在嘴上的人生,就是你的人生。当你总说:好累、好忙、好烦、好苦,这些话将会把你催眠,这些语言将会成为你的人生。所以我们要用乐观的心态,看好的、想好的、讲好的、做好的,这样我们的人生才更美好!

六是用责任之举温暖家庭。责任感左右着人生的命运,影响着生命的格局。责任有多种,今天,我想谈一下家庭责任。再好的生活,若没人一起陪伴,也会有种莫名的凄凉。再坏的处境,若有人陪伴,也会有莫名的感动。你们读大学期间,王菲选择独唱《因为爱情》,中国没有了好"文章",中国式的好女婿却以另类的身份引起司法争议。这些男默女泪的事件再次让家庭责任引发关注。多一份家庭责任,就可以让父母少一份操劳,让爱人多一份甜蜜,让子女多一分温暖。我深信,从家庭的视角看,河南财经政法大学只培养了两种人:年轻时陪男人过苦日子的女人,富裕时陪女人过好日子的男人。你们走出校园,就是要做这样的女人和男人!

不管你的目的地在何方,你的出发地在这里。今天我把演讲的题目定为"聚是太阳,散是繁星",是因为我相信,我们的学生无论走到哪里,都会散发光芒！母校不奢望你们达官显贵、装点校门,但求你能以点滴爱心温暖社会、感动中国！

青春不止　不止青春*

毕业典礼标志着一段大学生活的结束。看着你们青春、阳光的脸庞，回想你们大学阶段的点点滴滴，目睹你们一天天成长、一月月成熟、一年年成才，让我对大学青春有了新的感悟和认识：

青春是一场盛大的遇见。一周前，高考落下帷幕，万千学子开始了与心仪大学的"相亲"之旅。你们也曾一样，与九百多万考生一道，在两千多所大学中举棋不定。我时常会想，这是怎样的概率，这是怎样的奇遇，不早也不晚，不偏也不倚，让学校在最朝气的时刻遇见最青春的你。因为这遇见，你们将"选择你爱的，爱你选择的"作为自己的青春信仰；因为这遇见，学校也将"给你最好的，最好的给你"作为自己的发展理想。我想，没有这遇见，哪来今天的"相见时难别亦难"；没有这遇见，哪来此刻的"一番滋味在心头"。

青春是一幅奔跑的画卷。这四年，"晒"被异化，"微"被魔化，"约"被丑化；各式土豪灼人双目，各类奇葩层出不穷，各种"去哪儿"风靡一时。这期间，奔跑吧兄弟，也跑进了大学生的青春。有的人跑着去刷屏、跑着去聚餐、跑着去拍拖、跑着去追剧，跑着跑着，就把时间跑丢了。而在龙子湖畔的这个校园内，奔跑的却是军训场上的刚毅脸庞、专业竞赛的过关斩将、送月迎霞的书声琅琅、面对弱势的慷慨解囊。你们不随波逐流，亦未人云亦云，在热闹纷繁的世界里以自己特有的定力逆袭成长，这怎能让我不为你们欢呼鼓掌！

---

* 本文系作者 2015 年 6 月 16 日在毕业典礼上的致辞。

青春是一段流逝的纪念。没有青春亏待的我们,只有我们辜负的青春。青春恰似孩子手中的铅笔,看起来很长,可是不知不觉就嫌短了,而且剩下的最后一段也捏不住了。入校前,我们曾对自己许诺,上大学要成就一段学业、读懂一套经典、结伴一次远行、认真一场恋爱,可这些铿锵的誓言仿佛还挂在嘴边,双脚就已经踩到了青春的尾巴。如果大家翻看军训时的照片会发现,头发一长一短、一直一卷,四年就过去了。但时光只会老去,从不会欺骗我们。看着你们的脸庞,想着你们的表现,我笃信,那些偷偷溜走的时光,未必能拉低我们的颜值,却一定会丰盈我们的理想。

青春是一曲包容的礼赞。迈出国门,方知祖国;走出校门,始称母校。我相信,母校之于学子,离开之前,不会顺眼,失去之前,不会顺心。当宿舍的水压问题彻底解决了,你们却要移居他乡了;最大的自助餐厅要运行了,你们却该换口味了;图书馆要投入使用了,你们却要轻装远行了;龙子湖要拆墙透绿了,你们却要欣赏异处风景了……这诸多缺憾和歉意的背后映衬的正是你们与年龄不太相仿的包容,这包容让母校为你们感到无比的自豪与荣耀!如果有时间,请再轧一次学校的环道,它没有星光熠熠的红毯,但它丈量的却是青春的脚步;如果有时间,再去尝一次西门口的鸡蛋灌饼,它代表不了舌尖上的母校,但它浇灌的却是怀旧的味道;如果有时间,再去挤一次43路公交,它不是城市交通的缩影,但它摇晃的却是路途的漫长。

毕业典礼是你们在校期间的最后集结,也是你们大学的最后课堂。还记得四年前的高考作文主题吗:《中国崛起的特点》。那时候你们奋笔书写她的特点,而从今天开始,你们将影响甚至改写她的特点。为此:

让我们共同仰望一下伟大的祖国。"谁不属于自己的祖国,那么他也就不属于人类",对祖国的忠诚和热爱,是中华民族最深沉的文化基因。认真想一想,祖国真不容易。国力要和美国比,福利要和北欧比,生态要和瑞士比,制造要和德国比。这正如同让你到中国好声音比歌喉,到最强大脑比记忆,与都敏俊比粉丝,与王思聪拼老爹一样苛刻。今天的中国,就像一个虽饱受磨难但不屈不挠的农村少年孙少平,正在通过自己的坚忍不拔,努力地在平凡的世界里留下不平凡的印记。我们看到,中国在进步,她誓言要把过去两个世纪输掉的繁荣和尊严赢回来。当你坐着指责这个国家的时候,请思考,是谁给你创造了一个如此和平而宽松的环境。河南财经政法大学不会培养既要祖国扛枪、又让祖国躺枪的学生;也不会出现端起碗来吃肉、放下筷子骂娘的校友。

让我们共同拥抱一次敬畏的自然。沙尘暴、北京咳,让这个经济发展赢得尊重的国度承受着环境恶化带来的尴尬。如今的中国正攀爬在陡峭的库兹涅茨曲线上。也正是此刻,没有人比我们更能读懂"同呼吸、共命运"的内涵。美丽中国是孕育在每个人的努力之中的。今后,无论大家走上什么岗位,都要明白,钱可以是自己的,但资源是大家的。我们没有权利只知消费,不知克制;没有权利只知抱怨,不知担当。河南财经政法大学的学子要为社会的繁荣和正义担当重任,更要在社会繁荣中关注自然的权力,关注自然的正义!我们不要连新鲜空气都成为奢侈品的"金山银山",我们呼唤比"金山银山"更重要的"绿水青山"!

让我们共同亲近一回熟悉的父母。在这四年,你们大多数人的父母开始年过半百。也是在这四年,常回家看看被写进法律。依然记得一个家长发给我们同学的短信:"我从来没有关注过郑州这个城市,但现在我关心一切跟郑州有关的东西。我知道了地铁终点站距离学校还有一公里,我知道了166公交车要围着龙子湖兜一大圈,我甚至知道了郑州合记烩面和萧记烩面的差别,这一切都是因为你在那里。"在最难的就业季,也许体面的工作还很遥远,尊严地生活还是空谈,甚至连屈就也是一厢情愿。可是你的父母,无论是虎妈还是猫爸,不管你是否学有所成还是一无所获,不管是否有老板雇你上班,他们都继续雇你做自己的孩子。正如老舍所言,只要有母亲在,我们身上总是有孩子气的。面对已经走入下半生的父母,这一刻你心动了吗?心动之后会有行动吗?

让我们共同定义一下常谈的成功。这辈子,我们最大的野心不过是想成为更好的人,有更好的人生,得到更多的爱。黑夜和黎明之间相隔的只是一张柔软的床,然而,黑暗和光明之间相隔的却是一个拼命的"闯"。你可以不登山,但心中要有一座山,这样你不仅一直在往高处爬,而且抬起头,总看到希望。奋斗就是这样,一天比一天难,但是一年比一年容易。今天,我还想说,衡量成功的关键不在财富、不在权力,而在家庭。伸手只需一下子,而牵手却要一辈子。人生真正的美丽,不是《非诚勿扰》中的一见钟情、相见恨晚,而是在磕磕绊绊、哭哭笑笑之后依然笃定今生的《非你莫属》。

让我们共同弘扬一次身边的友善。没有比人品更高的学历,没有比友善更广的天空。过去的四年,也许同学间有恩恩怨怨、室友间有是是非非,但爱过、恨过,都是经过,好事、坏事,已成故事。把过去抱得太紧,就腾不出手来拥抱现在。如果有可能,去给宿管阿姨道个别,毕竟这四年看着你早出、等着你晚归的不是父母也不是校长,而是默默无闻的她们;如果有可能,给同舍的室友一个深情拥抱,毕竟这辈子再也不会有同处一室、卧谈四年的铿锵六人行了;如果有可能,给朝夕相处的辅导员狠狠点个赞,毕竟半夜最害怕手机响的是这群不比你们大多少的最可爱的年轻人。如果是道别,就深情一点;如果是拥抱,就用力一点;如果是点赞,就诚挚一点。毕竟,这一别,没有人可以告诉你下一次是何年何月,也许一转身就是一生,一回眸就是一世。

四个月前的春晚,木心的一曲《从前慢》被刘欢唱进了很多人的内心。然而,以后的日子,没有最快,只有更快。在继续奔跑的道路上,唯有爱与青春不可辜负,唯有好与平安值得希冀。在你们整装待发的时刻,我们所熟知的祭城路更名为平安大道,也借此美好寓意,祝愿你们一生平安!

涓泉汇就潭水澈　根深滋养枝叶荣[*]

在这美好的季节里,我们迎来了期盼已久的河南财经政法大学第一次校友代表大会。在此,我代表母校对校友代表大会的召开表示热烈的祝贺!对前来参会的校友们表示热烈的欢迎和衷心的感谢!感谢你们重返母校的不辞劳苦,感谢你们支持母校的深厚情结!

"大学之大在于大师之大",大学之大还在于学生之大。河南财经政法大学的十余万毕业生在各自岗位上的杰出表现,大大提升了母校的知名度。今天与会的各位是历届校友的优秀代表。你们在校期间孜孜以求的学习热情,踏入社会后奋发有为的精神面貌和为人称道的辉煌业绩,已经成为母校宝贵的财富。学校将进一步向在校师生宣传你们的先进事迹,介绍你们的奋斗历程,宣扬你们的辉煌业绩,以此激励大家见贤思齐、不辱使命、续写辉煌!

为建立双向互动的长效机制,更好地服务广大校友和学校的共同发展,成立河南财经政法大学校友会已经成为广大校友和学校的共同心愿。大学组建以后,学校设立了校友会办公室,并积极筹备校友代表大会,谋划了其他相关的工作。在本次校友代表大会召开之时,我非常荣幸受大家信任,被推举为首任校友会会长。这是我非常重要的一个职务。我将按照校友会章程和大家一起努力,力争把校友会建成一个母校与校友沟通互动的交流平台,一个广大校友参与、支持母校建设发展的协调平台,一个母校支持校友发展的助推平台,使母校与校友在感情和事业上联系更紧密、互动更有力,

---

[*] 本文系作者 2011 年 5 月 22 日在更名后的学校第一次校友代表大会上的讲话。

实现校友与母校的共同发展。

作为我们共同的母校,河南财经政法大学现有在校生2.5万人,有44个本科专业、4个国家级特色专业建设点和54个二级学科硕士学位授权点,有5个省级重点建设一级学科和25个省级重点建设二级学科。学校成立一年来,在社会各界尤其是广大校友的大力支持下,展现出了良好的发展态势。一是隆重举办大学揭牌庆典。去年11月21日,我们在河南省人民会堂举办了盛大的河南财经政法大学揭牌庆典,省四大班子领导和省级机关、中外高等学校代表近400人出席了庆典活动,在河南乃至全国教育界产生了重要的影响。二是圆满承办了两个全国性的高层次学术会议。去年11月份我们分别承办了中国信息经济学会第十五届学术年会和第十届中国经济学年会,吴敬琏、海闻、汪同三、盛洪等700多位专家参加会议,扩大了我校在同行中的知名度。三是成功举办了"大学发展高层论坛"。围绕大学发展的新课题,学校先后邀请了南京大学党委书记洪银兴、中南财经政法大学党委书记徐敦楷等10余位著名专家学者前来讲学,进一步凝练大学发展理念。四是全面启用了新校区。今天我们所在的占地1 540亩的新校区,凝聚了万千师生和无数校友的心血。围绕"厚重、特色、美观、实用"的目标,新校区建设者们创造了郑州龙子湖高校园区一年内开工面积最大、一次性入驻学生最多、建设周期最短的纪录。五是社会影响持续扩大。在首次以河南财经政法大学名义的招生工作中,学校的录取分数超过省定分数线36分,排名全省文科第一。根据最新"中国大学及学科专业评价报告",我校已经进入了中国大学分学科门类竞争力(前5%)方阵。

以上成绩的取得,离不开师生们的辛勤努力,更离不开广大校友的鼎力支持。今天的河南财经政法大学已经站在了新的起点,全校上下正围绕"在欠发达地区建设一所特色鲜明的高水平大学"这一目标全力前进!在学校发展的新阶段,更加需要广大校友对母校建设发展的真情关爱和大力支持。希望校友会发挥母校温暖校友的传情作用,团结校友共商母校发展的智囊作用,组织校友支持母校建设的协调作用,促进校友事业发展的助推作用,以此推动母校和校友的同进步、共发展!

同时希望广大校友在精神上相互鼓励、事业上相互支持、生活上相互帮助,以一流的业绩展示自我,以不凡的成就宣扬母校!

发展共进退　兴衰共命运[*]

寒来暑往,秋收冬藏。在这孕育新春的祥和时节,我们的母校迎来了更名大学的两周年纪念。不会忘记,河南财经政法大学的揭牌庆典是那样的激荡人心,是如此的鼓舞士气。那一刻,无数同窗的心向绿城涌动,万千校友的情向商都集结。欢庆与自豪中,我们感受到了一所大学共同体的真实存在,感受到了校友与母校不可分割的真实情感,感受到了新老校友共赢未来的激情满怀。为建立双向互动的长效机制,更好地服务广大校友和学校的共同发展,实现广大校友和学校的共同心愿,河南财经政法大学校友会顺势成立。为实现校友联谊的常态化、制度化、系统化,《校友通讯》也即将与广大校友见面。在此衷心希望校友会发挥好联系母校与校友的桥梁作用,实现母校温暖校友的传情作用,团结校友共商母校发展的智囊作用,组织校友支持母校建设的协调作用,促进校友事业发展的助推作用,以此推动母校和校友的同进步、共发展!

大学的成立,一张蓝图,任我们去尽情地挥毫;一座丰碑,待我们去艰辛地铸造。站稳脚、起好步、开好局,不仅是学校建设中坚的使命所在,更是万千学子教师的福祉所向。大学教育是科学,科学的繁荣在学术;大学教育是工程,工程的根基在质量;大学教育是事业,事业的兴旺在人才;大学教育是艺术,艺术的灵性在特色;大学教育是变革,变革的规范在制度。我们应该以建设特色鲜明、高水平的财经政法大学为目标,以解放思想、更新观念为先导,以学科建设和教学改革为核心,以人才和教师队伍建设为关键,努力

---

[*] 本文系作者2012年为河南财经政法大学校友会《校友通讯》写的发刊词。

把河南财经政法大学建设成为思想园、科技园、创新园。

走进河南财经政法大学的校门,全校26 000余名师生,我们的汗流在一起,心贴在一起。走出校门,繁星落地,我们是相亲相爱的一家人。我们与学校的发展共进退,我们与学校的兴衰共命运。在大好的形势和机遇面前,让我们把思想统一起来,把精神振奋起来,把力量凝聚起来,努力开创新局面,实现新跨越。

薪火传承创伟业,桃李芬芳谱新章。大幕已经开启,航道已经开通,让我们上下一心、携手奋进,在中原崛起中,书写恢宏而绚丽的明天。

附录1 媒体掠影

本篇收录了31篇媒体对作者及学校的采访报道。这些报道都与这12年作者对学校的发展思路及学校的发展状况有关。其中最后一篇虽刊登于《中国教育报》2018年7月13日，但是由于与作者倡导的学校一流本科教育有关，同时作者参与报道的采访，故收录于此。

要点摘抄：

为了给学校争取到更大的发展空间，李小建甚至在全校大会上立下了征地建设新校区的"军令状"。……当时这在学校引起不小的轰动。院长立"军令状"在财院历史上是很少见的(《河南教育》2008年第1期)。

大学教育是科学，科学的繁荣在于学术；大学教育是工程，工程的根本在于质量；大学教育是事业，事业的兴旺在于人才；大学的教育是艺术，艺术的灵性在于特色；大学教育是变革，变革的规范在于制度(《中国教育报》2011年1月14日)。

2012年，围绕一流本科教育，河南财经政法大学重点实施推进"五项工程"：素质教育拓展工程，专业特色培养工程，课程效能提升工程，教师教学发展工程，教学质量保障工程(《河南日报》2012年6月20日)。

敬畏才能敬业，常怀崇拜之情，工作才能有动力，行动才能有约束。从事教育管理工作的同志，要敬畏教师、敬畏岗位职责、关爱学生。……对于教师来说，要敬畏教育管理、敬畏教师职责,兢兢业业,乐为人师。对于学生来说,要敬畏老师,敬畏学校制度,珍惜学习机会(2012年7月17日河南省教育厅主页转载的河南财经政法大学校长李小建参加座谈会的谈话精神)。

打造一流本科教育是一项系统工程,这几年河南财经政法大学着力在以下四个方面进行了有效的探索:一是实施完全学分制;二是改革课程教学范式;三是设立校长教学质量奖;四是发布本科教育质量报告(《中国教育报》2014年5月22日)。

为实现中原崛起培养高水平的财经人才*
——访河南财经学院院长李小建

记者在河南财经学院见到院长李小建教授的时候,这位全国著名并在国际上有一定影响的经济地理学家按捺不住内心的激动。

他说,省委、省政府对高等教育事业非常重视,全省九千万人民对河南高等教育亦寄予厚望。作为一名高等教育工作者,感到很振奋,同时也深感责任重大。

他介绍说,近年来,河南财院本着以人为本、素质为重的办学理念,培养"厚基础、宽口径、强能力、高素质"的应用型人才。1998年顺利通过国家本科教学工作合格评价,办学水平跃上新台阶。学生英语四、六级考试通过率连续6年位居省属高校前列,数十项教学成果分获国家和省级奖励,被教育部等部门授予体育教学先进单位、大学生社会实践活动先进单位。在学科建设上,2003年获取7个硕士点和工商管理硕士(MBA)授予权,超过之前学位点的总和。学校科研强校,打造精品,科研水平日益提高。仅2000年以来,就承担国家级科研课题10项,省部级72项,获得省部级以上奖励64项,对服务地方经济建设和活跃学术氛围发挥了重要作用。

谈到未来发展,李小建告诉记者,学校制定了内抓机制、外引资源、拓展空间、跨越发展的工作思路。所谓内抓机制,包括加强制度建设,规范管理,逐步增加制度管理的空间,缩小人治的空间;不断完善分配机制、用人机制、奖惩机制和岗位考核机制;减少行政权力,增加学术权力;下移管理重心,调动各级管理人员的积极性。

---

* 本文系河南日报记者对河南财经学院院长李小建的专访,原文载《河南日报》2004年3月8日。

李小建说,人才是载体,因此,在加强本校教师队伍建设的同时,外引资源就显得尤为重要。学校将利用河南省特聘教授岗位的优惠条件,学校再补贴一定数额的津贴,面向全国引进 3~5 名高水平的学科带头人,在这些人的带领下,建设全国有影响的学科群体。

在国际层面上,学校将引进美国、英国和澳大利亚的优质教育资源,培养直接面向开放性经济的高水平人才。近期,在美国排名第 8 位的一家商学院将来学校签订合作办学协议。河南财院与其他国家名校的合作也正在商谈之中。

李小建透露,为进一步拓展空间,河南财院正利用政府鼓励高校发展的政策,征地建设新校区,以解决办学场地狭小的问题;向相邻、交叉或其他市场看好的学科发展,以开阔学校的学科发展空间。

谈到跨越发展,李院长说,河南省高教会为河南财院的发展提供了很好的发展机遇。我们要紧紧抓住机遇,用活用好相关政策,以跨越发展的思维制定发展战略规划、学科建设和队伍建设规划、校园规划,着力加强学科建设,争取在未来若干年内硕士点数量持续大幅增长,博士点取得突破。

最后,他充满信心地告诉记者,近 1 亿人口、迅速发展的河南为财经类人才的培养提供了广阔的发展空间。作为河南唯一的经济管理类大学,只要建立好的机制,引入好的资源,增加办学空间,河南财院一定能够实现跨越式发展。

(记者:王晖)

情系这方沃土*
——记河南财经学院院长、国家级有突出贡献中青年专家李小建

李小建时常用树比喻自己——中原沃土孕育出了蓬勃的枝干,枝干间的精彩注定要在起初扎根的地方舞动。

从海军退伍后迈进河南大学的校门,到以优异的成绩毕业留校;从获得澳大利亚政府奖学金赴澳大利亚国立大学深造,到凭借丰硕的研究成果扬名国际经济地理学界后毅然回到故乡……他反复践行着那句话:"我是从中原大地走出去的,就一定要为这里尽心奉献!"

留学澳大利亚期间,李小建凭借与生俱来的勤奋,使自己很快居于国际学术研究的前沿。他提出的从工业公司入手研究工业区域变化的新思路,为工业地理研究领域打开了全新的视角。学业结束,李小建博士谢绝了挽留,选择了返回母校,继续从事科研、教学工作。

20世纪90年代初的河南大学,能够提供的科研、生活条件与国外有着巨大反差。李小建没有怨言,和妻子、孩子挤在教工宿舍楼里。按照当时校方的规定,他的教学工作量可以减少三分之二。李小建却坚持将教学作为首要工作,每年所授的主干课课时远远超过应完成的教学工作量。

1995年8月至1997年2月,李小建以客座教授身份任教美国匹兹堡州立大学。他用英语开设《经济地理学》《地理学与发展》《世界区域地理》《政治地理学》等课程8门次。听课学生人数经常超过学校注册人数限额,在学校组织的课程评估中,90%的学生评价他"知识甚优"。

---

* 本文系河南日报记者对河南财经学院院长李小建的专访,原文载《河南日报》2004年4月2日。

不论是在河南大学,还是在河南财经学院,熟识李小建的人都说:"他的工作精神令人钦佩。"直到今天,李小建还保持着早上或晚上锻炼的习惯,跑步、呼吸新鲜空气、呵护阳台上的花草。他说,这是保持充沛体力、全身心投入工作的"秘诀"。凭借刻苦和智慧,他在微观尺度可持续发展、跨国公司和区域发展、跨国公司与投资地博弈等领域取得了国际公认的成果,开拓并建立了中国的公司地理学。

谈到担任河南财院院长后自身最大的转变,李小建说:"对人才的看重比以往任何时候都更加强烈,甚至到了求贤若渴的程度。"提及"人才"二字,李小建似乎有着抑制不住的热情。他说,人才建设需要战略性、系统性和敏锐性。与工业投资不同,高层次人才的培养周期很长,从小学到研究生毕业需要约20年时间。正因为这样,人才的培养必须提前考虑,放眼长远。人才建设是一项系统工程,要短期和长期相结合,培养和使用相结合,逐步形成结构、层次合理的人才建设体系。

如何根据学校的实际情况,运用大人才观,构建多层次的人才建设体系? 从去年11月来到河南财经学院,李小建每天都在考虑这个问题。现在班子已经形成共识:在最高层次,利用河南省特聘教授、拔尖人才工程等有利机会,学校再加大投入,引进3至5名能够站在学术前沿的"旗帜"型人才;其次,围绕"旗帜",选择学术骨干构建学术群体;再次,培养造就一大批创新型的教师;而在教学基础层面,根据市场需求,按照外向型人才的标准,引进发达国家的优质教育资源,建立国际商学院,培养能够直接与国际接轨的经济、工商管理和行政管理人才……李小建强调,学校团结务实的领导群体是做好人才建设的有力保障。

推开办公室的窗户,凝望着整洁但略显"紧凑"的校园,李小建说,学术交流中心很快将建成使用,其中最好的房间将作为高层次人才的工作间。全省最完善的经济、社会数据中心也在筹建之中,待它建成后,就能把全省的历史和当前数据、各个断面各个区域的数据综合分析,围绕全面建设小康社会、实现中原崛起推出一批具有前瞻性和诊断性的报告。

对比他曾经学习工作过的国(境)外7所大学及所在地区的情况,李小建深有感触地说:"关注科技和教育领域拔尖人才,使他们中的大多数全心从事学术工作,对中原崛起至关重要。"

(作者:熊飞)

志高意自远*
——访河南财经学院院长、博士生导师李小建

作为河南省唯一以财经管理为主的本科院校,河南财经学院建校二十多年来,伴随着改革开放的春风,已经由原来设计规模为在校生3 000人发展到在校生16 000余人,形成了以经济管理类为主,涵盖经、管、文、法、工、艺多个学科门类的富有特色的大学。在《河南日报》开展的高考学生心目中理想大学的评选中,河南财经学院在河南高校中名列第六位。日前,记者走访了该学校院长李小建教授。

记者:李院长,请问学校的健康快速发展主要依靠什么?

李小建:我认为,理清办学思路,是至关重要的。我和我的同事们进行了比较广泛的调研,在集思广益的基础上,提出了"内抓机制、外引资源、拓展空间、跨越发展"的办学思路,得到了学校党委的认可。按照这个工作思路,我们制定了《河南财经学院2010~2020年发展规划》等三大规划。经过科学论证,我们计划到2010年学生总规模达到24 000人,本科专业达到40个,拥有硕士点30个左右,争取获得博士学位授予权。

记者:可以具体一点么?

李小建:当然可以。在"内抓机制"方面,我们本着依法治校、强化管理的思路,主要做了五个方面的工作。一是加强制度建设。2004年以来,我们先后出台了《行政工作制度》《行政事务督促查办工作制度》《招投标工作暂行规定》《政府采购管理规定》等规章制度40余项,内容涉及学校行政事务、教学、人事、财务、科研、外事、学生管理等各个方面。从而加大了制度管

---

* 本文系河南日报记者对河南财经学院院长李小建的专访,原文载《河南日报》2005年11月2日。

理的空间,缩小了人为的空间。二是完善激励机制。我们坚持把绩效考核作为分配制度的基础,出台相关措施。同时,我们进行全员聘用的人事制度改革,通过述职、竞聘,进一步明确了岗位职责。这些措施激发教工形成人人在各自的岗位上尽力工作的局面。三是增加学术权力。在管理方面我们注重突出学术的重要地位,保障学校学术权力的正常行使和正当行使。凡是学校与学科、学术发展有关的重大决策,都尽量在学术委员会上予以讨论。这样既尊重了人才,也凝聚了人心,保证了学校决策的科学与规范。四是下移管理重心。学校尽量给予各院、系部及职能部门更大的自主权。凡在自己职权范围内可以决定、可以协调解决的问题,学校坚决不干涉参与,从而鼓励大家解放思想、更新观念,积极为学校发展献计献策。如在津贴发放中,充分发挥二级单位的作用。学校根据二级单位对员工目标责任完成情况确定发放标准,各二级单位在对个人进行考评的基础上发放津贴。五是狠抓制度落实。凡是已在相关管理制度中明确规定的事情,我们严格遵照执行。如在进人工作中,严格考察优中选优。辅导员招聘在经过初选、笔试、面试、考核等程序后,再上会议研究。凡研究的决议要求限时落实,有特殊困难的,召开专门协调会议落实,从而将行政管理逐渐纳入有章可依、有章必依的轨道。

记者:"外引资源"指的是什么?

李小建:"外引资源"有四个方面的内涵和工作指向。首先是引进人才。我们设计立体型人才引进思路,利用河南省特聘教授岗位的优厚条件,学校再补贴一定数额的津贴,面向全国引进高水平的学科带头人。同时制定教师队伍建设的"双百目标"(百名博士、百名教授),兴建博士周转楼,继续落实博士的优厚待遇,现在在校工作的博士已达60多名。其次是充分利用社会资源。社会是教育人的大课堂,社会上有许多教育资源可以为我所用。近年来,我们先后在郑州、开封、许昌、濮阳等地的工厂、农村建立了十多个大学生爱国主义教育基地和社会实践基地,并经常聘请卓有成就的政府官员、企业家、社会知名人士到学校讲课,开拓大学生视野,增长大学生见识。再次是充分利用名师资源。为了让大学生有机会感受大家、名家风范,活跃校园学术氛围,我们先后聘请了于光远、刘国光、卫兴华、厉以宁、李京文等150余名知名专家为兼职教授或名誉教授,经常邀请他们来校讲学,传经送宝。最后是充分利用国际资源。我们先后与英国威尔士大学阿伯思维思分校和威尔士大学班戈分校以及德国波恩大学签订友好交流协议,首批学生已完成在英国的硕士课程学习并获得学位;与美国密苏里州立大学联姻,共同培养工商管理硕士,颁发国际认证的 MBA 学位证书;与澳大利亚科廷科技大学达成协议,联合培养商业学士、会计学硕士并开展 2+2 本科合作项目。极大地拓宽了我们利用国际优质资源的范围。

记者:你们在拓展办学空间上有进展么?

李小建:有。我所说的"拓展办学空间",是一个多维度的观念,不仅是指拓展学校的地理区域空间,而且兼顾学科建设的空间,同时,还要挖掘新形势下学生工作的空间。我们在以下几个方面作了努力:一是在省政府和相关部门领导的支持下,最终在郑东新区征地1 540亩,当前已进入设计建设阶段。二是结合新形势,我们在巩固和提高经济、管理等特色学科优势的同时,积极培育和发展高起点、小规模的人文和理工学科。三是顺应高等教育国际化的趋势,在2004级开设了三个国际型人才实验班,引进国际名校教材,请国际名师用英语授课,旨在打造我院人才培养新模式、新品牌。拓展办学空间,是扩大办学规模、提高办学层次的必要保证,我们还正在努力探索和开拓,争取为河南省高等教育事业发展、为实现中原崛起做出更多的贡献。

记者:请问,您对河南财经学院未来的前途有信心吗?

李小建:作为院长,我对河南财经学院的未来充满信心,这种信心是来自于对现实基础的客观把握。宋代王安石说过,"天下不可一日而无政教,故学不可一日而亡于天下"。党的十六大确立了全面建设小康社会的奋斗目标,十六届五中全会又提出了关于制订经济社会发展第十一个五年规划的建议,要求大力构建社会主义和谐社会。这个大背景必然要求有高等教育的支撑。另外,从河南财经学院自身现状来看,形势也非常好。今年硕士点申报评审中,成果喜人,可望新增十余个一、二级学科硕士授予权。近两三年来,第一志愿报考我院的上线考生均达到被录取人数的 150%~200%之间,这说明考生对我们学校是看好的。此外在学校内部,尽管面临资金困难等因素,但广大干部和师生员工精神饱满、斗志昂扬,呈现出了政通人和、锐意进取的新局面。所以,我信心十足,坚信河南财经学院会越来越好。

(记者:王晖)

寻求中的另类学者*

阴差阳错成就知名专家

窗外,细雨纷纷。李小建提着一个布文件袋脚步匆忙地往办公室走去,清瘦的身影略显疲惫。办公室门还没打开,口袋里的手机响了。按下接听键,磁性中拌杂着沙哑的男中音再次侵入记者的听觉中,这声音听起来太熟悉了。几天来,记者一直电话预约采访李小建,每次都能在电话中听到他这种声音。

走进李小建的办公室,给人的第一感觉就是儒雅。

谈起30年前考大学的事,李小建的思绪再次被拉到那个激情澎湃的年代。他说:"确实有很多值得回味的。1977年上半年,我还在海军部队当兵,有来自北京的消息灵通的战友说,可能要恢复高考了。当时只是听说有这么回事,其他的就一概不知,也没过多打听,那时的感觉就是,高考离我很遥远,更扯不上和我有任何关系。"

1977年4月份,李小建从部队复员回到了老家孟津县,被安排到了一个农村做代课教师。那段日子过得很清闲,教完课就找些书看。可到了离高考还有三个月的时候,他才知道,自己也可以报名参加高考。得知这个消息后,李小建感觉很兴奋,浑身热血沸腾,那时脑子里就一个念头"考大

---

* 本文系郑州日报记者对河南财经学院院长李小建的专访,原文载《郑州日报》2007年6月8日。

学"。

可离高考还有三个月,这可怎么办呢?一边要教学、一边还要复习参加高考,最困难的就是没复习资料,更不知道如何考。好在北京有个亲戚,他帮李小建找了些复习资料给他邮寄过来,李小建就按照资料加课本的方法进行复习。

考试那天,给李小建最大的感受就是很严肃,里里外外全都是警察。但一进入考场他的心就平静了很多,试卷一发下来,一看题也并不是很难,到交卷的时候,基本上都做完了,自我感觉还可以。

考试结束后,李小建又回到了学校继续教书。漫长的等待过后,他接到了开封师范学院(1979年改为河南师范大学,1984年恢复河南大学校名)的录取通知书,但通知书上没写什么专业。开学到学校报到,接学生的老师问他哪个系的,他就随口说了声中文系的,老师就把他领到了中文系学生宿舍,住了一晚上被"赶"了出来。原来,李小建被学校调剂到了地理系,这可能是他当时在部队上搞过测绘专业的原因吧。阴差阳错,他也就安心学起了地理,后来越学越感觉地理很有意思,慢慢地也就爱上了地理。

恢复高考成为人生转折

"我的一生如果用四个字来总结的话,那就是'部队、高考'。部队生涯锻炼了我的毅力和团队精神。但1977年恢复高考这个转折对我影响更大,也是我个人的一个根本性转折。使我接受了更高层次的学习,让我发挥出了真正的人生价值。"

大学毕业后,李小建被安排留校工作。为了教学和科研,他一直在不断地学习。一直到现在,他还坚持学习,学习已经成为李小建生活和生命里不可或缺的一部分,他把学习当成一种娱乐,因为它给李小建带来了轻松和愉快。

在外人看来,从事学术研究是件很枯燥很辛苦的事情。但对李小建来说,他在经济地理学这个领域里找到了真正属于自己的世界,并且取得了骄人的成绩。

至今,他主持国家自然科学基金(重点)和国家社科基金项目7项,教育部和河南省重大(点)攻关等省部级项目和国际合作项目18项。在国内外发表学术论文150篇,出版著作(含合作)16部。他还担任着国内外十余所大学和科研机构的客座教授及研究员。他的教材获全国一等奖,被全国高校普遍使用,他的研究成果在推动中国经济地理国际化和提高国内经济地理学家在国际上的学术地位起着重要作用。

这些荣誉和成果,用李小建的话来说:"是自己的工作范畴,应该做的"。但在这些荣誉和成果的背后,李小建付出了巨大心血和汗水。

行政管理也像做学问

如果把1977年恢复高考定为李小建人生重大转折点的话,之后他的不懈努力又使他的人生再次发生转折,由一名学者转变成了一名行政管理者。1994年,李小建被任命为河南大学地理系主任(后改任环境与规划学院院长),他按照国际上教学和科研管理的做法并结合中国实际,大胆改革,为吸纳人才和推出创新成果创造良好氛围,带领人文地理学科在2000年获批博士授予权,之后相继获批地理学博士后流动站、河南省第一个经济学博士点(区域经济学)、地理学一级学科博士点,并联合相关学科获批河南省第一家教育部人文社科重点研究基地。2001年,李小建被任命为河南大学副校长。

2003年,他又被公选为河南财经学院院长。面对在考生心目中有很高认可度的河南省唯一一所以财经管理为主的本科院校,李小建深感责任重大。带着一整套成熟的管理体系和理念,李小建一到河南财经学院,就为学院的发展走势摆下了几颗重量级棋子——创新地提出了建设"虚拟校园"的想法,并得以实施。适时地提出了"学术兴校"的办学理念。通过实践证明,他这一理念很好地适用于当前高校管理模式。他说:"学术是大学的根本特征,是大学管理永恒的核心,也是大学生命力、竞争力和影响力的集中体现。"通过学术兴校这一管理模式,有利于突出大学的本质属性和遵循办学规律,能更好地发挥大学的社会职能,更利于大学的持续发展。

李小建说:"我很荣幸能和这样一帮同事共同学习、共同参与学校的发展。在他们身上,我学到了很多,我也很感激他们对我工作的支持和帮助。这也给了我很大动力,我将会更加努力,管理好这所大学,做好自己的科研工作,为推动经济地理学方面实实在在做一点事情。"

采访结束,记者和李小建握手道别。他依然像采访开始时那样,面带微笑谦虚地说:"不要叫我院长了,我还是喜欢别人叫我老师。因为我自始至终认为我不是什么官,只是一名普通的教育工作者,更确切一点说,是一个学者。"

院长、教授、博士生导师、国家级有突出贡献的中青年专家……如果把大大小小的荣誉和头衔都放在李小建的名字前面,那会冗长得让人失去耐心。简单地说,他是一个在经济地理学领域很知名的权威专家。对于一个成功的学者来说,他最不缺少的就是荣誉。

学府与学术

中原文化天津行　三位河南学子的津豫情[*]

李小建,国际知名学者,河南财经学院院长,河南大学人文地理学、区域经济学博士点和地理学博士后流动站第一学术带头人,中国公司地理学创建人。20世纪80年代,他考取了南开大学经济研究所的博士。1990年,在拿到南开大学与澳大利亚国立大学联合培养博士学位后,他回到了家乡河南。

李小建说:"对南开和天津的关注我从未停止过,我为自己的母校感到骄傲,也永远感激在天津的求学经历。"

和回到家乡做贡献的李小建不同,同样从河南走出去的两位学子宗茂坤和倪雁冰,都已在津门安家。宗茂坤是南开大学河南招生组组长,倪雁冰是天津大学河南招生的负责人。多年来,他们以"名校大使"的身份为津豫两地的教育交流搭建桥梁。

"河南的生源好,不是因为我是河南人才这么说。这是全国高校公认的。"宗茂坤说,河南一直是南开的生源重点。同样,河南学子也很青睐历史名校南开。

倪雁冰说,河南是天大招生的重镇,天大每年招来的河南学子很争气,"学校做过统计,在各专业排名前30%的学生中,河南学子能占到18%"。

听说"中原文化天津行"即将在津举办的消息后,两位老师都很高兴:"我们是天津人,也是河南人,为新老家乡文化教育交流做点工作,我们责无旁贷。"

(记者:王曦辉)

---

[*] 本文系大河报记者对河南财经学院院长李小建等3位河南学子的专访,原文载《大河报》2007年11月14日。

李小建：要做就做最好*

【采访手记】

对李小建的采访让我感触至深，并自认为这是我最为成功的一次采访，原因有二：一是采访当天，为了准时，我 6 点多起床赶公交车，刺骨的寒风夹带着零星小雨，于是，心中不免多少有些微词。但采访过后，我却要感谢这恶劣的天气，因为从李小建"吃苦方能成功"的理论中恰恰印证了这次赶早的价值。二是采访的对象是国际知名学者，李小建的经历和对生活的感悟让人有一种彻底的折服，受用颇多，尤其是对像我一样只是拥有满腔激情但缺乏生活阅历的年轻人。

整个采访下来，李小建给我的印象并不是像其他人所说的繁忙、疲惫，而是简单、质朴，工作时充满激情，有条不紊。

阴差阳错学起了地理

说起李小建，大多数人都会拿国际知名学者、河南财经学院院长与之相对，而他曾经的经历——军人、民办教师、恢复高考后的第一批考生等则并不为大众所知晓，或许正是这些时期的经历和成长奠定了他成功的根基。

1972 年年底，刚刚中学毕业的李小建得知部队来自己家乡招兵后热血沸腾，那个年代里，时刻为祖国做贡献的念头在年轻人的心中凸现得尤为直

---

* 本文系河南教育记者对河南财经学院院长李小建的专访，原文载《河南教育》2008 年第 1 期。

接和强烈,参军成了他心目中的唯一选择。然而,由于历史的原因,李小建被认定为"社会关系复杂,不具备参军的资格"。看着同伴获得参军指标后的喜悦和兴奋,李小建心有不甘。新兵开赴驻地的前一天晚上,他一夜没有睡觉,给招兵负责人写了长达好几页的信,真切地陈述了自己当兵的愿望。恰恰是这封信感动了招兵负责人,李小建最后一个加入了那批新兵的行列。

到了部队后,体能训练、常规任务、测绘技能等高强度项目并没有难倒瘦小的李小建,不仅如此,他做得还很优秀,先后立过功、得过很多奖章。据他回忆,当时部队在北京进行测绘培训,在高山上架设仪器的速度他是最快的,计算测绘数据的速度他也是最快的,还曾保持过这方面的纪录。当李小建复员的时候,一个对他非常关爱的老政委十分惋惜,甚至称"这是部队的一大损失"。

1977年4月,李小建复员后在老家一所学校里当代课教师,这段日子很短暂也很清闲,教完课后他有很多时间可以看书。突然有一天,他听说了恢复高考的消息,这对"赋闲"在家的李小建无疑是一个天大的好事。事实也证明,正是这一次的高考让他的人生有了根本性的转变。

李小建说,刚恢复高考后很多人都不知道怎么考,所以感觉高考并不算难,很快就答完了考卷。或许是在部队时从事测绘工作积淀的扎实基础帮助李小建顺利通过了高考,不久他就接到了开封师范学院(现河南大学前身)的录取通知书。从此,李小建踏上了向学者转变的人生路程。

记者:如果一个人在部队生活过,那么部队生活对他的整个人生来说是意义非凡的,您觉得呢?

李小建:的确是这样。如果用几个字来概括我30岁以前的生活,那就是"部队+高考"。我在部队收获很多,有业务上的知识,有为人处世的方法。总的来说,有三条。一是在逆境(困难)中要坚持,只有坚持,方能取得突破获得成功。二是做任何事情,要做就做到最好。简单举个例子:我在部队做测绘时,基本上每个环节做得都比较精,以至于我读大学时,测绘课考了100分,老师甚至让我免修这门课,还鼓励我直接考武汉测绘学院的研究生。三是和周围的人交往要团结,团结起来力量大。我认为这三条道理是在部队获得的最有价值的东西,弥足珍贵,它们为我取得现在的成绩打下了坚固的根基。

记者:上大学,您为什么会选择地理专业?是因为原本就喜欢吗?

李小建:不是。那时刚刚恢复高考,可以说对高考根本就不懂,报考就更不用说了。我报的专业是中文,当初入学报到的时候还闹了一个笑话。

录取通知书上并没有写被录取到哪个专业,接待老师问我是哪个系的,我就随口说是中文系的,老师就把我领到了中文系学生宿舍。但是,我只在中文系学生宿舍住了一晚上就被"赶"了出来。原来我被调剂到地理系了,于是,我就阴差阳错地学起了地理。

记者:如果没有当时阴差阳错的调剂,现在可就少了一个国际权威的经济地理学专家了!

李小建:(笑)是啊,所以我很感谢那次调剂。其实,更应该感谢的是那次高考,它是我人生一个根本性的转折点,使我有机会接受更高层次的学习,让我更好地实现自己的人生价值。

只要有重大创新成果,院士的荣誉自然会来的

大学毕业后,李小建以优异的成绩留校任教。在完成教学和科研任务的同时,他不但修完了河南大学研究生研修班的课程,而且在1986年被推荐到南开大学经济研究所攻读博士学位。在南开大学攻读博士学位的第二年,通过中澳研究生交换项目,李小建获得了澳大利亚政府奖学金,赴澳大利亚国立大学深造。

留学澳大利亚期间,李小建凭借自己的勤奋和坚持,其研究很快就达到了国际经济地理学研究的前沿。他提出的"从工业公司入手研究工业区域变化"的新思路,为工业地理研究领域打开了全新的视角。两年后,李小建顺利获得了博士学位,当时,他很容易就能留在澳大利亚过优越的生活,但是他谢绝了挽留,选择了返回祖国。20世纪90年代初的河南大学,能够提供的科研和生活条件与国外有着巨大差距,但李小建没有怨言,而是默默地和妻子、孩子一起挤在一间教工宿舍里。

1994年,李小建被任命为河南大学地理系主任,就是这一任命,彻底改变了河南大学地理系的面貌。数年间,地理系不仅升格为环境规划学院,而且科研和教学水平也已迈入全国先进行列。李小建说,他在管理上的举措主要集中于体制的改革和由此带来的人才聚集。利用这些政策,李小建很快便聚集了一个以博士后、博士生、硕士生为主体的研究群体,他不仅带领这个群体为河南大学争取到了第一个自然科学博士点、第一个博士后流动站、第一个一级学科博士点,而且还为河南省争取到了第一个经济学博士点。

目前,李小建已主持了国家自然科学基金(重点)和国家社科基金等项目7个,教育部和河南省重大(点)攻关等省部级项目和国际合作项目18个,在国内外发表学术论文150多篇,出版著作(含合著)16部。其中,他编著的《经济地理学》教材获教育部教材评比一等奖,被全国高校普遍使用。

记者: 您是研究经济地理学的国际知名专家,多数人对经济地理学并不了解,您能否用通俗的语言解释一下经济地理学到底是做什么的呢?

李小建: 其实这不难理解。经济地理学是经济学和地理学的一个边缘学科,具体来讲就是研究经济活动的空间分布(在什么地方,为什么在这个地方)及其与环境的关系,比如,一个工厂建在这个地方,它的存在与当地的人力资源、交通条件、政策、地形等有什么联系。再简单点说,就是从地理的角度来研究经济活动,为人们在地球表面科学地从事经济活动提供参考。

记者: 您编著的《经济地理学》已经在全国高校相关专业普遍使用,甚至国(境)外的高校都要借鉴这本教材,它能代表您的学术成果吗?

李小建: 这本教材的确是我最重要的成果之一。实事求是地说,这本书以全新的视角建立了中国经济地理学研究的新体系,汇聚了我几十年的学术成果以及国际上著名学者的最新研究,拉近了我国经济地理学研究领域与国际上的差距。由于这本书的广泛使用,我拥有了一个读者群,很多青年地理学者都是通过这本教材认识我的。

记者: 2003年,中国科学院增补院士,您是河南省人文地理学科唯一的院士增选有效候选人,尽管您当时没有被选上,但是对提高我省人文地理学科知名度立下了不小的功劳。听说这是因为名额和地域的限制,是这样吗?

李小建: 不是,没有被选上只能说明我离院士的水平还有差距,创新性研究成果还不够丰富。另外,我所做的经济地理学学科整体建设还比较薄弱,不够硬,这都有待于继续努力。院士的选举还是很公平的,只要你做的研究有重大创新,只要你做得够多、够好,院士的荣誉自然会来的。

学术是大学生命力的集中体现

2003年10月,李小建经公选,以考试和考察双双第一的成绩被任命为河南财经学院院长,这给年轻的财院寻求更大的发展带来了新的希望。

河南财经学院作为河南省唯一以财经管理为主的本科院校,在为河南省培养经济管理类人才上所承担的责任自然很大。李小建说,在来财院以后,如何才能带领学院取得更大的突破,深感责任重大。

带着满腔热情和期望,李小建和班子成员一道进行了广泛的调研,很快就找到财院的薄弱所在,找准了财院新的定位和发展方向,提出了"内抓机制、外引资源、拓展空间、跨越发展"的办学思路,并得到了全院师生的认可。按照这个工作思路,经过科学论证,财院制定了《河南财经学院 2010 年~2020 年发展规划》等三大规划,计划到 2010 年使学生总规模达到 2.4 万人,本科专业达到 40 个,拥有硕士点 40 个左右,争取获得博士学位授予权。

在财院的十六字发展思路的落实过程中,最让李小建费脑筋的要数"拓展空间"了。为了给学院争取到更大的发展空间,他甚至在全校大会上立下了征地建设新校区的"军令状",平常搞科研都不打疲劳战的他,为了等待签署某些文件,不知道熬了多少次夜。说起李小建立"军令状"的事,财院宣传部新闻中心主任王芬记忆犹新。据她介绍,当时这在财院引起了不小的轰动,院长立"军令状"在财院历史上是很少见的,全校师生都为这位敢说敢做的新校长叫好。很快,财院就在郑东新区征得土地 1 500 多亩,用于新校区的建设。

谈起担任财院院长 4 年多的时间里给学院带来的变化和发展时,李小建没有列举什么数据,而是很简单地说了两个改变:一是治校思想方式的转变,完善了各种制度,确立了"制度治校"的管理体制;二是"学术兴校"的办学理念得到了贯彻,这一管理模式突出了大学的本质属性,更好地发挥了财院的社会职能,推动了财院的可持续发展。

记者:在财院的办学思路中,"内抓机制"放在了第一位,对它的具体阐释中我最感兴趣的一点是"减少行政权力,增加学术权力"。您是出于什么样的考虑才确立这一点的呢?

李小建:学术是大学的根本特征之一,是大学管理永恒的核心,也是大学生命力、竞争力和影响力的集中体现。所以在学校的管理模式中,增加学术权力尤其重要,只要在各种机制中确定学术的地位和分量,一个学校真正的学术力量就能够强大,那么该校的发展就能够稳步进行。

记者:很多人都知道财院有一个很有名的"虚拟校园",您能否简单介绍一下?

李小建:"虚拟校园"是在充分利用省会资源、国内资源、国际资源的理论指导下,经过全方位思考而建立的。顾名思义,这个校园是不存在的,它只是一个教学、科研人才的组成网络。利用河南省特聘教授岗位的优惠条件,财院再补贴一定数额的津贴,面向全国引进 3~5 名高水平的学科带头人,在他们的带领下,建设全国有影响的学科群体。我们会定期或不定期地邀请"虚拟校园"的教授来财院讲课,遇到学术难题也可以一起研究解决。

记者:您认为创新人才的培养,高校承担着怎样的责任？创新人才的标准又是什么？

李小建:创新人才的主体是青年,而大学生是最具有创新能动性的主力军,因此,培养创新型人才是高校不可推卸的责任和义务。我更看重的是学生自我个性的发展与完善,因为唯有个体完善的人格,才能激发出更具创新能力的团队精神。创新在于你的兴趣和责任心,任何人,只要具备了一定的知识再加上兴趣和责任心,都可以成为创新人才。

记者:您既是河南财经学院的院长,又是河南大学的副校长,无论是对于财院的学生来说,还是对于河大的学生来说,您都是他们心目中的骄傲,当然这更多的是从您是学者的身份来讲的,能否给您的学生谈谈成功的法宝？

李小建:法宝说不上,其实很简单,那就是敢于应对困难和挑战,科学地选准学术切入点,实实在在地做事,刻苦努力,付出汗水,方能取得成功。

（记者:赵冬冬）

用特色旋律奏响科学发展之歌*
——河南财经学院改革与探索纪实

河南财经学院在长期的办学实践中,以科学发展观统领全局,坚持以人为本,走出了一条以特色促发展、以发展育特色的科学发展之路:专业设置突出时代特色,学科建设突出财经特色,科学研究突出创新特色,人才培养突出实践特色,空间拓展突出开放特色,就业指导突出应用特色。鲜明的办学特色在2008年本科教学评估中得到了专家的高度评价。

因时而动　顺势而为

河南省是一个位于中部地区人口众多的农业大省、经济大省,河南财经学院的建立、建设和发展,始终与河南经济发展密切相关。河南财经学院的学科设置和专业建设,得益于斯,服务于斯,坚持为地方经济社会发展服务,以社会需求作为办学调控方向,体现了为地方经济发展服务的学科定位特色。

1. 适应社会发展新变化,适时调整专业布局。改革开放之初,学校适应河南经济建设的需要和实际,设置了急需的财政学、金融学、贸易经济、工业经济、农业经济、统计学6个本科专业。到20世纪80年代末,增加了信息管理与信息系统、会计学、人力资源管理等专业,本科专业达到9个。进入20世纪90年代,增加了法学、市场营销、旅游管理、广告学、计算机科学技

---
* 本文系《河南日报》2009年6月9日对学校改革与发展的纪实报道。

术专业。到1998年,学校本科专业达到15个,全部通过教育部的合格评估。随后学校因时所需,平稳拓展,专业增设到今天的37个。建校之初,学校成立的农业经济管理系,主要针对河南农业发展需要培养掌握农业经济管理的基本方法和技能的本科生和研究生。适应河南旅游市场发展需要而成立的旅游系,很快获准设立旅游管理专业硕士学位点。近年来,旅游系的招生与就业均表现出了良好的态势。2005年,省邮政局与学校50多名毕业生签约。河南省旅游局借助旅游系的专家力量而成立的"河南省旅游发展研究所"就挂靠于学校。面对河南会展专业人才的匮乏,学校在2007年就开办了会展经济专业,主要针对河南会展经济发展培养熟悉展览业务、了解国际惯例和富有操作经验的专业人才,这在河南省尚属首家。日前,由河南省商务厅和河南财经学院联合举办的"中国会展教育与河南会展经济发展高峰论坛"在学校举行。这是我省第一次举办以会展经济、会展教育为主题的大型学术会议。

2. 利用河南区位新优势,强化社会服务功能。河南有河南的特殊省情,河南有河南的区位优势。建校以来,河南财经学院紧紧依托区域优势谋发展,取得了显著成效。一是紧扣农业发展。河南作为中国最大的农业大省,不仅农业人口众多、农区面积广大,而且农业产值和许多农产品在全国占有重要地位。结合这一特点,学校除培养专业本科生和研究生之外,同时,还相继举办了乡镇企业培训班、农林实用人才培训班、粮农干部培训班等,为河南农业经济发展培养人才。学校十分注重服务农村建设,诸多教师把研究选题的目光锁定在农村经济发展上。近年来,在该研究领域内共获得包括国家自然科学基金重点项目在内的国家自然科学和国家社会科学基金多项,资助金额达数百万元,推出了一批在国内外有影响的成果。一些专家学者瞄准国际学术前沿问题进行的农户与农区发展等理论研究,其成果引起了国际学术界的高度关注。学校教授关于粮食及农业问题的意见建议受到国务院副总理回良玉、省委书记徐光春的赞赏。学校还长期致力于支农社会实践,帮助农村规划和发展。《光明日报》曾以《河南财经学院大学生下乡做"村官"》为题,对学校大学生骨干农村挂职服务活动进行了报道。二是重视黄河经济。杨承训教授十几年来潜心研究黄河流域经济,发表了大量论文,他撰写的《黄河流域经济》是我国第一部专门研究黄河流域的经济学大型专著。央视播出的杨教授专访《黄河汛期今天结束60年安澜显奇迹》,在社会各界引起强烈反响。资源与环境科学系的教研人员围绕黄河中下游生态环境和经济发展问题开展了系列研究。兼任教育部重点研究基地黄河文明与可持续发展研究中心主任的学校校长李小建教授,应中科院院士工作局之邀作为咨询组成员参加了由河南、山东两省委托开展的"黄河下游滩区安全和发展问题"院士咨询项目。三是关注中小企业。中小企业是河南经济发展不可忽视的重要力量。为促进河南中小企业发展,2004年,学校与河南国际商会共同主办,美国密苏里州Springfield商会、密苏里州立大学等协办的"中美中小企业发展研讨会"。此次学术会议吸引了更多关注中小企业发展的目光。学校的工商管理学院则在中小企业发展研究上独有专长。仅以其MBA教育为例,该中心在教学上十分强调理论联系实际,注重案例教学,多数教师都有过企业任职的经历,其理论、案例、实践三位一体的教学方式吸引了大批有志于发展职业生涯的年轻人。

3. 顺应中原崛起的新潮流,凸显财经管理特色。胡锦涛总书记和温家宝总理近两年视察河南,殷切希望河南在中部崛起中走在中西部前列。"经济能不能再快一点,关键在人",据省人事厅发布的2008年度河南人才需求显示,经济管理类排在第一位。实现中原崛起是一项伟大的历史任务,迫切需要一大批懂经济、善管理的高层次经济人才,一大批"会干、能干、肯干"的应用型人才。为此学校倾力将经济管理类专业做强做大。目前,学校本科专业设置37个,其中经济、管理类专业24个,占专业总数的64.86%,基本覆盖了教育部本科专业目录中经济管理类的所有专业,形成了以经济管理类专业为主体,法学、文学、理学和工学专业协调发展的专业结构体系。与省内其他高校相比,学校经济、管理类专业最齐全,学术资源最集中,办学实力最强。据统计,学校经济、管理类本科学生数占河南省普通高校经济、管理类本科在校生的比例达29.97%,形成优势地位突出的应用型经济管理人才培养高地,为河南经济建设和社会发展做出了积极贡献。

百舸争流　方兴未艾

学校在发展传统优势学科的同时,还十分注重对新兴学科专业的扶持与培育,通过优势专业的示范带动、新兴专业的错位发展,初步实现了新老专业齐头并进、协调发展的目标。

1. 传统学科优势大。首先是产业经济。产业经济学在建校10年时,便成为学校第一个获得硕士学位授权资格的学科,这在全国屈指可数。该专业连续三届蝉联"河南省省级重点学科",为学校第一个省级重点学科点。

近几年,该学科获国家社科基金项目4项,在CSSCI期刊发表论文100余篇。其次是会计学。拥有河南省第一个会计学专业硕士学位授予点;会计学和财务管理学为省级精品课程,会计学、中级会计学、财务管理学和审计学四门主干课程被评为省级优质课程。目前,该专业有在校生2 000多人,是河南省规模最大的会计学专业。再次是财政学与金融学。财政学专业是我省唯一招收财政学硕士研究生的专业,金融学专业既是国家级特色专业,也是河南省名牌专业建设点,还是河南省为数不多的可以招收金融学硕士研究生的专业。该专业的毕业生大多走向银行金融系统,其中部分学生因业绩突出,已经坐到国内主要银行省级分行副行长的位置。

2. 新兴专业后劲足。首先是区域经济。与该专业相关的资源环境与科学系所有教师均具有博士学位,毕业于美国名校或国内著名大学、中国科学院,目前承担4项国家级研究课题。该系的研究团队在区域经济微观研究、区域—城市综合研究、区域资源开发等方面更是独有建树。发表在国内外权威期刊的论文逐年增加,已经引起国际同行关注。在科研方面,资环系获批了国家级和省级科研项目十几个,横向课题经费高达100多万元。从发表的科研成果上看,发表论文的数量在全校院系中名列前茅,这些科研成果不仅数量多,影响也较大;不仅在学校影响大,对整个学术界也有甚为广泛的影响。在仅有的40多位毕业生中就有15人考取了研究生,占全体毕业生的三分之一强。成立于2005年的哲学与社会学系,近年来先后主持完成国家级科研课题8项,参与研究国家级课题20余项,主持和参与完成省级课题50多项,发表在核心期刊和权威期刊论文近百篇,获得省部级以上奖励25项,出版著作和教材39部,科研成果连续多年稳居学校前列,被公认为是最具发展潜力的教学和科研单位之一。教育部人文社会科学百所重点研究基地——中国人民大学伦理学与道德建设研究中心企业伦理研究所就挂靠在该系。

3. 相得益彰成效显。在2008年进行的第七批河南省重点学科评审中,学校5个一级学科和两个二级学科成为省级重点学科,从而使学校省级重点二级学科的数量由评审前的4个增加到25个。学校的应用经济和工商管理两个一级学科成功获批省级重点资助学科,学校重点学科建设工作进入河南省高校第一方阵。在专业和课程建设上,学校的金融学、工商管理专业被评为国家级特色专业,会计学、国际经济与贸易、财政学被评为省级特色专业,市场营销被评为省级精品课程,组织申报省级教学成果项目20项,有15项通过省级鉴定。在刚刚结束的河南省四年一次的教学成果评奖中,学校有3个项目获得一等奖,6个项目获得二等奖。

言传身教　教学相长

学校注重发扬理论联系实际的学风,鼓励教师坚持研究河南区域内的重大问题,服务于河南经济建设和社会发展,坚持用实践中获取的新经验、新知识开展教育教学,服务于学生成长成才,形成了"两个服务"相互促进、共同发展的良好局面。

1. 科研水平高。学校制定《关于实施学术兴校,加快学校发展的意见》,鼓励教师积极开展区域经济和社会发展研究。李小建教授关于经济地理与区域经济的研究、杨承训教授关于河南农业问题及粮食生产问题的研究、李鸿昌教授关于河南金融问题的研究、郭军教授关于河南区域经济发展问题的研究、郭文轩教授关于商品经济问题的研究等,均在河南经济社会发展决策中产生了积极影响。据统计,自2005年以来,学校完成省部级以上科研项目120余项,发表论文2 500余篇,出版专著、教材300余部,获省部级以上优秀科研成果奖40余项。杨承训教授的《中国特色农业现代化道路理论创新与分阶段分区域推进方略研究》项目已获批国家社科重点项目,李小建教授的《农户与地理环境相互作用下的中部农区社会经济协调发展研究》被确立为国家自然科学基金项目,这标志着学校科研水平又上了一个新台阶。学校有一批专家学者长期活跃在社会服务第一线,经常参加省委、省政府和厅局、地市的决策会议,发挥了较好的参谋智囊作用,部分研究成果得到党和国家领导人、河南省委、省政府主要领导的批示,得到了推广应用。2008年6月,杨承训教授针对世界粮食危机和我国粮食风险问题提出《实施"八高"工程　化解四大矛盾》的建议,得到中共中央政治局委员、国务院副总理的重要批示。被媒体誉为"提出发行地震赈灾专项彩票第一人"的学校教师,以学术研究成果促使财政部改变彩票有关游戏规则。

2. 学术氛围浓。学校出台《大学生课外学术科技创新活动计划》,成立领导机构,设立科技创新基金,鼓励学生申报科研课题,撰写科技论文,有效地提高了学生的创新意识和实践技能。广大教师及时把科研成果融入课堂教学、教材编写、教学改革,保证教学内容的学术性、前沿性、科学性,极大地激发了学生的学习兴趣。国际经济与贸易学院坚持开设学术前沿主题课,专门安排教授和博士授课,受到学生称赞;财政金融学院从项目研究中汲取营养,建立案例教学体系,丰富教学内容;会计学院教师及时将资本市场和公司治理中会计问题和审计问题等最新研究成果引入教学。学校开设了"河南经济论坛""博士论坛""星火论坛""财智大讲堂"等,邀请国内外著名专家、学者、政府负责人来校讲学,鼓励教授、博士为学生做学术报告。三年来,学校共举办各类学术报告会 275 场,深受学生欢迎。

3. 创新能力强。学校教师承担的各级各类课题都积极吸收学生参加,有效地激发了学生的科研热情。如资源与环境科学系学生撰写的《郑州市区封闭快速道路系统可行性研究》,获得河南省第五届"挑战杯"竞赛一等奖,引起了政府部门热议,并被其他省会城市借鉴。樊明教授和 23 名在校本科生共同完成的专著《退休行为及退休年龄研究》,已成为全国政协委员大会提案的重要依据,《中国青年报》等报纸专题报道了这一成果。日前,樊明教授带领 4 名本科生作为特邀嘉宾应邀参加了凤凰卫视"一虎一席谈"专题节目——"男女该不该同龄退休"。旅游系学生在教师带领下,参与了南阳市区、平顶山市区等地的旅游规划制定,促进了当地旅游资源的开发与利用。统计学系同学在老师的精心指导下,组成暑期社会实践调查小组,完成了调查报告《河南农村留守妇女状况调查研究》,在中国人文社会科学核心期刊、中国科技核心期刊《西北人口》2007 年第六期发表,《中国人口报》曾头版头条报道此次实践活动。

学以致用　知行统一

学校按照应用型人才培养的要求,构建了基本技能训练、专业素养训练、综合创新训练三位一体的实践教学模式。通过实践教学体系的不断完善,实践教学环节的切实加强,学生"上手快"、"后劲足"的培养目标已经实现。

1. 学生专业技能不断强化。学校以"挑战杯"全国大学生课外学术科技作品竞赛、"CCTV 杯"全国英语演讲大赛、全国大学生数学建模竞赛为重点,以高水平运动队、高水平艺术团体和高水平社团建设为主体,以大学生素质拓展训练为依托,以学生课外学术科技文化活动为载体,大力提高学生专业技能。近三年,会计学院获得会计从业资格证书的有近 500 人;国际经济与贸易学院学生获得各种职业(如物流、报关、报检、营销等)从业证书的有 140 多人;旅游管理学院学生仅获导游证的就有 100 多人;工商管理学院学生获得各种职业(如营销、公关等)从业证书的有百余人。学生在数学建模竞赛、会计知识大赛、全国非英语专业大学生英语竞赛、挑战杯等各类竞赛中获得省级及以上奖励353项。

2. 第二课堂活动丰富多彩。学校大力提倡并支持学生和学生团体开展课外科技文化活动。目前学校共有各类学生社团50个,注册社员10 000多人。近三年,学生社团共获得全国十佳学生社团1个、全国百强学生社团2个、河南省优秀学生社团标兵3个、河南省优秀学生社团4个。近三年,共举办各类科技文化活动1 602次,共有338 492人次参加,学术报告275次,共有51 592人次参加。学校自1994年提出并开始实施的"思想学术节""科技文化艺术节"和"体育节"已经成为提高学生参加文化素质的有效载体,受到广大师生的广泛好评。

3. 社会实践初显规模效应。学校把大学生社会实践活动作为育人的重要课堂。多年来,社会实践活动服务小分队,充分发挥和依托学校学科门类齐全、科研成果丰富的优势,积极推动社会实践活动项目化、基地化建设,奔赴全省各地开展科技支农等社会实践活动。近三年,学校建立了22个稳定的社会实践基地,连续三年被评为全国大中专学生志愿者暑期"三下乡"社会实践先进单位。多年来,学校大学生社会实践活动、青年志愿者活动一直受到上级组织和新闻媒体的充分肯定,《人民日报》《新华社每日电讯》《光明日报》《中国教育报》《中国青年报》等新闻媒体多次给予重点报道。

兼容并蓄　博采众长

近年来,学校围绕拓展类型、扩展领域、提升层次、丰富内涵的目标,就国际化办学进行了一系列有益的尝试与探索。

1. 培养复合人才寻先机。为顺应高等教育国际化的趋势,适应外资、合资企业对国际型人才的需求,学校在三个传统优势专业开设了国际型人才实验班,从三年级开始,引进国际名校教材,用英语授课,为培养能胜任涉外经济贸易、外资企业等涉外机构的实用型专门人才奠定了良好的基础。学校作为教育部大学英语改革试点院校,有两项国家级教改立项。在2007年度全国英语专业八级考试中,学校学生的通过率为82.82%,高出全国平均通过率(47.30%)35.52个百分点。

2. 牵手世界名校扩影响。学校先后与英国威尔士大学、美国密苏里州立大学、澳大利亚科廷科技大学、新西兰奥可兰商学院、爱尔兰卡罗理工学院签订协议,在联合培养硕士生、本科生、专科生层面开展合作。近两年,学校与爱尔兰的考克大学、美国的明尼苏达大学多所世界100强、500强大学签订联合培养本科生协议。目前已经推出了较为成熟的2+2项目和3+1+1项目。前者是指学生在校学习两年后到国外合作院校再上两年可获得本科学历;后者指在校学习三年后到国外合作院校学习1年获得本科学历后,如读研究生,在国外合作院校再读一年即可。学校最近又与牛津大学、卡迪夫大学、谢菲尔德大学、明尼苏达大学等世界著名大学进行了接触,在学术交流和研究、办学合作等问题达成了合作意向,实现了与世界顶级名校合作的突破。

3. 拓展办学类型阔空间。在博士培养层面,学校将被确定为省内博士学位建设单位,这为学校争取成为国家博士授权单位创造了有利条件。学校在校硕士研究生已经突破1 000人,其中普通硕士研究生543名。在职硕士学位研究生500多人。学校已经与爱尔兰的考克大学、美国的明尼苏达大学就共同进行本科生培养教育达成初步意向,今年有望在联合培养本科生方面取得新进展。2008年学校成为获准设立示范性软件职业技术学院的八所院校之一,并实现了当年申报当年招生的目标。在成人教育方面,2008年,学校和郑州大学、河南大学、河南科技大学被省自考委确定为全省四所高等教育自学考试本科专业助学考试试点高校。

海阔天空　尽显风流

学校以市场为导向,大力培养高素质复合型的特色人才,备受用人单位欢迎。与此同时,学校在培养服务地方经济社会发展需要的应用型人才过程中,积极引导毕业生树立正确的价值观和择业观,鼓励毕业生发扬"草根"精神,自主创业。

1. 为学生就业搭建平台。在全校上下的共同关注与努力下,全程化就业指导体系框架基本建立,必修课、选修课课堂教学水平逐步提高;信息化建设成效显著,就业信息网站平台功能不断完善,就业信息查询室对促进就业起到重要作用;就业市场建设稳步发展,省内外就业市场不断完善,长三角、珠三角就业人数不断增加;大型校园招聘会安全有序,专场招聘会连续不断,每年都为毕业生提供就业岗位15 000个左右,是毕业生总数的4倍左右。由于学校就业工作在全省同类高校中占有较高的地位,学校还多次举办有影响的重要活动,如:全省女性大学生就业招聘会、全省经济管理类毕业生就业双选洽谈会。这些招聘会的举办,都为学校毕业生就业搭建了较为宽广的平台。

2. 为学生创业提供服务。学校在培养服务地方经济社会发展需要的应用型人才过程中,积极引导毕业生树立正确的价值观和择业观,鼓励毕业生面向基层,多途径就业,自主创业,在祖国最需要的岗位上发挥自己的聪明才智。今年上半年,学校举办了民营企业家创业高校巡回报告会,副省长徐济超亲临指导,十多位企业家到会报告、对话。学校还组织召开大学生创业经验交流会,省政协、省工商联领导和知名企业家亲自与毕业生对话,给予辅导。近年来,学校涌现出许多自主创业的典型。如学校毕业生李爱玲毕业后,到宝丰县洼李村任村委会主任,取得了优异成绩,荣获了河南省"新长征突击手"等荣誉称号,被团中央选为"青春的选择"——大学生基层创业模范报告团成员。同时,在校生从事创业的人数逐年上升。近年来在校学生创办企业就有几十家,如邵红杰、刘东阁创办的前沿(中国)科技有限公司,王朝阳、陈丽丽创办的大树人装饰有限公司等,均比较成功。

3. 创业促就业成效显著。学校学生以"能干、肯干、会干"受到社会及用人单位的广泛好评和欢迎,学校办学水平受到社会的充分肯定。2008 年被评为全省就业工作先进单位;就业工作多次受到新华社、中央人民广播电台、《河南日报》、河南电视台、郑州电视台等多家新闻媒体的报道。据 2008 年中国校友会网推出的"中国造富大学排行榜"显示,学校因造就 2 位亿万富豪在培养财富人物方面取得仅次于郑大,比肩河大、河师大的成绩,位居全国第 47 名。据统计,学校毕业生占河南省建设银行系统员工的比例达 7.39%,占河南省农业银行系统员工的比例达 10.2%,占河南省中国银行系统 2001 年以来招聘员工比例的 37%。学校毕业生已经成为河南省某些行业的骨干力量,如中国神马集团公司副总经理张允春、郑州粮食批发有限公司董事长刘文进、广发银行昆明分行行长朱灿璋、中信银行石家庄分行行长韩光聚、郑州市商业银行行长王天宇等,他们在各自的岗位上发挥着重要作用。对 857 名毕业生所在用人单位的调查结果显示,对学校毕业生的综合素质表示满意的为 92.42%;认为学校毕业生基础理论和专业知识水平较好的为 95.57%;认为学校毕业生的开拓创新能力较强的为 98.83%;认为学校毕业生工作适应能力和社会适应能力较强的为 99.42%。

桃李不言 下自成蹊

在建校 10 周年的时候,学校获得了硕士学位授予权,在建校 20 周年的时候,学校的硕士点增加到 32 个,现在在校硕士研究生已经突破 1 000 人。经过 25 年的发展,成为河南省培养高级经济管理人才的重要基地。质量跟踪调查显示,财院毕业生在社会各界,特别在经济界有较大的影响,用人单位对历届毕业生的满意度达 95% 以上,享有"读经管专业,选财院;要经管人才,找财院"的良好社会声誉。

1. 专家满意。1998 年学校顺利通过本科教学工作合格评估,标志着学校本科教学水平达到了国家要求。2004 年再次启动本科教学工作水平评估工作之后,学校上下不畏艰难,埋头苦干,挖掘潜力,夯实基础。2008 年,学校围绕"确保合格、争取良好、冲刺优秀"的目标,拼搏进取,多措并举,凝练了办学特色,取得了优秀等次。据 2006 年中国管理科学研究院武书连等人推出的大学排名结果显示,学校生源质量在全国 700 多所大学中排名 133 位。

2. 上级首肯。学校自创办以来,得到了中央领导和省委、省政府的亲切关怀和大力支持。1998 年中共中央政治局常委、国务院副总理李岚清到学校视察工作;建校 10 周年,时任河南省委书记的李长春为学校题词——"培养合格人才,为振兴河南服务";建校 20 周年,全国人大常委会副委员长姜春云、时任河南省委书记的李克强发来贺信,对学校发展寄予厚望。学校先后获得"省级文明单位""河南省思想政治工作先进单位""河南省文明标兵学校"等荣誉。

3. 社会认可。据 2004 年河南日报进行的"我心目中最理想的大学"评选结果显示,学校排名第六位,位居河南省非综合性大学之首。2008 年学校再次荣获"河南公众最满意的十佳本科院校",位居大河网河南最具影响力本科院校第五名,近期又跻身河南教育十大品牌高校。2008 年,作为省内 6 所知名高校之一受邀参加了由河南日报、大河网联合举办的河南省教育高端论坛现场直播,面向全省推介办学经验。

4. 考生青睐。随着社会知名度的不断提高,学校吸引了众多考生的目光,报考学校的考生规模逐年扩大。以 2008 年为例,省内招生中,文科第一志愿上线4 414人,理科第一志愿上线3 437人,大大超过招生计划。文理科录取线均为541分,居省内二本院校录取线首位。省外招生,除广东省外,均为第一志愿录取且高于省控线录取。

(记者:李树华　通讯员:武彩鸿　蔡伟峰)

河南财经学院:活水有源　润物无声*

河南财经学院作为河南省唯一一所财经管理类本科院校,在共和国波澜壮阔的建设发展和改革开放的春潮中,始终坚持立足河南省情,紧跟时代步伐,服务中原崛起大局,瞄准地方的特殊要求,努力打造服务河南经济社会发展主战场的人才培养基地、智力资源基地、信息交流基地,实现了在服务中求发展,在发展中做贡献,在贡献中获双赢的良性互动。

紧扣区位特色　打造经济管理人才培养基地

河南省是一个位于中部地区的人口众多的农业大省、经济大省,河南财经学院的建立、建设和发展,始终与河南经济发展密切相关,学校的学科专业设置、师资队伍建设、人才培养始终以河南经济社会的需求为调控方向。

(一)专业建设搭建服务地方经济建设平台。建校之初,学校成立的农业经济管理系,主要针对河南农业发展需要培养掌握农业经济管理的基本方法和技能的本科生和研究生。适应河南旅游市场发展需要而成立的旅游系,很快获准设立旅游管理专业硕士学位点。学校在 2007 年开办了会展经济专业,主要针对面对河南会展专业人才匮乏的现状着力培养了解国际惯例和富有操作经验的专业人才,这在河南省尚属首家。学校现有 39 个本科专业(国家级特色专业 2 个),其中经济、管理类专业 26 个,占专业总数的

---

* 本文系《河南日报》2009 年 9 月 29 日对学校改革与发展的纪实报道。

66.7%,基本覆盖了教育部本科专业目录中经济管理类的所有专业。学校经济、管理类本科学生数占河南省普通高校经济、管理类本科在校生的比例近30%,形成了经济管理类专业最齐全、学术资源最集中、办学实力最强的应用型经济管理人才培养基地。

(二)人才集聚构筑服务地方经济建设高地。近5年,学校用于人才引进和学术队伍建设的经费达1200余万元,引进博士、硕士约300人。据统计,学校经济、管理类高级职称教师数占河南省普通高校的比例达7.28%;占河南省本科财经院校经济管理类正高、副高教师数比例达51.79%,基本形成了经济管理类师资优势明显的学科群体和结构合理的学术梯队。

(三)实践特色彰显服务地方经济建设成效。学校投资1200万元建立经济管理专业实验室,用于仿真、案例、模拟教学。学校"三位一体"(基本技能训练、专业素养训练、综合创新训练)的实践教学模式,作为学校的办学特色,在2008年教育部本科教学工作水平评估中得到教育部专家的高度评价。学生撰写的《郑州市区封闭快速道路系统可行性研究》,获得河南省第五届"挑战杯"竞赛一等奖,引起了政府部门热议,并被其他省会城市借鉴;以23名在校本科生为主力完成的专著《退休行为及退休年龄研究》一书,已成为全国政协委员大会提案的重要依据。据2008年统计,学校毕业生占河南省建设银行系统员工的比例达7.39%;占河南省农业银行系统员工的比例达10.2%;占河南省中国银行系统2001年以来招聘员工比例的37%。其中部分学生已经走到国内主要银行省级分行行长的位置。据2008年中国校友会网推出的"中国造富大学排行榜"显示,学校因造就2位亿万富豪在培养财富人物方面取得仅次于郑大,比肩河大、河师大的成绩,位居全国第47名。

紧盯中原需求　打造经济发展智力资源基地

作为省内唯一一所财经管理类本科院校,河南财经学院始终以促进河南经济发展、发挥高校智囊作用为己任,为政府决策、行业建设企业发展层面为中原崛起战略提供了强有力的智力支持。

(一)为政府决策提供理论参考。学院教师紧紧围绕省委、省政府中心工作撰写的《新经济对河南经济的影响》《未来20年河南产业发展研究》《河南经济发展若干重大问题研究》等重要文章和专著,被指定为"十一五规划""河南省全面建设小康社会规划纲要"主要参考文献。据不完全统计,学校重要文章和论证报告被徐光春、郭庚茂、陈全国等省领导批示近50余次。一些专家学者瞄准国际学术前沿问题进行的农户与农区发展等理论研究,成果引起了国际学术界的高度关注。杨承训教授关于粮食及农业问题的意见建议受到国务院副总理回良玉、省委书记徐光春的赞赏。5名专家参加了省委宣传部组织的助推河南经济发展大型调型活动。近期学校与鹤壁市达成全面合作意向。双方初步议定在战略研究、企业管理、发展咨询、人才培训、教育合作、实习基地建设等方面开展多方位合作。目前正加快推进与许昌市的合作。

（二）为行业建设提供智力支持。河南省旅游局借助旅游系的专家力量而成立的"河南省旅游发展研究所"挂靠在学校。杨承训教授围绕"旅游立省"战略提出的组建旅游企业集团的建议得到省政府主要领导批示。学校教师先后主持或参与完成了一大批河南省高层次旅游规划项目:河南省旅游发展总体规划、河南省"十一五"旅游产业发展规划、河南省文化产业发展战略规划等。学校教师承担的"河南省产业损害预警监测研究项目",其成果赢得了国家商务部、省政府的高度评价,承担的《河南省政府信息公开暨政府采购透明度研究》得到了加拿大国际发展署负责人以及省领导的赞扬。

（三）为企业发展提供咨询服务。近日,学校与河南煤业化工集团有限责任公司商定结为战略合作伙伴,开展全面合作:河南煤业化工集团提供资金500万元,在河南财经学院设立河南煤化发展研究基金,根据确定的重大研究选题,开展项目研究。学校教师也积极参与到企业发展企划,产生了良好的经济效益与社会效益:工商管理学院教授参与和主持豫白鸽、神马实业和焦作万方三家公司的改制和上市;为思达高科、亚细亚、郑百文、银基商贸城、河南省电力公司、河南省工商银行、民航河南省管理局等300多家企业提供咨询和策划服务。

紧跟时代步伐　打造经济社会信息交流基地

经济领域信息化对于进一步增强区域经济竞争力,具有十分重要的意义。近年来,学校十分注重通过加强信息交流不断强化社会服务功能。

（一）创建经济发展的数据库。近年来,学校不断加大投入,积极推进河南经济社会数据中心建设。河南经济社会数据中心立足河南,系统搜集整理了河南经济社会运行历史数据,全面反映了经济社会发展情况,为政府部门、金融机构、企业集团、研究机构及海内外投资者提供了宏观经济、行业经济、区域经济等方面的动态信息、统计数据和研究报告。从运行效果看,该数据中心在河南经济社会科学研究中的基础性地位作用已经显现。

(二)争当理论创新的排头兵。近几年,学校贴近河南经济实际,先后组织召开各类大型高层理论研讨活动近百场次,包括"科技主导经济理论研讨会""创新河南理论研讨会"等,徐光春、王全书等亲自出席会议并发表重要讲话,在省内外影响强烈。在全国影响颇大的"河南经济论坛"已经进行了8届,于光远、刘国光、厉以宁、吴敬琏等近40位国家资深名家担纲顾问并先后出席活动。由学校承办的"十七大理论创新与河南发展研讨会"得到省委书记徐光春的亲笔批示:"围绕十七大精神举办研讨会很好,希望你们结合河南实际认真研讨,为省委、省政府决策服务",省委副书记陈全国亲自到会并讲话。

(三)打造企业研讨的新阵地。学校曾与河南国际商会共同主办,美国密苏里州Springfield商会等协办的"中美中小企业发展研讨会",还先后主办了第一届、第二届、第三届"河南企业论坛"。3月下旬,河南省民营企业家创业高校巡回报告会启动仪式暨首场报告会在学校隆重举行。4月上旬,"河南省民营经济维权与战略发展高端论坛"在学校成功举行。7月中旬,由学校和河南省民营经济研究会联合举办的"河南省民营企业融资体系再造研讨会"在学校召开。

活水有源,河南财经学院的发展得益于厚重的中原文化,得益于发展的河南经济;润物无声,河南财经学院以经世济民为己任,以"三基"建设为途径,最大限度地发挥了社会服务的功能。今天的河南财经学院,正以科学发展观为统领,努力在中原崛起的伟大征程中,为河南经济社会发展做出新的更大的贡献!

(记者:王晖 通讯员:武彩鸿 蔡伟峰)

让创新之风舞动青春校园[*]

作为一所新升格为大学建制的本科高校,河南财经政法大学在办学实践中逐步探索出了一条以创新谋发展、以发展促创新的特色之路。

一、以战略的全局性,引领创新风尚。开展学术兴校大讨论,在思想的激荡与碰撞中孕育出校园新风:崇尚学术,推崇创新。《关于实施学术兴校 加快学校发展的意见》为创新型教育提供了最直接、最有力的支撑。

二、以教师的示范性,展示创新风骨。孙冶方经济学奖获得者杨承训教授针对世界粮食危机和我国粮食风险问题提出的建议,得到中央领导的重要批示;有的学者在国际期刊发表的跨国公司与中国区域发展、欠发达农区发展等方面的系列文章引起国际同行的关注,成果总被引用3 523次,专著《农户地理论》被中国地理学会理事长陆大道院士评价为"开创性力作"。

三、以教学的基础性,弘扬创新风范。设立帕尼斯创造性教学模式试点;仿照牛津大学的学术创新方法,在研究生中推行"六段论",培养学生学术创新的良好习惯。

四、以机制的长效性,保障创新风向。下发《大学生课外学术科技创新活动计划》,校长亲自担任"大学生科技创新工作领导小组"组长,每年提供

---

[*] 本文系《河南日报》2010年5月19日"培养创新型人才 办人民满意的教育"专栏中对学校创新教育改革的报道。

近百万元经费支持学生创新。

五、以载体的稳定性,浓郁创新风气。近三年共举办"财经高端论坛""财智大讲堂"等学术讲座300余场,参加学生10万人次。

(记者:李树华)

看似寻常最奇崛　成如容易却艰辛[*]
——河南财经政法大学诞生记

一年一台阶,十年一跨越。从动议合并组建大学的 2001 年到合并更名成功的 2010 年,原河南财经学院和原河南省政法管理干部学院师生十年磨一剑的奋斗历程必将以其浓墨重彩载入河南财经政法大学史册。在两校的发展历史上,从来没有哪 10 年的发展历程如此跌宕起伏、迂回坎坷,从来没有哪 10 年的发展成就如此扣人心弦、动人心魄。为回眸历史,昭示未来,特将 10 年来两校上下为合并组建所经历的风风雨雨、留下的点点滴滴写在河南财经政法大学成立的门槛上,以期激励来者、肇始宏图,是为记。

2011 年 11 月 21 日,河南省人民会堂彩旗飘扬,花香四溢。在省政协主席王全书、省委常委刘春良、省人大常委会副主任王菊梅、副省长张大卫、徐济超的拉动下,鲜红的锦缎缓缓滑落,熠熠生辉的八个大字"河南财经政法大学"映入了与会人员的眼帘,也走进了社会各界的视野,更走进了大学建设者的脑海深处。

(一) 春风化雨,润物无声——这是一场政策雨露的滋润

改革开放 30 年以来,中国高等教育取得了举世瞩目的成就。改革开放国策的大力推进、"科教兴国"方针的有效落实、"三个面向"战略的深入贯彻、"科学发展观"的宏观指导、《中长期教育规划纲要》的及时颁布,犹如春风雨露滋养着高等教育事业发展的土壤,使高校焕发出蓬勃生机和活力。

---

[*] 本文系《中国教育报》2011 年 1 月 14 日对河南财经政法大学诞生的纪实报道。

在此背景下,河南省委省政府大力实施科教兴豫、人才强省战略,营造了尊重知识、尊重人才的良好氛围,激发了全社会关注高等教育改革、支持高等教育发展的积极性和自觉性。

作为中国高等教育事业参与者、见证者和受益者,原河南财经学院与河南省政法管理干部学院所取得的每一步成绩与中国特色社会主义旗帜的指引密不可分,所收获的每一项成果与河南省委、省政府的关怀密切相连。沐浴改革开放的春风、经历市场经济洗礼的原河南财经学院,创办以来得到了中央领导和省委、省政府的亲切关怀和大力支持。1998年时任中共中央政治局常委、国务院副总理李岚清同志到学校视察工作;建校10周年,时任河南省委书记的李长春同志为学校题词;建校二十周年,全国人大常委会副委员长姜春云、时任河南省委书记的李克强同志发来贺信,对学校发展寄予厚望。原河南省省长何竹康曾说:"我在河南的工作中,做过两件事情让我最难忘和自豪,一件是参与小浪底工程建设,一件是创建河南财经学院"。河南省政法管理干部学院是一所有着光荣历史和革命传统的成人高校,其前身是1948年建立的豫西行政干部学校。后服从国家建设事业大局,几易校名,1985年6月,更名为河南省政法管理干部学院。

两校组建大学更是得到了有关领导同志的关心和大力支持。自两校商议组建大学以来,原河南省委书记徐光春、省长郭庚茂,历任主管省领导贾连朝、刘新民、王菊梅、孔玉芳、徐济超等先后对两校合并组建河南财经政法大学问题做出批示或到两校进行调研,支持两校合并。

政策的滋润、领导的关爱,让人如沐春风、催人奋发有为。站在河南财经政法大学诞生的新起点,学校唯有抓住机遇、再创佳绩,才能无愧于祖国,无愧于人民!

(二) 万众同心,其利断金——这是一首民心民意的赞歌

中国的发展和振兴需要中原的崛起,中原经济的发展和腾飞呼唤河南财经政法大学的诞生。

——更名之议发于民。河南是一个教育大省,栖居在这片文化热土上的亿万中原儿女始终对高等教育发展充满热切期待。大家通过教育热线、高招咨询、网络留言等形式表达了对组建河南财经政法大学的强烈期盼和美好祝愿。21世纪以来,伴随着合并实现优质资源互补、迅速提升综合实力的高校结构调整进程,两校师生对于通过两校合并实现更名大学的目标

寄予厚望。两校的教授、省人大代表和省政协委员曾数次分别联名向省有关部门和领导致信,提出合并组建大学议案,得到了省领导的批复和支持。

——更名之盼源于民。原河南财经学院2008年荣获"河南公众最满意的十佳本科院校",2009年,荣获"河南最具影响力的十大教育品牌",2010年的录取分数更是超过省定分数线36分。即将合并更名大学的消息引发了社会的高度关注和普遍看好,采访、咨询、求证电话和邮件接踵而至。诸多考生来信,表达他们就读的迫切心情与强烈愿望,寄托大家对更名大学的殷切期盼和美好祝愿。

——更名之举成于民。合并更名大学、提升办学层次成为近10年全校上下凝心聚力搞建设、韬光养晦谋发展的精神支柱。这一精神状态在原河南财经学院本科教学评估中得到了最集中的展现和最生动的反映。在学校的统一领导和部署下,全校师生员工认真贯彻"以评促建、以评促改、以评促管、评建结合、重在建设"的评估方针,把爱校的情感转化为迎评促建的坚定信念,把荣校的决心转化为迎评促建的实际行动,把兴校的力量转化为迎评促建的现实成效,取得了评估优秀等次。在学校更名准备过程中,全校师生迸发出了一种爱校如家的热情、奋发有为的激情、敢于胜利的豪情,这些宝贵的精神财富将是学校建设大学的力量之源和胜利之本!

——更名之果喜于民。当从教育部传来合并更名获批的喜讯时,同学们奔走相告,老师们同心祝贺。揭牌庆典现场一名资深老教授即兴赋诗:"百炼赢得财大名,揭牌会堂动商城。鼓乐雷响声比潮,彩旗飘飞气如虹。八方仪贺情殷殷,师生颜开兴浓浓。共愿中原中兴日,一流财大又新征"。欣闻河南财经政法大学成功组建,中国人民政治协商会议全国委员会、教育部等上级部门,北京大学、中国人民大学、爱尔兰考克大学、美国明尼苏达大学、日本名古屋大学等知名学府纷纷发来贺电贺信。揭牌庆典当日更是有数百家兄弟院校、百余家友好单位如约而至。中科院院士、郑州大学校长申长雨的发言道出了兄弟院校的祝贺与期许:河南财经政法大学的成立是"高等教育界的一件大喜事",希望学校"早日建成一所学科特色鲜明、人才质量一流、科研成果丰硕的高水平大学"。

(三) 厚积薄发,孜孜以求——这是一首自强不息的诗篇

冰冻三尺非一日之寒,滴水石穿非一日之功。合并组建大学的过程不仅仅是名字变更的过程,更是办学理念深化、办学思路拓宽、办学质量提高、

办学特色凸显的过程。

大学教育是长征，长征的成败在于旗帜

学校如何发展,关键在于旗帜。旗帜就是方向,旗帜就是召唤,旗帜就是力量。在对国内外高等教育发展趋势分析把握的基础上,2006年学校审时度势,提出学术兴校战略,开始按照大学构架及理念引领发展、谋划未来。学术兴校作为学校发展的第一旗帜,为学校各项事业的发展提供了最直接、最有力、最有效的支撑。经过几年的实践、检验和与完善,以"学术"为中心,以"质量、人才、特色、制度"为四个基本点的战略构架逐步形成。在"学术兴校"这一发展大旗的指引下,质量立校、人才强校、特色名校、制度治校成为推动发展的有力抓手和坚实载体。

大学教育是科学,科学的繁荣在于学术

在"学术兴校大型系列研讨活动月"中,学校领导、机关处室人员、师生代表等各单位、各层面人员畅所欲言,积极建言献策,在思想的激荡与碰撞中达成了高度共识:

——学术为魂。学术是一所大学的灵魂,是大学生命力的核心体现。没有学术就没有大学生命,更没有大学的成长和发展。

——学术为本。学术是高等学府有别于其他社会组织的本质标志。学术是大学的立校之基、发展之本、力量之源。学术是一所大学竞争力和影响力的集中体现,大学之间的竞争归根结底是学术的竞争。

——学术为纲。学术处于学校工作的核心地位,其他各项工作都必须围绕学术、服务学术。学术贯穿于本科生教学、研究生教学、科学研究、技术发明、科学普及以及所有为此而进行的管理和服务之中,是以上办学行为的纲领。纲举目张,学校要科学发展,必须走靠学术聚人才、以学术保质量、借学术育特色、用学术促管理的持续发展之路。

——学术为上。大学要对学术有崇拜之心、敬仰之心。要敬畏学术事业,敬重学术大师,推崇学术权力。树立学术至上的观念,有助于形成崇尚学术、尊重学术、探求学术的浓郁氛围。

此次思想大讨论历时之久、参者之众、成果之丰、影响之远,在建校历史上尚属首次。思想的统一带来了行动的自觉,行动的自觉收获了丰硕的成果。

——催生了优势突出的学术成果。仅从CNKI发表各种学术论文来看,2005年至2009年,由590篇增至1 100篇,近3年,学校出版专著、教材300余部,获省部级以上优秀科研成果奖40余项,"顶天立地"的学术格局初步形成,研究成果实现了由数量型、职称型向质量型、学术型转变。其中,杨承训教授的《中国特色农业现代化道路理论创新与分阶段分区域推进方略研究》项目获批国家社科重点项目;李小建教授主持完成了国家自然科学基金重点项目《农户与地理环境相互作用下的中部农区社会经济协调发展研究》和其他7项国家基金项目;被媒体誉为"提出发行地震赈灾专项彩票第一人"教师冯百鸣,其学术研究成果促使财政部改变彩票有关游戏规则。

——形成了特色鲜明的学术方阵。研究院、全球化与中部经济发展研究所等10多个学术研究机构也似雨后春笋先后应势而生。河南经济研究中心、河南经济伦理研究中心、河南省应用经济学开放研究中心、河南省诉讼法研究中心等5个省级重点研究基地在汇集科研人才、培育学术高地方面的作用日益突出。2010年9月,会计、金融等6个硕士专业学位正式落户,同年4个一级学科硕士点获批,至此学校硕士点已升至54个;在2008年进行的第七批河南省重点学科评审中,学校5个一级学科和两个二级学科成为省级重点学科;应用经济和工商管理两个一级学科获批省级重点资助学科。

——营造了日益浓厚的学术氛围。在教师的引领、带动下,在校生谈探究学术的积极性、创新研究的应用性都实现了新的突破;研究的视角由校内转向社会,竞争的舞台由省内延至全国,学习的视野由国内拓至国际。更可喜的变化来自观念:过去,在部分教师的眼里,应用型、实用型人才的培养与学术关系不大,而今,崇尚学术、探求真知应主导应用型人才培养的理念已成为广大教师的共识。过去,在大部分本科生心中,学术创新的主力应是教师和研究人员,或者是博士生、硕士生,跟自身无缘。而今,人人都是学术主力,个个争当创新能手的风气已经演化为校园潮流。

大学教育是工程,工程的根基在于质量

科学发展观在高等教育领域表现为质量观。教学质量是大学生存、发展的生命线,提高教育教学质量是学校工作永恒的主题。

——以教学评估为契机提高教学水平。学校迎评促建工作从2005年启动到2008年接受评估历时3年之久。三年来,学校围绕本科教学这一中心工作,积极更新教育观念,持续深化教学改革,切实规范教学管理,着力健全教育质量标准体系、保障体系、监控体系,形成了领导重视教学、教师热爱教学、科研促进教学、经费确保教学、管理服务教学的有效机制和良好氛围。同时学校"根植中原文化沃土,构筑三位一体实践教学模式,培养健全人格的应用型人才"的鲜明办学特色,得到教育部专家的充分肯定。

——以质量工程为载体促进内涵建设。通过实施项目化运作方式,建设示范性教学质量与教学改革工程项目,逐步推进专业建设、课程建设、教材建设、实践教学、人才培养模式、教学团队建设的特色化、品牌化。2009年、2010年连续投入专项资金用于教改项目和本科教学质量工程立项,2009年,为了促进学生和教师的课堂互动延伸到课外适时交流,专门加强网络课程平台建设,对20多门课程进行了重点资助。经过3~5年的持续建设,预计到2013年,将学校的网络课程平台建设成数字化的学习中心和课程资源中心。

——以培养模式抓手拓展素质教育。学校在多年办学实践中搭建了学用一致的实践教学体系,构筑了基本技能训练、专业素养训练、综合创新训练的实践教学模式。学校投资1 200万元建立了经济管理专业实验室,引入仿真、案例、模拟教学。在本科人才培养方案中嵌入了绿色财经教育模块课程,开设了包括《可持续发展概论》等17门公共选修课以锻炼学生协调经济、社会、资源、环境之间的关系的技能,培养可持续发展思想。在第二课堂,学校开设"校内学者系列讲座进讲堂""财智大讲堂"等系列学术讲座,拓宽学生学术视野。学校把创业教育贯穿人才培养全过程,尤其是在高年级集中较长一段时间用于创业实践和实训,以培养和加强大学生创意理念、创新精神和创业能力。据调查,用人单位对学校毕业生环境适应能力、合作能力、创新能力、组织管理能力等综合素质的评价,平均优良率达94%。

——以国家成果为标志检验教学质量。2008年,学校获得教育部本科教学工作水平评估优秀等次;司林胜教授主持完成的《面向商务应用的电子商务本科专业教学模式研究与实践》和随新玉教授主持完成的《财经类人才培养目标、培养过程优化的研究与实践》和教师参与完成的《中西部地区高等教育专业结构调整的研究与实践》等3项成果获得第六届国家级教学成果奖,此外还有数十项省级教学成果奖落户学校;近年来打造了4个国家级特色专业和7个省级特色专业,获批省级教学团队3个,建成了河南省实验教学示范中心——经济管理实验教学中心。

大学教育是事业,事业的兴旺在于人才

大学乃大师之所,有大师方成大气。一位大师,就是学校一面旗帜,就是学术兴校的最直接成果和最显著标志。

——以人才汇集学术力量。早在2001年,原河南财经学院就制订了《关于培养和引进高层次人才的若干规定》,并在《光明日报》发布招聘启事,面向全国延揽人才。对于引进的博士生和学科带头人,给予安家费10

万元、科研启动经费5万元、月薪补贴4 500~5 500元的待遇。这项政策的实施,在社会上引起了巨大反响,吸引诸多名校博士来校工作。2009年,学校再次在《光明日报》发布启事,面向海内外招聘研究院院长等人选,引起社会的广泛关注。近3年,学校用于人才引进和学术队伍建设的经费达2 000余万元,引进博士、硕士约400人。

——靠人才扩大学术声誉。学校教师瞄准学术前沿,立足国家建设需要,承担了多项重大研究课题。杨承训教授针对世界粮食危机和我国粮食风险问题提出《实施"八高"工程 化解四大矛盾》的建议,得到中共中央政治局委员、国务院副总理回良玉的重要批示;李小建教授在国际期刊发表的跨国公司与中国区域发展、欠发达农区发展等方面的系列文章引起国际同行的关注,成果总被引用3 593次,出版的《农户地理论》被中国地理学会理事长陆大道院士评价为"对'地理学、人—地系统'及其空间结构理论是一个重要的贡献"。学校还采取有效的激励机制,充分发挥"二八"定律(通过20%人的示范效应带动80%人的充分发展),在全校上下形成一种见贤思齐、比学赶超的良好氛围。

——用人才带动学生创新。广大教师的学术观点、创新研究启发了学子的创新思维,激发了大家的科研热情。统计学系教师周福林带领5名本科生组成暑期社会实践调查小组,完成了调查报告《河南农村留守妇女状况调查研究》在核心期刊《西北人口》上发表,《中国人口报》曾头版头条予以报道。已成为全国政协委员大会提案的重要依据、历时一年完成的《退休行为及退休年龄研究》(专著)就是由1名教授带领20余名在校本科生共同完成的。

大学教育是艺术,艺术的灵性在于特色

办学特色是高校规避劣势、错位发展,获取竞争优势和可持续发展价值的内在逻辑要求和重要战略抉择。

——用创新引领校园风尚。学校仿照牛津大学的学术创新方法,在研究生中推行科学研究的"六段论",鼓励学生养成学术创新的良好习惯。每年一度的全校大学生课外学术科技创新工作表彰大会是学生创新领域的盛会。校长亲临大会为获奖者颁一次奖、和与会者进行一次座谈已约定俗成。在对第十一届"挑战杯"全国大学生课外学术科技作品竞赛决赛获得者的采访中,大家不约而同地谈到了李小建校长座谈中提到的"DNA"发现始于英国剑桥伊格尔(Eagle)酒馆这一事例对他们的启发和激励。近3年,在国家级、省级各类大学生科技竞赛中,学校学生荣获308项奖励。由樊明教授带领本科生撰写3部专著由社会科学文献出版社先后出版。其中《退休行为与退休政策》受到《光明日报》、中央电视台等国内百余家新闻媒体关注、转载。

——用服务实现社会价值。学校始终坚持立足河南的服务面向,融入河南、服务河南。杨承训教授的黄河流域经济研究,李小建教授的欠发达农区与农户研究,李鸿昌教授联系河南实际所进行的金融、投资理论与对策研究,郭军教授等的未来20年河南产业发展研究,郭文轩教授的中原城市群理论研究均在河南经济社会领域发挥了重要作用,产生了良好的经济效益和社会效益。郭军教授关于"河南省产业集群化发展与战略支撑产业成长性研究"被《省长专报》全文刊载,史自力教授提出的"全球经济衰退下,河南经济增长需要增加软资源存量"的观点得到郭庚茂省长高度评价。师求恩教授主持的《河南省"十一五"服务业总体发展规划纲要》,直接被河南省发改委全文采用。李卫平教授参与起草了《中华人民共和国司法鉴定法》。第十一届全国人大代表邱瑛琪教授的研究成果《预防职务犯罪研究》被省纪委和省检察院采纳。

——以开放拓展合作空间。近年来,学校与牛津大学、卡迪夫大学、谢菲尔德大学等著名大学在学术交流和研究、办学等方面达成了合作意向。作为河南省首家、全国第三家与国外大学合作在国内共建校园的高校,学校与世界500强高校考克大学签署协议:双方合作在郑共建校园,爱方提供课程和教师。该项目得到了爱尔兰政府总理、教育部长、外交部部长的高度关注和大力支持。与此同时,学校引进发达国家的优质教育资源,组建国际商学院也在实施之中。学校还在"会计学""金融学""国际贸易学""工商管理"等四个传统优势专业开设了国际型人才实验班,从三年级开始,引进国际名校教材,用英语授课,以培养能胜任涉外机构和企业的实用型专门人才。

大学教育是变革,变革的规范在于制度

制度可以物化思想理念,是办学思想理念转化为行为实践的中介,是大学科学发展的必要环境支持。

——突出制度的系统性。近3来,学校先后出台200余项规章制度,既有宏观层面的方略、方向,也有微观领域的措施、细则,既有着眼长远的长期规划,也有立足当前的过渡方案,内容涉及教学、科研、人事、财务、外事、学生管理等各个方面。完备的制度为学校各项工作走向规范化、科学化、系统化提供了有力的制度保障。

——注重制度的层次性。大见机制,小见措施;上有方略,下有细则。这种纲目结合、突出互补、强化支撑的制度体系是制度治校的又一特色。2007年初,学术兴校大讨论的标志性成果——《关于实施学术兴校 加快学校发展的意见》出台,学术兴校的战略地位在制度层面被正式确立。2008年,学校根据教育部专家组的整改建议,十余部涉及专业建设、课程建设、课堂教学建设、实践教学建设等文件连续出台,为持续巩固本科教学成果、深入推进质量立校战略奠定了坚实的基础。

——强化制度的学术性。突出学术地位,保障学术权力是学校制度建设的核心。学校不断通过制度建设的途径完善议事规则,规范决策程序。凡是与学科、学术发展有关的重大决策,都在学术委员会上予以讨论,充分发挥了学校学术委员会在学校发展规划、重大课题立项、学术成果认定、重大制度建设等事项中的指导、咨询和参谋作用。

(四)矢志不移,历久弥坚——这是一曲攻难克坚的凯歌

大学非大楼之谓也,然大楼不可或缺。面对办学空间狭小的瓶颈制约,学校在2003年即提出"内抓机制、外引资源、拓展空间、科学发展"的办学思路,其中新校区建设是拓展办学空间的重要举措。

事非经过不知难。从2003年12月19日学校征地工作领导小组的成立到2004年10月21日河南省发改委批复新校区建设项目建议书,从2005年2月2日新校区建设指挥部成立到5月10日河南省发改委批复总规,从2006年1月22日新校区开始回填土方到2006年9月因政策原因被迫停工。期间的坎坷、波折、艰辛至今令人记忆犹新。功夫不负有心人,2009年4月13日,新校区建设指挥部重新挂牌办公。4月24日,新校区食堂打下了第一根预制混凝土管桩,标志着新校区建设的正式破土开工。

2009年,是新校区建设如火如荼、热火朝天的一年。2009年11月,省会郑州天气突变,大雪纷飞。新校区建设工地水电中断、道路被封,卫世文指挥长带领指挥部的同志硬是以水煮白菜、篝火取暖的方式渡过了风雪交加、饥寒交迫的7个日日夜夜;为确保质量、推进工期,指挥部人员以手工除雪破冰、喷灯照射融雪的原始方法维持、维护着混凝土的浇筑;指挥部两名年轻同志的婚期一再拖延,并在婚礼的第二天返回工作岗位……这些感人至深的场景和刻骨铭心的记忆永久定格在了新校区建设的壮美画卷之上。建设期间,原河南省委常委、郑州市委书记王文超、郑州市市长赵建才、教育

厅常务副厅长肖新生等多位领导多次到新校区建设工地视察指导并现场办公,给予学校宝贵的支持和难得的帮助。有志者事竟成。2010 年 1 月 22 日,新校区一期宿舍、食堂、浴室基础和主体工程顺利通过验收。新校区建设者们以 16 个月的时间、18 万平方米的建筑面积、顺利通过了工程合格验收成绩演绎了新校区建设的传奇。骄人的建设战绩得到了全国高校设置评议委员会专家的高度赞赏。

(五) 艰难困苦,玉汝以成——这是一幅风雨兼程的画卷

2001 年初,两校开始商议合并组建大学并多次联合向有关部门行文请示合并组建事宜,同时赴教育部汇报情况;

2003 年 7 月,两校向省教育厅、省政府上报了关于合并组建河南财经政法大学的请示文件后,得到了省委、省政府有关领导同志的关心和大力支持;

2004 年 9 月,两校共同在郑州新区购地 1 540 亩用于建设新校区并在省教育厅、省发改委等政府部门的主导与协调下完成了在校生规模核定、新校区规划等工作;

2005 年 1 月,两校成立了新校区建设指挥部,投资 2.1 亿元用于新校区的购地和建设;11 月,省教育厅专家组莅临两校,就合并组建河南财经政法大学事宜进行实地考察。

这是一次漫长的等待,更是一次漫长的备考:两校领导班子为了合并更名,呕心沥血、殚精竭虑,相关工作人员也付出了大量努力……

2009 年 6 月 29 日,河南省高校设置委员会专家组对学校进行实地考察。意见反馈:两校合并组建大学的工作,目标是明确的,措施是有力的,成效是显著的;

12 月 20 日,黄河迎宾馆,李小建院长代表两校以有理有据的答辩全票通过河南省高校设置委员会的评审;

12 月 21 日,省政府常务会议研究决定向教育部申报河南财经政法大学;

12 月 25 日,教育部专家抵达学校实地考察;

2010 年 1 月 21 日,组建河南财经政法大学在广西南宁顺利通过国家高校设置委员会专家票决;

2 月 2 日,教育部正式向社会公示;

3月18日,教育部正式致函河南省人民政府,批准成立河南财经政法大学!

十年的奋斗历程,凝聚了太多人的心血,倾注着太多人的情感。广大师生员工艰苦卓绝的奋斗历程再次印证了:在学校建设和发展的进程中,必须时刻保持昂扬向上的精神状态,必须充满强烈的责任感和忧患意识,必须抢抓机遇而不能贻误时机,必须解放思想而不能故步自封!

(六)蓄势待发,扬帆远航——这是一条未有穷期的征程

成功的喜悦固然值得分享,但使命的重托更是催人奋进。如何建设一所特色鲜明的教学研究型大学,是摆在学校面前的一项全新课题。

——见贤思齐,形成比学赶超的趋势。以"大学发展高层论坛"为平台,邀请北京大学原校长许智宏教授、武汉大学校长顾海良教授、南京大学党委书记洪银兴教授等10余名名校校长书记为学校传授经验、指点迷津。诸位教育大家的指引与启发,在全校上下掀起了追求大学理想、铸就大学精神、完善大学职能、实现大学价值的热潮。

——搭建平台,巩固弘扬学术的气势。11月20日,由中国经济学年会秘书处和河南财经政法大学联合主办的第十届中国经济学年会开幕式在河南省人民会堂举行。政协全国委员会常务委员兼经济委员会副主任、国务院发展研究中心资深研究员吴敬琏,北京大学副校长、中国经济学年会理事长海闻,北京大学国家发展研究院常务副院长、中国经济学年会秘书长巫和懋等名家如约而至。河南省人民政府副省长刘满仓代表河南省人民政府对中国经济学年会在郑州的召开表示祝贺,并希望此次年会的举办能为河南经济把脉问诊,为中原经济提供有力的理论支持和实践指导。多位经济学家以"未来十年的中国经济"为主题给学校的两万余名师生带来了一场学术盛宴。11月12日中国信息经济学会2010年学术年会正式拉开序幕。中国工程院院士、中国科协前副主席胡启恒、中国信息经济学会名誉理事长、著名经济学家乌家培教授和来自全国各地的近150位专家学者参加年会。为期4天的会程,与会专家和广大师生分享了信息经济与信息管理领域的最新研究成果。

——乘势而上,延续追求卓越的态势。河南财经政法大学获批仅半年有余,但已经表现出了良好的发展态势:在首次以河南财经政法大学名义的招生中,录取分数超过省定分数线36分;8月,在第七届"挑战杯"中国大学

生创业计划大赛中,学校选送的两项作品摘得国家级银奖并被团中央授予"优秀组织奖"。10月,作为河南省第一所与台企合作共建人才培训机构的高校,学校与台湾环宇集团合作共建河南金融人才培训中心的项目建设已经启动。以上成绩无疑是给河南财经政法大学最好的献礼,这也充分展示全校上下在新校名鼓舞和感召下蓬勃朝气和昂扬士气!

植根中原文化沃土,历史的厚重让人不敢懈怠;投身中原崛起大潮,时代的重托催人奋发有为。"为中原经济区建设再立新功,为高等教育事业发展再创辉煌",李小建校长在揭牌庆典大会上的掷地有声的话语不仅是对全校师生吹响的前进号角,更是对社会各界的庄严承诺。

学术兴校永无止境,科学发展未有穷期。当前全校2万余名师生员工正上下一心,携手奋进,立志在中原崛起的大潮中书写恢宏而绚丽的明天!

(通讯员:蔡伟峰)

将教育软实力转化为对中原经济区建设的硬支撑[*]

河南财经政法大学在办学实践中,立足河南省情,紧跟时代步伐,瞄准地方的特殊要求,面向河南经济社会发展的主战场,充分发挥自身特有的办学资源,不断培育和凝练办学特色,坚持在服务社会上形成比较优势,在充分发挥高校四大职能中努力打造品牌,实现了在服务中求发展,在发展中作贡献,在贡献中获双赢的良性互动。

一、坚持学以致用的育人方向,彰显人才培养的应用性

学校始终坚持以服务河南经济社会的需求为目标,凭借自身财经、管理、法学等优势特色,为区域经济发展培养经济、管理、法律等专业人才。

专业设置紧扣区域经济发展。结合河南省农业人口众多、农区面积广大、农副产品丰富的地方区位特点,重视黄河经济,紧扣农业发展,服务农村经济建设。建校初期成立的农业经济管理系,主要针对河南农业发展需要培养掌握农业经济管理的基本方法和技能的本科生和研究生,同时,相继举办了乡镇企业培训班、农林实用人才培训班、粮农干部培训班等,为河南农业经济发展培养人才。适应河南旅游市场发展需要而成立的旅游系,很快获准设立旅游管理专业硕士学位点。学校在 2007 年就开办了会展经济专

---

[*] 本文系《河南日报》2011 年 11 月 30 日对学校改革与发展的纪实报道。

业,主要针对河南会展专业人才匮乏的现状,着力培养熟悉展览业务、了解国际惯例和富有操作经验的专业人才,这在河南省尚属首家。学校注重服务农村建设,长期致力于支农社会实践,诸多教师把研究课题锁定在农村经济发展上,帮助农村规划与发展,金融学院博士服务团奔赴新乡、卫辉等地,分类进行问卷调研,并把调研结果及时反馈当地政府部门。学校教师长期关注黄河问题,杨承训教授撰写的《黄河流域经济》是我国第一部专门研究黄河流域的经济学大型专著。

人才培养突出专业特色优势。学校采取团队引进、创业引进、智力引进等形式,积极打造专业人才培养的立体师资工程。搭建了基于学科和基于项目的人才团队,建立了从国家级特聘教授、省级特聘教授,到优秀博士、优秀硕士的多层次人才体系。同时,在"会计学""金融学""国际贸易与经济""工商管理"四个优势专业中开设了国际型人才实验班,引进国际名校教材,用英语授课,以培养能胜任涉外机构和企业的实用型专门人才。

培养模式突出实践特色。学校"三位一体"(基本技能训练、专业素养训练、综合创新训练)的实践教学模式,作为学校的办学特色,在2008年教育部本科教学工作水平评估中得到教育部专家的高度评价。学校投资1 200万元建立经济管理专业实验室,用于仿真、案例、模拟教学。该实践教学模式催生了大量由学生完成的应用性科研成果:资源与环境科学系学生撰写的《郑州市区封闭快速道路系统可行性研究》,获得河南省第五届"挑战杯"竞赛一等奖,引起了省相关部门热议,并被其他省会城市借鉴。统计学系学生完成的调查报告《河南农村留守妇女状况调查研究》,在中国人文社会科学核心期刊、中国科技核心期刊《西北人口》上发表,《中国人口报》曾头版头条报道此次实践活动。由于学生"上手快""后劲足",部分学子已成为河南经济社会领域的生力军。

二、坚持崇尚学术的科研导向,彰显科学研究的创新性

科学研究注重构筑"顶天立地"格局。"顶天",即依托学校自身的科研基础和优势,面向国家、地方战略需求和学科前沿,积极开展高层次尖端研究,努力向"高、精、尖"方面发展,努力形成一批具有国内乃至国际先进水平的重大研究成果。"立地",即加强应用性研究,注重科研成果的应用和推广,促进学校科研积极切入地方经济和社会发展。基于学术兴校战略的

引领,产生了一大批原创性、标志性、前沿性的研究成果。近五年,学校承担国家级科研项目 31 项,省部级科研项目 500 余项。学校教师在《中国社会科学》《经济研究》以及国际 SSCI、SCI 检索期刊等权威学术刊物上发表论文的数量逐年增加。李小建教授主持完成了国家自然科学基金重点项目《农户与地理环境相互作用下的中部农区社会经济协调发展研究》和其他 7 项国家基金,其瞄准国际学术前沿问题进行的农户与农区发展等理论研究,引起了国际学术界的高度关注,成果被引用超过 4 000 次;乔法容教授发表的《社会主义核心价值体系的主要功能》一文,被《光明日报》评为年度十大学术热点支撑文章;李卫平教授参与起草了《中华人民共和国司法鉴定法》,主持起草的《河南省司法鉴定管理条例》已经颁布实施。冯百鸣教授的研究成果被财政部采用,改变彩票有关游戏规则。

科学研究注重为政府决策提供理论参考。学校教师紧紧围绕省委、省政府中心工作撰写的《新经济对河南经济的影响》《构建产业链条、提升核心竞争力》《河南经济竞争力评析》等重要文章和专著,不仅被省委、省政府主要领导批示并给予高度评价,而且还被指定为"十五计划""十一五规划""河南省全面建设小康社会规划纲要"主要参考文献。据不完全统计,学校重要文章和专著被省委、省政府领导批示近 50 次。杨承训教授针对粮食风险问题提出《实施"八高"工程 化解四大矛盾》的建议受到国务院副总理回良玉的赞赏。史自力教授提出的"河南食品产业要有一个 30 年的发展战略"和"全球经济衰退下,河南经济增长需要增加软资源存量"等观点得到郭庚茂省长高度评价。师求恩教授主持的《河南省"十一五"服务业总体发展规划纲要》,直接被省发改委全文采用。近期学校还与鹤壁市达成全面合作意向。双方初步议定在战略研究、企业管理、发展咨询、人才培训、教育合作、实习基地建设等方面开展多方位合作。

科学研究注重为行业建设与企业发展提供智力支持与咨询服务。学校注重科研成果的转化利用,积极履行为社会服务的职能,先后与省旅游局、河南煤业化工集团、河南建业集团签订了产学研合作协议,建立科研基地,开展合作研究。河南省旅游局借助旅游与会展学院专家成立的"河南省旅游发展研究所"挂靠在学校。学校教师先后主持或参与完成了河南省旅游发展总体规划、河南省旅游资源普查、河南省文化改革实验区建设等一大批河南省高层次旅游规划、调查等项目。学校由多名博士组成的专家组承担了"河南省产业损害预警监测研究项目",其成果赢得了国家商务部、省政府、省商务厅以及业界的高度评价和肯定。学校承担的《郑石高速建设中的效能监察研究》得到省监察厅、省交通厅的高度评价。学校还积极与企业合作,提供咨询服务。与河南煤化集团结为战略合作伙伴,开展项目研究。学校鼓励教师充分发挥经济管理专业优势,为企业发展提供咨询服务,豫白鸽、神马实业、焦作万方等大型知名企业,都在学校专家教授指导下,成功改制和上市,产生了良好的经济效益与社会效益。

三、坚持立足中原的服务面向,彰显社会服务的实效性

服务地方经济社会发展突出学科建设龙头地位。学校重点扶持围绕服务区域经济发展的学科。注重凝练学科特色,拓展传统学科,壮大优势学科,扶持特色学科,发展新兴学科,重视应用学科,培育交叉学科,精心打造优势学科集群。根据河南省委提出的实现"中原崛起"目标,学校适时调整学科专业布局,推进学科建设从外延向内涵提高发展。学校目前有8个硕士学位授权一级学科,54个硕士学位授权二级学科;理论经济学、应用经济学、工商管理、管理科学与工程、农林经济管理五个省级重点一级学科;有44个本科专业,会计学、金融学、工商管理、国际经济与贸易四个国家级特色专业;形成了以经济学、管理学、法学为骨干,理学、工学、文学等多学科协调发展的学科体系。根据"中国大学及学科专业评价报告",学校进入中国大学分学科门类竞争力(前5%)方阵,管理学学科位列全国第24。

优势学科建设注重项目化运作与重点实验室建设。学校充分利用已有的优势和特色,集中相对有限的人力和物力,在基础学科和应用学科相结合、传统学科和新兴学科相嫁接的学科建设思路指导下,花大力气有重点进行项目化运作,培育若干门优势学科。学校按照"四个重在"的实践要领,大力加强示范性学科建设与教学改革工程项目,致力推进专业建设、课程建设、教材建设、实践教学、人才培养模式、教学团队建设的特色化、品牌化。2009年、2010年分别投入100余万元资金用于教改项目和本科教学质量工程立项。司林胜教授主持完成的《面向商务应用的电子商务本科专业教学模式研究与实践》、随新玉教授主持完成的《财经类人才培养目标、培养过程优化的研究与实践》和陈国维教授参与完成的《中西部地区高等教育专业结构调整的研究与实践》等获得第六届国家级教学成果奖。河南经济研究中心、河南经济伦理研究中心、应用经济学开放研究中心、诉讼法研究中心四个省级重点研究基地充分发挥科研优势,积聚力量,密切配合省委、省

政府及市县重大决策开展调研,加强中原经济区建设重大理论问题和现实问题研究,全方位为各级党委、政府和企事业单位提供理论咨询,以及重大发展规划的论证。学校研究机构已成为高水平决策咨询服务基地。

四、坚持厚德载物的文化取向,彰显文化传承的厚重性

传承、创新文化,是大学的历史责任。河南财经政法大学在长期的办学实践中,坚持教书与育人相结合、学校与社会相结合、科学精神与人文精神相结合,注重从丰厚的中原传统文化积淀中汲取养料,并将其融入人才培养的教育教学过程,创建了体现历史传承、时代风格和学校特色的校园文化。

人才培养汲取中原文化精髓。近年来,学校先后在焦裕禄的故乡兰考县、在具有"愚公"精神的太行山区和红旗渠所在地林州市等地建立大学生社会实践基地和人文素质教育基地;利用河南地下文物资源丰富的特点创建了"钱币博物馆";把中原优秀传统武术资源引入教学,开设少林武术、太极拳等特色体育课程。这些都是学校把中原文化融入育人特色的鲜活例证。在中原文化的熏陶下,学生"朴实、诚实、务实"的良好道德品质逐步形成,了解河南、热爱河南、建设河南的情感日益增强,扎根基层、服务社会的就业取向与价值观念日益巩固。

社团活动注重培养动手能力和实干精神。学校积极推进"大学生素质拓展计划",打造出大学生科技文化艺术节、思想学术节、体育节、星火论坛、"挑战杯"竞赛等校园文化品牌活动。学校把大学生社会实践活动作为育人的重要课堂。大学生社会实践活动服务小分队,每年都选定课题奔赴全国各地开展科技支农等服务,目前已基本实现项目化、基地化。学校组织的博士服务团在新乡等地,针对新型农村合作医疗、农民收入支出现状、农家学生就业情况等开展的调研课题,成为当地财政部门调整政策的重要参考。学校本科生紧扣河南省情撰写的《退休行为及退休年龄研究》《生育行为与生育政策》《种粮行为与粮食政策》3部专著先后出版,在社会上引起强烈反响。学校大学生骨干农村挂职服务担任村主任助理,积极开展政策宣讲、文化帮农、金融调研、社会调查、义务支教等活动,被《光明日报》等主流媒体进行系列报道。近三年,学校建立了60多个稳定的社会实践基地,连续四年被评为全国大中专学生志愿者暑期"三下乡"社会实践先进单位。

干事创业彰显中原儿女风采。学校在培养应用型人才过程中,积极引

导毕业生树立正确的价值观和择业观,鼓励毕业生发扬"草根"精神,自主创业。近年来,在校学生邵红杰、刘东阁创办的前沿(中国)科技有限公司,王朝阳、陈丽丽创办的大树人装饰有限公司等企业就有几十家。面向基层创业也是学生实现自我价值的重要途径。学生李爱玲毕业后,到宝丰县洼李村任村委会主任,带领乡亲们艰苦奋斗,取得了优异成绩,荣获了河南省"新长征突击手"等荣誉称号,被团中央选为"青春的选择"——大学生基层创业模范报告团成员。作为一所年轻的高校,学校已培育出了诸多知名校友。部分毕业生以其"能干、肯干、会干",迅速成长为某些行业的骨干力量,如中国神马集团公司副总经理张允春、郑州粮食批发有限公司董事长刘文进、广发银行昆明分行行长朱灿璋、中信银行石家庄分行行长韩光聚、郑州市商业银行行长王天宇、经纬会计集团董事长赵克罗、中国国际华商理事会秘书长董磊石等,他们在各自的岗位上发挥着重要作用。

(记者:李树华)

强化四大功能　助力中原经济区建设*

　　河南财经政法大学在办学实践中,切实将服务加快经济发展方式转变的要求和理念贯穿到工作全局,积极推进教育教学与中原经济区建设的紧密结合,充分发挥高等教育在人才培养、科学研究、社会服务、文化传承方面的独特功能,进一步扩大紧缺人才特别是技能型、应用型、复合型人才,确保教育教学对中原经济区建设的人才支撑能力明显增强。

　　以"经世"引领人才培养,打造优质人力资源库。建校初,学校成立的农业经济管理系,主要针对河南农业发展需要培养掌握农业经济管理的基本方法和技能的本科生和研究生。适应河南旅游市场发展需要而成立的旅游系,很快获准设立旅游管理专业硕士学位点。学校在2007年就开办了会展经济专业,主要针对面对河南会展专业人才的匮乏的现状着力培养熟悉展览业务、了解国际惯例和富有操作经验的专业人才,这在河南省尚属首家。学校现有5个省级重点建设一级学科,占全省经济管理类省级重点建设一级学科总数的50%,形成了优势突出的应用型经济管理人才培养高地。学校也因此具有经济管理类专业最齐全、学术资源最集中、办学实力最强的优势。根据"中国大学及学科专业评价报告",我校进入中国大学分学科门类竞争力(前5%)方阵,管理学学科在全国高校排名位居第24位。以基本技能训练、专业素养训练、综合创新训练三位一体为办学特色的教学模式得到教育部专家组的首肯。以本科生为主力撰写的《退休行为及退休年龄研究》《生育行为与生育政策》《种粮行为与粮食政策》3部专著先后由社会科

---

* 本文系人民网2011年12月23日对学校改革与发展的纪实报道。

学文献出版社出版,主要观点作为全国政协委员的提案依据,在社会上引起强烈反响。

以"创新"引领科学研究,争当理论战线排头兵。学校以重大现实问题为主攻方向,不断加强对全局性、战略性、前瞻性问题的研究。在学术兴校战略的引领下,教师研究成果实现了由数量型、职称型向质量型、学术型转变。学校目前承担30多项国家级自然科学、社科基金重大、重点项目和300多项省部级研究课题,其中《中原经济区发展动力机制研究》项目被列为国家级重大科研项目。李小建教授主持完成了国家自然科学基金重点项目《农户与地理环境相互作用下的中部农区社会经济协调发展研究》和其他7项国家基金,其瞄准国际学术前沿问题进行的农户与农区发展等理论研究,引起了国际学术界的高度关注,成果总被引用超过4 000次。教师紧紧围绕省委、省政府中心工作撰写的《未来20年河南产业发展研究》《河南经济发展若干重大问题研究》《河南省辖市经济发展的个性与战略选择》等重要文章和专著,不仅被省委、省政府主要领导批示并给予高度评价,而且还被指定为"十一五规划""河南省全面建设小康社会规划纲要"主要参考文献。2010年,学校分别承办了第十届中国经济学年会和中国信息经济学会2010年学术年会。吴敬琏、海闻等经济学家以"未来十年的中国经济"为主题给学校的两万余名师生带来了一场学术盛宴。学校贴近河南经济实际,先后组织召开"河南经济论坛""创新河南理论研讨会"等大型高层理论研讨活动近百场次,在省内外影响强烈。

以"惠众"引领社会服务,建设研究成果推广站。近年来,学校以河南经济社会数据中心建设为载体,系统搜集整理河南经济社会运行历史数据,全面反映经济社会发展情况,并以此为平台,为政府部门、金融机构、高等院校、企业集团、研究机构及海内外投资者提供宏观经济、行业经济、区域经济等方面的动态信息、统计数据和研究报告。从运行效果看,该数据中心在河南经济社会科学研究中的基础性地位作用已经显现。学校教师先后主持或参与完成了一大批河南省高层次旅游规划、调查等项目:河南省旅游发展总体规划、河南省旅游资源普查、河南省"十一五"旅游产业发展规划、河南省文化产业发展战略规划、河南省旅游立省近期行动计划、河南省文化改革实验区建设。在法律建设方面,学校的法律咨询服务工作得到了河南省人大等立法机构的高度评价。杨承训教授针对粮食风险问题提出《实施"八高"工程 化解四大矛盾》的建议,得到国务院领导的重要批示。师求恩教授主持的《河南省"十一五"服务业总体发展规划纲要》,直接被河南省发改委全文采用。

以"厚德"引领文化传承,形成厚重文化辐射源。学校高度重视文化育人工作,不断健全文化传承创新体系,将中原优秀文化和中华优秀文明成果融合到教学实践和学术创新活动中,努力使学校成为优秀文化传承的重要阵地和思想文化创新的重要源泉。近年来,学校注重从丰厚的中原传统文化积淀和人文精神传统中汲取育人资源,先后在焦裕禄的故乡兰考县、在具有"愚公"精神的太行山区和红旗渠所在地林县等地建立大学生社会实践基地和人文素质教育基地;利用河南地下文物资源丰富的特点创建了"钱币博物馆";把中原优秀传统武术资源引入教学,开设少林武术、太极拳等特色体育课程。在中原文化的熏陶下,学生"朴实、诚实、务实"的良好道德品质逐步形成,了解河南、热爱河南的情感日见高涨,扎根基层、服务社会的就业取向与价值观念得以显现。

在今后的在办学实践中,学校将继续发挥传统学科优势,面向中原经济区建设的主战场,坚持在服务社会上形成比较优势,全面实现在服务中求发展,在发展中做贡献,在贡献中获双赢的良性互动。

乘科研创新东风　展科学发展宏图*
——河南财经政法大学科研创新活动纪实

2010年3月22日是令河南财经政法大学全体师生永难忘怀的一天。这一天,经教育部批准,河南财经政法大学正式成立,学校的发展翻开了新的一页。自大学成立以来,全校师生精神振奋,积极拼搏,学校呈现出更加强劲的发展势头。尤其是在"学术兴校"战略的指导下,学校科研创新活动蔚然成风,取得了一系列科研成果,有力地提升了学校的整体实力。

博采众议,"学术兴校"战略应时出台

学校如何发展,关键在于旗帜。旗帜就是方向,旗帜就是召唤,旗帜就是力量。河南财经政法大学在建校之初就开始思考学校发展战略的问题。

举办大学发展高层论坛。"大学的发展"成为学校面临的首要课题。为了让广大教职工对大学发展有一个清晰的认识,理清学校今后的发展思路,学校以"大学发展高层论坛"为平台在全校范围内展开学习、研究和讨论。先后邀请了南京大学党委书记洪银兴等10余位著名高校的书记、校长和专家前来讲学,引导大家学习大学理念和管理知识以及先进学校的建设经验。各位教育家先进的办学理念、广博的学识给大家带来了思想的启迪,在广大教职员工中产生了热烈的反响。

开展学校发展大讨论活动。早在2006年,学校就针对发展方略问题进

---

* 本文系《中国科学报》2012年1月1日对学校科研创新活动的纪实报道。

行过全校范围的大讨论,取得了良好的效果,为以后的"学术兴校"战略出台奠定了良好基础。更名为大学后,在全校范围开展了"学校发展大讨论"活动,并召开学校发展中层干部大讨论总结交流大会,各个部门对学校发展战略积极建言献策。

确立"学术兴校"战略思想。全体教职工经过一系列思想的激荡与碰撞,最终达成了高度共识:大学的发展归根结底是学术的发展。学术是大学凝聚学者、服务社会的基础,大学的发展只能通过学术的发展来实现。于是,学校正式将学术兴校作为发展的第一战略,今后将在"学术兴校"战略的指引下奋力前进。"学术兴校"战略的精神实质就是"学术为魂、学术为本、学术为纲、学术为上"。

内外结合,大力加强学术交流活动

在"学术兴校"战略思想的指导下,学校内外结合,不断加强学术交流活动,从根本上浓郁了全校的学术氛围。

承办两个全国性的学术会议。2010年11月13日,学校主办了中国信息经济学会第十五届学术年会,中国信息经济学会理事长杨培芳教授、中国工程院院士胡启恒教授等知名专家学者到会。11月20日,由中国经济学年会秘书处和河南财经政法大学联合主办的第十届中国经济学年会隆重举行,吴敬琏、海闻等700多位知名经济学家参加会议。这两次学术会议都是建校以来规模最大、层次最高的会议,在学术界产生了重要的影响,也扩大了学校在同行中的知名度。

举办多层次、系列化的学术讲座。除了大学发展高层论坛之外,学校举办了"财经高层论坛""财经期刊高层论坛""博士论坛""星火论坛""财智大讲堂""校内学者系列讲座进讲堂"等多层次、系列化的学术论坛,邀请国内外著名专家、学者、政府负责人来校讲学。先后举办各类讲座及报告200余场,参加师生达10万人次之多。活动拓宽了师生的学术视野,浓郁了学校的学术氛围。

积极参与国际学术交流活动。李小建教授多次参加了国际地理大会并应邀在大会上作主题演讲;潘勇教授应邀出席第九届电子商务国际会议并做了特邀学术报告;朱金瑞教授应邀参加由伦敦城市大学商学院主办的企业责任和企业可持续发展面临的新问题国际会议并作主题发言;霍彦立教授受国家留学基金委资助,赴爱尔兰国立考克大学举办专题学术讲座。这一批学者的学术交流活动在国际上产生了较大的影响,学校声誉扩大至国际舞台。

特色鲜明,学术科研创新硕果累累

在深入实施"学术兴校"战略的基础上,学校按照"强优势、创特色、入主流、占前沿"的思路,巩固科研成业已形成的顶天立地格局。

国家的课题申请连续取得历史性突破。2010年,学校申请的国家社科规划基金项目中标5项、国家自然科学基金项目中标2项;2011年国家的课题申请共获14项,再创新高。2011年省级课题申请119项,横向课题数目162项,资金近300万元。学校目前承担30多项国家项目和300多项省研究课题,其中"中原经济区发展动力机制研究"项目被列为国家重大科研项目。

高端学术成果引起国内外关注。杨承训教授针对世界粮食危机和我国粮食风险问题提出"实施'八高'工程 化解四大矛盾"的建议,得到国务院领导的重要批示。李小建教授主持完成了国家自然科学基金重点项目"农户与地理环境相互作用下的中部农区社会经济协调发展研究"和其他7项国家基金项目,其瞄准国际学术前沿问题进行的农户与农区发展等理论研究,引起了国际学术界的高度关注,成果总被引用超过4 000次,出版的《农户地理论》被中国地理学会理事长陆大道院士评价为"对'地理学、人—地系统'及其空间结构理论是一个重要的贡献"。

富于地方特色的学术研究优势明显。学校科研团队紧扣河南农业大省这一特点,在该研究领域内共获得包括国家自然科学基金重点项目在内的国家自然科学和国家社会科学基金多项,资助金额达数百万元,推出了一批在国内外有影响的成果。学校专门研究黄河流域经济社会发展的团队,发表了大量论文,重要成果《黄河流域经济》是我国第一部专门研究黄河流域的经济学大型专著。

学以致用,广泛开展社会服务活动

河南财经政法大学积极将学术科研成果转化为促进社会生产的实践能力,在不同层面为社会经济发展提供智力支持。

为党政管理部门决策提供理论参考。杨承训教授发表的《建议郑州市实施城区与城郊一体化生态工程》成为《郑州市城区和城郊一体化生态工程实施意见》及配套工作方案的直接参考。兼任教育部重点研究基地黄河文明与可持续发展研究中心主任的李小建教授,应中科学院院士工作局邀请参加了"黄河下游滩区安全和发展问题"院士咨询项目。另外,李鸿昌教授的"金融、投资理论与对策研究",郭军教授的"河南省产业集群化发展与战略支撑产业成长性研究",陈相成教授的河南省经济普查项目,李卫平教授参与起草《中华人民共和国司法鉴定法》、邱瑛琪教授的预防职务犯罪研究等研究都直接为党政部门决策提供了理论参考和智力支持。据不完全统计,学校的研究成果得到了省领导批示 50 余次。

为行业建设提供智力支持。2010 年 9 月与台湾环宇集团达成了合作协议,共建河南金融人才培训中心,为河南省金融系统培养专门人才。河南省旅游局借助学校旅游与会展学院的专家力量而成立了"河南省旅游发展研究所",双方议定在诸多领域开展更深层次的合作。学校先后主持或参与了一大批河南省高层次规划、调查等项目,包括河南省旅游发展总体规划、河南省旅游资源普查、河南省文化产业发展战略规划、河南省文化改革实验区建设、河南移动通信满意度调查、河南网通客户满意度调查、河南省政法委社会治安满意度调查等。广泛的社会服务对发挥学校服务地方经济发展功能,扩大学校的影响力和知名度产生了积极的作用。

为企业发展提供咨询服务。学校与河南煤业化工集团商定结为战略合作伙伴,河南煤业化工集团提供资金 500 万元,在学校设立河南煤化发展研究基金。与香港上市公司河南建业集团达成合作意向,双方将在诸多领域展开合作。学校教师参与了河南宇通信息技术有限公司、神马实业、宋河酒业公司、奥克啤酒公司等大型公司的不同层面的建设,有力地支持了企业的发展和壮大。

异彩纷呈,学生科研创新水平高超

全国"挑战杯"佳绩频出。2010年第十一届"挑战杯"全国大学生课外学术科技作品决赛,学校荣获全国二等奖2项、三等奖1项。2011年第十二届"挑战杯"全国大学生课外学术科技作品竞赛终审决赛,参赛的4件作品共获得1个二等奖和3个三等奖,学校被授予"优秀组织奖",取得了参赛的历史性突破。

学生科研创新影响巨大。在教师的指导下,由学生完成的《退休行为与退休政策》《种粮行为与粮食政策》《生育行为与生育政策》和《房地产买卖行为与房地产政策》等"公众行为与国家政策研究丛书",近年陆续由中国社会科学院社会科学文献出版社出版。由学生完成了调查报告《河南农村留守妇女状况调查研究》在核心期刊《西北人口》上发表,《中国人口报》头版头条予以报道。

学生科技大赛屡创佳绩。2011年全国大学生数学建模竞赛获国家一等奖1项、国家二等奖2项,连续三年获得国家奖项。第三届全国大学生电子商务"创新、创意及创业"挑战赛,学生组建的"麦道乐"团队在全国总决赛中荣获国家一等奖。第五届"用友杯"全国大学生创业设计暨沙盘模拟经营大赛,学校取得第二名的好成绩。

学术兴校永无止境,科学发展未有穷期。在"学术兴校"战略思想的指导下,河南财经政法大学正乘着科研创新的东风,在科学发展的道路上奋勇前进。我们相信,河南财经政法大学的明天会更加美好!

(记者:谭永江　通讯员:徐郑生　陈海峰)

让毕业证书变得更加金灿灿、沉甸甸^{*}
——河南财经政法大学打造一流本科教育纪实

本科教育是高等教育的主体,其发展水平直接影响整个高等教育系统的质量。对于一所地方本科高校来说,本科教育是学校的主体与骨干,是学校的基石。河南财经政法大学在长期的办学实践中,形成了本科教学是立校之本,培养质量是学校生命线的共识。在此思想引领下,学校坚持以培养应用型人才为导向,以打造一流本科教育为目标,以提高人才培养质量为己任,有力提升了学校发展的核心竞争力、增强了高考生源的吸引力、扩大了服务社会的影响力。

聚沙成塔　厚积薄发——办一流本科教育之基础篇

在创办一流本科教育的过程中,学校始终坚持以凝练办学理念为先导,以拓展办学空间为要务,以加强学科建设为关键,以改革培养模式为抓手,以壮大师资队伍为支撑,全面奠定了本科教育的坚实基础。

——鲜明的办学理念。在对国内外高等教育发展趋势分析把握的基础上,学校审时度势,提出学术兴校战略,开始按照大学构架及理念引领发展、谋划未来。经过几年的实践、检验与完善,以学术兴校为引领,质量立校、人才强校、特色名校、制度治校逐步成为推动发展的有力抓手和坚实载体。

——开放的办学思路。学校与 2010 年 THE/QS 世界大学排名位居

---

* 本文系《河南日报》2012 年 6 月 20 日对学校打造一流本科教育的纪实报道。

184位的爱尔兰考克大学联合筹建河南财经政法大学考克国际学院,拟在金融学、投资学、计算机科学与技术、信息管理与信息系统四个专业开展联合培养具有国际视野的优秀人才。该项目得到了爱尔兰政府总理、教育部长、外交部部长的高度关注和大力支持。近日,学校还与世界上最大的地理信息系统(GIS)公司——ESRI公司就在中国开辟第一个GIS与商业结合的专业人才培养领域问题达成合作意向。2010年9月学校与台湾环宇集团达成了合作协议,双方将共建河南金融人才培训中心,为河南省金融系统培养专门人才。

——突出的学科优势。现有专业基本覆盖了教育部本科专业目录中经济、管理、法学类的所有专业,体现了学校作为河南高校经济、管理、法学类专业最齐全、学术资源最集中、办学实力最强的特色和优势。现有5个省级重点建设一级学科,占全省经济管理类省级重点建设一级学科总数的50%。应用经济和工商管理两个一级学科获批省级重点资助学科。根据"中国大学及学科专业评价报告",学校进入中国大学分学科门类竞争力(前5%)方阵,管理学学科在全国高校排名位居第24位。河南经济研究中心、河南经济伦理研究中心、河南省应用经济学开放研究中心、河南省诉讼法研究中心5个省级重点研究基地在汇集科研人才、培育学术高地方面的作用日益突出。

——多元的培养模式。学校在课堂教学中逐步引入帕尼斯(S.J.Parnes)创造性教学模式,提倡在动态的过程中学习知识。在教学实践中打破"一把尺子"评价所有学生的单一评价模式,采取"合格+特长""课堂+课外""平时+期末""理论+创新""个体+群体"等多元评价模式。学生在实践活动中取得的具有一定创新意义的智力劳动成果,以及在第一课堂外取得的各类素能(技能)等级证书,可获得创新学分和素能拓展学分,能申请抵冲公共选修课学分。学校投资1 200万元建设的第四批河南省高等学校实验教学示范中心——经济管理实践教学中心在2008年本科教学评估中作为学校办学特色的重要支撑得到了教育部专家的高度评价。ERP沙盘推演、模拟股市实践教学等在提高学生动手能力方面发挥了重要作用。

——扎实的师资队伍。在人才强校战略的带动下,学校初步建立了从国家级特聘教授、省级特聘教授、优秀教授,到优秀副教授、优秀博士、优秀硕士的多层次人才体系。学校定期开展"师德师风演讲赛""教师说课比赛""教师教学比赛"等一系列教学竞赛和评选奖励活动,营造了"教书有为、育人光荣"的良好氛围。学校开设"博士论坛""星火论坛""财智大讲堂"等系列学术讲座,鼓励教授、博士为学生做学术报告,拓宽学生视野。50多位教授联袂开设的"校内专家学者系列讲座"受到了学生的追捧。

桃李不言　下自成蹊——办一流本科教育之成就篇

在领导重视本科教学、政策倾斜本科教学、投入优先本科教学、科研促进本科教学的良好氛围中,学校在教学改革、生源质量、就业市场、社会评价等领域均取得了可圈可点的成绩。

——优秀的教改成绩。2008年,学校获得教育部本科教学工作水平评估优秀等次;学校教授主持和参与完成的《面向商务应用的电子商务本科专业教学模式研究与实践》和《财经类人才培养目标、培养过程优化的研究与实践》和教师参与完成的《中西部地区高等教育专业结构调整的研究与实践》3项成果获得第六届国家级教学成果奖,此外还有数十项省级教学成果奖落户学校;近年来打造了4个国家级特色专业和7个省级特色专业,获批省级教学团队4个,建成了3个河南省省级实验教学示范中心——经济管理实验教学中心、法学案例实验教学中心和计算机实验教学中心。

——优质的生源市场。近年来,随着办学实力的增强和社会声誉的提升,学校本科生源越来越好,学校已经连续三年录取分数线高出河南省二本分数线35分以上,近1/3的学生达到了一本分数线。2011年,学校文科二本录取分数线高出河南省二本分数线39分,理科高出38分,分别居河南省二本录取学校的第二、第三位。本科生源质量的稳步提升为学校打造一流本科教育提供了良好的基础和条件。

——广阔的就业前景。学校不断完善省内外就业市场,长三角、珠三角就业人数不断增加;大型校园招聘会安全有序,专场招聘会连续不断,每年都为毕业生提供就业岗位15 000个左右,是毕业生总数的4倍左右。学校还多次举办全省女性大学生就业招聘会、全省经济管理类毕业生就业双选洽谈会。为学校毕业生就业搭建了更为宽广的平台。2012年学校荣获"河南省最具就业竞争力示范院校"称号。学校还高度重视校企合作,广泛建立大学生就业创业基地,把学生创新创业实验室建在企业。截至目前,已经与包括河南省投资集团在内的200多家大型国企、金融企业、民营企业签订了就业创业基地协议,年均输送实习生1 000多人。据不完全统计,学校毕业生占河南省建设银行系统员工的比例达7.39%,占河南省农业银行系统员工的比例达 10.2%,占河南省中国银行系统 2001 年以来招聘员工比例的 37%。

——丰硕的创新成果。从 2009 年到 2011 年,学校在"挑战杯"全国终审决赛中,获得银奖两项、二等奖三项、三等奖四项,连续三年获"挑战杯"全国优秀组织奖。多次在全国大学生职业生涯规划大赛、全国大学生数学建模比赛中摘金夺银。2011 年 12 月《中国青年报》对学校"创业挑战赛"进行了专题报道。团中央把比赛作为助推青年学生创新创业工作典型予以推广。由学生撰写的《郑州市区封闭快速道路系统可行性研究》获得河南省第五届"挑战杯"竞赛一等奖,引起了政府部门高度重视,并被其他省会城市借鉴;学校 1 名教授带领 23 名在校本科生共同完成的专著《退休行为及退休年龄研究》一书,成为全国政协委员大会提案的重要依据。本书与《种粮行为与粮食政策》《生育行为与生育政策》以及《房地产买卖行为与房地产政策》等共同组成"公众行为与国家政策研究丛书"。

——广泛的社会认可。对 857 名毕业生所在用人单位的调查结果显示,对学校毕业生的综合素质表示满意的为 92.42%;认为学校毕业生基础理论和专业知识水平较好的为 95.57%;认为学校毕业生的开拓创新能力较强的达 98.83%;认为学校毕业生工作适应能力和社会适应能力较强的为 99.42%。因社会实践活动突出,学校连续四年被评为全国大中专学生志愿者暑期"三下乡"社会实践先进单位;近三年,学校先后荣获"河南公众满意的十佳本科院校""河南最具影响力的十大教育品牌"和"河南考生心目中最理想的高校"称号。

任重道远　宏图肇始——办一流本科教育之展望篇

为持续提升本科人才培养质量,未来几年学校将重点实施推进"五项工程",全面提高教育教学质量,强化本科教育的核心竞争力。

——实施素质教育拓展工程,促进学生全面发展。全面实施素质教育。把促进人的全面发展和适应社会需要作为衡量人才培养水平的根本标准,加强科学与人文素质和社会责任教育。实施"大学生创新、创业、实践能力培养计划"。以大学生竞赛活动为平台,系统设计学生职业发展、创新教育、创业教育和课外实践项目,并将其贯穿于人才培养的全过程。加强体育、艺术和心理健康教育。优化大学体育教学和管理模式,完善大学生心理健康教育咨询体系,深入开展艺术教育的改革与实践,提高学生的身心素质和审美情趣。

——实施专业特色培育工程,提升学科专业竞争力。实施"专业结构调整优化计划"。以社会需求为导向,调整优化学科专业结构,适度扩大专业数量,重点发展特色与优势专业,加强学科专业交叉渗透,灵活设置特色专业方向,着力培养特色人才。实施"专业人才培养模式创新计划"。探索在教师指导下,学生自主选择专业、自主选择课程等自主学习模式;实行"按专业类招生与培养、按专业与方向分流"的招生和培养模式;鼓励因材施教,实施在高年级按学术型、就业创业型、学科交叉型人才培养方向,制订同一专业不同类型的人才培养子方案。实施"特色专业建设与评估认证"计划。建立健全专业评估诊断长效机制,探索建立基于地方经济社会发展需求的专业设置"准入与退出"机制和专业基本技能标准及考核制度。

——实施课程效能提升工程,丰富课程教学内涵。实施"课程教学范式综合改革行动计划"。以现代教学范式的要求为基本参照系,就教学内容、教学环境、教学方法、课程实践、考试方式、课程边界、学生管理等进行系统改革,实现课堂教学效能最大化。实施"课程资源建设计划"。建立网络课堂等数字化教学中心,以及英语自主学习平台、精品视频公开课等数字化学习中心,构建基于互联网的自主学习体系。实施"实践环节创新计划"。改革实践教学内容和教学方法,探索与社会、企业联合培养人才。实施"教材资助和优秀教材引进计划"。健全和完善教材选用和评价机制,严把教材选用质量关,优先选用优秀教材和获奖教材。

——实施教师教学发展工程,提高教师教学水平。实施"师资队伍结构调整计划"。积极扩大专任教师规模,使各专业和各类课程保持合理的生师比。实施"教学名师培育计划"。设立"校长教学质量奖",建立教师教学发展中心,建立名师工作室。实施"新进教师培养计划"。积极选派青年教师赴国内外高校进修,到业务部门、企业挂职锻炼,支持教师获得校外工作或研究经历。加强教学业绩和教学质量评价。确保教授每学年至少主讲一门本科生课程,将承担本科教学任务作为教授聘用的基本条件;让最优秀的教师为一年级学生上课;开展专业核心课程教授负责制试点以及知名教授开设新生研讨课试点。

——实施教学质量保障工程,保证教学工作高效运行。加强教学基本条件建设。每年投入专项经费用于改善教学基本条件,使学校教学条件建设重要指标达到教育部规定的优良标准。加强师德师风建设,强化责任意识,促进教师严谨治学、从严执教、教书育人。加强学风建设,深入实践"本科生导师制""考研促进计划""优秀人才成长计划"。加强教学管理制度建设。深入推进教学质量第一责任人制、专业负责人制、课程负责人制、多媒体教学准入制、课堂教学第一责任人制和教学效果一票否决制等教学工作责任体系,提高教学质量责任意识。建立教学质量标准体系,定期编制学校教学质量报告,加强对教学工作基本状态的实时监控;加强学生评教、教师评学和院系教学工作评价工作,完善评教、评学和评管等教学质量综合评价体系。

发展未有期,奋斗无止境。持续提升教学水平,全面打造一流的本科教育是时代和社会赋予我们的艰巨任务和光荣使命。学校热忱欢迎各位青年才俊来到学校,来到这片名师荟萃、英才云集的沃土,为她注入新的血液,给她带来新的激情,和她一起迎接明天的辉煌!

(记者:李树华)

学府与学术

敬畏事业　敬畏教师　关爱学生
创一流本科教育*

2012年5月8日、22日、29日,河南财经政法大学李小建校长在新校区分别召开了各院系党总支副书记、教学副院长(副主任)和学生代表参加的三个座谈会,就当前学校的学生管理工作、教学管理工作和学生的健康发展等进行了调研,听取了职能部门和教学机构负责同志以及学生代表的意见和建议,并发表了重要谈话。这些谈话集中体现了李小建校长对学生工作、教学工作的思路和思想,现予以转载,供学习参考,以便全省高校更好地做好学生管理工作和教学管理工作,使学校的发展再上一个新台阶。

一、学生工作很重要,教学管理很关键

大学的核心任务是人才的培养,其中学生工作对人才培养十分重要。学生管理队伍的同志们直接接触学生,对学生品德和综合素质的形成,影响很大、很持久。大学生工作可以反映大学的综合训练、一言一行,学生外在的展现是学生工作长期内在努力的反映。校园积极向上,生动活泼的氛围要靠学生工作来营造。要坚持一切为了学生的全面发展,一切为了学生的成长成才。学生在校四年的成长,一方面是知识的积累、学业的进步,另一

---

* 本文系2012年7月17日河南省教育厅主页转载的河南财经政法大学校长李小建参加座谈会的谈话精神。

方面是人格的培养、素质的提高。要做好这些工作,就需要我们的教师、辅导员同志做出不懈的努力。

在大学生的成长成才过程中,辅导员的工作发挥着至关重要的作用。能否引导大学生健康成长、顺利完成学业并最终成才,使其成为对国家有用、能实现自我价值的人,这与辅导员如何对待和开展学生管理工作密切相关。可以说辅导员对学生的学习、生活以及职业生涯发展有着深远的影响。而学生与辅导员的关系也可能最亲密。张大卫副省长在文化传播系校友代表大会上深有感触地说,毕业30多年了,现在回忆起在母校的情况,首先想到的就是辅导员。这就说明辅导员的重要性。

怎样进一步做好学生工作？一是加强领导。要自上而下层层负责,做到事情有人管,人有制度管,管理无盲区,责任无缺位。二是要完善机制。采取专兼职结合等方式,不断加强辅导员队伍建设,建立和完善学生工作定期沟通机制。三是要改革创新。要适应新的发展形势,不断创新工作方法和思路。四是要注意宣传。我校学生工作有很多好的做法和经验,开展了一系列丰富多彩的活动,要加大宣传力度,并予继承发扬。

要培养具有较高专业水平的大学生,就必须抓好教学管理工作,因为教学质量的提高是整个人才培养的中心环节,我校学生入学基础很好,一本录取文科是河南第二,二本录取理科是河南第三,这样好的生源是我们提高教学质量的动力。全体教学管理人员、全体教师必须时常牢固树立教学质量第一的意识。要高度重视教学工作,要全力投入教学工作,要努力研究教学工作,要积极贡献教学工作。以高水平的教育应对高水平的生源,从而为社会培养高水平的人才。

二、抓住机遇和有利条件,建设一流的本科教育

河南财经政法大学成立时间不长,很多工作需要我们去谋划、去开拓。科学研究上、研究生培养上,我们要尽快缩小与国内一流大学的差距。但是本科教育上,我们要树立建设一流本科教育的目标。

我国高等教育的发展,已在逐步强调特色和差异化。美国常春藤大学中有一个达特茅斯学院,在美国大学中排名10名左右,但至今还叫学院,一直非常强调本科教育。学校有5 000多名学生,本科生4 000多名。她着手通过一流本科教育,培养商界精英。我校在人才培养方面,研究生生源与国内

一流大学差距明显,但本科生源差距并不大。我们完全可以发挥我们的长处,通过打造一流的本科教育,在新一轮高校竞争中脱颖而出,成为具有特色的教育品牌。从人才市场方面,世界上就业市场大多数以本科为主。我们的主体专业金融、会计、工商管理等以培养实业型人才为主,本科教育更显重要。此外,随着高考人数的减少,本科教育的未来竞争更加激烈,打造一流本科教育,可使我校更好应对这种竞争。

为此,除了在本科教学上加强管理,加大投入,创新方法外,还要加强科学研究。把科研作为提高教学工作质量的重要手段。没有好的科研难出一流的教学质量。这里,处理好教学与科研的关系十分重要。教学在量的方面好办,质的方面如何衡量,需要大家研究。希望通过大家研究,拿出衡量高水平科研的标准来衡量教学,从而促进大家投入教学,研究教学,形成名师汇集的局面。

三、坚毅执着远比智商对成功更重要

对于我们的学生,我有四点希望。一要认真学习,潜心钻研科学文化知识,大学的主要任务是学习,大家要静下心来,抵制浮躁的风气,钻研知识,举一反三,真正掌握服务的本领;二要修炼品行,尤其注重诚信、坚毅和创新精神的培养;三要锻炼能力,努力提升把握方向和与人相处的能力;四要服务社会,热爱社会,努力回报社会。

坚毅对于成功远比聪明更重要。很多中等智力的人,由于执着、坚毅,获得很大成功。但自认为聪明的人,不去执着、坚毅,却一生平平。河南籍作家刘震云曾说,"世界上有一条大河特别波涛汹涌,淹死了许多人,叫聪明。许多人没有在愚蠢的河流里淹死,都是在聪明的河流里淹死。真正的聪明是愚公移山。世界上不存在大智慧,就像世界上本不存在才华这个词。重复的事情不停地做,你就是专家,做重复的事特别专注,你就是大家。"

四、青年学生要学会确定大方向,积极锻炼处世为人的能力

人的能力中,把握大方向和为人处事的能力特别重要。人的一生中有无数次的取舍选择,在这些取舍选择中,要看清大的方向,为了大方向的进

取要勇于排除其他干扰,舍弃其他的诱惑;要考虑长远,考虑全局,为了长远的理想,为了全局的利益,要敢于牺牲局部的利益。要甘于吃亏,甘于奉献,社会是公平的,一定会让吃亏的人、奉献的人得到应该得到的回报。为此,我们青年学生要学会取舍、学会选择,要学会看长远、看整体。从时间上讲,要看过去,从而吸取经验教训;要看未来,确定长远方向;但不能停留眼前,否则,容易使人鼠目寸光。从空间上讲,既要看到我们学校的发展和个人的进步,也要看到河南的发展、中国的发展和个人的未来使命。要明白生活中有很多事情在短期内、在一个点上看可能会吃亏,可能会付出、收获不成正比,但立足长远,持之以恒,必然会得到社会的回报,得到大家的认可,必然会有可喜的收获,功夫不负有心人。如果老看小利益、老看眼前,就可能失去大利益、失去长远。

社会的复杂和快速发展要求我们的学生必须有全面的素质。要教育学生,既要学好知识,又要学会处理身边各种各样的事情,要学会得心应手地与各种各样的人和事打交道。社会是由各种各样的人组成的,要充分理解各类人的特点,逐步锻炼与各种不同的人相处的能力。人的一生曲曲折折,有高峰有低谷,遇到高峰时不要自傲,身处低谷时不要气馁。从长远来看,有些低谷在人生的万里征途中只是一步小坎,不愉快的经历只要走过去,只能成为万千经历中小小的一瞬。

五、要有敬畏之心,敬畏我们的事业,敬畏我们的教师,关爱我们的学生

教学工作、学生工作,以及其他岗位上的教职工,都要对所在岗位有一颗敬畏之心。古人云:"君子之心,常存敬畏;官有所畏,业有所成"。心有敬畏,才会磨炼意志、砥砺品质。敬畏才能敬业,常怀崇敬之情,工作才能有动力,行动才能有约束。从事教学管理工作的同志,要敬畏教师、敬畏岗位职责、关爱学生。大家多数是双肩挑的老师,对大家来说,专业教学研究很重要,但是管理工作更重要。所有双肩挑的管理人员,包括我自己,首先要做好行政管理工作,其次再说专业教学科研。这就要求我们在精力分配上,把主要精力投入管理工作。教师和学生是我们的服务主体,要以良好的态度处理好各种关系。对于教师来说,要敬畏教学管理,敬畏教师的职责,兢兢业业,关爱学生,乐为人师。对学生来说,要敬畏老师,敬畏学校制度,珍

惜学习的机会。这样才能进一步在全校树立团结和谐、干事创业的良好氛围，推动学校各项工作的快速发展。

六、要有全球视野和战略眼光

国家的发展必须适应全球变化趋势，高校的发展也要有全球视野。河南财经政法大学成立不长，但我们也面临着来自省内、国内乃至世界范围内的新的竞争环境。怎样加快一流本科教育的步伐，这需要我们不仅在省内、国内，更重要的要在国际层面上开展多方位、多学科的国际合作与交流，要善于在国际平台上去比、去学习、去竞争。只有立足在国际高等教育发展的平台上思考和研究我们学校的问题，谋划学校未来的发展，才能更好地打造发展优势，备足发展空间。视野问题确实很重要，不仅学校的总体发展方向要有全球视野，就是一项具体的工作也有管理上的视野问题。每位教职工都要立足本职岗位，以开放的、全球化的视野和战略眼光去谋划和践行个人的工作，做好每一件事，才能不断培育增长点，增强竞争力，才能在学校的发展中不断取得新进步，实现新突破，做出新成绩。

东风吹来满眼春　潮起正是扬帆时*
——河南财经政法大学人才强校纪实

十年,历史的长河里不过一瞬,但在河南财经政法大学人才强校的历程中却浓墨重彩。这十年学校引才、育才、爱才、用才,造就了一支规模可观的人才队伍,探索了一条人才工作的创新路径,奏响了一曲人才强校的华美乐章。

时间要上溯到2003年,这年秋天,在河南大学副校长任上的李小建公选为河南财经学院(河南财经政法大学前身)院长。步入新的办公室,呈现在李小建案头的是学校师资队伍建设一览表。彼时,一个拥有13 000名全日制本科生规模的学校仅有正教授53人、博士18名。这是一名具有长期海外求学任教经历的学者,也是一位具有丰富大学管理经验的智者,李小建深刻意识到人才强校有多么迫切;这是河南省唯一一所财经管理为主干学科的高校,历来也是河南省考生心目中最理想的大学之一,李小建深知肩上的担子有多么沉重。一位学者和一所高校的结合是偶然也属必然。而思想一旦和现实契合,就会迸发出无限的创造力与生命力。于是,在学校党委的统一研究部署和发动下,人才强校的号角从这一年开始吹响,破题、发轫、蜕变成了这十年人才工作的主旋律。

——这是一杯求贤若渴、非同小"渴"的咖啡。李利英,2004年获中国社会科学院研究生院经济学博士学位,由于专业基础知识、科研水平较高,多所大城市的高校和科研机构向其抛出了橄榄枝,各种热情的挽留和聘请令她举棋不定。这是一个宁静的咖啡厅,溢香的咖啡飘散着浓浓的留意。

---

* 本文系《中国教育报》2012年11月28日对学校人才强校的纪实报道。

受李小建校长委托,时任副校长仉建涛教授动之以情,晓之以义,苦口婆心终于打动了这位曾经犹豫不决的高才生。她决心在家乡贡献自己的聪明才智。天高任鸟飞、海阔凭鱼跃,李利英果然不负众望,先后在《中国社会科学》《经济研究》和国际著名期刊发表系列有影响的学术论文,很快被评为教授。2008年,李利英公选为河南工业大学副校长。忆及当初的选择,她的自豪与欣喜之情溢于言表。无独有偶,原本已经签约到南方一所知名财经大学的博士生张伟丽,也是在校领导精诚所至的劝说下,放弃了已有的优厚待遇,毅然加盟到了这所日后成就自己事业的家园。来校第二年,张伟丽便主持了1项国家自然科学基金青年项目。

——这是一次不鸣则已、一鸣惊人的设置。2005年,为顺应国家可持续发展战略而设立的资源与环境科学学院,高起点建系,高标准进人,高水平推进。目前专业教师均为国内外知名高校和中国科学院博士研究生,高级职称教师比例达71.4%。教师完成了科研课题研究127项,其中主持国家级课题16项、省部级课题27项;出版著作27部,其中独著14部;在《地理学报》《地理研究》《经济地理》等期刊上发表论文458篇;获得科研成果奖励42项,其中国家级奖1项、省部级奖30项。2012年,该院成功申报国家自然科学基金项目3项、国家社会科学基金项目1项。目前,该院半数教师有国家项目支持,地理学也获得一级省级重点学科,为持续发展奠定了良好的基础。

——这是一部稳扎稳打、步步为营的阶梯。一年一台阶,十年一跨越:

2003年,《分配制度改革方案》经教代会通过,最大范围、更深层次调动了各领域人才的积极性;

2004年,"内抓机制,外引资源"的工作思路开始统领人才工作,同年,利用五年时间实现百名博士、百名教授的"双百目标"正式提出;

2005年,《河南财经学院软引进人才试行规定》《河南财经学院关于设立资深教授岗位的试行规定》相继出台;

2006年,《河南财经学院特聘教授岗位制度实施办法(试行)》正式运行;

2007年,以《河南财经学院教师进修、培训管理办法》出台为标志,大批青年骨干教师出国进修学习的大幕正式拉开;

2008年,在校教授和博士均超过100人,"双百"目标提前实现,同年复旦大学高国希教授引进为我校省级特聘教授;

2009年,以"学术兴校"为统领,以"质量立校、特色名校、人才强校、制

度治校"为支撑的战略构架正式形成;

2010年,河南财经政法大学正式组建,在学校党委的强力引领下,人才强校踏上新的征程;同年逐步建立从国家级特聘教授、省级特聘教授、优秀教授,到优秀副教授、优秀博士、优秀硕士的多层次人才体系这一人才工作思路正式提出;

2011年,《河南财经政法大学人才引进暂行办法》正式发布,校长亲自带队到西南财经大学、四川大学等重点大学进行专场招聘,利用各种资源与国内外知名专家接洽联系等办法积极开展人才引进工作,拟引进的海外著名经济学家澳大利亚西澳大学吴延瑞教授被推选为河南省"百人计划"候选人;

2012年,人才强校成绩斐然。学校获得国家社科基金12项,自然科学基金8项,科技部重大招标课题1项。其中国家社科基金项目在全省排名第四位,在全国排名第七十九位,经济类项目获批数位居河南省第一。

一、海纳百川之引才有道

厚待遇吹响集结号。李小建校长在多种场合强调,人才投入是赢得未来的战略性投入,是效益最大的投入,在这方面要舍得花钱。原河南财经学院多年前就制定了《关于培养和引进高层次人才的若干规定》,并在国家媒体发布招聘启事,面向全国延揽人才。对于引进的博士生和学科带头人,给予安家费10万元、科研启动经费5万元、月薪补贴4 500~5 500元的待遇。这项政策的实施,在社会上引起了巨大反响,吸引诸多名校博士来校工作。2008年,学校通过《光明日报》《中国教育报》等媒体面向海内外招聘5名二级学院院长,引起社会强烈反响。2011年学校再次通过《光明日报》等媒体宣传学校引进人才新政策,150万元安家费、100万元科研启动费的高层次人才待遇引发新一轮的人才集聚冲击波。在多种激励措施的吸引下,当前学校有正教授177名,博士237名,较10年前翻了几番。

软引进架起引智桥。李校长多次对人事部门提到,要转变思路、开阔视野,大胆创新。他指出,人才使用,重在一个用字。所有,也是为了所用。知名学者的编制虽不动,但人一样能为学校所用,就达到了目的。《河南财经学院软引进人才试行规定》《河南财经学院关于设立资深教授岗位的试行规定》,以更加优惠的政策吸引人才、以更加灵活的机制发挥人才作用。事实证明，这种借脑促发展的柔性人才引进政策不仅可行，而且高效。于光远、刘国光、卫兴华、厉以宁、李京文等150多名知名专家先后受聘为兼职教授或名誉教授，他们应邀来校讲学，使师生有机会感受大家、名家风范，有力地活跃了校园学术氛围。2010年，学校还先后邀请了武汉大学校长顾海良教授、南京大学党委书记洪银兴教授等10余位名校校长书记为学校传授经验、指点迷津。近日，浓缩了多位著名高校大师大家智慧结晶的《大学发展与理念创新》已经结集出版。

　　硬保障除却后顾忧。水不激不活，人不激不奋。学校十分重视改革分配制度。通过绩效工资改革建立和完善了按劳分配、效率优先的分配制度，实行优劳优酬，向专业技术人员倾斜、向高层次人才倾斜的原则。不断修订和完善《科研成果奖励办法》，进一步加大对重大项目和高水平成果的配套资助和奖励力度，充分调动了优秀人才的积极性。建设幸福校园也是学校留住人才的重要举措。建设幸福校园，实现教师乐教、职工乐业，让人人感到在学校工作生活高质量、有尊严、最幸福。使引进的优秀人才"来了不想走，走了还想来"。学校在当地政府的支持下，克服重重苦难，在美丽的郑东新区龙子湖畔建起了18栋、一共2 088套教职工周转房。在房源分配中优先照顾高层次人才，并且把较好的一批房源预留给今后引进的急需人才。学校同时还把高层次人才的家属就业、子女入学等问题一并考虑解决。

二、春风化雨之育才有方

　　育人的核心在平台。人才是一种市场资源，哪里能体现价值，人才就会流向哪里。"人往高处走"，"高处"就是能够干事成才的良好环境与平台。2008年，学校先后成立了研究院、高等教育研究所、全球化与中部经济发展研究所、区域可持续发展研究中心等10多个实体学术研究机构以筑巢引凤。国家级特色专业和省级重点学科也是学校着力打造的育人平台。近年来建设了4个国家级特色专业和7个省级特色专业，获批了8个省级一级重点学科，应用经济和工商管理两个一级学科为省级重点资助学科。河南经济研究中心、河南经济伦理研究中心、河南省应用经济学开放研究中心、河南省诉讼法研究中心等5个省级重点研究基地在汇集研究队伍、培育学术骨干方面的作用日益突出。

　　育人的关键在培训。学校通过选送优秀教师国内外访学、加强对青年教师的岗前培训和跟踪培养、积极推荐省级青年骨干教师和省教育厅学术带头人等形式,竭力为教师的进一步发展提供更好的平台。在财力紧张的情况下,三年投入师资培养经费1 200多万元,选派教师赴国内外大学做访问学者或进修学习。据不完全统计,近三年,学校派出教师进修学习达百余人次;送往国外阶段性学习的达60人次。特别是具有合作办学优势的计算机与信息工程学院和工商管理学院,符合条件的所有年轻教师几乎全部参加了国外短期培训。同时学校还积极推进了干部国际培训工作。2012年向国家外专局申报了"国际背景下高校科学管理培训班"项目,下半年选派18名管理人员赴美国明尼苏达大学的培训项目已经成行。

育人的保障在制度。《河南财经政法大学人才引进管理办法》《校级特聘教授实施办法》《校级青年骨干教师实施办法》《校级教学名师评选办法》等系列文件,为选拔、培养优秀教师提供了制度保障。特别是改革了教师广为关注的职称评审。调研起草了《教师系列职称评审工作业绩量化计分办法》,建立了职称评审推荐计分制度,完善了职称评审部门推荐和学校推荐两级推荐程序,突出了教学业绩和高层次科研业绩,发挥导向示范作用,广受教师好评。量化评审标准得到了兄弟院校的赞赏和借鉴。

三、百舸争流之爱才有为

倚重领军人才。李小建校长在一次座谈会上坦言,学校的人员可以分为两类,一类是学校要依靠的人,是少数人;一类是依靠学校的人,是大多数人。在现代大学里,就是多数人依靠少数人实现共同发展,学校要依靠的那部分少数人就是大师,就是旗帜型人才。大师没有可替代性,用好大师,就是要实现"一个领军人才,带好一个团队,兴起一个学科,激活一个学院"的目标。对高层次领军人才的倚重不仅体现在安家费、科研配套经费、住房等方面实施特殊政策,更体现在学术权力的保障上。凡是与学科、学术发展有关的重大决策,都在学术委员会上予以讨论,充分发挥了高层次人才在学校发展规划、重大课题立项、学术成果认定、重大制度建设等事项中的指导、咨询和参谋作用。

用好管理人才。优秀管理人员也是重要人才,是大学发展不可缺少的。2009年,学校通过竞聘选拔了一大批刚参加工作不久的博士、硕士研究生走上了中层领导干部队伍,师生普遍反映这批同志在谋划和推动工作上有思路,有干劲,有办法,有成效,整体表现出较高的政治思想素质和组织协调能力。从"伯乐相马"到"赛场选马",这次公选的成功也将学校管理人才能上能下的工作方式常态化、机制化。学校还通过岗位培训、学历继续教育、短期挂职等措施,增强干部培训的实效性。同时以服务态度和能力建设为核心,切实提高了决策领导层的服务意识和科学决策能力,提高管理执行层的贯彻执行能力,增强凝聚力,激发创造力,努力造就了一支服务型、务实型和开拓型的管理人才队伍。

激发各类人才。香港大学 2010 年授予 82 岁的"三嫂"荣誉院士,深刻启发了学校的管理者。学校坚持以实践和贡献作为评价人才的主要依据,不唯学历、不唯职称、不唯资历,得到了全校认同。仰国维,3 岁双耳失聪,曾读于美国艾奥华州立大学、罗彻斯特理工学院和印第安纳波利斯大学,2011 年取得艺术硕士学位,后到学校艺术系工作。当年即参与国家语委"十二五"规划重大科研课题《国家通用手语标准研制》项目。2012 年主持国家社会科学基金项目《中国手语分类方法及释义分析研究》,该项目不仅填补我国手语应用研究领域的空白,而且对推动中国手语的应用发展和实现我国两千多万听障人士的无障碍信息沟通具有开创性的重大意义和实用价值。学校还积极宣传被评为市河南省"职业道德建设先进个人"、市"十佳母亲"等先进个人的优秀事迹,切实推进了学校社会公德、职业道德、个人品德和家庭美德建设。

四、春华秋实之用才有果

完善了一套体系化的人才机制。制定了完备的人才政策。制定了以学术创新为核心的学校人才政策,形成了以能力为基础的人才评价政策、以成果为基础的人才激励政策和以贡献为基础的人才奖励政策。2011 年,仅参加工作一年的一位年轻博士就获得 21 万元的科研奖励,在全校引起震动。建立了完善的人才体系。构建了优秀教师梯队,从国家级特聘教授、省级特聘教授、优秀教授,到优秀副教授、优秀博士、优秀硕士,搭建基于学科的人才团队和基于项目的人才团队,以此形成学校的人才体系。形成了灵活的引智策略。通过合作科研、兼职教授、短期工作等方式,采取团队引进、创业引进、智力引进等形式,广泛吸纳国内外高层次拔尖人才来校工作。

打造了一组影响大的学科方阵。现有专业基本覆盖了教育部本科专业目录中经济管理类的所有专业,体现了学校作为河南高校经济管理类专业最齐全、学术资源最集中、办学实力最强的特色和优势。现有 8 个省级重点建设一级学科,占全省经济管理类省级重点建设一级学科总数的 50%。根据"中国大学及学科专业评价报告",学校进入中国大学分学科门类竞争力(前 5%)方阵,管理学学科在全国高校排名位居第 24 位。根据武书连发布的《2012 中国大学各学科门类排行榜》,学校经济学、管理学、法学入围 2012 中国大学各学科门类排行榜前 100 强、河南省前三。本次学科门类排名中,开设经济学专业的大学共 523 所,学校经济学位居全国第 56 名,河南省第 3 名;开设管理学专业的大学共 675 所,学校管理学排名全国第 97 名,河南省第 2 名;开设法学专业的大学共 513 所,学校法学专业排名全国第 75 名,河南省第 2 名。

推出了一批分量重的学术成果。学校近年与牛津大学、斯坦福大学、加州大学伯克利分校等世界名校进行了多角度的科研合作,有关教授瞄准国际学术前沿问题进行的农户与农区发展等理论研究,引起了国际学术界的高度关注,成果总被引用超过 4 000 次;电子商务专业潘勇教授撰写的学术论文被收入早稻田大学科研成果系列;杨承训教授针对粮食风险问题提出《实施"八高"工程 化解四大矛盾》的建议,得到国务院领导的重要批示;李小建教授主持完成了国家自然科学基金重点项目《农户与地理环境相互作用下的中部农区社会经济协调发展研究》和其他 7 项国家基金;《中原经济区发展动力机制研究》项目被列为国家级重大科研项目。郭军教授领导的科研团队完成的关于中原经济区建设与发展的理论研讨的系列研究成果得到了河南省委书记卢展工的回信肯定;李卫平教授参与起草了《中华人民共和国司法鉴定法》,由其主持起草的《河南省司法鉴定管理条例》等 2 部法律草案已经颁布实施。第十一届全国人大代表邸瑛琪教授的研究成果《预防职务犯罪研究》被省纪委和省检察院采纳。

造就了一批评价高的优秀学子。学校开设"博士论坛""星火论坛""财智大讲堂"等系列学术讲座,鼓励教授、博士为学生做学术报告,拓宽学生视野。从 2009 年到 2011 年,学校在"挑战杯"全国终审决赛中,获得银奖两项、二等奖三项,三等奖四项,连续三年获"挑战杯"全国优秀组织奖。多次在全国大学生职业生涯规划大赛、全国大学生数学建模比赛中摘金夺银。2011 年 12 月《中国青年报》对学校"创业挑战赛"进行了专题报道。团中央把比赛作为助推青年学生创新创业工作典型予以推广。由学生撰写的《郑州市区封闭快速道路系统可行性研究》,获得河南省第五届"挑战杯"竞赛一等奖,引起了政府部门高度重视,并被其他省会城市借鉴;学校1名教授带领23名在校本科生共同完成的专著《退休行为及退休年龄研究》一书,已成为全国政协委员大会提案的重要依据。本书与《种粮行为与粮食政策》《退休行为与退休政策》《生育行为与生育政策》以及《房地产买卖行为与房地产政策》等共同组成"公众行为与国家政策研究丛书"。对857名毕业生所在用人单位的调查结果显示,对学校毕业生的综合素质表示满意的为92.42%;认为学校毕业生基础理论和专业知识水平较好的为95.57%;认为学校毕业生的开拓创新能力较强的达98.83%;认为学校毕业生工作适应能力和社会适应能力较强的为99.42%。

  人才兴、大学兴。建设高水平大学的伟大征程需要大批拔尖创新人才,同时也为人人竞相成才、各类人才脱颖而出、大显身手提供了宽广的舞台。青春、奔放的河南财经政法大学正在成为优秀人才的理想乐园、创业田园、幸福家园。我们深信,随着人才兴校战略的深入推进,一个更加辉煌的人才辈出、人尽其才的新十年正在到来。

学术委员会名单上没有校领导的名字*
河南财经政法大学探索让学术评议回归本质

近日,河南财经政法大学第一次教授大会落下帷幕。在热烈的掌声中,由民主选举产生的30名校新一届学术委员会开始依法行使学术权力。

成立学术委员会在大学治理结构中并不是新的尝试,只要稍加留意,我们便发现,这份民主选举产生的名单没有校领导、处长和院系主任的名字。据了解,这项改革在河南省高校尚属首家。这是该校探索学人治学的具体体现,也标志着该校在探索大学治理结构上迈出了可喜的一步。

河南财经政法大学为何在高等教育改革的攻坚时期选择把突出学术权力作为改革的抓手?正如校长李小建在教授大会上所言:大学本身是一个学术机构,从建立之初就带有发展学术的使命。大学的发展证明,如果没有很好的学术氛围、学术条件和学术成果,就很难在高校激烈的办学竞争中立足。学术要得到自由健康的发展,关键就在于让大学回归学术本位,弱化行政部门对大学的控制权,将学术权力还给学术委员会和教授们,充分发挥教授在学术管理上是主导作用。

充分发挥学术委员会的作用也并非该校独创,其实恰是对国家政策的积极回应。《国家中长期教育改革和发展规划纲要》第十三章第四十条也明确指出高等学校要充分发挥学术委员会在学科建设、学术评议、学术发展中的重要作用。积极探索教授治学的有效途径,充分发挥教授在教学、学术研究和学校管理中的作用。《高等学校章程制定暂行办法》(教育部令第31

---

* 本文系《河南日报》2013年4月10日对学校去行政化的纪实报道。

号)中明确规定学校要设置学术委员会、学位评定委员会等学术组织,保障学术组织在学校的学科建设、专业设置、教学科研计划方案制订、教师队伍建设等方面充分发挥咨询、审议、决策作用,维护学术活动的独立性。

据悉,河南财经政法大学此次探索也得到了省政府和省委组织部的支持。相关领导同志鼓励该校先行一步,探索学术权力与行政权力的适当分离,建立学术委员会工作机制,以充分发挥学术委员会在学科建设、科学研究、师资队伍建设以及学术活动中的主导作用。

在此背景下,该校在校党委的领导和杨健燕书记的支持下,成立了新一届学术委员会章程筹备组。筹备组经过上下反复,数易其稿,最终形成了以尊重学术权力为中心的章程。从总体来看,本届学术委员会有以下四个方面的特点:一是现任校领导和中层正职不再担任校学术委员会委员;二是校学术委员会委员以普通教授为主体;三是校学术委员会采取席位制,由民主选举产生;四是决策机制的调整。凡涉及学术有关问题首先应由学术委员会研究,再提交校长办公会,切实尊重学术委员会的意见和建议。

一位当选委员告诉记者,校领导的退出让学术委员会摆脱行政干预,尤其在很多人的潜意识里,或多或少会受到对方行政职务的影响。如果校领导在评议现场,大家说话时可能会有所顾忌。而今天,在进行学术评议的时候,完全靠学识来判断,这样也提高了学术委员的积极性。

河南一高校首试去行政化　教授"当家做主"*

近日,河南财经政法大学新一届的学术委员会召开了第一次会议——委员们都是普通教授,会议议题涉及的行政部门负责人才能参与,还要回答委员们的问题。即便是校长,也是被邀请了才能参与。

这让教授们有了"当家做主"的感觉。

而此前,学术委员会委员一般都是清一色的院系领导,学术会议和行政会议几无区别。

没行政负担,讲话能放开

在一个月前进行的公开选举中,经全体教师投票,河南财经政法大学正校级调研员、60岁的仉建涛成为该校学术委员会主任。

此前,校长、书记是校学术委员会委员,这在我国的大学中是普遍现象。2011年出台的河南财经政法大学《学术委员会章程》规定,"校学术委员会主任委员由校长担任,副主任委员由校长聘任,委员由校长办公会议研究通过,校长聘任。"

一些教师认为,"委员都是院系领导,开学术委员会和开校领导会议差不多。"

而本届学术委员会的30名委员,均由教师选举产生,条件是"学术水平

---

* 本文系大河网2013年4月16日对学校去行政化的纪实报道,人民网等多家媒体转载。

较高的学术带头人或学术骨干",为保证各个学科都有发言权,每个院系一般有一个席位。委员会是对有关学术事项审议、评定、咨询和决策的最高机构,包括职称评定、科研决策、教师遴选等。同时硬性规定,现任领导不再担任校学术委员会委员。

在仉建涛看来,没有行政职务的教授担任委员,有时间有精力办学术上的事情,另外这些人没有行政上的负担,各方面都能放开,"这实际上是'教授治学'的一种探索。"

"校长们制定的东西再合理,也不如让教授们讨论"

河南财经政法大学校长李小建认为,现代大学应"校长治校,教授治学,民主管理",这就需要学术权力和行政权力适当分离。

这种想法很快得到省政府和省委组织部的支持,相关领导鼓励该校先行一步。

经过讨论选举,该校新一届学术委员会成立,并制定了章程,包括几方面:一是现任领导和中层正职不再担任校学术委员会委员;二是校学术委员会委员以普通教授为主体;三是校学术委员会采取席位制,由民主选举产生;四是凡涉及学术的问题首先应由学术委员会研究,再提交校长办公室,切实尊重学术委员会的意见和建议。

学术委员会委员王利军说,这次变动给大家的感觉可以用"震动"形容。校领导的退出让学术委员会摆脱了行政干扰,普通教授在学术问题研讨、学术资源分配甚至学术标准认定上,有更多发言权,学校在学术问题的决策上,会更科学。

4月11日下午,学术委员会召开第一次会议,"这次会议涉及人事部,人事部门来旁听解答。平时就是校长,也是被邀请了才能旁听。"

"校长们在一起制定的东西再合理,也不如让教授们讨论讨论。"仉建涛说,教授治学,就是从细节做起,让大家有参与感,也是实现民主管理的途径。

"领导全部退席","一刀切"合适不?

此举虽然在河南高校是第一次推出,但几年前国内一些大学已开始尝试。

2010年6月,华中师范大学新一届学术委员会成立,除分管学术工作的副校长杨宗凯外,几位校领导全部退出;2011年3月28日,山东大学公布的新一届学术委员会名单中,没有校长徐显明的名字;吉林大学、中南财经政法大学等高校也相继宣布校领导退出学术委员会;复旦大学学术委员会除了没有校领导,其下设的5个分会也不设主任。

"领导退席"曾引起热议。不少人认为,这是高校"去行政化"的一大步;也有人提出,校领导中有相当一部分学术水平完全够格入选,"一刀切"有矫枉过正、浪费人才的可能。

一些学术水平较高的行政领导未入选学术委员会,会不会影响其学术权威?

仇建涛认为,有些领导既是学校的行政领导,又是部分学科的学术带头人,"一些行政领导,学术方面可能比我们做得还好,实现教授治学,当然包括担任领导但没有进入学术委员会的那部分教授,审议学术问题的时候,也要充分征求他们的意见。"

能否真正做到学术独立?

领导退席,学术是否能真正独立?坚称要"去行政化"的南方科技大学校长朱清时称,如果没有行政级别,大学在实际管理中就会沦为弱势群体。"大小部门都觉得高你一等,简单的事情也可能要走几个月的程序。"

李小建说,"去行政化"不是不要行政,而是让大学回归学术本位,弱化行政部门对大学的控制权,将学术权力归还给学术委员会和教授们。

没有领导参与的学术委员会,其地位如何保证?能否在重大学术事务上有决策权?仇建涛认为,学术委员会是校长负责的教学科研工作的一部分,"只是适当分离,并不是彼此独立。"

学术委员会和校长办公室意见有分歧,听谁的?仇建涛说,如果实行过程中出现问题,再想办法解决。但在他看来,"校长治校是法律规定,如果谁和校长发生分歧,那是他文件没学好。"

委员王利军也认为,当前做到完全独立是不可能的,但这一步迈出去,已经比以前"好得多"。

要有一个强有力的主任

开了"校领导退出学术委员会"先河的华中师范大学前校长马敏(现为该校党委书记)认为,该制度执行了3年,还算顺利,但"和当初设想也有差距"。

他说,在这3年,行政和学术配合得非常好,关于学术的问题都交由学术委员会讨论,行政上不干涉。学校关于学科设置等想法,如果学术委员会认为不合适,就听他们的。

在保证学术委员会独立上,马敏认为,关键要分清问题:评议问题一律听学术委员会的,涉及发展的听校长办公会议的意见。

另外,避免学术委员会流于形式的关键,除了制度约束,还需要一个强有力的主任,"必须要很热心,有组织能力,敢说话"。

目前华中师范大学学术委员会有委员近20人,不过,大家平时比较忙,很难凑齐,活动有点少。马敏说,现在正考虑适当减少人员,保证11人到13人,然后分小组,有问题针对性讨论。下一步要考虑制订工作计划,"我们给学术委员会主任专门配了秘书,要多组织活动。"

在河南财经政法大学发展规划处处长罗松远看来,这毕竟是一种新生事物,现在都在探索。目前可能想到的好处是,过去教授做得好,都是"学而优则仕",想去做个行政领导,但一旦做了行政工作,毕竟会弱化学术,现在让他们独立执掌学术委员会,学术做好了,依然有发展空间。

(作者:李肖肖)

打造社会公认有特色的高水平大学*
——访河南财经政法大学校长李小建

记者：中原经济区建设的快速发展，需要强大的高等教育体系作为支撑。而本科教育是作为高等教育的主体，是支撑中原经济区建设的中坚力量。多年来，河南财经政法大学深入开展区域经济建设有关重大理论问题和现实问题的研究，在长期的办学实践中是如何打造一流本科教育、增强社会服务功能的。

李小建：我们认为，地方大学打造的一流本科教育应具有如下特征：一是高质量。"质量"是"一流本科教育"功能与价值的核心检验标准。二是创造性。学生要有一定的创造思维，要有创造的胆略，能承担创造风险，因为很多创造性的工作都有一定的风险。三是特色化。一流就是特色，特色具有导向的作用，使人才培养朝"优势"的质量轨道上运行。四是应用性。地方大学则更多地要承担应用性研究和应用型人才培养的责任。五是动态化。一所学校在不同的发展阶段，有不同的发展目标，相应的，也有不同的质量标准。

记者：影响地方大学本科教育质量的因素很多，河南财经政法大学是如何处理诸多复杂的关系，不断深化教育领域综合改革，着力提高教育质量的。

李小建：首先是学科建设和人才培养的关系。就是以人才培养为中心，强调学科建设与人才培养的统一协调。二是科学研究和教育教学的关系。

---

* 本文系河南日报记者对河南财经政法大学校长李小建的专访，原文载《河南日报》2013年5月29日。

要"围绕教学,做好研究"。三是教学规范与教学创新的关系。要"强调规范,鼓励创新",过程要规范,内容要创新。要把整个教学环节转变成若干个关键点,制定各关键点的质量标准,按照质量标准去组织教学,并在此基础上鼓励创新。四是教学数量与教学质量的关系。要"重在质量,强调激励",要改变过去对教师工作绩效考核中以教学数量为中心的考核模式,转变到以质量考核为中心上来,使质量标准具体化。五是通识教育与专业教育的关系。要强调"专业引领,通识强基"。六是知识传授与能力培养之间的关系。要"知识讲实,能力讲活"。学科专业知识要扎扎实实地传授给学生,而能力培养要强调活学活用,提高学生解决问题的能力。

  记者:建设一流本科教育是一个系统工程,涉及教学工作的方方面面,实现的路径千差万别。河南财经政法大学在建设社会公认有特色的高水平大学,为中原经济区建设提供人才和智力支撑中,是如何对一流本科教育的实现路径进行选择的。

  李小建:我们首先是以转变思想观念为先导,确保本科教育的基础地位。学校进一步树立了以人才培养为中心的理念,把人才培养质量作为衡量办学水平的最主要标准,把社会评价作为衡量人才培养质量的重要指标。二是以课程改革为突破口,积极探索人才培养新模式。学校启动了"课程教学范式综合改革三年行动计划",将课程改革引向深入;推进学分制改革向纵深发展,逐步淡化学年制在教学管理模式中的烙印;优化人才培养方案,扩展学生弹性的学习空间。三是以理论与实践相统一为目标,重构实践教学体系。学校通过改革实践教学内容和教学方法,强化实践教学体系与理论教学体系的相辅相成,通过课内实践体系和课外实践体系,大力促进第一与第二课堂的衔接,强化学生的职业素质、实践能力和创新精神。四是以教学与科研融合为契机,改革现有的评价机制。学校建立了有利于教师从事本科教学和有利于学生探究学习的保障体系。设立新一届学术委员会,校领导和处级干部退出校学术委员会,实现了真正的教授治学;筹备建立教师教学发展中心,着力开展教师教学能力建设工作;设立校长教学质量奖,使教学质量好的教师获得应有的地位和尊重;注重学生的自我评价,提倡过程性评价,彻底改变一张考卷定考核结果的做法;建立促进本科生参与研究、实践与创新活动的长效机制,将研究贯穿于本科教育的全过程。

(记者:李树华)

以文养心 以文育人 以文化人*
——河南财经政法大学校园文化健康和谐发展

在不久前召开的中国经济学界规模最大、最具权威的第13届中国经济学年会上,河南财经政法大学程向军、李旷然、马孟天3名本科生受到与会专家的关注,他们的论文经过严格筛选,分别以《城镇居民工资收入差距的劳动市场因素》《1949年前中国城乡收入差距研究》《乡村居民农业和非农收入差距的影响因素》为题发表了主题演讲,面对面地和国内著名的经济学家探讨我国经济社会的改革与发展。据了解,河南财经政法大学本科生参加国家级学术会议并不是第一次,这仅仅是该校倡导人文精神、科学精神、加强校园文化建设的一个缩影。学校在不断探索全面提高学生综合素质的办学实践中,强调优秀文化传承和科学精神传递,立德树人,文化育人,凝练大学精神,引导校园文化健康发展。

河南财经政法大学校长李小建在采访中说,"以人文精神、科学精神、社会担当精神为主要内容的大学精神是校园文化的精髓和灵魂,是高校自立自强的软实力,我校注重把学校独特的大学精神和学术文化、行为文化、环境文化、制度文化等结合起来,真正融入学生培养的各个环节,塑造学生'诚信、刚毅、拓新'的人文气质。"

---

* 本文系《河南日报》2013年12月25日对学校校园文化建设的纪实报道。

弘扬人文精神,凝聚校园文化之魂

人文精神是一种实践精神,学校在注重第一课堂文化素质教育的同时,强调文化知识转化为自身内在的人文精神。河南财经政法大学吸收和消化了中原文化的优良传统品质,以树立社会主义核心价值体系、培育和弘扬大学精神为核心,从德、学、才、行等方面,规范师生行为,从理论和实践两个层面对传统文化进行传承和弘扬。在财大采访,一场"古琴文化走进校园"正在上演,古琴演出团为财大师生带来了《关山月》《阳关三叠》等古琴名曲,对于这样的文化活动,同学们并不陌生。结合学科特点,学校举办了"商道论坛""商业精英挑战赛""商业计划书大赛""模拟炒股大赛"等"商业文化"活动;开展了"法律文化节""庭审进校园""法律知识辩论赛"等"法治文化"活动;组织了"读书日""经典诵读"、博雅论坛等"国学文化"活动。以文养心,以文育人,以文化人,让学生在潜移默化中提升人文素养、熏陶思想感情,用人文精神为广大师生浸润文化底色。学校还将中原文化作为凝聚大学精神与理念的载体,融入大学文化建设中,对学院的办学理念、校园精神、校风校训等进行挖掘、提炼和总结。加强了学校识别系统建设,设计了寓意经济与法律相生相融、智圆行方的校徽,编制了学校校园文化建设规划、《视觉识别系统使用手册》等,并从弘扬大学精神、强化办学理念、重视校风建设、规范职业道德等方面,提出人文校园建设的目标和要求。提升学校的形象品牌价值;加强了校园文化设施建设,学校通过对校园道路、景观、楼宇的合理规划、命名、建设,提升校园建筑及环境的文化品位,初步建成明德广场、风雅广场和馨雅广场等景观,使学校的文化符号和文化传统得到更好的展示,努力营造优美的育人环境氛围。

凸显科学精神,铸造校园文化之基

"科学精神是校园文化的基石。一所大学的真正价值,不在于拥有多少大楼,不在于拥有多长历史,而在于它是否拥有科学精神。"河南财经政法大学将"学术兴校"作为办学理念的重点,着眼于提高广大师生的科学素养,把师生员工在长期的教学、科研和社会实践中形成的创新能力,浸透到学校的各种文化载体,培育科学的世界观、人生观和价值观。

用科学精神探索建立现代大学制度。今年4月,河南财经政法大学召开建校以来的第一次校教授大会,民主选举产生了新一届校学术委员会,学术委员会名单里既没有校长、副校长等校级领导,也没有处长和院系主任。这是该校让大学回归学术本位、改善大学治理结构、推进学校科学发展的一个有益探索。用科学精神探索教育教学改革。今年6月,学校发布了本科教学质量报告,这是河南省首家非211高校发布教学质量报告,并将年度本科教学质量报告制度化、常态化,每年定期发布,坚持开门办教育,将教学质量交由社会公众检阅、评价和监督。被称为"权力的大转移"的完全学分制也有序进行,学生不仅可以选学时,还可选学制,一切以学生为中心,学生拥有了更多自主选择权,在教学实践中培育大学生的科学精神。

鼓励师生开展科技创新活动。学校以科学精神的养成为出发点,通过校园文化建设,培养教师严谨的治学态度和学生诚实的科学品质。以中原经济区"三化"协调科学发展、河南省协同创新中心举办的"科学发展论坛"为代表,学校举办了"大学发展高层论坛""知智行大讲堂"等品牌活动,积极营造科学、民主、繁荣的学术氛围。学校要求教师在传授科学知识的同时,要充分发挥学生的主动性与创造性,引导学生用已知去探索未知。中国社会科学院社会科学文献出版社出版的《种粮行为与粮食政策》《生育行为与生育政策》《房地产买卖与房地产政策》《退休行为与退休政策》公共政策系列丛书,是在该校教师樊明指导下,主要由不同届别的本科生完成的学术专著,先后100多名学生参与写作,并从中得到了学术研究的专业训练。清华大学人文社会科学院院长李强对该校本科生进行学术研究的创新教育模式给予了充分肯定。学校教师还结合自己的科研工作,积极组织开展学生科技创新活动,在"挑战杯"全国大学生课外学术科技作品竞赛中多次获奖;举办了科技文化节,开展"走近'挑战杯'宣讲会""奇思妙想——生活中的物理现象""校园创新大赛"等各具特色的科技创新系列活动;开展了"创新微课堂"活动,学校围绕学生关注的科技问题开设讲座,激发学生兴趣,培养学生的实践创新能力。

秉承社会担当精神,培育校园文化之根

大学作为重要的知识源泉和思想高地,融入社会、服务社会、推动和引

领社会文化发展是不可推卸的使命和职能。学校以校园文化建设为平台，积极承担社会责任，在科学理论创新、社会文化引领等方面发挥应有的作用。近两年，学校先后与河南省旅游局、平顶山中级人民法院、建业集团、好想你枣业股份有限公司、河南投资集团有限公司等建立了广泛的合作关系，多渠道、多层次、多方面地融入河南省的经济社会发展之中。通过发挥学校经济、管理、法学等学科的优势，在河南省经济社会发展和民主法治建设中取得了一系列的重大成果。学校还通过校园文化建设为师生文明行为提供示范作用。学校扎实开展社会实践活动，帮助青年学生了解国情，增强社会责任感。今年暑假，学校安排部署以"实现中国梦，青春勇担当"为主题的"三下乡"暑期社会实践活动。先后组织364支实践团队、4 000多名青年学生，奔赴河南全省18个地市以及全国十七个省区广泛开展政策宣讲、文化走访、课题调研、义务支教、见习实训、社会服务等多种形式的社会实践活动，让学生在实践中受到教育，增长才干，积极服务地方经济社会发展。自今年入冬以来，学校发起了为贫困山区以及贫困地区组织捐赠衣物的系列爱心活动，在校园内掀起了一股奉献爱心的热潮。青年志愿者协会、绿色经济发展协会举行了以"以旧换'心'捐衣送暖"为主题的旧衣物募捐活动，计算机与信息工程学院、经济学院、国际经济与贸易学院、工程管理与房地产学院等院系也相继加入"暖冬"系列公益活动，让贫困地区的人们感受到更多社会各界对他们的关注和帮助。"学生经常自发组织一些以环境保护、动物保护为主题的活动。大学生应当有社会责任感、关注社会发展、关注百姓冷暖，是我校人才培养的目标之一。"资源与环境科学学院团委书记王帅说。

（记者：李树华　通讯员：夏永）

一个个先进典型 一座座精神标杆*
——河南财经政法大学大学生模范群体现象的启示

一个人点亮一盏灯,一个人照亮一条路,一个人感动一所学校。两年来,河南财经政法大学"群星灿烂",涌现出了一大批大学生模范群体和个人。一个个闪光的名字背后,是一个个感人、励志的人生故事。河南财经政法大学充分发挥模范群体典型带动作用,把典型效应转化为群体效应和社会效应,把榜样的力量最大化,让模范群体的行为成为一面镜子、一根标杆、一面旗帜,让做好事行善举成为每个人的一种自觉、一种习惯、一种文化。深刻诠释着河南财经政法大学"责任、奉献、诚信、励志"的学校精神。

一个个闪光的名字 彰显真善美

坚强哥胡利朋:奶奶,我是你的眼睛 胡利朋的人生经历就像是电视剧《渴望》的原本,所有的苦难强加在头上,他却没有被打倒。父亲固执,爷爷自杀,妈妈改嫁,姐姐卧床,奶奶眼盲……一连串的家庭变故,使他成了一名缺衣少食的贫困大学生。大二时,奶奶的眼疾恶化,家乡医疗条件有限,胡利朋把奶奶带到郑州,在学习之余,一边挣钱补贴家用一边多方求医为奶奶看病。在学校和老师、同学的帮助下,他走上了自主创业的拼搏之路。他先后荣获"中国自强大学生"提名奖、第三届河南省省直"十大道德模范"等荣誉称号。

---

* 本文系《河南日报》2013 年 11 月 6 日对学校大学生模范群体现象的纪实报道。

励志哥魏星：人生以痛吻我，我却以歌回报　他的大学之路与众不同，家境贫寒，负债累累，接到大学录取通知书的那一天，19岁的他孤身一人来到建筑工地，咬牙坚持30天后，怀揣着1 500元血汗钱踏入大学校门。接下来的几个寒暑假，他先后在昆山、天津、郑州打工，抡大锤、开电钻、挖土沟，苦力活样样都做过。之后他从事过很多行业，做了各种尝试，失败过，被骗过，受过伤，吃过苦，但他总是咬着牙，一声不吭地走了下去。那些痛苦，那些劳累，那些打击，很多同龄人都无法承受，但他却将其看作是自己的一笔财富，毕竟逆境才能让人成长，磨砺才能让人强大。如今他开了个网店，开始了"小老板"的岁月。

中国好人周文静："二货"的女孩儿，诚实的周文静　一个周口鹿邑的女孩儿，一个外表温婉，内心大气的女孩儿，一个被同学们评价为"二货"的女孩儿。2013年6月10日，周文静在出租车上阴差阳错地捡到了十万元钱，立刻去了公安局，物归原主后，她松了一口气。周文静说："我只是拾了东西，拾了东西就要交还，这是我们从上幼儿园都知道的。"现如今，周文静不仅是河南财经政法大学的名人，而且也荣登2013年9月份的"中国好人榜"，被评为诚实守信好人。

保安哥刘鹏林：只要追梦的原动力还在，一切就皆有可能　在河南财经政法大学2013年毕业典礼上，获得法学硕士学位的刘鹏林与众不同，相对于同学们的风华正茂，已经33岁的他略显沉稳，其实，身穿硕士服的他之前是该校的一名保安。家在驻马店的刘鹏林初中毕业后便辍学打工。但在刘鹏林的内心深处仍继续着自己的求学梦。2000年，他应聘到河南财经政法大学当了一名保安。13年来，他坚守梦想，刻苦学习，坎坷求学，先后拿到了自学考试法律专业专科毕业证、本科毕业证、司法资格证，2010年，他开始攻读河南财经政法大学法学硕士学位，今年6月硕士毕业，他把不可能变成了可能。

此外，河南财经政法大学大学生模范群体的中坚力量还有将比赛奖金捐献给身患白血病同学的郑开国际马拉松男子半程赛冠军刘鹏；荣获河南省共青团系统争先创优活动先进青年集体的"滴水公益"社团、将银行误操作多出的13.5万元及时返还的邬征言；延续大爱，继续帮助80多岁身患重病的老人供养的35个留守儿童的"微力量"爱心团队；传递爱心、传递文明、奉献社会，长期志愿从事社会公益事业与社会保障事业的青年志愿者协会；不辞辛苦、奉献爱心、坚持在深山贫困地区支教的外语系支教团队……

模范之所以感人至深，不仅在于其体现了真善美、彰显了浩然正气，而且在于其事迹可亲、可信、可学。一个个先进典型的涌现,为人们树起了一座座崇高的精神标杆。河南财经政法大学模范群体的出现也必然和该校科学的育人理念、独特的学生培养模式、务实的工作格局以及不断积淀的人文情怀和道德情怀分不开。

坚持立德树人　科学创新育人理念

多年来,河南财经政法大学始终秉承学术兴校、质量立校、特色名校、人才强校、制度治校的发展战略,坚持教育创新。学校全体教职工时刻牢记"以德育人"的使命,坚持育人为本,德育为先,坚持把正确的政治方向作为大学生思想政治教育的核心与灵魂,坚持将大学生思想政治教育作为人才培养的首要环节,坚持把立德树人作为人才培养的根本任务。在总结工作经验的基础上,不断加强对大学生思想政治教育规律性的认识,不断提升思想政治教育工作的科学化水平,形成了一种时时育人、处处育人的良好氛围。

"新形势下,学校党委始终把'培养什么人''如何培养人'的重大课题摆在首要位置,明确并强化大学生思想政治教育工作的思路和定位,确立'厚德精术,铸魂树人'的工作理念,不断完善领导机制和工作机制,切实推进大学生思想政治教育工作的有效开展。"河南财经政法大学校党委书记杨健燕对这种育人理念的内涵作了新的诠释。

胡利朋、魏星、周文静等河南财经政法大学大学生模范的出现,充分展示了该校狠抓大学生思想政治教育和道德建设,注重培养全面发展的高素质人才的丰硕成果,充分彰显了河南财经政法大学思想政治教育工作的实效以及学校道德建设蕴含的巨大吸引力、影响力与生命力。

坚持典型引领　构建独特的学生培养模式

校园先进典型是学校的宝贵财富,是昭示榜样、催人奋进的动力,是引领师生争先创优的精神品牌。借助身边榜样的力量进行教育,可以把抽象的说教变成形象的示范,把空泛的概念变成实在的样板。自胡利朋、魏星等模范典型涌现以来,中央电视台、河南日报、大河报等媒体给予高度关注,形成了广泛的社会影响。同时,学校积极依托校报、广播站、校园网等校内平台对其事迹进行了详尽的宣传报道,让模范典型更加可亲可学。

先进典型涌现后,河南财经政法大学注重将学习活动全方位开展,系统化推进,达到"点亮一盏灯,照亮一大片"的效果,不断开拓学生培养模式,创新先进典型培育工作。将先进典型的模范事迹及其彰显的学校精神纳入到"全员育人、全方位育人、全过程育人"的工作理念中。依托思想政治理论课主渠道、主阵地,在推进中国特色社会主义理论"进教材、进课堂、进学生头脑"的同时,注重典型引领,示范引导,不断提高大学生思想政治素质,促进大学生的健康成长。例如,为引导90后大学生奉献社会,服务人民,该校推出了"滴水公益"社团、"微力量"爱心团队、青年志愿者协会、外语系支教团队等动人事迹;针对大学生面对就业所表现出来的焦虑、悲观等情绪,该校及时选树了胡利朋、魏星、刘鹏林等典型,有效缓解了大学生的思想和心理困惑。河南财经政法大学在宣传和学习这些先进的同时,正在大力把这种新的道德力量和道德品质升华为学校教书育人的重要资源,使这种精神品质转化为广大师生的自觉行动,为学校的人文和道德底蕴输送新的元素。

坚持育人为本 建立务实的工作格局

基础是根本,制度是保障。学校始终坚持"育人为本、德育为先"的工作方针,注重大学生思想政治工作的时代感和实效性。学校坚持将大学生思想政治教育工作放在现代大学制度的框架中定位和开展,对党政干部组织、协调、实施大学生思想政治教育工作有明确的要求和规定,学校各职能部门在实际工作中各司其职、通力协作,为大学生思想政治教育工作提供了良好的运行机制,有效保障了各项工作的贯彻落实。学校组织开展了"我的中国梦"主题教育系列活动,通过向学生宣传马克思主义中国化最新成果,深化大学生对中国特色社会主义实践的认识和体会,切实加强和改进新形势下大学生思想政治教育工作。学校还以重大节日或事件为契机,对大学生进行爱国主义教育和时代精神教育。开展了丰富多彩的红色活动,红色话剧《绝恋1949》、专家学者党史讲学、"我为党旗添光彩"演讲比赛、观看红色电影等,缅怀革命先烈,重温革命故事,都让广大学生在丰富多彩的实践活动中励志成才。

河南财经政法大学通过独特的学生培养机制,确保学校自己推出的典型立得住、站得久。如胡利朋、魏星、周文静、刘鹏林等大学生典型,他们不仅以感人的事迹、高尚的品德和强烈的社会责任感熏陶、感染着广大师生,而且他们在学业上始终保持着一种奋发向上、刻苦钻研的精神,成为师生们学习的榜样。

坚持德育为先　铸造鲜明的校园文化品牌

沃野千里,必有良源。根植中原的河南财经政法大学吸收了中华民族传统的优秀品质,并逐渐转化为"明德、博学、经世、笃行"的八字校训。在人才培养过程中,注重校园文化品牌项目建设,加强对学生艰苦奋斗、诚实守信、团结协作和创新创业的教育和培养。

学校以培养学生的人文情怀和道德情怀为出发点,结合校园文化建设情况,对传统校园文化活动进行梳理、总结、提升,并进一步培养、挖掘、创新,形成一批彰显学校办学理念、有影响力的校园文化品牌项目。被誉为"中原第一班"的国旗班、会计学院"知·智·行"大讲堂、经济学院的"星火"论坛等,为学生提供一个传授知识、启迪智慧、优化行为的平台。与此同时,该校毛泽东思想研究会、人力资源管理研究会、春雷剧社、蓝天心理学会等多个学生社团被授予"全国十佳社团""全国百强社团"等荣誉称号。

学校以诚信教育、责任教育为切入点,积极探索和建立诚信教育的长效机制,提升学生的诚信自信与诚信自觉。持续举办了"校园短剧大赛""诚信自强之星评选活动"等"诚信校园行"系列活动,深入开展了学生诚信文化教育、毕业生"诚信签约""诚信就业"等主题教育活动,在学生工作中形成了全方位、全过程的诚信教育体系。涌现出胡利鹏、周文静、邬征言等一大批诚信学子,提前还贷成为常态,该校助学贷款学子提前还款超过80%,还荣获"河南省金秋助学活动先进单位"等荣誉称号。

学校以创业教育、励志教育为着力点,开展"挑战杯"和"创业计划"大赛等活动,建立和完善学生创新服务体系,设立学生创业专项经费,鼓励学生积极开展创新活动。以学生创业者为依托,河南财经政法大学相继成立了别扔网、好仆传媒文化传播有限公司、河南一帆风顺广告有限公司等创业团队,提升校园创业氛围,激发学生创业兴趣,取得了显著的效果。

学校以强化传统教育、促进学生成长成才为落脚点,充分利用得天独厚的人文资源优势,与河南博物院、河南省地质博物馆、林州市人民政府等建立了大学生思想政治教育校外实践基地,积极发挥基层实践的社会教育功能和优势,让学生进一步接触社会、丰富知识、增长才干、提高素质、锻炼能力,为大学生的成长成材提供广阔的舞台,使学校的大学生思想政治工作趣味盎然,润物无声。

坚持言传身教　形成教书育人浓郁氛围

俗话说:"学高为师,身正为范。"为人师者,德之为先。河南财经政法大学在进行人才培养时,高度重视师德建设,要求全体教师不能光靠说教来解决学生的思想问题,要做学生的楷模和榜样,通过自身的思想境界、一言一行的潜移默化,来影响、引导学生积极向上,进步成长。两年来,学校先后涌现了全国十大社会公益之星、河南省三八红旗手、恩慈姐姐颜志伟,河南省师德先进个人张占东、李冬霞,"河南青年五四奖章"获得者李金凯以及长期默默奋战在学生工作一线的辅导员团队等一大批先进典型,他们为人师表、率先垂范、言传身教、甘当人梯,赢得了广大学生的尊敬。学校每年评选"十佳师德标兵""三育人"先进个人,采取"身边人讲身边事"的方式,定期举办道德讲堂、先进事迹报告会、心理健康教育讲座等,在校报、广播站、校园网等开设"财大人财大事"栏目,榜样带动,营造氛围,坚持用远大的理想引导学生,用严谨的师风熏陶学生,用高尚的人格感染学生。

榜样的力量是无穷的。感动之后是行动,榜样的力量,更源于其"群体效应"和"社会效应"。正是模范群体的引领和感召,加快了道德力量在人们心中的传递。

一人红红一点,大家红红一片。河南财经政法大学大学生模范群体现象在该校是典型,在整个社会却是万花丛中一点红、汪洋大海一滴水,如果能把道德模范的典型效应转化为群体效应、社会效应,激发全社会由个体到群体的"滚雪球效应",一定能够在社会上唱响主旋律,广泛汇聚正能量,使道德模范力量成为奋力谱写中国梦的强大动力。

(记者:李树华　通讯员:李晓多)

河南财经政法大学:和一流大学比本科*

什么样的大学,才是好大学?不是有气派的教学楼、实验室,漂亮的食堂、宿舍,就可以称为好大学。

大学的办学理念核心还是围绕"培养什么样的人"和"如何培养人"的问题。一所大学,如果没有核心办学理念,即便在一些显性指标上追求"卓越",那也只是"失去灵魂的卓越",其发展也不可能持续和长久。

近年来,河南财经政法大学的本科生源越来越好,1/3 以上的学生达到了一本分数线。面对一流生源,河南财经政法大学没有沾沾自喜,而是感到了压力,他们提出了"打造一流本科教育"的核心理念,让更多的普通本科学子从中受益。

而这也是对"什么是好大学"的最有力的回答。

理念:面对一流生源,打造一流本科教育

2011 年,河南财经政法大学二本录取分数线文科高出河南二本线 39 分,理科高出 38 分,分别居河南二本录取学校第二、第三位。2012 年,一本 10 个专业录取分数线文科高出河南一本线 9 分,理科高出 11 分;二本录取分数线文科高出河南二本线 39 分,理科高出 41 分……

近年来,河南财经政法大学生源质量逐年提高,连续三年报考率和录取

---

* 本文系《东方今报》2013 年 6 月 25 日对学校改革与发展的纪实报道。

分数线都位居省内高校前列。一本线上学生已超过 1/3,这可以和很多"211"高校,甚至"985"高校的生源质量相媲美。

"我们与一流大学差距最小的就是生源质量。"河南财经政法大学校长李小建说。

而生源质量的提高,也让学校有喜有忧。河南财经政法大学副校长司林胜说:"喜的是学生素质越来越高,忧的是高分的学生想法多,对学校的要求也更高。"

"面对生源质量提高,我们该怎么办?"司林胜说,这也让学校陷入了深思。面对一流的本科生源,河南财经政法大学确立了打造一流本科教育的长期发展目标,旨在将"一流的学生培养成一流的人才和业界精英"。

长期以来,不少高校争相在一些显性办学指标上追求"卓越",而楼建得再高,校园建得再大,学生还是只在这里生活四年,和他们的关系并不大,怎样让普通学子受益成为学校思考的问题。

"我们将学校的价值定位由'办什么样的大学'具体化为'培养什么水平的人才',明确了以学生为本,着力将一流生源培养成一流人才的使命。"李小建说,学校计划用 5~10 年的时间,使学校人才培养的质量和水平达到国内地方大学的一流水平,这将让更多的普通学子受益。

改革:让课堂教学"精彩"起来,让学生"忙"起来

什么是一流的本科教育?在李小建看来,"高质量人才"应该是检验本科教育是否一流的最重要标准。为了培养出高质量的人才,河南财经政法大学着力实施了本科教学五大工程,全面提高教育教学质量,强化本科教育的核心竞争力。

对学生来说,最明显和直接的变化是课程。

从 2012 年开始,河南财经政法大学着力推行"课程教学范式综合改革",通过课程教学范式综合改革,"让课堂教学精彩起来,让学生学习紧张起来,让考试考核诚信起来"。

传统的教育模式都是以学校和教师为中心的。不仅教学的体系和课程内容是由学校制定的,教与学的活动也是在教师给定的框架中进行的。在这种情况下,学生的自主和能动意识受到很大限制,其创造意识也受到抑制。

而河南财经政法大学的教学改革以学生为中心，不把学生当做被动接受知识的机器，而是把他们作为教育活动的主体。

变化：一场大学的"权力的大转移"

如今，学校已在改变老师"满堂灌"的教学方式，推行启发式、案例式等教学模式，让学生主动去思考；压缩课内课时，让学生的"自主学习"向课前、课后延伸……在很多人眼里，河南财经政法大学的一系列教学改革创新"颠覆以往"，不可思议。河南财经政法大学工商管理学院学生孔瑜虽然才读大二，但已经有了导师，平时导师不光指导他们学习，还会带着他们一起做项目、搞科研。孔瑜说："不少外校同学都很羡慕我，能在本科阶段就享受研究生'待遇'。"

除了本科生导师制，今年河南财经政法大学还将推行完全学分制，学生不仅可以选学时，还可选学制，把主动权更多地交到学生手中。

"一门课学生可以选择大一学还是大二学，课程资源丰富的科目，也可以选择听喜欢的老师上课，并且可以选择自己 3 年还是 4 年、6 年毕业。"司林胜说。

另外，河南财经政法大学还将从 2013 级新生开始，取消每学期初的集中补考。一次考试不及格或者对自己成绩不满意的同学可以申请随该门课程的下次正考重考，重考不及格可申请重修。对学生来说，不再"一试定终身"，将让他们拥有更多自主选择权。

在学生眼里，这所大学正在放低"身段"，一切以学生为中心，一切以更好培养学生为目的，一场大学的"权力的大转移"正在发生。

创举：敢于亮"家底儿"，发布本科教学质量年度报告

对大多数人而言，高校办学总有一种"藏在深闺人不知"的神秘感。

今年 6 月 21 日，作为学校打造一流本科教育的一项重要举措，河南财经政法大学对社会发布了《2012 年本科教学质量报告》，大胆晒出"家底儿"，也成为我省首家非"211"院校正式对外发布本科教学质量报告的高校。

该报告从本科教育、师资情况、教学条件、学生状况及学习效果等多方面对学校的本科教育做出评价,堪称一份全面的"体检"报告。

为了避免"王婆卖瓜",在报告中的应届毕业生跟踪调查部分,引入国内第三方教育数据咨询和质量评估机构——麦可思数据有限公司的评价结果。

"麦可思对我校2012届应届毕业生进行了半年的跟踪调研,我们将评价结果融入整个报告当中,从而增加报告所公布数据的真实性。"司林胜说,这也是参照了国外高校的普遍做法,即通过第三方机构对学校毕业生的就业等情况进行专项调查,务求信息透明准确。

麦可思对2012届学生进行半年的跟踪调查结果显示:毕业生就业现状满意度为58%,比全国非"211"本科院校(57%)高1个百分点;毕业后半年的非失业率90.6%,比全国非"211"本科院校(89%)高1.6个百分点;毕业生对母校的总体满意度为90%,比全国非"211"本科院校(85%)高5个百分点。

虽然有些数据尚有差距,但司林胜表示:"学校主动发布报告就是要鼓足勇气,自我体检,自我加压,寻求自我突破。"

这种"敢于第一个吃螃蟹"的做法也得到了普遍称赞。"这种做法甚佳,一方面社会监督学校本科生教育质量,另一方面也能让市场检验学生学到的知识能否学有所用,反过来促进学校教育。"一位网友评价说。

就业:在银行金融界、地产界等校友最多

"入口旺,出口畅",这在河南财经政法大学已成为现实。近年来,河南财经政法大学的毕业生在河南省的金融、财务、房地产、司法等行业的影响力在不断扩大,所占比例和就业层次在不断提高,相当一部分毕业生已经成为行业精英。

袁庆华2008年从河南财经政法大学毕业后在郑州一家银行工作,"遭遇"校友是他工作中的"常态","有时到分行一问,办公室里有一半都是财大毕业的"。

据不完全统计,河南财经政法大学毕业生占河南省建设银行系统员工的7.39%,占河南省农业银行系统员工的10.2%,占河南省中国银行系统2001年以来招聘员工比例的37%。

这个数据也得到了验证,在《2012年本科教学质量报告》中,麦可思还就河南财经政法大学毕业生就业量最大的5个行业进行了分析。其中,毕业生就业量最大行业是储蓄信用中介行业,占该校就业毕业生人数的11.4%,该校就业于该行业的毕业生半年后的月平均收入为3 514元,高于同类院校毕业生收入47元;排名第二的是其他金融投资业,占该校就业毕业生人数的4.9%,毕业生半年后的月平均收入为3 637元,高于同类院校毕业生收入108元;排名第三的是房地产开发业,占该校就业毕业生人数的4.3%,毕业生半年后的月平均收入为3 019元,与同类院校毕业生持平。

"假如你想在银行金融、财务、地产界等拥有最多的校友,那你就选择河南财经政法大学。"袁庆华自豪地说。

对于大学而言,只要高质量、有特色,就能长期生存,打造有特色的一流本科更是永葆大学青春活力的法宝。

"我们要通过打造一流本科教育,切实提高教学质量和办学水平,真正把学校建设成能得到社会公认的有特色的高水平大学。"李小建的话掷地有声。

(记者:赵媛 龚丰硕)

打造一流本科教育　智驱河南经济社会发展*

（一）

河南财经政法大学位于河南省郑州市，2010年3月由原河南财经学院和原河南省政法管理干部学院合并组建而成。现有全日制在校学生26 000余人，教职工1 800余人，其中专任教师1 300余人。学校以经济学、管理学、法学为主干，兼有文学、理学、工学、艺术等七大学科门类。现有55个本科专业、8个一级学科硕士学位授权点、63个二级学科硕士学位授权点和10个硕士专业学位授权点。学校建设有理论经济学、应用经济学等8个省级重点建设一级学科。学校十分重视应用型创新人才的培养，建设有金融学、会计学、工商管理、国际经济与贸易等4个国家特色专业和3个国家专业综合改革示范点，以及经济管理实验教学中心等3个河南省实验教学示范中心。学校已经确立了学术兴校、质量立校、特色名校、人才强校、制度治校的发展战略，各项事业蓬勃发展，学校先后获得"河南公众满意的十佳本科院校"之一、"河南最具影响力的十大教育品牌"之一、"河南考生心目中最理想的高校"之一等荣誉。

---

* 本文系《中国教育报》2014年5月22日对学校打造一流本科教育的纪实报道。

(二)

　　对于一所地方本科高校来说,本科教育是学校的主体与骨干,是学校的基石。相对于科学研究、服务社会和文化传承与创新来讲,人才培养是高校服务区域经济社会发展仅有的不可替代的职能,而驱动区域经济社会发展的人才以本科人才为主。因此,经过广泛调研和讨论,我们将学校的社会价值定位从办什么样的大学逐步向培养什么水平的人才进行理性的价值回归,并于2012年确立了打造一流本科教育的人才培养目标,志在将一流的生源培养成一流人才,培养复合应用型人才,造就业界精英,服务中原经济区和郑州航空港经济综合实验区建设,争取用5~10年时间,使学校本科人才培养的质量和水平达到国内地方大学的一流水平。"与一流大学比本科",也就成为学校办出特色,争创一流的具体目标。这个目标的提出源于我们对本科教育的入口和出口,也即生源质量和就业状况的科学分析。

　　首先从生源质量上看。近几年,学校本科录取分数线逐年攀升,二本录取投档线一直位居省内高校前列,录取的一本线以上考生达到录取新生的近一半,生源整体质量与"211"高校的差距逐渐缩小,这也是我们与国内一流高校差距最小的方面,打造一流本科教育,服务区域经济社会发展也就成为我们当然的使命。

　　其次从学生就业市场看。评价一所大学的本科教育是否一流,应以是否满足社会需求和学生就业质量为主要评价标准。学校面向地方经济发展的目标定位,其效果在日益显现。学校不断完善省内外就业市场,长三角、珠三角就业人数不断增加;校园招聘会安每年都为毕业生提供就业岗位15 000个左右,是毕业生总数的4倍左右。学校还多次举办全省女性大学生就业招聘会、全省经济管理类毕业生就业双选洽谈会。为学校毕业生就业搭建了更为宽广的平台。2012年学校荣获"河南省最具就业竞争力示范院校"称号。学校还高度重视校企合作,广泛建立大学生就业创业基地,把学生创新创业实验室建在企业。截至目前,已经与包括河南省投资集团在内的200多家大型国企、金融企业、民营企业签订了就业创业基地协议,年均输送实习生1 000多人。毕业生在河南省的金融、财务、房地产、司法等行业的影响力在不断扩大,所占比例和就业层次在不断提高。据不完全统计,学校毕业生占河南省建设银行系统员工的比例达7.39%,占河南省农业银行系统员工的比例达10.2%,占河南省中国银行系统2001年以来招聘员工比例的37%。而且相当一部分毕业生已经成为行业精英，并有大量的成功创业者，据2013中国造富大学排行榜100强数据显示，学校因培养3名亿万富豪位居全国第71位。去年，两名校友分别为学校捐赠一座1.5万平方米的教学楼，赢得校内外广泛赞誉。

同时，从学校的学科优势看。2012年，武书连发布的《2012中国大学各学科门类排行榜》，我校优势学科经济学、管理学、法学入围2012中国大学各学科门类排行榜前100强、河南省前三名。2014年的学科门类排名中，开设经济学专业的大学共523所，我校经济学位居全国第56名；开设管理学专业的大学共675所，我校管理学排名全国第97名；开设法学专业的大学共513所，我校法学专业排名全国第75名。

最后，从在校生的创新能力看。学校1名教授带领23名在校本科生共同完成的专著《退休行为及退休年龄研究》一书，成为国家提案的重要依据。本书与《种粮行为与粮食政策》《生育行为与生育政策》以及《房地产买卖行为与房地产政策》等共同组成"公众行为与国家政策研究丛书"。在校本科生还在"挑战杯"全国终审决赛、全国大学生职业生涯规划大赛、全国大学生数学建模比赛中多次摘金夺银。

这些成绩的取得坚定了我们打造一流本科教育的信心和决心。

（三）

打造一流本科教育是一项系统工程，这几年学校在领导重视本科教学、政策倾斜本科教学、投入优先本科教学、科研促进本科教学的良好氛围中，着力在以下四个方面进行了有效的探索与尝试。

一是实施完全学分制，切实彰显学生个性发展。以完善选课制为基础，以学分计量制和学分绩点制为核心，构建了"按学分注册、按学分缴费、按学分毕业、按绩点授学位"的教学管理模式，努力创造条件为学生在选专业、选学程、选课程、选教师等方面提供更大的自主选择空间，扩大学生选择权，为学生个性发展创造条件，为打造一流本科教育提供了制度保障。

二是改革课程教学范式，着力激发学生创造潜能。课程教学范式是大学教学的最基本组织形式，也是本科教育的微观基础。学校以彰显教学学术观、民主观、协作观等核心理念为导向，制定了《课程教学范式综合改革三年行动计划》，确立了从知识传递到融通应用到拓展创造的新型梯度课程教学目标，凸显了现代大学课程教学的主流范式。这场教学革命就是要突出学生的主体地位,把学生潜能的无限开发作为课程教学的终极目标,把生活与实践作为大学课程教学的重要内容,把怀疑反思与创造发现作为大学课程教学的基本方法,把内省学习作为大学课程的主要学习方式,把网络学习作为大学生课程学习的重要渠道,把创新创业作为课程教学的重要延伸,最大限度地发挥课程教学效能,为打造一流本科教育奠定了微观基础。

三是设立校长教学质量奖,有力强化教学中心地位。校长教学质量奖是学校教学领域的最高荣誉奖,获奖教师可以得到教学工作量的质量系数、职称评审加分以及物质等方面奖励,同时还评选青年教师课堂教学竞赛奖和教师教学奉献奖,以表彰和激励教学潜心教学的优秀教师,增强教师的使命感和荣誉感,使教学好的老师一样能够扬眉吐气。学校还实施了"三个同等对待"政策,即教学与科研同等对待,教学工作与科研工作同等对待,教学成果与科研成果同等对待,确立了人才培养和教学工作的中心地位,为打造一流本科教育创造了政策环境。

四是发布本科教学质量报告,主动回应社会各界关切。去年,学校发布了《2012年本科教学质量报告》,这是河南省率先发布的非"211"高校本科教学质量报告,客观引入了国内第三方教育数据咨询和质量评价机构的评价结果,全面展现了学校本科教学工作思路,真实反映了学校本科教学实际状况。这一举措被媒体评价为"开门办教育、开明畅言路、开放展自信"。学校将持续发布本科教学质量报告,接受公众问责,接受社会监督,接受市场评价,进而获取社会和公众对学校人才培养的广泛认同,为打造一流本科教育构建了责任体系。

发展未有期,奋斗无止境。持续提升教学水平,全面打造一流的本科教育是时代和社会赋予我们的艰巨任务和光荣使命。学校热忱欢迎各位青年才俊来到学校,来到这片名师荟萃、英才云集的沃土,为她注入新的血液,给她带来新的激情,和她一起迎接明天的辉煌!

让学生"聚是太阳,散是繁星"
——河南财经政法大学:一场颠覆教学范式的改革*

"同学们,人生本是一场说走就走的旅行,朋友走着走着就散了;青春本有一场难舍难分的告别,同学笑着笑着就哭了。"

"河南财经政法大学只培养了两种人:年轻时陪男人过苦日子的女人,富裕时陪女人过好日子的男人。你们走出校园,就是要做这样的女人和男人!"今年6月,河南财经政法大学校长李小建在2014届毕业生毕业典礼上的演讲《聚是太阳,散是繁星》在微信和微博上被疯狂转发。李校长没有打官腔,也没板起面孔,他真诚、朴实而又充满文采的讲话也被各种"点赞"。

毕业致辞也成为河南财经政法大学大胆改革、真诚育人的最佳注脚。今年,河南财经政法大学掀起一场颠覆传统教育范式的改革。他们要让学生从被动学习到主动求知,让他们来到大学"聚是太阳",走向社会"散是繁星"。

教学范式改革,将"打造一流本科教育"落到实处

> 人生恰是与自己的一场较量,正如海明威所说,优于别人,并不高贵,真正的高贵是优于过去的自己。
> ——李小建

近年来,河南财经政法大学生源质量逐年提高,连续四年报考率和录取分数线位居省内高校前列。一本线上学生已近半,可以和很多"211"甚至

---

* 本文系《东方今报》2014年6月25日对河南财经政法大学课程教学范式改革的报道。

"985"高校的生源质量相媲美。

李小建说,面对一流的本科生源,河南财经政法大学确立了打造一流本科教育长期发展目标,旨在将"一流的学生培养成一流人才和业界精英"。

"对于一所地方本科高校来说,本科教育是学校的主体与骨干,是学校的基石。"河南财经政法大学副校长司林胜说,从宏观上讲,学校已经确立了打造一流本科教育的教学工作目标,从中观上讲,已经启动了以完全学分制为基础的人才培养模式改革,现在,需要着力抓好课程教学这一微观基础了。

在今年4月11日举行的河南财经政法大学第二次教学工作大会上,学校通过了《课程教学范式综合改革三年行动计划》,计划用3~5年的时间,有计划、分步骤地推进本科生课程教学范式的深入转变。新的课程教学范式将强调以学生为中心,改变"教师单向知识传递"的传统课堂教学范式,将"打造一流本科教育"落到实处。

"河南财经政法大学在创新高校人才培养机制等方面做了积极探索,确立了打造一流本科教育的人才培养和教学工作目标。"省教育厅高教处处长韩小爱在该校教学工作大会上的讲话中,对河南财经政法大学的课程教学范式改革评价极高。在她看来,这抓住了人才培养的重要微观基础,将调动广大师生的教学积极性和主动性。

颠覆课堂,让"懒学生"变"勤学生"

梦想就是一种让你感到坚持就是幸福的东西。而坚持的内涵就是在忍不下去的时候再忍一下下。很多梦想的实现正是靠着这咬牙的一下下。

——李小建

课下看视频学新课、有疑问在课堂上提出解决……随着互联网发展和普及,"翻转课堂"的新型学习方式已经在国内外流行开来。

"现在不少中学已实现'翻转课堂',大学教育还是'满堂灌'怎么行?"司林胜说,中学教学范式的改变已经在"倒逼"大学进行改革。

而现在大学毕业生就业遭遇挫折,责任追究的矛头也直指"课堂教学"。

"不少学生问老师,读书是不是真的没用?"河南财经政法大学国际经济与贸易学院副院长王怀民说出了很多学生的困惑,在他看来"并不是读书无用,而是现在的课本与教学范式与社会脱节。老师教的社会上用不到,社会上用得到的老师又教不了"。

中外课程的对比也引起了司林胜的深思。一个学生在美国上大学,课前要查资料、预习案例,作业多到"没朋友"。可在国内,很多学生一上大学就万事大吉,整天打游戏睡觉,浪费的是最能积蓄人生能量的黄金4年。

"现在大学教育跟中小学一样,也多是应试教育的教学范式,以知识传递为重点,以教师为主体,必须要改变。"司林胜说,正是基于这样的认识,河南财经政法大学在河南高校中率先开展"课程教学范式改革"。

"我们所理解的"课程教学范式"是指在课程教学实践中,教学共同体成员所秉持的信念与价值、采取的技术及形式、形成的特质及效果的总称。"司林胜说,教学范式改革要提高学生的积极性和主动性,让学生从"懒学生"变为"勤学生",从被动学习到主动学习,从接受与适应到创造与超越,从个体学习到协作学习。它不仅触及了教学的深处、痛处和难处,而且任务十分艰巨。

调动主动性,实现"教"与"学"的权利转换

人生就是一段旅行,一路艰辛、一路风景,必须且行且珍惜。

——李小建

在不少高校的课堂,老师在讲台上念PPT,学生在台下拿着手机,老师讲的知识一问"度娘",一目了然。

"现在90后学生很厉害,他们的知识水准和学习能力比我们想象的要高得多。"司林胜说,随着互联网发展和"慕课"的流行,学生一上网就能查到哈佛、剑桥等名校老师讲的同门课程。如果老师还是照本宣科,不调动学生的主动性,他们就会"用脚投票"——逃课或者睡觉。

司林胜说,大学的学习是高级学习,老师要想让课堂竞争过互联网,就要变知识传递为"知识传递、融通应用和拓展创造"。

而在河南财经政法大学,一些课程的教学范式改革已经让学生掌握了学习的主动权。

该校广告学专业《广告创意》课堂授课采用组合互动教学模式,围绕某一主题,邀请专业教师、业界精英展开讨论,让学生在动态、立体、交互的信息环境中探究治学。该课程还引进了实战项目,让学生通过实战做广告创

意,老师成为学生身边的"教练",不是在讲台上的"圣人"。

"这是'教'与'学'的权利转换,强调建立民主平等的教学关系,确立学生的主体地位,打破教师的课堂话语霸权,让学生对教学内容拥有充分的表达权,让学生'动'起来。"李小建说。

评价模式改变,考查学生不再"一考定终身"

这部属于你们的、绝无仅有的《致青春》,不仅在湿润你们的大学回忆,也在滋养着母校的精神家园!
——李小建

6月4日,河南财经政法大学广告学专业大四学生何通通过了毕业策划答辩。

和不少高校"不接地气"的毕业论文不同,何通和同学要为一家化妆品公司进行广告策划,从市场调查到文案写作,都与社会上广告公司运作并无二致。

这种以毕业策划代替毕业论文的评价模式,也是河南财经政法大学课程教学范式改革的内容。

目前高校的课程考核大多以命题考试为主,缺乏多样性,于是出现学生"突击备考"和"背多分"现象。

"'一考定终身'的评价模式必须要改变。"司林胜说,考试不仅要考学生的知识点,更要考学生的运用能力,不仅要考学生的专业知识,还要考学生的综合素质。

学校自2009年开始考试方式改革,实施多元性评价。例如,广告学专业加大实战成绩在考试成绩中的比例,实战成绩已占到50%~70%。

"我们要与一流大学比本科,就要给学生提供难度更大、标准更高、要求更严、学业挑战度更强的教育。"司林胜说,这样的教育不能简单仅以分数来衡量,而要建立综合考查和评估学生学习志趣和特点的评价体系,更好地挖掘学生发展潜力。

回到文章开头,李小建说,他将演讲的题目定为《聚是太阳,散是繁星》,是因为他相信,我们的学生无论走到哪里,都会散发光芒!

(记者:赵媛 龚丰硕)

与一流大学比本科*
——河南财经政法大学打造一流本科教育扫描

2013年,河南财经政法大学首次发布《2012年本科教学质量报告》,客观引入国内第三方教育数据咨询和质量评价机构的评价结果,全面展现该校本科教学工作思路,真实反映本科教学实际状况。这是河南省发布的首份非211高校本科教学质量报告,这一举措被媒体评价为"开门办教育、开明畅言路、开放展自信"。学校将持续发布本科教学质量报告,接受公众问责,接受社会监督,接受市场评价,进而获取社会和公众对学校人才培养的广泛认同。正是基于这样的改革与定位,河南财经政法大学各项事业蓬勃发展。

从办什么样的大学到培养什么水平的人才

发展定位清晰才能充分发挥高校自身职能。作为经济学、管理学、法学入围中国大学各学科门类排行榜前100强、河南省前三名的以财经政法类专业为主的地方性大学,河南财经政法大学持续深化教育教学改革,努力培养社会急需的应用型创新人才。"相对于科学研究和社会服务来讲,人才培养是高校服务区域经济社会发展唯一不可替代的职能,而驱动区域经济社会发展的人才以本科人才为主。"河南财经政法大学副校长司林胜告诉记者。在坚持学术兴校、质量立校、特色名校、人才强校、制度治校的发展战略

---

* 本文系《河南日报》2014年6月26日对学校打造一流本科教育的纪实报道。

基础上,学校经过广泛调研讨论,将自身的社会价值定位从办什么样的大学向培养什么水平的人才进行了理性的价值回归,并于2012年确立了打造一流本科教育的人才培养目标,志在将一流的生源培养成一流人才,造就业界精英,服务中原经济区与郑州航空港经济综合实验区建设,争取用5~10年时间,使学校本科人才培养的质量和水平达到国内地方大学的一流水平。"与一流大学比本科",也就成为该校办学特色定位的具体目标。

从提供什么样的课程教学到获得什么样的知识能力

该校在教学改革进入攻坚新阶段,实施以学生为本,以选课制为基础,以学分计量制和学分绩点制为核心的课程教学范式综合改革行动计划,最终构建起"按学分注册、按学分交费、按学分毕业、按绩点授学位"的教学管理模式。该校设有金融学、会计学、工商管理、国际经济与贸易4个国家级特色专业和3个国家级专业综合改革示范点,正是下定决心,坚定不移地用不断深化的课程教学改革推动人才培养模式创新,不断提高人才培养质量,学校培养了而且正在培养着众多业界精英,该校毕业生在我省金融、财务、房地产、法律等行业的影响力不断扩大,所占比例和就业层次不断提高,相当一部分毕业生已经成为行业中坚,而且有大量的成功创业者。2013年,两名校友分别为学校捐赠一座1.5万平方米的教学楼,赢得校内外广泛赞誉。

打造一流本科教育是一个长期而艰辛的过程,"今后学校将紧扣'一流'目标,稳扎稳打、再接再厉,努力为粮食生产核心区、中原经济区、郑州航空港经济综合实验区建设培养更多优秀的本科人才!"该校校长李小建这样告诉记者。

(记者:李树华　通讯员:张道庆　王兴)

学府与学术

建设新型高级智库　打造中原新经济增长极*
——中原经济区"三化"协调发展河南省协同创新中心助力河南省发展纪实

"习总书记指出,'智库是国家软实力的重要组成部分,随着形势的发展,智库的作用会越来越大。'对河南而言,建设中原经济区,加快中原崛起、河南振兴,也迫切需要通过强化智库建设来提供强有力的理论支持和智力服务。我们就是要将'三化'协调发展河南省协同创新中心建设成为围绕中原经济区新型发展路径与模式开展研究,探索中原经济区发展的理论研究高地,服务于省委、省政府决策需求的新型高级智库!"河南财经政法大学校长、中原经济区"三化"协调发展河南省协同创新中心主任李小建说。

"三化"协调发展河南省协同创新中心是由河南财经政法大学牵头,河南省内多家科研院所和政府机构共同组建而成的河南省首批13个省级协同创新中心之一。该中心自2012年10月由河南省政府批准正式挂牌成立以来,把建设成服务于省委、省政府的新型高级智库、中原经济区发展理论探索的研究高地、中原经济区建设高级管理人才的培养基地、高校体制机制改革与创新的实验基地作为定位和目标,为解决省内实际问题做出了积极贡献,使"三化"协调发展河南省协同创新中心成为新型中原高级智库。

---

* 本文系河南日报2014年12月23日对河南财经政法大学中原经济区"三化"协调发展河南省协同创新中心助力河南省发展的纪实报道。

政策研究与实践应用紧密结合助力地方经济发展

"三化"协调发展河南省协同创新中心自挂牌成立以来,就一直致力于实现政策研究与实践应用紧密结合,支撑河南省新型工业化、新型城镇化和新型农业现代化建设走在全国前列,并在探索"两不三新""三化协调"发展模式和努力为省委、省政府及相关地方政府提供有价值的决策咨询意见等方面做出了可喜的成绩。

"三化"协调发展河南省协同创新中心正在建设"三化"协调发展理论与政策实践实验基地,积极探索农业化、工业化、城镇化相互协调发展的"三化"协调理论,完善构建城镇聚落空间格局理论,并拟突破城镇化过程、驱动力以及不同地域范畴人—地系统的结构演变规律等问题,计划在中原经济区现代城镇体系与空间结构优化研究和中原经济区健康城镇化和生态城镇化研究等方面开展研究。

目前,"三化"协调发展河南省协同创新中心充分发挥自身科研、人才和教育优势,通过各方面、多种形式的合作,促进科研成果向现实生产力转化,与地方政府建立长期、全面、深度的战略合作,建成中原经济区"三化"协调发展河南省协同创新中心研究基地,为地方经济建设和社会发展服务。"三化"协调发展河南省协同创新中心已经和正在建设3~4个"三化"协调发展理论与政策实践实验区,积极探索"两不三新""三化协调"发展模式,将实验区打造成全省的"三化"协调发展的示范区和领先区。中心现已与鹤壁市人民政府按照"优势互补、共谋发展、互惠互利、实现共赢"的原则签署校市合作框架协议,建立双向交流机制,互相支持建立中原经济区"三化"协调发展河南省协同创新中心研究基地,促进产、学、研有机结合,加速科研成果转化。

截至目前,"三化"协调发展河南省协同创新中心为省委、省政府和地方政府提供决策咨询报告23份。其中,中心主任李小建发表的《新型城镇化必须立足长远》受到了省委常委、省纪委书记尹晋华的批示,《"人地关系"视角下的新型城镇化》受到了省委常委、政法委书记刘满仓的批示,《新时期河南发展区域战略:豫陕合作,协同发展——关于豫陕共建"黄河流域中西部合作发展试验区"的构想》受到了省人大常委会副主任张大卫批示,中心研究员马华撰写的《难点村治理》受到了副省长张广智的批示,中心教授杨承训、仉建涛、郭军、李金铠等多次受邀参加省领导与社科界专家学者年度座谈会,就我省经济社会发展积极建言献策。此外,由"三化"协调发展河南省协同创新中心主办的《"三化"协调发展》和《学者之见》系列刊物在为政府建言献策方面也做出了令人不可忽视的贡献。李小建表示,《"三化"协调发展》和《学者之见》系列刊物将成为"三化"协调发展河南省协同创新中心具有传承性的品牌项目,持续为省委、省政府提供高端服务。

搭建高层互动平台　　交流科学发展新思想

"三化"协调发展河南省协同创新中心通过创办"三化"协调发展河南省协同创新中心科学发展论坛,承办河南发展高层论坛等多种方式搭建高层互动平台,为经济社会运行中的各个领袖、各路领军人物创造科学发展研讨、交流、碰撞、提升的平台,并以期借助这个平台让学界在与业界面对面的接触中,感知科学、感知实践、感知并定位好自己的研究方向,感知怎样实实在在地为地方经济社会服务,创造出真正的理论与实践结合的、有价值的研究成果。

"三化"协调发展河南省协同创新中心科学发展论坛至今已成功举办四届,分别邀请到中国社会科学院学部委员、经济学部副主任、原工业经济研究所所长、博士生导师吕政,国务院发展研究中心发展战略与区域经济部部长、博士生导师侯永志,国家农业部经济体制与经营管理司司长张红宇,中国社会科学院学部委员、农业发展研究所原所长张晓山,北京大学常务副校长、博士生导师刘伟,中国科学院可持续发展战略组组长兼首席科学家、第三世界科学院院士、国务院参事牛文元,国家环境保护部政策法规司司长李庆瑞,信阳市人民政府市长乔新江,洛阳市人民政府市长李柳身,南阳市委书记穆为民等专家学者和地方政府的负责人。四届论坛的主题分别是"科学推进城镇化与加快产业集聚区建设""贯彻三中全会精神、加快产业转型升级、推动新型工业化发展""新型农业现代化与建设现代化农业大省"和"打造美丽河南、实现区域经济社会可持续发展",都具有很强的实际意义。

李小建说:"中心主办的科学发展论坛邀请了政府相关部门领导参与座谈,便于碰撞科学发展思想,交流科学发展经道,提升科学发展水平,也便于中心更进一步了解高层动向,使中心能够更加准确地选取有实际意义的课题后,经过深入广泛的调研,以专家学者的角色撰写文章、出版论著、发表评论,更好地为中原经济区战略规划、政策制定与可持续发展提供决策依据。"

整合优势资源 提升持续创新动力

"三化"协调发展河南省协同创新中心一直在整合各协同成员单位的研发、推广资源,建立协同创新体,形成理论研究—政策建议—成果推广协同创新的长效机制,为建设新型高级智库,打造中原新经济增长极不断努力。

"三化"协调发展河南省协同创新中心以河南财经政法大学的优势学科群为重点,以合作院校、政府相关部门和企业为支持系统,依托创新中心开展研究取得的包括论文专著、研究报告、咨询报告、专利、软件、数据库研究报告、决策咨询报告等方面成果,进行资源整合。

与传统的人才培养模式不同,"三化"协调发展河南省协同创新中心整合优势资源,创新培养机制,推动各协同单位联合培养研究生及其他人才,协同高校之间研究生课程及实践活动相互开放。为培养在研发、推广等方面具有真正优势的复合型人才,"三化"协调发展河南省协同创新中心还将突破原有的课堂教学为主、实践教学为辅的范式,积极实行课堂教学、实践教学并重的模式,设计实施"分流滚动式""导师全程式""多方联合式"培养模式。中心还积极与国外知名高校、科研院所开展联合培养合作,定期选拔学生参加国际交流学习,探索实施"3+X"培养模式,开展本科双学位、交换学生和硕士直通车项目,实现课程互选、学分互认,让学生更多地接触科学前沿,国外学习环境,开拓国际视野。

"三化"协调发展河南省协同创新中心通过机制体制改革,整合优势资源、汇聚高水平人才,提升持续创新动力,推动"三化"协调发展河南省协同创新中心的平台和研究团队建设,提高人才培养质量,带动学科发展,推出重要研究成果,为中原经济区建设提供重要的理论支撑和决策建议。目前,中心已经孵育和培养出河南省杰出专业技术人才、河南省特聘教授、享受国务院特殊津贴专家、教育部新世纪优秀人才、全国优秀科技工作者等高端人才和学科带头人。

中原经济区"三化"协调发展河南省协同创新中心将仍然按照"河南急需、国内一流、制度先进、贡献重大"的建设目标,以我省"两不三新""三化协调"发展的重大战略需求为牵引,努力实现"三化"协调发展基础理论、政策研究与实践应用的紧密结合,支撑河南省新型工业化、新型城镇化和新型农业现代化建设走在全国前列。

"我们相信,在大家的共同努力下,'三化'协调发展河南省协同创新中心必能引领中原经济区和河南省,成为打造中国经济升级版中的新经济增长极,河南省的'三化'建设也必将取得更加喜人的成果!"李小建说。

(通讯员:顾衮)

孵化园里"练摊"忙*

新年伊始,河南财经政法大学的大学生创业孵化园正在启动一个大动作——扩容,创业孵化园二期项目已筛选落定,新一批创业大学生即将携项目入驻。

"大学生要创业成功,必须要多练摊儿,现有的创业孵化园场地远远不够,学校将提供更大的创业实践平台。"1月26日,站在480平方米的一期大学生创业孵化园,河南财经政法大学就业指导处处长崔炜告诉记者。

这里,作为大学生创业者"练摊"的地方,十多个摊位开展着不同的业务,每到课余和休息日,熙熙攘攘如商场一样。

"我们店里生意很好。""掌中电子"的负责人纪执超目前在国际经济与贸易专业读大三,他的小店主营手机销售、维修等业务。他告诉记者,如果在校外的商场租柜台经营,每月至少需要上千元,还要缴纳不菲的水电费、管理费。而去年9月进入大学生创业孵化园后,他再也没有为这笔开销苦恼过。

在纪执超看来,孵化园不仅帮他们"省钱",更让他们"省心"。孵化园为每个项目指定了创业导师,一旦学生在创业过程中遇到困难,导师会为学生答疑解惑。纪执超以前对此并不在意,但上个月发生的一件事却改变了他的看法。有家公司想向他们融资,他向创业导师咨询后顿觉豁然开朗。

"早期入驻创业孵化园'练摊'的'前辈'好多都做大了。"纪执超兴奋地向记者介绍,"中兴图文设计"2014年分别接了600万和400万两个大单,

---

* 本文系《河南日报》2015年01月28日对学校创业孵化园的纪实报道。

"大学生 S 团"到 2014 年 10 月利润达 120 万元,"好仆文化传播"在市区新开了两家分店……

一项大学生创业孵化园首批创业项目运营状况总结报告显示,该孵化园 2012 年开园后,首批入驻的项目中有 13 个脱颖而出坚持下来,至今成功孵化 6 个项目,成功率为 46%。6 个创业项目负责人由学生转化为企业法人代表,其中 5 人独立开创公司。这些创业项目基本实现了正常的盈利。

"创业孵化园的社会效果更为明显。"崔炜介绍,大学生创业孵化园项目向社会提供就业机会 20 余个,向学校贫困生提供勤工俭学岗位 70 多个。更为重要的是,创业引领作用凸显。开园近 3 年来,孵化园每学期都能收到近百份项目申请,在校学生自主创业率已经超过 2%,比全国平均水平还高,并有多个创业项目在全省和国家级赛事上获奖。

记者在现场了解到,孵化园在运行过程中,大学生创业方面的问题也显露出来。比如,经营内容基本是低端商品经济,创业项目科技含量不高,缺少亮点,没有后劲。比如,大学生创业资金筹措困难,贷款政策落地难,真正能享受到资金扶持的创业学生寥寥无几;比如,创业教育师资力量参差不齐,专业创业导师数量不足;比如,实践场地缺乏,无法满足更多学生的创业需求等等。

"创业孵化园这几年的运行中,有些创业项目夭折了,有些创业学生退出了,这都是正常的。一方面,政府、学校和社会要给予大学生创业更多的扶持;另一方面,放手让他们多练摊,敢于经历失败才能最终收获成功。"崔炜说。

(记者:惠婷)

鼎故革新 "四大创举"助力打造一流本科教育*
——河南财经政法大学教育教学改革纪实

本科教育水平不仅是地方高校内涵发展的生命线,更是持续发展的动力源。如何牢固确立人才培养在学校工作中的中心地位,成为河南财经政法大学合并组建后的首要任务。该校以打造一流本科教育为目标,坚持以学生为主体,以教师为主导,充分发挥教师和学生两个方面的积极主动性,各项教育教学工作鼎故革新,改革举措层出不穷。

一、确立明晰的教学发展目标:地方高校敢与一流大学比本科

人才培养是地方高校服务区域经济社会发展唯一不可替代的职能,而驱动区域经济社会发展的人才以本科人才为主。河南财经政法大学在思想层面和操作层面积极思考,并付诸实践。在坚持学术兴校、质量立校、特色名校、人才强校、制度治校的发展战略基础上,全校师生经过广泛调研讨论,将学校自身的社会价值定位从办什么样的大学向培养什么水平的人才进行了理性的价值回归,并基于对本科教育的入口和出口,即生源质量和就业状况的科学分析,于2012年确立了打造一流本科教育的长期发展目标,志在将一流的生源培养成一流人才,培育业界精英,并争取用5~10年时间,使学校本科人才培养的质量和水平达到国内地方大学的一流水平,积极为中原经济区与郑州航空港经济综合实验区建设服务。

---

* 本文系《河南日报》2015年5月21日对学校教育教学改革的纪实报道。

该校作为国内首个提出打造一流本科教育的地方高校,他们深刻认识到,虽然学校本科教育已经从单纯的专业教育逐步转变为通识教育基础上的宽口径专业教育,但传统的专门化培养模式还没有彻底转变,新的人才培养模式还缺乏系统性的建构,若干"瓶颈"问题依然制约着学校的转型发展。所以,他们正视这些问题,在学校管理和发展的宏观、中观和微观层面分别给出了适合学校发展的实施策略。在宏观层面,要打造一流本科教育;在中观层面,实行完全学分制;在微观层面,推行课程教学范式综合改革,通过系统的思考和实践,建构起与一流本科目标相匹配的本科教育体系。因此,"与一流大学比本科"成为该校十分明晰的教学发展目标,学校各项教学改革举措均围绕这个目标全面展开。

二、编织个性的学生发展网络:完全学分制调动学习主动性

学习的主动性是学生个人自我发展的基本能力,是提高教育教学质量的重要条件。河南财经政法大学编织个性的学生发展网络,实施完全学分制和主辅修专业互换制来扩大学生的选择权,激发学生的学习主动性。

该校从2013级开始实施完全学分制,把学习的自主权和主动权完全还给学生,学生自由选修自身感兴趣的课程,自主安排学业进程,建立自身需要的知识体系,构建个性独特的素质能力结构。完全学分制模式打破了学科的界限,打破了专业的界限,也打破了年级、班级界限,学生的年级、班级界限趋于模糊。大类招生、3至6年的弹性学制、个性化的自主课表、相对成绩政策、承认网络课程学分和创新学分是该校实施完全学分制五大特色。实行完全学分制,不仅可以为培养多学科领域的复合型人才提供支撑,也可以培养具有自我判断及选择能力的创新素养的人才。

学校还从2014级开始实施主辅修专业互换制,是河南省首个试行主辅修专业互换制的高校。实施主辅修专业互换制,意在强调主修与辅修的相对性,试图建立一种主修专业与辅修专业之间相互转换的机制。学生如完成主修专业规定的辅修课程以及辅修专业人才培养方案规定的全部课程,并达到辅修专业毕业规定的学分及学分绩点,可取得主修专业的辅修专业证书和辅修专业的毕业证书,如符合学校规定的学位授予条件,可授予辅修专业的学士学位,符合双学位授予条件的,且与辅修专业学科门类不同的主修专业可授予双学位。

主辅修互换的实质是辅修和双学位教育工作的扩展和补充,同时也极大地减轻了学生校内转专业的压力。主辅修专业互换可以缓解热门专业资源的稀缺性矛盾,弥补当初学生盲目填报高考志愿的不足,与校内转专业相比,主辅修互换制除了为一部分学生转专业提供一次合理的选择机会外,大多数学生可以不必改变学籍就能达到再次选择专业的目的,这就使主修专业所在院系不用担心优质生源流失,而辅修专业所在院系不会增加额外的办学成本,有条件接收更多的辅修学生,学生转专业愿望得以实现。这种制度不仅可以拓宽学生知识面,改善学生的知识结构,而且也可以扩大学生的选择权,提高学习积极性,促进不同学科之间的交叉渗透。"主辅修专业互换"给学生打开了一个通往兴趣的通道,为学生搭建了一座"成才立交桥"。

目前,该校还正在改进和完善机制上下功夫,努力建立更为灵活的辅修学习机制,即逐步由单一的辅修专业的学习向辅修某一课程(或课程组)、某一领域、某一技能等多层次的立体化辅修机制转变,尽可能地满足广大学生多样化、个性化的学习需求。

三、夯实微观的本科教学基础:课程教学范式改革激发学生创造潜能

课程教学是大学教学最基本的组织形式,也是本科教育的微观基础。为了改变课程教学"以知识(传递)为重点、以教师为主体、以教材为中心、以课堂为阵地"的现状,在前期改革试点的基础上,从2014年开始,河南财经政法大学全面实施课程教学范式综合改革行动计划,着力彰显教学学术观、教学民主观、教学协作观三大核心理念,确立课程教学要从知识传递到融通应用、再到拓展创造的梯次目标。据悉,该校是河南省首家全面实施课程教学范式综合改革的高校。

一方面,课程教学范式改革要颠覆课堂,打破教师的课堂话语霸权,对教师、对学生要进行角色重新定位,确立学生的主体地位,全面改造课程教学的各个环节;另一方面,这种改革还涉及教师管理、学生管理、教学环境等影响课程教学的很多层面。改革的具体目标就是课程教学要彻底实现五个转变:实现从知识传递占主导的课程目标设定到知识传递、融通应用、拓展创造多维教学目标设定的转变;实现从教师的单向传授知识到师生共同构建、共同发现和创造知识的转变;实现以命题考试为主到多种考核方式相结

合的转变,倒逼教师教学模式和学生学习方式的转变;实现从单纯的课堂教学到兼顾课前、课中、课后的完整课程教学边界的转变;实现从基于知识重点、教师主体、教材重心、课堂阵地的课程教学评价到对课程的学术性、民主性、协作性以及学生能力培养评价的转变。

目前,该校从试点到全面推行课程教学范式改革,已经立项95项课程教学范式改革项目,建立了课程教学范式改革专题网,制定了课程教学范式改革项目的结项标准,把改革分为翻转式、混合式、协作探究式和其他创新性等四种类型课程教学进行分类指导,将慕课、微课、网络资源共享课的建设与课程教学范式改革关联起来,形成共振效应,微信、微课翻转课堂、广告实战教学、多科联考等改革亮点不断把该校的课程教学范式改革向纵深推进。

这场教学革命最终的目的就是要把学生的潜能无限开发作为课程教学的终极目标,把生活与实践作为大学课程教学的重要内容,把怀疑反思与创造发现作为大学课程教学的基本方法,把内省学习作为大学课程的主要学习方式,把网络学习作为大学生课程学习的重要渠道,把创新创业作为课程教学的重要延伸,最大限度地发挥课程教学效能,同时,实施多元化的课程考核方式和相对成绩政策,不断提高学生的学业挑战度和学习主动性,着力培养学生的实践能力和创新精神。

四、构建系统的教学激励体系:三大奖项覆盖各层次教师

高校教学质量提高的关键在于教师水平以及教师投入教学工作的精力。如何构建教师教学激励体系是河南财经政法大学近年来一直在探索的问题。为了使教学不成为科研的附庸和陪衬,激励教师将更多的精力投入到教学工作中去,该校针对不同层次的教师设立了三大教学奖项:校长教学质量奖、青年教师教学奖和教学奉献奖,三个奖项每三年做一个循环,获奖教师在获得物质和精神奖励的同时,还在职称评审中获得重要的加分奖励。该校是国内首个设立校长教学质量奖的高校,是河南省首次设立教学奉献奖的高校。

校长教学质量奖是该校设立的教学领域的最高荣誉奖,以表彰在教学第一线为人师表、全身心投入教学工作、在师生中形成良好口碑、赢得高度赞誉的教师;青年教师教学奖坚持全员参与、以赛代练的原则,凡年龄在40

周岁及以下、教龄满一年的一线专任教师均要参加比赛,获奖比例不低于20%,主要引导青年教师把主要精力投入到教学中,加强青年教师课堂教学基本功训练;教学奉献奖是为了表彰长期坚守本专科教学第一线、辛勤耕耘、默默奉献的普通老师,大力弘扬教师以教为本、以教为荣的职业精神,该奖项以教学年限、教学工作量、指导第二课堂活动、教学改革与教学效果等为核心评价指标。三个奖项注重了激励的层次性,覆盖了各种类别的教师,校长教学质量奖重在奖励功底扎实、业务精湛、教学效果突出的优秀教师;青年教师教学奖重在训练和奖励青年教师;而教学奉献奖重在奖励中老年教师。2013年,首届校长教学质量奖评选了6名优秀教师,有教授、副教授,也有讲师,他们得到了校内教学的最高荣誉;2014年,首届青年教师教学奖共决出81名优秀中青年获奖者;2015年,首届教学奉献奖正在如火如荼地举行。同时,获奖者的全校性观摩活动一期接着一期举办,也大大调动了全校教师投身教学改革、提升教学水平的激情。

五、发布真实的本科质量报告:第三方数据客观反映教学实际

2013年6月,河南财经政法大学首次发布《2012年本科教学质量报告》,这是河南省发布的首份非211高校本科教学质量报告。2014年,学校继续发布了《2013年本科教学质量报告》,2014年的质量报告也正在积极地编印当中。该校的质量报告最大的亮点莫过于其客观性和独立性,其起草工作是由学校独立设置的教学质量评价中心组织实施的,而重要的支撑数据则是委托独立的国内第三方教育数据咨询和质量评价机构通过调查分析提供的,以期全面展现该校本科教学工作思路,真实反映本科教学实际状况。该报告所特有的双重独立性无疑增加了报告的权威性和指导性。在发布的数据中,既能够清楚地看到该校的优势和特色,同时也能明确找到改进的空间和方向。这一举措被媒体评价为"开门办教育、开明畅言路、开放展自信"。该校把发布本科教学质量报告作为常态化工作,每年定期发布,坚持开门办教育、办人民满意教育,将教学质量交由社会公众检阅、评价和监督,积极在良好互动中实现质量提升、人民满意的双丰收。正是基于这样的改革与定位,河南财经政法大学各项事业蓬勃发展。

(记者:李树华 通讯员:詹克波)

弹性的学制　个性化的课表[*]
——河南财经政法大学实行完全学分制

河南财经政法大学从 2013 级开始实施完全学分制,学生自由选修自身感兴趣的课程和喜欢的老师,自主安排学业进程,建立自身需要的知识体系,构建个性独特的素质能力结构。

把学习的自主权和主动权完全还给学生

高校教学管理制度改革的关键就是进行学分制改革,把学习的自主权和主动权完全还给学生,让他们建构属于自己的个性化素质和能力结构。河南财经政法大学建立了以选课制为基础,学分计量制和学分绩点制为核心,以弹性学制、专业选择制、主辅修制、学分互认制、免修重修制、学业预警制、学业导师制等为基本内容,构建了"按学分注册、按学分缴费、按学分毕业、按绩点授学位"的教学管理模式,努力创造条件为学生在选专业、选学程、选课程、选教师等方面提供更大的自主选择空间,扩大学生选择权,为学生个性发展创造条件。

---

[*] 本文系《中国教育报》2015 年 6 月 2 日对学校完全学分制改革的纪实报道。

同一个班级的学生课表不同

完全学分制模式打破了学科的界限,打破了专业的界限,也打破了年级、班级界限,学生的年级、班级界限趋于模糊。学生虽然在同一个班级,但由于自主选课程、选教师、选学程,每个学生的课表各不相同,个性化的课表使学生的知识体系和能力结构也异彩纷呈。

3至6年的弹性学制

河南财经政法大学为了实行完全学分制改革,配套建立学分制管理模式下的教学管理制度,涉及学分制人才培养方案及管理办法、转专业管理、选课管理、课程考核管理、本科生导师管理等等。学校实行3至6年的弹性学制,按学分收费,学生提前修满规定学分可提前毕业。同时,优化课程结构,将课程结构调整为通识课程、学科基础课程、专业课程和集中实践环节四个一级模块。根据学校实际,进一步增加选修课比例,必修课与选修课比例为7∶3。

大类招生,自主选课

学校按学科大类招生,学科基础课有必修,有选修,学生在1至2年级可以在专业大类内自由选课。在学年学分制下,某个学期开什么课事先都已作安排,学生自己选择余地很小,但完全学分制下,有了很大的弹性,这也对学生提出了更高的要求,要求他们能学会学习,学会选择,也能对自己的选择负责。学生可以自由选课,对授课老师来说更多的是压力。为此,学校通过评选校长教学质量奖、青年教师教学奖和教学奉献奖等教学奖励措施促进教师的教学质量和教学能力不断提高。

承认网络课程学分

学校引进尔雅通识课、网易公开课等网络课程,学生在网络学习平台修读课程获得成绩和学分可以转换为学校课程成绩和学分;学生修读课程符合规定的条件,可申请免修、免听、重修等。

修读的学分量与缴费挂钩

规定收费标准内,学校自主确定专业注册学费和学分学费。一般来说,学生学费由专业学费和学分学费两部分组成。根据不同的专业类别,学生每学年或每学期缴纳专业注册学费,同时,根据学生实际修读课程(学分)缴纳学分学费。

实施相对成绩管理政策

从2013级起,学生课程最终成绩将采用相对成绩记载,相对成绩分为10级、5级和2级三种,并用绩点来综合评价学生的学习质量和学习努力程度,且对各段成绩分布有比例要求,打破了学生的"60分万岁"观念,促使学生学习更加努力。

实施主辅修专业互换制度

从2014级开始,学校积极实施主辅修专业互换制,着重强调主修与辅修的相对性,试图建立一种主修专业与辅修专业之间相互转换的机制。学生如完成主修专业规定的辅修课程以及辅修专业人才培养方案规定的全部课程,并达到辅修专业毕业规定的学分及学分绩点,可取得主修专业的辅修专业证书和辅修专业的毕业证书,如符合学校规定的学位授予条件,可授予辅修专业的学士学位,符合双学位授予条件的,且与辅修专业学科门类不同的主修专业可授予双学位。

(通讯员:詹克波)

课程任意选　老师任意挑
主辅修课程任意转[*]

完全学分制实行近两年　河南财大学生受益教学改革

"学生可自主选专业、选课程、选教师和选修业年限……"前段时间,广东外语外贸大学2015级新生将实行学分制改革的新闻,引起了很多在校或即将迈入高校学生的注意。完全学分制是什么?咱们省的高校在学分制实施上有啥"创举"?其实,在咱们省的高校,学分制不光是在悄悄"变脸",河南财经政法大学早在两年前已经在实行完全学分制了。

完全学分制选课很"任性"

"别看我俩是一个班的,但是每周上课见面的机会只有3次。"说起来完全学分制,河南财经政法大学民商经济法学院2013级的学生段玉航和刘佳希有说不完的话,她们向记者展示了一下两个人的"个性"课表,两个人这学期每周要上15次课,但是两个人的课表上,只有3次课是重合的。

"从我们这一届开始,实行的是完全学分制,老师、课程、上课时间完全由自己决定。"两人争抢地说,他们全班57个学生57张不同的课表。"说起来,这样的选课方法还真是有点'任性',有的老师因为课不吸引人,或者开的课程没特色,就开不了班。"刘佳希说,选课的时候,这样的选课方式,作为

---

[*] 本文系《东方今报》2015年6月9日对学校完全学分制改革的纪实报道。

学生,更能合理安排时间,给自己定制一张"个性"课表。"有时候去上一门课,你会发现全班的同学来自于全校不同的专业,甚至不同的年级。"她说。

"完全学分制是以学分作为计算学生学习量的单位,以学分衡量其学业完成情况。"河南财经政法大学教务处副处长张道庆介绍,完全学分制完全打破了以前班级、年级、专业的限制,"学生可以完全自由选课,这对于老师来说,有着更大的压力。"张道庆说,上课效果不好的老师存在没课上的可能,有些教师甚至会真正'下课',离开教学岗位。这样的政策实施两年来,很多老师在教学上都有了很大的进步。

按学分收费　学生提前修满规定学分可提前毕业

"我是修的双学位,要修的学分比我们班的同学多,学费也比我们班同学缴得多。"段玉航说,按照学分缴学费,更有利于督促自己学习。

实行完全学分制后,学生可以在3~6年完成学业。"学有余力的,可以多修一些学分,3年就可以毕业。"张道庆说,对于想要休学创业的学生来说,可以选择延长毕业时间。

他介绍说,按学分收费就是说,规定收费标准内,学校自主确定专业注册学费和学分学费。一般来说,学生学费由专业学费和学分学费两部分组成。根据不同的专业类别,学生每学年或每学期缴纳专业注册学费,同时,根据学生实际修读课程(学分)缴纳学分学费。"按学分收费,增加了学生的自主选择性。"他说,相比较起学年制收费,按学分收费让完全学分制更成体系化。

主辅修专业互换
不用转专业就可以拿到其他专业的毕业证、学位证

"不用转专业就可以拿到其他专业的毕业证、学位证啦。"对于该校2014级的学生来说,实行主辅修专业互换制,他们有了更多学习自己喜欢的专业的机会。

"有的同学虽然觉得自己不太适合入学的专业,但经过一个学期的磨合,和本班同学都已经很熟悉了,不舍得分开。"2014级的刚刚同学说,每年

转专业的名额很有限,满足不了同学的需求,主辅修专业互换让很多想要学其他专业的学生不用转专业,就可以拿到自己想学专业的毕业证、学位证。

到底啥是主辅修专业互换制,让学生这么推崇?"学生如完成主修专业规定的辅修课程以及辅修专业人才培养方案规定的全部课程,并达到辅修专业毕业规定的学分及学分绩点,可取得主修专业的辅修专业证书和辅修专业的毕业证书,如符合学校规定的学位授予条件,可授予辅修专业的学士学位,符合双学位授予条件的,且与辅修专业学科门类不同的主修专业可授予双学位。"

"假如我不喜欢所学的 A 专业,也可以让它成为辅修专业,自己'辅修'的 B 专业反倒成了主修专业。"刚刚同学打了个比方说,但前提是,作为本专业的 A 专业首先得"合格"才行。

"实施主辅修专业互换制,主修专业与辅修专业之间相互转换的机制,让学生真正学到自己想学的知识。"张道庆介绍说,这也是河南省首个试行主辅修专业互换制的高校。

(记者:张静)

河南财经政法大学：
教学与科研齐飞　培养一流的本科人才*

"我获得教学奉献奖了,这对我真是一个很大的肯定啊!"6月23日,河南财经政法大学教学奉献奖评选结果公布,该校20名老师获奖,获奖老师的喜悦之情在校园里传递。随着这个奖项结果的公布,该校三大不同的教学奖评选结果,至此全部出炉。

"打造一流本科教育",不仅仅是一句话,更是行动。近三年来,河南财经政法大学实施了一系列教育教学改革,其中,针对不同层次的教师设立了三大教学奖项,三年一个循环,最大限度地调动全校教师的教学积极性,实现教学和科研比翼齐飞,为培养一流人才营造良好的氛围。

理念：改变重科研轻教学,培养一流人才

近几年,河南财经政法大学生源一直保持良好的增长态势,已经连续五年报考率和录取分数线都位居省内高校前列。2014年,一本文科投档比例超过105%,理科超过108%,二本文科高出省控线48分,理科高出省控线59分,整个2014级新生近半数学生在一本线以上,生源质量可以和很多"211"甚至"985"院校相媲美。

"我们有一流的生源质量,我们要让四年后走出校门的是一流的人

---

* 本文系《东方今报》2015年6月25日对学校构建教学激励体系的纪实报道。

才。"河南财经政法大学校长李小建说,要将"一流的学生培养成一流的人才和业界精英",对于学校和老师来说,不断提高教学质量是当务之急。

然而,长期以来,重科研、轻教学是高校教师中普遍存在的现象。和教学相比,科研指标的外显性更容易获得相应回报,更容易引起各界关注及重视,而教学指标就比较模糊,不易识别,从而得不到与其地位相匹配的评价。

"大学具有人才培养、科学研究、社会服务三大功能,但它的根本任务是培养人,尤其是地方大学,人才培养是其唯一不可替代的职能。"李小建说,大学的首要任务应该是传播知识,大学教师的天职应该是传道授业解惑。一个只醉心于科研和经济效益的大学,一定不是我们心目中的象牙塔;一个只醉心于发表论文却荒废了教学的老师,也一定不是我们心目中的"大师"。

几年来,河南财经政法大学实行了一系列的教育教学改革措施,改变教师重科研轻教学的现象,让教学回归大学教育本身。

举措:构建三大教学奖项体系,平衡教学与科研

"对于老师来说,单纯重视科研,不重视教学,就是对学生的不负责任。"河南财经政法大学副校长司林胜说,对于学校来说,既需要科研强的老师,也需要教学强的老师,实现"两条腿走路"。

为了打破教师"重科研、轻教学"这个困局,从2013年起,河南财经政法大学针对不同层次的教师设立了三大教学奖项:校长教学质量奖、青年教师教学奖和教学奉献奖,三大奖项每三年做一个循环。

三大教学奖项的设立,注重了激励的层次性,覆盖了各种类别的教师,校长教学质量奖重在奖励功底扎实、业务精湛、教学效果突出的优秀教师,青年教师教学奖重在训练和奖励青年教师,而教学奉献奖重在奖励长期坚持教学一线的优秀中老年教师。2013年,全校6名教师获得校长教学质量奖;2014年,经过院系层层选拔,47位青年教师进入决赛,参加全校青年教师教学奖的角逐;2015年,教学奉献奖评选开始,全校51位教师自愿报名,经过筛选,36人符合评选资格,经过专家组评选后,26人进入公示阶段,最终有20位教师获奖。

"三大教师教学激励体系的建立,给了我们一个正确的导向和一个好的讯号,科研和教学是相辅相成的,科研应为教学服务,这两个同样重要,不应

厚此薄彼。"已经在该校工作了32年的马永红老师说,教书育人是教师的天职,加大对一线教学工作的考量,纳入奖评体系和职称评审条件,营造一个让教师安心教学的氛围,是提高人才培养质量的重要环节。

原则:圆梦激励,风在吹向一线教学

刚刚评选结束的教学奉献奖,在河南省的高校里是首次设立,评选对象主要是未在学校内担任任何行政职务的教师。教学奉献,顾名思义,就是教师们以教书育人为己任,不以一己的得失而影响教学,长期坚守本职岗位,把美好的青春奉献给了高等教育事业。

"对于我来说,花费在第二课堂辅导学生的时间,大概是正常工作量的两三倍。"获得教学奉献奖的王鲁昌老师说,多年来,他带领的团队进行广告策划教学改革,重点是实践教学创新和第二课堂创新。近五年来,在两项创新上,共指导学生完成的120个实战性营销策划方案,60多个获得全国性、全省性广告大赛的各类奖项,获奖学生约占所教学生的一半。

"我们就是要重奖那些默默奉献、长期奋战在本专科教学一线的老师。"司林胜说,"他们就是为我们学校辛勤耕耘的老黄牛"。

"实际教学满8年,近五年均完成学校规定的年终考核教学工作量,其中本专科教学工作量须超过三分之二。"教学奉献奖的申报条件中,教学年限、教学工作量和教学效果是教学奉献奖的核心指标,也是衡量一个教师无私奉献一线教学的程度指标。

无一例外,"一线教师"是三大奖项参与评选的首要条件;"公平、公开、公正",是评选的核心原则。"前后历时将近半年的评选中,最大的感受是公平、公开、公正。"去年获得青年教师教学奖的沙家强老师感慨道,自己当老师还不到5年,所教的美学课,在财大来说,只是一个小学科,没想到,自己获得了第一名。"在这里没有大院小院之别,不分核心课程非核心课程。只要你真心付出,就能获得肯定。"他说,获奖后,他的这个"边缘课程",吸引了很多其他院系的学生来旁听。

变化:让教学回归大学教育本身　全校掀起教育教学改革风

"教师是个良心活,这么多年,我们一直在做,就是为了学生毕业时有更强的竞争力。"王鲁昌说,现在学校提出以教学为中心,他们举双手赞成,更有干劲了。

"虽然,获得第一名的是我个人,但参加比赛的几百个老师都深受触动。"沙家强说,青年教师教学奖在青年教师中引起很大反响,鼓舞大家更加努力搞好教学。

"'培养一流的人才',不光是要在数量上取胜,更是要在质量上提升。"说起教学奖的设立,一直在教改上走在前列的经济学教师韩松体会颇深。"前几年,我参加教学大赛,还有老师不理解,觉得搞教学对评职称没啥用。"韩松说,"现在不一样了,越来越多的老师在想方设法改变自己的教学方式,提升教学质量。"

"我有一个梦,期待教师的才学和汗水能够换来舒心体面的工作生活。"被河南财经政法大学的学生誉为学校"四大才子"之一的霍彦立老师,2013年获得了该校校长教学质量奖。一直以来,他都盼望着在教师职称评定中,教学成果、教学工作量与教龄,还有服务对象学生的评价等与一线教学相关的项目所占权重合理增加。在他看来,教师只要得到应有的待遇和友好贴心的保障服务,他们就会专心致志、精神抖擞地投入一线教学工作。如今,教学奖的设立及相应激励措施,让他觉得梦想在实现。

人才、教学、改革……这些词汇构成河南财经政法大学教师口中的核心字眼;完全学分、翻转课堂……这些,是让学生处于教学中心地位的革命性变革。

"大学的首要功能是人才培养,我们要培养一流的人才,需要给学生提供难度更大、标准更高、要求更严、学业挑战度更强的教育。"司林胜说,要实现这一点,对教师的教学提出了更高要求。三大教学奖的设立,就是让教师热爱教学、潜心教学,积极从事教学研究及教育教学改革,不断提高教学水平和教学质量,打造一流本科教育。

(记者:张静)

地方大学如何建设一流本科*
——河南财经政法大学打造一流本科教育纪实

"好漂亮""金融财经类就业不错",近日,"2018高校招办主任光明大直播"活动走进河南财经政法大学,学校"两季有果、三季有花、四季常青"的校园环境和"厚基础、宽口径、强能力、高素质"的复合型、创新型、应用型一流本科育人特色赢得考生和家长频频点赞,短短两个小时的直播,网友反响热烈,频频发问,总观看量达到99.33万人次之多。

2011年以来,河南财经政法大学围绕"建设一流本科,做强一流专业,培养一流人才"发展主旋律,以实施完全学分制、主辅修专业互换制,推行课程教学范式综合改革为抓手,积极打造一流本科教育的"财大"模式,获取了社会和公众的广泛赞誉。学校生源质量逐年提高,在近几年全省高校投档线排名中,本科一批稳居全省第三,本科二批稳居全省之首,很多专业的投档线甚至可以跟"985""211"高校相媲美,成为省内外考生极喜爱的报考院校之一。

建设一流本科　与一流大学比本科

在全国1 200多所本科院校中,地方本科院校占比90%以上,在千校一面的大一统、一般齐背景下,如何彰显优势,打造"王牌"、形成特色、培养高质量人才,成为近年来很多本科高校苦苦思索的问题。

---

* 本文系《中国教育报》2018年7月13日对学校打造一流本科教育的纪实报道。

近年来,河南财经政法大学在坚持"学术兴校、人才强校、质量立校、特色名校、制度治校、文化厚校"的发展战略基础上,经过调研讨论,将学校自身的社会价值定位从办什么样的大学向培养什么水平的人才进行了理性的价值回归,并基于对本科教育的入口和出口,即生源质量和就业状况的科学分析,确立了打造一流本科教育的长期发展目标,志在将一流的生源培养成一流人才,培养业界精英,积极为中原经济区与郑州航空港经济综合实验区建设服务。至此,"建设一流本科""与一流大学比本科"成为河南财经政法大学"十二五"至"十三五"期间教育教学改革的重心,并将这个发展目标写入学校《章程》和《发展规划》。

"对于一所地方本科高校来说,本科教育是学校的主体,是学校的基石。"河南财经政法大学党委书记杨宏志说,人才培养是高等教育的"本",本科教育是高等教育的"根",本科教育是培养一流人才更重要的基础,也是更能体现学校传统和特色的地方。

作为国内首个提出"打造一流本科教育"的地方高校,河南财经政法大学围绕"厚基础、宽口径、强能力、高素质"的复合型、创新型、应用型人才培养要求,以建设一流本科、培养业界精英为主线,在三个层面推进改革,宏观上施行学科专业融合发展方略,中观上推行完全学分制,微观上创新课程教学范式,构建出与建设一流本科目标相匹配的人才培养体系。新的人才培养体系打通学科基础课、加强通识教育、发展素质教育,帮助学生形成厚实的基础理论知识体系;实行专业融通融合、双学位制、辅修制以及主辅修专业互换制,拓宽学生专业面,打造宽阔的专业方向口径;在培养专业能力的基础上,更加重视对学生分析问题、解决问题、实践与创新等综合能力的培养;坚持以树人为核心,以立德为根本,突出"德才兼备、全面发展",把"高素质"的要求落到实处。与高水平大学培养精英式、学术性一流本科相比,河南财经政法大学培养复合型、创新型、应用型人才的一流本科教育为地方大学建设一流本科开辟了一条新路径。

目前,学校的教学改革进入攻坚新阶段,实施了突出学生主体地位、打破教师课堂话语霸权、激发学生创造潜能为核心的课程教学范式综合改革行动计划,构建了"按学分注册、按学分缴费、按学分毕业、按绩点授学位"的教学管理模式,将"打造一流本科教育"扎扎实实落到了实处。学校有金融学、会计学、工商管理、国际经济与贸易4个国家级特色专业和财政学等国家级专业综合改革试点专业。学校坚定不移地打造一流本科教育,推动了人才培养模式创新,提高了人才培养质量,其毕业生在河南省金融、财务、房地产、法律等行业的影响力不断扩大,所占比例和就业层次不断提高,相当一部分毕业生已经成为行业中坚。2013年,一名校友为学校捐赠一座1.5万平方米的教学楼,赢得校内外广泛赞誉。

做强一流专业　营造"高峰"学科生态

培养一流人才,基础和核心是一流本科。要办好一流本科,必须有一流专业做支撑。对河南财经政法大学这样的地方高校来说更是如此。

"高校规模不在大小,关键在于优势和特色;学科不在多少,关键在于实力和创新。世界上所有的大学,包括全球尖端的研究型大学,并不是所有学科都是一流的,都是有选择地追求卓越,在突出特色的前提下办出了高水平。"河南财经政法大学校长高新才认为,地方高校可以先在学科专业方面实现一流,再在学校整体层面进入一流。

现在,如果你问河南省内高校哪里考公务员较多,很多人都会提起河南财经政法大学秘书学专业。依托学校财经管理类专业资源优势,实施财经专业和文秘专业融合发展、交叉发展,以"文秘专业,财经特色"增强学生的竞争力,如今秘书学已经成为省内高校的"王牌专业",考上公务员的比例在省内高校名列前茅,很多毕业生走上工作岗位就能独当一面。

近年来,河南财经政法大学以建设"双一流"为动力,努力优化学科布局,强化学科特色和优势,实施学科融合发展方略,以经济学、管理学、法学为依托,以重大学术问题和应用课题为纽带,搭建多学科交叉平台和跨学院研究平台,促进多学科联合、跨学科融合,营造"高峰""高原""特色"梯次分明、优势突出、协调发展的学科生态。

学校以融合经济与管理、经管与法学主干学科为基点,大力培育校级潜力学科,加速经管法学科与其他学科融合发展进程。通过融合,聚集了城乡协调发展河南省协同创新中心、现代服务业河南省协同创新中心、经济管理与现代服务业河南省特色学科群等3个省级特色优势学科专业群,培育了秘书学、商务英语、信用管理、金融数学、能源经济等5个融合性新专业,形成了专业交叉培养模式,构建了通识教育、学科基础、专业教育、实践教学等4类课程融通平台,开展了经、管、法跨专业虚拟仿真综合实验创新教学,凸显了学校的复合应用型人才培养特色和优势。

顶层谋划融合,构建三大法学体系。根据融合发展和学科专业发展的需要,学校对院系进行了重新布局和调整,特别是对原有的法学学科院系进行了机构、师资调整和融合,形成了法学院、民商经济法学院和刑事司法学院3个分工明确、运转有效又相互支撑的大法学体系。

推进学科交叉,培育优势特色学科。积极促进经济学、管理学和法学等主干学科之间、经管法主干学科与其他学科之间的交叉融合和相互支撑,不断促进学科交叉融合。2015年,由国际欧亚科学院院士、首批国家百千万人才工程入选者李小建领衔的包含应用经济学、工商管理等7个一级学科的学科群"经济管理与现代服务业"被评为省级特色学科群。结合学科发展的实际,积极培育新的学科增长点,学校确定体育经济与管理、软件工程等10个学科为校级重点特色培养学科。同时,对马克思主义理论、计算数学、中国语言文学等10个校级基础学科给予稳定的、持续的支持,固本强基,形成综合优势。

加强专业融通,形成特色优势专业群。注重增设交叉融合专业,形成了一批特色专业和优势专业群。例如,通过设立金融工程、金融数学,使学校金融类专业优势更加突出。通过融合培育专业特色新增长点,在一些学科专业中设置与经济、管理优势特色学科紧密相关的专业方向。例如,英语专业设置了商务及应用翻译方向;广播电视学专业设置了财经新闻方向。整合实践教学融通平台,在集中实践环节开设企业仿真综合实验、ERP沙盘模拟、模拟法庭演练必修课程,实现了由单一课程实验向跨专业综合实验的突破。

培养一流人才　推动教学模式改革

拍摄微电影,进行广告实战,为产品写策划案……有人说,河南财经政法大学的教学模式是省内比较前沿的,也有人说河南财经政法大学是省内"极大胆"和极有"改革勇气"的高校。在这里,学生成为教学的主体,老师成为学生身边的"教练",翻转式、混合式、协作探究式等课程教学范式改革把课堂变成碰撞思想、启迪智慧的互动场所,学生主动"坐到前排来,把头抬起来,提出问题来",教师讲得带劲,学生听得解渴。

"我们与一流大学比本科,就是要给学生提供难度更大、标准更高、要求更严的教育,我们要让4年后走出校门的是一流的本科人才。"高新才说。

课程改革是河南财经政法大学大胆改革、精心育人的注脚之一,近年来，为了将一流的生源培养成一流人才和业界精英，学校掀起了一场颠覆传统模式的教学改革，将"懒"学生变"勤"学生，"水"课变"金"课，让学生来到大学"聚是太阳"，走向社会"散是繁星"。

改革考试评价机制。从 2009 年开始，河南财经政法大学就改革传统考试方式，实现多元性评价，考查学生不再"一考定终身"，加大实践环节在考试成绩中的比重，有些专业取消了闭卷考试、毕业论文，代之以实战性质的案例分析、小组项目设计、广告策划等多种形式考核。如广告学专业，就尝试广告创意、广告文案、消费行为与营销策划 3 门课程的"多科联考"。联考不再进行笔试，而是采用现场答辩的形式，学生到讲台上讲提案，老师对学生的实战表现给出成绩。

实施完全学分制。学校从 2013 级开始实施"按学分注册、按学分缴费、按学分毕业、按绩点授学位"的完全学分制，把学习的自主权和主动权完全还给学生，学生自由选修自身感兴趣的课程，自主安排学业进程，建立自身需要的知识体系，构建个性独特的素质能力结构。完全学分制模式打破了学科的界限，打破了专业的界限，也打破了年级、班级界限，学生的年级、班级界限趋于模糊。大类招生、3 年至 7 年的弹性学习年限、个性化的自主课表、承认网络课程学分和创新学分是完全学分制四大特色，不仅可以为培养多学科领域的复合型人才提供支撑，也可以培养具有自我判断及选择能力的创新素养的人才。

探索主辅修专业互换制。学校从 2014 级开始实施主辅修专业互换制，是河南省首个试行主辅修专业互换制的高校。主辅修专业互换制意在强调主修与辅修的相对性，试图建立一种主修专业与辅修专业之间相互转换的机制，其实质是辅修和双学位教育工作的扩展和补充，极大地减轻了学生校内转专业的压力。主辅修专业互换可以缓解热门专业资源的稀缺性矛盾，弥补当初学生盲目填报高考志愿的不足，与校内转专业相比，主辅修互换制除了为一部分学生转专业提供一次合理的选择机会外，大多数学生可以不必改变学籍就能达到再次选择专业的目的。

"主辅修专业互换"给学生打开了一个通往兴趣的通道，为学生搭建了一座"成才立交桥"。2015～2018 年，有 1 730 名学生获得双学位证书，1 367 名学生获得辅修专业证书，8 名学生通过主辅修专业互换获得理想的毕业证书。目前，学校正在改进和完善机制上下功夫，努力建立更为灵活的辅修学习机制，即逐步由单一的辅修专业的学习向辅修某一课程、某一领域、某一技能等多层次的立体化辅修机制转变，尽可能地满足广大学生多样化、个性化的学习需求。

激励一线教师　让三尺讲台更有温度

"今年的教学奉献奖你参加没？评职称可以加好几分的,比写论文划算多了""教好课评职称也可以加分的"……在河南财经政法大学,每年的教学奖评选,成为教师们特别关注的热点话题。

长期以来,在评价教师时,唯学历、唯论文、唯科研、唯职称,使教学成为科研的附庸和陪衬。为了打破这种"重科研、轻教学"的困局,从2013年开始,河南财经政法大学针对不同层次的教师设立了校长教学质量奖、青年教师教学竞赛奖和教学奉献奖等三大教学奖项,激励教师将更多的精力投入到教学工作中去。

三大教学奖项的设立,注重奖励的层次性,覆盖了各种类别的教师。校长教学质量奖是学校设立的教学领域的极高荣誉奖,表彰在教学第一线为人师表、全身心投入教学工作、在师生中形成良好口碑、赢得高度赞誉的教师;青年教师教学竞赛奖坚持全员参与、以赛代练的原则,凡年龄在40周岁及以下、教龄满一年的一线专任教师均要参加比赛,获奖比例不低于20%,主要引导青年教师把主要精力投入到教学中,加强青年教师课堂教学基本功训练;教学奉献奖是为了表彰长期坚守本专科教学第一线、辛勤耕耘、默默奉献的普通教师,大力弘扬教师以教为本、以教为荣的职业精神,该奖项以教学年限、教学工作量、指导第二课堂活动、教学改革与教学效果等为核心评价指标。

三大教学奖,都无一例外把"一线教师"作为评选的首要条件,"公平、公正、公开"作为核心原则。其中校长教学质量奖在国内高校中首个设立,重在奖励功底扎实、业务精湛、教学效果突出的"教学大咖""网红教师""口碑名师";教学奉献奖在河南高校中首次设立,重在奖励辛勤耕耘在教学一线的"教学老黄牛"。2013~2016年,两届校长教学质量奖评选出12名优秀教师,有教授、副教授,也有讲师;2014年,首届青年教师教学竞赛奖共决出81名优秀青年获奖者;2015~2018年,两届教学奉献奖评选出40名长期坚守教学一线的优秀中老年教师。

"三大教师教学奖励体系的建立,给了我们一个正确的导向和一个好的信号,教学和科研是相辅相成的,两者同样重要,不可偏颇。"在学校工作35

年的马永红老师说,教书育人是教师的天职,加大对一线教学的奖励,营造一个让教师安心教学的氛围,是提高人才培养质量的重要环节。

"校长教学质量奖和教学奉献奖的设置,让三尺讲台变得更加有温度和厚重。对教学质量有极大的促进作用。"谈起教学奖的设立,一直在教改中走在前列的民商经济法学院教师魏岚深有感触。她把翻转课堂的理念引入教学实践,让课堂妙趣横生,获得了校长教学质量奖和教学奉献奖。在她的带动下,越来越多的教师想方设法改变教学方式,提升教学质量。

"三大教学奖引导教师热爱教学、倾心教学,站稳三尺讲台。在今后的课堂教学中我要再接再厉,不断增强自身硬本领,融入美育等素质教育,培养学生学以成人。"青年教师教学竞赛奖获得者沙家强老师说。青年教师教学竞赛奖在青年教师中引起极大反响,鼓舞着青年教师专心致志地投入课堂教学,获奖者的全校性观摩活动一期接着一期举办,吸引了众多教师观摩。

坚定一个理念　扎根中原大地办大学

中原投资者教育基地、城乡协调发展河南省协同创新中心、河南省经济与社会发展研究院……走进河南财经政法大学,彰显着中原文化、河南元素的提示牌随处可见,学校把扎根中原大地、服务中原经济区建设作为发展的重大战略,坚定扎根中原大地办大学的理念,突出创新驱动,服务社会民生,致力文化引领,为国家"一带一路"倡议、中部崛起发展战略和粮食生产核心区、中原经济区、郑州航空港经济综合实验区等河南省战略提供重要支撑。

学校立足服务地方经济社会发展,建立健全科研机构,涌现了一批原创性、标志性、前沿性研究成果。学校现有河南省经济与社会发展研究院、城乡协调发展河南省协同创新中心、现代服务业河南省协同创新中心和河南经济研究中心等省级智库、研究基地16个。近3年,围绕地方发展,学校承担省部级以上科研项目351项,发表高水平学术论文514篇,获得省部级以上科研成果奖52项,出版学术著作271部。学校积极发挥学科、人才和信息优势为国家和地方经济社会发展服务,特别是全方位服务中原经济区开发开放,成为地方经济社会发展的"智囊团"和"人才库"。

中原投资者教育基地是学校联合中原证券股份有限公司、中原期货股份有限公司共同设立。作为河南省仅有的省级投资者教育基地,基地依托学校教育和科研资源,借助证券期货等金融机构优势,通过打造创新性投资者教育新模式,为河南和中部投资者搭建教育服务开放式平台。基地建成以来,投资者教育活动开展成效显著,被命名为河南省首批证券期货投资者教育基地。

城乡协调发展河南省协同创新中心是河南省首批"2011"计划建设单位,由河南财经政法大学与多所省内高校和政府机构作为协同单位联合组建,相继与济源市、鹤壁市、新郑市、西华县等签署合作协议,建立新型工业化、新型城镇化、农业现代化协调发展实验区,探讨这些不同类型地区新型城镇化的发展模式、城乡一体化或全域城镇化的发展路径,或直接参与这些地市"十三五"规划等重大社会经济发展决策过程。

今天,当广袤的中原大地在改革发展的大路上一路高歌猛进时,河南财经政法大学已经成为我国中部地区重要的金融人才培养基地和法律人才培养基地。近年来,学校荣获"全国群众体育先进单位""河南十大领军高校""河南公众满意的十佳本科院校""河南高等教育就业质量最佳示范院校""河南省文明单位"等荣誉称号。

目前,全校师生正秉承"博洽通达、弘毅致远"的校训,弘扬"团结、勤奋、求实、创新"的校风,实施"学术兴校、人才强校、质量立校、特色名校、制度治校、文化厚校"的战略,在建成国内有地位、国际有影响、特色鲜明的高水平大学的征程上阔步前进。

(通讯员:常书辉　詹克波　刘军)

附录 2　交流辑要

本篇收录 9 篇作者参加高校教育工作会议、学校相关学术会议及个别专业学术会议的致辞和发言。其中,2010 年 11 月第十届中国经济学年会为第一次在地方大学召开的年会;《种粮行为与粮食政策》首发式暨中国粮食安全论坛是以河南财经政法大学学生为主体在清华大学召开的讨论会;中国地理学会黄河分会年会是作者作为分会理事长所主持的年会;成功学院是台湾地区教育家王光亚先生为回馈故里,于 2004 年出资创立的河南财经学院独立学院(现更名为郑州商学院);南开经济研究所作为作者研究生学习并毕业的机构,在建所 85 周年之际邀请作者参加庆典;河南省高等学校社会科学科研管理研究会是河南财经政法大学作为挂靠单位成立的学术组织。

化危为机　促进就业*

2008年是不平凡的一年,大事多,难事多。我国经历了雪灾、地震、"三鹿"事件等天灾人祸,现在又遇到了全球金融危机,我国经济发展受到一定影响,高校毕业生就业遇到前所未有的困难。如何认识金融危机对高校毕业生就业造成的不利影响,下面谈几点看法:

一、受金融危机影响,宏观就业形势更加严峻

数据显示:全国高校毕业生总量压力继续增加,2009年高校毕业生规模达到611万人,比2008年增加52万人。我省高校毕业生将达到37万人,比2008年增加4万人。我校毕业生人数也达到历年新高。高校毕业生人数连年大幅增长,加之当前全球化的金融危机,大学生就业形势将更加严峻。有资料显示:金融危机已使一些单位压缩就业岗位,对就业产生的严峻影响将在明年凸现出来。

从近一段各类招聘会上可以看到,今年就业压力大的问题凸显。我校在12月6日召开的就业双选会现场,近万名毕业生身着单薄应聘服装在寒风中瑟瑟发抖,为进场求职排队两个小时才得以进场。其他高校和省、市人才市场举办的招聘会也都是人头攒动,人山人海,甚至出现场面失控的现象。这从一个侧面反映了大家争取就业的迫切心情,同时也反映了金融危

---

* 本文系作者2008年12月在就业高峰论坛上的讲话。

机对毕业生就业造成了不利影响。

第一,从经济运行的角度来看,国家经济的链条环环相扣、互为影响。企业为了降低生产成本,不得不降低产量、减少库存、减薪裁员、压缩成本,企业的生产运营陷入困境甚至于破产倒闭。这在就业方面表现为,很多往年的就业主渠道单位今年减少用人计划甚至取消招聘计划。社会用人需求呈现下降趋势,甚至是负增长。金融危机造成的影响正逐渐从虚拟经济波及经济实体,从沿海地区波及内陆省份。

第二,从劳动力市场的角度看,我省作为劳动力输出大省,在"长三角""珠三角"等地区外出务工人员为数众多,由于企业减薪裁员,很多务工人员纷纷返乡,出现"返乡潮",这部分人员数量非常可观。而且,外出务工人员之中不乏高素质、高学历、有经验的优秀人才,他们的返乡就业,必然导致省内劳动力市场严重供过于求,高校毕业生就业竞争将异常激烈。

第三,从毕业生就业的角度看,高校连续多年扩招,毕业生人数增幅远大于社会能够提供就业岗位的增长。今年又受到金融危机影响,毕业生就业市场萎缩。毕业生已经是各类就业群体中的弱势群体,他们实践能力差,经验欠缺,创业资本贫乏,所处的社会地位较低,经济基础很差,所受到的精神压力巨大。有调查显示,很多毕业生工作不稳定,属于"择业漂一族";工作能够接受的薪酬已经低于农民工,有的甚至选择"零工资"就业;毕业了急于拥有经济收入,自立于社会,回报家庭,精神压力最大,这些状况的直接表现就是就业过程中显示出的焦虑和不安。高校毕业生就业所要面对的竞争将激烈异常,而且这种情况将会持续数年,直到经济情况好转,就业情况才会随之好转。

二、在金融危机条件下,毕业生就业既是挑战又是机遇

"多难兴邦"。磨炼使人成长,磨炼使人成才!在看到困难的同时,我们更应该看到机遇。金融危机,虽然影响到了社会经济,但是加速了企业的优胜劣汰,有利于国家经济的长远发展。科技含量高、创新能力强、管理体制完善的企业,经受住市场的考验,其竞争优势将会更加明显。同时,通过市场调节,很多行业将会重新洗牌,我国产业结构将会进一步优化,经济发展将会步入更加科学、快速的上升通道。从长远来看,经济的良性发展将会接纳更多的优秀人才,有利于人才发展战略的长期发展。

这次金融危机,虽然加剧了毕业生就业难的问题,但能够使得政府和高校进一步高度重视毕业生就业工作,突出就业市场在高校人才培养方面的导向作用。有利于建立就业工作的长效机制,使"全程化、全员化、信息化、专业化"的就业指导与服务体系日臻完善。

这次金融危机所加剧的"就业难"的现象,深深触动了广大学生的内心深处。就业市场的激烈竞争,使大学生更清晰地认识到当今的就业形势,认识到自身与社会人才要求的差距,认识到自己的努力方向。这将促进毕业生树立从基层做起,"行行建功、处处立业"的就业观念,从创业、服务西部、选调生、大学生村干部、考研、参军等多渠道寻求实现自身价值的发展空间。大学生就业观念的转变,将会有力推进就业工作的开展,提升社会各行业工作人员整体素质,推动国家人才战略全面铺开。

三、以科学发展观为统领,努力做好新形势下的毕业生就业工作

就业问题关系到千家万户的家庭幸福,关系到社会的和谐稳定,关系到高校的持续发展。掌握宏观就业情况,是"了解问题";了解金融危机带来的影响,是"分析问题";而最重要的还是"解决问题",要把金融危机对就业造成的不利影响降至最低,确保我校大学生能够积极就业,顺利就业。我认为应该重点做好以下工作:

1. 建立就业工作的长效机制。建立"领导主抓、中心统筹、制定方案、全员参与"的就业工作机制,是做好新形势下毕业生就业工作的保证。要加强对就业工作的领导,进一步明确工作目标和实施方案,全员参与,工作重心下移,确保毕业生就业工作顺利进行和良性发展,力求将金融危机产生的不利影响降至最低。

2. 积极引导鼓励毕业生面向基层就业。基层天地广阔,就业空间巨大,到基层就业是缓解金融危机造成的就业压力的根本所在,也是解决就业问题的重要途径。我们应当加大工作力度,引导毕业生树立大众化的就业观念,积极参与"选聘高校毕业生到村任职""大学生志愿服务西部计划""三支一扶计划"等各类项目的招募工作,使毕业生服务基层,扎根基层。要进一步健全完善大学生基层工作的机制和政策,使大学生"下得去、待得住、干得好、流得动",使基层工作者真正成为国家建设人才的动力源和生力军。

3. 积极引导、大力推进毕业生自主创业。要加强创业教育,提升毕业生

的职业素质和就业能力，促进毕业生大展才华，是推进高校就业工作的新途径，也是大势所趋。大学生创业，能够创造新的就业岗位，以创业带动他人就业，服务社会。我们要加大创业工作力度，实现毕业生自主创业人数明显增加。要加大对毕业生自主创业的支持，积极创建创业孵化基地，组织创业实践；对有创业意愿的大学生开展有针对性的项目引导、技能培训、专家指导等帮助和服务。要整合学校教务、科研、就业、学生工作、学生社团等系统的优势，采取灵活多样的形式，普遍开展创业教育，培养大学生的创新精神和创业能力。

4. 进一步加强全程化就业指导。当前形势下，加强对毕业生的就业指导显得尤其重要：我们要不断完善以就业指导必修课、选修课为主，精品课程、网络教学、卫星专网、专题讲座等形式为辅，职业生涯规划、模拟招聘等就业指导活动异彩纷呈的全程就业指导体系。同时要大力加强专兼职就业指导师资队伍建设，为就业指导教师提高业务素质和业务水平提供资金、政策方面的保障。结合社会形势和工作实际，积极开展就业、创业理论研究工作，对指导就业、创业工作的开展起到积极的指导作用。

5. 提高教学质量，突出办学特色。毕业生是高校人才培养的产品，产品好才能在市场中占得一席之地。所以说，毕业生就业关乎学校的持续稳定发展，毕业生不能顺利就业意味着教育失败。我们要把毕业生的社会需求和就业状况，作为专业设置和学科建设的重要依据，根据就业状况制订各专业的招生计划，使我们的毕业生"适销对路"。要在品牌建设上下足功夫，使毕业生在就业、创业、考研、考公务员、到村任职、服务西部等方面各有选择，分散毕业生就业压力。建立就业帮扶机制，通过专项培训、重点指导、优先推荐，实施"一对一"的就业服务，切实帮助就业弱势群体解决经济上、心理上和求职过程中的实际问题，帮助他们顺利就业。

当前形势下，为毕业生就业搭建平台十分重要。采取"走出去、请进来"的方式，广泛动员，主动出击，千方百计收集就业岗位信息为毕业生服务，努力办好各类就业双选会，积极邀请用人单位来我校选拔人才。以我校12月6日举办的就业双选洽谈会为例，摒弃了"广告之后坐等用人单位上门"的单一模式，改为在人才专刊上发布毕业生资源信息，网上发布双选会邀请函，报纸媒体刊登广告，重点单位发函通知、电话邀请，深度发掘就业市场资源。通过我校的积极努力，申请参会的用人单位达300多家，为毕业生提供就业岗位6 000多个。同时，我们要积极做好信息化建设，利用网站发布招聘信息，做好网络招聘，不断完善网上就业市场。我们还通过"校信通"短信平台做好信息亲情服务,使用人单位的招聘信息及时发布到每一位毕业生。只有这样,才能促进毕业生积极就业,也只有这样提供贴心服务,用人单位和毕业生才会把高校看作人才宝库、就业指南。

全球金融危机使我们的就业工作处在一个非常的时期。我们要以非常的责任心,采取非常的措施,实现非常的成效。2008年注定是不平凡的一年,因为它既是充满坎坷的一年,同时也是毕业生就业工作解放思想,锐意进取的开始。我们举办本次高峰论坛就是要认清当前形势下的就业工作新特点,学习和总结先进经验,结合实际,扎实做好2009届毕业生就业工作。

让我们携起手来,以昂扬的斗志、蓬勃的精神来迎接新形势下的机遇和挑战,共同谱写毕业生就业工作的新篇章!

学府与学术

建设成为国际上有重要影响力的"黄河学"研究基地*

汴梁六月,惠风和畅,河大校园,鸟语花香。在这美好的时节,我们很高兴地迎来了参加第七届产业集群与区域发展国际学术会议的各位专家。在此我代表河南大学黄河文明与可持续发展研究中心向各位专家的到来表示热烈的欢迎和衷心的感谢!

河南大学黄河文明与可持续发展研究中心成立于2002年,2004年10月获批为教育部普通高校人文社科重点研究基地,是目前国内唯一的一所以黄河文明与沿岸地区可持续发展为研究对象的大型综合性研究与咨询机构。中心在河南大学有关学科长期研究的基础上,将黄河文明的伟大复兴与沿岸可持续发展作为研究目标,把黄河文明的传承与发展、沿黄地区制度变迁与经济发展、黄河生态与可持续发展作为主攻研究方向,通过整合经济、地理、历史、文学等优势研究力量,依托区域经济学等博士点和地理学等博士后流动站,构建文理交叉、多学科整合的研究平台。中心汇聚了一支以博士为主体的高学历、高职称、知识结构互补、富有开放性和创新性的研究队伍,拥有专职研究员21名,兼职研究员29名,其中中国工程院院士1名,俄罗斯科学院院士1名,博士生导师22名,教授35名。其相关研究对黄河文明的历史形成与发展及其对社会现实的影响进行了深入细致的梳理,对以黄河文化为背景的人文文化与民俗文化做了深入挖掘;对可持续发展理

---

* 作者兼任教育部重点研究基地"黄河文明与可持续发展研究中心"主任(2004~2018),本文为2008年6月14日在第七届产业集群与区域发展国际学术会议上的致辞。

论和评估方法进行了完善;深化了黄河中下游地区生态可持续发展互动关系理解;提出了区域发展研究的创新视角和领域;为地方经济建设与社会发展提供了许多重要决策咨询服务。中心已初步成为国内领先并有一定国际影响力的黄河文明和可持续发展研究的"思想库"和决策咨询基地。我们规划用十年左右的时间将中心建设成为国际上有重要影响力的"黄河学"研究基地。

中心高度重视产业集群与区域发展领域的研究,已形成了沿黄地区制度变迁与农区发展、产业集群、区域经济增长的趋同与分异和区域经济发展战略创新等较为稳定的研究领域,不仅为中原崛起和区域经济发展提供了许多有价值的对策建议,还在学术研究方面取得了丰硕的成果:开拓了公司、农户与区域发展研究方向;多视角开展了产业集群的理论与案例研究;多尺度开展了区域经济增长趋同与分异的理论与实证研究;立足于制度和经济结构开展了区域经济发展战略创新的研究。依托此研究方向,成功申报并获批了国家自然科学基金重点项目"农户与地理环境相互作用下的中部农区社会经济协调发展研究",向河南省委省政府提交了"有关'郑汴一体化'若干基本问题的理论与对策研究"报告,并得到政府采纳。我们定会以此次盛会为契机,推动我中心在产业集群和区域发展领域的研究朝着更高水平、更深层次发展!

当前全球化的纵深推进引起了区域发展竞争方式的深刻变化,对产业集群的创新与发展带来了诸多机遇和挑战。在这一背景下,我们围绕"全球化与技术学习"这一主题对产业集群与区域发展进行深入探讨,对于研究产业集群的技术学习、理解区域创新发展的机制和途径具有重要意义。

肝胆相照　合作共赢*

在这春暖花开、惠风和畅的美好时节,我们迎来了河南财经学院成功学院建校五周年纪念日。在此,我谨向学院全体师生员工及广大校友致以热烈的祝贺和亲切的慰问!

五年来,河南财经学院成功学院从无到有、由弱变强,现在已经成为河南省民办高等教育中一颗璀璨的明珠。百闻不如一见,今天,徜徉于美丽的人文景观,置身于幽静的教育沃土,让人触景生情、有感而发。下面,我想谈四点感受,与大家分享。

首先,创办人广亚先生矢志不移、造福桑梓的崇高精神让人折服。献身教育、回馈社会是广亚先生孜孜以求的奋斗目标和人生理想。事非经过不知难。在民办高等教育发展相对滞后的背景下,在本应颐养天年的年龄,广亚先生创办大学过程中遇到的艰难险阻,可想而知。但正是在其崇高理想的指引和顽强意志的支撑下,广亚先生虽历尽千辛万苦,矢志不渝。河南财经学院成功学院作为广亚先生创办的第十所大学,是其在耄耋之年回馈桑梓的又一杰作。学院创办以来,先生不顾路途遥远、年事已高,多次往返于两岸之间,指挥、指导学院的建设与发展。此情此景,无不让人为之动容。我深信,87岁高龄的创办人为祖国、为民族、为教育事业的奉献精神,将永远激励着成功人锲而不舍、自强不息,从辉煌走向新的辉煌,从胜利迈向更大的胜利!

---

* 本文系作者2009年4月16日在河南财经学院成功学院(现独立设置,更名为郑州商学院)建校5周年庆祝大会上的讲话。

其次，贵我双方肝胆相照、精诚团结的合作经历为人称道。河南财经学院成功学院诞生的五年，是河南财经学院与创办人开展密切合作、建立深情厚谊的5年。5年来，河南财经学院认真探索新形势下独立学院办学的新模式、新途径，积极推动学院办学层次高提升、办学规模快扩大、办学实力大跨越。成功学院则在办学实践中给予财经学院无私和无条件地支持与配合。在双方尽量减少干预与积极接受指导合作中，我们欣慰地看到，一个优势互补、良性互动的有序格局与双赢局面已经形成。我们真诚地希望在今后的合作过程中，双方增进互信，互通有无，扩大领域，争取为河南教育事业的发展和地方经济建设做出更大贡献。

第三，学院当前异军突起、跨越发展的办学成就引人瞩目。短短5年的时间，河南财经学院成功学院脱壳而出，实现了破茧成蝶的完美蜕变，让所有中原儿女为之惊叹。在不足2 000天的时间里，我们惊喜地发现，一座座整齐划一、中西合璧的雄伟建筑拔地而起，矗立在嵩岳大地。也就是在这不足2 000天的时间里，学院办学规模由当初的几百人发展为今天的8 400人，几乎是一年翻一番，办学层次也由当初的专科教育发展为今天的以本科生培养为主。学院的师资力量、办学条件更是蒸蒸日上，年胜一年。五年风雨兼程，五载春华秋实。经过五年的大力发展，学院已经成为河南省民办高等教育中崭新标尺与魅力名片，倍受社会关注，令成功儿女为之自豪！

第四，学院今后厚积薄发、宏图大展的美好前景令人期待。路正长，歌未央。我们深信，在"伦理、创新、品质、绩效"的办学理念的统领下，在"勤俭、朴实、自立、更生"的办学作风的规范下，在"爱国爱校、宁静好学、礼让整洁"的办学精神引导下，在"计划创新、执行彻底、考核严谨、赏罚分明"的行事准则的要求下，在雄厚师资力量的支撑下，在良好办学条件的保障下，河南财经学院成功学院必将迈向新的彼岸，走向新的辉煌！

学府与学术

在黄河文明复兴史上将写下中国地理人自己的名字*

在秋风送爽的收获时节,在毗邻黄河的汴梁古都,借助菊花花会诚邀宾朋的喜庆氛围,我们迎来了中国地理学会黄河分会的成立。

众所周知,孕育了光辉灿烂华夏文明的滔滔黄河,是中华民族赖以生存发展的伟大摇篮和母亲河。时至今日,黄河流域仍是资源丰富、具有巨大发展潜力的地区,对保证全国经济、社会的可持续发展有着十分重要的意义。黄河河川径流量仅占全国的2%,而流域内及下游引黄灌区引用黄河水的人口却占全国的12%,耕地面积占全国的15%。然而,由于受黄河生态、经济地理区位、历史传统等诸种因素的影响,沿黄地区的社会经济总体上还处于欠发达状态,古老的黄河文明亟待复兴。与此同时,黄河也是世界上最为复杂难治的河流,长期以来存在的洪水威胁、水土流失和泥沙淤积等问题到目前为止尚未根本解决,而且随着流域人口的不断增加和社会经济的快速发展,又出现了很多的新情况和新问题,如水资源供需矛盾尖锐、水污染问题突出、黄土高原生态环境脆弱、河口生态恶化问题凸显。由此可以看出,黄河问题不仅仅是河道的治理,而是牵涉到整个黄河流域的经济社会发展,乃至国家稳定。开展以水资源保护利用为中心的黄河流域经济社会发展综合研究,十分必要。特别是面对黄河问题的复杂性、综合性、区域性,地理学有责任凭借学科优势,在应用研究中发挥作用,为黄河文明的复兴贡献应有的

---

* 本文系作者2010年10月23日在中国地理学会黄河分会(作者为分会理事长)成立仪式上的致辞。

力量。

在此背景下,2002年河南大学成立了黄河文明与可持续发展研究中心。中心聘任陆大道院士为学术委员会主任,李学勤和李国英为中心名誉主任。在此旗帜下,中心汇聚了一支高学历、高职称、知识结构互补、富有开放性和创新性的研究队伍:专职研究员20名,兼职研究员25名,其中,中国工程院院士1名,俄罗斯科学院院士1名,海外研究员6名,博士生导师22名,教授35名,博士学位获得者24名。作为教育部普通高等学校人文社会科学重点研究基地,该中心是目前国内唯一的以黄河文明与沿岸地区可持续发展为研究对象的国家级综合性研究与咨询机构。在学校有关学科长期研究的基础上,中心突出综合研究,横跨地理、经济、历史、文学(文化)等多个学科,将黄河文明的伟大复兴与沿岸地区可持续发展作为研究目标,把黄河文明的传承与发展、沿黄地区制度变迁与经济发展、黄河生态与可持续发展作为主攻研究方向。尤其是创建"黄河学"宏伟目标的提出,赋予了中心更明确也更为艰巨的建设使命,得到了学术界和政府有关部门特别是水利部黄河水利委员会的认同与支持。经过"十一五"时期的建设与发展,我中心已成为国内知名的黄河文明与沿岸地区可持续发展研究与决策咨询基地,并初步形成了一定的国际学术影响。在教育部组织的对重点研究基地第二次评估中位列学术片第1、总排名第29。"十一五"期间,中心共获批国家哲学社会科学基金项目12项(其中重点课题1项),国家自然科学基金项目12项(其中重点项目1项),国家软科学计划研究项目1项,国家古籍整理项目2项,教育部基地重大项目9项,国家科技基础条件平台建设项目3项,共承担各类科研项目近百项,获批经费900余万元。围绕重大课题的研究,发表了系列研究成果。"十一五"期间,共出版著作40余部,发表学术论文500余篇,其中被SSCI收录3篇,CSSCI和CSCD源期刊400余篇。获得省部级科研奖励30多项。其中《黄河开发与治理60年》为国家新闻出版总署和中宣部组织的《辉煌历程——庆祝新中国成立六十周年重点书系》之一;《黄河文明的历史变迁》丛书(9本)被列为科学出版社"十一五"重大出版计划工程。

我们深知,以上成绩的取得离不开中国地理学会的指导和提携,离不开中国地理学界各位同仁的关心和厚爱,尤其是离不开在座各位老朋友的悉心指教和鼎力支持。对此我们始终铭记于心并将以百倍的努力回报各位的厚爱!

"十二五"期间,中心将以创建"黄河学"为学科发展目标,服务于黄河文明伟大复兴和黄河沿岸地区可持续发展的战略需求,加快推进省部共建"黄河学"哲学社会科学创新平台建设,着力打造黄河中下游地区制度变迁与经济社会转型、黄河流域生态与可持续发展、黄河文化传承中的文字与非物质文化遗产三大特色研究方向,初步构建"黄河学"的研究架构和学科架构,力争将"黄河学"及其核心支撑学科建设成为国家特色重点学科和优势学科创新平台;利用中心文理多学科交叉的优势,借鉴不同学科的研究方法,有机地将历史学的文献考据方法与经济学的逻辑分析方法、社会学的社会调查方法和地理学的空间分析方法等结合起来,进行研究方法的集成和创新,在黄河中下游地区社会经济转型和传统文化资源的保护与利用研究上努力塑造自己的特色,争取创建黄河文明转型研究的制度与演化学派。

回顾中心过去的发展历程,我们在"黄河学"研究上进行了有益的探索并积累了一定的经验;展望中心的发展前景,使命光荣,责任重大。如何借助更加鲜明的旗帜、搭建更加广阔的平台、汇集更加广泛的力量,全面而深入地推动"黄河学"的研究是我们长期思考的问题。2009年,在各位地理同仁和黄河水利委员会的支持下,中心成功举办了第一届"黄河学"高层论坛,与会专家倡议在中国地理学会设立相应的学术组织机构。后经过与中国地理学会秘书处沟通,在原理事长陆大道和中国地理学会常务理事会的大力支持下,决定组建中国地理学会黄河分会。黄河分会作为"黄河学"研究的载体和平台,它的成立肩负着伟大的职责,依托着坚实的基础,也成就了沿黄地区地理学者多年共同的愿望。这是"黄河学"研究的一大幸事,也是中国地理界的喜事。自此,我们中国地理人真正有了为母亲河发展贡献自己力量的平台;自此,我们中国地理人将在黄河文明复兴史上写下自己的名字!

为了推动黄河分会的工作顺利开展,我们初步提出一个大轮廓的工作设想,以供大家讨论:组织每年一次的黄河分会年会,根据实际形势,就若干黄河问题进行讨论和学术交流;在黄河中下游典型区域建立若干个长期调研基地,以便为长期的、深入的学术研究提供保障;根据需要,就黄河流域具体研究开展不定期学术交流;组织具体项目,开展协同研究。

黄河文明与可持续发展研究中心的发展始终与地理界同仁的深情关爱和鼎力支持密不可分。今天,中国地理学会黄河分会的成立、发展与壮大依然需要大家的关心和帮助。让我们共同努力,在中国地理学会的指导下,共同把黄河分会办成一支特色鲜明、成果丰硕、影响深远的中国地理学会分会!

为"中原经济区"提供有力的理论支撑和舆论支持*

经过近一年的筹备,第十届中国经济学年会今天在郑州开幕了!

中国经济学年会是目前中国经济学界规模最大、规格最高的盛会,迄今已经成功举办了9届。这期间,中国经济学年会吸引和凝聚了越来越多的经济学家交流学术思想、凝练学术观点,已经成为国内经济学界影响广泛的学术交流平台,成为中国经济不断完善和发展的思想策源地。中国经济学年会推动了中国经济改革与发展,推动了中国经济学理论的研究和教学的改革,为中国经济学界营造自由开放、严谨务实的学术氛围做出了重要贡献。

本届经济学年会的主题是"未来十年的中国经济"。这是中国经济学界在我国制定第十二个国民经济和社会发展五年规划之际,直面国际金融危机影响,对中国经济的大方略、大策论展开的研讨。这也充分体现了中国经济学者为国为民的社会责任。毫无疑问,对十年内中国经济发展进行探讨也势必影响整个经济学界的学术热点走向,势必对党政决策部门政策咨询产生积极影响。

中原兴,中华兴。河南作为中原腹地,经过30年的改革、开放,已经发生了翻天覆地的变化。不久前,河南省委省政府审时度势提出了"建设中原经济区"的构想,并全力争取把这一构想上升为国家战略。恰逢此时,我们迎来了第十届中国经济学年会。我们相信,大会的召开将为"中原经济区"

---

* 本文系作者2010年11月20日在第十届中国经济学年会开幕式上的致辞。

提供有力的理论支撑和舆论支持。

本届年会还吸引了河南众多高校经济院系的学者。此次大会的新观点、新思想、新成果也将直接、迅速地通过他们传播到省内的经济学界,传输给省内的经济学师生。这种辐射和带动效应对于引领和促进河南经济学科的快速发展将产生积极而深远的影响。

今天令我们既深感荣幸又引以为骄傲的是中国经济学年会首次在地方大学举办,在我们年轻的河南财经政法大学举办。我们感谢年会组织者给我们的这次机会,感谢与会专家来到河南为我们交流经济学理论、探讨经济社会应用。我们将以此次年会为契机,进一步加强与各位专家学者的联系,我们更欢迎各位有志之士到河南财经政法大学共谋发展、共创辉煌。河南财经政法大学是一所以经济学、管理学、法学为主干,兼有文学、理学、工学等六大学科门类的普通高等学校。学校拥有会计学、金融学、工商管理、国际经济与贸易等4个国家级特色专业,理论经济学、应用经济学、管理科学与工程、工商管理、农林经济管理等5个省级重点一级学科。学校经济管理类学科专业门类齐全,经济管理师资力量优势突出,经济管理教学实践特色明显,一大批优秀毕业生活跃于省内外银行、大企业和法律系统。当前,河南财经政法大学正在"学术兴校"理念的引领下,不断加大高层次人才的引进和培养力度,为建设高水平、有特色的"教学研究型财经政法大学"而努力奋斗!

河南财经政法大学十分珍视这次承办中国经济学年会的机会,我们将全心全意、不遗余力地做好服务工作。

探索永无止境　创新未有穷期[*]

辞别旧岁的鞭炮声渐行渐远,喜迎新春祝福声仍在弥漫。在这无比喜庆祥和的新年伊始,在执中国高等学府之牛耳的清华大学,由河南财经政法大学 24 名学子完成的《种粮行为与粮食政策》终于与大家见面了!

《种粮行为与粮食政策》是在特殊时期、由特殊群体撰写的具有特殊价值的一部研究著作。近几年气候异常,自然灾害贫乏,粮食减产和随之而来的粮食安全问题成为社会关注的热点问题之一,《种粮行为与粮食政策》一书正是在这一特殊时期应运而生。该书作者是一群积极探索、勇于创新的本科学生,他们在樊明教授的指导和带领下多次实地考察,几易其稿,终于完成了这部富有学术价值的研究成果。作为河南财经政法大学学生创新的又一崭新成果,本书的诞生凝结着集体的智慧,汇聚了众人的力量,是多方共同作用的结果。

本书的诞生是学校长期坚持立足省情、服务社会这一办学面向的结果。河南是一个农业大省,粮食产量位居全国第一。面对这一省情,学校在建校之初就成立了农业经济管理系,为河南农业经济发展培养人才。近 3 年,学校在农业研究领域内共获得包括国家自然科学基金重点项目在内的国家自然科学和国家社会科学基金 4 项,资助金额达数百万元,推出了一批在国内外有影响的成果。我校杨承训教授针对世界粮食危机和我国粮食风险问题提出《实施"八高"工程　化解四大矛盾》的建议,得到了中央有关领导同志

---

[*] 本文系作者 2011 年 2 月 22 日在清华大学举行的《种粮行为与粮食政策》首发式暨中国粮食安全论坛上的讲话。

的重要批示。这些都为学生开展相关领域的研究奠定了良好的基础。

　　本书的诞生也是学校大力推进创新型教育的结果。在学术兴校战略指引下,学校先后出台了《大学生课外学术科技创新活动计划》等一系列规章制度和文件支持学生科研创新。学校还设立专项基金,每年提供近百万元的正常经费,专门用于支持鼓励学生申报科研课题、开展科学研究,扶持学生学术社团活动。在学校各种措施的激励下,在教师的引领、带动和直接帮助下,全校学生积极投身科研创新,人人争当创新能手,我校大学生创新领域的层次性、创新研究的应用性都实现了质的飞跃和新的突破。近三年,在国家级、省级各类大学生科技竞赛中,我校学生荣获308项奖励,尤其是在去年第十一届"挑战杯"全国大学生课外学术科技作品决赛中,我们获得了二等奖的好成绩,也摘得了组织工作的最佳褒扬——全国优秀组织奖。

　　本书的诞生还是学校持续推进绿色教育的成果。在本科人才培养方案中嵌入了绿色财经教育模块课程,开设了包括《可持续发展概论》等17门公共绿色教育选修课,以培养具有可持续发展思想、环境保护和社会责任意识的高素质经济、管理类人才。学校成立大学生科研创新绿色小组,鼓励带动大学生通过对社会重点、热点问题进行深入挖掘研究,从而做到个人成才与服务社会的统一。近期,我校12名学生组成调研小组对郑州市郑东新区住房空置率进行为期2个月的实地调研,形成的调研报告得到了郑州有关部门的关注,并在社会上产生较大的影响。另一项旨在改变交通堵塞的研究成果《郑州市区封闭快速道路系统可行性研究》受到了郑州市职能部门的肯定,并被国内其他省会城市借鉴。

　　本书的诞生更是社会各界鼎力相助的结果。我校樊明教授迄今为止已带领学生分别完成了《退休行为与退休政策》《生育行为与生育政策》以及今天与大家见面的《种粮行为与粮食政策》,形成了一个富于特色的研究系列。每本著作从构思、到调研、到定稿和出版,离不开清华大学、中国农业大学等友好高校的鼓励和鞭策,离不开国家粮食局等上级部门的关心厚爱,离不开社会科学文献出版社的无私相助,离不开新闻界朋友的大力推介。今天,我校又一项学生科研创新成果《种粮行为与种粮政策》问世了,并在全国最著名的高等学府得到了这么多学者和新闻媒体的关注,我感到十分高兴。同时,也感受到了大家对我国大学生科研创新的殷切期待,感受到了社会各界对中国粮食问题的积极关注,我们一定会更加努力的工作和探索,为大学生科研创新、为中国高等教育贡献力量!

客居他乡　根在中原*

今天我们在这里隆重聚会,共同见证中原华侨华人研究中心的成立。

长期以来,河南财大的建设与发展得到了社会各界的鼎力相助和大力支持,得到了国家侨办和省外办殷切关怀和特别关爱。今天中原华侨华人研究中心顺利落户我校,再次印证了国务院侨办和省外办对我校给予的无比信任和无限厚望。这厚爱必将是推动我们更加奋发有为的强大精神动力。

众所周知,中原文化源远流长。以河南为中心的中原地区作为传承中华民族的源头圣地,是今天所有中华儿女的精神寄托。中原作为炎黄子孙的祖根地,在历史上经历了几次大的迁徙,逐步逐渐形成了今天具有独特风貌的"根在中原,客居他乡"的客家民系。如今遍布世界各地的一亿多客家人称自己为"河洛郎"。飞鸟恋旧林,游子思故乡。国民党荣誉主席连战到河南拜祖时,曾深有感触地说,"中原是所有中华儿女心灵的故乡"。在此背景下,加强侨务理论和侨务政策研究,准确研判和把握新形势下侨务工作的新趋势、新特点、新问题,对于更好地指导和推进我省侨务工作科学发展,服务中原经济区建设,加快中原崛起河南振兴具有重大现实意义。

长期以来,我校坚持学术兴校的发展理念,推出了一大批原创性、前瞻性、创新性的学术研究成果,有力服务了国家重大战略需求和中原经济区建设需要。今后学校将在国务院侨办和省外办的指导帮助和扶植下,充分发挥经济、管理、社会、法律等学科优势,汇聚学术研究团队,整合研究力量,拓

---

* 本文系作者2012年6月20日在中原华侨华人研究中心成立大会上的讲话。

展研究新领域,构建学术创新平台,加强对华侨华人、归侨侨眷与中原经济区建设以及加快中原崛起、河南振兴的关系等应用课题进行重点研究。通过这些研究向全社会广泛宣传华侨华人、归侨侨眷及侨务工作的重要地位和作用,进一步扩大"侨"的内涵,拓宽"侨"的范围,叫响河南侨务大省的品牌,为省委、省政府、国务院侨办等领导部门提供决策参考,在我省转变经济发展方式、引智引资、提升文化软实力、扩大对外开放和国际影响力等方面发挥积极的智库咨询作用。我们深信,在国务院侨办的大力指导下,在省外办的鼎力支持下,在河南财经政法大学师生的共同努力下,我们一定会把"中原华侨华人研究中心"的层次做高,品牌做强,内容做实,做出特色和亮点,不断在华侨华人研究领域做出新的更大成绩!

八十五载筚路蓝缕　八十五年春华秋实*

非常荣幸受邀参加南开经济研究所 85 周年所庆,这是经济学界的一件喜事、一件盛事。

八十五载筚路蓝缕,八十五年春华秋实。作为中国年纪最老的经济研究所,南开经济研究所立足中国现实,一步一个脚印,不断开拓创新,为中国经济的繁荣昌盛,为经济理论的丰富和发展贡献了重要的力量。尤其是改革开放以来,南开经济研究所积极参与和服务于党和国家的相关决策,培养了一批高级的经济学人才,为国家经济社会发展提供了重要支持。目前的南开经济研究所,已经成为国内外一流的经济研究机构,国家重大决策的智囊,对外学术交流的重要平台。

对于我个人而言,南开经济研究所一直是我从事学术研究的"坐标"。我十分庆幸自己曾经是南开大学的一名学子,因为正是在南开大学的学习奠定了我经济学理论基础,在我今后的学术生涯中起到了至关重要的作用。其中,我从南开经济研究所各位前辈那里吸取了大量的知识营养,南开经济研究所为我提供了经济学理论前沿的宽广视野,至今还让我受益匪浅。放眼望去,像我这样受到经济研究所影响的经济学研究者还有很多,可以说,南开研究所开创了经济学研究的一代风气,直接和间接地培养了一大批卓有成就的经济学研究者。

目前的中国正处在一个伟大的时代,一个可以创造历史的时代。经济发展是社会发展的最显著标志,作为中国经济发展的直接观察者和研究者,

---

* 本文系作者 2012 年 9 月 9 日在南开经济研究所 85 周年所庆上的致辞。

我们已经感受到了时代的召唤。时代要求我们要培养更多更优秀的经济建设者，需要更多的经济学家。我们相信，南开经济研究所一定会发扬光荣的传统，敢于担当历史重任，继续努力奋斗，成为完成这一历史使命的领跑者。

我诚挚地祝愿南开经济研究所勇攀高峰，不断创造新的辉煌，为我国经济社会发展贡献更大的力量！

明确任务　讲究要领
为哲学社会科学事业贡献力量*

感谢各位代表的信任,推选我担任河南省高等学校社会科学科研管理研究会会长,我感到非常荣幸,同时也感到肩上沉甸甸的责任和重托。河南省高等学校社会科学科研管理研究会第一次会员代表大会,是在我省深入贯彻落实《教育部关于深入推进高等学校发展的意见》的背景下,召开的一次社会科学科研管理研究大会。开好这次会议,对于我省高校社会科学科研管理研究工作发展蓝图的谋划和实施至关重要。因此,我也借此机会从"怎么看"和"怎么办"两个层面谈谈我个人的认识和设想。

一、怎么看待研究会的成立

一是研究会的成立顺应了国家的战略需求。高校作为哲学社会科学创新的主阵地、示范区和辐射源,是繁荣发展哲学社会科学事业的主力军,应当在推进哲学社会科学创新中积极作为、主动作为。根据《教育部关于深入推进高等学校哲学社会科学繁荣发展的意见》,高校应当充分发挥自身优势,凝练学科特色,搭建学科平台,开拓研究新领域,提升创新能力和研究质量,强化研究成果转化,为哲学社会科学繁荣发展做出积极贡献。基于此,我们省内的所有本专科高校(目前120所)自愿结成了社会科学科研管理研

---

* 本文系作者2013年7月10日在河南省高等学校社会科学科研管理研究会成立大会上的讲话。

究这一群众性学术团体，期望在推进哲学社会科学发展方面做出我们应有的贡献。

二是研究会的成立得益于各界的积极参与。河南省高等学校社会科学科研管理研究会经过一年多的筹备和准备，今天正式启动工作。研究会是在教育厅牵头，郑州大学、河南大学、河南财经政法大学的积极倡议和发起下，众多高校科研管理工作者的积极响应和热心参与下，在各相关单位的协助下，经省社科联和省民间事务管理局批准而成立的。它的成立，是教育厅社科管理部门，各高校科研管理部门集体智慧的结晶，也充分体现了我们河南高校科研人的责任和担当。

二、怎么办好研究会的事情

一要明确工作任务。旨在团结和组织河南省高等教育界社会科学科研管理人员和理论工作者，广泛开展社会科学科研管理研究，促进高校科研管理工作的科学化、专业化水平不断提高。鉴于此，我们应该着力开展五方面的工作。一是组织开展高等学校社科管理的学术活动，开展理论研究，经验交流和研究成果的推广；二是接受社科管理行政部门的委托，组织、开展调查研究、业务培训、科技活动评价和咨询服务等工作；三是组织、开展高等学校社科科研管理国际学术交流活动；四是编辑、出版、发行社科管理的书刊和信息资料；五是组织高等学校社科管理研究成果的评奖活动；六是依法从事社会服务活动。

二要把握工作要领。一是需要强化协同创新，探索建立校校协同、校所协同、校企(行)协同、校地(区域)协同、国际合作协同等"开放、集成、高效"的新模式；二是需要强化问题意识，尤其是加强对全局性、战略性、前瞻性重大理论和实践问题的研究，在研究和解决重大问题的过程中推动哲学社会科学的发展；三是需要强化实践取向，改变过去研究中存在的"重理论、轻实践"现象，从"象牙塔"走向田野，从一般性理论建构走向政策咨询与对策研究；四是需要强化科学评价，注重探索符合哲学社会科学研究的评价体系，采取多种方式将创新和质量置入哲学社会科学评价的核心；五是需要强化"走出去"，通过加强国际学术交流合作的内涵发展、品牌建设，增强我省高校哲学社会科学研究的国际学术对话能力和话语权，为中原经济区建设做出特有的贡献。

我国哲学社会科学的发展从来没有像今天这样受到高度重视,从来没有像今天这样具有难得的发展机遇和发展空间。经过长期的努力,高校哲学社会科学已经形成了较强的学科优势和研究实力。面对大好形势,我们必须抓住机遇,乘势而上,确立新的目标,建立新的平台,大力推进科研管理创新,把我省高校哲学社会科学研究工作推向一个新阶段。

作为研究会会长和研究会秘书处单位的校长,我做个表态,从河南财经政法大学学校层面上,学校将全力配合和支持研究会工作,从场所、人力各个方面,为研究会做好各项服务工作,力争把我们的研究会办成全国一流。